Industrielle Welt

Schriftenreihe des Arbeitskreises für moderne Sozialgeschichte

Herausgegeben von
Ulrike von Hirschhausen und Frank Bösch

Band 105   Ebbo Schröder
            Journalistische Praxis beim
            Nürnberger Prozess 1945/46

Ebbo Schröder

Journalistische Praxis beim Nürnberger Prozess 1945/46

Eine Fallstudie zum blinden Fleck der Mediengeschichtsschreibung

BÖHLAU VERLAG WIEN KÖLN

Gedruckt mit Unterstützung der Gerda Henkel Stiftung, Düsseldorf.

Bibliografische Information der Deutschen Nationalbibliothek:
Die Deutsche Nationalbibliothek verzeichnet diese Publikation in der
Deutschen Nationalbibliografie; detaillierte bibliografische Daten
sind im Internet über https://dnb.de abrufbar.

© 2024 Böhlau, Lindenstraße 14, D-50674 Köln, ein Imprint der Brill-Gruppe
(Koninklijke Brill BV, Leiden, Niederlande; Brill USA Inc., Boston MA, USA;
Brill Asia Pte Ltd, Singapore; Brill Deutschland GmbH, Paderborn, Deutschland;
Brill Österreich GmbH, Wien, Österreich)
Koninklijke Brill BV umfasst die Imprints Brill, Brill Nijhoff, Brill Schöningh,
Brill Fink, Brill mentis, Brill Wageningen Academic, Vandenhoeck & Ruprecht,
Böhlau und V&R unipress.

Umschlagabbildung: Vier Journalisten für The Associated Press im Gerichtssaal,
in dem die Nürnberger Prozesse stattfanden, Dez. 1945. V. l. n. r.: Boots Norgaard,
Louis Lochner, Wes Gallagher und Dan DeLuce. © picture alliance / AP Images |
B.I. Sanders.

Korrektorat: Julia M. Nauhaus, Lübeck
Umschlaggestaltung: Guido Klütsch, Köln
Satz: le-tex publishing services, Leipzig
Druck und Bindung: Hubert & Co, Ergolding
Gedruckt auf chlor- und säurefreiem Papier
Printed in the EU

Vandenhoeck & Ruprecht Verlage | www.vandenhoeck-ruprecht-verlage.com

ISBN 978-3-412-53067-9

Meinen Eltern

Inhalt

Danksagung

Danken möchte ich meinen Betreuerinnen Ute Daniel und Ute Schneider sowie den Mitgliedern der Prüfungskommission Christian Kehrt, Rüdiger Heinze und Herbert Oberbeck. Herbert Oberbeck bin ich darüber hinaus für seine vielfältige Unterstützung und die wunderbaren Jahre am Institut für Sozialwissenschaften zu großem Dank verpflichtet.

Außerdem bedanke ich mich bei meinen Korrekturlesern und Korrekturleserinnen Nicole Griese, Eike-Christian Heine, Dirk Schlinkert, Dennis Strömsdörfer und Andreas Eberhard. Auch Michael Wrehde, meinem Bürogenossen in den späten Jahren der Dissertation, danke ich für seine Hilfe.

Unter den vielen Archivaren und Archivarinnen, die mir bei meinen Recherchen geholfen haben, möchte ich besonders an den leider viel zu früh verstorbenen Archivar von Thomson Reuters John Entwisle erinnern. Er war eine außergewöhnliche Persönlichkeit und der Hüter der archivalischen Überlieferung von Thomson Reuters im besten Sinne des Wortes. Er wachte über dieses außergewöhnliche Archiv, um möglichst vielen Historikern und Historikerinnen Zugang zu den dort lagernden Schätzen zu ermöglichen.

Außergewöhnlich war die Betreuung im Archiv der Associated Press. Auch nach Abschluss der Recherchen vor Ort standen mir Francesca Pitaro und die Leiterin des Archivs Valerie Komor helfend zur Seite, wenn es darum ging, das so schwierige „cablese" zu entziffern.

Ein besonderer Dank gilt William L. Urban (Lee L. Morgan Professor of History and International Studies Professor Emeritus), der mir die Briefe seines Onkels Don Doane zur Verfügung gestellt hat, ergänzt um zahlreiche Hintergrundinformationen zu deren Verständnis. Eine überaus interessante Quelle eines Korrespondenten, der nie seine Memoiren publiziert, sondern sich einfach auf seinen Job konzentriert hat.

Der entscheidende Wendepunkt meiner Dissertation war die Förderung durch die Max Weber Stiftung. Die Gerald D. Feldman-Reisebeihilfen ermöglichten mir zwei Archivreisen nach England und in die USA, von denen ich die tausenden Fotos von Archivalien mitgebracht habe, auf denen diese Untersuchung basiert. Danken möchte ich auch der Gerda Henkel Stiftung für ein Stipendium zum Abfassen der Arbeit sowie für einen großzügigen Druckkostenzuschuss.

Um aus einer Dissertation ein druckreifes Buchmanuskript zu machen, brauchte es noch einmal viel Zeit und Arbeit. Eine große Hilfe dabei war Jürgen Runo, der perfekte grafische Nachbildungen zweier Abbildungen angefertigt hat, die in keiner ausreichenden Auflösung für den Druck vorlagen. Die Lektorin Julia M. Nauhaus hat das Manuskript einem sorgfältigen Korrektorat unterzogen. Dafür gilt ihr mein herzlicher Dank.

Schließlich möchte ich mich bei meiner Familie und meiner Freundin bedanken. Ohne Euch hätte ich das Wagnis einer Dissertation nicht unternommen und ganz bestimmt auch nicht durchgestanden.

1. Einleitung

Über 300 Korrespondenten[1] aus aller Welt waren im November 1945 in das zerstörte Nürnberg gekommen, um über den Beginn des Internationalen Militärtribunals (IMT) zu berichten.[2] Die USA, Großbritannien, Frankreich und die Sowjetunion klagten in einem präzedenzlosen internationalen Prozess die 24 sogenannten Hauptkriegsverbrecher und sechs deutsche Organisationen wegen Verschwörung (Anklagepunkt I), Verbrechen gegen den Frieden (Anklagepunkt II), Kriegsverbrechen (Anklagepunkt III) und Verbrechen gegen die Menschlichkeit (Anklagepunkt IV) an.[3]

Der US-amerikanische Radiojournalist Hilmar Robert Baukhage war einer dieser über 300 Korrespondenten. Er berichtete für das Blue Network (ABC) über den Prozess aus einer kleinen Kabine mit Blick in den Gerichtssaal. Baukhage war einer der wenigen Korrespondenten in Nürnberg, der den Zweiten Weltkrieg nicht an einem der diversen Kriegsschauplätze verbracht hatte, sondern im Komfort eines US-amerikanischen Nachrichtenstudios. Nun hatte er sich doch noch eine Uniform besorgen müssen, obwohl der Krieg bereits beendet war. Aber Nürnberg lag im besetzten Feindesland und als Korrespondent war er Teil der US-amerikanischen Besatzungsmacht, also lieh er sich eine.[4]

Die Bedingungen für die Berichterstattung vor Ort fand Baukhage alles andere als ideal. Die Unterbringung im requirierten Schloss Stein der Familie Faber-Castell verursachte angesichts unzureichender sanitärer Anlagen eine Durchfallepidemie unter den Bewohnern. Der Transport auf Lastwagen mit Planenabdeckung zum Gerichtsgebäude sagte ihm nicht zu und das Gerichtsgebäude war ein Labyrinth, in dem er sich ständig verlief. Doch das Schlimmste war für ihn, dass er in den ersten Tagen mit seiner Aufgabe heillos überfordert war. Es gelang ihm nicht, seine ausformulierten Skripte in den Proben richtig zu timen, selbst wenn er diese

---

1 Ich benutze das generische Maskulinum. Diese Form schließt die bedeutende Minderheit der aus Nürnberg berichtenden Korrespondentinnen ein. Die Gruppe der Korrespondentinnen wird in der Arbeit explizit thematisiert und Vertreterinnen in Fallstudien ausführlich untersucht.

2 In den Quellen ist häufig von ca. 400 Korrespondenten die Rede. Der stellvertretende Leiter des „Press Camp" berichtete seinem ehemaligen Professor für Journalistik in der ersten Woche des Prozesses, dass mehr als 325 Korrespondenten aus 26 Nationen anwesend seien; siehe: Ernest Cecil Deane an Walter J. Lemke, 28. November 1945, Hoover Institution Archives, Ernest Cecil Deane Letters, Letters of Ernest Cecil Deane to Walter J. Lemke, 1941–1946, Brief Nr. 110.

3 https://avalon.law.yale.edu/imt/count.asp (zuletzt eingesehen am 24. November 2019).

4 Hilmar Robert Baukhage, Diary: Trip to Germany (undatiertes Vorwort), WHSA, Hilmar Robert Baukhage Papers, Box 3, Folder: 1.

rechtzeitig hatte fertigstellen können, um zu proben. Auch die Technik machte ihm zu schaffen.[5] Während seine jüngeren und kriegserprobten Kollegen scheinbar keine Probleme mit den Bedingungen vor Ort hatten, verstärkten sich Baukhages Frustration und Selbstzweifel in den ersten Tagen gegenseitig. Das schlug sich auch in seinen Radiosendungen nieder:

> The war criminal trials still going on in Nuernberg are nothing to trials of the newsfolk who are covering them. [...] Our trials are great, and if they are not historically as important as the one seeping through the IBM headphones in four languages in the courtroom they may affect the warp and woof of the unoffical history which we are writing. And the report may be as warped in parts as it is woofed at in others.[6]

In seinem Wortspiel benennt Baukhage den Zusammenhang zwischen journalistischer Praxis und journalistischen Aussagen, um den es in dieser Untersuchung geht. Zwar seien die Nöte und Sorgen der Korrespondenten nicht von Bedeutung, aber sie hätten nun einmal Einfluss auf ihre Berichte. Und diese Berichte seien von größter Bedeutung. Das betonte er, indem er sich der Metapher der „unoffical history" bediente. Und er bekannte freimütig, dass diese „unofficial history" des Ereignisses in Teilen verzerrt und umstritten sein könne.

Baukhage lag richtig: Ankläger und Verteidiger maßen ihren Berichten eine große Bedeutung bei. Teilweise richteten sie sich bei ihren Auftritten nicht in erster Linie an das Gericht, sondern nutzten den Gerichtssaal als Bühne, um sich vermittelt durch die Medien an die Bürger ihrer Länder zu wenden. Auch handelte es sich bei den Berichten der Korrespondenten sicherlich nicht um ein Abbild des Geschehens vor Gericht – Phasen mit Schlagzeilen so groß wie die Superlative, mit denen der Prozess bedacht wurde, wechselten mit Phasen absoluten medialen Desinteresses. Zudem waren die Berichte umstritten bzw. das Medium, in dem gestritten wurde. Während vor Gericht Anklage und Verteidigung den Streit austrugen, standen sich in den US-amerikanischen und britischen Medien politische Lager gegenüber. Debattiert wurde über den Prozess und über das, was vor Gericht verhandelt wurde. Das war nicht weniger als die Geschichte des Zweiten Weltkrieges, des Holocaust und die Gestalt der künftigen internationalen Friedensordnung.

Ziel meiner Untersuchung ist es, die journalistische Praxis US-amerikanischer und britischer Auslandskorrespondenten anhand des Nürnberger Prozesses zu

---

5 Baukhage, Diary: Trip to Germany, Eintrag vom 19. November 1945, WHSA, Hilmar Robert Baukhage Papers, Box 3, Folder: 1.

6 Baukhage, [Skript einer Radiosendung], WHSA, Hilmar Robert Baukhage Papers, Box 1, Folder: 4 Broadcasts – Scripts Nuremberg Trials, 1945–1946.

analysieren. Denn so reichhaltig die Ergebnisse sind, die die Mediengeschichtsschreibung mittlerweile vorgelegt hat, so deutlich ist doch, dass es an zentraler Stelle einen blinden Fleck des mediengeschichtlichen Wissens gibt: Es fehlt an quellenbasierten Studien zur journalistischen Praxis und damit zu der entscheidenden Frage, wie in die Medien gelangt, was schließlich gedruckt oder gesendet wird. Wie wurde aus dem Geschehen im Nürnberger Gerichtssaal ein Artikel in einer Londoner Zeitung, ein Beitrag in einer US-amerikanischen Zeitschrift oder eine Sendung im britischen Radio? Welche Faktoren waren für die Produktion journalistischer Aussagen entscheidend?

Das transnationale Medienereignis Nürnberger Prozess dient als Fallstudie zur Untersuchung der journalistischen Praxis von US-amerikanischen und britischen Auslandskorrespondenten. Der Fokus wird so vom fertigen Produkt verschoben auf den Prozess der Entstehung von journalistischen Aussagen. Und dieser Entstehungsprozess ist bisher eine Blackbox. Der Nürnberger Prozess bietet eine Chance, ihren Deckel anzuheben, weil er aufgrund der enormen Medienaufmerksamkeit, des internationalen Charakters und der Dauer von fast einem Jahr Quellen hervorgebracht hat, die für eine Untersuchung journalistischer Praxis notwendig sind.

Was den Prozess aus medienhistorischer Sicht zudem besonders interessant macht, ist seine Verortung in einer Übergangsphase zwischen Krieg und Frieden. Konkreter Ausdruck dessen war das Ablegen der Uniformen durch die alliierten Korrespondenten im Verlauf des Prozesses, die sie während des Krieges in ihrer Rolle als Kriegsberichterstatter getragen hatten. Damit einher ging ein Reflexionsprozess, was dieser Übergang für die journalistische Praxis der Nachkriegszeit bedeutete.[7] Denn nicht nur Kleiderordnung und Zensur verschwanden, sondern auch die verlässliche Rahmung ihrer Arbeit und Texte durch den Krieg. Die Korrespondenten fanden sich in einer hochgradig kontingenten Zeit des Übergangs ohne etablierten außenpolitischen Konsens wieder. Das Gleiche galt für die Medienorganisationen. Auch für sie bedeutete das Ende des Krieges eine Neuvermessung des Terrains der Auslandsberichterstattung und eine entsprechende Neuorganisation ihres Korrespondentennetzes.

Warum ist es wichtig, die journalistischen Produktionsbedingungen beim Nürnberger Prozess zu untersuchen? Die Antwort hierauf verdeutlicht, dass die grundlegende Frage dieser Arbeit weit über das untersuchte Medienereignis hinausweist. Denn die Frage, wie in die Medien hineingelangte, was schließlich gedruckt und gesendet wurde, verweist auf die Frage nach der gesellschaftlichen Bedeutung von Medien. Und dieses Thema hat in der Geschichtswissenschaft Konjunktur, insbe-

---

7 Zur Uniformdebatte und zum Übergang vom Kriegs- zum Friedensjournalismus siehe: Antje Robrecht, Diplomaten in Hemdsärmeln? Auslandskorrespondenten als Akteure in den deutsch-britischen Beziehungen, 1945–1962, Augsburg 2010, S. 172 ff.

sondere mit Blick auf die Geschichtsschreibung über das 20. Jahrhundert.[8] Das enorme Wachstum, der Wandel und die Globalisierung der Massenmedien seit dem ausgehenden 19. Jahrhundert führten zur Durchdringung fast aller Lebensbereiche.[9] Dieser Prozess ist unstrittig. Die Frage ist, welche Bedeutung diesem Prozess und damit den Massenmedien in der Geschichte des 20. Jahrhunderts zukommt. Ute Daniel und Axel Schildt stellen zur Debatte, „ob diese Prozesse quantitativer Steigerung Medien in ihren jeweiligen historischen Kontexten einen Bedeutungszuwachs – im Sinne eines größeren Folgenreichtums – verleihen und wenn ja, worin er jeweils liegt."[10]

Diese Fragen nach der grundlegenden gesellschaftlichen Bedeutung von Massenmedien rücken zunehmend in den Vordergrund und haben zur Formulierung des programmatischen Anspruchs einer „mediengeschichtlichen Erweiterung der sogenannten allgemeinen Geschichte"[11] geführt. Wenn Prozesse der Medialisierung insbesondere in der Gesellschafts- und Politikgeschichte in den Blick genommen werden, dann ist die Suche nach Antworten auf die Frage, wie in die Medien gelangte, was schließlich gedruckt oder gesendet wurde, von höchster Bedeutung und notwendige Voraussetzung für einen quellenkritischen Umgang mit journalistischen Artikeln.[12] In diesem Sinne weist die Untersuchung der Produktionsbedingungen der Korrespondenten und ihrer Wechselwirkungen mit den politischen, militärischen und juristischen Akteuren über den Prozess hinaus.

Theorie, Methode und These

Um diesen Anspruch einzulösen und den Deckel der Blackbox zu lüften, braucht es einen neuen Ansatz in der Mediengeschichte. Einen solchen stelle ich in meiner Arbeit vor. Er zeichnet sich erstens durch einen Fokus auf die journalistische Praxis – das konkrete Verhalten und Handeln der Korrespondenten – aus.[13] Die-

---

8 Für einen Überblick zur Forschungsdebatte und zu den verschiedenen Ansätzen siehe: Frank Bösch, Mediengeschichte im 20. Jahrhundert. Neue Forschungen und Perspektiven, in: Neue politische Literatur 52, 2007, S. 409–429.

9 Einen Überblick zur Geschichte von Gesellschaft und Medien im 20. Jahrhundert bietet: Lyn Gorman u. David McLean, Media and Society in the Twentieth Century, Malden, MA 2007.

10 Ute Daniel u. Axel Schildt, Einleitung, in: dies. (Hg.), Massenmedien im Europa des 20. Jahrhunderts, Köln 2010, S. 9–34, hier S. 12.

11 Daniel u. Schildt, Einleitung, S. 12 f.

12 Für den Bereich des Politischen siehe: Frank Bösch u. Norbert Frei, Die Ambivalenz der Medialisierung, in: dies. (Hg.), Medialisierung und Demokratie im 20. Jahrhundert, Göttingen 2006, S. 7–23.

13 Zu praxistheoretischen Ansätzen allgemein siehe: Frank Hillebrandt, Soziologische Praxistheorien. Eine Einführung, Wiesbaden 2014.

ser Ansatz öffnet die Untersuchung für alle Aspekte des journalistischen Alltags, von den Lebensbedingungen über die Interaktion mit der Technik bis hin zu den Wechselwirkungen mit den Anklägern vor Ort und den heimischen Zentralen. Der Blick darauf, was die Korrespondenten konkret taten, beugt den normativen Scheuklappen, Mythen und Heldengeschichten vor, die mit dem Thema Journalismus und Öffentlichkeit häufig verbunden sind.[14] Insofern bedeutet der Begriff Praxis eine spezifische Perspektive auf Journalismus. Ziel ist es, durch die Rekonstruktion des Verhaltens und Handelns der Korrespondenten den Entstehungsprozess journalistischer Aussagen zu analysieren und die entscheidenden Faktoren für die Aussagenproduktion herauszuarbeiten.

Zweitens braucht es einen Ansatz, der es erlaubt, „die Medien" wesentlich differenzierter zu betrachten, als es bisher in medienhistorischen Untersuchungen der Fall ist. Das ist sowohl für das Verständnis der Akteurskonstellationen und Strukturen innerhalb von anglo-amerikanischen Medienorganisationen als auch für den systematischen Vergleich der Praktiken unterschiedlicher Medienorganisationen wichtig.

Meine grundlegende Annahme ist, dass sich die Fragen, wie journalistische Aussagen entstanden und welche Faktoren dabei entscheidend waren, nur im Rahmen der organisationalen Kontexte der Medienorganisationen untersuchen lassen.[15] Entgegen ihrer Selbststilisierung waren Korrespondenten keine einsamen Kämpfer für die Wahrheit in Frontstellung gegen die Mächtigen fernab jeder redaktionellen Kontrolle. Sie waren eingebunden in redaktionelle Strukturen, die den Rahmen ihres Verhaltens und Handelns bildeten. Die Produktion journalistischer Aussagen – auch im Falle der Auslandskorrespondenten – fand innerhalb organisationaler Settings statt.

Inwiefern sich dies in der Gegenwart durch technologische Neuerungen ändert, wird debattiert, aber für den Untersuchungszeitraum nach Ende des Zweiten Weltkrieges gilt dies uneingeschränkt.[16] Medienorganisationen waren zu großen und

---

14 Journalisten verstehen sich sehr gut darauf, sich und ihre Profession in Memoiren und Autobiografien zu vermarkten. Zur Diskrepanz zwischen der öffentlichkeitswirksamen Selbstvermarktung und der journalistischen Praxis siehe: Norman Domeier, Weltöffentlichkeit und Diktatur. Die amerikanischen Auslandskorrespondenten im „Dritten Reich", Göttingen 2021, S. 93 f.

15 Die theoretische Grundlage ist die auf Anthony Giddens Strukturationstheorie basierende Theorie des Journalismus als organisationalem Handlungsfeld, siehe: Klaus-Dieter Altmeppen u. Klaus Arnold, Journalistik. Grundlagen eines organisationalen Handlungsfeldes, München 2013; siehe auch: David Michael Ryfe, Guest Editor's Introduction. New Institutionalism and the News, in: Political Communication, 23, 2006, H. 2, S. 135–144.

16 Zur Debatte über die Veränderung des Verhältnisses zwischen Nachrichtenorganisationen und Journalisten siehe: Lee B. Becker u. Tudor Vlad, News Organizations and Routines, in: Karin Wahl-Jorgensen u. Thomas Hanitzsch (Hg.), The handbook of journalism studies, New York u. London 2009, S. 59–72.

kapitalintensiven Unternehmen geworden, in jedem Fall solche, die es sich leisten konnten, Auslandskorrespondenten in die Welt zu entsenden.[17] Als Englands auflagenstärkste Boulevardzeitung, der *Daily Express*, im September 1946 erstmals seit über fünf Jahren Papierrationierung zumindest wieder mit sechs Seiten gedruckt werden konnte, erschien ein ausführlicher Bericht über alle Aspekte der Herstellung dieser Ausgabe – von der Anlieferung von 130 Tonnen Zeitungspapier bis zur Distribution der letzten Ausgabe des Tages. Der Artikel schloss mit den Worten:

> And so the six-page paper went to bed in much the same way that 1.686 four-pagers had done before it. Nearly a quarter of a million words had come into the three offices, London, Manchester and Glasgow, and some 22,000 of them got into print to you. It took 3,271 men and women to do it.[18]

Als Organisationsform der journalistischen Arbeit hatte sich zur Zeit des Untersuchungszeitraums in der Mitte des 20. Jahrhunderts die moderne Redaktion herausgebildet.[19] Im anglo-amerikanischen Journalismus waren die Redaktionen hochgradig arbeitsteilig entlang unterschiedlicher Rollen und Zuständigkeiten organisiert, mit starken Hierarchien und mehr oder weniger geprägt von professionellen Routinen und beruflicher Ethik.

Auslandskorrespondenten waren 1945 ein etablierter Teil dieser Medienorganisationen. Während die britischen Medien – in ihrer Mehrzahl angesiedelt in der Hauptstadt der Hegemonialmacht des 19. Jahrhunderts – bereits auf eine längere Tradition der Auslandsberichterstattung zurückblicken konnten, hatte auch die US-amerikanische Auslandsberichterstattung seit den 1920er Jahren eine erhebliche Ausweitung und Professionalisierung durchlaufen, was durch den Zweiten Weltkrieg noch einmal verstärkt worden war.[20] Diese Grundannahme zur Bedeutung der organisationalen Kontexte für die journalistische Praxis ist in den Kommunikationswissenschaften seit langem Kon-

---

17 Für einen Überblick über die strukturelle Entwicklung der Nachrichtenmedien als gesellschaftliche Institution im 20. Jahrhundert siehe: John C. Nerone, The Media and Public Life, Cambridge 2015.

18 Today's 6-page paper: INSIDE THE EXPRESS YESTERDAY, *Daily Express*, 23. September 1946, S. 1 f.

19 Will Mari, The American Newsroom. A History 1920–1960, Columbia, MO 2021.

20 Für einen Überblick über die Geschichte der US-amerikanischen Auslandskorrespondenten siehe: John Maxwell Hamilton, Journalism's Roving Eye. A History of American Foreign Reporting, Baton Rouge, LA 2009; für einen kurzen, aber umfassenden Überblick zur Geschichte der britischen Auslands-korrespondenten siehe: Andrew Marr, My Trade. A Short History of British Journalism, London u. a. 2004, S. 325–350. Einen sehr guten Überblick für den Zeitraum von 1890 bis 1960 bietet auch der Sammelband: Frank Bösch u. Dominik Geppert (Hg.), Journalists as Political Actors. Transfers and Interactions between Britain and Germany since the late 19th Century, Augsburg 2008.

sens.[21] Bereits 1955 hat Warren Breed in seiner Arbeit zur sozialen Kontrolle in Redaktionen herausgearbeitet, wie organisationsspezifische politische Richtlinien durchgesetzt werden, obwohl sie teilweise gegen journalistische Normen und persönliche Ansichten von Journalisten verstoßen und die Befolgung von der Hierarchie nicht legitimerweise eingefordert werden kann.[22] Seitdem sind zahlreiche Untersuchungen erschienen, die den organisationalen Kontext nicht mehr nur als die politischen Richtlinien des Besitzers konzeptualisieren, sondern Produktionskulturen in den Blick nehmen. Unter redaktionellen Produktionskulturen versteht Michael Brüggemann die *„Gesamtheit der Deutungsmuster, die sich im Denken und in den Diskursen, Praktiken und den journalistischen Produkten einer Redaktion äußern.* [hervorgehoben im Original, E. S.]"[23] Am Ende kommen die kommunikationswissenschaftlichen Arbeiten aber zu dem gleichen Ergebnis: Sie betonen den redaktionellen Kontext als den wichtigsten Faktor für das Verständnis der Entstehung und Darstellung von Nachrichten.[24]

Daher überrascht es, dass die Mediengeschichte diese Erkenntnisse in der akteurszentrierten Forschung nicht berücksichtigt.[25] Diese Untersuchung hat deshalb zum Ziel, diese Lücke rund um den Entstehungsprozess journalistischer Aussagen mit Hilfe eines neuen Ansatzes in der Mediengeschichte zu schließen. Um die Medien nicht als monolithischen Block zu betrachten, sondern die internen Akteurskonstellationen und Strukturen der Medienorganisationen in den Blick zu nehmen, schlage ich vor, sich des Werkzeugkastens kommunikationswissenschaftlicher Medien- und Journalismustheorien zu bedienen.[26] Mit dessen Hilfe lassen sich

---

21 Zur soziologischen Wende der kommunikationswissenschaftlichen Forschung in den 1970er Jahren siehe: Stig Hjarvard, The study of news production, in: Klaus Bruhn Jensen (Hg.), A Handbook of Media and Communication Research. Qualitative and quantitative methodologies, London u. New York 2012, S. 87–105.

22 Warren Breed, Social Control in the Newsroom: A Functional Analysis, in: Social Forces, 33, 1955, H. 4, S. 326–335.

23 Michael Brüggemann, Journalistik als Kulturanalyse. Redaktionskulturen als Schlüssel zur Erforschung journalistischer Praxis, in: Olaf Jandura, Thorsten Quandt u. Jens Vogelgesang (Hg.), Methoden der Journalismusforschung, Wiesbaden 2011, S. 47–66, hier S. 54.

24 Für einen Überblick siehe: Paschal Preston u. Monika Metykova, From news nets to house rules. Organisational contexts, in: Paschal Preston (Hg.), Making News. Journalism and news cultures in Europe, London u. a. 2009, S. 72–91.

25 Siehe unten den Forschungsstand zur Mediengeschichte.

26 Diese Untersuchung folgt keiner einzelnen Theorie, sondern bedient sich verschiedener Ansätze, wie es die Metapher des Werkzeugkastens nahelegt. Konkret verdeutlicht wird dies bei der Ausarbeitung der fünf analytischen Kategorien zur Untersuchung der journalistischen Praxis auf den folgenden Seiten. Auf die wichtigsten Theorien sei hier aber bereits hingewiesen: Die auf Anthony Giddens Strukturationstheorie basierende Theorie des Journalismus als organisationales Handlungsfeld ist besonders gut für die Analyse der organisationalen Kontexte geeignet und enthält wichtige Anregungen für das Verhältnis von Akteur und Struktur. Siehe hierzu: Altmeppen u. Arnold,

analytische Kategorien bestimmen, die es ermöglichen, die journalistische Praxis der Korrespondenten in ihren vielfältigen intraorganisationalen Wechselwirkungen zu untersuchen. Gleichzeitig ermöglicht die differenzierte Darstellung der Medienorganisationen auch eine differenzierte Untersuchung der interorganisationalen Wechselwirkungen zwischen Medien, Militär und Politik, die so wichtig für das Verständnis der Auslandsberichterstattung sind. Außerdem ist eine solche systematische intra- und interorganisationale Analyse der journalistischen Praxis die Voraussetzung dafür, mögliche Unterschiede zwischen den Produktionskulturen unterschiedlicher Medienorganisationen oder Mediengattungen in den Blick zu nehmen. Mit anderen Worten: Die kommunikationswissenschaftlichen Medien- und Journalismustheorien sind der Hebel, um den Deckel der Blackbox zu lüften und den Entstehungsprozess journalistischer Aussagen analysier- und vergleichbar zu machen.

Um die journalistische Praxis zu rekonstruieren und nicht ausschließlich auf publizierte retrospektive Selbststilisierungen oder heroische Fremdzuschreibungen angewiesen zu sein und das komplexe Forschungsdesign auch umsetzen zu können, bedarf es der entsprechenden Quellen. Quellen aus den Organisationskontexten und Nachlässen von Journalisten ergänzt um Quellen staatlicher Organisationen waren notwendig, um zumindest ansatzweise der flüchtigen alltäglichen Praxis journalistischer Arbeit auf die Spur zu kommen. Somit zeichnet sich meine Darstellung durch zweierlei aus: einen für die Geschichtswissenschaft innovativen, interdisziplinären Zugang zur Mediengeschichte und eine aufwendige Quellenrecherche in US-amerikanischen, britischen und australischen Archiven, die zum Teil bisher unbekannte Dokumente zutage gefördert hat.

Fünf Kategorien leiten die Analyse der journalistischen Praxis im Rahmen der unterschiedlichen organisationalen Kontexte an: Die technische und organisatorische Infrastruktur, die Rollenbilder der Korrespondenten, die Wechselwirkungen zwischen Korrespondenten und Redaktionen, die Wechselwirkungen mit Anklage und Verteidigung sowie der historische Kontext, in dem sich die Korrespondenten bewegten.

Die US-amerikanischen und britischen Korrespondenten bilden zwar den Ausgangspunkt der Untersuchung und den Kern meiner Darstellung, doch sie waren abhängig von technischen und organisatorischen Infrastrukturen; sie bewegten sich in einem Netz von Wechselwirkungen mit Redakteuren und politischen Akteuren; sie deuteten das Geschehen vor dem Hintergrund des historischen Kontextes,

---

Journalistik. Ein auf den Arbeiten Bourdieus basierender kulturtheoretischer Ansatz stammt von: Brüggemann, Journalistik als Kulturanalyse. Einen breit rezipierten systemtheoretischen Ansatz hat Siegfried Weischenberg entwickelt. Für diese Arbeit ist seine eigene Adaption für die empirische Forschung das zentrale Werk: Siegfried Weischenberg, Maja Malik u. Armin Scholl, Die Souffleure der Mediengesellschaft. Report über die Journalisten in Deutschland, Konstanz 2006.

den sie in Form der Lektüre ihres eigenen Medienerzeugnisses absorbierten. Das bedeutet, dass die Rolle, die ihnen und ihrem Selbstverständnis bei der Produktion dessen zukam, was gedruckt oder gesendet wurde, nur einer von fünf Faktoren war. Und welcher dieser Faktoren letztlich entscheidend war, lässt sich nur im Rahmen der organisationalen Kontexte beurteilen.

Meine zentrale These lautet, dass es große Unterschiede zwischen den redaktionellen Produktionskulturen der Medienorganisationen gab. Welcher Faktor entscheidend für die Aussagenproduktion war, unterschied sich von Medienorganisation zu Medienorganisation. Diese Unterschiede sind deshalb so wichtig, weil sie ganz unterschiedliche journalistische Aussagen und Narrative über den Nürnberger Prozess hervorbrachten und erklären – genauso wie die blinden Flecken in der Berichterstattung.

1. Technische und organisatorische Infrastruktur

Erstens frage ich nach der Infrastruktur, die notwendig war, um die Berichterstattung von Hunderten Korrespondenten aus dem zerstörten Nürnberg zu ermöglichen.[27] Die Korrespondenten mussten beherbergt werden und benötigten Transport- und Kommunikationsmöglichkeiten. Auch musste der Gerichtssaal für die zahlreichen Korrespondenten ausgelegt werden und das Gerichtsgebäude über Arbeitsplätze für die Berichterstatter verfügen. Die Frage der Infrastruktur ist unter zwei Gesichtspunkten zu betrachten: Zum einen hatten die Elemente des infrastrukturellen Settings Einfluss auf die Berichterstattung und stellten häufig Probleme dar, mit denen sich die Korrespondenten vor Ort auseinandersetzen mussten. Zum anderen muss die Infrastruktur in einen größeren Zusammenhang gestellt werden, um die Rahmenbedingungen zu verstehen, in denen sich die Korrespondenten bewegten, denn die Frage des infrastrukturellen Settings war Teil der Wechselwirkungen zwischen Politik, Militär, Anklägern und hochrangigen Medienvertretern in Washington und London. Dass sämtliche Infrastruktur von der US-Armee bereitgestellt werden musste, betont in dieser Fallstudie besonders, was auch generell zutrifft: dass Infrastrukturen politisch sind.

---

27 Allgemein zur technischen Entwicklung der Massen- und Kommunikationsmedien siehe: Wolfgang König, Information, Kommunikation, Unterhaltung. Die technische Entwicklung der Massenmedien, in: Ute Daniel u. Axel Schildt (Hg.), Massenmedien im Europa des 20. Jahrhunderts, Köln 2010, S. 59–83; zur Bedeutung von technologischem Wandel und Journalismus im Besonderen siehe: Henrik Örnebring, Technology and journalism-as-labour: Historical perspectives, in: Journalism 11, 2010, H. 1, S. 57–74; Martin Schreiber u. Clemens Zimmermann (Hg.), Journalism and technological change. Historical perspectives, contemporary trends, Frankfurt a. M. u. New York 2014.

2. Journalistische Rollenbilder

Zweitens frage ich nach den Rollenbildern der US-amerikanischen und britischen Korrespondenten sowie der Handlungsrelevanz dieser Rollenbilder in der journalistischen Praxis. Die USA stellten gefolgt von Großbritannien das größte Kontingent an Auslandskorrespondenten.[28] Für die Mehrheit der Korrespondenten war der Zweite Weltkrieg ein entscheidender Schritt in ihren Karrieren und ihrer beruflichen Sozialisation gewesen. In Nürnberg trugen diese Kriegsberichterstatter die längste Zeit die Uniformen ihrer Armeen, die sie bereits im Krieg getragen hatten. Sie waren von Radiosendern, Nachrichtenagenturen, Zeitungen und Zeitschriften entsandt worden oder auf eigene Faust als freie Journalisten nach Nürnberg gereist. Die Gruppe der Korrespondenten bestand in ihrer Mehrzahl aus Männern. Die Korrespondentinnen bildeten allerdings keinesfalls eine kleine oder unwichtige Minderheit. Die Binnenstruktur der in einer eigenen Villa untergebrachten Gruppe erwies sich in Bezug auf Herkunft, Alter, berufliche Sozialisation und politische Überzeugungen als genauso heterogen wie die der männlichen Kollegen.[29]

Journalistische Rollenbilder sind potenziell mehrdimensional. Unterschiedliche Rollenbilder schließen sich nicht gegenseitig aus, sondern stehen in einer losen, hierarchischen Ordnung, die eine situative Relativierung erlaubt.[30] Dieser Grundsatz ist insbesondere vor dem Hintergrund der Rollendifferenzierung und der daraus resultierenden funktionalen Arbeitsteilung im US-amerikanischen und britischen Journalismus von besonderer Bedeutung. Auch ist zu fragen, inwiefern die Korrespondenten durch die berufliche Sozialisation in einer Redaktion weitestgehend Rollenerwartungen internalisierten oder Selbstbilder in Konflikt mit den Erwartungen standen.

Die Meinungen in den Kommunikationswissenschaften dazu, welche Bedeutung Rollenbilder besitzen, sind breit gefächert. Laut Weischenberg et al. schreiben einige Forscher den Rollenbildern große Bedeutung für das Handeln der Journalisten zu, andere halten sie für „eine ideologische Selbsttäuschung"[31], die aufgrund von redaktionellen Zwängen und Einflussnahmen aus Politik und Wirtschaft nichts mit der journalistischen Praxis zu tun hätten. Fest steht, dass man nicht direkt von

---

28 Correspondents At Nurnberg Trials, o. D., NARA, RG 238, Entry 51, Box 26, Folder: Press Coverage.
29 Ich habe 28 britische und US-amerikanische Korrespondentinnen identifizieren können; zur Geschichte von Frauen im US-amerikanischen Journalismus allgemein siehe: Carolyn Kitch, Women in Journalism, in: W. David Sloan u. Lisa Mullikin Parcell (Hg.), American Journalism. History, Principles, Practices, Jefferson City, NC, u. London 2002, S. 87–96; zur Geschichte von Frauen in der Kriegsberichterstattung siehe: Carolyn M. Edy, The woman war correspondent, the U.S. military, and the press, 1846–1947, Lanham, MD 2017.
30 Weischenberg, Malik u. Scholl, Souffleure der Mediengesellschaft, S. 100 f.
31 Ebd., S. 98.

den Rollenbildern der Korrespondenten auf ihr journalistisches Handeln schließen kann, weshalb sich die Frage nach der Handlungsrelevanz von Rollenbildern in organisationalen Handlungskontexten stellt.

3. Wechselwirkungen zwischen Korrespondenten und Redaktionen

Damit komme ich zum dritten Punkt und zum Kern der Untersuchung: der Frage nach den Wechselwirkungen zwischen Korrespondenten und Redaktionen.[32] Ende der 1970er Jahre setzte in den US-amerikanischen Kommunikationswissenschaften eine soziologische Wende in der Erforschung des Journalismus ein. Die Arbeiten stellten die Organisation ins Zentrum der Analyse des Journalismus. Stig Hjarvard fasst die zentralen Erkenntnisse zusammen:

> The production of news takes place in institutional and organizational settings in which the type of ownership, managerial hierarchies, allocation of resources, available technology, and market considerations influence how news reporters work and, therefore, the kinds of stories they produce.[33]

Zum Zeitpunkt des Nürnberger Prozesses waren Auslandskorrespondenten ein etablierter Teil der US-amerikanischen und britischen Medienorganisationen.[34] Auch Auslandskorrespondenten sind ein Teil der organisationalen Settings der Redaktionen, die nicht auf Bürogebäude beschränkt sind, sondern Handlungszusammenhänge darstellen.[35] Es geht somit um die Untersuchung unterschiedlicher organisationaler Settings und Produktionskulturen[36] im Bereich der Auslandsberichterstattung der Medienorganisationen und um die Frage, auf welche Art und Weise sie das Handeln der Korrespondenten strukturierten. Die Redaktionen hatten die Themenkonjunkturen der Medienmärkte, die wahrgenommenen Publikumsinteressen sowie die redaktionellen Leitlinien im Blick. Aus den Wechselwirkungen mit der Redaktion ergaben sich die durch Arbeitsteilung, Darstellungsformen, Platzvorgaben und Themenauswahl strukturierten Berichtroutinen.

Die Ausgestaltung dieser Wechselwirkungen konnte allerdings unterschiedliche Formen annehmen. Das Spektrum reichte von der ohnmächtigen oder unbewuss-

---

32 Zum Begriff der Wechselwirkung siehe: Georg Simmel, Soziologie. Untersuchungen über die Formen der Vergesellschaftung, Frankfurt a. M. 1992 (1908), S. 13 ff.

33 Hjarvard, The study of news production, S. 87 f.

34 Morell Heald, Transatlantic Vistas. American Journalists in Europe, 1900–1940, Kent, OH u. London 1988; Hamilton, Roving Eye.

35 Brüggemann, Journalistik als Kulturanalyse. S. 54.

36 Altmeppen u. Arnold, Journalistik, S. 13 ff.; Brüggemann, Journalistik als Kulturanalyse.

ten Reproduktion redaktioneller Leitlinien, was hochgradig selbstreferentielle und teilweise dysfunktionale Berichtsroutinen zur Folge hatte, bis zur Nutzung von gewährten großen individuellen Autonomiespielräumen, was abweichende Erzählungen über den Prozess produzierte. Die Machtzentren blieben aber immer die Redaktionen. Deshalb waren die Wahrnehmungen des Geschehens vor Gericht durch die Korrespondenten in Nürnberg häufig zu einem hohen Maße strukturiert durch redaktionelle und nationale Kontexte. Es zieht sich wie ein roter Faden durch diese Arbeit, dass der Versuch, die journalistische Praxis in Nürnberg zu analysieren, permanent erfordert, den Blick nach Washington, New York, London oder Manchester zu richten – genau wie die Korrespondenten und die Ankläger es taten.

Mein Ansatz sieht vor, redaktionelle Kontexte von Medienorganisationen in den USA und Großbritannien zu untersuchen. Dazu betrachte ich unterschiedliche Mediengattungen und habe – wo möglich – innerhalb dieser Mediengattungen verschiedene Medienorganisationen ausgewählt, die unterschiedliche Marktsegmente bedienten und sich unterschiedlichen politischen Lagern zurechnen lassen. Einbezogen in die Untersuchung habe ich deshalb die US-amerikanische Nachrichtenagentur Associated Press (AP), die beiden US-amerikanischen Zeitschriften *Time Magazine* und *New Yorker*, drei britische Zeitungen (*The Times, News Chronicle, Daily Express*), den britischen Radiosender BBC und die freie Journalistin Pauline Frederick.

Bei der Untersuchung der Intentionen der Korrespondenten und der Frage, inwiefern die Redakteure andere Interessen verfolgten, die keinen Platz für das autonome Agieren der Korrespondenten ließen, darf man jedoch nicht vergessen, dass in einigen Situationen weder die Korrespondenten noch die Redakteure die Situation kontrollierten, wie Weischenberger et al. betonen:

> Wir müssen folglich gerade im Bereich des brisanten Politikjournalismus klar differenzieren: zwischen einerseits den beruflichen Absichten und deren Möglichkeiten, sie im beruflichen Alltag umzusetzen, und andererseits den davon unabhängigen, aber folgenreichen indirekten Wirkungen, die aus der Omnipräsenz der Medien hervorgehen.[37]

Nürnberg war ein Paradebeispiel für diese indirekten Wirkungen: Aus der journalistischen Konkurrenz einer großen Gruppe von Korrespondenten, die auf engstem Raum unter permanenter gegenseitiger Beobachtung arbeiteten, resultierten Situationen, deren Dynamiken die Redakteure wie die Korrespondenten zu Getriebenen machten.

---

37 Weischenberg, Malik u. Scholl, Souffleure der Mediengesellschaft, S. 100.

4. Wechselwirkungen zwischen Korrespondenten und Anklage sowie Verteidigung

Entglitt die Berichterstattung den Beteiligten und geriet zu einem Spektakel sensationalistischer Falschmeldungen, standen nicht zuletzt die Ankläger und deren Öffentlichkeitsarbeit vor einem Problem. Zwar kämpften sie verbissen um mediale Aufmerksamkeit, denn das präzedenzlose Tribunal ohne etablierte Rechtsgrundlage war zu seiner Legitimation in besonderem Maße auf öffentliche Anerkennung angewiesen. Doch sensationalistische Berichterstattung drohte gleichzeitig die Würde des Gerichts zu unterminieren. Das war das letzte, was der US-amerikanische Chefankläger Robert H. Jackson wollte. Die Wechselwirkungen zwischen den Anklägern, den Verteidigern und den Korrespondenten stellen somit den vierten Punkt der Untersuchung dar.

Zwischen den Korrespondenten und den alliierten Anklägern entstand ein wechselseitiges Abhängigkeitsverhältnis, da letztere den Prozess sowohl vor Gericht als auch in den Medien führten. Die Ankläger nutzten ihre Kontakte zu Verlegern und Redakteuren in der Heimat, ihren PR-Apparat für die Korrespondenten in Nürnberg und ihre privilegierten Sprecherpositionen in den medialen Diskursen. Aus diesem Grund waren die Wechselwirkungen der Ankläger mit den Korrespondenten und Redakteuren ein wichtiger Faktor für die Berichterstattung der britischen und US-amerikanischen Korrespondenten.

Die Berücksichtigung der Perspektive der Ankläger und ihrer Öffentlichkeitsarbeit ist auch deshalb so wichtig, weil ihre Aktivitäten keineswegs auf die Korrespondenten vor Ort in Nürnberg beschränkt waren. Um die Bedeutung der Redaktionen als die eigentlichen Machtzentren wissend, suchten die Ankläger immer wieder den Kontakt zu Redakteuren und Verlegern in den USA und Großbritannien. Insofern gilt es auch die „Beziehungsgeschichten"[38] zwischen Anklägern und Medienvertretern in diesem spezifischen historischen Kontext zu untersuchen. Dabei soll die Frage geklärt werden, welchen Einfluss die Ankläger auf die Medienvertreter und deren Berichterstattung nahmen und welche Auswirkungen die Medienvertreter und deren Omnipräsenz wiederum auf den Grad der Medialisierung der Prozessführung durch die Ankläger hatten.

Die Ziele der US-amerikanischen und britischen Ankläger waren auf das Engste mit den jeweiligen Kriegserfahrungen und dem politischen Kontext der Nachkriegszeit verbunden. Die US-amerikanische Anklage unter Robert H. Jackson verfolgte neben dem eigentlichen Ziel der Verurteilung der 24 Hauptkriegsverbrecher eine klare Agenda: Jacksons erklärtes Ziel war es, Angriffskriege im internationalen Recht als illegal zu brandmarken und die individuelle Verantwortung

---

38 Ute Daniel, Beziehungsgeschichten. Politik und Medien im 20. Jahrhundert, Hamburg 2018.

von Staatsmännern und Militärs im internationalen Recht festzuschreiben. Vor dem Hintergrund zweier Weltkriege, die ihren Ausgang in Europa nahmen und in denen die USA im Namen von Freiheit und Demokratie intervenierten, sollte der Nürnberger Prozess ein Baustein in der internationalen Friedensordnung werden. Lawrence Douglas hat zur Beschreibung der US-amerikanischen Agenda den Begriff „aggressive war paradigm"[39] eingeführt.

Die britische Regierung hingegen hatte sich lange gegen einen Prozess gewehrt und über die Verurteilung der Angeklagten und die Wiederherstellung von Recht und Moral in den internationalen Beziehungen hinaus keine klare Agenda. Dies änderte sich im Laufe des Prozesses. Die britischen Ankläger zeigten sich vor dem Hintergrund der Beweisvorträge auch der französischen und sowjetischen Anklage schockiert über das Ausmaß der deutschen Kriegsverbrechen wie auch der deutschen Verbrechen gegen die Menschlichkeit. Sie benannten klar den Holocaust als das eigentliche Verbrechen der Nationalsozialisten und forderten, die Menschenrechte über staatliche Souveränität zu stellen. Douglas hat für diese Verschiebung des Schwerpunktes des Prozesses im Gegensatz zur US-amerikanischen Agenda den Begriff „atrocities paradigm"[40] eingeführt. Die britischen Ankläger legten somit den Schwerpunkt auf Verbrechenskomplexe, die nur mittelbar zu den britischen Kriegserfahrungen zählten.

Die Verteidiger verfolgten ebenfalls eine vergangenheitspolitische Agenda, die auf das Engste mit den politischen Zielen der Nachkriegszeit verbunden war. Und falls sie nicht selbst auf die Idee gekommen wären, die Medien für ihre Zwecke zu nutzen, so hätten die ausländischen Korrespondenten ihnen diese Bühne geradezu aufgedrängt. Die heterogene Gruppe der Verteidiger einte die Ablehnung der Kollektivschuldthese.[41] Sie konnten nicht mit den Sympathien der Korrespondenten rechnen, aber mit deren Bedürfnissen. So eröffnet sich eine weitere Perspektive auf die Funktionsweise der Medien.

---

39 Lawrence Douglas, From IMT to NMT. The Emergence of a Jurisprudence of Atrocity, in: Kim Christian Priemel u. Alexa Stiller (Hg.), Reassessing the Nuremberg Military Tribunals. Transitional justice, trial narratives, and historiography, New York 2012, S. 276–295.

40 Ebd.

41 Für einen Überblick zur Bedeutung der Kollektivschuldthese in der deutschen Vergangenheitspolitik siehe: Frauke Klaska, Kollektivschuldthese, in: Torben Fischer u. Matthias N. Lorenz (Hg.): Lexikon der „Vergangenheitsbewältigung" in Deutschland. Debatten- und Diskursgeschichte des Nationalsozialismus nach 1945, Bielefeld 2007, S. 43 f.

5. Der zeithistorische Kontext

Nachrichten waren und sind relational. Das betrifft sowohl den Platz innerhalb eines Medienerzeugnisses, der für ein Ereignis oder Thema angesichts paralleler Ereignisse und Themen erübrigt wird, als auch die Deutung oder Bedeutung von Ereignissen und Themen. Deshalb ist es wichtig, den zeithistorischen Kontext, die fünfte und letzte analytische Kategorie, zu berücksichtigen.

Erstens ist zu beachten, dass der Nürnberger Prozess nur ein Teil in der juristischen Ahndung deutscher Verbrechen durch die Alliierten war. Im Kontext der US-amerikanischen und britischen Berichterstattung muss vor allem auf die Dachauer Prozesse und den Bergen-Belsen-Prozess verwiesen werden, in denen die Mannschaften und die Leitung von Konzentrationslagern vor Militärgerichten in den jeweiligen Besatzungszonen angeklagt wurden.

Zweitens wurde in Nürnberg die Geschichte des Zweiten Weltkrieges vor Gericht verhandelt. Diese Geschichte war in den USA und Großbritannien nicht unumstritten und so wurde die Berichterstattung über den Nürnberger Prozess Teil der Auseinandersetzungen über die Deutungskämpfe der Geschichte des Zweiten Weltkrieges.

Drittens berührte der Nürnberger Prozess auch die Frage nach der Zukunft. Nach zwei Weltkriegen und dem Einsatz zweier Atombomben stellte sich die Frage, wie eine zukünftige Friedensordnung aussehen könnte. In der unmittelbaren Nachkriegszeit wurde der Versuch unternommen, internationale Institutionen zu gründen, die eine friedliche Zusammenarbeit der Nationen ermöglichen sollten. Der Nürnberger Prozess und seine rechtlichen Grundlagen waren als ein Baustein dieser Neuordnung gedacht. Allerdings stand und fiel ein solcher Versuch mit der Entwicklung der Beziehungen der ehemaligen Waffenbrüder in Ost und West. Nürnberg war eine permanente Referenz in der Debatte über die Konfrontation der Westmächte und der Sowjetunion.

Den Anklägern spielte in die Hände, dass die von ihnen in Nürnberg während des Tribunals aufrechterhaltene Allianz des Zweiten Weltkrieges auch in der britischen und US-amerikanischen Medienberichterstattung über den Prozess anhielt. Der Nürnberger Prozess war eine Insel der alliierten Kooperation und eine diskursive Insel in der Medienberichterstattung. Denn die unübersichtliche Nachkriegszeit und der beginnende Kalte Krieg hatten die paradoxe Auswirkung, dass die Berichterstattung über die Sowjetunion im Kontext des Prozesses gerade nicht kritischer wurde. Das Tribunal war die einzige verbliebene positive Referenz in der Debatte über eine friedliche Nachkriegsordnung. In der Berichterstattung wurde die Kooperation der Großmächte betont, statt die Konflikte hervorzuheben und Nürnberg zu einem Schauplatz des beginnenden Kalten Krieges zu machen.

Und viertens gab es Themen, die in Zusammenhang mit den in Nürnberg verhandelten Sachverhalten standen, bei denen allerdings eine direkte Bezugnahme mit wenigen bezeichnenden Ausnahmen vermieden wurde. Die Kriegsführung der Alliierten, die Rassentrennung in den USA, der bürgerkriegsähnliche Zustand zwischen britischer Besatzungsarmee und Teilen der jüdischen Bevölkerung in Palästina sowie die Frage der jüdischen Einwanderung nach Palästina waren Teil des politischen Kontextes der Nachkriegszeit und hatten einen direkten Bezug zu den vor Gericht verhandelten Themen, wurden aber weitestgehend ignoriert.

Quellen

Diese Untersuchung stellt die Korrespondenten in den Mittelpunkt. Zur Analyse ihrer Praxis braucht es Quellen aus den Nachlässen von Korrespondenten und Quellen aus dem Kontext der Medienorganisationen. Die Zahl der zugänglichen Archive von Medienorganisationen ist relativ gering. Eine zentrale Quelle ist die Korrespondenz zwischen den Korrespondenten und den Redaktionen, die häufig lediglich in Telegrammen, formuliert in der Kurzschrift „cablese" verfasst waren.[42] Wenn es zu Problemen mit der Berichterstattung kam, finden sich in dieser Quellenart die journalistischen Routinen thematisiert, die ansonsten als unbewusste automatisierte Handlungen schwer zu greifen sind. In den Archiven der Medienorganisationen sind z. T. auch noch Planungen der Berichterstattung aus Deutschland und Quellen zu den Kontakten der Redakteure oder der Verleger mit Politikern, Anklägern und Besatzungsbehörden zu finden.

Die Nachlässe der Korrespondenten und Verleger enthalten ebenfalls Quellen aus dem beruflichen Kontext. Neben der Korrespondenz mit Redakteuren und Verlegern finden sich teilweise große Mengen an Telegrammen mit den originalen Meldungen der Korrespondenten aus Nürnberg, bevor diese redaktionell bearbeitet und veröffentlicht wurden. Daraus ergibt sich die Möglichkeit einer Rekonstruktion der redaktionellen Bearbeitung der von den Korrespondenten übermittelten Meldungen. Aus dem persönlichen Bereich handelt es sich vor allem um Selbstzeugnisse in Form von Korrespondenz mit Familie und Freunden sowie um Tagebücher und Terminkalender. Im Idealfall ergibt sich so eine dichte Überlieferung, die es ermöglicht, die Korrespondenten im persönlichen und beruflichen Kontext zu analysieren.

Zur Analyse der Öffentlichkeitsarbeit der Ankläger sind die Bestände der Nationalarchive in den USA und Großbritannien sowie Nachlässe von Anklägern herangezogen worden.

Ein wichtiger Grund, warum eine Geschichte der journalistischen Praxis trotz der Konjunktur der Mediengeschichte immer noch ein Forschungsdesiderat ist, ist

---

42 Richard M. Harnett, Wirespeak. Codes and Jargon of the News Business, San Mateo, CA 1997.

die aufwendige Recherche der beschriebenen Quellen. Es bedurfte jahrelanger Recherche und mehrerer Reisen kreuz und quer durch die USA und Großbritannien, um die Quellengrundlage für meine Forschungsarbeit zusammenzutragen. Dieser schwierigen Quellenlage ist denn auch in erster Linie die Auswahl der untersuchten Korrespondenten und Medienorganisationen geschuldet und damit mehr als sonst auch den Zufällen der historischen Überlieferung. Fälle mit einer ausreichenden Quellenlage zur Umsetzung des Forschungsdesigns sind schlicht rar gesät. Letztlich – und das ist das Entscheidende – hat der Nürnberger Prozess aber ausreichend Quellen generiert, um sämtliche Mediengattungen abzudecken und auch Vergleiche zwischen Medienorganisationen einer Mediengattung vorzunehmen.

Forschungsstand zum Nürnberger Prozess

Neben einer Reihe von Memoiren Beteiligter[43] und materialreichen früheren Arbeiten[44] setzte in den 1990er Jahren eine Phase der programmatischen Auseinandersetzung mit dem Nürnberger Prozess unter den Vorzeichen der Erinnerungskultur und der Holocaustforschung ein.[45] Statt die bereits während des Nürnberger Prozesses geführte Debatte über Siegerjustiz und retroaktive Gesetzgebung fortzusetzen oder die Verdienste des Prozesses um die zeithistorische Forschung zu preisen[46], fragten die Autoren nach der Repräsentation des Holocaust vor dem Tribunal und der Bedeutung der juristischen Auseinandersetzung mit dem Holocaust für die Erinnerungskultur. Unter dieser Perspektive wurden die Versuche, die deutschen Verbrechen juristisch zu fassen, und die Strategien der einzelnen nationalen Anklageteams untersucht. Ergebnis war erstens die Vorrangstellung des Angriffskrieges im Prozessdesign, dem die Anklagepunkte Kriegsverbrechen und Verbrechen gegen

---

43 Eine Bibliografie der Memoiren von Prozessbeteiligten findet sich in: Kim Christian Priemel u. Alexa Stiller (Hg.), NMT. Die Nürnberger Militärtribunale zwischen Geschichte, Gerechtigkeit und Rechtschöpfung, Hamburg 2013, S. 843–851.

44 Bradley F. Smith, Der Jahrhundert-Prozeß. Die Motive der Richter von Nürnberg, Anatomie einer Urteilsfindung, Frankfurt a. M. 1977; ders., The Road to Nuremberg, New York 1981; Arieh J. Kochavi, Prelude to Nuremberg: Allied War Crimes Policy and the Question of Punishment, Chapel Hill, NC u. a. 1998; Robert E. Conot, Justice at Nuremberg, New York 1983; Ann Tusa u. John Tusa, The Nuremberg Trial, London 1983.

45 Für einen Überblick und eine Einordnung des Nürnberger Prozesses siehe: Norbert Frei (Hg.), Transnationale Vergangenheitspolitik: der Umgang mit deutschen Kriegsverbrechern in Europa nach dem Zweiten Weltkrieg, Göttingen 2006.

46 Peter Steinbach, NS-Prozesse in der Öffentlichkeit, in: Claudia Kuretsidis-Haider, Winfried R. Garscha (Hg.), Keine „Abrechnung": NS-Verbrechen, Justiz und Gesellschaft in Europa nach 1945, Leipzig u. Wien 1998, S. 397–420; Michael Marrus, The Holocaust at Nuremberg, in: Yad Vashem Studies, 26, 1998, S. 5–41.

die Menschlichkeit nachgeordnet waren. Die beiden letzten Anklagepunkte fielen nur in den Zuständigkeitsbereich des Tribunals, wenn sie im Zusammenhang mit Anklagepunkt II (Verbrechen gegen den Frieden) standen („nexus requirement"). Zweitens verfolgten die jeweiligen Anklageteams nationale Interessen und produzierten Erzählungen vor Gericht aus nationaler Perspektive. Die Folgen seien, wie Bloxham am schärfsten formulierte, eine bewusste Marginalisierung und Missrepräsentation des Holocaust vor Gericht mit verheerenden Auswirkungen auf die Geschichtsschreibung und Erinnerungskultur gewesen.[47]

Kim Christian Priemel und Lawrence Douglas haben dem in jüngster Zeit widersprochen.[48] Sie stellen weder in Frage, dass die Anklageteams maßgeblich von den jeweils eigenen Kriegserfahrungen und nationalen Interessen der Nachkriegszeit beeinflusst waren, noch bezweifeln sie, dass Jackson eindeutig den Schwerpunkt auf das Verbot von Angriffskriegen legte („aggressive war paradigm"[49]). Was sie jedoch in Frage stellen, ist die Methodik, die Verhandlungen in Nürnberg am Forschungsstand der Gegenwart zu messen und auf dieser Grundlage Urteile zu fällen. Priemel hat weiterhin herausgearbeitet, dass der Holocaust während des Prozesses permanent thematisiert wurde, häufiger als jedes andere verhandelte Verbrechen. Beide Autoren sprechen von einem Lernprozess der britischen und französischen Ankläger aufgrund der Auseinandersetzung mit den Beweismitteln während des Prozesses. Sie kommen zu dem Schluss, dass die britischen und französischen Ankläger in ihren Abschlussplädoyers keinen Zweifel mehr daran ließen, dass der Holocaust das eigentliche Verbrechen der Nationalsozialisten war („atrocities paradigm"[50]). Bloxham räumt mittlerweile eine Verschiebung der Schwerpunkte durch die Anklage zumindest bei den Nürnberger Nachfolgeprozessen ein, deutet

---

47 Donald Bloxham, Genocide on Trial. War Crimes Trials and the Formation of Holocaust History and Memory, Oxford u. a. 2001; ders., The Missing Camps of Aktion Reinhard. The Judicial Displacement of a Mass Murder, in: Peter Gay u. Kendrick Oliver (Hg.), The Memory of Catastrophe, Manchester 2004, S. 118–134; Lawrence Douglas, The Memory of Judgment. Making Law and History in the Trials of the Holocaust, New Haven, CT u. a. 2001; Mark Osiel, Mass Atrocity, Collective Memory and the Law, New Brunswick, NJ 1997; Erich Haberer, History and Justice. Paradigms of the Prosecution of Nazi Crimes, in: Holocaust and Genocide Studies, 19, 2005, H. 3, S. 487–519; Tony Kushner, The Holocaust and the Liberal Imagination. A Social and Cultural History, Oxford 1994.

48 Kim Christian Priemel, Beyond the Saturation Point of Horror. The Holocaust at Nuremberg Revisited, in: Journal of Modern European History, 14, 2016, H. 4, S. 522–547; ders., The Betrayal. The Nuremberg Trials and German Divergence, Oxford u. New York 2016; Douglas, From IMT to NMT; eine weitere methodische Kritik an Bloxham findet sich bei: Georg Wamhof, Gerichtskultur und NS-Vergangenheit. Performativität – Narrativität – Medialität, in: ders. (Hg.), Das Gericht als Tribunal oder: Wie der NS-Vergangenheit der Prozess gemacht wurde, Göttingen 2009, S. 9–37, hier S. 17 f.

49 Douglas, From IMT to NMT.

50 Ebd.

diesen Lernprozess aber als eine nicht intendierte Folge des aus anderen Gründen begonnenen Prozessprogramms.[51] Die Repräsentation des Holocausts, die neuen Tatbestände des Genozids und der Verbrechen gegen die Menschlichkeit und die Rolle jüdischer Interessenvertretungen und Juristen erfreut sich weiterhin großen Forschungsinteresses, wobei die Ergebnisse so widersprüchlich bleiben wie zu Beginn der Forschungen.[52] Es hat inzwischen einen regelrechten Boom der Forschung über die Geschichte des Nürnberger Prozesses gegeben. Es liegen nun auch Arbeiten zu den Beiträgen Frankreichs[53], der Sowjetunion[54] und zur Rolle der deutschen Verteidiger[55] vor. Ferner ist eine Arbeit zur Wehrmachtgeneralität im Nürnberger Prozess erschienen.[56]

---

51 Donald Bloxham, „Nürnberg" als Prozess. IMT, NMT und institutionelle Lerneffekte, in: Kim Christian Priemel u. Alexa Stiller (Hg.), NMT. Die Nürnberger Militärtribunale zwischen Geschichte, Gerechtigkeit und Rechtschöpfung, Hamburg 2013, S. 493–524.

52 Philippe Sands, East West Street. On the origins of genocide and crimes against humanity, London 2016; James Benjamin Loeffler, Rooted Cosmopolitans. Jews and human rights in the twentieth century, New Haven, CT 2018; Mark Lewis, The birth of the new justice. The internationalization of crime and punishment, 1919–1950, Oxford 2014; Hilary Earl, Prosecuting genocide before the Genocide Convention: Raphael Lemkin and the Nuremberg Trials, 1945–1949, in: Journal of Genocide Research, 15, 2013, H. 3, S. 317–337; Daniel Marc Segesser, Der Tatbestand Verbrechen gegen die Menschlichkeit, in: Kim Christian Priemel u. Alexa Stiller (Hg.), NMT. Die Nürnberger Militärtribunale zwischen Geschichte, Gerechtigkeit und Rechtschöpfung, Hamburg 2013, S. 586–604; Alexa Stiller, Semantics of Extermination. The Use of the New Term of Genocide in the Nuremberg Trails and the Genesis of a Master Narrative, in: Kim Christian Priemel u. Alexa Stiller (Hg.), Reassessing the Nuremberg Military Tribunals. Transitional justice, trial narratives, and historiography, New York 2012, S. 104–133.

53 Annette Wieviorka, Le procès de Nuremberg, Paris 2009; Antonin Tisseron, La France et le procès de Nuremberg. Inventer le droit international, Paris 2014; Matthias Gemählich, Frankreich und der Nürnberger Prozess gegen die Hauptkriegsverbrecher 1945/46, Mainz 2018.

54 Francine Hirsch, The Soviets at Nuremberg: International Law, Propaganda, and the Making of the Post War Order, in: American Historical Review, 113, 2008, S. 701–730; dies., The Nuremberg Trials as Cold War Competition. The Politics of the Historical Record and the International Stage, in: Marc Silberman u. Florence Vatan (Hg.), Memory and postwar memorials. Confronting the violence of the past, New York 2013, S. 15–30; Irina Schulmeister-André, Internationale Strafgerichtsbarkeit unter sowjetischem Einfluss. Der Beitrag der UdSSR zum Nürnberger Hauptkriegsverbrecherprozess, Berlin 2016.

55 Hubert Seliger, Politische Anwälte? Die Verteidiger der Nürnberger Prozese, Baden-Baden 2016.

56 Jens Brüggemann, Männer von Ehre? Die Wehrmachtgeneralität im Nürnberger Prozess 1945/46. Zur Entstehung einer Legende, Paderborn 2018.

Forschungsstand zur Medienberichterstattung über den Nürnberger Prozess

Angesichts der konstitutiven Bedeutung der medial hergestellten Öffentlichkeit für das Internationale Militärtribunal überrascht es, dass es nur sehr wenig Literatur zur Berichterstattung über den Nürnberger Prozess in den britischen und US-amerikanischen Medien gibt.[57] Die große Mehrheit der vorhandenen Literatur fokussiert auf die mediale Repräsentation des Holocaust. Bereits Bloxham hatte 2001 in seiner grundlegenden Studie zur Repräsentation des Holocaust in den Kriegsverbrecherprozessen die Medienberichterstattung miteinbezogen. Als Teil der Debatte, inwiefern das US-amerikanische Kriegsverbrecherprogramm ein goldenes „Nürnberger Interregnum"[58] der Vergangenheitspolitik dargestellt habe, kam Bloxham zu dem Schluss, dass die alliierten Militärregierungen und die alliierten Korrespondenten lediglich Erfüllungsgehilfen der Ankläger waren.[59] Antero Holmila, Laurel Leff und Caroline Sharples kommen in ihren Arbeiten zur medialen Repräsentation des Holocaust zum gleichen Ergebnis wie Bloxham.[60] Die letztgenannten Autorinnen legen ihren Schwerpunkt jedoch verstärkt auf die Suche nach den Ursachen. Während Sharples in erster Linie argumentiert, der Holocaust wurde in der britischen Presse nicht thematisiert, weil er im Prozess keine Thematisierung erfuhr, fokussieren die anderen beiden Autoren auf Erklärungsansätze, die die Funktionsweise der Medien berücksichtigen. Holmila vergleicht die britische, schwedische und finnische Medienberichterstattung über den Nürnberger Prozess und kommt zu dem Fazit:

> Yet, it is notable that in all cases the nationalistic press narrative and the wartime relationship with Germany carried on being the most important factor in contributing to how the Nuremberg Trial was portrayed.[61]

---

57 Cornelia Vismann, Medien der Rechtssprechung, hg. v. Alexandra Kemmerer u. Markus Krajewski, Frankfurt a. M. 2011, S. 151 f., 223.
58 Jeffrey Herf, Zweierlei Erinnerung. Die NS-Vergangenheit im geteilten Deutschland, Berlin 1998.
59 Bloxham, Genocide on Trial, S. 144.
60 Laurel Leff, Jewish Victims in a Wartime Frame. A Press Portrait of the Nuremberg Trial, in: Debra Kaufman et al. (Hg.), From the Protocols of the Elders of Zion to Holocaust denial trials. Challenging the Media, the Law and the Academy, London 2007, S. 80–101; Antero Holmila, Reporting the Holocaust in the British, Swedish and Finnish Press, 1945–50, Houndmills, Basingstoke, Hampshire u. New York 2011; Caroline Sharples, Holocaust on Trial: Mass Observation and British Media Responses to the Nuremberg Tribunal, 1945–1946, in: dies. u. Olaf Jensen (Hg.), Britain and the Holocaust. Remembering and Representing War and Genocide, New York 2013, S. 31–50.
61 Holmila, Reporting the Holocaust, S. 196.

Die britische Berichterstattung sei ganz auf Göring fokussiert gewesen und habe sich beim Thema Kriegsverbrechen auf die Ermordung britischer Soldaten und die Bombardierung britischer Städte konzentriert.[62]

Leff führt in ihrer Untersuchung der Berichterstattung der *New York Times* zuerst die Bedeutung von Nachrichtenfaktoren an. Der Fokus auf den Angriffskrieg habe die Präferenz der Korrespondenten bedient, Themen mit einer geografischen oder emotionalen Nähe zur Leserschaft auszuwählen.[63] Dann entwickelt sie in einem zweiten Schritt ihre Argumentation weiter: „Finally, and most important, the Nuremberg trial's legal framework fitted journalists' pre-existing understanding of the Second World War and the Jews' role in it.“[64] Vor Kriegsbeginn seien die Juden als eine gefährliche Minderheit angesehen worden, die die USA in einen Krieg verwickeln könnten. Nach Kriegsausbruch stellten die europäischen Juden in zweierlei Hinsicht eine Gefährdung des Kriegseinsatzes dar. Zum einen wäre die Forderung nach einer Rettung der Juden mit den von den USA priorisierten Kriegszielen kollidiert, zum anderen wollte die US-Regierung nicht den Eindruck erwecken, sie führe den Krieg zur Rettung der Juden. Die Presse habe die alliierte Strategie akzeptiert und die Hinweise auf die Verfolgung der Juden heruntergespielt: „The press thus helped to frame the Second World War as an American fight to save all oppressed humanity, encompassing but only tangentially, the Jews.“[65] Die mediengeschichtlichen Arbeiten zeigen dieselben Probleme auf: Neben der Engführung der Untersuchung auf den Holocaust berücksichtigt keine der Arbeiten den gesamten Prozessverlauf. Sie fokussieren auf die Anklage und springen dann, wenn überhaupt, zum Urteil. Damit findet sich bei den mediengeschichtlichen Arbeiten derselbe Befund, den Priemel im Fall der Literatur zum Nürnberger Prozess festgestellt hat. Große Teile scheinen die Transkripte bzw. die Prozessberichterstattung nur lückenhaft ausgewertet zu haben.[66] Keine der mediengeschichtlichen Arbeiten berücksichtigt Priemels und Douglas' neue Erkenntnisse zum Nürnberger Prozess, sie basieren also auf einem veralteten Forschungsstand. Und alle Arbeiten versuchen, ein homogenes nationales Narrativ zu finden. Keine der Arbeiten berücksichtigt Abweichungen von den postulierten nationalen Narrativen oder wäre in der Lage, diese Abweichungen zu erklären.

Mediengeschichtliche Arbeiten, die sich nicht ausschließlich auf die mediale Repräsentation des Holocaust konzentrieren, gibt es nur wenige.[67] Nina Burkhardt

---

62 Ebd.
63 Leff, Wartime Frame, S. 93.
64 Ebd., S. 94.
65 Ebd.
66 Priemel, Holocaust at Nuremberg, S. 523 f.
67 William Bosch hat eine frühe Arbeit zur Wechselwirkung zwischen Öffentlichkeit und US-amerikanischer Außenpolitik verfasst: William Bosch, Judgment on Nuremberg. American attitudes

hat in ihrer Dissertation zur Berichterstattung über NS-Prozesse in belgischen und niederländischen Medien den Nürnberger Prozess lediglich als Vergleichsbeispiel herangezogen. Burkhardt bedient sich des Konzepts des Medienereignisses und kommt in ihrer vergleichend angelegten Arbeit zu dem interessanten Ergebnis, dass es in der Berichterstattung über die Nürnberger Prozesse zwar zahlreiche Verweise auf die Anwesenheit der Journalisten, auf die internationale Aufmerksamkeit und auf die weltgeschichtliche Bedeutung gegeben habe:

> Eine kritische Sichtweise auf den Prozess als Medienereignis wird in den Beiträgen jedoch kaum vertreten. Diese Perspektive wurde beim Nürnberger Prozess eher von der großen Anzahl internationaler Schriftsteller und Intellektueller eingenommen, die dem Verfahren tage- oder wochenweise beiwohnten, wie etwa Erika Mann, Alfred Döblin und John Dos Passos.[68]

Mit dieser Gruppe hat sich Uwe Neumahr in seinem Buch über herausragende schriftstellerische Persönlichkeiten befasst, die über den Prozess berichteten und im zum „Press Camp" umfunktionierten Schloss Stein logierten.[69] Neumahr versammelt eine Schar von auch heute noch illustren Namen der Literaturgeschichte, eine mediengeschichtliche Einordnung von deren Berichterstattung, wie es in Weiterführung der oben zitierten Beobachtung von Burkhardt interessant gewesen wäre, bleibt aber leider aus.

Reflektierter ist dagegen Norman Domeiers Kapitel zum Nürnberger Prozess im Rahmen seiner Studie zu US-amerikanischen Korrespondenten im nationalsozialistischen Deutschland.[70] Vor dem Hintergrund seiner zentralen These der kontinuierlichen transnationalen Austauschprozesse zwischen US-Korrespondenten und dem nationalsozialistischen Deutschland bis zum Kriegsende konstatiert Domeier, dass ihre bedeutende politische Rolle vor Gericht ausgespart worden sei.[71]

---

toward the major German war-crime trials, Chapel Hill, NC 1970. Die Arbeiten zur deutschen Medienberichterstattung haben als Kern die Diskrepanz zwischen öffentlicher und veröffentlichter Meinung zum Thema, teilweise ergänzt um die US-amerikanische Berichterstattung über die alliierte Medienpolitik: Anneke de Rudder, „Warum das ganze Theater?" Der Nürnberger Prozeß in den Augen der Zeitgenossen, in: Jahrbuch für Antisemitismusforschung, 6, 1997, S. 218–242; Heike Krösche, Abseits der Vergangenheit. Das Interesse der deutschen Nachkriegsöffentlichkeit am Nürnberger Prozess gegen die Hauptkriegsverbrecher 1945/46, in: Jörg Osterloh u. Clemens Vollnhals (Hg.), NS-Prozesse und deutsche Öffentlichkeit. Besatzungszeit, frühe Bundesrepublik und DDR, Göttingen 2011, S. 93–105.

68 Nina Burkhardt, Rückblende. NS-Prozesse und die mediale Repräsentation der Vergangenheit in Belgien und den Niederlanden, Münster u. a. 2009, S. 47.

69 Uwe Neumahr, Das Schloss der Schriftsteller. Nürnberg '46. Treffen am Abgrund, München 2023.

70 Domeier, Weltöffentlichkeit und Diktatur, S. 682 ff.

71 Ebd., S. 16 u. 687 f.

Die Absprachen der Berlin-Korrespondenten mit den Angeklagten während der Herrschaft der Nationalsozialisten seien so geheim geblieben. Anschließend an diese Beobachtungen wäre ergänzend zu fragen, wie die Berichterstattung über die Vertreter des nationalsozialistischen Propagandaapparates auf der Anklagebank ausfiel und ob sich daran auch eine grundsätzliche Thematisierung der Rolle der anglo-amerikanischen Medien während des Krieges entzündete.[72]

Forschungsstand zur Mediengeschichte

In seinem Forschungsüberblick zur US-amerikanischen Zeitungsgeschichte von 1959 äußerte sich Allan Nevins kritisch über seine eigene Zunft:

> If newspaper history is marred by thinness and spottiness, and over-emphasis on editorial personalities and opinion as distinguished from reporters and news, it has one still more glaring fault. Taken as a whole, it is deplorably uncritical and some of it is dishonest.[73]

Zeitungsgeschichte ist mittlerweile Mediengeschichte geworden und hat einen erheblichen Korpus an Schriften produziert.[74] Die Tendenz, dass es Arbeiten an kritischer Distanz zu ihrem Gegenstand fehlen lassen, ist trotzdem noch auszumachen. Schaut man auf den Gegenstandsbereich dieser Untersuchung, ist ein klassisches Beispiel die Heldengeschichte über Auslandskorrespondenten von John Hohenberg.[75] Ein jüngeres Beispiel ist Giovanna Dell'Ortos Geschichte der AP. Die Autorin reproduziert journalistische Selbstbeschreibungen, die eine Mischung

---

72 Auf der Anklagebank saßen Hans Fritzsche, der verschiedene Funktionen im Reichsministerium für Volksaufklärung und Propaganda bekleidete, und Walther Funk, ursprünglich Journalist und lange Jahre Hitlers persönlicher Pressechef und Staatssekretär im Reichsministerium für Volksaufklärung und Propaganda.

73 Allan Nevins, American Journalism and Its Historical Treatment, in: Bonnie Brennen u. Hanno Hardt (Hg.), The American Journalism History Reader. Critical and Primary Texts, New York 2011, S. 11–21, hier S. 18.

74 Für einen Überblick der Entwicklung des Faches siehe: Peter Simonson et al., The History of Communication History, in: dies. (Hg.), The Handbook of Communication History, New York u. a. 2013, S. 13–57; Frank Bösch, Mediengeschichte der Moderne: Zugänge, Befunde und deutsche Perspektiven, in: Bohemia 51, 2011, H. 1, S. 21–41; siehe in Abgrenzung zur medienhistorischen Forschung der Geschichtswissenschaft auch: Klaus Arnold, Markus Behmer u. Bernd Semrad (Hg.), Kommunikationsgeschichte. Positionen und Werkzeuge. Ein diskursives Hand- und Lehrbuch, Berlin u. Münster 2008; zur britischen Debatte siehe: Mark Hampton u. Martin Conboy, Journalism History. A Debate, Journalism Studies 15, 2014, H. 2, S. 154–171.

75 John Hohenberg, Foreign Correspondence. The Great Reporters and Their Times, Syracuse, NY 1995.

aus Abenteuergeschichte und Betonung der eigenen Bedeutung sind.[76] Auch biografische Literatur hat des Öfteren dieses Problem.[77] Selbst mediengeschichtliche Arbeiten, die sich methodisch reflektiert dem Gegenstand nähern, haben die Tendenz, am Ende eine Heldengeschichte zu erzählen und goldene Zeiten oder goldene Generationen der Auslandsberichterstattung auszurufen.[78]

Ein Grund hierfür kann in einem unreflektierten Verhältnis zwischen politischer Agenda in der Gegenwart und historischer Forschung liegen, da die Geschichte nicht bereitwillig positive Vorbilder und Belege für die Relevanz und Wirkungsmacht der Medien liefert.[79] Ein weiterer Grund ist sicherlich, dass die Journalisten und ihre Verlage ausgesprochen talentierte Selbstvermarkter waren und die zahlreichen Memoiren und Autobiografien eine zentrale Quelle der Mediengeschichte sind.[80] Deshalb rekonstruiert diese Untersuchung den journalistischen Alltag in erster Linie auf einer möglichst breiten Grundlage von nicht zur Publikation bestimmten Quellen aus dem persönlichen, dem politischen und dem Organisationskontext.

Wenn man sich mit dem Forschungstand zu der Fragestellung beschäftigt, wie Medieninhalte konkret entstehen, dann ist zu konstatieren, dass diese Frage und die gewählte Perspektive dieser Untersuchung für einen gewichtigen Teil der angloamerikanischen Mediengeschichte keine Rolle spielen.

John Nerone, Verfasser zahlreicher Handbucharartikel zur Medien- und Journalismusgeschichte, schreibt, dass die Quellen der Journalismusgeschichte in erster Linie die publizierten journalistischen Texte selbst seien. Dafür gebe es praktische und theoretische Gründe. Die meisten überlieferten Quellen der Journalismusgeschichte seien nun einmal die Medienpublikationen. Zudem seien diese für Forscher am leichtesten zugänglich. Das ist in Nerones Augen aber nicht schlimm, denn es seien schließlich auch die wichtigsten Quellen.

---

76 Giovanna Dell'Orto, AP Foreign Correspondents in Action. World War II to the Present, Cambridge 2016.

77 Neil McDonald (with Peter Brune), Valiant For Truth. The Life of Chester Wilmot, War Correspondent, Sydney 2016.

78 Heald, Transatlantic Vistas; Hamilton, Roving Eye; Monika Krause, Reporting and the Transformations of the Journalistic Field: US News Media, 1890–2000, in: Media, Culture & Society 33, 2011, H. 1, S. 89–104; siehe kritisch hierzu: Lars Klein, Die „Vietnam-Generation" der Kriegsberichterstatter. Ein amerikanischer Mythos zwischen Vietnam und Irak, Göttingen 2011.

79 Ein Beispiel hierfür ist: Hamilton, Roving Eye. Siehe auch die Rezension von: W. Joseph Cambell, Book Review: John Maxwell Hamilton, Journalism's Roving Eye: A History of American Foreign Reporting, Baton Rouge 2009, in: Journalism, 12, 2011, H. 4, S. 502–504.

80 Zur Diskrepanz zwischen der öffentlichkeitswirksamen Selbstvermarktung und der journalistischen Praxis siehe: Domeier, Weltöffentlichkeit und Diktatur, S. 93 f. Zu den Erzählmustern der Autobiografien von Auslandskorrespondenten siehe auch: Mark Pedelty, War Stories. The Culture of Foreign Correspondents, New York u. a. 1995, S. 39.

There is a habit in both journalism and mainstream professional history to try to look inside the "black box," to try to find documents that will unveil the decision-making process in news organizations. But often what editors, publishers, and journalists think they're doing is different from what a news medium actually does, and even more so from what users do with that news medium.[81]

Dass es wesentlich einfacher und bequemer ist, sich lediglich auf die zunehmend online zugänglichen historischen Publikationen zu konzentrieren, und die Suche nach Dokumenten, die die Abläufe in Medienorganisationen sichtbar machen, wiederum sehr mühsam ist, trifft durchaus zu. Entgegen Nerones Aussage lohnt die Mühe allerdings. Denn die recherchierten Quellen zur Rekonstruktion der journalistischen Praxis reproduzieren nicht ausschließlich die Selbstdeutung der Korrespondenten und Redakteure, wie Nerone nahezulegen scheint. Und die interessante und nicht immer von der Hand zu weisende Aussage, dass eine Diskrepanz zwischen den Intentionen der historischen Subjekte und ihrem Handeln sowie dessen Folgen besteht, sollte Ausgangspunkt für Untersuchungen sein statt Anlass zu ihrer Exklusion.

Es dürfte wenig überraschen, dass es Nerone in streng strukturalistischer Manier gelingt, eine Geschichte der US-amerikanischen Öffentlichkeit und Medien auf 250 Seiten zu schreiben.[82] Das ist aller Ehren wert, macht aber deutlich, auf welche Art und Weise oder besser auf welcher Ebene in dieser und in Untersuchungen vergleichbaren theoretischen Zuschnitts die Frage nach der Entstehung von Medieninhalten verhandelt wird. Es geht um die politischen und wirtschaftlichen Bedingungen der Herausbildung von Nachrichtenmedien als Institutionen der modernen Gesellschaft und der vorherrschenden journalistischen Normen auf der Makroebene.[83]

Solche Arbeiten, auch wenn sie nicht alle den akteurszentrierten Ansätzen die Daseinsberechtigung absprechen, sind hilfreich und informativ, liefern aber wie auch zahlreiche andere Überblicksdarstellungen zu nationalen[84] und internationa-

---

81 John C. Nerone, Genres of Journalism History, in: The Communication Review, 13, 2010, H. 1, S. 15–27, hier S. 18.

82 Nerone, The Media and Public Life.

83 Ebd.; Michael Schudson, The objectivity norm in American journalism, in: Journalism, 2, 2001, H. 2, S. 149–170; Katherine Fink u. Michael Schudson, The rise of contextual journalism, 1950s–2000s, in: Journalism, 15, 2014, H. 1, S. 3–20; Svennik Høyer u. Horst Pöttker (Hg.), Diffusion of the news paradigm 1850–2000, Göteborg 2005; Daniel Hallin u. Paolo Mancini, Comparing media systems. Three models of media and politics, Cambridge 2004.

84 Paul Starr, The creation of the media. Political origins of modern communications, London 2005; Nerone, The Media and Public Life; Gorman u. McLean, Media and Society; David R. Davies, The Postwar Decline of American Newspapers 1945–1965, Westport, CT 2006; Colin Seymour-Ure, The British Press and Broadcasting since 1945, Oxford 1991; Mark Hampton, Visions of the press in

len[85] Medienlandschaften sowie inhaltsanalytische Arbeiten[86] keinen Beitrag zur Forschungsfrage dieser Untersuchung.

Akteurs-[87] und organisationszentrierte Arbeiten[88] schneiden die Fragestellung vereinzelt. In diesen Fällen ist es weniger eine Frage des Forschungsansatzes als eine der Quellen. Denn wenn es nicht allein um die politische Ausrichtung eines Blattes oder die persönlichen politischen Überzeugungen eines Journalisten geht, nicht allein um die Einführung einer neuen Technologie oder die Beziehungen zu Regierung und Parteien, sondern um die Rekonstruktion der konkreten redaktionellen Ablaufprozesse unter Berücksichtigung all dieser Faktoren, dann steht man häufig vor einem Quellenproblem. Denn der alltägliche mündliche Austausch innerhalb der für den anglo-amerikanischen Journalismus so wichtigen Redaktionen findet kaum Niederschlag in den Quellen. Deshalb geben viele akteurs- und organisationszentrierte Arbeiten, wenn denn die Produktionsbedingungen

---

Britain, 1850–1950, Urbana, IL 2004; Asa Briggs, The history of broadcasting in the United Kingdom, Bd. 4: Sound and vision, New York 2005; Kevin Williams, Get me a murder a day! A History of Media and Communication in Britain, London 2010; James Curran u. Jean Seaton, Power without Responsibility, The Press, Broadcasting, and New Media in Britain, London 2010; Martin Conboy, Journalism in Britain, A historical introduction, London 2011.

85 Terhi Rantanen, The End of the Electronic News Cartel, 1927–1934, in: Peter Putnis, Chandrika Kaul u. Jürgen Wilke (Hg.), International communication and global news networks. Historical perspectives, New York 2011, S. 167–187; Jürgen Wilke, Between Fragmentation and Integration. European News Markets from the 19th to the 21st Century, in: ebd., S. 245–261; Jonathan Silberstein-Loeb, The international distribution of news. The Associated Press, Press Association, and Reuters, 1848–1947, New York 2014; Richard R. John u. Jonathan Silberstein-Loeb (Hg.), Making news. The political economy of journalism in Britain and America from the glorious revolution to the Internet, Oxford 2015; Jane Chapman, Comparative Media History: An Introduction, Cambridge u. a. 2005.

86 Als Beispiele für quantitative Arbeiten siehe: Kevin G. Barnhurst u. Diana Mutz, American Journalism and the Decline in Event-Centered Reporting, in: Journal of Communication 47, 1997, H. 4, S. 27–53; Steven E. Clayman et al., A Watershed in White House Journalism: Explaining the Post-1968 Rise of Agressive Presidential News, in: Political Communication 27, 2010, S. 229–247; Fink u. Schudson, Contextual Journalism; als Beispiele für qualitative Inhaltsanalysen siehe die mediengeschichtlichen Arbeiten zum Nürnberger Prozess, wie Anm. 41; siehe zu qualitativen Inhaltsanalysen auch das Konzept des Medienereignisses: Friedrich Lenger u. Ansgar Nünning (Hg.), Medienereignisse der Moderne, Darmstadt 2008.

87 Siehe z. B. Karen Bayer, „How dead is Hitler?" Der britische Starreporter Sefton Delmer und die Deutschen, Mainz 2008; Alan Brinkley, The Publisher, Henry Luce and his American Century, New York 2010; Douglas Brinkley, Cronkite, New York 2012; Ken Cuthbertson, A complex fate: William L. Shirer and the American century, Montreal u. a. 2015; Marilyn S. Greenwald, Pauline Frederick Reporting. A Pioneering Broadcaster Covers the Cold War, Lincoln, NE 2014.

88 Richard Kluger, The Paper: The Life and Death of the New York Herald Tribune, New York 1986; Iverach McDonald, The History of The Times, Bd. V: Struggles In War And Peace 1939–1966, London 1984; David Ayerst, The Manchester Guardian. Biography of a Newspapers, Ithaca, NY 1971; Donald Read, The Power of News: The History of Reuters 1849–1989, Oxford 1992; Mary F. Corey, The World through a monocle. The New Yorker at midcentury, Cambridge, MA 1999.

überhaupt konzeptionell berücksichtigt werden, schlicht kaum etwas zur Frage der journalistischen Praxis in den redaktionellen Kontexten her.[89]

In der Geschichte der Auslandskorrespondenz und Kriegsberichterstattung finden sich die konzeptionelle Berücksichtigung der redaktionellen Kontexte und die notwendigen Quellen am ehesten, da diese besondere Berufsgruppe häufig zur Verschriftlichung jener Ablaufprozesse gezwungen war, die in den Quellen so schwer zu finden sind.

Den Forschungsstand zu Auslandskorrespondenten hat kürzlich Norman Domeier pointiert zusammengefasst. Angesichts der Bedeutung dieser Berufsgruppe sei es erstaunlich, „dass ihre individuelle und kollektive Arbeitsweise, ihre professionellen Netzwerke, die Beziehungen zwischen Heimatredaktionen und den journalistischen men *on the spot* [hervorgehoben im Original, E. S.], berufliche Selbstbilder, politische und soziale Rollenzuschreibungen – kurzum: all das, was Auslandskorrespondenten ausmacht – geschichtswissenschaftlich kaum erforscht ist."[90]

In den Kommunikationswissenschaften zeigt sich ein ähnliches Bild. Lars Willnat und Martin Jason machen sowohl erhebliche theoretische als auch empirische Defizite in der Erforschung von Auslandskorrespondenten aus. Es fehle an einer Gegenüberstellung der Ergebnisse zahlreicher Umfragen unter Auslandskorrespondenten, wie sie ihre Profession sehen, mit der tatsächlichen Praxis journalistischer Arbeit.[91] Das Ergebnis läuft auf eine endlose Reproduktion der journalistischen Selbstwahrnehmung hinaus. Deshalb fordern die Autoren:

[M]ore studies are needed that link attitudes of foreign correspondents with their actual work. More consideration of the various influences on their work, including working conditions, routines, and news making processes, are needed as well.[92]

Auch wenn es also erhebliche Lücken in der Forschung über Auslandskorrespondenten in Vergangenheit und Gegenwart gibt, liegen aber zumindest in den Geschichtswissenschaften einige Arbeiten aus den letzten beiden Jahrzehnten zur

---

89 Eine Ausnahme bildet zum Beispiel: Daniel W. Pfaff, Joseph Pulitzer II and the Post-Dispatch. A Newspaperman's Life, University Park, PA 1991. Die Korrespondenzen des häufig abwesenden Besitzers, der trotzdem die alltäglichen redaktionellen Prozesse kontrollieren wollte, sind eine wunderbare Quelle, die auch in dieser Arbeit herangezogen wird. Siehe: LoC, Joseph Pulitzer Papers.

90 Domeier, Weltöffentlichkeit und Politik, S. 50.

91 Lars Willnat u. Martin Jason, Foreign Correspondents – An Endangered Species? in: ders. u. David H. Weaver (Hg.), The global journalist in the 21st century, New York 2012, S. 495–510, hier S. 504.

92 Ebd., S. 509.

Rolle der Korrespondenten als zentrale Akteure in den internationalen Beziehungen und transnationalen Austauschprozessen vor. Diese Arbeiten sind wichtig, weil sie einerseits wichtige Erkenntnisse zu verschiedenen Aspekten (Selbst- und Rollenbilder, Beziehungen zu Redaktion und Politik, Kommunikationstechnologien oder Arbeitsroutinen) liefern, andererseits aber auch die Defizite aufzeigen, wenn das Ziel eine systematische, vergleichende Untersuchung der journalistischen Praxis ist.

Kevin L. Stoker verortet den ersten hauptamtlichen Südamerikakorrespondenten (1928–1941) der *New York Times* John W. White in einem Beziehungsgeflecht aus staatlichen Stellen in den USA und Südamerika sowie der Redaktion in New York. Stokers Erzählung entlarvt die oft mit Pathos beschworene Vorstellung eines unabhängigen Korrespondenten, der frei ist zu berichten, was er sieht und hört.[93] Insbesondere Arthur Hays Sulzberger habe gezielt Einfluss auf die Berichterstattung genommen, noch bevor er 1935 die Rolle des Verlegers übernahm.

Morell Heald hat für den gleichen Zeitraum eine Arbeit über die US-amerikanischen Auslandskorrespondenten in Europa geschrieben. Er untersucht die ersten beiden Generationen US-amerikanischer Auslandskorrespondenten, die in der ersten Hälfte des 20. Jahrhunderts nach Europa gingen. Heald beschreibt ihr Ringen um Anerkennung und die Etablierung professioneller Standards vor dem zeithistorischen Hintergrund der zunehmenden Versuche staatlicher Beeinflussung in den Berichtsländern und vermehrter redaktioneller Kontrolle im Laufe des Untersuchungszeitraums. Auch wenn in Healds Erzählung die US-amerikanischen Auslandskorrespondenten zum Ende seines Untersuchungszeitraums den Höhepunkt der Profession darstellen, betont Heald die „institutional constraints of their status as employees subject to control, direction, inclinations, and ideas of remote editors over whom they exercised only limited and intermittent influence."[94] Healds Arbeit ist deshalb herausragend, weil er nicht nur die einzelne gezielte Einflussnahme interessengeleiteter Akteure auf die Korrespondenten beklagt wie Stoker, sondern die Herausbildung zentraler Strukturmuster journalistischer Routinen herausarbeitet, die die Wahrnehmung und das Schreiben der Korrespondenten prägen sollten.[95]

John Maxwell Hamilton hat eine Geschichte der US-amerikanischen Auslandskorrespondenten von den Anfängen bis in die Gegenwart vorgelegt.[96] Er stützt sich wie Heald in vielen Kapiteln in erster Linie auf den Nachrichtendienst der *Chicago*

---

93 Kevin L. Stoker, The Journalist Who Interpreted Too Much: The New York Times' Courtship, Defense, and Betrayal of John W. White, in: Journalism & Communication Monographs, 19, 2017, H. 3, S. 177–236.

94 Heald, Transatlantic Vistas, S. 228.

95 Siehe kritisch hierzu: Klein, „Vietnam-Generation".

96 Hamilton, Roving Eye.

Daily News, was verdeutlicht, wie selten dichte Überlieferungen in Archiven von Medienorganisationen sind. Für die Zeit, die sich chronologisch an Healds Untersuchungszeitraum bis zum Zweiten Weltkrieg anschließt, postuliert Hamilton die Ära des „Corporate Correspondent".[97] Neben der veränderten Stellung der USA in der Welt und den Veränderungen der Medienlandschaft betont Hamilton die stärkere Einbindung der Korrespondenten in die Organisation der Medienunternehmen, ermöglicht durch verbesserte Kommunikationstechniken, was jedoch Einbußen an Unabhängigkeit und stärkere Kontrolle und Disziplinierung durch Redakteure und Manager bedeutet habe.[98]

Hamiltons Buch durchzieht der Widerspruch zwischen politischer Agenda und historischer Forschung. Er ist ein unbedingter Verfechter der Relevanz und Bedeutung der Auslandskorrespondenz für ein demokratisches Gemeinwesen und die internationalen Beziehungen generell. Legendäre Korrespondenten dienen ihm als Vorbilder. Doch jedesmal wenn er genau hinschaut, entdeckt er, dass die US-Korrespondenten im Zweiten Weltkrieg in erster Linie Patrioten waren und erst in zweiter Linie Journalisten, dass die Berichterstattung über den Vietnamkrieg lediglich die sich wandelnden Positionen des politischen Establishments widerspiegelte oder eben dass sich die Arbeitsbedingungen der Korrespondenten erheblich verschlechtern und der Mythos vom Korrespondenten als unbestechlicher Augenzeuge vor Ort eigentlich genau das ist: ein Mythos.[99] Trotzdem beschwört er diesen Mythos bis zuletzt, was zu besagten Widersprüchen in der Darstellung führt.[100]

Steven Caseys Buch zur Berichterstattung US-amerikanischer Korrespondenten über den Zweiten Weltkrieg in Europa verfolgt zwar ebenfalls die gleiche methodische Herangehensweise, indem er die Korrespondenten in zwei Hierarchien verortet: dem Militär und ihrer eigenen Nachrichtenorganisation.[101] Letztere findet allerdings kaum Berücksichtigung, da er vor allem die Frage untersucht, wie das Verhältnis von Korrespondenten und Militär beschaffen war.[102] Caseys Darstel-

---

97 Ebd., S. 460.
98 Ebd., S. 214.
99 Ebd., S. 316, 384 f. u. 455.
100 Ebd., S. 487.
101 Steven Casey, The War Beat, Europe. The American Media at War Against Nazi Germany, Oxford 2017, S. 5 f.; zu Kriegsberichterstattern siehe auch: Ute Daniel (Hg.), Augenzeugen. Kriegsberichterstattung vom 18. zum 21. Jahrhundert, Göttingen 2006.
102 Zu den Militär-Medien-Beziehungen in den USA und Großbritannien siehe: Daniel Hallin, The Media and War, in: John Corner, Philip Schlesinger u. Roger Silverstone (Hg.), International Media Research: A critical survey, London u. New York, 1998, S. 206–231; Heald, Transatlantic Vistas; Hamilton, Roving Eye; Chapman, Comparative Media History; Gorman u. McLean, Media and Society; Casey, War Beat; kritisch hierzu: Richard A. Fine, Edward Kennedy's Long Road to Reims. The Media and the Military in World War II, American Journalism, 33, 2016, H. 3, S. 317–339; zur Perspektive des Militärs siehe: Christian Götter, Die Macht der Wirkungsannahmen: Medienarbeit

lung ist damit in mehrfacher Hinsicht exemplarisch. Erstens vernachlässigt er die Wechselwirkungen mit den Redaktionen, zweitens ist er Teil eines Versuchs, die Leistungen und journalistische Qualität der US-amerikanischen Kriegsberichterstatter im Zweiten Weltkrieg zu rehabilitieren, und drittens verfängt er sich in den narrativen Fallstricken einer spannenden Abenteuerprosa über die Kriegskorrespondenten an der Front.[103]

Antje Robrechts Untersuchung britischer und deutscher Auslandskorrespondenten nach 1945 kommt meinem eigenen Forschungsansatz der Untersuchung journalistischer Praxis am nächsten. Wie auch andere Autoren vor ihr, die die Korrespondenten als politische Akteure in den Mittelpunkt stellen, interessiert sich die Autorin besonders für die Rollenbilder und -wechsel.[104] Allerdings ist ihr Forschungsdesign in zweierlei Hinsicht problematisch. Erstens beschränkt sie sich auf die großen, nationalen Qualitätszeitungen. Aufgrund dieser selektiven Auswahl kommt sie zu dem Schluss, dass die Tätigkeit der britischen Korrespondenten in erster Linie von den zeitgeschichtlichen Rahmenbedingungen und dem individuellen professionellen Selbstverständnis bestimmt worden sei. Zweitens unterlässt sie die Verknüpfung der journalistischen Praxis mit der Berichterstattung.[105]

Norman Domeier konzentriert sich in seinem Buch auf die herausragenden Vertreter unter den US-amerikanischen Auslandskorrespondenten im nationalsozialistischen Deutschland. Wie Robrecht konzipiert er sie als politische Akteure[106] und erfasst damit nur einen, wenn auch wichtigen Teil der Korrespondenten. Das ergibt wunderbar quellengesättigte Erzählungen über die Arbeit dieser „Edelfedern".[107] Vor allem über ihre Beziehungen zum NS-Regime fördert Domeier Erstaunliches zutage. Aber auch in dieser Darstellung wird ein Großteil der Korrespondenten sowie deren Selbstbilder und journalistische Praxis ausgeklammert und die Bedeutung der Einbettung in die organisationalen Strukturen der Redaktionen

---

des britischen und deutschen Militärs in der ersten Hälfte des 20. Jahrhunderts, Berlin u. Boston 2016; zu den Politik-Medien-Beziehungen siehe: Daniel, Beziehungsgeschichten; Dominik Geppert, Pressekriege. Öffentlichkeit und Diplomatie in den deutsch-britischen Beziehungen (1896–1912), München 2007; Bösch u. Geppert (Hg.), Journalists as Political Actors.

103 Eine Rehabilitierung der US-Kriegsbericherstatter versucht auch: Richard A Fine, Edward Kennedy's Long Road to Reims. The Media and the Military in World War II, in: American Journalism, 33, 2016, H. 3, S. 317–339; zum Kontrast zwischen Kriegs- und Nachkriegsberichterstattung siehe Kapitel 2.

104 Robrecht, Diplomaten, S. 5; zum Konzept des Journalisten als politischem Akteur siehe: Frank Bösch u. Dominik Geppert, Journalists as Political Actors: Introduction, in: dies. (Hg.), Journalists as Political Actors. Transfers and Interactions between Britain and Germany since the late 19th Century, Augsburg 2008, S. 7–15.

105 Robrecht, Diplomaten, S. 19.

106 Domeier, Weltöffentlichkeit und Diktatur, S. 53.

107 Ebd., S. 702.

verkannt.[108] Der entscheidende Unterschied in Theorie und Darstellung ist, den redaktionellen Kontext nicht in einem Unterkapitel abzuhandeln, sondern durchgehend zum Rahmen zu machen, in dem die journalistische Praxis zu analysieren ist.

Das Themenheft der Zeitschrift für Geschichtswissenschaften zu Auslandskorrespondenten verdeutlicht nochmals das Quellenproblem für Deutschland.[109] Der interessanten programmatischen Einleitung folgen Texte, die allesamt aufgrund von Quellenproblemen dem selbst formulierten Anspruch nicht in Gänze genügen können. Der methodische Ansatz, Korrespondenten in ihren Beziehungen zur Politik und ihren eigenen Redaktionen zu verorten, ihre Lebenswelt zu untersuchen und die technische Infrastruktur, derer sie sich bedienten, zu berücksichtigen, kann wenn überhaupt immer nur partiell umgesetzt werden.

Abschließend ist zu konstatieren, dass die journalistische Praxis von Auslandskorrespondenten immer noch ein blinder Fleck der Mediengeschichtsschreibung ist. Es liegen sehr gute Publikationen zu verschiedenen Aspekten vor, die hohe Relevanz für die journalistische Praxis besitzen. Ein besonderes Augenmerk legen die zitierten Arbeiten auf die Momente, in denen die Korrespondenten neben ihrer angestammten Rolle als Journalisten in die Rolle der Diplomaten oder gar der Agenten wechseln, sowie auf die Wechselwirkungen mit politischen und militärischen Akteuren. Die Kommunikationstechnik wird hingegen häufig sowohl in ihrer Bedeutung für die journalistische Praxis als auch als stark umkämpftes Feld der Infrastrukturpolitik ausgeblendet. Norman Domeier hat zu Recht darauf hingewiesen, dass es teilweise sogar an Grundlagenaufsätzen zu wichtigen Kommunikationstechnologien fehlt.[110] Die für den anglo-amerikanischen Journalismus so wichtigen Wechselwirkungen mit den Redaktionen finden zwar konzeptionelle Berücksichtigung, werden aber in ihrer Bedeutung entweder unterschätzt oder die konzeptionelle Umsetzung entpuppt sich als schwierig.

Woran es fehlt, sind transnationale Studien, die sämtliche Aspekte journalistischer Praxis auf breiter Quellenbasis für männliche und weibliche Korrespondenten unterschiedlicher Hierarchieebenen in unterschiedlichen redaktionellen Kontexten analysieren. Genau das soll die vorliegende Untersuchung leisten.

---

108 Ebd., S. 213–219; Robrecht, Diplomaten, S. 154–166.

109 Norman Domeier u. Jörn Happel, Journalismus und Politik. Einleitende Überlegungen zur Tätigkeit von Auslandskorrespondenten 1900–1970, in: Zeitschrift für Geschichtswissenschaften 62, 2014, H. 5, S. 389–397.

110 Domeier, Weltöffentlichkeit und Diktatur, S. 40; allgemein zur technischen Entwicklung der Massen- und Kommunikationsmedien siehe: König, Information, Kommunikation, Unterhaltung; zum Verhältnis von technologischem Wandel und Journalismus im Besonderen siehe: Örnebring, Technology; Martin Schreiber u. Clemens Zimmermann (Hg.), Journalism and technological change. Historical perspectives, contemporary trends, Frankfurt a. M. u. New York 2014.

2. Nürnberg ist eine Insel: Der Kontext der Berichterstattung

Die große Mehrheit der ab August 1945 in Nürnberg eintreffenden Korrespondenten hatte zuvor als Kriegsberichterstatter gearbeitet. Sie hatten über den Krieg, der jetzt im Gerichtssaal verhandelt wurde, lange Jahre berichtet. Für die längste Zeit des Prozesses trugen sie noch die Uniformen, die sie auch während des Krieges getragen hatten.[1] Der Korrespondent des *Christian Science Monitor* berichtete vom ersten Tag des Prozesses, das einzig Militärische am Internationalen Militärtribunal seien die Korrespondenten in Uniformen gewesen.[2] In den Augen der Korrespondenten war der Prozess „the biggest remaining story of the European war"[3], während Besatzung und Wiederaufbau bereits im vollen Gange waren. Diese Phase des Übergangs vom Zweiten Weltkrieg in eine innen- wie außenpolitisch unübersichtliche Nachkriegszeit war für die britischen und US-amerikanischen Korrespondenten eine in zweifacher Hinsicht schwierige und ungewisse Zeit.[4]

Zunächst einmal mussten sich die Korrespondenten um ihre eigenen Karrieren im Rahmen der Neuordnung der Auslandsberichterstattung der Medienorganisationen nach Kriegsende bemühen. Der Krieg hatte vielen Journalisten die Möglichkeit eröffnet, als Kriegsberichterstatter zu arbeiten und sich durch ihre Berichte von den verschiedenen Kriegsschauplätzen einen Namen zu machen. Einige Journalisten wurden im Zweiten Weltkrieg zu Medienberühmtheiten. Insbesondere jenen war dies gelungen, die im neuen Nachrichtenmedium Radio über den Krieg berichtet hatten.[5] Zum Ende des Krieges galt es, die Erfahrungen und die Reputation möglichst gewinnbringend einzusetzen, um sich eine Nachkriegskarriere aufzubauen.

---

1 Die Frage der Kleidervorschriften war ein permanenter Streitpunkt zwischen den Militärregierungen und den Medienvertretern im besetzten Deutschland. Zu den britischen Vorschriften siehe: Robrecht, Diplomaten, S. 172 ff.

2 J. Emlyn Williams, Impressive Simplicity Set In Contrast to Nazi Pomp, *The Christian Science Monitor*, 20. November 1945, S. 11.

3 Robert Bunnelle an Wes Gallagher, 17. Juli 1945, APCA, AP 02A.2 Foreign Bureau Correspondence, Box 7, Folder: Nuernberg.

4 Einen guten Überblick bietet: Victor Sebestyen, 1946. The Making of the Modern World, London u. a. 2015.

5 Hamilton, Roving Eye, S. 219, 233; Eric Sevareid (Columbia Broadcasting System) berichtete in seinen Memoiren darüber, durch Kriegsberichterstattung im Radio eine Berühmtheit und als eine solche vermarktet zu werden. Siehe: Eric Sevareid, Not So Wild A Dream, New York 1946, S. 185 ff.; Arthur Gaeth (Mutual Broadcasting System) berichtete aus Nürnberg über die vielen „prima donnas" an den Mikrofonen, siehe: Arthur Gaeth, Sympathy Fades For Germans, *The Ogden Standard-Examiner*, 14. Dezember 1945, S. 1 f.

Erste Korrespondenten begannen schon 1944, ihre Redakteure zu bedrängen, Aussagen zu Posten für die Zeit nach dem Krieg zu tätigen.[6] Der Stellenmarkt nach Ende des Krieges war umkämpft und die Erwartungen an die Korrespondenten seitens der Medienorganisationen stiegen.[7] Der Druck, der auf den Korrespondenten lastete, wird in einem Gedicht verdeutlicht, das sich in den persönlichen Briefen des australischen Kriegsberichterstatters der BBC, Chester Wilmot, fand:

IF – BUT IT HARDLY SEEMS POSSIBLE
If you don't write a book when all about you
Are writing their's and leaving you behind;
If you don't feel the public soon will doubt you
Unless you tell how you've been bombed and mined;
If you don't give a series now of lectures
Before the Women's Clubs from East to West,
Nor hazard prophesies, nor risk conjectures,
Nor act as though you knew which course is best;
If, on the network, you don't give the low-down
(Well-paid by Breakfast Foods or Creams or Soaps);
And don't suggest we hurry – or we slow down –
Attacks upon which nations build their hopes;
If, for your paper, you will write the plain facts
(we far prefer them) ... Spare the ponderous tone
Or "Personal History" ... Give us but the main facts;
Then, Foreign Correspondent, ... Welcome Home![8]

---

6 David Woodward an Alfred Powell Wadsworth, 22. Oktober 1944, MGA, Editor's Correspondence B Series (Crozier/Wadsworth), B/W347/9; siehe auch die Korrespondenz zwischen den *New York Times*-Korrespondenten Raymond Daniell und Drew Middleton mit Arthur Hays Sulzberger: NYPL, New York Times Company Records, Arthur Hays Sulzberger Papers, Box 198, Folder: 12 London Bureau 1944–45; NYPL, New York Times Company Records, Arthur Hays Sulzberger Papers, Box 51, Folder: 1 Middleton, Drew and Estelle Middleton 1944–47.

7 Hamilton, Roving Eye, S. 214 ff.; in den Quellen findet sich eine Diskussion des Arbeitsmarktes in der Korrespondenz der Auslandskorrespondenten der *Chicago Daily News* nach der Übernahme durch Knight Newspapers, siehe: Auslandskorrespondent der *Chicago Daily News* an Helen Paull Kirkpatrick, 9. Mai 1945, SSC, Helen Paull Kirkpatrick Papers, Box 2, Folder: 6; zu den steigenden Anforderungen an Auslandskorrespondenten in der Nachkriegszeit siehe: Bunnelle an Kent Cooper, 20. November 1945, APCA, AP 02A.2 Foreign Bureau Correspondence, Box 3, Folder: London Jan + Feb 1946; Claude A. Jagger an Department Heads, News Editors u. Chiefs of Bureaus [Rundschreiben], 7. August 1945, APCA, AP 02A.2 Foreign Bureau Correspondence, Box 5, Folder: London Office July–Sept.

8 O. A., IF – BUT IT HARDLY SEEMS POSSIBLE [Gedicht], o. D., NLA, Chester Wilmot Papers, Box 9, Folder: 2–2a.

Das Gedicht ist eine Kritik an den Erwartungen gegenüber der Kriegsberichterstattung und dem Zwang zur Selbstvermarktung. Bücher zu schreiben, die Kriegserlebnisse zu vermarkten, auf Vortragsreisen zu gehen oder zu versuchen, im neuen Nachrichtenmedium Radio Fuß zu fassen, waren die gängigen Versuche auch vieler Korrespondenten in Nürnberg, die eigene Karriere voranzutreiben.

Ferner war die Frage nach der eigenen beruflichen Zukunft der Korrespondenten auf das Engste verknüpft mit der Frage der internationalen Nachkriegsordnung – also dem Gegenstand ihrer Berichterstattung. Genauso wie die berufliche Zukunft war auch die Zukunft der internationalen Beziehungen der Großmächte mit einem Fragezeichen versehen. Es besteht die Gefahr in der Geschichtsschreibung, die Offenheit der Situation nach Kriegsende durch die Reduktion auf eine Vorgeschichte des Kalten Krieges zu verdecken.[9] Selbst wenn man von der Warte der Historiker aus betrachtet von der Unabwendbarkeit des Kalten Krieges ausgeht, entspricht dies nicht den Wahrnehmungen der historischen Subjekte, zumindest nicht der Wahrnehmung der Redakteure und Korrespondenten. Der Leitartikelschreiber M. G. Thomson von der britischen Boulevardzeitung *Daily Express* hat dieses Problem in einem Brief aus dem Juli 1946 an seinen Verleger Lord Beaverbrook auf den Punkt gebracht:

> After all, the labour of leader-writing is not so gigantic and the art is not so wonderful, provided everybody concerned has the same idea of general direction. But it is just this which, in the present state of the world, is so hard to attain. One era is ended. Another is scarcely begun; its outlines vaguely determined. It is inevitably a difficult time for newspapers, and their leaderwriters.[10]

Für den *Daily Express* von Lord Beaverbrook traf dies in besonderer Weise zu, da er wie keine andere britische Zeitung die Eigenständigkeit und den Zusammenhalt des Empires forderte. Aber nicht nur in den britischen Medien herrschte Verunsicherung, sondern auch die US-amerikanischen Medienvertreter fragten sich, wie die Umrisse der neuen Ära aussehen könnten. Nicht nur die Leitartikelschreiber waren verunsichert, sondern auch die Korrespondenten, denn diese schauten in

---

9 Geoff Eley, Europe after 1945, in: History Workshop Journal 65, 2008, S. 195–212, hier S. 208; ders., When Europe Was New: Liberation and the Making of the Post-War Era, in: Monica Riera u. Gavin Schaffer (Hg.), The Lasting War: Society and Identity in Britain, France and Germany after 1945, Basingstoke u. a. 2008, S. 17–43; Dan Stone, Editor's Introduction, in: ders. (Hg.), The Oxford Handbook of Postwar European History, Oxford 2012, S. 1–36, hier S. 11 f.

10 G. M. Thomson an Beaverbrook, 17. Juli 1946, PA, Beaverbrook Papers, BBK/H/116; zu den Problemen der Leitartikel im *Daily Express* zu dieser Zeit siehe auch: Arthur Christiansen, [Memorandum zum Wandel des *Daily Express* seit 1939], Juni/Juli 1946, PA, Beaverbrook Papers, BBK/H/115.

erster Linie in ihre eigenen Zeitungen und Zeitschriften, um sich Orientierung zu verschaffen.

Diese Verunsicherung schlug sich in der journalistischen Praxis nieder. Der Übergang von der Berichterstattung über den Krieg zur Berichterstattung über die Nachkriegsgesellschaften war mit erheblichen Herausforderungen verbunden, wie der AP-Korrespondent Robert Bunnelle in der Firmenzeitschrift der AP ausführte:

> For where movements and results of armed combat are plain to be seen and comparatively simple to report – if you don't mind being shot at – the political trends, economic conflicts and sociological undercurrents of any uneasy, seething peace will be hard to sense and delicate to develop.[11]

Bunnelles Text ist ein Beispiel für die typische heroische Selbstdarstellung der Kriegsberichterstatter, die in ihrem Kern eher der Imitation soldatischen Lebens als journalistischen Normen folgte. Die Debatte über den journalistischen Wert der Frontberichte des Zweiten Weltkrieges, die auf diese Art und Weise zustande gekommen sind, wird immer noch geführt.[12] Aber der beschriebene Gegensatz zwischen der Berichterstattung über den Krieg und derjenigen über die europäischen Nachkriegsgesellschaften war eine Erfahrung, die Bunnelle mit seinen Kollegen teilte.

Der AP-Korrespondent Don Whitehead interviewte zahlreiche seiner Kollegen zu dieser Frage für den Artikel „A War Staff Reconverts".[13] Die versammelten O-Töne bestätigen Bunnelles Darstellung. Fast schon wehmütig gedachten die Korrespondenten der Berichterstattung über den Zweiten Weltkrieg und der Möglichkeiten und Geschichten, die sich ihnen geboten hatten. Das Kriegsende wurde als eine schlagartige mentale wie auch emotionale Ernüchterung beschrieben. Die Berichterstattung über die Nachkriegszeit schien wenig verheißungsvoll, wie Relman Morin berichtete, der zu diesem Zeitpunkt bereits für die politische Berichterstattung der AP nach Paris entsandt worden war:

---

11 Robert Bunnelle, When the Shooting's over, an AP Man's Toughest Job Begins as Post-War Correspondent, in: The AP World 1.1. Associated Press Collections Online, http://tinyurl.galegroup.com/tinyurl/X6733 (zuletzt eingesehen am 15. April 2015).

12 Hamilton, Roving Eye, S. 312; Casey, War Beat, S. 9; siehe auch die historische Debatte im *Time Magazine*: The Press: The Army's Guests, Time Magazine, 21. Mai 1945, http://www.time.com/time/magazine/article/0,9171,852243,00.html (zuletzt eingesehen am 19. Juni 2013); The Press: A Sorry Lot, Time Magazine, 14. Januar 1946, http://www.time.com/time/magazine/article/0,9171,886876,00.html (zuletzt eingesehen am 21. Juni 2013).

13 Don Whitehead, A War Staff Reconverts, in: The AP World 1.5. Associated Press Collections Online, http://tinyurl.galegroup.com/tinyurl/X6FB6 (zuletzt eingesehen am 15. April 2015).

Now you are reporting the results of war – its invisible effects on nations and individuals and what this is likely to mean in the next few years. There are no maps for this, and the people who "brief" you can't tell you very much. It's infinitely more difficult, this new job, but infinitely easier on your nerves.[14]

Eine wichtige Voraussetzung für die US-amerikanische und britische Kriegsberichterstattung ließen Bunnelle und seine Kollegen unerwähnt: Was der Krieg als Kontext zur Verfügung stellte, war eine klare Rahmung der Ereignisse, über die sie berichteten. Leff bezeichnet diese Rahmung als „war time frame".[15] Darunter versteht sie den Konsens über die Notwendigkeit, den Krieg gegen die Achsenmächte führen und gewinnen zu müssen. Diese übergeordnete Prämisse vermittelte Orientierung und ermöglichte es den Korrespondenten, die Storys in „bold, black and white lines"[16] zu schreiben, wie der AP-Korrespondent Bob Eunson es ausdrückte. Daniel Hallin hat herausgearbeitet, dass diese Rahmung auf eine weitestgehend freiwillige Kooperation zwischen Politik, Militär und Medien gestützt war.[17] Mit Blick auf das Selbstverständnis der Korrespondenten bedeutete dies, dass sie in erster Linie genau wie ihre Leser patriotische US-Amerikaner oder Briten waren und erst in zweiter Linie Korrespondenten.[18] Oder mit den Worten des United Press-Korrespondenten Walter Cronkite, wie er es in seinen Memoiren rückblickend beschrieb: „We were all on the same side then, and most of us newsmen abandoned any thought of impartiality as we reported on the heroism of our boys and the bestiality of the hated Nazis."[19] An einer solchen Orientierung stiftenden, allgemein geteilten Rahmung fehlte es nach Kriegsende. In der Berichterstattung über das zentrale außenpolitische Thema der Konfrontation der Großmächte zeigte sich überdeutlich die Unsicherheit von Redakteuren wie Korrespondenten. Der Redakteur der *Pittsburgh Press*, Edward T. Leech, reiste im Frühling 1946 auf Einladung des US-amerikanischen Kriegsministers durch Europa und besuchte auch den Nürnberger Prozess. Die Eindrücke seiner Reise fasste er in einem Artikel für seine Zeitung zusammen:

---

14 Ebd.
15 Leff, Wartime Frame, S. 94.
16 Don Whitehead, A War Staff Reconverts, in: The AP World 1.5. Associated Press Collections Online, http://tinyurl.galegroup.com/tinyurl/X6FB6 (zuletzt eingesehen am 15. April 2015).
17 Hallin, Media and War, S. 208 f.
18 Hamilton, Roving Eye, S. 316.
19 Walter Cronkite, A Reporter's Life, New York 1997, S. 289.

And everywhere it was "Russia, Russia, Russia." And never any answer to the question: "What makes the Russians act that way? What are they up to?" I heard many explanations, but don't pretend to know the answer.[20]

Die Frage der Beziehungen der Großmächte untereinander war der Schlüssel zur Nachkriegsordnung. Die Szenarien reichten von der Hoffnung auf eine friedliche internationale Zusammenarbeit unter dem Dach der UN bis zur Angst vor dem Dritten Weltkrieg, die ebenso durch die Briefwechsel der Korrespondenten geisterte.[21] Diese Ungewissheit und die damit einhergehende Unsicherheit, wie Ereignisse einzuordnen und zu bewerten waren, fanden Niederschlag in der journalistischen Praxis.

Die Redakteure der AP in Europa und den USA stoppten zuweilen Telegramme ihrer Korrespondenten, die die Politik der Sowjetunion zum Thema hatten.[22] Meist war der Vorwurf mangelnde Ausgewogenheit. Insbesondere Redakteure in europäischen Ländern mit einer starken kommunistischen Presse betonten, wie schwierig es war, die Reputation der AP für Objektivität in den polarisierten Medienlandschaften zu bewahren.[23] Unabhängig voneinander verschickten die Redaktion in London und das Management in New York daher Rundbriefe an die Auslandsbüros, in denen sie gebetsmühlenartig die journalistischen Grundsätze der AP mit einem besonderen Schwerpunkt auf Ausgewogenheit wiederholten:

THESE ARE TIMES WHICH WITH SO MANY CROSS CURRENTS AND PRES-
SURE FORCES AT WORK REQUIRE CONSTANT SCRUTINY OF INFORMATION

---

20 Edward T. Leech, What Makes Russians Act That Way? People All Over Europe Don't Know, *The Pittsburgh Press*, 15. Mai 1946, S. 13.

21 Don Doane an Grace Margaret Urban, 10. November 1946, Don Doane Letters from Europe 1945–1952, edited 2016 by William Urban (unveröffentlichtes Manuskript); Chester Wilmot an seine Eltern, 16. Dezember 1946, NLA, Chester Wilmot Papers, Box 9, Folder: 2–2a; Robert Cooper an Deakin, 2. August 1945, News UK Archive, Ralph Deakin Papers, TT/FN/1/RD/1 Correspondence with Cooper, Robert W. Folder: 1945–1946; John Scott cable no. 106 – Eisenhower and occupation policy (Howland), 8. Oktober 1945, HLHU, Dispatches from Time Magazine Correspondents: First Series, 1942–1955 (MS Am 2090), Folder: 310; Gerald Reid Barry, Diary of visit to Germany, February 15 to March 3 1946 (Eintrag vom 17. Februar 1946), LSE, Gerald Reid Barry Papers, Barry/26.

22 Bunnelle an AP-Bürochefs, 15. November 1945, APCA, AP 02A.2 Foreign Bureau Correspondence, Box 5, Folder: London Office Oct.–Dec.; Alan J. Gould an Bunnelle, 27. November 1945, APCA, AP 02A.2 Foreign Bureau Correspondence, Box 5, Folder: London Office Oct.–Dec.; Bunnelle an Alan J. Gould, 4. Dezember 1945, APCA, AP 02A.2 Foreign Bureau Correspondence, Box 5, Folder: London Office Oct.–Dec.; Kent Cooper an Allen, 5. Dezember 1945, APCA, AP 02A.2 Foreign Bureau Correspondence, Box 5, Folder: London Office Oct.–Dec.

23 Charles Guptill an John Colburn, 17. Oktober 1945, APCA, AP 02A.2 Foreign Bureau Correspondence, Box 5, Folder: London Office Oct.–Dec.

OBTAINED REGARDLESS OF SOURCE PLUS CAREFULLEST CHECKING AND
EFFORT TO OBTAIN ALL SIDES IN ANY CONTROVERSIAL SITUATION[24]

Der Londoner Büroleiter hatte ebenfalls auf die „peculiarly delicate phase"[25] in den
internationalen Beziehungen verwiesen und die Notwendigkeit zu objektiver und
ausgewogener Berichterstattung betont. Diese Ermahnungen änderten aber nichts
an den grundsätzlichen Problemen. Weiterhin landeten Telegramme mit Berichten
wegen mangelnder Ausgewogenheit im Papierkorb.[26]

Der „Assistant General Manager" Gould musste sich sogar gegen den Vorwurf
der Mitglieder der AP zur Wehr setzen, die eigene Berichterstattung sei verantwortlich für die Verwirrung in der Außenpolitik: „I submit that the world's current
confusions, of which there are many, are not due to poor reporting!"[27] M. E. Walter,
„Managing Editor" des *Houston Chronicle*, warf der AP vor, sie gestehe weder sich
selbst noch ihren Kunden gegenüber ein, nicht zu wissen, was in bestimmten Ge-
genden der Welt geschehe und greife stattdessen auf fragwürdige Quellen zurück.
Damit waren wiederum die Sowjetunion und die unter sowjetischer Besatzung
stehenden Gebiete Osteuropas gemeint.[28]

Mitte 1946 kam es zu einer Debatte bei der AP über die Verwendung des von
Winston Churchill in seiner Rede vom 5. März 1946 in Fulton, Missouri, populari-
sierten Begriffs des „Iron Curtain". Ein AP-Korrespondent erhob Einspruch gegen
die Verwendung des Begriffs durch seine Kollegen, da der Begriff „tendentiously
editorial and improper for AP use on the grounds of bias"[29] sei. Die AP verbot im
Juli 1946 ihren Korrespondenten die Verwendung (mit Ausnahme von Zitaten), da
der Begriff etwas Umstrittenes als anerkannten Fakt behandle.[30]

Ähnliche Debatten zwischen Redaktion und Korrespondent bei Themen mit
Bezug zur Sowjetunion gab es z. B. auch bei den britischen Zeitungen *News Chronicle* und *Daily Express*.[31] Das Ausmaß der redaktionellen Korrespondenz bei

---

24 Kent Cooper an AP-Auslandsbüroleiter, 26. November 1945, APCA, AP 01.4B, Box 20, Folder: 276.
25 Bunnelle an AP-Auslandsbüroleiter, 15. November 1945, APCA, AP 02A.2 Foreign Bureau Corre-
    spondence, Box 5, Folder: London Office Oct.–Dec.
26 Kent Cooper an Allen, 5. Dezember 1945, APCA, AP 02A.2 Foreign Bureau Correspondence, Box 5,
    Folder: London Office Oct.–Dec.
27 Gould an M. E. Walter, 15. Februar 1946, APCA, AP 02A.2, Box 4, Folder: German Newspaper Men
    to U.S.
28 M. E. Walter an Gould, 6. Februar 1946, APCA, AP 02A.2, Box 4, Folder: German Newspaper Men
    to U.S.
29 Bunnelle an Gould, 24. Juni 1946, APCA, AP 02A.2, Box 3, Folder: London – July + Aug 1946.
30 Glenn Babb an Gould, 1. Juli 1946, APCA, AP 02A.2, Box 3, Folder: London – July + Aug 1946.
31 Siehe die Korrespondenz zwischen dem Redakteur des *News Chronicle*, Norman Cliff, und dem
    Korrespondenten Norman Clark, in: IWM, Norman Clark Papers, Documents.13371, Box 05/19/2,

US-amerikanischen und britischen Medienorganisationen zu Fragen der Berichterstattung über die internationalen Beziehungen zeigt deutlich die Verunsicherung bei Redakteuren und Korrespondenten. Das Bild der außenpolitischen Situation verfügte weder über klare Konturen noch gab es eine von einer Mehrheit geteilte Rahmung, die Orientierung hätte bieten können.

Wie passten der Nürnberger Prozess und dessen Berichterstattung wortwörtlich wie auch im übertragenen Sinn in diese unübersichtliche mediale Nachrichtenlandschaft der Nachkriegszeit? Der Chefkorrespondent der AP für Deutschland, Wes Gallagher, unterstrich die zentrale Bedeutung des deutschen Schauplatzes für die internationale Berichterstattung:

> The prostrate body of Germany with four powers sitting astride her is still the greatest original news source in the European picture; and will continue to be so for years, as long as four great nations try to execute their policies within the territory of a fifth. [...] All the differences between nations that are kept quiet at international conferences come into the open in Germany. Public statements in London, Washington, Paris and Moscow sometimes do not quite jibe with actions in Germany – and that makes stories.[32]

Eine Einschätzung, die der für die Deutschland-Berichterstattung bei Reuters zuständige Arthur Geiringer in seinem Exposé zur „Coverage of Germany" haargenau teilte.[33] Deutschland war als Schauplatz der Konfrontation der Großmächte aus Sicht von AP und Reuters die wichtigste Quelle internationaler Nachrichten in Europa. Zeitgleich fand dort aber auch eine der wenigen funktionierenden Kooperationen der ehemaligen Verbündeten im besetzten Deutschland statt, der Nürnberger Prozess. Deshalb differenzierte Gallagher bei seiner Beschreibung der deutschen Nachrichtenzentren wie folgt: „Covering dismembered Germany for the Associated Press resembles a three-ring circus rather than a conventional press bureau. The center ring and main attraction at the moment is Nuernberg ..."[34] Die anderen beiden „side rings"[35] waren Frankfurt am Main, das Hauptquartier der US-amerikanischen Besatzungstruppen, und Berlin, das Hauptquartier des

---

Folder: Germany 1945; siehe die Korrespondenz zwischen der Redaktion des *Daily Express* und dem Korrespondenten Selkirk Panton, in: NLA, Ronald Selkirk Panton Papers, Series 1, Box 1, Folder: 2.

32 Wes Gallagher, Wes Gallagher Takes You behind the Scenes at Nuernberg, in: The AP World 1.8 (1946): 10 f. Associated Press Collections Online, http://tinyurl.galegroup.com/tinyurl/WwY72 (zuletzt eingesehen am 13. April 2015).

33 Arthur Geiringer, Coverage of Germany, 15. Mai 1946, TRA, 1/962440, LN 683.

34 Gallagher, Wes Gallagher Takes You behind the Scenes at Nuernberg, in: The AP World 1.8 (1946): 10+. Associated Press Collections Online, http://tinyurl.galegroup.com/tinyurl/WwY72 (zuletzt eingesehen am 13. April 2015).

35 Ebd.

Alliierten Kontrollrates. Gallagher wies auch noch auf „[t]wo healthy side-shows"[36] hin, womit erstens der Bergen-Belsen-Prozess in der britischen Zone und zweitens die Dachauer Prozesse in der US-amerikanischen Besatzungszone gegen Aufseher und Leiter deutscher Konzentrations- und Vernichtungslager gemeint waren.[37] In gewöhnlichen Zeiten, schrieb Gallagher, hätten beide Prozesse ebenfalls das Potential für eine „front page story"[38] gehabt. Aber im Zentrum der medialen Aufmerksamkeit stand Ende 1945 der Nürnberger Prozess gegen die Hauptkriegs- verbrecher.

Damit war das Medienereignis Nürnberger Prozess eine Insel der Kooperation der Großmächte mitten auf dem wichtigsten Schauplatz ihrer Konfrontation. Und der Nürnberger Prozess war auch eine diskursive Insel in der unübersichtlichen Nachkriegszeit. Das heißt, in der Medienberichterstattung über den Nürnberger Prozess wirkte der alte „war time frame"[39] weiterhin fort. Die Allianz der Groß- mächte in Nürnberg war intakt, der Nationalsozialismus als gemeinsamer Gegner – gestern wie heute – auf der Anklagebank. Die Anklage war geprägt durch die Kriegs- erfahrungen der Nationen. Auch die Korrespondenten berichteten und durchlebten noch einmal die eigene heroische Geschichte eines gemeinsamen Kampfes gegen den Nationalsozialismus.[40] Teilweise inszenierten sich die Korrespondenten selbst als Zeitzeugen in ihren Artikeln. Sie schrieben sich in die historischen Ereignisse hinein, an denen sie als Berichterstatter teilgenommen hatten und die nun vor Gericht verhandelt wurden.[41] Der Prozess sollte als Sinnstiftung für diesen he-

---

36 Ebd.

37 Zu den Dachauer Prozessen siehe: Ludwig Eiber u. Robert Sigel (Hg.), Dachauer Prozesse: NS- Verbrechen vor amerikanischen Militärgerichten in Dachau 1945–48, Göttingen 2007; Robert Sigel, Die Dachauer Prozesse 1945–1948 in der Öffentlichkeit: Prozesskritik, Kampagne, politischer Druck, in: Jörg Osterloh u. Clemens Vollnhals (Hg.), NS-Prozesse und deutsche Öffentlichkeit: Besatzungszeit, frühe Bundesrepublik und DDR, Göttingen 2011, S. 132–147; zum Bergen-Belsen- Prozess siehe: John Cramer, Belsen Trial 1945: Der Lüneburger Prozess gegen Wachpersonal der Konzentrationslager Auschwitz und Bergen-Belsen, Göttingen 2011; ders., Der erste Bergen-Belsen- Prozess 1945 und seine Rezeption durch die deutsche Öffentlichkeit, in: Jörg Osterloh u. Clemens Vollnhals (Hg.), NS-Prozesse und deutsche Öffentlichkeit: Besatzungszeit, frühe Bundesrepublik und DDR, Göttingen 2011, S. 75–92.

38 Gallagher, Wes Gallagher Takes You behind the Scenes at Nuernberg, in: The AP World 1.8 (1946): 10+. Associated Press Collections Online, http://tinyurl.galegroup.com/tinyurl/WwY72 (zuletzt eingesehen am 13. April 2015).

39 Leff, Wartime Frame, S. 94.

40 Ebd., S. 100, Fußnote 74.

41 Selkirk Panton, Full court story by Selkirk Panton – 'Master race' amused Keitel, *Daily Express*, 21. November 1945, S. 2; Sefton Delmer, I was sceptical – until today, *Daily Express*, 2. Oktober 1946, S. 4; William Shirer, Nuernberg Trial May Re-awaken The World to Nazis' Bestiality, *New York Herald Tribune*, 18. November 1945, S. A1; ders., Shirer Reveals Hitler's Secret Messages to His Military Leaders, *New York Herald Tribune*, 2. Dezember 1945, S. 1; Frederick Oechsner, Nazi Chieftains

roischen Kampf dienen, indem er eine friedliche Nachkriegsordnung basierend auf internationalem Recht begründete. Die Alliierten sowie ihre Zeitungen waren bereit, über die Verbrechen der jeweiligen Verbündeten hinwegzusehen. Nicht, dass man nicht um die Dinge gewusst hätte: Reuters briefte seine Korrespondenten bereits vertraulich über die Massaker in den Wäldern von Katyn.[42] Die Korrespondentin des *New Yorker*, Janet Flanner, schrieb, Nürnberg sei nicht der Ort, um sich damit zu befassen.[43] Selbst bei den meisten Zeitungen in den USA, die den Prozess kritisierten, waren die Verbrechen der Alliierten und die Beteiligung der Sowjetunion kein Kritikpunkt.[44] Der Korrespondent der *Newark Evening News* und enge Vertraute der US-amerikanischen Anklage Henry Suydam schrieb nach den Urteilen: „Nuremberg has been an island of friendliest cooperation between East and West, between communism and capitalism, in pursuit of a common purpose of peace. It can be done. "[45] Nürnberg wurde in der Berichterstattung über die Zukunft der internationalen Beziehungen die Referenz für eine friedliche Zusammenarbeit der Großmächte, wie sie vielen am Ende des Krieges noch wünschenswert und möglich schien. Die unübersichtliche außenpolitische Situation der Nachkriegszeit und die beginnende Konfrontation der Großmächte wurde ausgeblendet. Im Kontext der Debatte über die zukünftigen internationalen Beziehungen war Nürnberg zunehmend die einzig positive Referenz:

Anyone bewildered by the international storm clouds of today should step into the International Military Tribunal at Nuernberg. It might reassure him the world has not jumped the track and is not headed for a final and all-eliminating smash-up.[46]

Cower Before Bar of Justice. Correspondent Who Witnessed Hitlerites' Climb to Power Pictures Them at Trial, *The Los Angeles Times*, 21. November 1945, S. 6; Louis P.Lochner an AP, 20. November 1945, WHSA, Louis Paul Lochner Papers, Newspaper Articles, Wire Service Dispatches and Articles, Associated Press 1945 November – 1947, Reel 31, Frame 18–21.

42 Instruktionen für die nach Nürnberg entsandten Korrespondenten, TRA, 1/962530 LN 691.

43 Janet Flanner an Natalia Danesi Murray, 12. März 1946, LoC, Janet Flanner–Natalia Danesi Murray Papers, Box 2, Folder: 15.

44 Bosch, Judgment, S. 96.

45 Henry Sudyam, Nuremberg Judgment, *Newark Evening News*, 16. Oktober 1946; Janet Flanner benutzte ebenfalls die Insel-Metapher: Janet Flanner, Letter from Nuremberg, *The New Yorker*, 16. März 1946, S. 92–94; siehe auch: William Shirer, Reds' Nuernberg Role Contrasted With War Talk, *New York Herald Tribune*, 8. September 1946, Section II–IV, S. 1; The Lesson of Nuremberg, *The New Statesman and Nation*, 5. Oktober 1946, S. 237.

46 *The Pittsburgh Press*, 14. Juni 1946, S. 25.

3. Zwischen Schloss Stein, Justizpalast und Grand Hotel: Arbeiten und Leben der Korrespondenten in Nürnberg

Drei Tage nach dem Abschluss des Londoner Vier-Mächte-Abkommens vom 8. August 1945 und der Unterzeichnung des Statuts für den Internationalen Gerichtshof legte Gordon Dean, der Pressesprecher des US-amerikanischen Chefanklägers, einen „Plan for Public Relations Organization for the Trial of the Major War Criminals"[1] vor. Dem Programm war eine Grundsatzerklärung vorangestellt:

> General Policy: One of the primary purposes of the trial of the major war criminals is to document and dramatize for contemporary consumption and for history the means and methods employed by the leading Nazis in their plan to dominate the world and to wage aggressive war. Consequently one of the most important considerations in the preparation for the trial, in choice of the site, and in the conduct of the trial, is that of getting speedily and clearly to the people of the world the record of evidence which is developed there. This means that except for the controlling consideration that the trial must be conducted in a judicial atmosphere, with dignity and with dispatch, first attention must be given to those agencies of public dissemination – the press, the radio, and the motion pictures – which will tell the story to the world.[2]

Als die wichtigsten Ziele des Prozesses benannte Dean die Dokumentation und Aufklärung über die Verbrechen der Nationalsozialisten. Die Menschen auf der ganzen Welt sollten von den Verbrechen und den Beweisen für diese Verbrechen erfahren. Deshalb kam den Medien – Presse, Radio und Film – die allergrößte Bedeutung zu. Da der Prozess in der US-amerikanischen Zone stattfand, war es die Aufgabe der USA, die infrastrukturellen Voraussetzungen dafür zu schaffen, dass zeitweise mehr als 300 Korrespondenten aus aller Welt über den Prozess berichten konnten.

Das war keine leichte Aufgabe. Lediglich der weitestgehend verschont gebliebene Justizpalast und das dazugehörige Gefängnis hatten Nürnberg als den Ort

---

1 Gordon Dean, Plan for Public Relations Organization for the Trial of the Major War Criminals, o. D., NARA, RG 238, Entry 51, Box 27, Folder: Suggestions – Re Publicity; ders., Memorandum to the Chief of Counsel, 11. August 1945, NARA, RG 238, Entry 51, Box 27, Folder: Suggestions – Re Publicity.

2 Gordon Dean, Plan for Public Relations Organization for the Trial of the Major War Criminals, o. D., NARA, RG 238, Entry 51, Box 27, Folder: Suggestions – Re Publicity.

qualifiziert, an dem das Internationale Militärtribunal abgehalten werden sollte. Der Rest der Stadt war größtenteils zerstört. Alles, was für den Prozess benötigt wurde, musste von der Armee herbeigeschafft werden.

Die Infrastruktur muss unter zwei Gesichtspunkten betrachtet werden: Erstens aus der Perspektive der Korrespondenten vor Ort, die sich mit der zur Verfügung gestellten Infrastruktur arrangieren mussten. Transport, Kommunikation und Unterbringung hatten unmittelbare Auswirkungen auf die journalistische Praxis und waren deshalb Gegenstände heftiger Auseinandersetzungen zwischen Korrespondenten und Besatzungsmächten. Zweitens muss man die Wechselwirkungen zwischen Spitzenvertretern der Politik bzw. des Militärs und der Medien betrachten. Die Bedingungen, unter denen die Korrespondenten agierten, waren das Ergebnis der Verhandlungen zwischen Politik, Militär und Medien in den Hauptstädten der Besatzungsmächte. Die alliierten Militärs besaßen die Verfügungsgewalt über die Infrastruktur. Die Medienorganisationen bildeten in den Verhandlungen Allianzen, konkurrierten aber gleichzeitig miteinander. Dadurch wird deutlich, wie politisch die Infrastruktur war. Um diese Politik und die infrastrukturellen Rahmenbedingungen in Nürnberg zu verstehen, muss der Blick nach London und Washington gerichtet werden. Bevor der erste Artikel eines Korrespondenten aus Nürnberg verschickt wurde, hatten bereits grundlegende Entscheidungen über die Bedeutung des Ereignisses in den Hauptstädten stattgefunden.

3.1 Transport

Im Falle der Zeitungs- und Agenturkorrespondenten, die für Wochen oder Monate aus Nürnberg berichteten, war die Frage entscheidend, ob sie an ihrem Einsatzort über ein Auto verfügten. Das stand in Nürnberg angesichts der großen Anzahl von Korrespondenten außer Frage. Im „Guide to the Press Camp"[3] wurde dies unmissverständlich zum Ausdruck gebracht. Die britischen Korrespondenten hatten im Vorfeld des Prozesses eigene Transportmittel für Notfälle gefordert, was vom britischen Außenministerium abgelehnt worden war.[4] Dies schränkte ihren Aktionsradius erheblich ein. Auch deshalb spielte sich das Leben der Korrespondenten mangels eigener Transportmittel in erster Linie zwischen „Press Camp" (Schloss Stein), Justizpalast und Grand Hotel ab, zwischen denen ein Shuttle verkehrte.

---

3 Guide to the Press Camp, LHASC, Ivor Montagu Papers, CP/IND/MONT/10/7, Papers as Daily Worker correspondent, Germany including printed regulation papers.
4 British War Crimes Executive European Section Nuremberg an Foreign Office London, o. D., TNA, FO 371/50992; N. E. Nash (Foreign Office News Department), Memorandum, 1. November 1945, TNA, FO 371/50992.

Das stellte aber lediglich für jene Korrespondenten ein Problem dar, die nicht nur den quasi obligatorischen Artikel über das Desinteresse der Nürnberger Bevölkerung schreiben wollten.[5] Einen solchen Artikel schrieb fast jeder Korrespondent, häufig verknüpft mit einer Kritik an den Besatzungsmächten, die das propagandistische Potential des Prozesses verschenken würden.[6] Die Minderheit jener, die sowohl das Interesse als auch die Zeit hatten, Kontakt zur Nürnberger Bevölkerung zu pflegen, war in ihrem Aktionsradius erheblich eingeschränkt. Ivor Montagu, Korrespondent des britischen *Daily Worker*, der Kontakt zu den Nürnberger Kommunisten und Sozialisten halten wollte, berichtete seiner Frau, dass er aufgrund der fehlenden Transportmittel größtenteils auf die Gesellschaft seiner Kollegen beschränkt sei. Eine Gesellschaft, die er zwar als sympathisch bezeichnete, aber in ideologischer Hinsicht als völlig ungenügend empfand.[7] „To attempt to cut out of this confinement and get any contact with the world outside involves complications that may include a walk of 5 miles plus. I have only once done it …"[8] Für einige Korrespondenten begannen die Herausforderungen schon damit, überhaupt nach Nürnberg zu gelangen.[9] Der Chef der AP in Deutschland, Wes Gallagher, forderte von seinem Arbeitgeber den Import von Autos aus Übersee. Zur Illustration schilderte er seine Reise von Nürnberg nach Berlin in einem vom Militär akquirierten Auto, die ihn aufgrund von Pannen zwei Tage gekostet habe.[10] Der britische

---

5 Trial Preparations in Nuremberg – An Indifferent Public, *The Times*, 27. Oktober 1945, S. 3; Peter de Mendelssohn, The Nuremberg Reckoning, *The New Statesman and Nation*, 1. Dezember 1945, S. 364; WAR CRIMES: The Fallen Eagles, *Time Magazine*, 3. Dezember 1945, http://www.time.com/time/magazine/article/0,9171,852473,00.html (zuletzt eingesehen am 18. Juni 2013); Norman Clark, Goering Fails to Impress, *News Chroncile*, 18. März 1946, S. 1; William Shirer, A. M. G. in Germany Called On the Brink of Collapse, *New York Herald Tribune*, 9. Dezember 1945, S. A1.

6 Natürlich gab es auch jene, die das genaue Gegenteil behaupteten und der US-amerikanischen „Information Control Division" eine exzellente Arbeit bestätigten. Siehe: Louis Lochner an AP, 13. Dezember 1945, WHSA, Louis Paul Lochner Papers, Newspaper Articles, Wire Service Dispatches and Articles, Associated Press 1945 November – 1947, Reel 31, Frame 100; Facts of Nuremberg Trial Reach 12,000,000 Germans, *The Christian Science Monitor*, 18. Dezember 1945, S. 8.

7 Ivor Montagu an Eileen Montagu, 1. Dezember 1945, LHASC, Ivor Montagu Papers, CP/IND/MONT/11/1, Further Correspondence from Montagus Time in Post War Germany 1945/1946.

8 Ebd.; zum eingeschränkten Aktionsradius in Nürnberg siehe auch: Henry Suydam, Nuremberg Impressions – Germans, Hungry, Cold and Unsheltered, Hardly Seem to Grasp War Trial's Meaning, *Newark Evening News*, 21. November 1945.

9 Zu den Transportbedingungen für Korrespondenten im besetzten Nachkriegsdeutschland siehe: Robrecht, Diplomaten, S. 120 ff.; für eine Beschreibung der Transportbedingungen in Europa nach Kriegsende siehe auch: Louis Lochner an AP, 11. November 1945, WHSA, Louis Paul Lochner Papers, Newspaper Articles, Wire Service Dispatches and Articles, Associated Press 1945 November – 1947, Reel 31, Frame 3–5.

10 Gallagher an Claude A. Jagger, 6. November 1945, APCA, AP 02A.2 Foreign Bureau Correspondence, Box 6, Folder: Berlin Aug–Dec; siehe auch die Reisebeschreibung von Ralph McGill, Redakteur der

Korrespondent Selkirk Panton meldete sich vor seiner Reise nach Nürnberg aus Berlin bei seiner Redaktion mit den Worten ab: „... will disappear about two days en route will wire you immediately on arrival nuremberg."[11]

Hinzu kam die Notwendigkeit, selbst wenn die Korrespondenten eigene Autos hatten, Reisen bei der Militärverwaltung anzumelden. Der AP-Korrespondent Don Doane schrieb sich in einem Brief an seine Familie den Frust über die Regularien der Armee von der Seele. 24 Stunden brauche es, bis er eine Genehmigung für die Fahrt mit dem eigenen Auto von Frankfurt am Main nach Nürnberg erhalte.[12] Besonders kompliziert wurde es, wenn Zonengrenzen überschritten werden sollten. Arthur Geiringer, der bei Reuters für Deutschland zuständige Manager, hatte alle notwendigen Formulare seiner Reise durch die Besatzungszonen aufgehoben, um den britischen Behörden in London den damit verbundenen bürokratischen Wahnsinn zu verdeutlichen. Seinen Besuch in Nürnberg habe er angesichts des bürokratischen Aufwands ausfallen lassen.[13] Der Übergang zu den Standards der Berichterstattung in Friedenszeiten im zersplitterten Deutschland setze die Mobilität seiner Korrespondenten voraus.[14] Die Zeit der Kriegsberichterstattung sei vorbei, als die Korrespondenten in „press camps" auf das Klingeln der Glocke warten konnten, um eine Pressemitteilung in Empfang zu nehmen.[15]

Wenn äußere Umstände die Arbeit von Korrespondenten behinderten, beklagten sie sich darüber nicht nur in der privaten Korrespondenz, wie Montagu oder Doane es in den Briefen an ihre Familien taten. Sie versuchten auch aus den Problemen einen Artikel zu machen, um entweder der schwierigen Situation zumindest etwas Verkaufbares abzugewinnen oder sich öffentlichkeitswirksam zu beschweren, um auf die Rahmenbedingungen einzuwirken.[16] Rebecca West machte aus ihrer Reise von London nach Nürnberg einen unterhaltsamen Artikel im *New Yorker*, als sie auf Einladung der britischen Anklage im Flugzeug von London nach Nürnberg zur Urteilsverkündung fliegen durfte.

Atlanta Constitution, im Jeep von Frankfurt am Main nach Nürnberg: Ralph McGill, From Frankfurt To Nuernberg by Jeep, *The Atlanta Constitution*, 21. Februar 1946, S. 8.

11 Panton an Charles Foley, 28. Februar 1946, NLA, Ronald Selkirk Panton Papers, Series 1, Box 1, Folder: 1.

12 Don Doane an Grace Margaret Urban, 19. Juli 1946, Don Doane Letters from Europe 1945–1952, edited 2016 by William Urban (unveröffentlichtes Manuskript).

13 Geiringer an Peter Castle, 10. September 1946, TRA, 1/962264, LN 678.

14 Ebd.

15 Geiringer, Coverage of Germany, 15. Mai 1946, TRA, 1/962440, LN 683.

16 Viele Korrespondenten nutzten ihre Reisen nach Nürnberg als Material für Artikel, siehe z. B.: Henry Suydam, Flying to Trial of Nazis, *Newark Evening News*, 7. November 1945.

It was the last two days of the Nuremberg trial that I went abroad to see. Those men who had wanted to kill me and my kind and who nearly had their wish were to be told whether I and my kind were to kill them and why. Quite an occasion. But for most of the time my mind was distracted from it by bright, sharp, smaller things. Consider the marvels of air travel.[17]

So beginnt ihr Artikel über die Odyssee einer Flugreise, die eigentlich nur vier Stunden Flugzeit hätte betragen sollen, West aber tief in die Welt der männlich dominierten Militärbürokratie führte. Da die britischen Korrespondenten ohne spezielle Einladung aber grundsätzlich zweieinhalb Tage für die Reise in unbequemen „duty trains" und auf Schiffen von London nach Nürnberg einplanten, war Wests Beitrag kaum dazu geeignet, Empörung hervorzurufen.[18]

William Shirer, CBS-Korrespondent und Tagebuchschreiber, hatte mit seinem im Nürnberger „Press Camp" für die *New York Herald Tribune* verfassten Artikel nicht die Absicht, aus seinen Unannehmlichkeiten schöne Prosa zu machen. Mit seiner Beschwerde über fehlende Transportmittel für Korrespondenten, was diese in der Ausübung ihres Berufs behindere, verfolgte er die Absicht, auf die Rahmenbedingungen einzuwirken. Als „roving correspondent", der für seine Artikel und Radiobeiträge durch das Nachkriegseuropa reiste, konnten die erschwerten Reisebedingungen seine Berichterstattung erheblich beeinflussen.[19]

Janet Flanner hätte ihm sicher beigepflichtet. Eigentlich Frankreich-Korrespondentin des *New Yorker*, bereiste sie in der Nachkriegszeit von ihrer Basis Paris aus Europa. Wie auch Shirer wollte sie in Nürnberg Halt machen, um über den Prozess zu berichten. Geplant war ein Besuch während der sowjetischen Anklage im Januar 1946. Davon unabhängig musste Flanner im Dezember 1945 für einen Artikel in München und Umgebung recherchieren und machte sich Anfang Dezember von Paris aus über Frankfurt am Main mit dem Zug auf den Weg. In München ergab sich die Möglichkeit, den Nürnberger Prozess zu besuchen. Von dort fuhr sie am Morgen des 13. Dezember mit einem Jeep nach Nürnberg, blieb eine Nacht und machte sich wieder auf den Rückweg. Flanner verbrachte lediglich einen Tag in

---

17 Rebecca West, A Reporter At Large: The Birch Leaves Falling, *The New Yorker*, 26. Oktober 1946, S. 93–105, hier S. 93.

18 Siehe die Reisebeschreibungen und -planungen der weniger privilegierten Korrespondenten: Chester Wilmot an seine Eltern, 16. Dezember 1945, NLA, Chester Wilmot Papers, Box 9, Folder: 2–2a; Ivor Montagu an Eileen Montagu, 6. Dezember 1945, LHASC, Ivor Montagu Papers, CP/IND/MONT/ 11/1, Further Correspondence from Montagu's Time in Post War Germany 1945/1946.

19 Siehe zur Bedeutung der Transportmöglichkeiten für die Berichterstattung von reisenden Korrespondentinnen auch die Korrespondenz der US-amerikanischen Korrespondentin Pauline Frederick mit ihren Redakteuren, insbesondere: Pauline Frederick an Farnham F. Dudgeon, 7. Januar 1946, SSC, Pauline Frederick Papers, Box 1, Folder: 13.

Nürnberg. Das Ergebnis war nicht mehr als ein relativ kurzer Artikel, was ihren Redakteur in New York überraschte, der davon ausgegangen war, dass Flanner über den Prozess „on a big scale"[20] berichten würde. Es stellte sich heraus, dass Flanners Enthusiasmus aufgrund der widrigen Transportverhältnisse erheblich gelitten hatte.

> BRIEFLY DID NURNBERG BECAUSE HAD CHANCE OF PRIVATE CAR AND THREE
> HOUR DRIVE INSTEAD THIRTY HOUR SITUP TRAIN FROM PARIS WHICH
> PLANNED TO DO END JANUARY WHEN RUSSIANS IN COURT[21]

Die zweitägige Zugfahrt von Paris nach München ohne Schlafwagen hatte sie bewogen, ihren Besuch in Nürnberg auf einen Tag zu begrenzen, statt im Januar 1946 eine weitere Zugreise nach Nürnberg auf sich zu nehmen. Die dreitägige Rückreise von München nach Paris ohne auch nur die Möglichkeit, ihre Kleidung zu wechseln, wollte sie zwar angesichts der Lebensbedingungen eines Großteils der Menschen in Deutschland, Frankreich und im Rest Europas nicht als „hardship"[22] bezeichnet wissen, doch eine weitere solche Reise wollte sie sich ersparen. Flanner reiste schließlich noch ein zweites Mal nach Nürnberg, dann allerdings mit dem Flugzeug. Doch auch dieses Transportmittel hatte seine Nachteile. Aufgrund der wenigen zur Verfügung stehenden Plätze konnte Flanner nicht zu ihrem Wunschtermin nach Nürnberg reisen und verpasste deshalb die Aussage der französischen Zeugin Marie-Claude Vaillant-Couturier, einer Freundin und Auschwitz-Überlebenden.[23]

Da die Transportbedingungen eine entscheidende Voraussetzung für die Arbeit der Korrespondenten waren und die Abhängigkeit vom Militär in den verschiedenen Besatzungszonen enorm groß war, fanden die Auseinandersetzungen darüber nicht nur auf der Ebene der Korrespondenten statt. Redakteure und Verleger nutzten ihre Kontakte zu Oberbefehlshabern oder Ministern. So wandte sich Roy W. Howard von Scripps-Howard Newspapers nach einer Reise durch die Besatzungszonen mit Zwischenstopp in Nürnberg in einem Brief an „My dear Bob"[24], den US-amerikanischen Kriegsminister Robert P. Patterson. Howard vertrat die Meinung, dass der „reporter covering the activities of our occupation Army is necessarily

---

20 William Shawn an Janet Flanner, 14. Dezember 1945, NYPL, The New Yorker Records, Box 418, Folder: 25.

21 Flanner an Shawn, 20. Dezember 1945, NYPL, The New Yorker Records, Box 418, Folder: 25.

22 Flanner an Shawn, 9. Januar 1946, NYPL, The New Yorker Records, Box 432, Folder: 16.

23 Flanner an Shawn, o. D., NYPL, The New Yorker Records, Box 432, Folder: 16.

24 Roy W. Howard an Robert P. Patterson, 24. Juli 1946, Online Archive at Indiana University, Roy W. Howard Papers, https://sites.mediaschool.indiana.edu/royhowardarchive/single_item.php?id=VAD2868-08339 (zuletzt eingesehen am 12. Juli 2019).

a component part of the military machine."[25] Nur verstünden dies viele Offiziere nicht. Ein entscheidender Punkt, an dem die mangelnde Kooperation deutlich werde, sei der ungenügende und vollkommen überteuerte Luft- und Landtransport für Korrespondenten. Howard schlug vor, die Armee solle ihren aufgeblasenen und unprofessionellen PR-Apparat zusammenstreichen und die freiwerdenden Ressourcen den Korrespondenten zur Verfügung stellen.

3.2 Das „Press Camp" im Schloss Stein

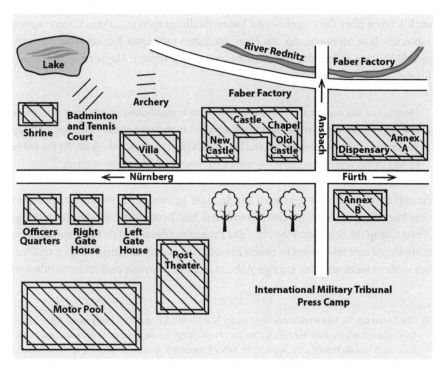

Abbildung 1   Grafische Nachbildung der schematischen Darstellung des „Press Camp" aus: Guide to the Press Camp, LHASC, Ivor Montagu Papers, CP/IND/MONT/10/7, Papers as Daily Worker correspondent, Germany including printed regulation papers.

Hatten die Korrespondenten die beschwerliche Anreise gemeistert und waren einmal in Nürnberg angekommen, wurden sie im „Press Camp" untergebracht. Zu diesem Zweck hatte die US-Armee das Schloss Stein im Nürnberger Vorort

---

25 Ebd.

Stein etwa sieben Kilometer entfernt vom Justizpalast requiriert.[26] Es handelte sich um das Schloss der bekannten Bleistiftfabrikanten Faber-Castell oder vielmehr um das gesamte Anwesen mit zahlreichen Gebäuden, Park- und Sportanlagen. Das Hauptgebäude bestand aus drei zu unterschiedlichen Zeiten gebauten Teilen: dem alten Schloss von 1880, dem neuen Schloss, das zwischen 1903 und 1906 erbaut worden war, und der Kapelle.

Peter de Mendelssohn, der für diverse britische und US-amerikanische Zeitschriften vor Ort war, nannte Schloss Stein „a fantastically ugly enormous monstrosity of a castle."[27] John Dos Passos bezeichnete die Architektur und Inneneinrichtung schlicht als „German schrecklichkeit at its worst."[28] Es blieb aber nicht nur bei Klagen über die Ästhetik des deutschen Historismus der Wilhelminischen Epoche, auch Klagen über die Arbeits- und Lebensbedingungen im „Press Camp" waren zahlreich. Ivor Montagu, der aus einer geadelten jüdischen Bankerdynastie stammende Korrespondent des kommunistischen *Daily Worker*, klagte sein Leid in den Briefen an seine Frau:

> Despite the fascination and overwhelming historic significance of what goes on before one's eyes in the court-room, and the responsibility and opportunity therefore of being present, I hate every moment of it and long to return. [...] If you were to ask for the prime factors of discomfort the answer would be (i) communal life (ii) raisin bread.[29]

Es entbehrt nicht einer gewissen Ironie, dass gerade der Kommunist Montagu sich über die Zumutungen des „communal life" beschwerte. In der Tat war das „Press Camp" in den ersten Wochen des Prozesses überfüllt. Die Korrespondenten schliefen zu acht oder zehnt in einem Zimmer, die sanitären Einrichtungen reichten bei weitem nicht aus, der einzige Arbeitsraum für Korrespondenten wurde von

---

26 Aus Anlass der 70. Wiederkehr des Beginns der Nürnberger Kriegsverbrecherprozesse hat die A. W. Faber-Castell AG ein Heft zur Geschichte des „Press Camp" herausgegeben: Steffen Radlmaier, Das Bleistiftschloss als Press Camp, hg. v. A. W. Faber-Castell AG. Stein bei Nürnberg 2015; siehe auch: Neumahr, Das Schloss der Schriftsteller; für eine ausführliche Beschreibung durch Korrespondenten siehe: Catherine Coyne, Nuremberg Dali-esque Setting; Fears of Poisoning Rampant, 17. November 1945, Schlesinger Library, SLRIHU, Catherine Coyne Papers, Scrapbook of Clippings, Oct 1945–Jan 1946, Nuremberg Trials, Food Shortage, Folder: 2.12 [Photocopy of #3FB.2 2654]; Nürnberg Legend, *Time Magazine*, 16. September 1946, S. 78, https://time.com/vault/issue/1946-09-16/page/80/ (zuletzt eingesehen am 6. Juni 2020).

27 Peter de Mendelssohn an Hilde Spiel, 15. November 1945, Monacensia, Nachlass Peter de Mendelssohn, PdM B134.

28 John Dos Passos an Katy Dos Passos, 3. November 1945, in: ders.: The Fourteenth Chronicle. Letters and Diaries of John Dos Passos, hg. v. Townsend Ludington, Boston, MA 1973, S. 558.

29 Ivor Montagu an Eileen Montagu, 1. Dezember 1945, LHASC, Ivor Montagu Papers, CP/IND/MONT/11/1, Further Correspondence from Montagu's Time in Post War Germany 1945/1946.

Lautsprechern und dem Piano aus der angrenzenden Bar beschallt und das Essen der US-amerikanischen Armee war nicht nur für englische Zungen schwer genießbar. Zahlreiche Korrespondenten landeten auf der Krankenstation. Presseberichten zufolge litt zweitweise die Hälfte aller Korrespondenten an Durchfallerkrankungen und Grippe.[30] Dafür dürfte nicht allein das Essen verantwortlich gewesen sein: Unter den Trümmern Nürnbergs waren immer noch Leichen verschüttet, das Trinkwasser war kontaminiert und das nach Chlor schmeckende Wasser konnte nur aus sogenannten „lister bags" getrunken werden.[31] Hinzu kam die ungenügenden sanitären Anlagen im „Press Camp".

Die Auswirkungen dieser Lebens- und Arbeitsbedingungen auf Gesundheit und Wohlbefinden waren Gegenstand der Briefe praktisch aller Korrespondenten. Das war und ist nicht ungewöhnlich für Auslandskorrespondenten, die aus Krisengebieten berichten.[32] Bevor Montagu selbst ernsthaft erkrankte, hatte er seiner Frau schon von Kollegen berichtet, die auf die Krankenstation verlegt worden waren.

However, I am determined to keep going and not to fall ill from any serious ailment whatsoever. Dormitory neighbours have been carried off with one thing or another, a high percentage have bad diarrhoea of which I've had never a touch (my pencil is a wooden one) outside home thank goodness, but nothing shall get me down, I promise.[33]

Das folgende Zitat zeigt auch, dass es nicht in erster Linie darum ging, gesund zu bleiben, sondern darum, nicht so krank zu sein, dass man nicht mehr arbeiten konnte. Der BBC-Korrespondent Chester Wilmot schrieb seiner Familie, wie er versuchte, trotz Erkrankung seiner Arbeit nachzugehen:

I felt almost as bad as I did when I had dysentery in Japan … aches, shivers and sickness … and I had to broadcast at 1 pm and at 7.30 … and had also to fix up some last-minute problems. I managed to do the midday broadcast by dictating it to our joint secretary and then went back to bed … got up again for a meeting at 7 pm, but had to rush out in the middle.[34]

---

30 William Shirer, A. M. G. in Germany Called On the Brink of Collapse, *New York Herald Tribune*, 9. Dezember 1945, S. A1; Dysentery Affects War Trial Writers, *The Philadelphia Inquirer*, 5. Dezember 1945, S. 11.

31 Ivor Montagu an Eileen Montagu, 1. Dezember 1945, LHASC, Ivor Montagu Papers, CP/IND/MONT/11/1, Further Correspondence from Montagu's Time in Post War Germany 1945/1946.

32 Pedelty, War Stories, S. 113 f.

33 Ivor Montagu an Eileen Montagu, o. D., LHASC, Ivor Montagu Papers, CP/IND/MONT/11/1, Further Correspondence from Montagu's Time in Post War Germany 1945/1946.

34 Chester Wilmot an seine Familie, 7. Oktober 1946, NLA, Chester Wilmot Papers, Box 9, Folder: 2–2a.

Die Frau des stellvertretenden britischen Richters, Lady Birkett, versorgte ihn schließlich am Abend mit Medizin, damit er am folgenden Tag überhaupt in der Lage war, zu arbeiten. So überrascht es nicht, dass in den Briefen und Erinnerungen der Korrespondenten Begriffe wie „Stalag Stein"[35] und „concentration camp"[36] zur Beschreibung des „Press Camp" fielen. Die miserablen Zustände wurden schließlich zum Gegenstand einer auch in Zeitungen und Rundfunksendungen öffentlich geführten Debatte.

Ein Kennzeichen von Medienereignissen ist die Selbstthematisierung der Rolle der Medien durch die Medien.[37] Außer der obligatorischen Erwähnung der 240 Medienvertreter in jedem Artikel über die Eröffnungssitzung und dem Versuch der Cheflobbyisten der Nachrichtenagenturen, den Zugang von Korrespondenten und Fotografen zu den Hinrichtungen zu einem Kampf für die Pressefreiheit zu stilisieren, fand eine reflexive Auseinandersetzung mit der eigenen Rolle in der Berichterstattung nicht statt.[38] Was in den Medien hingegen leidenschaftlich diskutiert wurde, waren Unterbringung, Verpflegung und Gesundheit der Korrespondenten im „Press Camp". Das traf im Übrigen auch für die deutschen Korrespondenten zu, die keinen Zugang zum „Press Camp" hatten und ihren eigenen Versorgungsskandal unabhängig von den alliierten Korrespondenten publik machten.[39] Dass das eigentliche Thema journalistischer Selbstthematisierung in beiden Fällen das leibliche Wohl war, mag bezeichnend für die Situation im Nachkriegseuropa gewesen sein, in der die Versorgungsfrage ganz oben auf der politischen Agenda stand.

Kritik an den Zuständen im „Press Camp" wurde in der *New York Herald Tribune* und in der *New York Times* abgedruckt und stammte aus den Federn der Deutschland-Korrespondenten William Shirer bzw. Tania Long.[40] Beide verhandelten die Situation in Nürnberg im Kontext der Debatte über die Demobilisierung

---

35 Anthony Mann, Well Informed Circles, London 1961, S. 56; Robert Cooper, The Nuremberg Trial, Harmondsworth 1947, S. 152 f.

36 Raymond Daniell an [Edwin L.] James, 2. Dezember 1945, NYPL, New York Times Company Records, Arthur Hays Sulzberger Papers, Box 174, Folder: 8 Germany 1937–1945.

37 Friedrich Lenger, Einleitung, in: ders. u. Ansgar Nünning (Hg.), Medienereignisse der Moderne, Darmstadt 2008, S. 7–13, hier S. 8.

38 Burkhardt, Rückblende, S. 47.

39 The Press: The Third Freedom, *Time Magazine*, 1. Juli 1946, http://www.time.com/time/magazine/article/0,9171,803768,00.html (zuletzt eingesehen am 19. Juni 2013); Joe J. Heydecker, Die Ernährungsschlacht, in: *Nürnberger Extra-Blatt*. Eine kleine Sammlung in Wort und Bild von humoristischen Beiträgen deutscher Berichterstatter beim Nürnberger Prozess, Privatdruck, Leo Baeck Institute Archives, William Stricker Papers, http://www.archive.org/stream/williamstrickerc01stri#page/n325/mode/1up (zuletzt eingesehen am 12. Juli 2019).

40 William Shirer, A. M. G. in Germany Called On the Brink of Collapse, *New York Herald Tribune*, 9. Dezember 1945, S. A1; Tania Long, Germans Control Reporters' Castle, *The New York Times*, 4. Dezember 1945, S. 12.

der US-Armee und deren Auswirkungen auf die Besatzungspolitik in Deutschland. Die Zustände in Nürnberg deuteten sie als Beispiel einer verfehlten Besatzungspolitik, die Ressourcen abzog und Deutschland zunehmend sich selbst überließ. Die Unterbringung in Schlafsälen, Essen, das krank mache, sowie fehlende sanitäre Einrichtungen, Arbeitsplätze und Transportmittel würden es für die Korrespondenten unmöglich machen, ihre Aufgaben zu erfüllen. Und das trotz der Bedeutung, die die alliierten Nationen der weltweiten medialen Verbreitung des Prozesses zuschrieben, empörte sich Shirer und betonte die Bedeutung der Rolle der Korrespondenten: „[T]hat was one reason the trials were held, so the world might know finally the real fact of the Nazi crimes."[41] Beide Korrespondenten waren sich ebenfalls einig, dass einer der Gründe für den beschriebenen Umgang der US-Armee mit der Presse die Degradierung von General George Patton im September 1945 sei. Pattons Aussagen zur Entnazifizierung in seiner Funktion als Militärgouverneur von Bayern hatten zu seiner Abberufung geführt, nachdem die Medien darüber berichtet hatten. Ganz unbegründet war diese Annahme nicht. Ernest Cecil Deane, der stellvertretende Leiter des „Press Camp" in Nürnberg, einer Einrichtung der 3. US-Armee, hasste Shirer und Long geradezu, wie man seinen Briefen entnehmen kann.[42]

Eine Gegendarstellung über die Zustände im „Press Camp" schickte der Korrespondent der *Baltimore Sun*, Philip Whitcomb, am 19. Dezember 1945 an seine Redaktion. In der Absicht, dem ebenfalls aus Baltimore stammenden Leiter des „Press Camp", Lieutenant Colonel Charles R. Madary, zur Seite zu springen, und seiner eigenen Misogynie Ausdruck zu verschaffen, griff Whitcomb „the pink and gold vision"[43] einer neuen Art des Journalismus an. Whitcomb versuchte, seine sich beschwerenden Kollegen als weiblich und verweichlicht zu karikieren. Er stellte dem eine durch und durch männliche Version des Journalismus entgegen, die sich weniger durch intellektuelle Qualitäten als durch körperliche Leidensfähigkeit auszeichnete. Der Verweis auf separate Gebäude im Nürnberger „Press Camp" für „so-called women journalists"[44] rundete das Bild ab, das Whitcomb von den sich beschwerenden Journalisten zeichnete. Abschließend stellte er fest: „I simple-mindedly thought it was the best arranged press camp I had ever seen."[45]

---

41 William Shirer, A. M. G. in Germany Called On the Brink of Collapse, *New York Herald Tribune*, 9. Dezember 1945, S. A1.

42 Ernest Cecil Deane an Lois Deane, 12. Dezember 1945, Hoover Institution Archives, Ernest Cecil Deane Letters, Letters of Ernest Cecil Deane to his wife, Lois (Kemmerer) Deane, 1942–1946, Brief Nr. 271.

43 Story filed by Philip Whitcomb to Baltimore Sun, 19. Dezember 1945, NYPL, New York Times Company Records, Arthur Hays Sulzberger Papers, Box 174, Folder: 8 Germany 1937–1945.

44 Ebd.

45 Ebd.

Die Gräben verliefen also nicht zwischen den Medien und dem Militär, sondern zwischen verschiedenen Gruppen von Korrespondenten und der 3. US-Armee. Dies wird noch dadurch unterstrichen, dass dem *New York Times*-Korrespondenten Drew Middleton angeboten wurde, „Public Relations Director" des Oberbefehlshabers in Deutschland zu werden. Middleton, der Long und Daniell in Nürnberg ablöste, wurde aber vom Verleger der *New York Times*, Arthur Hays Sulzberger, nicht aus seinem Vertrag entlassen.[46]

Die „Public Relations Division" in Nürnberg nahm aber nicht nur die Dienste eines ihnen freundlich gesinnten Korrespondenten in Anspruch, um auf die Vorwürfe zu reagieren. Der Fall hatte so viel Aufsehen erregt, dass sich auch die Spitzen der Hierarchien der Sache annahmen. Der Direktor der „Public Relations Division" der US-Armee korrespondierte in dieser Sache mit Sulzberger. Clarence E. Lovejoy versuchte mit Hilfe von Fotos des „Press Camp", die Vorwürfe zu widerlegen und versuchte Shirer als Primadonna zu diffamieren, stellte aber auch Verbesserungen in Aussicht.[47]

Beim stellvertretenden und zeitweiligen Leiter des „Press Camp", Ernest Cecil Deane, verstärkten die Beschwerden noch seine Abneigung gegenüber gewissen Korrespondenten. Auch wenn er selbst unter den grassierenden Krankheiten litt, hielt er die Berichte trotzdem für Lügen oder zumindest für Übertreibungen. Er bezeichnete Long nach ihrem Artikel in der *New York Times* als „bitch"[48] und „liar".[49] Seiner Frau schrieb er, dass er Korrespondentinnen generell für einen „pain in the seat"[50] hielt, nachdem diese sich im „Press Camp" organisiert hatten und eine Abordnung sich ebenfalls über die Zustände beschwert hatte.[51] In den Briefen an seinen ehemaligen Professor für Journalistik legte er sich dann keinerlei Zurückhaltung mehr auf und schloss sich der Meinung an, dass Korrespondentinnen „are good for only one thing, to be laid".[52] Seine Verachtung gegenüber lesbischen

---

46 Robert P. Patterson an Arthur Hays Sulzberger, 28. August 1946, NYPL, New York Times Company Records, Arthur Hays Sulzberger Papers, Box 51, Folder: 1 Middleton, Drew and Estelle Middleton 1944–47.

47 Clarence E. Lovejoy an Arthur Hays Sulzberger, 28. Dezember 1945, NYPL, New York Times Company Records, Arthur Hays Sulzberger Papers, Box 174, Folder: 8 Germany 1937–1945; Arthur Hays Sulzberger an Clarence E. Lovejoy, 10. Dezember 1945, ebd.

48 Ernest Cecil Deane an Walter J. Lemke, 6. Dezember 1945, Hoover Institution Archives, Ernest Cecil Deane Letters, Letters of Ernest Cecil Deane to Walter J. Lemke, 1941–1946, Brief Nr. 112.

49 Ebd.

50 Ernest Cecil Deane an Lois Deane, 18. März 1946, Hoover Institution Archives, Ernest Cecil Deane Letters, Letters of Ernest Cecil Deane to his wife, Lois (Kemmerer) Deane, 1942–1946, Brief Nr. 297.

51 Pauline Frederick an ihre Familie, 18. März 1946, SSC, Pauline Frederick Papers, Series 2, Box 39, Folder: 6.

52 Ernest Cecil Deane an Lemke, 30. November 1945, Hoover Institution Archives, Ernest Cecil Deane Letters, Letters of Ernest Cecil Deane to Walter J. Lemke, 1941–1946, Brief Nr. 111; Deanes

Korrespondentinnen wie Erika Mann, die sich nicht nur durch ihre Berufstätigkeit, sondern auch in ihrer sexuellen Orientierung dem konservativen Rollenbild widersetzten, fiel noch heftiger aus.[53]

Beschwerden über das „Press Camp" gab es weiterhin.[54] Sein schlechter Ruf eilte dem „Press Camp" voraus.[55] Die Bedingungen verbesserten sich offenbar nicht wirklich.[56] Die schon bald nach der Eröffnungswoche zurückgehenden Zahlen an Korrespondenten entspannten die Situation allerdings. Zu Beginn des Prozesses waren über 300 Korrespondenten aus 26 Ländern in Nürnberg anwesend und die größte Herausforderung des „Public Relations Officer", Ernest Cecil Deane, war die Verteilung der 250 Plätze für Korrespondenten im Gerichtssaal.[57] Dem Beginn der Verhandlungen im Gerichtssaal wohnten 71 US-amerikanische, 42 britische, 39 sowjetische, 36 französische und 61 Korrespondenten anderer Nationen bei.[58] Die Kontingente waren im Vorfeld ausgehandelt worden, für die Akkreditierung war die US-Armee zuständig, nicht das Tribunal.[59]

Nach der Weihnachtspause kamen 195 Korrespondenten wieder zurück nach Nürnberg, doch verließen die US-amerikanischen und britischen Korrespondenten Nürnberg in Scharen, als die sowjetische und die französische Anklage begannen.[60] Im Februar 1946 waren noch knapp 100 Korrespondenten im „Press Camp" einquartiert, wie Deane an seinen ehemaligen Professor für Journalismus schrieb:

Korrespondenz mit seinem ehemaligen Professor für Journalismus zeichnete sich dadurch aus, dass es die Vorurteile und Abneigungen gegenüber allen Gruppen enthielt, die nicht weiß, männlich, heterosexuell und US-Amerikaner waren.

53 Ebd.

54 Janet Flanner an Natalia Danesi Murray, 12. März 1946, LoC, Janet Flanner–Natalia Danesi Murray Papers, Box 2, Folder: 15.

55 Don Doane an seine Familie, 10. November 1946, Don Doane Letters from Europe 1945–1952, edited 2016 by William Urban (unveröffentlichtes Manuskript); Harold Ross an Rebecca West, 11. Februar 1946, NYPL, The New Yorker Records, Box 66, Folder: 12 West, Rebecca, 1945–1947.

56 Pauline Frederick an ihre Familie, 18. März 1946, SSC, Pauline Frederick Papers, Series 2, Box 39, Folder: 6.

57 Ernest Cecil Deane an seine Eltern, 30. November 1945, Hoover Institution Archives, Ernest Cecil Deane Letters, Letters of Ernest Cecil Deane to his parents, Ernest Deane and Mabel Drew Deane, 1941–1946, Brief Nr. 175.

58 Correspondents At Nurnberg Trials, o. D., NARA, RG 238, Entry 51, Box 26, Folder: Press Coverage.

59 Der US-amerikanische Richter Francis Biddle erklärte seinem Bruder, einem Korrespondenten für *Life Magazine*, die Zuständigkeiten und den genauen Ablauf der Akkreditierung. Siehe: Francis Biddle an Georg Biddle, 1. November 1945, LoC, George Biddle Papers, Box 7, Folder: Family Correspondence, Francis Biddle, 1945.

60 Es gibt verschiedene Schätzungen zu den Zahlen in Nürnberg anwesender Korrespondenten. 250 Korrespondenten fanden im Gerichtssaal Platz, doch phasenweise waren erheblich mehr Korrespondenten in Nürnberg anwesend. Ich berufe mich auf die Zahlen des stellvertretenden und später leitenden „public relations officer" des „Press Camp", Ernest Cecil Deane.

People are getting tired at Nuremberg, in surroundings which, thanks to very effective bombing and shelling, aren't entirely conductive to a feeling of enthusiasm for anything. You can tell it from the number of correspondents who fall asleep in the press section of the courtroom, despite earphones clamped over their heads and the voice of the interpreters dinning away. You can see it in their desperate efforts to have fun at the night club of the Grand Hotel, over the front door of which establishment burns the only neon sign in all of this city of ruins, a guiding beacon to an oasis in a desert of crumbled buildings. We of the Press Camp see it daily in the increasing requests by correspondents for travel orders to Paris, London, Berlin, Munich, Vienna, any damned place to be out of sight of the trial.[61]

Erst zu Beginn der Verteidigung im März 1946 stieg die Zahl der im „Press Camp" einquartierten Korrespondenten wieder auf über 200.[62] Die letzten Worte der Angeklagten Ende August und die Urteilsverkündung Ende September und Anfang Oktober 1946 waren die weiteren Highlights des Prozesses, was sich wiederum in den Korrespondentenzahlen spiegelte.

3.3 Der Justizpalast

Der Arbeitsplatz der Korrespondenten war aber nicht das „Press Camp", sondern der Justizpalast. Die US-Armee hatte erhebliche Mittel investiert, diesen für den internationalen Prozess gegen die Hauptkriegsverbrecher herzurichten. Doch in den Augen von John Dos Passos machte dies kaum einen Unterschied. Die wenigen Gebäude, die in Nürnberg überhaupt noch standen, sahen heruntergekommen aus und auch der umfangreiche Einsatz von Kriegsgefangenen konnte an diesem Eindruck nichts ändern:

Misery sweats out of the stained and grimy walls. The Nuremberg Palace of Justice [...] is particularly grizzly in spite of the mild Washington air of many of the civilians from the D. of J. [Department of Justice, E. S.] and other institutions who roam around as if it were the Pentagon.[63]

---

61 Ernest Cecil Deane an Lemke, 3. Februar 1946, Hoover Institution Archives, Ernest Cecil Deane Letters, Letters of Ernest Cecil Deane to Walter J. Lemke, 1941–1946, Brief Nr. 116.

62 Ernest Cecil Deane an seine Eltern, 16. März 1946, Hoover Institution Archives, Ernest Cecil Deane Letters, Letters of Ernest Cecil Deane to his parents, Ernest Deane and Mabel Drew Deane, 1941–1946, Brief Nr. 194.

63 John Dos Passos an Katy Dos Passos, 3. November 1945, in: ders., Chronicle, S. 558.

Der weitläufige Justizpalast samt angrenzendem Gefängnis beherbergte neben dem Gerichtssaal 600, in dem die Verhandlungen stattfanden, die Büros der Richter, der Anklageteams und Verteidiger, einen „Post Exchange", eine Cafeteria, eine Snack Bar, einen „Gift Shop", einen „Gift Wrapping Room", einen Friseur, eine Apotheke, eine Zahnarztpraxis, einen Reparaturshop für Schreibmaschinen und ein Postamt.[64] Und entsprechend der Planungen des zuständigen Mitarbeiters für Öffentlichkeitsarbeit waren der Gerichtssaal und der Justizpalast darauf ausgelegt worden, dass über das gesamte Verfahren von hunderten Medienvertretern aus aller Welt in Bild, Ton und Schrift berichtet werden konnte.[65] Im Gerichtssaal selbst war eine Sektion für 240 Medienvertreter reserviert. Von dort aus konnten sie das Verfahren verfolgen.[66] In die oberen Wände des Gerichtssaals waren Fenster eingelassen. Dahinter befanden sich Kabinen für Kameraleute, Fotografen, Künstler und Rundfunkjournalisten.[67] Das britische War Artists' Advisory Committee hatte die Malerin Dame Laura Knight beauftragt, Zeichnungen sowie ein Gemälde des Prozesses anzufertigen und entsandte sie zu diesem Zweck nach Nürnberg.[68] Dort wurde ihr eine Box direkt oberhalb der Übersetzer zugewiesen, von der aus sie einen guten Blick auf die Angeklagten im Profil hatte. In den Prozesspausen ging sie hinüber in die angrenzende Box, setzte sich zu den Korrespondenten der BBC, für die sie auch zwei Sendungen aus Nürnberg machte, um eine Zigarette mit ihnen zu rauchen.[69] Während ihrer Zeit in Nürnberg war dies meistens Kenneth Matthews.

I like War Correspondent Kenneth Matthews immensely, and the Broadcasting Box being next to mine, this afternoon I went in for 10 minutes to see and hear Mr Matthews broadcasting "the Court." The intricate apparatus is set up there, and Mr. Matthews sat in the window overlooking the Court – through the glass behind his profile, as he talked into the same little standard mike I used, I could see the Judges' Bench ...[70]

---

64 Guide to the Press Camp, LHASC, Ivor Montagu Papers, CP/IND/MONT/10/7, Papers as Daily Worker correspondent, Germany including printed regulation papers.

65 Zu den Planungen siehe: Thomas D. Blake, Suggestions on Press Arrangements at the Nuremberg Trial, 13. September 1945, NARA, RG 238, Entry 51, Box 27, Folder: Suggestions – Re Publicity.

66 Seating Plan Main Floor, TNA, FO 1019/103.

67 Auf Wunsch der *St. Louis Post-Dispatch* versandte die AP eine ausführliche Meldung zu den technischen und organisatorischen Abläufen im Gerichtssaal, siehe: AP Meldung, 18. Oktober 1945, APCA, AP 02A.2 Foreign Bureau Correspondence, Box 7, Folder: Nuernberg; siehe auch die Zeichnungen von Bryan de Grineau in der *Illustrated London News*, 8. Dezember, S. 628 ff.

68 E. C. Gregory an Laura Knight, 13. Dezember 1945, IWM, Laura Knight Papers, ARCH 15/001, 1/1-3/11.

69 Laura Knight, [Tagebuch aus Nürnberg], Eintrag vom 2. Februar 1946, NCCA, Dame Laura Knight Papers, DD 790/113/92.

70 Ebd., Eintrag vom 22. Januar 1946, NCCA, Dame Laura Knight Papers DD 790/113/64; zu den Arbeitsbedingungen von Rundfunkjournalisten siehe auch: Hans-Ulrich Wagner, Der Nürnber-

Mit Hilfe von sieben Mikrofonen im Gerichtssaal, einem Mischpult und IBM-Verstärkern wurden Aufnahmen der Verhandlungen in den „recording rooms" gemacht. Kopien dieser Aufnahmen, sogenannte „dubs", standen allen Radiokorrespondenten zur Verfügung.[71] Ferner waren an bestimmten Stellen im Gerichtssaal Plätze für weitere Kameras und Fotografen eingerichtet. Bei Filmaufnahmen und Fotografien wurden die an der Decke installierten „Klieg lights" hinzugeschaltet. Während die Filmaufnahmen ausschließlich vom US-Signal Corps gemacht wurden, waren Fotografen von Medienunternehmen im Gerichtssaal erlaubt. Die AP hatte drei Fotografen und einen Fotoredakteur vor Ort.[72] Alle Bilder aus dem Gerichtssaal wurden zusammengelegt und standen allen Medienorganisationen zur Verfügung. Alle Bilder außerhalb des Gerichtssaales konnten exklusiv von der jeweiligen Agentur verwendet werden, die die Bilder gemacht hatte.[73]

Die meisten Korrespondenten verwendeten in ihren Berichten die Bühnen-Metapher, also den klassischen Vergleich zwischen Gerichtssaal und Theaterbühne.[74] Der technikaffine Radiokorrespondent der BBC zog hingegen einen Vergleich heran, der dem modernen Medienensemble eher gerecht wurde:

> The courtroom, in fact, is being modelled like a Hollywood set – specially for the occasion … even to the extent of putting in fluorescent lighting that will provide enough light … for the judges, attorney, prisoners … and the cameramen.[75]

Wie Cornelia Vismann angemerkt hat, war der Nürnberger Prozess generell offen für die medientechnischen Neuerungen der Zeit.[76] Radiokorrespondenten

---

ger Hauptkriegsverbrecherprozess als Medienereignis: Die Berichterstattung durch die Rundfunksender in den westalliierten Besatzungszonen 1945/46, in: Zeitgeschichte-online, Oktober 2015, https://zeitgeschichte-online.de/themen/der-nuernberger-hauptkriegsverbrecherprozess-als-medienereignis (zuletzt eingesehen am 13. Juli 2019).

71 Baukhage, Technical Set-up at Nurnberg Trials, o. D., WHSA, Hilmar Robert Baukhage Papers, Box 1, Folder: 4 Broadcasts – Scripts Nuremberg Trials, 1945–1946.

72 Gallagher, Wes Gallagher Takes You behind the Scenes at Nuernberg, in: The AP World 1.8 (1946): 10+. Associated Press Collections Online, http://tinyurl.galegroup.com/tinyurl/WwY72 (zuletzt eingesehen am 13. April 2015); Henry D. Burroughs, Close-ups of History: Three Decades through the Lens of an AP Photographer, hg. v. Margaret Wohlgemuth Burroughs, Columbia, MO u. London 2007, S. 59–68; Ray D'Addario u. Klaus Kastner, Der Nürnberger Prozess: Das Verfahren gegen die Hauptkriegsverbrecher 1945–1946 mit 200 Abbildungen, Nürnberg 1994.

73 AP-Meldung, 18. Oktober 1945, APCA, AP 02A.2 Foreign Bureau Correspondence, Box 7, Folder: Nuernberg.

74 Wamhof, Gerichtskultur, S. 19.

75 Chester Wilmot, Script für die BBC aus Nürnberg, 26. Oktober 1945, NLA, Chester Wilmot Papers, Box 12, Folder: 36.

76 Cornelia Vismann, Medien der Rechtsprechung, hg. v. Alexandra Kemmerer u. Markus Krajewski, Frankfurt a. M. 2011, S. 223.

berichteten live aus dem Gerichtssaal. Der Prozess wurde mit Hilfe von Kameras aufgezeichnet und Filme zum ersten Mal als Beweismittel in einem Prozess zugelassen.[77] Auch die zu der Zeit neue Technologie der Simultanübersetzung mit Hilfe eines Systems von IBM kam zum Einsatz. Neben jedem Sitzplatz im Gerichtssaal lagen Kopfhörer bereit, die neben der Übertragung der im Gerichtssaal gesprochenen Worte vier weitere Kanäle mit Übersetzungen in deutscher, englischer, französischer und russischer Sprache übertrugen, zwischen denen die Prozessteilnehmer individuell wählen konnten.[78]

Auf der Etage unterhalb des Gerichtssaals waren zwei große Arbeitsräume für die Korrespondenten eingerichtet, in denen auch eine Lautsprecherübertragung des laufenden Verfahrens zu hören war. Ferner hatten die Öffentlichkeitsarbeiter der Anklagevertretungen dort Arbeitsplätze, wie „Public Relations Officer" Deane seiner Frau schrieb:

> I'm setting up a table for myself in one corner of the biggest work room, adjacent to the one where Gordon Dean, the public relations man for Justice Jackson, has his. There's sure to be confusion because of our names, but there's confusion anyhow, and lots of it.[79]

Besagter Gordon Dean war nicht der US-Armee, sondern direkt dem „Office of US Chief of Counsel" und damit dem Chefankläger Jackson unterstellt. Auf dem Flur gegenüber den Arbeitsräumen war der „Press Information Room" untergebracht, wo die Korrespondenten die Transkripte der Sitzungen, Kopien der Beweisdokumente und weiteres Informationsmaterial erhielten. Die Strategie der US-amerikanischen und britischen Anklage war es, die Beweisführung in erster Linie auf deutsche Dokumente zu stützen, die idealerweise die Unterschriften der Angeklagten trugen. Jackson hatte in seinem Bericht an Präsident Truman vom 7. Juni 1945 geschrieben: „We must establish incredible events by credible evidence."[80] Die Folge war eine

---

77 Zu Dokumentaraufnahmen als Beweismittel im Nürnberger Prozess siehe: Christian Delage, Caught On Camera. Film in the Courtroom from the Nuremberg Trials to the Trials of the Khmer Rouge, Philadelphia, PA 2014.

78 Francesca Gaiba, The Origins of Simultaneous Interpretation: The Nuremberg Trial, Ottawa 1998; Hartwig Kalverkämper u. Larisa Schippel (Hg.), Simultandolmetschen in Erstbewährung: Der Nürnberger Prozess 1945, Berlin 2008.

79 Ernest Cecil Deane an Lois Deane, 26. November 1945, Hoover Institution Archives, Ernest Cecil Deane Letters, Letters of Ernest Cecil Deane to his wife, Lois (Kemmerer) Deane, 1942–1946, Brief Nr. 266.

80 Justice Jackson's Report to the President on Atrocities and War Crimes; 7. Juni 1945, http://avalon. law.yale.edu/imt/imt_jack01.asp, (zuletzt eingesehen am 18. September 2017).

Flut von Dokumenten, die sogar die Ankläger sowie die Verteidiger und Richter an ihre Grenzen brachte.[81] Der Korrespondent des *Daily Worker* schrieb seiner Frau:

> Hand-outs i. e. reports of proceedings, texts of documents, biographies of counsel, health bulletins etc, etc, are given out in the information room and immediately snapped up as though by locusts or vultures. If you remain in the court-room you miss numerous hand-outs. If you remain in the information room you miss what happens in the court room. You cannot make an adequate report without both.[82]

Für Korrespondenten, die nicht in arbeitsteiligen Teams arbeiteten, sondern von ihren Medienorganisationen als einzige Vertreter nach Nürnberg geschickt worden waren, stellte dieses Arrangement eine erhebliche Herausforderung dar.

Auf derselben Etage wie die Arbeitsräume der Korrespondenten waren auch die Büros der Kommunikationsunternehmen bzw. im Falle Frankreichs und Großbritanniens die staatlich betriebenen Kommunikationseinrichtungen angesiedelt. Der stellvertretende Leiter des „Press Camp", Deane, pendelte zwischen dem Gerichtssaal und den Arbeitsräumen der Korrespondenten, wo er ebenfalls einen Arbeitsplatz für sich eingerichtet hatte, und beschrieb seiner Frau die Arbeitsabläufe:

> The writers have plywood box tops in their laps and write flashes in long-hand, which they pass to couriers who dash downstairs to RCA, Mackay, and Press Wireless communications offices for transmission to the USA. French, Russians, and British correspondents have teleprinter communications to Paris, Moscow, and London, and the British also have some high speed wireless.[83]

Es konnte aber genauso gut vorkommen, dass Korrespondenten ihre Artikel in den mit Lautsprechern ausgestatten Arbeitsräumen verfassten und selbst den Flur entlang zu den Kommunikationsunternehmen oder den entsprechenden staatlichen Einrichtungen gingen – oder rannten. Am Tag der Urteils- und Strafmaßverkündung lieferten sich die Agenturjournalisten Wettrennen vom Arbeitsraum zu den Kommunikationseinrichtungen. Jede Sekunde zählte.

---

81 Zum „document room" siehe: Lochner an AP, 25. November 1945, WHSA, Louis Paul Lochner Papers, Newspaper Articles, Wire Service Dispatches and Articles, Associated Press 1945 November – 1947, Reel 31, Frame 42–44.

82 Ivor Montagu an Eileen Montagu, 1. Dezember 1945, LHASC, Ivor Montagu Papers, CP/IND/MONT/11/1, Further Correspondence from Montagu's Time in Post War Germany 1945/1946.

83 Ernest Cecil Deane an Lois Deane, 28. November 1945, Hoover Institution Archives, Ernest Cecil Deane Letters, Letters of Ernest Cecil Deane to his wife, Lois (Kemmerer) Deane, 1942–1946, Brief Nr. 267.

Abbildung 2 Associated Press war-correspondent J. Wes Gallagher races for the phone to report the news of the verdict at the Nazi war crimes trials in Nuremberg, Germany, Oct. 1, 1946. (AP Photo/B.I. Sanders), © picture alliance, Associated Press, B. I. Sanders

Der Korrespondent des *Daily Telegraph* in Nürnberg, Anthony Mann, beschrieb in seinen Memoiren das Geschehen auf Abbildung 2. Mann berichtete über die „keen rivalry" zwischen den Agenturjournalisten, mit denen zusammen er der Verkündung der Urteile über ein Lautsprechersystem im „press room" lauschte.[84] Dabei nahm er die Perspektive des elitären Tageszeitungsjournalisten ein, der sich über die Agenturjournalisten lustig machen konnte.

Over and over again that measured voice [des Vorsitzenden Richters, E. S.] ended with the words "… death by hanging". It was the grim conclusion of a nightmare era; a solemn moment filled with conflicting emotions. The agency boys were not paid, however, to linger over considerations of this sort. They jockeyed for positions near the door of the Press Room, pencils poised for each pronouncement of doom. Then, scribbling in the one word – DEATH – they fell over each other in the dash to the transmitters. A double

---

84 Mann, Well Informed, S. 59; zu den Wettläufen der Korrespondenten siehe auch: K. G. Burton an seine Mutter, 2. Oktober 1946, IWM, Kenneth G. Burton Papers, Documents.20930, 13/36/2.

line of special writers, legal assistants, typists and Court House officials formed all down the zigzag corridor to yell encouragement at each successive sprint. [...] It was as good as greyhound racing.[85]

Die zivilen Kommunikationskanäle in die USA wurden von Western Union, Mackay, RCA und Press Wireless bereitgestellt.[86] Die Unternehmen boten telegrafische Verbindungen per Kabel und Funk für Schrift und Bild an.

Die Nachrichtenagenturen bauten allerdings parallel dazu im Laufe des Prozesses eigene Netze von gemieteten Telegrafenlinien und Funkverbindungen auf, über die sie exklusiv verfügen konnten.[87] Dabei waren sie auf die Unterstützung und Kooperation der Besatzungsarmeen angewiesen, also in erster Linie auf die US-amerikanische.

Der Konkurrenzkampf unter den international operierenden Nachrichtenagenturen war enorm und die Infrastruktur konnte entscheidende Vorteile bringen. Reuters analysierte und verglich die Geschwindigkeit ihrer eigenen Berichterstattung über die Urteils- und Strafmaßverkündung mit den Konkurrenten AP und United Press (UP) und kam zu dem Schluss, dass das Ergebnis genau der Qualität der Kommunikationsinfrastruktur entsprach:

> Both AP and UP have, as you know, more or less permanent direct teleprinter lines through Germany. In the case of the UP they have had for some months a link-up between Nuremberg and Frankfurt, through which runs their main trunk line; this, I think, is Berlin-Fankfurt-Paris-London. AP have a similar line without a link-up between Nuremberg and Frankfurt. Bourne [Reuters-Korrespondent in Nürnberg, E. S.] tells me that AP applied to the authorities in Nuremberg for a Nuremberg-Frankfurt link but were refused; nevertheless once they were able to get their copy through to Frankfurt, they had a clear run to London.[88]

---

85 Mann, Well Informed, S. 60.
86 AP-Meldung, 18. Oktober 1945, APCA, AP 02A.2 Foreign Bureau Correspondence, Box 7, Folder: Nuernberg.
87 Siehe dazu auch Kapitel 5.2.
88 Note to FM, 10. Oktober 1946, TRA, LN 672, 1/961694; für eine ausführliche Analyse der Berichterstattung von Reuters über Urteils- und Strafmaßverkündung sowie die Hinrichtungen siehe: Geoffrey Imeson, Editorial Report, o. D., TRA, 1/013865, LN 974.

Dementsprechend landete UP auf dem ersten, AP auf dem zweiten und Reuters auf dem dritten und letzten Platz beim Wettlauf um die Übermittlung der Urteile nach London.[89]

Deshalb ist es auch nicht verwunderlich, dass die Nachrichtenagenturen alles dafür taten, um die Unterstützung der Besatzungsarmeen zu bekommen. So verzichtete die AP darauf, sich zu beschweren, dass der militärische Geheimdienst der US-Armee die Leitungen der AP aus dem Ausland nach Deutschland hinein anzapfte, weshalb keine vertraulichen Informationen mehr in diese Richtung über die Leitungen geschickt wurden.[90] Die UP bat Chefankläger Jackson noch vor dem Prozess, beim „Chief of Staff" der US-amerikanischen Streitkräfte in Europa zu intervenieren, um eine gemietete Telegrafenverbindung von Nürnberg nach Paris zu erhalten.[91]

Für die Übermittlung der Nachrichten an die britische Presse und an die Länder des Commonwealth war der „Public Relations Service" der britischen Armee zuständig. Die von den Medienvertretern zu nutzenden Kanäle lagen also genauso wie die staatlichen in der Hand der britischen Armee. Telegrafenverbindungen per Kabel bestanden zum „General Post Office" in London. Von dort wurden die Nachrichten an Nachrichtenagenturen und Zeitungen weitergeleitet. Eine Verbindung bestand mit dem „War Office" in London hauptsächlich für administrative Zwecke, eine weitere mit dem Hauptquartier der britischen Armee in Herford. Über Herford konnten ebenfalls Berlin, Hamburg und Kopenhagen erreicht werden. Das „Signal Office" der Briten in Nürnberg verfügte weiterhin über „High Speed Wireless transmissions" direkt nach London. Der Transmitter stand am Stadtrand von Nürnberg. Die drei Kanäle wurden später auf Beschluss der „Press Communications Conference", einer Schnittstelle zwischen britischen Medienorganisationen und der „Control Commission for Germany (B. E.)" auf einen reduziert.[92]

An dieser Schnittstelle kamen Vertreter aller beteiligten Interessengruppen zusammen und beschlossen gemeinsam über Fragen betreffend die Kommunikationsinfrastruktur. Während deren Art und Umfang für den Nürnberger Prozess zumindest in den Protokollen unumstritten war, kam es am Ende des Prozesses zu Meinungsverschiedenheiten über die weitere Verwendung der noch vor

---

89 Für eine ausführliche Analyse der Kommunikationsinfrastruktur in Deutschland siehe: Notes for Record from European Editor (Arthur Geiringer): Communications in and from Germany, 17. Dezember 1946, TRA, 1/013220, LN 941.

90 Gallagher an Bunnelle, 25. März 1946, APCA, AP 02A.3 Subject File Box 67, Folder: Censorship Army; James M. Long an Bunnelle, 1. April 1946; APCA, AP 02A.3 Subject File Box 67, Folder: Censorship Army.

91 Robert H. Jackson an Walter B. Smith (Chief of Staff, United States Forces, European Theatre), 19. November 1945, LoC, Robert H. Jackson Papers, Box 107, Folder: Public Relations.

92 Minutes of Press Communications Conference, 2. April 1946, TRA, 1/961693, LN 672.

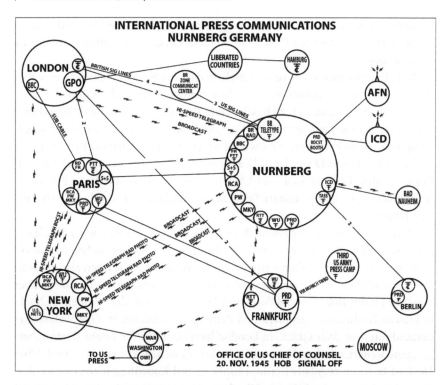

Abbildung 3 Grafische Nachbildung der schematischen Darstellung der Kommunikationsinfrastruktur aus: International Press Communications Nurnberg Germany, 20. November 1945, LoC, Jackson Papers, Box 107, Folder: Public Relations.

Ort befindlichen Infrastruktur. Diese Fragen waren gleichermaßen technisch wie politisch. Innerhalb von Reuters beriet man deshalb im Vorfeld über Ziele und Strategie der Kommunikationsinfrastruktur.[93] Sidney J. Mason, der „Chief News Editor", trat schließlich dafür ein, weiterhin eine direkte Funkverbindung zwischen Nürnberg und London beizubehalten. Er forderte darüber hinaus Zusagen für das reibungslose Funktionieren der Telegrafenverbindung ohne Verzögerungen an der Relaisstation in Herford.[94] Letztlich ging es wieder darum, im Kampf mit der Konkurrenz bestehen zu können und die Nase vorn zu haben.

K. G. Burton war Mitglied der britischen „Teleprinter Operating Troops (Teleop)" und verantwortlich für das „Signal Office" in Nürnberg. In den Briefen an

---

93 AG (Arthur Geiringer) an FM, 14. Oktober 1946, TRA, 1/961685, LN 671.

94 Sidney J. Mason an Bernard Alton (Secretary, Newspaper Proprietors Association), 4. November 1946, TRA, 1/013220, LN 941.

seine Eltern und in seinen unveröffentlichten Memoiren berichtete er ausführlich über seine Arbeit im Nürnberger Justizpalast. Die Korrespondenten gaben ihre Telegramme im „5 Public Relations Service Copy Room" ab, von dem aus die Telegramme an das „Signal Office" weitergereicht wurden.

> A Warco [war correspondent, E. S.] might well warn his paper that a long despatch was coming by first sending a "FLASH" containing the main story condensed to a few words and ending with the message "MORE". A long despatch would often be broken down into "TAKES", each one numbered sequentially so that Take 1 could be transmitted while he was still writing Take 2 etc.[95]

Für die Übertragung via „High Speed Wireless" mussten die Depeschen erst auf eine Lochkarte übertragen werden, die danach in die Sendeanlage eingeführt wurde. Die Depeschen für Teleprinter wurden für gewöhnlich direkt für die Übertragung abgetippt. Während man mit „High Speed Wireless" bis zu 80 Wörter in der Minute übertragen konnte, schaffte die Telegrafenlinie lediglich 30 Wörter in der Minute. Ein „FLASH" wurde mit Priorität behandelt und konnte sein Ziel in nur zwei Minuten erreichen. Für normale Depeschen betrug die Bearbeitungszeit zwischen einer und zwei Stunden. Laut Burton sendete das „Signal Office" zu Beginn des Prozesses im Durchschnitt 150.000 Wörter am Tag. Im Juni und Juli waren es nur noch ca. 10.000 Wörter am Tag. Die Urteils- und Strafmaßverkündung Ende September ließ die Zahlen wieder nach oben schnellen: 200.000 Wörter am Tag. Insgesamt geht Burton davon aus, dass das „Signal Office" ca. 7 Millionen Wörter übermittelte.[96]

Während die Korrespondenten regen Gebrauch von den Telegrafenverbindungen machten, standen ihnen eigentlich keine Telefonverbindungen nach Großbritannien und in die USA zur Verfügung. Für Großbritannien muss dies allerdings eingeschränkt werden. Zwar war noch auf einer Sitzung der britischen „Press Communications Conference" vom 2. April 1946 beschlossen worden, vorerst auf Telefonverbindungen für die Korrespondenten in Deutschland zu verzichten.[97] Die Stromkreise von 18 Telegrafenverbindungen könnten über eine einzige Telefonverbindung fließen. Großbritannien besitze weder die materiellen noch die personellen Ressourcen, um den Korrespondenten Telefonverbindungen zur Verfügung zu stellen, die bereits in der Vorkriegszeit Standard gewesen seien, hieß es zur Begründung. Trotzdem konnten die Korrespondenten mit den Telefonen im „Press Camp" zu

---

95 Kenneth G. Burton, Memoir (unveröffentlichtes Manuskript), R 1, IWM, Kenneth G. Burton Papers, Documents.20930, 13/36/1.

96 Kenneth G. Burton, Memoir (unveröffentlichtes Manuskript), R 2, IWM, Kenneth G. Burton Papers, Documents.20930, 13/36/1.

97 Minutes of Press Communications Conference, 2. April 1946, TRA, 1/961693, LN 672.

Beginn des Prozesses London erreichen. Von diesen Verbindungen machten sie regen Gebrauch, bis am 29. November 1945 ein Artikel von Rhona Churchill in der *Daily Mail* mit dem Zusatz „By Telephone from Nuremberg" erschien. Daraufhin wurde in einem Rundschreiben an alle britischen Korrespondenten die Nutzung der Verbindung entsprechend der bestehenden Verordnungen untersagt, was der Beliebtheit von Rhona Churchill bei ihren Kollegen nicht zuträglich war.[98]

Eine für britische Korrespondenten wie auch für Korrespondenten von Nachrichtenagenturen genauso wichtige Transportroute war der „Air Dispatch Letter Service" (ADLS) der britischen Armee. Dieser aus Kriegszeiten stammende Kurierdienst unterhielt eine Verbindung zwischen Nürnberg und London. In den ersten Wochen des Prozesses war diese Verbindung aber aufgrund der Wetterbedingungen und des Typs der eingesetzten Flugzeuge unzuverlässig.[99] Es konnten bis zu fünf Tage ohne Lieferung von Post vergehen. Dies erschwerte auch das Arbeiten der britischen Anklage.[100] Erst mit Hilfe der Canadian Royal Airforce, privaten Anbietern und neuen Flugzeugtypen konnte Abhilfe geschaffen werden, sodass erst nach einigen Wochen eine schnelle tägliche Luftpostverbindung zwischen Nürnberg und London bestand.[101] Für die US-amerikanischen Korrespondenten gab es einen ähnlichen Dienst.[102]

Das Auswählen und Abklären des jeweils besten Kommunikationskanals in Abhängigkeit von Dringlichkeit, Inhalt, Länge und Kosten war ein wichtiger Teil der journalistischen Praxis. Und die Auswahl des Kommunikationskanals konnte direkt das Schreiben des jeweiligen Artikels beeinflussen.

3.4 Das Grand Hotel

Der dritte Ort, um den das Leben der Korrespondenten in Nürnberg kreiste, war das Grand Hotel. Rebecca West hat in ihrem Artikel „Extraordinary Exile" die Isolation,

---

98 L. J. Dicker an alle britischen Korrespondenten in Nürnberg, 30. November 1945, LHASC, Ivor Montagu Papers, CP/IND/MONT/10/7, Papers as Daily Worker correspondent, Germany including printed regulation papers; Ivor Montagu an Eileen Montagu, 1. Dezember 1945, LHASC, Ivor Montagu Papers, CP/IND/MONT/11/1, Further Correspondence from Montagu's Time in Post War Germany 1945/1946.

99 Leonard N. Muddeman, Decade 1937–1946 (unveröffentlichtes Manuskript), S. 306 f., IWM, Leonard N. Muddeman Papers, Documents.9802, 01/4/1.

100 Report No. 2, 20. November 1945, TNA, FO 1019/85a.

101 Leonard N. Muddeman, Decade 1937–1946 (unveröffentlichtes Manuskript), S. 306 f., IWM, Leonard N. Muddeman Papers, Documents.9802, 01/4/1.

102 Sigrid Schultz telegrafierte der Redaktion der *Chicago Tribune* über die von ihr aus Nürnberg „by bomberpacket" versandten Artikel, siehe: Sigrid Schultz an Malorney, 19. August 1945, WHSA, Sigirid Schultz Papers, Box 4, Folder: 6 General Correspondence 1944–49.

Langeweile und schließlich Frustration der Prozessgemeinde beschrieben, die fast ein Jahr lang im zerstörten Nürnberg im besetzen Feindesland ausharrte:

> They are merely fretted to the limits of endurance by isolation in a small area, cut off from normal life by barbed wire of army regulations; by perpetual confrontation with the dreary details of a fatuous chapter in history which is over and which everyone wants to forget; by continued enslavement to the war machine.[103]

Sie empfahl die Lektüre von Rudyard Kipling über das Leben der britischen Kolonialisten in entlegenen Regionen Indiens, um das Leben der Prozessgemeinde und deren Strategien im Umgang mit Monotonie und Erschöpfung zu verstehen. Ich hingegen empfehle das (leider unveröffentlichte) Tagebuch von Dame Laura Knight, offizielle Kriegsmalerin der britischen Regierung. Als VIP bewohnte sie ein Zimmer im Grand Hotel und nahm regen Anteil am sozialen und kulturellen Leben der Prozessgemeinde. Sie schilderte ihre Erlebnisse aus der Perspektive einer älteren Dame, die wie Kipling noch im viktorianischen Zeitalter sozialisiert worden war.[104] Das Grand Hotel war der eine, für alle Mitglieder der alliierten Prozessgemeinde, zu der auch die Korrespondenten gehörten, offene Treffpunkt. Nur Deutschen war der Zutritt verboten:

> The Grand Hotel in Nuremberg [...] set apart for some of the American officials and Very Important Persons visiting the trials, simply had to be seen to be believed. The one meeting-place in town, its public rooms were open to everyone with a courthouse pass, as well as to local officers, and altogether, with its dancing girls and acrobats in the Marble Room, its frenzied jitterbugging [...] it was as astonishing in fact as anything Vicki Baum imagined in fiction.[105]

Das Grand Hotel diente als ein „antidote to monotony and the depressing ruins"[106], wo der Alkohol floss, das Essen reichlich war und Kabarettisten, Tänzerinnen, Musiker und Akrobaten von unterschiedlicher Qualität für Ablenkung sorgten. „Fiat amnesia!"[107], wie der *Daily Telegraph*-Korrespondent Anthony Mann in seinen Memoiren schrieb. Die UP-Korrespondentin Dudley Harmon berichtete ihren Eltern: „Have been dancing several times at the Grand [Hotel, E. S.], once with a

---

103 Rebecca West, A Reporter at Large: Extraordinary Exile, *The New Yorker*, 7. September 1946, S. 34–47, hier S. 35.
104 Laura Knight, [Tagebuch aus Nürnberg], NCCA, Dame Laura Knight Papers DD 790/113/1-134.
105 Cooper, Nuremberg, S. 152; Cooper dürfte sich auf den Roman *Menschen im Hotel* von Vicki Baum aus dem Jahr 1929 beziehen.
106 Cooper, Nuremberg, S. 152.
107 Mann, Well Informed, S. 53.

very nice French correspondent and then with an American lawyer. That's about all there is to do here."[108] Aber das Feiern und der Alkohol, mit denen man sich über die Monotonie und das deprimierende Umfeld hinweghalf, drohten zur täglichen Routine zu werden, wie der UP-Korrespondent Joseph Dees nach zwei Monaten in Nürnberg schrieb:

> The grim old monotony of the court room went on day in day out and there was little else to do but drink with the same crowd every evening, same faces, same feeling of complete tiredness. […] You get so bored with all that.[109]

In der Berichterstattung wurde der Prozess mit Superlativen überhäuft. Der journalistische Alltag zeichnete sich nach den hektischen Anfangswochen durch eine monotone tägliche Routine aus. Weltgeschichte und Langeweile lagen für die Korrespondenten eng beieinander.

Das Grand Hotel diente den Korrespondenten aber nicht nur zur Zerstreuung. Gleichzeitig war es ein für ihre Arbeit wichtiger Ort, da sie hier in informellem Rahmen alle wichtigen Mitglieder der Prozessgemeinde und hochrangige Besucher treffen konnten – oder mit ihnen tanzen. Unter diesen Besuchern, die einen Tag oder eine Woche in Nürnberg blieben, waren zahlreiche britische und US-amerikanische Verleger, Redakteure und syndizierte Kolumnisten.[110] Die Ankläger luden Medienvertreter von Rang und Namen ein. Außerdem durfte Nürnberg nicht als Station auf Rundreisen für Verleger und Redakteure fehlen, die von den „Public Relations Divisions" der Besatzungsarmeen organisiert wurden.[111]

Der *Prawda*-Korrespondent Boris Polewoi schrieb in seinem Nürnberger Tagebuch, dass es unter sowjetischen Korrespondenten die Unterscheidung zwischen den „Kuryphäern" und den „Chaldäern" gab.[112] Die „Kuryphäer" wie Ilja Ehrenburg waren im Grand Hotel untergebracht. Die „Chaldäer", Berufsjournalisten und benannt nach dem Bildreporter Jewgeni Chaldej, mussten hingegen mit dem „Press Camp" vorliebnehmen. Solche feinen Unterschiede wurden auch auf US-amerikanischer und britischer Seite gemacht. Der syndizierte Kolumnist Walter

---

108 Dudley Harmon an ihre Familie, 11. Juni 1946, SSC, Dudley Harmon Papers, Box 1, Folder: 4.
109 Joseph Dees an Corona de la Riviere, 21. April 1946, IWM, Melville Preston Troy Papers, Documents.3257, 95/25/1.
110 Syndizierte Kolumnisten schrieben Kolumnen unter einem festen Titel und verkauften diese an zahlreiche Publikationen. In den USA nahm ihre Verbreitung und Bedeutung seit den 1930er Jahren stetig zu. Siehe: Philip Glende, Westbrook Pegler and the Rise of the Syndicated Columnist, in: American Journalism 36, 2019, H. 3, S. 322–347.
111 Siehe hierzu Kapitel 4.1 u. 4.2.
112 Boris Polewoi, Nürnberger Tagebuch, Berlin 1974, S. 13 f.

Lippmann flog im Flugzeug von General Lucius Clay, dem stellvertretenden Militärgouverneur der US-amerikanischen Besatzungszone, durch Deutschland und residierte während seines Aufenthaltes im Grand Hotel.[113] Er verweilte nur zwei Nächte. In dieser kurzen Zeit richtete Chefankläger Jackson ein Abendessen für ihn aus, an dem auch die Korrespondenten Daniell und Long von der *New York Times* teilnahmen. Lippmanns minutiös geplantes Programm umfasste ferner eine Tour durch Nürnberg, einen Besuch bei Gericht, die Vorführung besonderer Originaldokumente, ein Mittagessen mit allen Richtern und ein Abendessen mit dem Oberbefehlshaber der US-Truppen, General Leroy Watson. Lippmann gehörte definitiv zu den „Kuryphäern".

Wie sah der Tagesablauf eines Korrespondenten aus, der nicht wie Lippmann die dreitägige VIP-Tour bekam? Peter de Mendelssohn hatte Aufträge für sechs verschiedene Zeitschriften und Wochenzeitungen übernommen, darunter so renommierte Titel wie die *Nation* (USA), der *New Statesman* (GB) und der *Observer* (GB).[114] Er war aufgrund seiner jüdischen Abstammung 1933 aus Deutschland emigriert, besaß mittlerweile einen britischen Pass und arbeitete für die britische wie die US-amerikanische „Information Control Division" in Deutschland. In einem Brief an seine Frau schilderte er seinen Tagesablauf in der ersten Prozesswoche: Morgens zwischen 7 und 7:30 Uhr reihte er sich in die Schlange vor den Badezimmern ein „(5 for 450)"[115], frühstückte und nahm den Bus zum Justizplast, wo er gegen 9:45 Uhr ankam. Dies ließ ihm gerade genug Zeit, um noch ein oder zwei Telefonate zu führen. Pünktlich um 10 Uhr begann die Vormittagssitzung, um 12:30 Uhr war Mittagspause. Deren erste Hälfte verbrachte er in der Cafeteria und den Rest nutzte er

> for finding soandso and thisandthat in an enormous milling crowd all over the vast, dismal, completely "unuebersichtliche" courthouse, trying to get some dope for a story, check on some information, and before you've done it or even found the man, it is 1400 hrs, court starts again goes right through to 1630 whereafter one is completely exhausted, with aching ears and smarting eyes from the strong lights, gets a cup of coffee at the snack bar, hunts for hand-outs and documents issued during the day and if one is a journalist working for a daily paper sits down in press room in courthouse to write ones story.[116]

---

113 Walter Lippmann, Appointment Diary 1946, Einträge vom 31. März – 2. April 1946, YULMA, Walter Lippmann Papers, Box 237, Folder: 9; siehe auch Kapitel 4.1.

114 Zu Peter de Mendelssohn siehe: Marcus M. Payk, Der Geist der Demokratie. Intellektuelle Orientierungsversuche im Feuilleton der frühen Bundesrepublik: Karl Korn und Peter de Mendelssohn, München 2008.

115 Peter de Mendelssohn an Hilde Spiel, 26. November 1945, Monacensia, Nachlass Peter de Mendelssohn, PdM B134.

116 Ebd.

Er hingegen machte sich auf den Rückweg zum „Press Camp", trank mit Kollegen an der Bar und aß um 18:30 Uhr zu Abend. Danach zog er sich mit 50 bis 60 Seiten Dokumenten zum Lesen zurück. Ohne diese Lektüre könne man die Verhandlung am folgenden Tag nicht verstehen und erst recht keinen Artikel darüber verfassen, berichtete er seiner Frau. Gegen 22 Uhr setzte er sich in den Arbeitsraum. Dort schrieb er zu einer Kakofonie aus 30 Schreibmaschinen und mindestens fünf Franzosen, die am Telefon ihre Texte nach Paris durchgaben, seine Artikel. „But it is chiefly the 5 solid hours of listening and watching every day plus the anxiety that later in the evening, fresh or exhausted, one must sit down and write, and write well, that exhaust one completely."[117] An Abenden, an denen er nicht schrieb, wurde er häufig zum Grand Hotel gerufen. Dort waren Teile der US-amerikanischen Delegation untergebracht, der er bei der Übersetzung von deutschen Dokumenten half. Dort traf er auch den britischen Ankläger Elwyn Jones. Im Gespräch mit ihm fand er heraus, dass dieser ein Bekannter seiner Frau war. So endete ein Arbeitstag, der früh morgens in der Schlange vor den Badezimmern im Schloss Stein begonnen und sich die längste Zeit im Justizpalast abgespielt hatte, spät in der Nacht bei einem Getränk im Grand Hotel.[118]

In diesem Dreieck aus „Press Camp", Justizpalast und Grand Hotel bewegten sich die Korrespondenten. Die Story, über die sie berichteten, spielte sich auf engstem Raum ab. Der Prozess war öffentlich, sie mussten nicht einmal im Gerichtssaal anwesend sein, um ihn zu verfolgen, sondern konnten auch der Übertragung im Arbeitsraum lauschen. Zusätzlich erhielten sie die Transkripte der Verhandlung, Beweisdokumente und weitere Pressemitteilungen. Die Kommunikationseinrichtungen für Bild, Ton und Schrift befanden sich bequemerweise in unmittelbarer Nähe zu den Arbeitsräumen. Als Teil der alliierten Exilgemeinde trafen sie die wichtigsten Figuren aus ihren Berichten abends an der Bar. Das infrastrukturelle Setting zur Berichterstattung, konzipiert vom Pressesprecher des US-amerikanischen Chefanklägers, ausgehandelt mit den Spitzenvertretern der Medienorganisationen und umgesetzt von der US-amerikanischen Armee, bot gute Voraussetzungen für die Korrespondenten – solange sie in den ersten Wintermonaten nicht unter Durchfallerkrankungen und Erkältungen litten oder im Verlaufe des Prozesses ihre Langeweile nicht in zu großen Mengen Alkohol ertränkten.[119] Die größte Herausforderung bestand darin, die Mengen an Informationen, die ihnen täglich offeriert wurden, entsprechend der Anforderungen ihrer jeweiligen Redaktion in einen Artikel oder einen Rundfunkbeitrag zu verwandeln.

---

117 Ebd.

118 Ebd.

119 Ein Ranking der exzessivsten Trinker findet sich bei: Ernest Cecil Deane an Lemke, 11. Januar 1946, Hoover Institution Archives, Ernest Cecil Deane Letters, Letters of Ernest Cecil Deane to Walter J. Lemke, 1941–1946, Brief Nr. 115.

4.   Das Tribunal und die Medien

Das Internationale Militärtribunal litt an einem Legitimationsdefizit. Es handelte sich nicht um ein ordentliches Gericht mit etablierten Verfahren und anerkannter Rechtsgrundlage. Im Gegenteil – die rechtlichen Grundlagen waren der zentrale Streitpunkt zwischen Anklage und Verteidigung sowie Gegenstand innenpolitischer Debatten in den USA und Großbritannien. Deshalb war die öffentliche Anerkennung Voraussetzung für den Erfolg des Tribunals.[1]

Gordon Dean, der Pressesprecher der US-amerikanischen Delegation, betonte bereits im Mai 1945 die Notwendigkeit einer den Prozess begleitenden Öffentlichkeitsarbeit:

> The good to come from the trial of the major European Axis war criminals by an international military tribunal will depend almost entirely on the character of the educational campaign which is conducted before, during, and after the trials. In fact, if such a campaign fails it would be better that there be no trials.[2]

Das war die Marschroute der US-amerikanischen Anklage von Beginn an. Die anderen Anklagevertretungen mussten lernen, dass sie sich der Wechselwirkungen zwischen Tribunal und Medien nicht widersetzen konnten. Ankläger und Verteidiger waren (vergangenheits-)politische Akteure, die den Prozess sowohl im Gerichtssaal als auch in den Medien führten. Die Gerichtsbühne und die Medien waren Kampfplätze, auf denen Anklage und Verteidigung um die Deutung des Zweiten Weltkrieges und eine neue internationale Nachkriegsordnung stritten.

Damit wurden die Medien zum integralen Bestandteil der Prozessstrategie von Anklage und Verteidigung. Ankläger und Verteidiger wiederum waren die wichtigsten Quellen für die Korrespondenten. Somit standen diese in unterschiedlich ausgestalteten Wechselwirkungsverhältnissen mit den Medienvertretern.

Die Verteidiger und ihre Mandanten konnten nicht auf die Sympathien der US-amerikanischen und britischen Medien zählen, sie waren aber auch nicht machtlos. Informationen über Strategie und Beweismittel sowie der Zugang zu ihren Mandanten waren begehrte Güter unter den Korrespondenten. Und die Verteidiger lernten schnell, dass es keine Sympathien brauchte, um mediale Aufmerksamkeit zu gene-

---

1 Vismann, Medien, S. 151 f., 223.

2 Gordon Dean, An Educational Program in Connection with the Prosecution of the Major War Criminals, 30. Mai 1945, LoC, Robert H. Jackson Papers, Box 107, Folder: Public Relations.

rieren. Dafür reichte es zu verstehen, wie die Logik der medialen Wahrnehmung funktionierte.

Die Analyse der Wechselwirkungen und der wechselseitigen Wahrnehmung der Akteure und Akteursgruppen ermöglicht Erkenntnisse über die Funktionsweisen der Öffentlichkeitsarbeit, die Abläufe in den Medienorganisationen und die Praxis der Korrespondenten. Ferner können durch eine Analyse der Wechselwirkungen sowohl die Zwänge und Abhängigkeiten der Medienvertreter wie auch die Möglichkeiten und Grenzen der Öffentlichkeitsarbeit von Anklage und Verteidigung verdeutlicht werden. Diese Verhältnisse waren nicht determiniert durch strukturelle Faktoren wie das Medien- oder parteipolitische System. Die Ausprägung der Verhältnisse zwischen Politik und Medien können unter Berücksichtigung der strukturellen Faktoren nur in bestimmten historischen Kontexten untersucht werden.[3] Innerhalb dieser Kontexte gilt es im Folgenden die „Beziehungsgeschichten"[4] von US-amerikanischen und britischen Anklägern sowie deutschen Verteidigern mit den Medienvertretern zu analysieren. Auf diese Weise wird ein zentraler Faktor im Prozess der Entstehung von journalistischen Aussagen sichtbar gemacht und in Bezug auf seine Bedeutung eingeschätzt.

4.1 Die US-amerikanische Anklage: die Praxis der Öffentlichkeitsarbeit

Die US-amerikanische Regierung und Robert H. Jackson, erst Unterhändler und dann Chefankläger, verfolgten mit dem Internationalen Militärtribunal mehrere Ziele.[5] Zuallererst brauchte es eine Lösung für das praktische Problem, wie die Hauptkriegsverbrecher zur Rechenschaft gezogen werden könnten. Aber die Bestrafung der 24 Angeklagten war nicht das einzige mit dem Internationalen Militärtribunal verbundene Ziel.[6]

Ein weiteres Ziel war die Legitimierung des Kriegseintritts. Die Rolle Roosevelts bei Kriegsausbruch war in den USA unter Republikanern und Isolationisten umstritten. Parallel zum Nürnberger Prozess tagte das „Joint Committee on the

---

3 Daniel, Beziehungsgeschichten, S. 12 f.

4 Daniel, Beziehungsgeschichten.

5 Zu den Zielen der US-amerikanischen Anklage siehe: Priemel, Betrayal, S. 74.

6 In der politischen Debatte war die Frage der Art und Weise der Bestrafung mit der Auseinandersetzung über die zukünftige Besatzungspolitik in Deutschland verknüpft. Siehe: Smith, Road to Nuremberg, S. 12–48; Kochavi, Prelude, S. 80–86. Dem Zusammenhang von Kriegsverbrecherprozessen und Besatzungspolitik kam aber erst im Laufe der folgenden Jahre während der Nürnberger Militärtribunale eine größere Bedeutung zu, siehe: Frank M. Buscher, Bestrafen und erziehen. „Nürnberg" und das Kriegsverbrecherprogramm der USA, in: Frei (Hg.), Vergangenheitspolitik, S. 94–139, hier S. 109 f.

Investigation of the Pearl Harbor Attack"[7] des Kongresses. Im medialen Diskurs darüber ging es nicht nur um die Frage, ob Regierung oder Militär sich Versäumnisse hatten zu Schulden kommen lassen. Der Vorwurf einer Fraktion radikaler Kritiker lautete, der Kriegseintritt der USA sei von Roosevelt gezielt herbeigeführt worden.[8]

Das wichtigste Ziel neben der Bestrafung und Umerziehung der Deutschen sowie der Legitimierung des US-amerikanischen Kriegseintritts war in Jacksons Augen jedoch die Weiterentwicklung des internationalen Rechts. Er verfolgte das Ziel, das Planen und Führen von Angriffskriegen für illegal zu erklären und die individuelle Verantwortung von Staatsmännern und Militärs für dieses Verbrechen im internationalen Recht festzuschreiben. Der Angriffskrieg war in dieser Sichtweise auf die Geschichte des Zweiten Weltkrieges „the worst crime of all, leading to and encompassing all the others."[9] Damit legte Jackson einen Schwerpunkt auf die Anklagepunkte I und II, die Verschwörung und die Verbrechen gegen den Frieden, während die Anklagepunkte III und IV, Kriegsverbrechen und Verbrechen gegen die Menschlichkeit, Gefahr liefen, als Kollateralschäden des Angriffskrieges gleich- und zusätzlich zurückgesetzt zu werden. Jackson sah in dem Versuch, Angriffskriege international zu ächten, eine US-amerikanische Mission und den tieferen Sinn der US-amerikanischen Kriegsanstrengungen.[10]

Jacksons zentrales Anliegen war zugleich das umstrittenste. Der Vorwurf lautete, dass es sich um eine retroaktive Anklage handele. Die Taten der Hauptkriegsverbrecher seien nach internationalem Recht zum Zeitpunkt, zu dem sie begangen wurden, noch keine anerkannten Verbrechen gewesen. Neben Vertretern seiner eigenen Profession und zahlreichen Militärs attackierten einige republikanische und isolationistische Medien Jackson während des gesamten Prozesses.[11]

---

7 https://archive.org/details/investigationofp00unit (zuletzt eingesehen am 14. Juli 2019); https://www.senate.gov/artandhistory/history/common/investigations/PearlHarbor.htm (zuletzt eingesehen am 14. Juli 2019).

8 Der Ankläger Sidney S. Alderman nannte die Gruppe der Kritiker entsprechend ihrer lautstärksten Exponenten die „Taft School or Chicago Tribune School". Siehe: Sidney S. Alderman, Backround and Highlights of the Nuremberg Trial, o. D., LoC, Robert H. Jackson Papers, Box 112, Folder: Post-Trial Material, Correspondence A; Trial At Nuernberg, *The Chicago Daily Tribune*, 21. November 1945, S. 12; Political Trial, *The Chicago Daily Tribune*, 28. November 1945, S. 20; KANGAROO COURTS FOR AMERICA, *The Chicago Daily Tribune*, 9. Dezember 1945, S. 20; A CRIME TO COMFORT THE OPPRESSED, *The Chicago Daily Tribune*, 30. Juni 1946, S. 18; PROSPECTS OF PEACE, *The Chicago Daily Tribune*, 31. Juli 1946, S. 16.

9 Robert H. Jackson, Worst Crime of All, *The New York Times Magazine*, 9. September 1945, S. 45.

10 Zur Strategie der US-amerikanischen Anklage und deren Fokussierung auf die Verschwörung zum Führen eines Angriffskrieges siehe: Douglas, Memory of Judgment; Bloxham, Genocide on Trial; Priemel, Betrayal.

11 Bosch, Judgment, S. 87 ff., 130 ff., 166.

Jackson rüttelte mit dem Anspruch, das internationale Recht weiterzuentwickeln, die staatliche Souveränität einzuschränken und die Anarchie des internationalen Systems einzuschränken, an den Grundfesten der internationalen Ordnung. Deshalb wurde der Prozess zu einem Teil des medialen Diskurses über die internationalen Beziehungen im Zeitalter der Atombombe – ganz zu schweigen von dem nicht-intendierten Effekt, dass der Prozess mit der Zeit die einzige funktionierende Institution internationaler Zusammenarbeit der Siegermächte wurde.

Für Jackson und seine Kollegen war deshalb von Beginn an klar, dass sie sowohl vor Gericht als auch in den Medien für ihre Ziele kämpfen mussten. In den Schlüsselmomenten des Prozesses richtete sich Jackson nicht an das Gericht, sondern – vermittelt über die Medien – an die US-amerikanische Öffentlichkeit. Und er ging davon aus, dass in den US-amerikanischen Medien und der US-amerikanischen Öffentlichkeit lediglich die US-amerikanische Anklage rezipiert und anerkannt werden würde. Eine treffende Einschätzung der Berichterstattung.[12]

Explizit äußerte er sich dazu in einer Besprechung der Chefankläger Anfang April 1946. Dort erhob Jackson Einspruch gegen den Vorschlag seines französischen Kollegen, dass nur der Vertreter einer Nation ein Abschlussplädoyer im Namen aller Nationen halten sollte. Er argumentierte, „that in the United States the only intelligible explanation of the case for most people has proven to be the opening address."[13] Deshalb forderte er, ein eigenes Abschlussplädoyer ohne Rücksicht auf Überschneidungen mit anderen Anklägern halten zu dürfen:

The longer the trial lasts the more I feel I must sum up the American position and interests. [...] The evidence should be pieced together into an overall pattern but each country

---

12 Dies lässt sich am Beispiel der Berichterstattung über die Abschlussplädoyers der Ankläger verdeutlichen: Nicht nur die sowjetischen und französischen Abschlussplädoyers wurden ignoriert, sondern auch das Abschlussplädoyer des britischen Chefanklägers. Von Shawcross' zweitägiger Rede im Namen aller anklagenden Nationen blieben zwei Sätze übrig: AP: Allies Demand Death Penalty For Nazi Chiefs, *Chicago Daily Tribune*, 27. Juli 1946, S. 4; Death of Top Nazis Demanded at Trial, *The Detroit Free Press*, 27. Juli 1946, S. 2; Nazi Conspirators As Guilty As Hitler, Jackson Tells Court, *The Cincinnati Inquirer*, 27. Juli 1946, S. 2; Jackson, Shawcross Demand Conviction of Nuernberg Defendants, *The Boston Daily Globe*, 27. Juli 1946, S. 14; Allies Demand Death For 22 Nazi Leaders, *Minneapolis Morning Tribune*, 27. Juli 1946, S. 3; Death Demanded for 22 Nazis at Nuernberg, *San Fransisco Examiner*, 27. Juli 1946, S. 4; Conviction Of 22 Nazis Demanded, *Indiana Evening Gazette*, 26. Juli 1946, S. 1; U.S. Justice Presents Case Of Conspiracy, *The Tampa Daily Times*, 26. Juli 1946, S. 1, 4; Jackson Flays Big Nazis in Appeal for Conviction, *Spokane Daily Chronicle*, 26. Juli 1946, S. 1; UP: Jackson Asks 22 Convictions, *The Los Angeles Times*, 27. Juli 1946, S. 5; Death Demanded For 22 Top Nazis, *The Pittsburgh Press*, 26. Juli 1946, S. 1, 10; INS: War Guilt Is Cited At Nuernberg Trial, *The Scranton Times*, 26. Juli 1946, S. 1, 8.

13 Minutes of Chief Prosecutors Meeting, 5. April 1946, UCONN, Thomas J. Dodd Papers, Box 319, Folder: 8139, https://archives.lib.uconn.edu/islandora/object/20002%3A20117449#page/3/mode/2up (zuletzt eingesehen am 15. Juli 2019).

expects to hear her o[w]n representative's point of view. In a sense he will be speaking to his own people and to the different zones of Germany rather than to the Court.[14]

Angesichts der Bedeutung der medialen Rezeption und Debatte berief er schon zu Beginn der Vorbereitungen auf das Tribunal einen Pressesprecher in sein Team. Gordon Dean diente Jackson bis Januar 1946 als Pressesprecher und war bis zu seiner Abreise der zentrale Vermittler zwischen Anklage und Medien. Auch danach stand er weiter in Kontakt mit Jackson.

Als Pressesprecher stand Dean den englischsprachigen Korrespondenten zur Verfügung und erklärte ihnen das komplexe juristische Verfahren. Er antizipierte ihre Wünsche, zog sie von Zeit zu Zeit gezielt ins Vertrauen, schrieb Jacksons Pressemitteilungen und organisierte dessen Pressekonferenzen. Auch nutzte er seine Machtmittel als Pressesprecher, indem er den Zugang zu Jackson und zu exklusiven Informationen und Dokumenten regulierte. Dabei differenzierte er zwischen den Mediengattungen, denn unterschiedliche Mediengattungen zeichneten sich durch unterschiedliche Herausforderungen in der journalistischen Praxis aus. Dean kannte diese Unterschiede und berücksichtigte sie in seiner Arbeit als Pressesprecher.[15]

Die Wechselwirkungen zwischen der US-amerikanischen Anklage und den Medienvertretern beschränkten sich nicht auf Dean und die Korrespondenten. Die Wechselwirkungen entfalteten ihre Wirkungen auf zwei Ebenen, denn Dean und Jackson unterhielten auch Kontakte zu den Redakteuren, syndizierten Kolumnisten und Verlegern in den USA und Großbritannien.

Gleichzeitig beriet Dean die Ankläger. Er erklärte ihnen die Auswirkungen ihrer Prozessstrategien auf die Medienberichterstattung und machte Vorschläge zum Ablauf des Verfahrens oder zu den Beweismitteln, um die gewünschte Rezeption durch die Medien zu erhalten.[16] Damit war er das zentrale Einfallstor für die Übernahme medialer Logiken durch die Anklage. Allerdings setzte Jackson ihm hierbei enge Grenzen, da er sich um die Anerkennung der juristischen Grundlagen sorgte und das Tribunal keinesfalls in die Nähe eines Schauprozesses gestellt sehen wollte.

---

14 Ebd.; in der Debatte zwischen Zuständigkeiten für Kreuzverhöre trug Jackson dieselbe Argumentation vor. Siehe: Minutes of Chief Prosecutors Meeting, 16. April 1946, UCONN, Thomas J. Dodd Papers, Box 319, Folder: 8139, https://archives.lib.uconn.edu/islandora/object/20002%3A20117449#page/11/mode/2up (zuletzt eingesehen am 15. Juli 2019).

15 Gordon Dean an William Jackson, [Februar 1946], LoC, Robert H. Jackson Papers, Box 103, Folder: Jackson, William E.

16 Diese Rolle war Dean bereits zu Beginn der Planungen übertragen worden. Siehe: Francis M. Shea, Memorandum for Gordon Dean, 31. Mai 1945, NARA, RG 238, Entry 51, Box 26, Folder: Untitled Folder.

Diese Perspektive auf die Öffentlichkeitsarbeit verdeutlicht, dass Dean nicht die Verteidigung zum Gegner hatte, sondern die Aufmerksamkeitskonjunkturen der US-amerikanischen Medien, die Wahrnehmungsstrukturen der Korrespondenten und feindlich gesinnte Redakteure und Leitartikler in den USA.

4.1.1 Gordon Dean: der Pressesprecher

Jackson wurde am 2. Mai 1945 durch eine „Executive Order"[17] von Präsident Truman mit der Vorbereitung und Durchführung der Anklage gegen die Hauptkriegsverbrecher beauftragt. Umgehend berief er Gordon Dean als Pressesprecher, der noch im selben Monat „An Educational Program in Connection with the Prosecution of the Major War Criminals"[18] vorlegte. Lange bevor das Internationale Militärtribunal überhaupt existierte, begann die US-amerikanische Anklage mit der Öffentlichkeitsarbeit. Damit entsprach sie den Erwartungen der Korrespondenten in Nürnberg, die bereits im August 1945 die Anwesenheit eines Pressesprechers forderten.[19]

Schon in seinem „Educational Program" aus dem Mai 1945 hatte Dean die Notwendigkeit betont, die Entscheidungsgewalt über die Richtlinien der Öffentlichkeitsarbeit beim Chefankläger zu bündeln:

> We are extremely fortunate that the Chief of Counsel operates under a direct appointment by the President and is consequently free of much of the red tape by which public relations units of established agencies are entangled. We must do nothing to lose the advantage of the unique position which our being on such an echelon gives to us.[20]

Dean fürchtete nicht nur die bürokratische Schwerfälligkeit und den enormen Koordinationsaufwand, falls man den anderen Einrichtungen ein Mitspracherecht einräumte, sondern auch deren Sonderinteressen und Konflikte untereinander. Außerdem stand für Dean fest, dass Medienvertreter mit allen Abteilungen der militärischen Öffentlichkeitsarbeit in erster Linie Zensur assoziierten. Diese Bürde wollte Dean nicht erben. Deshalb sollten auch die Pressemitteilungen der eigenen Behörde nicht mehr das Siegel des Kriegsministeriums, sondern des „United States

---

17 http://avalon.law.yale.edu/imt/imt9547.asp, (zuletzt eingesehen am 21. Januar 2019).

18 Gordon Dean, An Educational Program in Connection with the Prosecution of the Major War Criminals, o. D., NARA, RG 238, Entry 51, Box 26, Folder: Untitled Folder.

19 Robert H. Jackson an Gordon Dean, 18. August 1945, NARA, RG 238, Entry 51, Box 26, Folder: Public Relations.

20 Gordon Dean, An Educational Program in Connection with the Prosecution of the Major War Criminals, o. D., NARA, RG 238, Entry 51, Box 26, Folder: Untitled Folder.

Chief of Counsel" tragen.[21] Nach Unstimmigkeiten bei der Abgrenzung von Zuständigkeitsbereichen in der Anfangsphase stellte Dean klar, dass er ausschließlich für die Medien der englischsprachigen Welt verantwortlich sei. Die Zuständigkeit für die nicht-englischsprachige Welt überließ er staatlichen Einrichtungen wie der für das besetzte Deutschland zuständigen „Information Control Division" der Militärregierung.[22]

Innerhalb des US-amerikanischen Anklageteams beanspruchte Dean die Aufsicht über alle Beziehungen mit staatlichen und privaten Einrichtungen, die mit der Verbreitung von Nachrichten über den Prozess zu tun hatten. Formal war damit die Öffentlichkeitsarbeit der US-amerikanischen Anklage in Deans Abteilung zentralisiert. In der Praxis einer solch großen Organisation gab es allerdings unvermeidliche Alleingänge von Mitgliedern. Entscheidend für Deans Stellung war der enge Draht zu Jackson. Die beiden waren einander länger bekannt: Dean hatte schon als Jacksons Pressesprecher gearbeitet, als dieser Justizminister gewesen war. Aus dem Organigramm der US-amerikanischen Anklage ist ersichtlich, dass Dean direkt an Jackson berichtete. Auch hierin spiegelte sich der enge Kontakt wider.[23]

In seinem ersten Memorandum aus dem Mai 1945 formulierte Dean allgemeine Ziele der Öffentlichkeitsarbeit für den Prozess und behandelte ausführlich die „Pre-Trial Problems".[24] Er bediente sich eines Zitats aus dem Magazin *Newsweek*, um die Probleme zu umreißen, mit denen sich die Öffentlichkeitsarbeit im Vorfeld des Prozesses auseinanderzusetzen hatte:

Nobody knew what a war criminal was – officially. Nobody knew when they would be tried – officially. Nobody knew how they would be tried – officially. That was where one of the most vexing questions to face the United Nations rested last week.[25]

Dean ging es in erster Linie darum, Ordnung in das Durcheinander der verschiedenen Kategorien von Kriegsverbrechern, Zuständigkeiten und verantwortlichen Organisationen zu bringen und so in der öffentlichen Wahrnehmung Aufgaben und

---

21 Ebd.
22 Gordon Dean an Robert H. Jackson, 18. Dezember 1945, LoC, Robert H. Jackson Papers, Box 107, Folder: Public Relations; wie berechtigt Deans Sorgen waren, zeigte sich in einem Vorschlag des Office of Strategic Services, eine große, geheime Propaganda-Kampagne in Europa zu starten, um den Prozess zu unterstützen, siehe: Gordon Dean an Robert H. Jackson, 12. Juli 1945, NARA, RG 238, Entry 51, Box 27, Folder: Suggestions – Re Publicity.
23 Das Organigramm ist abgedruckt in: Kim Christian Priemel u. Alexa Stiller (Hg.), NMT. Die Nürnberger Militärtribunale zwischen Geschichte, Gerechtigkeit und Rechtschöpfung, Hamburg 2013, S. 826 f.
24 Gordon Dean, An Educational Program in Connection with the Prosecution of the Major War Criminals, o. D., NARA, RG 238, Entry 51, Box 26, Folder: Untitled Folder.
25 Ebd.

Zuständigkeiten des Internationalen Militärtribunals abzugrenzen. Denn während die Verhandlungen über ein internationales Militärtribunal gegen die Hauptkriegsverbrecher noch liefen, wurden bereits Militärgerichtsverfahren gegen nachrangige Täter in den alliierten Besatzungszonen abgehalten.[26] Insbesondere die Dachauer Prozesse unter der Verantwortung des US-amerikanischen Militärs und der Bergen-Belsen-Prozess unter der des britischen Militärs erregten mediale Aufmerksamkeit.[27] Nur eine Botschaft war in Deans Augen während dieser Phase der Vorbereitungen noch wichtiger als die Abgrenzung der Zuständigkeiten:

> In spite of various announcements of accomplishment which will have appeared in the press by that time, the general public will still be somewhat confused as to who is doing what, and screaming for speed in the trial of the major war criminals – their attention being focused on the majors such as Goering. Consequently, I think that our most important message and the theme of the picture should be "Something Is Being Done About War Criminals". Subsidiary messages might run something as follows …[28]

Unter den „subsidiary messages" führte er als erstes die Differenzierung zwischen verschiedenen Kategorien von Kriegsverbrechen auf. Dean wusste, dass es noch lange dauern würde, bis die Hauptkriegsverbrecher tatsächlich vor einem alliierten Tribunal erscheinen würden, wenn es denn überhaupt zu einem solchen kommen sollte. Dem öffentlichen und medialen Druck zu begegnen oder diesen durch Hinweise auf Fortschritte zu senken sowie die Aufgaben und Zuständigkeiten des „United States Chief of Counsel" klar abzugrenzen, sah er deshalb in dieser Phase als seine zentralen Aufgaben an.[29]

Deans „Educational Program" behandelte nicht nur die unmittelbaren Probleme der Öffentlichkeitsarbeit, sondern auch die zu treffenden Maßnahmen. Und diese Maßnahmen setzte er bereits um, als er den Entwurf an seine Kollegen zur Kommentierung verteilte. Dean war Ansprechpartner für Medienvertreter, er gab ihnen Auskünfte und half mit Erklärungen der komplizierten juristischen Materie, zog

---

26 Zum US-amerikanischen Kriegsverbrecherprogramm siehe: Buscher, Bestrafen und erziehen; zur Verwirrung in den Medien über die Ahndung von Kriegsverbrechen siehe den Auftrag der New Yorker Redaktion an den Deutschland-Korrespondenten der AP, einen Artikel über die verschiedenen Prozesse und deren jeweilige rechtliche Grundlagen zu schreiben: AP (New York) an Gallagher, o. D., APCA, AP 02A.2 Foreign Bureau Correspondence, Box 7, Folder: Nuernberg.

27 Zu den Dachauer Prozessen siehe: Sigel, Dachauer Prozesse; zum Bergen-Belsen-Prozess siehe: Cramer, Belsen Trial; ders., Der erste Bergen-Belsen-Prozess.

28 Gordon Dean an Bobb Schulberg, 2. Juni 1945, NARA, RG 238, Entry 51, Box 26, Folder: Gordon Dean.

29 Gordon Dean, The statement which appears below was furnished to the Overseas Branch of OWI as a basis for their Directive on Policy which was distributed 22 May 1945, o. D., LoC, Robert H. Jackson Papers, Box 107, Folder: Public Relations.

ausgewählte Medienvertreter mit Hintergrundinformationen ins Vertrauen oder gewährte exklusive Nachrichten.[30]

Ein Beispiel hierfür findet sich in dem Telegramm des Korrespondenten des *Time Magazine* an seine Redaktion in New York über ein Treffen mit Dean aus dem Juni 1945. Dean habe die Zuständigkeiten des geplanten Tribunals klargestellt und zwischen verschiedenen Kategorien von Kriegsverbrechern differenziert. Dem Telegramm ist auch zu entnehmen, dass Dean den Korrespondenten ins Vertrauen zog, indem er ihn mit „off the record"-Informationen über Treffen von Jackson mit den sowjetischen Botschaftern in Paris und London sowie mit de Gaulle versorgte.[31]

Ein weiteres Beispiel, wie Dean sich im Hinblick auf den Prozess bestimmte Korrespondenten gewogen halten wollte, war eine Anfrage von zwei Korrespondenten der *New York Herald Tribune*-Gruppe, für die er sich bei Jackson einsetzte:

> One is Ned Parsons, editor of the New York Herald Tribune, Paris edition, and son of the publisher of the New York Herald Tribune. The other is Ned Russell, the London representative of the Herald Tribune. These are both excellent men and we need them in our camp. Russell and Parsons would like to know if it could be told in what country and city the following people are confined: Goering, Ribbentrop, Rosenberg, Kesselring, Hess, Von Papen, Rundstedt. They would also like to know how these people are being treated in line with the jail-bird policy which you helped to get formulated in Washington. I would very much like to give them something. They won't quote us.[32]

Jackson vermerkte hierzu zwar, dass er die Informationen über die Kriegsverbrecher nicht herausgeben könne, ohne erhebliche Probleme mit der US-Armee zu bekommen, aber Deans Frage verdeutlicht wiederum den Versuch, sich durch die Herausgabe exklusiver Informationen die Gewogenheit der Medien zu verschaffen. Andere Anfragen, die ihn erreichten, waren leichter zu erfüllen. „LIFE Magazine is doing a story on war crimes and I am trying to be of as much assistance to them as I possibly can, both in the textural treatment and in securing of pictures."[33] Jackson stimmte umgehend zu, sich für das *Life Magazine* fotografieren zu lassen. Das war auch deshalb problemlos möglich, da Dean sichergestellt hatte, dass bei

---

30 Gordon Dean, An Educational Program in Connection with the Prosecution of the Major War Criminals, o. D., NARA, RG 238, Entry 51, Box 26, Folder: Untitled Folder.

31 Win Booth, Jackson on War Crimes, 8. Juni 1945, HLHU, Dispatches from Time Magazine Correspondents: First Series, 1942–1955 (MS Am 2090), Folder: 284.

32 Gordon Dean an Robert H. Jackson, 12. Juli 1945, NARA, RG 238, Entry 51, Box 27, Folder: Suggestions – Re Publicity.

33 Gordon Dean an Robert H. Jackson, 2. Juli 1945, NARA, RG 238, Entry 51, Box 27, Folder: Suggestions – Re Publicity.

den Verhandlungen in London und während der Vorbereitungen des Prozesses in Nürnberg immer ein Fotograf anwesend war, der Jackson in Szene setzen konnte.[34]

Der nächste Punkt in Deans Maßnahmenkatalog waren Pressemitteilungen über die Fortschritte der Vorbereitungen für das Internationale Militärtribunal. Diese dienten dazu, die von Dean diagnostizierten Erwartungen seitens des Publikums an die Ankläger zu besänftigen.[35] Als mögliche Ereignisse, die den gewünschten Eindruck vermitteln konnten, nannte Dean die Abreise der Delegation unter Jacksons Leitung nach London oder die Ernennung der US-amerikanischen Richter. Pressemitteilungen dienten ferner während der Vorbereitungen auf den Beginn des Internationalen Militärtribunals immer wieder als ein probates Mittel, wenn ein „gap in news"[36] auftrat.

Thomas D. Blake, der die Vorhut der Öffentlichkeitsarbeit in Nürnberg bildete, empfahl, die Zeit zwischen der Bekanntgabe der Liste mit den Angeklagten Anfang September und der Eröffnung des Tribunals im Oktober mit Pressemitteilungen zu füllen. Er selbst habe bereits mehrere Mitteilungen mit Hintergrundinformationen über die weniger bekannten Angeklagten an die Medien gegeben. „This will give the press something definite to write about and will stop them manufacturing speculative stories."[37] Denn von solchen Geschichten hatte es angesichts der zahlreichen Verschiebungen des Eröffnungstermins mehr als genug gegeben.[38]

Zu dem Zeitpunkt, als Dean sein erstes Memorandum schrieb, war der Krieg in Europa erst seit Kurzem vorbei, während der Krieg im Pazifik noch andauerte. Da sich die USA noch im Krieg befanden, nahm die Koordination mit dem „Office of War Information" und anderen staatlichen Einrichtungen zur Informationsverbreitung einen wichtigen Part ein.[39] Dean ließ der Behörde Richtlinien zur

---

34 Zur fotografischen Inszenierung Jacksons während des Prozesses siehe auch: Katherine Fite an ihre Eltern, 3. Dezember 1945, HSTLM, Katherine Fite Papers, https://www.trumanlibrary.gov/library/research-files/letter-katherine-fite-mr-and-mrs-emerson-fite?documentid=23&pagenumber=1 (zuletzt eingesehen am 4. Mai 2019).

35 Gordon Dean, An Educational Program in Connection with the Prosecution of the Major War Criminals, o. D., NARA, RG 238, Entry 51, Box 26, Folder: Untitled Folder.

36 Thomas D. Blake, Suggestions on Press Arrangements at the Nuremberg Trial, 13. September 1945, NARA, RG 238, Entry 51, Box 27, Folder: Suggestions – Re Publicity.

37 Ebd.

38 Otto Zausmer verfasste für den *Boston Daily Globe* einen Artikel über die Gerüchte im Zusammenhang mit der wiederholten Verschiebung des Prozessbeginns, siehe: Otto Zausmer, Zausmer in Nuernberg: Tells How Big Nazi Criminals, in Solitary, Await Their Trial, *The Boston Daily Globe*, 4. September 1945, S. 7.

39 Gordon Dean, An Educational Program in Connection with the Prosecution of the Major War Criminals, o. D., NARA, RG 238, Entry 51, Box 26, Folder: Untitled Folder; Gordon Dean an Robert H. Jackson, Subject: Public Relations Organization for War Crimes Trial, 6. Juli 1945, NARA, RG 238, Entry 51, Box 26, Folder: Public Relations.

Öffentlichkeitsarbeit bezüglich der Frage der Kriegsverbrecher zukommen.[40] Auch die staatliche Filmproduktion versorgte er mit Richtlinien. In einem Memorandum an Jackson listete er die bis Mitte Juni 1945 geplanten Filmproduktionen privater und staatlicher Produzenten zum Thema auf. Während er einräumte, kaum Einfluss auf die privaten Produzenten nehmen zu können, sollten die staatlichen Produktionen die Agenda der US-amerikanischen Anklage unterstützen. Dean war der Ansicht, dass ein „straight atrocity film"[41] eher hinderlich sein würde. Die Bevölkerung sei bereits überzeugt worden, dass „atrocities" stattgefunden hätten. Ein solcher Film würde lediglich den Druck auf die Anklage erhöhen, schnellstens die Schuldigen zu bestrafen.

Während des Prozesses kümmerte sich Dean um die Pressemitteilungen und das Briefing der Korrespondenten. Beide Aufgaben sollten in seiner Abteilung und, für die Dauer seines Aufenthalts in Nürnberg, in seiner Person zentralisiert werden. In den Briefings wollte Dean erläutern, welche Strategien die Anklage im Verlaufe des Prozesses verfolgte und welche Zeugen und Beweismittel eingebracht werden sollten. Die Briefings sollten nicht der Bekanntgabe offizieller Nachrichten dienen, sondern Hintergrundinformationen liefern – eine Aufgabe, die er bereits seit Beginn seiner Tätigkeit erfüllt hatte und in seinen internen Memoranden als „guidance"[42] bezeichnete.

Vor Prozessbeginn traf er sich in Nürnberg täglich um 11 Uhr und um 16 Uhr mit den Korrespondenten, um Informationen über die Tätigkeit der US-amerikanischen Anklage herauszugeben.[43] Während des Prozesses stellte er sicher, dass er jeden Nachmittag bis 17:30 Uhr einen Überblick über die für den nächsten Tag geplante Präsentation inklusive der Beweise, Zeugen oder Filme erhielt. Auf Grundlage dieser Informationen briefte er täglich die Korrespondenten.[44] Er hatte eigens dazu einen Antrag beim Planungskomitee der US-amerikanischen Anklage gestellt. Diese entschied in seinem Sinne, wies die verschiedenen Abteilungen

---

40 Gordon Dean, The statement which appears below was furnished to the Overseas Branch of OWI as a basis for their Directive on Policy which was distributed 22 May 1945, o. D., LoC, Robert H. Jackson Papers, Box 107, Folder: Public Relations.

41 Gordon Dean an Robert H. Jackson, 14. Juni 1945, NARA, RG 238, Entry 51, Box 26, Folder: Gordon Dean.

42 Gordon Dean an Robert H. Jackson, Subject: Public Relations Organization for War Crimes Trial, 6. Juli 1945, NARA, RG 238, Entry 51, Box 26, Folder: Public Relations.

43 Gordon Dean, Memorandum an Mitglieder der US-amerikanischen Anklage, 9. November 1945, NARA, RG 238, Entry 51, Box 26, Folder: Public Relations.

44 Office of U.S. Chef of Council, Planning Committee, 22. November 1945, UCONN, Thomas J. Dodd Papers, Box 321, Folder: 8171 f., https://collections.ctdigitalarchive.org/islandora/object/20002:20117468?solr_nav%255Bid%255D=76cc8a71fea9da6ba666&solr_nav%255Bpage%255D=26&solr_nav%255Boffset%255D=10#page/62/mode/1up (zuletzt eingesehen am 15. Juli 2019).

an, die Informationen rechtzeitig bereitzustellen und ernannte einen Anwalt als zentrale Sammelstelle.[45]

Parallel dazu wurden den Korrespondenten die Beweisdokumente für den nächsten Tag und die Transkripte der beendeten Sitzung des Tages zugänglich gemacht. Dean hatte im Vorfeld sichergestellt, dass alle Dokumente und Transkripte übersetzt in 275-facher Ausfertigung vorlagen.[46] Er betonte gegenüber der geschäftsführenden Leitung der US-amerikanischen Anklage die hohe Bedeutung dieser Dienstleistungen für ein gutes Verhältnis zu den Medienvertretern. Anlässlich von Problemen, in der zweiten Woche genügend Kopien der Beweisdokumente und Transkripte für die Medienvertreter zur Verfügung zu stellen, schrieb Dean einen alarmierenden Brief an den für Planung und Organisation zuständigen Robert G. Storey:

> If this situation continues it is going to result in a very bad relationship with the Press which have up to this point been highly pleased with the fact that we had anticipated their needs long ago and were furnished copies of the documents as they went in.[47]

Dean wusste um die enorme Arbeitsbelastung der Korrespondenten, die parallel den Verhandlungen beiwohnen, Dokumente besorgen und sichten sowie Kontakte unterhalten mussten. Dazu kam die komplexe und für viele ungewohnte juristische Materie. Die Dienstleistungen des Teams der US-amerikanischen Pressesprecher setzten genau bei diesen Anforderungen der journalistischen Praxis an und lieferten neben den relevanten Dokumenten auch gleich die nötige „guidance". Unter dem Strich stellte sich Dean trotz gelegentlicher Engpässe ein gutes Zeugnis aus: „… the press at Nurenberg has been spoiled."[48]

Aber auch sein Chef war voll des Lobes. Bereits kurz nach Deans Abreise im Januar 1946 bat Jackson ihn, wieder zurückzukommen. Die Beziehungen zu den Medienvertretern hätten sich bereits verschlechtert. Die eingespielte Zusammenarbeit zwischen Dean und der Presse sei von herausragender Bedeutung und nicht

---

45 Ebd.

46 Gordon Dean, Memorandum an Robert G. Storey bezüglich der Distribution von Dokumenten an die Presse, 26. November 1945, NARA, RG 238, Entry 51, Box 26, Folder: Public Relations.

47 Ebd.; zur neuen Regelung bezüglich der Distribution siehe: Notes on meeting in Col. Storey's Office, 26. November 1945, UCONN, Thomas J. Dodd Papers, Box 320, Folder: 8161, http://collections.ctdigitalarchive.org/islandora/object/20002%3A20117460?solr_nav%5Bid%5D=0812 0b2fdfd636e67005&solr_nav%5Bpage%5D=0&solr_nav%5Boffset%5D=2#page/13/mode/2up (zuletzt eingesehen am 15. Juli 2019).

48 Gordon Dean an William Jackson, [Februar 1946], LoC, Robert H. Jackson Papers, Box 103, Folder: Jackson, William E.

zu ersetzen.[49] In den Memoiren der Korrespondenten sucht man jedoch vergeblich nach einem Hinweis auf die Pressesprecher der US-amerikanischen Anklage.

Doch neben Dean und seinen Dienstleistungen für Medienvertreter, den Pressemitteilungen und -konferenzen, den Richtlinien für das „Office of War Information" und die staatlichen Filmproduzenten war Jackson selbst die wichtigste Waffe im Arsenal der Öffentlichkeitsarbeit. Der am Obersten Gerichtshof beurlaubte Richter, durch einen Erlass von Präsident Truman zum Chefankläger ernannt und diesem direkt unterstellt, besaß eine herausragende Sprecherposition im politischen und medialen Diskurs. Jackson stand eine Vielzahl von Kanälen offen, mit denen er sich Gehör verschaffen konnte und die er unter Anleitung von Dean bespielte. Dementsprechend war ein weiterer Punkt auf dessen Maßnahmenliste zur Öffentlichkeitsarbeit vor Prozessbeginn:

> Appearance of Justice Jackson before a Senate Committee with a forthright statement; such appearance to be well covered by the press and his remarks mimeographed and widely distributed. […] This can be one of the greatest confusion-dispellers which we could contrive.[50]

In einer zweiten Version seiner Maßnahmenliste findet sich die Option eines Berichts an Präsident Truman ergänzt. Für diese Option entschieden sich Dean und Jackson letztendlich statt eines Auftritts vor einem Ausschuss des Senats.[51] Der in Form eines Briefes von Jackson an den Präsidenten formulierte Bericht wurde umgehend vom Weißen Haus veröffentlicht. Die Pressemitteilung des Präsidenten erzielte die gewünschte mediale Aufmerksamkeit in den Nachrichten- und Meinungsspalten.[52] Sie hatten die richtige Strategie gewählt.

Wie von Dean in seinem „Educational Program" dargelegt, differenzierte Jackson in dem Brief zwischen den verschiedenen Kategorien von Kriegsverbrechen sowie Kriegsverbrechern und führte die rechtlichen Grundlagen aus. Er betonte seine Absicht, das internationale Recht weiterzuentwickeln. In Zukunft sollten Angriffskriege nach internationalem Recht illegal und die Verantwortlichen persönlich

---

49 Robert H. Jackson an William Jackson, 9. Februar 1946, LoC, Robert H. Jackson Papers, Box 103, Folder: Jackson, William E.

50 Gordon Dean, An Educational Program in Connection with the Prosecution of the Major War Criminals, o. D., NARA, RG 238, Entry 51, Box 26, Folder: Untitled Folder.

51 Gordon Dean, An Educational Program in Connection with the Prosecution of the Major War Criminals, 30. Mai 1945, LoC, Robert H. Jackson Papers, Box 107, Folder: Public Relations.

52 Press Release copy of letter from Robert H. Jackson to Harry S. Truman, https://www.trumanlibrary.gov/library/research-files/press-release-copy-letter-robert-h-jackson-harry-s-truman (zuletzt eingesehen am 15. Juli 2019).

strafbar sein. Als letztes durfte die Antwort auf die Frage nicht fehlen, wann ein internationales Tribunal zusammentreten werde.[53]

Auch wenn der Bericht an den Präsidenten der sichtbarste Kanal war, der Jackson und Dean zur Verfügung stand, so war es doch nicht der einzige. Jackson veröffentlichte Verlautbarungen, schrieb Zeitungsartikel, hielt Pressekonferenzen und Radioansprachen und traf sich mit zahlreichen Medienvertretern. Er konnte auf eine lange politische Karriere in Washington unter Roosevelt zurückblicken und war in der Medienlandschaft bestens vernetzt. Ein Blick in Jacksons Tagebuch, das für den Zeitraum seiner Ernennung bis zum Beginn des Prozesses vorliegt, offenbart eine regelrechte Kampagne in der Öffentlichkeitsarbeit.[54]

Im Tagebuch finden sich Berichte über zahlreiche informelle Treffen mit Korrespondenten, syndizierten Kolumnisten und Verlegern, z. B. ein Lunch mit den syndizierten Kolumnisten Marquis Childs und Walter Lippmann. Erster habe sich enthusiastisch über den Bericht an den Präsidenten gezeigt. Letzterer habe ebenfalls seine Zustimmung signalisiert und wolle helfen, notierte Jackson.[55] Des Weiteren ist ein Treffen zum Dinner mit Herbert Bayard Swope verzeichnet, ehemaliger Journalist und Berater von Kriegsminister Henry L. Stimson, oder mit Naomi und Barnet Nover, letzterer Leitartikelschreiber der *Washington Post*.[56] Zahlreiche weitere Treffen mit Journalisten wie Lucien Warren vom *Buffalo-Courier*, Richard Hottelet von Columbia Broadcasting oder Herny Suydam, dem Leitartikelschreiber der *Newark Evening News*, reihten sich aneinander.[57]

Bevor Jackson sich Mitte September wieder auf den Weg nach Nürnberg machte, traf er sich am 7. September mit einer Gruppe von Zeitungsjournalisten zum Lunch, darunter die Washington-Korrespondenten James Reston von der *New York Times* und Raymond P. Brandt von der *St. Louis Post-Dispatch*.[58] Brandt hatte gleich nach der Veröffentlichung von Jacksons Brief an Truman seine Unterstützung signalisiert, indem er dem Juristen ein Exemplar der umfangreichen Berichterstattung der *St. Louis Post-Dispatch* mit einem Begleitbrief geschickt hatte.[59] Am Tag nach

---

53 Ebd.

54 Robert H. Jackson, Diary, 27. Apr. – 19. Nov. 1945, LoC, Robert H. Jackson Papers, Box 95, Folder: Diary April–November 1945 (2).

55 Robert H. Jackson, Diary, 27. Apr. – 19. Nov. 1945, Einträge vom 6. u. 7. Juni 1945, LoC, Robert H. Jackson Papers, Box 95, Folder: Diary April-November 1945 (2).

56 Robert H. Jackson, Diary, 27. Apr. – 19. Nov. 1945, Einträge vom 10. u. 15. Juni, LoC, Robert H. Jackson Papers, Box 95, Folder: Diary April–November 1945 (2).

57 Robert H. Jackson, Diary, 27. Apr. – 19. Nov. 1945, Einträge vom 10. August, 7. u. 9. September 1945, LoC, Robert H. Jackson Papers, Box 95, Folder: Diary April–November 1945 (2).

58 Robert H. Jackson, Diary, 27. Apr. – 19. Nov. 1945, Eintrag vom 7. September 1945, LoC, Robert H. Jackson Papers, Box 95, Folder: Diary April–November 1945 (2).

59 Raymond P. Brandt an Robert H. Jackson, 11. Juni 1945, SHSM, Raymond P. Brandt Papers, Correspondence Series, Folder: 10.

dem Lunch mit den Zeitungsjournalisten lud Jackson Gäste zum Abendessen ein. Darunter befanden sich Francis Biddle, US-amerikanischer Richter am Nürnberger Militärtribunal, Walter Lippmann, syndizierter Kolumnist, Henri Bonnet, französischer Botschafter, und Eugene Meyer, Verleger der *Washington Post*.[60] Der Liste der Gäste folgt im Tagebuch der Vermerk: „Eugene Meyer came a half-hour early to discuss matters generally and said if we wanted any particular things emphasized, to cable."[61] Jackson versuchte also seine Kontakte in der Medienlandschaft zu mobilisieren und schien damit Erfolg zu haben.

Diese Kontakte setzten sich während des Prozesses fort. Lippmann machte auf seiner Europareise Ende März zwei Nächte in Nürnberg Station. Er wurde von Jacksons Sohn und dem Ankläger Thomas Dodd am Flughafen in Empfang genommen. Am Abend war er bei Jackson zum Abendessen eingeladen, an dem auch die beiden Korrespondenten der *New York Times* Ray Daniells und Tania Long teilnahmen.[62] Am nächsten Tag besuchte er den Prozess und speiste mit den Richtern zu Mittag – ein Privileg, das nur einem „Kuryphäer" zuteilwurde.[63] Zwischen dem Dinner in Washington im September des Vorjahres und dem Besuch in Nürnberg hatte Jacksons Sohn den Kontakt zu Lippmann aufrecht gehalten und ihm beim Verfassen der Rezension zu Jacksons in Buchform veröffentlichter Eröffnungsrede geholfen.[64] Angesichts ihres engen Kontaktes und guten Einvernehmens war die Note von Lippmann an Jackson zum Abschluss des Prozesses nur passend:

My dear Bob:
When you have had a chance to read the newspaper comment on the verdicts you will realize what an enormous gain there has been in public opinion since you began.
The whole thing is recognized as a monumental achievement and everyone knows that but for you it would not have been begun, and without you it could not have been carried out.
Ever affectionately yours[65]

---

60 Robert H. Jackson, Diary, 27. Apr. – 19. Nov. 1945, Eintrag vom 8. September 1945, LoC, Robert H. Jackson Papers, Box 95, Folder: Diary April–November 1945 (2).

61 Ebd.

62 Lippmann, Appointment Diary 1946, Eintrag vom 31. März 1946, YULMA, Walter Lippmann Papers, Box 237, Folder: 9.

63 Ebd., Eintrag vom 1. April 1946.

64 William Jackson an Robert H. Jackson, 8. Februar 1946, LoC, Robert H. Jackson Papers, Box 103, Folder: Jackson, William E.; Lippmann, The World Eventually at Peace Under Law, *New York Herald Tribune*, 17. Februar 1946, S. F1.

65 Lippmann an Robert H. Jackson, 2. Oktober 1946, YULMA, Walter Lippmann Papers, Box 80, Folder: 1135.

Lippmann war bei weitem nicht der einzige Akteur der US-amerikanischen Medienlandschaft, der von Jackson empfangen wurde. Cyrus L. Sulzberger, Mitglied der Verlegerfamilie der *New York Times* und der Inbegriff des Establishment-Korrespondenten, traf Anfang März 1946 in Nürnberg ein. Er wohnte zwei Sitzungen des Prozesses bei und unterhielt sich ausführlich mit Jackson.[66] Das Gespräch war die Grundlage eines langen, exklusiven Artikels in der *New York Times*. Jackson benutzte das Interview dazu, kurz nach der Rede von Churchill in Fulton, Missouri, über den „iron curtain"[67] die Zusammenarbeit der Alliierten in Nürnberg zu loben.[68]

Ogden Reid und seine Frau Helen Rogers Reid, Verleger der *New York Herald Tribune*, besuchten den Prozess im Mai 1946.[69] Jackson hatte zuvor bereits aus Nürnberg einen Beitrag zum „New York Herald Tribune School Forum" im April 1946 geschickt, der auch in der Zeitung abgedruckt worden war.[70] Helen Rogers Reid bedankte sich für den Empfang in Nürnberg und lobte Jacksons Anstrengungen in den höchsten Tönen: „I only wish that all Americans who influence public opinion could know at first hand the combination of dignity, simplicity and extraordinary efficiency that is making an immortal bit of history."[71] Zahlreiche weitere Redakteure und Verleger machten auf ihren vom US-amerikanischen Militär organisierten Reisen auf Einladung des Kriegsministeriums Station in Nürnberg. Zwei illustre Reisegruppen besuchten im April und Juli 1946 den Prozess als Teil von Touren durch die US-amerikanischen Besatzungszonen.[72] Darunter waren Redakteure und Manager von Zeitungsketten wie Scripps-Howard oder Gannett Newspapers, Redakteure von Magazinen wie *Time* und *Newsweek*, Mitarbeiter von Nachrichtenagenturen wie UP und International News Service (INS) sowie Verleger und Redakteure von großen Zeitungen wie der *New York Times*, der *Washington Post* oder des *Miami Herald*. Auffällig ist lediglich, dass sich weder in den beiden organisierten Touren noch unter den weiteren zahlreichen Redakteuren,

---

66 Cyrus L. Sulzberger, A Long Row of Candles: Memoirs & Diaries 1934–1954, Toronto 1969, S. 306 f.

67 https://winstonchurchill.org/resources/speeches/1946-1963-elder-statesman/the-sinews-of-peace/ (zuletzt eingesehen am 10. April 2019)

68 Sulzberger, Jackson Stresses Allies' Trial Unity, *The New York Times*, 10. März 1946, S. 5.

69 Christopher John Dodd, Letters from Nuremberg: My father's narrative of a quest for justice, New York 2007, S. 301.

70 Forum Hears Leaders Tell Of Problems of the Peace, *New York Herald Tribune*, 14. April 1946, S. 1, 45.

71 Helen Rogers Reid an Robert H. Jackson, 3. Juni 1946, LoC, Robert H. Jackson Papers, Box 98, Folder: Correspondence Miscellaneous.

72 Office of Military Government for Germany (U.S.), Public Relations Office, Visiting Editors, o. D., NYPL, New York Times Company Records, Arthur Hays Sulzberger Papers, Box 174, Folder: 7 Germany 1946, Jan–Jul.

Managern und Verlegern Vertreter von Medienorganisationen der Westküste der USA befanden.

Ein Besuch und die Möglichkeit zu einem informellen Gespräch in Nürnberg war natürlich keine Garantie für positive Berichterstattung. Die Mehrzahl der Besucher vertraten Medienorganisationen, deren redaktionelle Ausrichtung die US-amerikanische Anklage unterstützten. Allerdings gab es auch Kritiker. Roy W. Howard, Manager von Scripps-Howard Newspapers, berichtete dem „Editor-in-Chief" von Scripps-Howard Newspapers, George B. Parker, über seinen Besuch in Nürnberg:

> That night for an hour before dinner, and for two hours after dinner, we discussed off-the-record and with complete informality with Bob Jackson, the techniques and interesting angles of the Nuremberg trials. The net result was a conviction on my part, shared I think by many of our party that the whole proceedings smacked of an international kangaroo court. So far as I was concerned, the impression was inescapable that at Nuremberg the Allies have been making the law as they go along and making it to suit their purposes and their predetermination to get convictions at any price.[73]

Damit verortete sich Howard eindeutig unter den Kritikern. Er lehnte den Prozess als Siegerjustiz basierend auf nach der Tat erlassenen Gesetzen ab und sah darin einen Verstoß gegen die Rechtsstaatlichkeit.

In Jacksons Tagebuch finden sich außerdem Einträge zu Pressekonferenzen, sorgfältig geplant von Dean. Dieser stellte für gewöhnlich eine Liste mit zu erwähnenden Punkten, einen Katalog möglicher Fragen der Korrespondenten und teilweise auch die entsprechenden Antworten zusammen. Dabei versuchte Dean, die möglichen Wünsche und Empfindlichkeiten der Korrespondenten zu antizipieren und nutzte seine Kenntnisse der journalistischen Routinen zur Vorbereitung der Auftritte und Aussagen Jacksons. Er informierte diesen sehr genau darüber, welche Korrespondenten er vor sich sitzen hatte. Schon für die Ankunft auf dem Flughafen in London, wo sich Jackson mit den Abgesandten der anderen Alliierten zum Aushandeln der Charta traf, bereitete Dean Jackson auf mögliche Fragen der Journalisten vor.[74] Kurz nach der Ankunft gab Jackson eine Pressekonferenz, um auf die zahlreichen Anfragen für Interviews zu reagieren und spekulativen Artikeln in der Presse ein Ende zu bereiten. Jackson erhielt eine Liste mit möglichen Fragen

---

73 Roy W. Howard an George B. Parker, 30. Juli 1946, Online Archive at Indiana University, Roy W. Howard Papers, http://fedora.dlib.indiana.edu/fedora/get/iudl:2352949/OVERVIEW (zuletzt eingesehen am 7. Mai 2019).

74 Gordon Dean, Note to the Chief of Counsel, o. D., NARA, RG 238, Entry 51, Box 27, Folder: Suggestions – Re Publicity.

britischer Journalisten und eine Liste mit sechs Punkten, über die er sprechen sollte.[75]

Neben einem Treffen mit Lord Beaverbrook, dem Besitzer mehrerer britischer Zeitungen, organisierte Dean außerdem ein Treffen mit der Organisation der US-amerikanischen Korrespondenten in London. Dafür führte er mehrere Gründe an. Bisher hatten die Korrespondenten zufriedenstellende Artikel über Jacksons Aktivitäten in London an ihre Heimatredaktionen geschickt. Dean wollte dafür sorgen, dass dies auch so blieb. Ihrer Organisation ein wenig Anerkennung zu zollen, könne sich in der Zukunft bezahlt machen. Einen Korrespondenten hatte Dean dabei besonders im Blick:

> Mr. Smith, president of the organization, happens to be (don't let this scare you) the London representative of INS and the Hearst papers. While INS + Hearst are potentially enemies, I think that Smith will be generally favorable – at least the stories coming out of London will not be unfriendly.[76]

Jackson ließ sich nicht abschrecken und das Treffen wurde für den 6. Juli verabredet. Neben der Kontaktpflege hatte Dean selbstverständlich auch die Berichte der Korrespondenten über die Londoner Verhandlungen im Blick. Dass die Korrespondenten bereits das meiste von dem wüssten, was Jackson ihnen offiziell mitteilen könne, mache dabei überhaupt nichts, versicherte Dean. Auf Grundlage eines Entwurfs von Jacksons offiziellen Verlautbarungen sagte Dean mögliche Schlagzeilen voraus, die die Korrespondenten schreiben könnten: „Jackson won't compromise on essentials of a fair hearing" oder „Jackson optimistic that divergent legal concepts of 4 powers can be reconciled."[77] Dean schlug vor, dass Jackson seine Verlautbarung entsprechend einer gewünschten Schlagzeile umarbeiten sollte.[78] Er warf auch die Frage auf, ob die Medienvertreter bereits auf ein mögliches Scheitern der Verhandlungen vorbereitet werden sollten. Sollte dieser Fall eintreten, war Dean darauf

---

75 Gordon Dean, Memorandum to Justice Jackson, 20. Juni 1945, NARA, RG 238, Entry 51, Box 27, Folder: Suggestions – Re Publicity; Gordon Dean, Note to Justice Jackson Re: Press Conference, 20. Juni 1945, NARA, RG 238, Entry 51, Box 27, Folder: Suggestions – Re Publicity.

76 Gordon Dean, Memorandum for the Chief of Counsel, 27. Juni 1945, NARA, RG 238, Entry 51, Box 27, Folder: Suggestions – Re Publicity.

77 Gordon Dean, Memorandum for the Chief of Counsel, 3. Juli 1945, NARA, RG 238, Entry 51, Box 27, Folder: Suggestions – Re Publicity.

78 John Durston, Allies to Treat Aggression as Crime in Itself: Jackson Sees No Obstacle to Agreement on U.S. View of War Trials, *New York Herald Tribune*, 7. Juli 1945, S. 4; Charles E. Egan, FOUR POWERS NEAR ACCORD ON TRIALS: Few Differences in Technique Remain to Be Adjusted, Jackson Tells Newsmen, *The New York Times*, 7. Juli 1945, S. 5.

bedacht, dass Jackson keine Verantwortung in den Berichten der Korrespondenten angelastet werden würde.

Als Jackson nach dem erfolgreichen Abschluss der Verhandlungen von London nach Nürnberg weiterreiste, hielt er ebenfalls eine Pressekonferenz ab. Auch bei seinem kurzen Aufenthalt in Washington nutzte er die Gelegenheit für eine Pressekonferenz, bevor er endgültig sein Büro in Nürnberg einrichtete.[79] Weitere Pressekonferenzen in Nürnberg folgten. Nach der ersten lud er alle Korrespondenten zu einem Empfang in das Grand Hotel ein.[80]

In Jacksons Tagebuch finden sich auch Einträge zu Radiosendungen und Zeitungsartikeln. Diese Kanäle bespielte Jackson, wann immer sich ein Anlass bot. Der erfolgreiche Abschluss der Verhandlungen in London am 8. August 1945 fiel direkt zwischen die Atombombenabwürfe auf Japan am 6. und 9. August. „It was hard for us to keep front-page position in the press"[81], wie Jacksons Mitarbeiter Sidney Alderman berichtete. Jackson veröffentlichte zusammen mit dem Londoner Abkommen und der Charta auch eine Pressemitteilung, die sich explizit an die US-amerikanische Öffentlichkeit richtete.[82] Zusätzlich nahm er zwei Radiobeiträge auf. Zuerst zeichnete er eine Ansprache für die National Broadcasting Company auf, die noch am selben Tag in den USA gesendet wurde.[83] Wenige Tage später produzierte er für die American Broadcasting Company eine Ansprache über die bevorstehende Kapitulation Japans. Diese Gelegenheit nutzte er, sein Anliegen einer neuen internationalen Friedensordnung als Sinnstiftung für den siegreich beendeten Krieg zu präsentieren.[84] Wie üblich ließ er Dean seinen Entwurf korrigieren, bevor er auf Sendung ging. Weitere Radiosendungen folgten während des Prozesses, wie beispielsweise an Weihnachten 1945.[85] Im Februar 1946 ließ er sich

---

79 Robert H. Jackson, Diary, 27. Apr. – 19. Nov. 1945, Eintrag vom 17. August 1945, LoC, Robert H. Jackson Papers, Box 95, Folder: Diary April–November 1945 (2); siehe auch: Robert H. Jackson an Gordon Dean, 18. August 1945, NARA, RG 238, Entry 51, Box 26, Folder: Public Relations.

80 Robert H. Jackson, Diary, 27. Apr. – 19. Nov. 1945, Eintrag vom 16. September 1945, LoC, Robert H. Jackson Papers, Box 95, Folder: Diary April–November 1945 (2).

81 Sidney S. Alderman, Background and Highlights of the Nuremberg Trial, o. D., LoC, Robert H. Jackson Papers, Box 112, Folder: Post-Trial Material, Correspondence A.

82 The Texts of the War Crimes Committee Report and the Jackson Statement, *The New York Times*, 9. August 1945, S. 10.

83 Robert H. Jackson, Diary, 27. Apr. – 19. Nov. 1945, Eintrag vom 8. August 1945, LoC, Robert H. Jackson Papers, Box 95, Folder: Diary April–November 1945 (2).

84 Robert H. Jackson, V-J Day Speech, 13. August 1945, LoC, Robert H. Jackson Papers, Box 108, Folder: Radio broadcasts, 1945–1946.

85 Robert H. Jackson, Weihnachtssendung, o. D., LoC, Robert H. Jackson Papers, Box 108, Folder: Radio broadcasts, 1945–1946.

vom American Forces Network interviewen, um ein Forum zu haben, wo er auf die wichtigsten Kritikpunkte am Prozess eingehen konnte.[86]

Neben der Produktion von Radiosendungen verfasste Jackson Zeitungsartikel. „„Worst Crime of All' – It is aggressive war, says Justice Jackson; we must teach a lesson to those who plan it."[87] So lautete die Überschrift eines Artikels im *New York Times Magazine*, der genau in die Lücke zwischen dem Abschluss des Londoner Abkommens und dem Beginn des Prozesses fiel. Jackson argumentierte im gesamten Artikel, wie widersinnig es sei, Kriegsverbrechen zu verurteilen, das Planen und Beginnen eines Krieges selbst aber nicht unter Strafe zu stellen. Denn auf den Kriegsbeginn folgten und aus dem Kriegsbeginn resultierten alle anderen Verbrechen, weshalb die Planung eines Angriffskrieges das schlimmste Verbrechen von allen sei: „The real crime is planning and making war, not merely in failing to be chivalrous in its conduct, and the efforts of civilization should be directed toward its complete outlawry."[88] Ginge es im Prozess nur um die Bestrafung von im Krieg begangenen Verbrechen, hätte der Prozess keine besondere Bedeutung für eine friedliche Nachkriegsordnung. Die Aufgabe werde umso dringender, als dass durch die Nivellierung des Unterschieds zwischen Kombattanten und Nicht-Kombattanten im totalen Krieg und durch den Einsatz der Atombombe der Ansatz, lediglich die Kriegsführung rechtlich zu regulieren und nicht Kriege selbst als illegal zu erklären, endgültig gescheitert sei. Sich dieser Herausforderung anzunehmen, sei eine US-amerikanische Aufgabe. Die Europäer sähen Krieg als natürlich und unvermeidbar an, während die US-Amerikaner den Anspruch hätten, die Welt zu reformieren und den Glauben in die eigenen Fähigkeiten besäßen, dies auch zu schaffen. Durch die Verrechtlichung der internationalen Ordnung wollte er die Ächtung von Kriegen und die Sicherung des internationalen Friedens verwirklichen. Der Nürnberger Prozess sollte der Präzedenzfall auf dem Weg zur Verwirklichung dieses Ziels sein. In diesem idealistischen Projekt, das den historischen Bogen zum Ersten Weltkrieg und Woodrow Wilson schlug, sah Jackson die einzige Legitimierung und Sinnstiftung der US-amerikanischen Kriegsanstrengungen: „Only in this way can we justify the casualties we have suffered and the destruction and wretchedness that we have caused."[89] Jackson blieb dieser Argumentation sowohl in seiner Medienstrategie als auch vor Gericht bis zum Ende des Prozesses treu. In seiner Pressemitteilung zu den Urteilen betonte er trotz der Freisprüche dreier Angeklagter und einiger Organisationen sein Hauptziel erreicht zu haben:

---

86 Robert H. Jackson, AFN-Radiointerview, o. D., LoC, Robert H. Jackson Papers, Box 108, Folder: Radio broadcasts, 1945–1946.
87 Robert H. Jackson, Worst Crime of All, *The New York Times Magazine*, 9. September 1945, S. 45.
88 Ebd.
89 Ebd.

In sustaining and applying the principle that aggressive war is a crime for which statesmen may be individually punished, the judgment is highly gratifying. It is a hopeful sign for the peace of the world that representatives of the great powers all agree on this principle of law and are committed to that position by this judgment.[90]

Neben weiteren Zeitungsartikeln[91] wurden noch während des Prozesses die ersten Bücher verlegt. Alfred A. Knopf druckte Jacksons Eröffnungsrede mit einem Vorwort von Dean, der gleich noch Tipps für die Vermarktung lieferte,[92] unter dem Titel „The Case Against the Nazi War Criminals".[93] Unter den zahlreichen Rezensenten fand sich auch Lippmann.[94] Jackson steuerte ein Vorwort für das Buch des Juristen Sheldon Glueck mit dem Titel „The Nuremberg Trial and Aggressive War" bei, das ebenfalls von Knopf verlegt wurde.[95] Ferner entschloss sich die US-Anklage dazu, eine Auswahl von Beweisdokumenten in der sogenannten „Red Series" zu veröffentlichen.[96] Der dritte Band mit Beweisdokumenten zum Themenkomplex des illegalen Angriffskrieges erschien als erster von acht Bänden im August 1946.[97] Alle Veröffentlichungen waren Gegenstand zahlreicher Besprechungen und Artikel, die zu Zeiten erschienen, als der Prozess auf die Innenseiten

---

90 By Mr. Justice Jackson [Pressemitteilung], 1. Oktober 1946, LoC, Robert H. Jackson Papers, Box 107, Folder: Public Relations.

91 Robert H. Jackson, Justice Jackson Weighs Nuremberg's Lessons: In a reply to critics of the trial he finds that it has made 'undiscriminate vengeance' obsolete, The New York Times, 16. Juni 1946, S. SM7.

92 Gordon Dean an Knopf, 10. Dezember 1945, LoC, Robert H. Jackson Papers, Box 108, Folder: Publications: The Case Against Nazi War Criminals (Knopf).

93 Robert H. Jackson, The Case Against Nazi War Criminals, New York 1946.

94 Lippmann, The World Eventually at Peace Under Law, New York Herald Tribune, 17. Februar 1946, S. F1.

95 Sheldon Glueck, The Nuremberg Trial and Aggressive War, New York 1946; Rezensionen: Charles Poore, Books of the Times, The New York Times, 1. August 1946, S. 31; Jerome Frank, Note to Legalists: Murder Was Always a Crime, The New York Times, 4. August 1946, S. 118; Raymond Moley, The Issues at Nuernberg, The Los Angeles Times, 26. Juli 1946, S. A4; Reuben Lurie, The Nuremberg Trials, The Boston Daily Globe, 8. August 1946, S. 9; Sterling North, Glueck on Nuernberg, The Washington Post, 4. August 1946, S. B6; Raymond Moley, NAZIS TRIED UNDER BEST TRADITIONS, The Tampa Daily Times, 26. Juli 1946, S. 8.

96 https://www.loc.gov/rr/frd/Military_Law/Nuremberg_trials.html (zuletzt eingesehen am 10. April 2019).

97 https://www.loc.gov/rr/frd/Military_Law/pdf/NT_Nazi_Vol-III.pdf (zuletzt eingesehen am 10. April 2019); Rezensionen: Sidney Shalett, WAR ON U.S. MAPPED BY HITLER IN 1940, NAZI PAPERS SHOW, The New York Times, 18. August 1946, S. 1, 8; Hitler's Plan to Invade Britain and U.S. Bared, The Philadelphia Inquirer, 18. August 1946, S. 1 f.; HITLER'S SECRET ORDER TO INVADE ENGLAND BARED, Chicago Sunday Tribune, 18. August 1946, S. 20; Nazi Invasion Blueprint For Britain, U.S. Revealed, The Atlanta Constitution, 18. August 1946, S. 6; Hitler Scheme To Invade U.S. Revealed, The Pittsburgh Press, 18. August 1946, S. 2.

verbannt, die US-amerikanischen Korrespondenten zum Teil abgezogen und die Berichterstattung auf eine kurze Tagessynopse der Agenturen reduziert worden war. „A magnificent legal precedent of global importance is being established at Nuremberg while an indifferent public yawns with boredom."[98] So begann die Rezension zu Gluecks Buch mit Jacksons Vorwort in der *Atlanta Constitution*. Die Veröffentlichungen waren Anlass für die Zeitungen, sich mit dem Prozess nochmals grundsätzlich auseinanderzusetzen unabhängig vom unüberschaubaren Tagesgeschehen im Gerichtssaal.

Vereint machten Dean und Jackson Gebrauch von der machtvollen Sprecherposition des Obersten Bundesrichters und Chefanklägers im medialen Diskurs. Sie bedienten sich der unterschiedlichsten Kanäle, vom Brief an den Präsidenten über Pressemitteilungen, Pressekonferenzen, Interviews, Radiosendungen und Bücher bis zu Zeitungsartikeln, um Jacksons Anliegen immer wieder auf die mediale Agenda zu setzen. Parallel dazu kultivierten Jackson und Dean ihre zum Teil seit langem bestehenden Beziehungen zu wichtigen Akteuren der US-amerikanischen Medienlandschaft in Form von Hintergrundgesprächen.

4.1.2 Gordon Deans Schatztruhe: die Geheimnisse des nationalsozialistischen Deutschlands als Machtmittel

Welche Mittel standen dem Pressesprecher außerdem zur Verfügung, sich die Korrespondenten gewogen zu machen und den Prozess davor zu bewahren, eine kleine Agenturmeldung auf den hinteren Seiten zu werden oder ganz aus dem Blickfeld der Redaktionen zu verschwinden? Dean verfügte über einen außergewöhnlichen Schatz: Tonnen von geheimen Dokumenten der Institutionen und der Führungsriege des nationalsozialistischen Deutschlands waren gesichtet und nach Nürnberg gebracht worden, um als Beweismittel gegen die Hauptkriegsverbrecher zu dienen. Dokumente, die von enormem medialem Interesse waren. Sie erlaubten, direkt nach der Niederlage einen voyeuristischen Blick auf die Geheimnisse des Feindes zu werfen. Die Dokumente behandelten hoch brisante politische Themen von der Vorkriegsdiplomatie und der Frage des Kriegsausbruchs bis hin zu den schmutzigen Affären der nationalsozialistischen Elite. Ein unerschöpfliches Reservoir für „'now it can be revealed' stories" und ein Machtmittel in den Händen des Pressesprechers.[99]

Aus Sicht der Korrespondenten waren diese Dokumente wertvoller als die langwierigen Verhandlungen vor Gericht. Walter Cronkite schrieb im Vorwort zur Au-

---

98 The Importance Of Nuremberg, *The Atlanta Constitution*, 4. August 1946, S. 17.

99 Kent Cooper, Report of the Executive Director, in: The Associated Press, Forty-sixth annual volume. For the fiscal year of 1945, o. O. 1946, S. 90–121, hier S. 101.

tobiografie von Ann Stringer, die in Nürnberg zum Team der UP-Korrespondenten unter seiner Leitung gehörte:

> The story there was, of course, the daily trial, but the most sensational material was that still locked in the files of the Third Reich [...]. Finding out what documents to ask for was the key to the reportorial game. This required a lot of contacts, both with the Allied prosecution and the German defense, and then hours of discreet, diplomatic, clever probing – in the halls of the courthouse, at cocktails or dinner. Annie was an absolute whiz at it. Day after day she came up with a new document recounting the behind the scenes workings of the Nazi state and the horrors it perpetrated. Day after day we had clear scoops and, happily, the opposition was confounded. It was a bureau manager's delight.[100]

Cronkite beschreibt die Dokumente aus der Geschichte des Nationalsozialismus als Gegenstände sensationeller Nachrichten und bezieht sich dabei auf solche, die nicht als Beweismittel in den Prozess eingebracht wurden. Denn diese wurden den Korrespondenten, wie bereits beschrieben, ohnehin in Kopie ausgehändigt. Der Wert der Dokumente, die im Dokumentenraum der Anklage schlummerten, stieg, wenn das Geschehen im Gerichtssaal wenig Sensationelles zu bieten hatte. Die große Kunst sei es gewesen, Zugang zu erhalten und zu wissen, nach welchen Dokumenten man fragen musste. Das Wissen lag bei den Mitgliedern der Anklage und der Verteidigung, gute Beziehungen waren daher der Schlüssel zum Erfolg.

Eine Grundvoraussetzung war allerdings, dass man die Zeit erübrigen konnte, sich auf dieses Spiel einzulassen, wenn parallel die Verhandlungen liefen. Stringer habe sich laut Cronkite darin ausgezeichnet, die Beziehungen zu den Anklägern und Verteidigern zu kultivieren, um die gefragten Dokumente in die Hände zu bekommen. Es boten sich genug Möglichkeiten, mit den Anklägern der verschiedenen Delegationen in Kontakt zu kommen, denn die Mitglieder der kleinen Exilgemeinde im besetzten Feindesland, deren größter Feind schon bald Langeweile und Monotonie waren, trafen ständig aufeinander.[101]

Beide Seiten verfolgten zudem auch eigene Interessen. Seitens der Korrespondenten war dies, wie von Cronkite beschrieben, Informationen und Hinweise auf die besonders interessanten und möglichst exklusiven Dokumente zu bekommen. Doch auch die Ankläger handelten oft nicht uneigennützig. Denn egal, welche Ziele Korrespondenten und Ankläger auch sonst noch verfolgten, der Nürnberger Prozess war zweifellos ein Sprungbrett für die individuellen Nachkriegskarrieren.

---

100 Walter Cronkite, Foreword, in: Ann Stringer, "Bravo Amerikanski!". And other stories from World War II, o. O. 2000, S. 1 f.

101 Siehe Kapitel 3.4.

Die Briefe der US-Ankläger Leonard Wheeler und Thomas Dodd an ihre Familien geben einen guten Eindruck davon, wie die Karriereplanungen parallel zu ihrer Arbeit in Nürnberg liefen.[102] Ein Auftritt vor Gericht bot die Möglichkeit, den eigenen Namen in Zeitungen überall in den USA gedruckt zu sehen. Insbesondere für Dodds politische Ambitionen in der Demokratischen Partei war die Aufmerksamkeit der Medien von größter Bedeutung.[103] Er warf seinen Kollegen vor, geradezu süchtig nach medialer Aufmerksamkeit zu sein,[104] doch traf dies nicht weniger auf ihn selbst zu.[105] Dodd brachte es bis zum stellvertretenden Chefankläger und konnte sich seiner Erwähnung in den Medien sicher sein. Sein Kollege Wheeler hingegen musste seiner Publicity nachhelfen, wie er in den Briefen an seine Familie berichtete:

[I] went out to supper at the Press Camp with my press agent, George Tucker of the Associated Press, who is putting into the papers, I think today, a story about some of the Vatican documents I am not going to use, and saying that "col leonard wheeler jr bostonmass" is going to present the case on persecution of the churches next week – an invitation to local papers to copy.[106]

Das Quidproquo war hier unmittelbar: Wheeler stellte die Dokumente bereit und Tucker sorgte dafür, dass sein Name in der Zeitung erschien. Ein solches Arrangement unterhielt Wheeler ebenfalls mit Catherine Coyne vom *Boston Herald*.[107]

Diese Praxis der Ankläger, Dokumente an die Medienvertreter auszugeben, wurde zum Gegenstand von Diskussionen auf höchster Ebene. Die Chefankläger nahmen sich des Themas in einer Sitzung vom 5. Februar 1946 an.[108] Anlass wa-

---

102 Dodd, Letters; HLSL, Leonard Wheeler Jr. Papers, Box 4, Folder: 3: Correspondence, 1945, http://nrs.harvard.edu/urn-3:HLS.Libr:25766289 (zuletzt eingesehen am 15. Juli 2019); siehe auch: Robert Kempner, Ankläger einer Epoche. Lebenserinnerungen, Frankfurt a. M. u. a. 1983, S. 242.

103 Dodd, Letters, S. 298 f., 346 f.

104 Ebd., S. 210.

105 Ebd., S. 171 f., 187, 202, 205, 210, 224, 252, 298 ff.

106 Leonard Wheeler an seine Frau, 3. Januar 1946, HLSL, Leonard Wheeler Jr. Papers, Box 4, Folder: 3: Correspondence, 1945, http://nrs.harvard.edu/urn-3:HLS.Libr:25766289?n=137 (zuletzt eingesehen am 15. Juli 2019).

107 Leonard Wheeler an seine Frau, 29. November 1945, HLSL, Leonard Wheeler Jr. Papers, Box 4, Folder: 3: Correspondence, 1945, http://nrs.harvard.edu/urn-3:HLS.Libr:25766289?n=105 (zuletzt eingesehen am 15. Juli 2019); Leonard Wheeler an seine Familie, 7. Dezember 1945, HLSL, Leonard Wheeler Jr. Papers, Box 4, Folder: 3: Correspondence, 1945, http://nrs.harvard.edu/urn-3:HLS.Libr:25766289?n=118 (zuletzt eingesehen am 15. Juli 2019).

108 Minutes of Meeting of Chief Prosecutors, 5. Februar 1946, UCONN, Thomas J. Dodd Papers, Box 319, Folder: 8138, https://archives.lib.uconn.edu/islandora/object/20002%3A201 17448#page/1/mode/2up (zuletzt eingesehen am 15. Juli 2019).

ren Korrespondentenberichte, die auf klassifizierten Dokumenten beruhten. Die Chefankläger versicherten einander, lediglich Dokumente an die Medienvertreter auszuhändigen, die als Beweismittel in den Prozess eingebracht worden waren. Die tatsächliche Praxis verschwieg man. Trotz ihrer Empörung gaben die Ankläger zu Protokoll, von einer offiziellen Beschwerde vor Gericht absehen zu wollen:

> Sir David Maxwell-Fyfe said that the British policy on documents was the same as Justice Jackson's and both he and M. Champetier de Ribes agreed that it was wiser not to have a serious dispute with the Press in view of the extent to which they depend on the Press to inform the public of the world of the trial.[109]

Es wurden lediglich interne Nachforschungen angestellt.[110] Denn als Pressesprecher war es Deans Anspruch, das Instrument der Dokumentenausgabe zu kontrollieren und so für seine Zwecke einzusetzen. Dean versuchte seit seiner Ankunft in Nürnberg, das Team zu disziplinieren und alle Kontakte zu den Medienvertretern in seiner Abteilung und Person zu zentralisieren.[111] Diese Versuche waren nicht immer erfolgreich. Die Diskrepanz zwischen offizieller Politik und Deans inoffizieller Praxis der Dokumentenweitergabe an die Medien findet sich am besten zusammengefasst in den Worten der britischen Anklage:

> Our policy should be to refuse release of any document of the trial unless it is put in evidence. The point is that we cannot conduct the trial of these men in Court and separately in the Press. This is the American policy although not invariably the practice.[112]

In der Regel gab Dean Dokumente an Korrespondenten heraus, so keine Sicherheitsbedenken vorlagen, das Dokument nicht als Beweismittel verwendet werden sollte und keine abfälligen Aussagen über Angeklagte enthielt. So formulierte er es in einem Bericht für Jackson.[113]

In einem Brief an Jacksons Sohn erklärte Dean, wozu ihm die inoffizielle Herausgabe von Dokumenten in erster Linie diente. Es half insbesondere den Agen-

---

109 Ebd.

110 Dodd an Lt. Margolies, 29. Januar 1946, UCONN, Thomas J. Dodd Papers, Box 386, Folder: 8555–8558; Lt. Margolies an Dodd, 30. Januar 1946, UCONN, Thomas J. Dodd Papers, Box 386, Folder: 8555–8558.

111 Gordon Dean, Memorandum an Mitglieder der US-amerikanischen Anklage, 9. November 1945, NARA, RG 238, Entry 51, Box 26, Folder: Public Relations.

112 Memorandum for Mr. Barrington, 1. Februar 1946, TNA, WO 311/709.

113 Gordon Dean, Memorandum for Mr. Justice Jackson, Subject: Publication of Documents which are not to be introduced as evidence, 4. Januar 1946, NARA, RG 238, Entry 51, Box 26, Folder: Press.

turkorrespondenten, eine strukturelle Anforderung der journalistischen Praxis zu erfüllen.

> The press – particularly the agencies, don't want simply to report a great historical event and do it well; they want exclusives. In short the rivalry is not in the way they write the story of the trial but rather in getting stories, no matter how unimportant, that their competitors don't get.[114]

Durch die Herausgabe der Dokumente war Dean in der Lage, den dringenden Wunsch der Agenturjournalisten nach exklusiven Geschichten zu befriedigen. Zudem stellte er fest, dass diese teilweise bereits mit der korrekten Nummer bei ihm erschienen, nach denen die Dokumente sortiert waren, was auf exzellente Kontakte zu Mitgliedern der Anklage schließen ließ.[115] Das Problem war nur, dass die Beschwerden der Zeitungskorrespondenten zunahmen, die im Gegensatz zu den arbeitsteilig organisierten Teams der Agenturen allein vor Ort waren[116], denn sie hatten schlichtweg keine Zeit, sich an der Jagd nach den Dokumenten zu beteiligen.

Anfang Januar 1946 ließ sich Dean deshalb eine neue Praxis von Jackson absegnen, die aus zwei Punkten bestand: Verlangte ein Korrespondent nach einem spezifischen Dokument und lagen keine Bedenken gegen die Herausgabe vor, wurde es von nun an allen Korrespondenten zur Verfügung gestellt. Dean wollte nicht erst abwarten, bis ein Korrespondent ein bestimmtes Dokument anfragte, sondern da die Dokumente nicht mehr als Instrument der Herausgabe exklusiver Informationen funktionierten, setzte er es proaktiv zu Zeiten ein, in denen die Verhandlungen im Gerichtssaal nicht für eine Meldung taugten. Sehr zu Deans Leidwesen gab es solche Phasen zur Genüge. Zudem gab der Pressesprecher zu bedenken, dass die Veröffentlichung der Dokumente grundsätzlich nicht länger aufgeschoben werden sollte. Bis die Dokumente ihren Weg in ein Archiv oder eine Bibliothek gefunden hätten, sei das öffentliche Interesse verschwunden.[117]

Mit der neuen Regelung waren die Agenturkorrespondenten nur bedingt einverstanden. Die verschiedenen Interessen der einzelnen Gruppen von Korrespondenten stellten ein Dilemma für die Öffentlichkeitsarbeit dar, das sich nicht leicht

---

114 Gordon Dean an William Jackson, [Februar 1946], LoC, Robert H. Jackson Papers, Box 103, Folder: Jackson, William E.

115 Gordon Dean, Memorandum for Mr. Justice Jackson, Subject: Publication of Documents which are not to be introduced as evidence, 4. Januar 1946, NARA, RG 238, Entry 51, Box 26, Folder: Press.

116 L. A. Coleman, Memorandum for Mr. Justice Jackson, 15. Januar 1946, NARA, RG 238, Entry 51, Box 26, Folder: Press.

117 Gordon Dean, Memorandum for Mr. Justice Jackson, Subject: Publication of Documents which are not to be introduced as evidence, 4. Januar 1946, NARA, RG 238, Entry 51, Box 26, Folder: Press.

auflösen ließ. Dean empfahl daher in einem Brief seinem Nachfolger, in einem Treffen mit dem Korrespondenten-Komitee das Problem offen zur Sprache zu bringen und eine gemeinsame Regelung zu vereinbaren. Dabei solle sein Nachfolger darauf achten, dass die Zusammensetzung des Komitees repräsentativ sei und die verschiedenen Mediengattungen berücksichtigt würden.[118]

Dean differenzierte bei seiner Arbeit zwischen den Interessen und den praktischen Problemen der Vertreter der verschiedenen Mediengattungen. In seinem Urteil zur Qualität der Berichterstattung tat er dies ebenfalls.

> The agencies will always be the ones to give us trouble. Incidentally they are not covering this trial well enough to give the American people anything more than isolated events, color stuff, and inconsequential dope on Hess's health, Goering's mannerisms, similar trivia. One other basic factor might be mentioned before going into the specific problems; namely, they are all tired, homesick, and have had just "too much case".[119]

Die Agenturjournalisten standen unter dem Zwang, täglich mehrere Artikel produzieren zu müssen, die regelmäßig und zeitnah durch die Redaktionen evaluiert wurden. Wurden die Artikel von ihrer Redaktion an die Kunden weitergeleitet? Falls sie diese Hürde genommen hatten, wurde kontrolliert, ob die Artikel auch tatsächlich abgedruckt wurden.[120] Dean befriedigte den Hunger der Agenturjournalisten, indem er Dokumente herausgab, die nur entfernt etwas mit dem Prozess zu tun hatten, aber von großem öffentlichem Interesse waren. Als Beispiele nannte er Themen wie den Reichstagsbrand oder die letzten Stunden Hitlers.[121] Tucker von der AP und Stringer von der UP bezeichnete er stellvertretend für die Agenturkorrespondenten als gute „police court reporter".[122] Den Agenturkorrespondenten stellte er die beiden Zeitungskorrespondenten Ray Daniell von der *New York Times* und Henry Suydam von der *Newark Evening News* gegenüber. Suydam konnte auf eine mehr als dreißigjährige Karriere zurückblicken, in der er zwischen Regierungsposten im Justizministerium und Außenministerium und Posten in der Zeitungsbranche wechselte. Er war eigens für den Prozess nach Nürnberg gereist und unterhielt genau wie Daniell enge Kontakte zur US-amerikanischen Anklage. Diese beiden Korrespondenten wüssten zwar eine exklusive Nachricht zu schätzen,

---

118 Gordon Dean an William Jackson, [Februar 1946], LoC, Robert H. Jackson Papers, Box 103, Folder: Jackson, William E.

119 Ebd.

120 Siehe Kapitel 5.2.

121 Gordon Dean, Memorandum for Mr. Justice Jackson, Subject: Publication of Documents which are not to be introduced as evidence, 4. Januar 1946, NARA, RG 238, Entry 51, Box 26, Folder: Press.

122 Gordon Dean an William Jackson, [Februar 1946], LoC, Robert H. Jackson Papers, Box 103, Folder: Jackson, William E.

machten dies aber in Deans Augen nicht zum alleinigen Inhalt ihrer Arbeit. Sie verfügten sowohl über die Fähigkeit zu schreiben als auch über das nötige Hintergrundwissen über europäische Geschichte, verstünden die Bedeutung des Prozesses und seien in der Lage, die Bedeutung einzelner Dokumente oder Zeugenaussagen im größeren Kontext des Prozesses zu verstehen.[123] Diese Qualitätsunterschiede ausschließlich an den individuellen Fähigkeiten festzumachen, verkennt allerdings die organisationalen Zwänge, die die journalistische Praxis bestimmten.

4.1.3 Die Grenzen der Öffentlichkeitsarbeit

Aus Deans Sicht in seiner Rolle als Pressesprecher war der Gegner nicht die Verteidigung, sondern die Aufmerksamkeitskonjunkturen der Medien. In den Tälern der Zyklen verschwand der Prozess aus den Medien. Die Ausführungen der französischen und sowjetischen Anklage waren solche Täler. Jackson erkannte, dass den Präsentationen dieser Delegationen keine Aufmerksamkeit seitens der US-amerikanischen Medien zuteilwerden wurde. Er musste nur einen Blick über seine Schulter auf die Pressetribüne werfen, um sich des Exodus der anglo-amerikanischen Presse gewahr zu werden. Er konstatierte, dass es während der Phase der französischen und sowjetischen Anklage für die anglo-amerikanischen Medien keine „legitimate news"[124] gebe. Das bereitete ihm Sorgen, da sich die Stimmung der Medienvertreter zunehmend verschlechterte.

So war es von Anfang an Deans Aufgabe, nicht nur den Medien die Strategie der US-amerikanischen Anklage, sondern umgekehrt auch den Anklägern die Funktionsweise der Medien zu erklären.[125] Auf dieser Grundlage erteilte er den Anklägern Ratschläge, wie der Prozessverlauf gestaltet oder die Auswahl der Beweismittel vorgenommen werden sollte.[126]

Dean ging davon aus, dass personalisierende Berichterstattung die journalistische Wahrnehmung lenkte und die journalistischen Aussagen über den Prozess dominierte. Der mediale Fokus war auf die Angeklagten gerichtet. Daraus konnten Vorteile für die Verteidigung entstehen, weshalb er vom Standpunkt des Pressesprechers den geplanten Ablauf der Beweisführung vor Gericht kritisierte:

---

123 Ebd.

124 Robert H. Jackson an William Jackson, 9. Februar 1946, LoC, Robert H. Jackson Papers, Box 103, Folder: Jackson, William E.

125 Diese Rolle wurde bereits im Mai 1945 festgeschrieben: Francis M. Shea, Memorandum for Gordon Dean, 31. Mai 1945, NARA, RG 238, Entry 51, Box 26, Folder: Untitled Folder.

126 So war er z. B. an der Überarbeitung von Jacksons Eröffnungsrede beteiligt: Leonard Wheeler an seine Familie, 29. November 1945, HLSL, Leonard Wheeler Jr. Papers, Box 4, Folder: 3: Correspondence, 1945, http://nrs.harvard.edu/urn-3:HLS.Libr:25766289?n=108 (zuletzt eingesehen am 16. Juli 2019).

If the defendants are not called to the witness stand during our case, the public and the press will build up a dramatic anticipation of how they will perform which will take some of the starch out of our prosecution and give a definite emphasis to the defense case. There is no question but that the center of interest during the trial will be upon the defendants; how they will behave on the witness stand will be the subject of many a story.[127]

Um das Interesse der Korrespondenten an den Angeklagten nicht noch weiter zu befeuern, schlug Dean vor, diese schon zu Beginn des Prozesses in den Zeugenstand zu rufen, statt über Monate einen Spannungsbogen bis zu ihrem ersten Auftritt im Zeugenstand aufzubauen. Doch seine Kritik wurde ignoriert. Bis auf die Aufforderung zu Beginn des Prozesses, sich schuldig oder nicht schuldig zu bekennen, wurde den Angeklagten jede Äußerung untersagt. Erst am 13. März 1946 trat Göring als erster in den Zeugenstand – neben der Eröffnungsrede von Jackson und der Urteilsverkündung das mediale Highlight des Prozesses. Ausgerechnet diese von allen Medienvertretern mit Spannung erwartete Konfrontation der beiden Protagonisten unter den Anklägern und den Angeklagten wurde zum größten PR-Desaster der Anklage.

Dean benannte mit der Konzentration auf die Angeklagten eine strukturelle Konstante der Prozessberichterstattung. Der Radiokorrespondent Howard K. Smith fand die Fokussierung auf die Angeklagten und die Folgen für die Berichterstattung so bedenklich, dass er das Phänomen in seinen Sendungen thematisierte.[128] Göring verstehe es, die Aufmerksamkeit der Korrespondenten auf sich zu ziehen. Jede Rede und jedes Beweismittel der Anklage kommentiere er gestenreich. Dies habe zur Folge, dass die Korrespondenten – er selbst eingeschlossen – nicht über die Anklage, sondern über Görings Selbstinszenierung berichteten. „I watch him myself, for his antics are a story. He's the life of the court-room. He enlivens the dull, sober proceedings."[129]

Wenn die Anklage eine wichtige Anschuldigung vorbrachte, schauten alle auf Görings Reaktion. Smith sah sich in einer Zwickmühle. Er beobachtete sein journalistisches Tun und ihm gefiel nicht, was er tat. Doch statt seiner Profession machte er der US-amerikanischen Anklage Vorwürfe und kritisierte die dokumentenbasierte

---

127 Gordon Dean, Memorandum, Subject: Testimony of Defendants, UCONN, Thomas J. Dodd Papers, Box 321, Folder: 8171, https://collections.ctdigitalarchive.org/islandora/object/20002:20117468? solr_nav%255Bid%255D=76cc8a71fea9da6ba666&solr_nav%255Bpage%255D=26&solr_nav% 255Boffset%255D=10#page/10/mode/1up/search/thomas+dodd (zuletzt eingesehen am 16. Juli 2019).

128 Zu Robert K. Smith siehe seine Autobiografie: Howard K. Smith, Events Leading Up to My Death: The Life of a Twentieth-Century Reporter, New York 1996.

129 Smith, [Radioskript], 27. November 1945, WHSA, Howard K. Smith Papers, Folder: Sunday News Analysis script, Nuremberg Trials, 1945, Oct. 24 – 1945, Dec. 15.

Strategie sowie die uninspirierten, teilweise uninformierten und in jedem Fall nicht medienkonformen Vorträge. Mit dieser Kritik war er nicht allein unter den Korrespondenten.[130] Das Ergebnis sei, dass Görings Darbietung auf der Anklagebank den Reden der Ankläger die Schau stehle: „The American excuse is that they don't want to make this a show. However, it's not in our power to decide. It's already a show, and Goering has stolen it."[131]

Als Radiokorrespondent litt Smith besonders unter der dokumentenbasierten Beweisführung. Er wollte die Stärken seines Mediums nutzen und in erster Linie die Atmosphäre der Verhandlungen einfangen. Dafür brauchte er spannende O-Töne. Doch statt des Dramas eines Schlagabtausches zwischen den Antagonisten wohnten die Korrespondenten langen, dokumentenlastigen Vorträgen bei. Das enervierte Smith so sehr, dass er seinen Ärger tagelang zum Thema seiner Sendungen machte. Er wurde mit Anfragen der Sender seines Netzwerks überflutet, die einen Jahrhundertprozess erwarteten, doch eigneten sich die Verhandlungen nicht, um diese Erwartungen zu befriedigen.[132] In seiner Autobiografie erinnerte sich Smith an dieses Dilemma:

After a fine opening week, proceedings became dull, a fact that may be unimportant to history but was vital to a reporter trying to hold the interest of a milkman in Peoria. Most of the team of American prosecutors [...] simply displayed no sense of the historic drama of the occasion, and read their prosaic remarks as though reading a telephone book. Fortunately the raw materials, the documents, were the stuff of great drama. Quoting from those I was able to make the proceedings sound exciting.[133]

Die Dokumente aus den Archiven des nationalsozialistischen Deutschlands dienten als Ausweg aus dem Dilemma.

Nicht alle Korrespondenten realisierten, dass Göring in den ersten Wochen zwar das Spektakulärste, aber nicht das Wichtigste war, wie John Scott vom *Time Magazi-*

---

130 Peter de Mendelssohn, America's Case at Nuernberg, *The Nation*, 161, 1945, H. 24, S. 652–654; Flanner, Letter from Nuremberg, *The New Yorker*, 5. Januar 1946, S. 46–50; Arthur Gaeth, [Radioskript], o. D., BYU, Arthur Gaeth Papers, Box 6, Folder: 17; Overwhelmed By Documents At Nuremberg, *The Observer*, 25. November 1945, S. 1.

131 Smith, [Radioskript], 29. November 1945, WHSA, Howard K. Smith Papers, Folder: Sunday News Analysis script, Nuremberg Trials, 1945, Oct. 24 – 1945, Dec. 15; siehe auch Smiths Zwischenfazit nach den ersten zwei Wochen: Smith, [Radioskript], 2. Dezember 1945, WHSA, Howard K. Smith Papers, Folder: Sunday News Analysis script, Nuremberg Trials, 1945, Oct. 24 – 1945, Dec. 15.

132 Siehe Smiths Transkripte der Sendungen vom 27. u. 29. November, 2. u. 9. Dezember 1945, WHSA, Howard K. Smith Papers, Folder: Sunday News Analysis script, Nuremberg Trials, 1945, Oct. 24 – 1945, Dec. 15; zu den Anfragen seines Senders siehe: Smith, Events, S. 186.

133 Ebd.

ne es in einem Telegramm formulierte.[134] Der sowjetische *Prawda*-Korrespondent Boris Polewoi machte sich in seinem Nürnberger Tagebuch über seine westlichen Kollegen lustig, die angesichts der Person Görings im Zeugenstand in Hektik gerieten und aus seiner Aussage ein sensationelles Spektakel machten. Polewoi beobachtete das Treiben der westlichen Korrespondenten, wie sie miteinander wetteiferten, Seite um Seite mit Beschreibungen über Göring füllten und Schlangen vor den Fernschreibern bildeten. Damit war bei Polewoi zugleich die Überlegenheit der sowjetischen Presse impliziert, die im Gegensatz zum kapitalistischen Pendant die Aufmerksamkeit nicht auf die Täter, sondern auf die Opfer und die Untaten des politischen Systems lenkte, dem die Angeklagten gedient hatten. Damit legte der sowjetische Korrespondent den Finger in die Wunde, die sowohl den US-amerikanischen Korrespondenten Smith als auch Dean schmerzte.[135]

Während die Korrespondenten die Angeklagten beobachteten und Zeile um Zeile mit deren Beschreibungen füllten, betonten sie gleichzeitig, dass es vor Gericht nicht um das Schicksal der 24 Angeklagten ginge. Sie stimmten mit der Position der Anklage überein, dass es um die Erschaffung einer neuen internationalen Rechtsordnung gehe, nicht um die erbärmlichen Gestalten auf der Anklagebank. Deren individuelles Schicksal zähle nicht im Vergleich zu dem hehren Ziel der Schaffung einer internationalen Friedensordnung.[136]

Derselbe Widerspruch findet sich in der Berichterstattung über die Anklage gegen die Organisationen. Auch ihr wurde eine entscheidende Bedeutung zugewiesen:

Despite the listlessness of current proceedings, correspondents considered that perhaps the most significant part of the trials is yet to come. This is the arraignment of the seven principal Nazi organizations ...[137]

---

134 John Scott cable no. 8 – Nuremberg – Hermann and the wolf, 29. November 1945, HLHU, Dispatches from Time Magazine Correspondents: First Series, 1942–1955 (MS Am 2090), Folder: 319.

135 Polewoi, Nürnberger Tagebücher, S. 178; siehe auch das Lob der sowjetischen Presse bei Raymond Daniell für die Berichterstattung über den Nürnberger Prozess im Vergleich zur US-amerikanischen und britischen Berichterstattung: Daniell, Allies Wind Up Case Of Germany's Leaders, *The New York Times*, 6. Januar 1946, S. E5.

136 Alan Barth, History Drones a Monotone, *The Washington Post*, 21. April 1946, S. 2; Decision at Nuremberg, *The New York Times*, 29. September 1946, S. 10E; Lippmann, The World Eventually at Peace Under Law, *The New York Herald Tribune*, 17. Februar 2019, S. F1; Wilmot, Judgment Day Commentary Live 0920 NT, 1. Oktober 1946, NLA, Chester Wilmot Papers, Box 12, Folder: 36; Barnet Nover, Nuernberg Verdict, *The Washington Post*, 3. Oktober 1946, S. 8; Smith, [Radioskript], 19. Dezember 1945, WHSA, Howard K. Smith Papers, Folder: Sunday News Analysis script, Nuremberg Trials, 1945, Dec. 17 – 1946, Feb. 21; The Supreme Crime, *New York Herald Tribune*, 1. Oktober 1946, S. 26.

137 ABROAD, *The New York Times*, 21. Juli 1946, S. E1.

Diese des Öfteren von Medienvertretern verkündete große Bedeutung der Anklage gegen die Organisationen fand sich jedoch nicht in der Anzahl der Zeitungsspalten repräsentiert, die für die Berichterstattung über die Anklage von SS und SD, SA, Führerkorps der NSDAP, Generalstab, Gestapo und Reichsregierung erübrigt wurden. Im Gegenteil – diese Phase der Anklage und Verteidigung der Organisationen war der Tiefpunkt des medialen Interesses. Vergleicht man die Berichterstattung über die Abschlussplädoyers der Ankläger bezüglich der angeklagten Organisationen und die Berichterstattung über die letzten Worte der Angeklagten, wird dieser Widerspruch besonders deutlich. In der *New York Herald Tribune* wurden die Abschlussplädoyers zu den Organisationen in Form einer AP-Meldung auf der dritten Seite abgehandelt, während die letzten Worte über zwei Tage in Form von Korrespondentenberichten auf der ersten Seite Schlagzeilen machten.[138] Dieser Widerspruch zwischen den strukturellen Mustern der Berichterstattung und der Deutung des Prozesses verdeutlicht die Zwänge, unter denen die Korrespondenten arbeiteten.

Dean konnte an diesem Phänomen nichts ändern, er konnte nur darauf reagieren, wie er es mit dem Versuch getan hatte, den zeitlichen Ablauf der Beweisführung zu verändern. Die zunehmende Kritik der Korrespondenten an der wenig medienkonformen US-amerikanischen Prozessführung blieb Dean nicht verborgen, da er in engem Austausch mit ihnen stand und sich sein Schreibtisch in den Arbeitsräumen der Korrespondenten im Justizpalast befand. Wenn Görings Selbstinszenierung mehr mediale Aufmerksamkeit erhielt als die Beweisführung der US-amerikanischen Anklage, versuchte er zu intervenieren.

Zu diesem Zweck tat er sich mit William Jackson, dem Sohn und persönlichen Assistenten des Chefanklägers, zusammen. Die beiden verfassten Mitte der zweiten Prozesswoche ein Memorandum, in dem sie die Prozessführung des „executive counsel", Robert G. Storey, angriffen.[139] Das Ziel dieser Intervention war es, Storey zu entmachten und die Medialisierung der Prozessstrategie voranzutreiben. Sie betonten, dass es nicht nur darauf ankomme, die Richter zu überzeugen, sondern auch die Öffentlichkeit. Schließlich sei der Sinn und Zweck ihres Unterfangens in erster Linie ein politischer. Und dafür brauche es die Medien:

> But this education job must of course be done chiefly through the press, and the press is swamped. The pace is simply too fast: they have an average of 91,000 words of documents

---

138 U.S. Demands Conviction of 5 Nazi Groups, *New York Herald Tribune*, 30. August 1946, S. 3; Marguerite Higgins, 21 Nazis Make Last Plea Today, Judges' Verdict Likely Sept. 21, *New York Herald Tribune*, 31. August 1946, S. 1; dies., Top Nazis Make Final Pleas; Trial Ends, Sentences Sept. 23, *New York Herald Tribune*, 1. September 1946, S. 1, 8.

139 William Jackson an Robert H. Jackson, Memorandum, Subject: Problems, LoC, Robert H. Jackson Papers, Box 103, Folder: Jackson, William E.

to wade through per day. They complain that they have 12 headline stories per day to tell the world, but 11 must be buried. That strikes me as a great opportunity lost, and it seems to me irrelevant that the press once kicked that things were going too slowly.[140]

Der Vorwurf, dass die Korrespondenten unter Material für Artikel begraben würden, bezog sich auf die erste Woche, als die Beweisdokumente noch nicht verlesen werden mussten. Storey verhandelte mit der Verteidigung neue Regeln für das Einbringen von Beweismitteln, woraus ab der zweiten Woche die Notwendigkeit resultierte, alle Dokumente zu verlesen. Dies verlangsamte zwar die Dokumentenflut, kostete aber viel Zeit und verursachte „intense boredom for all concerned"[141], wie der US-Ankläger Leonard Wheeler seiner Familie schrieb – eine Empfindung, die die Medienvertreter teilten. Zusätzlich wurde Storey ein PR-Desaster angelastet. Er musste vor Gericht eingestehen, 250 Kopien der vor Gericht eingebrachten Beweisdokumente den Medienvertretern zur Verfügung gestellt zu haben, der Verteidigung aber nur fünf. Dean und William Jackson berichteten daraufhin, dass sich unter den Korrespondenten der Eindruck verfestigt habe, dass Storey sich zunehmend überfordert, wenn nicht gar unfähig zeige.[142]

Neben der Entmachtung Storeys plädierten beide für den Einsatz von Zeugen der Anklage vor Gericht:

This would halt the flow of documents a while and let both court and press catch up a bit. It would be a way of gathering together loose threads. The press and the court fit things together much better if the story were gone over again and highlighted. And the change of pace in itself would help. Nothing but documents can be a very rich diet.[143]

Ihre Kritik an der dokumentenbasierten Strategie Jacksons war vorsichtig formuliert. Der Vorschlag, eigene Zeugen zu berufen, war ein Mittel, den Hunger der Korrespondenten nach Personalisierung und Drama zum Vorteil der Anklage zu nutzen.

Dean wusste um die Stimmung unter den Korrespondenten und hielt sie mit der Aussicht auf ein wenig Theater im Gerichtssaal bei der Stange. Der Radiokorrespondent Robert Baukhage hatte schon Sendungen abgesagt, da den Verlesungen

---

140 Ebd.
141 Leonard Wheeler an seine Familie, 29. November 1945, HLSL, Leonard Wheeler Jr. Papers, Box 4, Folder: 3: Correspondence, 1945, http://nrs.harvard.edu/urn-3:HLS.Libr:25766289?n=108 (zuletzt eingesehen am 16. Juli 2019).
142 William Jackson an Robert H. Jackson, Memorandum, Subject: Problems, LoC, Robert H. Jackson Papers, Box 103, Folder: Jackson, William E.
143 Ebd.

von Dokumenten vor Gericht das Dramatische fehlte.[144] An dem Tag, an dem Dean mit William Jackson sein Memorandum überreichte, versprach er Baukhage „a little witness drama".[145] Zwei Tage musste sich Baukhage aber noch gedulden, bis mit Erwin Lahousen der erste Zeuge der Anklage aufgerufen wurde.

Die Maßnahme zeigte Wirkung. Der kritische Radiokorrespondent Smith äußerte sich in seinem Rückblick über die zweite Prozesswoche euphorisch:

> Their monotonous, feelingless and – often ill-informed – presentation of evidence has left the stage clear for the scene-stealing pantomimes of Goering and the other defendants. As the prosecution droned on last week, the trials began to take on the atmosphere of a circus, with Goering gesticulating, nodding and shaking his head, laughing and seeming to enjoy the spotlight immensely. However in the past two days, the sheer overwhelming weight of two items of evidence changed the tone entirely.[146]

Zwei Dinge hatten Smiths Meinungsumschwung hervorgerufen: Lahousen als Zeuge der Anklage sowie ein Film über die deutschen Konzentrationslager. Der Film habe allen gezeigt, warum die Angeklagten vor Gericht stünden und die Aussage Lahousens habe die Angeklagten schwer belastet. Die „Vaudeville show"[147] sei vorbei, der Prozess habe nun erst richtig begonnen. Dean verlor keine Zeit, diese positiven Reaktionen der Medienvertreter an Jackson weiterzuleiten und auf eine weitere Medialisierung des Prozesses zu drängen.

Dazu nutzte er eine Umfrage zum Prozess unter den Korrespondenten. Victor Bernstein, Korrespondent der Zeitung *PM*, befragte Kollegen in Nürnberg und machte daraus einen Artikel für seine Zeitung.[148] Er wollte wissen, was sie im Vorfeld über den Prozess gedacht und ob sie nach den ersten acht Sitzungstagen ihre Meinung geändert hätten. Bernsteins Artikel bestand in erster Linie aus den Zitaten seiner Befragten. Unter den US-amerikanischen und britischen Korrespondenten war keiner, der nicht zumindest nach Beginn des Prozesses das Unterfangen befürwortete.

Dean fasste den Artikel in einem Memorandum für Jackson zusammen. Insgesamt könne man mit den Reaktionen der Korrespondenten zwar zufrieden sein,

---

144 Baukhage, Diary: Trip to Germany, Eintrag vom 22. November 1945, WHSA, Hilmar Robert Baukhage Papers, Box 3, Folder: 1.

145 Baukhage, Diary, Eintrag vom 28. November 1945, WHSA, Hilmar Robert Baukhage Papers, Box 1, Folder: 4.

146 Smith, [Radioskript], 2. Dezember 1945, WHSA, Howard K. Smith Papers, Folder: Sunday News Analysis script, Nuremberg Trials, 1945, Oct. 24 – 1945, Dec. 15.

147 Ebd.

148 Victor Bernstein, Reporters' Consensus Favors Crime Trials, *PM*, 2. Dezember 1945, S. 5; siehe auch: Victor Heine Bernstein, Final Judgment: The Story of Nuremberg, New York 1947.

allerdings gäbe es auch einzelne Kritikpunkte an der Prozessführung, deren Berücksichtigung er anmahnte: „On the whole the reaction is good. It suggests, however, the importance of our planning our order of proof in such a way as to keep the reaction good."[149]

Drei Kritikpunkte las Dean aus den Aussagen der Korrespondenten heraus: die Verwendung von Affidavits, wenn die Zeugen stattdessen auch persönlich erscheinen könnten, die Monotonie der Präsentation von Dokumenten und der Mangel an Zeugen der Anklage. Bernstein sei nochmals auf ihn zugekommen und habe berichtet, dass zahlreiche Korrespondenten bedauerten, dass er seine Umfrage vor der Berufung des ersten Zeugen und der Vorführung des ersten Films durchgeführt habe. Danach hätten sie ihre kritische Meinung zur Prozessführung revidiert und erneutes Interesse am Prozess gezeigt. Für Dean resultierte daraus die Notwendigkeit, so schnell wie möglich weitere Zeugen der Anklage zu berufen. Er fürchtete, dass die Verteidigung von dieser Möglichkeit Gebrauch machen werde, um auf diese Weise die mediale Agenda zu bestimmen.[150] Auf diesen Punkt hatte auch schon Storey hingewiesen, als er Argumente für den Einsatz von Zeugen sammelte. Verzichte die US-Anklage auf den Einsatz von Zeugen in Ergänzung zu den Dokumenten, bestehe die Gefahr, dass „the defence is apt to put on a more dramatic show than the prosecution."[151]

Diese Position zu vertreten und auf eine weitere Medialisierung des Prozesses zu drängen, war die Aufgabe von Dean. Er hatte nicht nur die Meinungsspalten im Blick, sondern die tägliche Berichterstattung der Korrespondenten aus Nürnberg und die Anzahl von Spalten, die ihnen von ihren Heimatredaktionen zugestanden wurden. Außerdem stand er im täglichen Austausch mit den Korrespondenten, die ein Interesse daran hatten, dass ihr Gegenstand der Berichterstattung von den Redaktionen weiterhin Aufmerksamkeit widerfuhr.

Doch das hieß noch nicht, dass die Juristen des Teams der US-Anklage seinen Empfehlungen folgten. Insgesamt blieb Jackson seinem Programm einer dokumentenbasierten Beweisführung treu und die Ausrichtung der Prozessstrategie auf die Medienrezeption blieb relativ gering. Dass die grundlegende Strategie durchaus diskutiert wurde und innerhalb des Teams der US-Ankläger auch abweichende Meinungen existierten, schilderte Jackson im Juni 1946 dem ehemaligen Kriegsminister Henry L. Stimson. Der Chefankläger war mittlerweile der Überzeugung, dass

149 Gordon Dean, Memorandum for Mr. Justice Jackson, 5. Dezember 1945, LoC, Robert H. Jackson Papers, Box 107, Folder: Press Coverage of the Trials Survey 2.

150 Ebd.

151 Robert Storey, Memorandum for the Consultants to the Board, Subject: Use of Witnesses at the Trial, 31. Oktober 1945, HLL, Wheeler Papers, Box 1, Folder: 16, http://nrs.harvard.edu/urn-3:HLS. Libr:25203061?n=2 (zuletzt eingesehen am 16. Juli 2019).

er bei den grundlegenden und umstrittenen Fragen die richtigen Entscheidungen getroffen hatte:

> Perhaps the most basic and disputed of these was whether to make our affirmative case almost entirely on documents, or whether to use witnesses with the documents as incidental support. Some of my staff argued forcefully that witnesses would have greater public interest and make a more dramatic case. But it seemed to me that, particularly in the future, witnesses' stories are suspect as to credibility. Few are available that do not have some bias. The documents make dull publicity, but they seemed to me to make the sounder foundation for the case, particularly when the record is examined by historians.[152]

So wichtig wie Dean auch als Pressesprecher war, seinem Einfluss auf die Konzeption der Anklage setzte Jackson enge Grenzen. Er stellte Deans Analyse der Berichterstattung nicht in Frage. Die personalisierende Berichterstattung, die Fokussierung auf Göring, der Wunsch nach Sensationen und Drama im Gerichtssaal waren strukturelle Zwänge, die die journalistische Praxis vieler Korrespondenten bestimmten. Genauso verhielt es sich mit den Aufmerksamkeitskonjunkturen der Medien. Auch diese folgten einem strukturellen Muster, das die wenigsten Korrespondenten ignorieren konnten. Deans Versuche, mediale Logiken in der Prozessführung zu berücksichtigen, scheiterten an den Vorbehalten des Chefanklägers. Die Kritik an der Rechtmäßigkeit des Verfahrens unter Juristen und Militärs in den USA war so groß, dass eine weitere Medialisierung des Prozesses der Anerkennung der juristischen Grundlagen des Tribunals in Jacksons Augen geschadet hätte.

Allerdings muss man bedenken, dass Jackson die medientechnische Neuerung des Einsatzes von Filmen als Beweismittel befürwortete. Den Filmen über die Verbrechen der Deutschen, die von Mitgliedern der US-Armee gedreht und beglaubigt wurden, sprach er die Glaubwürdigkeit zu, die er den Opferzeugen absprach. Die Voraussetzungen der „Era of the Witness", wie Annette Wieviorkas Buch über den Bedeutungswandel der Zeugenschaft von Überlebenden des Holocaust im 20. Jahrhundert in der englischen Übersetzung heißt, waren 1945 noch nicht gegeben.[153]

---

152 Robert H. Jackson an Henry L. Stimson, 5. Juni 1946, LoC, Robert H. Jackson Papers, Box 110, Folder: Stimson, Henry L.

153 Annette Wieviorka, The Era of the Witness, Ithaca, NY, u. London 2006.

4.2 Die britische Anklage: ein doppelter Lernprozess

Großbritannien weigerte sich lange, einem internationalen Tribunal zur Bestrafung der Hauptkriegsverbrecher zuzustimmen.[154] Am liebsten wäre es der britischen Regierung gewesen, wenn sich das Problem von selbst gelöst hätte.[155] Doch nicht alle hochrangigen Nationalsozialisten begingen Selbstmord. Auch nach der Zusage, an einem internationalen Tribunal teilzunehmen, existierten in Kreisen der britischen Regierung weiterhin Vorbehalte gegen Teile des US-amerikanischen Prozessprogramms.[156] Die Ausmaße der Anklage und der Anklagebank bereiteten den britischen Juristen Sorgen.[157] Sogar nach der Fertigstellung der Anklageschrift bekanne der britische Chefankläger Shawcross seine Bedenken am gefundenen Kompromiss.[158] Im Gegensatz zu Jackson war die britische Delegation nicht von Anfang an von einer Mission beseelt. Die britischen Ankläger mussten ihre Mission erst noch finden.

Bei der Aufteilung der Anklagepunkte war der britischen Delegation der Anklagepunkt II Verbrechen gegen den Frieden zugewiesen worden. Dementsprechend konzentrierten sich die britischen Ankläger während ihres Beweisvortrags im Dezember 1945 und Januar 1946 auf die Geschichte der deutschen Außenpolitik. Aus juristischer Sicht war dies eine dankbare Aufgabe, denn im Grunde reichte es, die internationalen Verträge und Abkommen aufzuzählen, die von Deutschland gebrochen worden waren. Diese juristische Geschichtsstunde war aber politisch heikel. Stritten die US-amerikanischen Politiker und Medien über Pearl Harbor, tobte in Großbritannien ein politischer und medialer Deutungskampf um die „Appeasement"-Politik der Vorkriegszeit. Die Reputation von Politikern und Zeitungen war auf das Engste mit der Bewertung der Außenpolitik unter dem ehemaligen konservativen Premierminister Neville Chamberlain verknüpft.[159] Wie die britische Anklage diese Geschichte vor Gericht erzählte, war ein Politikum.

Dass der Prozess und die Berichterstattung in Großbritannien nicht als eine Neuauflage der Kriegsschulddebatte nach dem Ersten Weltkrieg endeten, ist den

---

154 Zum britischen Programm zur Ahndung deutscher Kriegsverbrechen siehe: Donald Bloxham, Pragmatismus als Programm. Die Ahndung deutscher Kriegsverbrechen durch Großbritannien, in: Frei (Hg.), Vergangenheitspolitik, S. 140–179.

155 Tusa u. Tusa, Nuremberg Trial, S. 24 f., 66 f.; Smith, Road to Nuremberg, S. 219; Kochavi, Prelude, S. 213 ff.

156 Priemel, Betrayal, S. 71.

157 Tusa u. Tusa, Nuremberg Trial, S. 113.

158 Priemel, Betrayal, S. 100 f.

159 Zur Berichterstattung der britischen Zeitungen über die „Appeasement"-Politik der Vorkriegszeit siehe: Franklin Reid Gannon, The British Press and Germany 1936–1939, Oxford 1971; Anthony Adamthwaite, The British Government and the Media, 1937–1938, in: Journal of Contemporary History, 18, 1983, H. 2, S. 261–280.

britischen Anklägern zu verdanken. Sie durchliefen einen doppelten Lernprozess: Sie zeigten sich nach den französischen und sowjetischen Beweisvorträgen schockiert über das Ausmaß der deutschen Kriegsverbrechen und der Verbrechen gegen die Menschlichkeit.[160] Genauso schockiert zeigten sie sich darüber, dass die britischen Medien an der französischen und sowjetischen Anklage kein Interesse zeigten. Was ihre Sicht auf die Geschichte des Zweiten Weltkrieges und auf den Prozess grundlegend änderte, war den britischen Medien kaum eine Nachricht wert. Im Gegenteil – die Korrespondenten verließen Nürnberg in Scharen. Die britischen Ankläger lernten gleichzeitig etwas über die deutschen Verbrechen und über die Wechselwirkungen zwischen Tribunal und Medien. Welche Konsequenzen zogen sie aus diesen Erfahrungen?

Die britischen Ankläger scheiterten daran, die britischen Medien dazu zu bringen, über die französische und sowjetische Anklage zu berichten. Sie bekamen die Grenzen ihrer Öffentlichkeitsarbeit aufgezeigt. Aber keine britische Medienorganisation konnte ignorieren, was die britische Anklage im Gerichtssaal vortrug und genau dort vollzog diese einen Paradigmenwechsel.[161] Sie nahm sich der Erfahrungen der besetzten Völker und der europäischen Juden an und stellte statt des Angriffskrieges die Kriegsverbrechen und die Verbrechen gegen die Menschlichkeit in den Mittelpunkt. Somit degradierten die britischen Ankläger den Angriffskrieg zum Kontext, in dem die Deutschen unvorstellbare Verbrechen begangen hatten. Die britischen Medien vollzogen diesen Paradigmenwechsel mit.

War die Öffentlichkeitsarbeit für die US-amerikanische Anklage ein selbstverständlicher Teil der Vorbereitungen auf den Prozess, setzte in den Kreisen der britischen Anklage überhaupt erst kurz vor Beginn des Prozesses eine Debatte über die Notwendigkeit und Schicklichkeit von Öffentlichkeitsarbeit ein. Dem „News Department" des Außenministeriums sagte es grundsätzlich nicht zu, einen Pressesprecher für einen öffentlichen Prozess abzustellen, um die Medienberichterstattung zu beeinflussen.[162] Dass trotzdem noch vor Prozessbeginn ein Pressesprecher entsandt wurde, hatte vier Gründe.

Erstens beobachteten die britischen Ankläger die in ihren Augen sehr effiziente Öffentlichkeitsarbeit der US-amerikanischen Anklage.[163] Die britischen Ankläger und das Außenministerium befürchteten, dass die US-Anklage die gesam-

---

160 Priemel, Betrayal, S. 120; Douglas, From IMT to NMT, S. 284; beide Autoren benutzen die Formulierung „learning curve" für das Phänomen.

161 Douglas hat den Wandel in der Argumentation der britischen Ankläger von den Eröffnungs- zu den Abschlussplädoyers als Übergang vom „aggressive war paradigm" zum „atrocities paradigm" bezeichnet. Siehe: Douglas, From IMT to NMT.

162 N. E. Nash, [Umlaufmappe Außenministerium], 1. November 1945, TNA, FO 371/50992.

163 Patrick Dean an William Strang, 9. November 1945, TNA, FO 371/50993; Oliver Harvey an William Strang, 10. November 1945, TNA, FO 371/50993.

te Publicity einheimsen und gleichzeitig die Verantwortung für Probleme und Verzögerungen auf die anderen Nationen abwälzen könnte. Zweitens kostete die Öffentlichkeitsarbeit die britischen Ankläger enorm viel Zeit, die sie nicht hatten.[164] Drittens fürchteten die Ankläger nicht nur Konflikte mit den deutschen Verteidigern, sondern auch zwischen den Alliierten. Die sowjetische Presse hatte den Bergen-Belsen-Prozess heftig kritisiert. Angesichts möglicher diplomatischer Verwicklungen insbesondere mit der Sowjetunion wünschte der stellvertretende Chefankläger David Maxwell Fyfe die Beratung durch das Außenministerium „and also someone to give the right line to the British press."[165] Dieses Argument verfing auch im Außenministerium.[166] Der Pressesprecher sollte im Falle von Auseinandersetzungen zwischen den Alliierten die Korrespondenten bezüglich der offiziellen britischen Position unterrichten und sicherstellen, dass die in diesen Konfrontationen mit den Alliierten gemachten „wilder allegations"[167] nicht in den britischen Medien wiederholt würden. Mit anderen Worten, er sollte in Krisenmomenten den Korrespondenten Orientierung bieten.

Der vierte und letzte Grund, warum schließlich doch ein Pressesprecher entsandt wurde, waren die Wünsche der britischen Korrespondenten. Genau wie ihre US-amerikanischen Kollegen forderten sie mit Nachdruck die Anwesenheit eines Pressesprechers ein. Ein Abgesandter des Außenministeriums hatte Ende Oktober 1945 die britischen Korrespondenten im „Press Camp" besucht und deren dringlichster Wunsch sei gewesen: „THE EARLY ARRIVAL OF A BRITISH PRESS OFFICER WHO CAN GIVE THEM THE BRITISH SLANT ON THE NEWS."[168] Während die Debatte noch geführt wurde, nahm die Dringlichkeit der Rufe aus Nürnberg nach einem Pressesprecher stetig zu.[169] Am 18. November 1945 traf endlich Martin Bashford in Nürnberg ein, abgeordnet von der Political Division der Control Commission for Germany (British Element) in Berlin.

Das Verhältnis zwischen den britischen Korrespondenten und Anklägern war enger und persönlicher als bei ihren US-amerikanischen Kollegen. Die Gruppe der britischen Korrespondenten war kleiner, sie blieben länger vor Ort und es herrschte keine so hohe Fluktuation. Die *New York Times* hatte phasenweise bis zu drei Korrespondenten gleichzeitig vor Ort, über lange Strecken aber auch keinen einzigen. Sie griff dann auf Agenturmeldungen zurück. Die Londoner *Times* begnügte sich mit einem einzigen Korrespondenten für die gesamte Dauer des Prozesses,

---

164 Report No. 2, 20. November 1945, TNA, FO 1019/85a.
165 Strang an Harvey, 1. November 1945, TNA, FO 371/50993.
166 Harvey an Strang, 10. November 1945, TNA, FO 371/50993.
167 Ebd.
168 David Scott Fox an Patrick Dean, 31. Oktober 1945, TNA, FO 371/50992.
169 W. V. S. Sinclair an Patrick Dean, 10. November 1945, TNA, FO 371/50993; Harvey an Oliver, 15. November 1945, TNA, FO 371/50994.

unterbrochen nur von kurzen Erholungsurlauben. Auf Agenturmeldungen griff die *Times* nur in Ausnahmefällen zurück.

Letztlich waren es eine Handvoll britischer Korrespondenten, die fast während des gesamten Prozesses für die großen britischen Zeitungen berichteten: Ossian Goulding für den *Daily Telegraph*, Richard McMillian und Leslie Randall für den *Evening Standard*, Norman Clark für den *News Chronicle*, Selkirk Panton für den *Daily Express* und Robert Cooper für die *Times*. Zu letzterem hatten die Ankläger eine besonders enge Beziehung, wie sich zeigen sollte.

Der US-amerikanische Ankläger Telford Taylor hat in seinen Memoiren auf den unterschiedlichen Umgang von Jackson und Fyfe mit Medienvertretern hingewiesen.[170] Jackson sei relativ unzugänglich gewesen für Korrespondenten, während Fyfe jederzeit für Erklärungen zur Verfügung gestanden habe.

Der Umgang der Chefankläger mit ihren Eröffnungsreden belegt diese Unterschiede. Jackson empfing den Korrespondenten des *Time Magazine* und gewährte ihm exklusiven Einblick in Teile seiner bevorstehenden Eröffnungsrede.[171] Hingegen gab es gleich zwei britische Korrespondenten, die sich das Verdienst zuschrieben, dass auf ihre Intervention hin die Eröffnungsrede des britischen Chefanklägers Shawcross abgeändert worden sei. Jedenfalls behaupteten sie dies in Briefen an ihre Frauen.

Der Korrespondent des *Daily Worker*, Ivor Montagu, schrieb in einem nicht für die Veröffentlichung vorgesehenen Bericht über die Eröffnungsrede von Shawcross:

> Frequent phrases whitewashing Munich. Tactless boastfulness about British part in war. Unnecessary and undesirable references to Soviet Policy. [...] Boasting references and Soviet references all modified on my suggestion but Munich whitewashing retained.[172]

Montagu, Mitglied der Moskau treu ergebenen Kommunistischen Partei Großbritanniens, hatte ein feines Gespür für die Empfindlichkeiten der sowjetischen Delegation. Ebenso sein Kollege Peter de Mendelssohn, der seiner Frau schrieb: „... [I]ncidentally it was little me, I think, who indirectly caused the most offensive, or rather stupid parts about Russia to be taken out of Shawcross's speech at the last moment ..."[173] Letztlich war es jedoch die sowjetische Delegation, die Ein-

---

170 Telford Taylor, Die Nürnberger Prozesse. Hintergründe, Analysen und Erkenntnisse aus heutiger Sicht, München 1994, S. 264.

171 John Scott cable no. 5 – Nurnberg – Interview with Jackson, HLHU, Dispatches from Time Magazine Correspondents: First Series, 1942–1955 (MS Am 2090), Folder: 318.

172 Ivor Montagu, Notes on showing of British legal team, o. D., LHASC, Ivor Montagu Papers, CP/IND/MONT/10/6 Further Reports as a Daily Worker Correspondent in Germany and Elsewhere.

173 Peter de Mendelssohn an Hilde Spiel, 6. Dezember 1945, Monacensia, Nachlass Peter de Mendelssohn, PdM B134.

spruch gegen einige Passagen der Rede von Shawcross erhob, nachdem sie eine Kopie überreicht bekommen hatte.[174] Insofern erzählt diese Episode etwas über das Selbstverständnis der beiden Korrespondenten. Die Überzeugung von ihrer eigenen außenpolitischen Expertise ließ sie selbstbewusst die Rolle des politischen Beraters übernehmen. Aber es erzählt auch etwas über ihr Verhältnis zu den britischen Anklägern. Denn zumindest müssen im Vorfeld der Rede Diskussionen mit den Korrespondenten stattgefunden haben.

Der britische Chefankläger Shawcross hielt am 4. Dezember seine Eröffnungsrede zum Anklagepunkt II, Verbrechen gegen den Frieden[175], bei der er allerdings nicht die rhetorischen Höhen oder das Pathos von Jackson erreichte. Selkirk Panton verglich den Auftritt im *Daily Express* mit dem Vortrag eines Historikers über europäische Geschichte vor einem Publikum gelehrter Kollegen.[176] Auch inhaltlich hielt Shawcross sich im Gegensatz zu Jackson eng an den Anklagepunkt Verbrechen gegen den Frieden, für den er zuständig war und entwickelte dessen rechtliche Grundlagen. Shawcross betonte, dass Angriffskriege bereits bei Kriegsbeginn nach internationalem Recht illegal gewesen seien und verkündete im Gegensatz zu Jackson keine Revolution des internationalen Rechts. Nicht neues Recht werde geschaffen, sondern die institutionelle Maschinerie, um dem Recht zur Durchsetzung zu verhelfen.[177] Auf dieser Grundlage analysierte der britische Jurist detailliert die deutsche Außenpolitik, die von ihr eingegangenen und die von ihr gebrochenen Vertragsverpflichtungen. Insofern stimmten Auftritt und Inhalt eindeutig überein.

Mit der Presseberichterstattung war Shawcross im Anschluss sehr zufrieden.[178] Dass die Presse so gut war, hielt er auch ausdrücklich seinen Pressesprechern in Nürnberg zugute, wie er dem britischen Außenminister, Ernest Bevin, in einem Brief mitteilte.

We have received great assistance from Bashford and Miss White, who are the Press officers in Berlin and who spent a good deal of time at Nuremberg. I think the value of their work can be seen in the excellent publicity which we secured in connection with my opening speech.[179]

---

174 Tusa u. Tusa, Nuremberg Trial, S. 179 f.

175 https://avalon.law.yale.edu/imt/12-04-45.asp (zuletzt eingesehen am 18. Juli 2019).

176 Panton, SIR HARTLEY CUTS OUT BITS OF HIS SPEECH, *Daily Express*, 5. Dezember 1945, S. 4.

177 Ein Vergleich der Reden der Ankläger findet sich bei: Priemel, Betrayal, S. 108 ff.

178 Zu den Vorbereitungen für die Veröffentlichung der Rede durch das Foreign Office News Department siehe: W. V. S. Sinclair an Harry J. Phillimore, 24. November 1945, TNA, FO 371/50996; siehe auch die Zusammenfassung der britischen Berichterstattung vom 5. Dezember 1945 für die britische Anklage: Press Report 5th December, TNA, FO 1019/97.

179 Shawcross an Ernest Bevin, 6. Dezember 1945, TNA, FO 371/51003.

Lediglich der *Daily Worker* stimmte nicht in die Lobeshymnen der englischen Presse ein.[180] Dessen Redakteur, William Rust, bestärkte seinen Korrespondenten in einer kritischen Haltung gegenüber Shawcross. Abend- wie Morgenzeitungen hätten dessen Rede aufgebauscht, weshalb es dringend einer anderen Perspektive im Reigen der Lobeshymnen bedürfte. Außerdem fand Rust es unerträglich, dass der „Attorney General" einer Labour-Regierung die „Appeasement"-Politik von Chamberlain verteidige.[181] Aber abgesehen von dem kommunistischen Blatt, mit dessen Kritik die britischen Ankläger wie auch die Labour-Regierung gut leben konnten, erfuhr Shawcross für seine Rede große Zustimmung.[182]

War die britische Anklage auch im weiteren Verlauf sehr zufrieden mit der Berichterstattung über das eigene Auftreten vor Gericht, zeigte sie sich allerdings zunehmend alarmiert über die Berichterstattung, die der französischen und sowjetischen Anklage zuteilwurde. Sowohl der Berater des Außenministeriums, Patrick Dean, als auch Fyfe erkannten, dass die britische Medienberichterstattung mit Beginn der französischen und sowjetischen Anklage praktisch eingestellt wurde.[183] Dies konnten sie den Auswertungen der britischen Presse entnehmen, die ihnen aus London übermittelt wurden.[184] Weiterhin ließen sich diese Auswertungen leicht verifizieren, indem die Ankläger einen Blick über ihre Schulter auf die Pressetribüne warfen, deren Reihen sich lichteten.

Die Schnittmenge der Korrespondenten, die vor dem Nürnberger Prozess bereits über die Militärgerichtsverfahren in der britischen und US-amerikanischen Zone gegen das Personal von Konzentrationslagern berichtet hatten, war groß. Einige hatten schon über die Befreiung der Konzentrationslager durch die britischen und US-amerikanischen Armeen berichtet und waren Teil der Kampagne der Armeeführungen gewesen, die Geschichte der befreiten Konzentrationslager und der dort begangenen Verbrechen publik zu machen.[185] In der Berichterstattung finden sich

---

180 Ivor Montagu, The Ghost of Munich Speaks at Nuremberg, *Daily Worker*, 5. Dezember 1945, S. 1, 4.

181 William Rust an Ivor Montagu, 5. Dezember 1945, LHASC, Ivor Montagu Papers, CP/IND/MONT/10/5 Reports as a Daily Worker Correspondent in Germany and Elsewhere.

182 BRITISH CASE AT NUREMBERG, *The Times*, 5. Dezember 1945, S. 4; Clark, BRITISH CASE AGAINST NAZIS, *News Chronicle*, 5. Dezember 1945, S. 1, 4; Richard McMillan, HITLER PLANNED 1940 INVASION, *Evening Standard*, 4. Dezember 1945, S. 3; siehe auch die Einschätzung von: Ivor Pink, Some Impressions of the Nuremberg Trial, o. D., TNA, FO 371/51003.

183 Patrick Dean, Report on Nuremberg Trial from 11th February to 21st April 1946, TNA, FO 1019/95; Fyfe an Shawcross, 21. Februar 1946, TNA, FO 371/57590.

184 W. V. S. Sinclair an Geoffrey Lawrence, 28. November 1945, TNA, FO 1019/97.

185 Zur Berichterstattung über Konzentrationslager siehe: Laurel Leff, "Liberated by the Yanks". The Holocaust as an American Story in Postwar News Articles, in: Journal of ecumenical studies 40, 2003, H. 4, S. 407–430.

Klagen über Redundanzen der Themen und Beweismittel. Über „atrocities" und ihre juristische Ahndung sei bereits ausführlich berichtet worden.[186]

Der Beweisvortrag der US-Anklage hatte den anderen Delegationen vorgegriffen. Der Korrespondent der BBC in Nürnberg empfahl auf Nachfrage die Sendung „Report from Nuremberg", die seit dem 25. November 1945 wöchentlich produziert wurde, mit Beginn der französischen Anklage schnellstmöglich einzustellen.[187] Sein erstes Argument war, dass die Verhandlung in den kommenden Monaten auf Französisch, Russisch und Deutsch geführt werden würde, weshalb keine Ausschnitte aus der Verhandlung, sogenannte „actuality", zur Verfügung stehen würden. Und zweitens werde die französische wie auch die sowjetische Anklage abgesehen von wenigen Ausnahmen keine neuen sensationellen Beweise und Enthüllungen vor Gericht einbringen.[188] Deshalb wurde entschieden, die Sendung zum 3. Februar 1946 einzustellen. Wichtige Ereignisse „whether the happenings be a Goering tantrum or an incident of more serious consequence"[189] sollte die „News Division" im Rahmen der „News bulletins" unterbringen.

Die Erwartungshaltung der britischen Korrespondenten, worum es beim Nürnberger Prozess gegen die Hauptkriegsverbrecher eigentlich gehe und was die Leser interessiere, brachte der Korrespondent des *Daily Telegraph* am Tag vor Prozessbeginn zum Ausdruck:

… [T]he fact that in reports of the Nuremberg trials the ordinary British citizen will be reading from day to day the secret and confidential history of his own age should give the proceedings a lively interest lacking in the recital of the common crimes of the Belsen concentration camp guards.[190]

---

186 Siehe beispielhaft die Berichterstattung der *New York Times* und der *Times*, die beide auch in dieser Phase noch Korrespondentenberichte abdruckten: Daniell, POST-WAR SLAVERY CALLED NAZIS' AIM, *The New York Times*, 19. Januar 1946, S. 9; Middleton, RIBBENTROP WINCES AT CRIME RECITAL, *The New York Times*, 30. Januar 1946, S. 13; Middleton, LYNCH LAW BARED AT GERMANS' TRIAL, *The New York Times*, 31. Januar 1946, S. 9; Middleton, ARMY CHIEFS CITED IN GERMAN CRIMES, *The New York Times*, 1. Februar 1946, S. 7; GERMAN SLAVE WORKERS, *The Times*, 19. Januar 1946, S. 4; FRANCE UNDER THE NAZIS, *The Times*, 22. Januar 1946, S. 3; SPOILATION OF FRANCE, *The Times*, 23. Januar 1946, S. 4; GERMAN TORTURES IN THE WEST, *The Times*, 26. Januar 1946, S. 3; ATROCITIES IN NAZI CAMPS, *The Times*, 29. Januar 1946, S. 3; RISINGS IN OCCUPIED COUNTRIES, *The Times*, 1. Februar 1946, S. 3; ALL JEWS DESTINED FOR GAS CHAMBER, *The Times*, 6. Februar 1946, S. 3.

187 Kenneth Matthews, Service Message Matthews for News Dept., 23. Januar 1946, BBC Written Archives, R47/942/1 Relays War Trials File 1a, January 1945–July 1946.

188 Ebd.

189 Lindsay Wellington an A. C. (N), 25. Januar 1946, BBC Written Archives, R47/942/1 Relays War Trials File 1a, January 1945–July 1946.

190 Ossian Goulding, NUREMBERG TRIAL WILL MAKE HISTORY, *The Daily Telegraph*, 20. November 1945, S. 4.

Auch britische Korrespondenten jüdischer Herkunft teilten diese Schwerpunktsetzung zu Beginn des Prozesses. In seinem Artikel für den *New Statesman and Nation* schrieb Peter de Mendelssohn im Dezember 1945, dass die von der französischen und sowjetischen Anklage vorgetragenen Kriegsverbrechen und Verbrechen gegen die Menschlichkeit angesichts der vorhandenen Beweisdokumente leicht zu beweisen seien:

> The charges under Counts Two and Three, consisting exclusively of War Crimes and Crimes against Humanity, will be easily substantiated with the wealth of documentary evidence at the disposal of the French and Soviet prosecutors. But, horrible as they are, and important as it is that conviction should be obtained on them [...], they do not affect the real issue at Nuremberg. [...] The heart of the matter is Count Two. It is on this count, that it is, in law, the greatest of crimes to plan war, that the British delegation must build an unanswerable case.[191]

Beim kommunistischen *Daily Worker*-Korrespondenten Ivor Montagu findet sich eine identische Argumentation. Er überlegte, rechtzeitig vor der Weihnachtspause abzureisen, um die Chance auf ein paar ruhige und erholsame Weihnachtstage in England zu haben. Deshalb ging er in einem Brief an seine Frau vom 11. Dezember 1945 die Themen der Anklage bis zur Weihnachtspause am 20. Dezember 1945 durch:

> Further between now and 20th is only slave labour, Jews, [...] camps and responsibility of organisations. It really seems to me that this type of story could come from agencies and doesn't lose so much by lacking our angle of political analysis as the aggressive war stuff I've been doing would have done.[192]

Die französischen und sowjetischen Anklagevertretungen, die die Anklagepunkte III und IV zugeteilt bekommen hatten, hatten also einen schweren Stand bei der britischen und der US-amerikanischen Presse. Sie klagten die Hauptkriegsverbrecher und die Organisationen wegen Kriegsverbrechen und Verbrechen gegen die Menschlichkeit an. Die Aufteilung der Zuständigkeiten zwischen der französischen und sowjetischen Anklage erfolgte entlang geografischer Linien. Die Franzosen waren für die deutschen Verbrechen in Westeuropa, die Sowjets für die deutschen Verbrechen in Osteuropa zuständig. Wie die britischen und US-amerikanischen

---

191 Peter de Mendelssohn, Count Two, *The New Statesman and Nation*, 15. Dezember 1945.
192 Ivor Montagu an Eileen Montagu, 11. Dezember 1945, LHASC, Ivor Montagu Papers, CP/IND/
   MONT/11/1, Further Correspondence from Montagu's Time in Post War Germany 1945/1946.

Ankläger vor ihnen, hielten auch der französische und der sowjetische Chefankläger allgemeiner gehaltene Eröffnungsreden, gefolgt von thematisch strukturierten Beweisvorträgen zu verschiedenen Verbrechenskomplexen: Zwangsarbeit und Ausplünderung, Gräueltaten an Zivilisten und Kriegsgefangenen, Zerstörung von Städten und Dörfern, Verbrechen gegen die Kultur und Germanisierung besetzter Gebiete. Und wie die USA und Großbritannien folgten sie einer eigenen Auslegung der gemeinsamen Anklageschrift, nahmen die deutschen Verbrechen ebenfalls aus der Perspektive ihrer Deutung der Geschichte des Zweiten Weltkrieges wahr und verfolgten ebenfalls nationale Interessen der Nachkriegszeit.[193]

Im Unterschied zu den USA und Großbritannien traten mit den französischen und sowjetischen Anklägern jedoch vor Gericht erstmals Vertreter von Nationen auf, deren Länder von den Deutschen besetzt worden waren. Diese Anklagevertreter sprachen nicht nur im Namen ihrer eigenen Nationen, sondern auch für die anderen von den Deutschen besetzten Nationen in West- und Osteuropa. Dies wurde noch dadurch unterstrichen, dass die französische und sowjetische Anklage ergänzend zu den langen Berichten und Aufzählungen deutscher Verbrechen in West- und Osteuropa zahlreiche Opferzeugen aus verschiedenen Ländern – darunter auch zwei Juden – vor Gericht ausführlich aussagen ließen.

Warum sollte sich die britische Anklage dafür interessieren, wie die britischen Medien über die Phase der französischen und sowjetischen Anklage berichteten? Wieso fanden die britischen Ankläger die Strukturierung der journalistischen Wahrnehmung entlang nationaler Bezüge problematisch? Patrick Dean war als Berater des britischen Außenministeriums nach Nürnberg abgeordnet worden und sandte regelmäßige Berichte über den Fortgang der Verhandlungen nach London, die in Umlaufmappen des Außenministeriums durch die Abteilungen wanderten und kommentiert wurden.[194] Was Dean in zwei dieser Berichte machte, war im Grunde nichts anderes, als seine Erfahrung mitzuteilen, erst der französischen und danach der sowjetischen Anklage zugehört zu haben. Dean, der laut eigener Aussage bereits während des Krieges mit dem Thema Kriegsverbrechen im Außenministerium befasst gewesen war, berichtete seinen Kollegen, dass er schockiert gewesen sei angesichts des Ausmaßes der Kriegsverbrechen, der Verbrechen gegen die Menschlichkeit sowie der notwendigen Beteiligung großer Teile der deutschen Bevölkerung an diesen Verbrechen.

---

193 Zu Frankreich siehe: Tisseron, La France; Gemählich, Frankreich; zur Sowjetunion siehe: Hirsch, Soviets at Nuremberg; dies., Cold War Competition.

194 Patrick Dean an Basil Newton, 11. Februar 1946, TNA, FO 371/57539; Patrick Dean, Report on Nuremberg Trial from 11th February to 21st April 1946, TNA, FO 1019/95.

Die „learning curve"[195] bezüglich des Holocaust, von der die Historiker Douglas und Priemel sprechen, lässt sich in den Berichten von Dean in kondensierter Form nachvollziehen. Er versuchte die zahlreichen Beweise in einen Zusammenhang zu bringen, das deutsche System der Konzentrations- und Vernichtungslager in seinen Ausmaßen und differenziert nach den verschiedenen Typen von Konzentrationslagern zu beschreiben und die Opferzahlen irgendwie begreifbar zu machen. Er spricht von 6,5 Millionen ermordeten Juden und legt die Gesamtzahl der Opfer unabhängig von Kampfhandlungen bei 12 Millionen an.[196] Er stellt Vergleiche mit der britischen Bevölkerung her, um die Dimensionen ansatzweise verständlich zu machen. Dean erkannte an, dass die Opferzeugen und Beweismittel der französischen und sowjetischen Anklage substanzielles neues Material zum Prozess beitrugen und nicht lediglich eine Fußnote zur US-amerikanischen Präsentation waren.

Doch leider musste er feststellen, dass diese Phase des Prozesses kaum Aufmerksamkeit in der britischen Medienberichterstattung erfuhr:

> Unfortunately, the contributions of these two Delegations were hardly reported at all in the United Kingdom Press. As a result the innumerable war crimes and crimes against humanity which were committed by or at the instigation of the German leaders, the German Armed Forces and the German organisations are still almost unknown, even to the most educated of the British public including nearly all recent visitors to Nuremberg.[197]

Dean hielt es für ausgesprochen wichtig, dass die britische Bevölkerung sowohl über das Ausmaß der Verbrechen als auch über die Beteiligung großer Teile der deutschen Bevölkerung aufgeklärt werde. Er ging davon aus, dass ein Bewusstsein für die begangenen deutschen Verbrechen eine Voraussetzung für das Verständnis der politischen Situation in Europa sei angesichts der schier unvorstellbaren Zahlen von Menschen, die von den deutschen Verbrechen betroffen waren. Auch die Debatte über den Wiederaufbau Deutschlands müsse auf der Grundlage des Wissens um die deutschen Verbrechen und die Täterschaft der deutschen Bevölkerung erfolgen.[198] Er maß der Berichterstattung über die französische und sowjetische Anklage größte Bedeutung bei und für ihn stellte die Selektion durch die Korrespondenten und Redaktionen ein erhebliches Problem dar.

Dass seine Kollegen im Außenministerium ihm in der Umlaufmappe beipflichteten, hing damit zusammen, dass sie eine Wiederholung des Revisionismus der

---

195 Priemel, Betrayal, S. 120; Douglas, From IMT to NMT, S. 284; beide Autoren benutzten dieselbe Formulierung für dasselbe Phänomen.
196 Patrick Dean, Report on Nuremberg Trial from 11th February to 21st April 1946, TNA, FO 1019/95.
197 Ebd.
198 Patrick Dean an Basil Newton, 11. Februar 1946, TNA, FO 371/57539.

1920er und 1930er Jahre fürchteten, als die Festschreibung der deutschen Kriegsschuld im Versailler Vertrag zusammen mit dem gesamten Vertragswerk auch in Großbritannien heftig kritisiert wurde.[199] Eine Verurteilung auf Grundlage der umstrittenen Anklagepunkte Verschwörung und Führen eines illegalen Angriffskrieges könnte in der Zukunft, so fürchteten Deans Kollegen, eine offene Flanke für einen solchen Revisionismus bieten. Deshalb forderten sie eine öffentlichkeitswirksame Verurteilung wegen Kriegsverbrechen und Verbrechen gegen die Menschlichkeit. Von einer solchen Verurteilung versprachen sie sich einen Schutz gegen eine allzu schnelle Rehabilitierung oder retrospektive Heroisierung der Angeklagten.[200]

Vorschläge für konkrete Maßnahmen, wie diese Ziele zu erreichen seien, finden sich allerdings nur wenige in Deans Berichten. Er regte an, dass möglichst viele Regierungsmitglieder, Diplomaten und Beamte nach Nürnberg reisen sollten, um den Verhandlungen persönlich beizuwohnen. Bezüglich der Medienberichterstattung machte er keine konkreten Vorschläge. Sir Basil Newton setzte in Reaktion auf die Diskussion des ersten Berichts im Außenministerium einen Brief an Shawcross auf, in dem er dem „Attorney General" nahelegte, eine Pressekonferenz bezüglich der von Dean thematisierten Punkte abzuhalten.[201] Shawcross stimmte in seinem Antwortbrief zu. Er hoffe, die Richter würden die Verantwortung des deutschen Volkes für die Kriegsverbrechen betonen. Solange das Gericht tage, sei es jedoch schwer für Fyfe oder ihn selbst, etwas in der Sache zu unternehmen. Falls notwendig, würden sie das Thema nach der Urteilsverkündung in einer Pressekonferenz aufgreifen.[202]

Parallel zu dieser Diskussion ergriff der stellvertretende Chefankläger Fyfe die Initiative. Er vertrat die gleiche Position wie Dean und schrieb in dieser Sache ebenfalls an seinen Vorgesetzten. In seinem Brief vom 18. Februar 1946 an den in London weilenden Chefankläger Shawcross schrieb Fyfe:

At the moment the Press has largely closed down on the French and Russian cases, although most impressive evidence has been forthcoming. It is most unfortunate, for example, that the B.B.C. took away their reporter at the beginning of the Russian case. People in England do not realise that these atrocities which the French and Russians have detailed are felt most bitterly by the nations of Europe. They will influence public feeling for a generation. If we want to understand Europe we must not ignore this fact.[203]

---

199 Annika Mombauer, The Origins of the First World War. Controversies and Consensus, London u. a. 2002, S. 78 ff.

200 [Kommentar in Umlaufmappe], 21. Februar 1946, TNA, FO 371/57539.

201 Basil Newton an Shawcross (Entwurf), 8. April 1946, TNA, FO 371/57539.

202 Shawcross an Newton, 18. April 1946, TNA, FO 371/57546.

203 Fyfe an Shawcross, 18. Februar 1946, TNA, FO 1019/95.

Fyfe forderte, dass das „Foreign Office Press Department" für die Publikation eines Artikels in den wichtigsten Zeitungen sorgen sollte, der die britische Position bezüglich des Prozesses vertrete und Zweifel in der Bevölkerung bezüglich der Länge und der angewandten Methoden zerstreue. Außerdem sollte zu diesem Zweck Kontakt mit den Zeitungsbaronen Julius Salter Elias, 1st Viscount Southwood, Gomer Berry, 1st Viscount Kemsley, William Berry, 1st Viscount Camrose, Beaverbrook und Edward Hulton aufgenommen und Material angeboten werden.

Shawcross leitete den Brief an das „Ministry of Information" und den Außenminister Ernest Bevin weiter.[204] Im Außenministerium zirkulierte der Brief in einer Umlaufmappe bis schließlich der „Minister of State for Foreign Affairs" Philip Noel-Baker aufgrund der Abwesenheit von Bevin antwortete.[205] Als erstes stellte er klar, dass der BBC-Korrespondent nicht abgezogen, sondern ersetzt worden sei, weshalb lediglich einige Tage kein Vertreter der BBC vor Ort gewesen sei. Er ließ jedoch unerwähnt, dass die BBC ihr Programm mit Beginn der französischen Anklage drastisch zusammengestrichen hatte.[206] Dass die Zeitungen in den vorherigen Wochen weniger Platz für die Berichterstattung über den Nürnberger Prozess aufgewandt hatten, habe zwei Gründe. Erstens bestünden die Zeitungen nur aus vier Seiten und Ereignisse mit größerem Nachrichtenwert hätten den Nürnberger Prozess zunehmend verdrängt. Zweitens seien die Leser des sensationellen Materials aus Nürnberg überdrüssig. Dass dieser Moment mit der Präsentation der französischen und sowjetischen Anklage zusammenfalle, sei purer Zufall. Von einer Intervention bei den führenden Zeitungsverlegern riet Noel-Baker ab. Die Erfahrung habe gezeigt, dass das einzige Resultat solcher Interventionsversuche die Verärgerung der Redakteure sei.

Als Alternative schlug Noel-Baker vor, dass Fyfe die zahlreichen Redakteure, die Nürnberg besuchten, selbst anspreche. Es folgte eine Aufzählung von fünf Redakteuren nationaler Zeitungen, die Nürnberg kürzlich besucht hatten oder in naher Zukunft einen Besuch planten. Ferner sollte ein Mitarbeiter des News Department den *Times*-Korrespondenten Cooper in Nürnberg kontaktieren und mit Material für einen „turnover"-Artikel in der *Times* versorgen.[207] Hier zeigte sich wieder die besonders enge Zusammenarbeit zwischen dieser Zeitung und dem Außenministerium.

Dass Noel-Baker ein anderes Vorgehen als Fyfe vorschlug, ist durchaus nachvollziehbar. Es überrascht jedoch, dass dessen Ziele bezüglich einer Intervention in die

---

204 Shawcross an E. J. Williams, 21. Februar 1946, TNA, FO 371/57590; Shawcross an Ernest Bevin, 21. Februar 1946, TNA, FO 371/57590.
205 Philip Noel-Baker an Shawcross, 2. März 1946, TNA, FO 371/57590.
206 Lindsay Wellington an A. C. (N), 25. Januar 1946, BBC Written Archives, R47/942/1 Relays War Trials File 1a, January 1945–July 1946.
207 Noel-Baker an Shawcross, 2. März 1946, TNA, FO 371/57590.

Medienberichterstattung scheinbar nicht von Noel-Baker registriert wurden. Ließ Fyfe in seinem Brief die Mitarbeiter des Außenministeriums an seinen Prozesserfahrungen bezüglich der deutschen Kriegsverbrechen und Verbrechen gegen die Menschlichkeit in West- und Osteuropa teilhaben, betonte Noel-Baker in seiner Antwort die Notwendigkeit, angesichts der Flut sensationalistischer Nachrichten in der Presse wieder auf das eigentliche Ziel hinzuweisen: die Anwendung internationalen Rechts als Abschreckung potenzieller zukünftiger Aggressoren. Gleich zweimal betonte er dieses Ziel.[208] Es macht den Eindruck, als könnte nicht einmal ein Brief des stellvertretenden Chefanklägers, weitergeleitet vom Chefankläger und adressiert an den Außenminister die Ignoranz gegenüber der französischen und sowjetischen Anklage überwinden. In diesem Zusammenhang ist es interessant, dass sich in der Umlaufmappe der von Hand wieder durchgestrichene Satz findet, dass die Frage, ob die britischen Leser die Bedeutung der deutschen Verbrechen und deren Auswirkungen auf die Franzosen und Sowjets verstünden, absolut nichts mit dem Fall zu tun habe.[209]

Die besondere Stellung der *Times* zeigte sich nochmals, nachdem Noel-Baker bereits die Kontaktaufnahme mit deren Nürnberger Korrespondenten angeregt hatte. Der im Außenministerium für die „foreign publicity" zuständige Ivone Kirkpatrick hatte bereits mit dem Chefredakteur der *Times*, Barrington-Ward, über die Berichterstattung bezüglich des Prozesses gesprochen, bevor er von Shawcross' Wunsch erfahren hatte.

I happened to discuss the question at lunch today with Barrington-Ward and he took the general line that we ought to make the documents and the information available to the German public. But he did not seem anxious that "The Times" should do more than the exiguous amount which it is already doing; and I must sorrowfully admit that I did not press him on this point, although I might have done if I had had Bamford's [Mitarbeiter im britischen Außenministerium, E. S.] letter in time.[210]

Kirkpatrick überwies die Angelegenheit an den für „domestic publicity" zuständigen William Ridsdale. Die auch in der Forschungsliteratur belegte Sonderstellung der *Times* macht es höchst wahrscheinlich, dass bei einem weiteren Treffen das Thema erneut angesprochen wurde.[211]

---

208 Fyfe an Shawcross, 18. Februar 1946, TNA, FO 1019/95; Noel-Baker an Shawcross, 2. März 1946, TNA, FO 371/57590.

209 William Ridsdale (Foreign Office News Dept.), [Entwurf einer Antwort an Shawcross in der Umlaufmappe], 26. Februar 1946, TNA, FO 371/57590.

210 Ivone Kirkpatrick an Ridsdale, 28. Februar 1946, TNA, FO 371/57590.

211 Zur Sonderstellung der *Times* siehe: McDonald, Struggles, S. 8 ff.; Robrecht, Diplomaten, S. 256 ff.

Shawcross leitete den Brief von Fyfe auch an Lord Beaverbrook weiter, ohne die Antwort des Außenministeriums abgewartet zu haben[212] und betonte, wie wichtig es ihm sei, dass die französische und sowjetische Anklage nicht ignoriert würden. Es stellte sich aber heraus, dass Noel-Baker mit seinem Rat bezüglich der Kontaktierung von Pressebaronen richtig gelegen hatte. Die Antwort von Beaverbrook fiel höflich, aber bestimmt aus:

> It is particularly unfortunate that this declining measure of publicity should coincide with the representation of the Russian and French cases. I do not need to tell you that this coincidence is purely accidental. The public interest is flagging because of the protracted nature of the proceedings. People take little interest in the cases of any of the nations. And the newspapers simply reflect this attitude of their readers.[213]

Wenn Beaverbrook schrieb, er könne die Sorgen von Fyfe verstehen, dann meinte er das durchaus ernst. In einem Leitartikel vom 19. Oktober 1945 zum bevorstehenden Tribunal findet sich genau dieselbe Argumentation im *Daily Express* wie im Schreiben von Fyfe. Der Artikel zählt die deutschen Verbrechen in den Ländern Westeuropas auf und vergleicht sie mit den Verbrechen in Osteuropa:

> Then imagination sickens in contemplation of the still greater atrocities committed in Poland, the Balkans and Soviet Russia.
> It is hard for the mind to grapple with such evidence. Yet the effort must be made. It is the key to understanding much that is happening in Eastern Europe today.[214]

Doch diese redaktionelle Linie änderte nichts an der Entscheidung Beaverbrooks, seine Zeitung nicht für Nachrichten herzugeben, von denen er annahm, dass seine Leser sich dafür nicht interessierten. Auch wenn sich die redaktionelle Leitlinie eins zu eins mit der Position der britischen Anklage deckte, waren der Berichterstattung eines Boulevardblattes strukturelle Grenzen gesetzt.

Der erste Versuch der britischen Ankläger, direkt die Medienberichterstattung mit Hilfe des „Ministry of Information", des Außenministeriums und des Kontakts zu Pressebaronen zu beeinflussen, war gescheitert. Die britischen Medien – mit einigen wenigen Ausnahmen – ignorierten weiterhin die sowjetische und französische Anklage. Gleichzeitig wurden die Ausmaße der deutschen Verbrechen und

---

212 Shawcross an Beaverbrook, 21. Februar 1946, PA, Beaverbrook Papers, BBK/C/294; in den von mir untersuchten Quellenbeständen fanden sich keine weiteren Briefe an Verleger aus der Liste von Fyfe.
213 Beaverbrook an Shawcross, 25. Februar 1946, PA, Beaverbrook Papers, BBK/C/294.
214 *Daily Express*, 19. Oktober 1945, S. 2.

der Beteiligung der deutschen Bevölkerung daran vor Gericht immer deutlicher. Wie ging die britische Anklage weiter mit dem Problem um?

Die britischen Ankläger intensivierten ihre Anstrengungen, die Korrespondenten vor Ort und deren zu Besuch weilende Redakteure von der Notwendigkeit der Berichterstattung über die deutschen Kriegsverbrechen und Verbrechen gegen die Menschlichkeit zu überzeugen. Fast jeder britische Chefredakteur einer wichtigen Zeitung oder Zeitschrift besuchte Nürnberg im Verlaufe des Prozesses.[215] Darauf hatte bereits Noel-Baker in seinem Antwortschreiben an Shawcross hingewiesen. Genau wie ihre US-amerikanischen Kollegen genossen diese Redakteure den Status von VIPs in Nürnberg. Häufig wurden sie eingeflogen, ihnen wurden eigene Transportmittel vor Ort zur Verfügung gestellt, sie wurden im Grand Hotel untergebracht und neben dem Besuch der Verhandlungen wurden sie von Anklägern und Richtern zum Mittagessen, zu Cocktails und zu Dinner Partys eingeladen. In der Regel waren es lediglich zwei bis drei Tage, die die Redakteure in Nürnberg als Teil einer Deutschlandreise verbrachten. Nürnberg war zu dieser Zeit fester Bestandteil solcher Rundreisen und so hatten die Ankläger die Gelegenheit, den Entscheidungsträgern in den Medienorganisationen im persönlichen Gespräch unter dem direkten Eindruck des Prozesses ihre Sicht der Dinge zu schildern und Überzeugungsarbeit zu leisten.

Das Tagebuch des Chefredakteurs des *News Chronicle*, Gerald Reid Barry, belegt diese Überzeugungsarbeit und ihre Schwierigkeiten.[216] Barry bereiste vom 11. Februar bis zum 3. März 1946 die britische und US-amerikanische Zone im besetzten Deutschland und machte vom 20. bis 24. Februar in Nürnberg Station. Er besuchte den Prozess am 21. und 22. Februar während des Beweisvortrags der sowjetischen Anklage und lunchte, dinierte und trank Cocktails mit den Richtern und Anklägern. Barrys Tagebuch ist weniger ein Bericht als eine Form der Reflexion. Es enthält widersprüchliche Positionen, die Barry gegeneinander abwog oder unvermittelt gegenüberstellte. Sein erster Eintrag vom 21. Februar enthält sogleich den Vermerk, dass Fyfe und andere sich darüber beklagt hätten, dem Prozess würde in der britischen Presse zu wenig Platz eingeräumt. Der Assistent des britischen Richters Norman Birkett habe Barry um Rat gefragt, wie die britische Militärregierung dazu zu bewegen sei, die Berichterstattung in der deutschen Lizenzpresse auszuweiten.[217]

---

215 Z. B. Walter Layton (*News Chronicle*), Gerald Reid Barry (*News Chronicle*), William Rust (*Daily Worker*), Arthur Robin Christiansen (*Daily Express*), Sidney Horniblow (*Daily Mail*), Robert McGowan Barrington-Ward (*Times*), Wilson Harris (*The Spectator*).

216 Barry, Diary of visit to Germany, February 15 to March 3 1946, LSE, Gerald Reid Barry Papers, Barry/26.

217 Barry, Diary of visit to Germany, February 15 to March 3 1946, Eintrag vom 21. Februar 1946, LSE, Gerald Reid Barry Papers, Barry/26.

Doch forderten die Ankläger nicht nur eine Ausweitung der Berichterstattung: Barrys Tagebuch zeigt auch, welche Themen der Prozessberichterstattung die Ankläger auf die mediale Agenda zu setzen versuchten. Barry verzeichnete die Aussage von Richter Birkett, im Gerichtssaal fänden zwei Prozesse statt. Zum einen der Prozess gegen die Kriegsverbrecher, zum anderen ein experimentelles internationales Tribunal, das eine einmalige Anklage verhandle und versuche, einen historischen Präzedenzfall zu etablieren.[218] Diese These der zwei Prozesse wurde im weiteren Verlauf besonders von der britischen Anklage vertreten. Die britischen Richter und Ankläger verstanden darunter die Unterscheidung zwischen der Anklage wegen des Führens eines Angriffskrieges und der Anklage wegen millionenfachen Mords. Der *News Chronicle* sollte dieser Deutung in seinem Leitartikel zum Ende des Prozesses folgen.[219]

Die Frage des Angriffskrieges kommt im Anschluss an die Verzeichnung der Aussage Birketts mit keinem Wort in Barrys Tagebuch vor. Dominiert werden die Aufzeichnungen von der Auseinandersetzung mit den Beweismitteln zu den Anklagepunkten III und IV, Kriegsverbrechen und Verbrechen gegen die Menschlichkeit. Zum einen, weil er während seines Besuches dem sowjetischen Beweisvortrag beiwohnte. Zum anderen, weil die Ankläger dafür sorgten, dass er sich mit diesen Verbrechen auseinandersetzen musste.

In den Gesprächen mit den britischen Anklägern und der Auseinandersetzung mit dem sowjetischen Beweisvortrag zeigte sich, wie schwer es Barry fiel, NS-Gewaltverbrechen von den unmittelbaren und in seinen Augen unvermeidbaren Kollateralschäden eines Krieges zu trennen:

> Such pictures [Film der sowjetischen Anklage über zerstörte Städte und Kulturgüter, E. S.], and the sight of blitzed cities, and even the appalling film of G[erman, E. S.]. atrocities put on for me in the afternoon (shown in evidence earlier in week), rub in primarily not the wickedness of this or that nation but the abomination of <u>war</u> [hervorgehoben im Original, E. S.].[220]

Direkt im Anschluss daran folgt jedoch eine Einschränkung dieser Aussage:

> But this atrocity film is terrible, and indeed a most damning indictment of the Nazis. We must remember it (a) because it explains much R.[ussian, E. S.]. ferocity on G[erman, E. S.]. soil later and (b) even more to refute those who may be heard telling us that

---

218 Ebd.
219 Verdict of History, *News Chronicle*, 1. Oktober 1946, S. 2.
220 Barry, Diary of visit to Germany, February 15 to March 3 1946, Eintrag vom 22. Februar 1946, LSE, Gerald Reid Barry Papers, Barry/26.

the basically civilised German is part of the West and must be [unleserlich, E. S.] into confederation to withstand the barbarism from the East. Without this irrefutable and overwhelming evidence before our eyes, much of what the G.s [Germans, E. S.] committed wd. [would, E. S.] be frankly incredible.[221]

Barry fährt fort, ausführlich die Szenen des extra für ihn nochmals aufgeführten Films zu beschreiben: die mit Leichen gefüllten Panzergräben, Angehörige von Opfern bei der Identifizierung der Leichen, große Scheiterhaufen mit verbrannten Leichen, die Vernichtungslager Auschwitz und Majdanek. Am Ende kommt er zu einem Schluss, der seine anfängliche Wahrnehmung endgültig konterkariert: „The mind still fails to grasp such organised methodical murder, and such torture."[222] Wie auch bei anderen Akteuren, die in verschiedenen Rollen am Nürnberger Prozess beteiligt waren, erscheint die Auseinandersetzung Barrys mit den Beweismitteln ein komplexer Prozess zu sein, in seinem Fall angeleitet durch die Mitglieder der alliierten Anklagevertretungen.

Die zweite Maßnahme der britischen Anklage war, sich selbst der Themen anzunehmen, die ihrer Ansicht nach in der britischen Medienberichterstattung übergangen wurden. Mit diesem Vorgehen hatten die britischen Ankläger bereits während der Kreuzverhöre begonnen und es fand seinen Höhepunkt in den Abschlussplädoyers. Die Anklagevertreter hatten sich darauf geeinigt, dass jede Anklagevertretung zwei Abschlussplädoyers halten sollte, eines zu den angeklagten Individuen und eines zu den angeklagten Organisationen. Doch sollte die britische Anklage die Hauptlast tragen und die anderen Delegationen sich relativ kurz halten. Damit war der britischen Anklage zum Schluss des Prozesses nochmals die Möglichkeit gegeben, eine abschließende Deutung des Falles zu präsentieren. Sie folgte nicht mehr der US-amerikanischen Schwerpunktsetzung, Angriffskriege für illegal zu erklären, sondern verschob den Schwerpunkt auf die Frage der Kriegsverbrechen und der Verbrechen gegen die Menschlichkeit, insbesondere auf den Holocaust.

Kim Christian Priemel hat in seiner Analyse der Transkripte festgestellt, dass kein Verbrechen so häufig und so regelmäßig vor Gericht behandelt wurde wie der Holocaust. Der Mord an den europäischen Juden habe permanent im Zentrum der Verhandlungen gestanden. Briten und Franzosen hätten in ihren Abschlussplädoyers keinen Zweifel daran gelassen, „that this [der Holocaust, E. S.] was indeed the quintessential German crime, not aggressive war."[223] Der Gegensatz zwischen den britischen und französischen Eröffnungsreden, in denen der Mord an den europäischen Juden nicht vorkam, und den Abschlussplädoyers, in denen der Holocaust

---

221 Ebd.
222 Ebd.
223 Priemel, Betrayal, S. 120.

im Zentrum stand, bringt in Priemels Argumentation die „learning curve"[224] auf den Punkt.

Die Logik hinter dem Vorgehen der britischen Anklage war das Wissen darüber, dass für die britische Presse kein Weg an den Aussagen des britischen Chefanklägers vorbeiführte. Der frühere Versuch, die britischen Medien dazu zu bewegen, sich in ihrer Berichterstattung der Verhandlungsgegenstände der französischen und sowjetischen Anklage anzunehmen, war gescheitert. Die neue Strategie lief darauf hinaus, dass der Nachrichtenwert weniger im Gesagten, als vielmehr in der Sprecherposition lag.

Shawcross und Fyfe kombinierten in ihren Schlussplädoyers abstrakte Zahlen, die das Ausmaß der Verbrechen benannten, mit individuellen Schicksalen, damit sich die Millionen Morde nicht dem Verständnis und der Empathie entzogen.[225] Beide setzten die Zahl der Opfer des Zweiten Weltkrieges bei 22 Millionen an. Allerdings nahmen sie eine entscheidende Differenzierung vor: Sie unterschieden zwischen im Kampf getöteten Soldaten und getöteten Kriegsgefangenen und Zivilisten, die nicht etwa ein Kollateralschaden des Krieges waren, sondern gezielt von den Deutschen fern jeder Kriegshandlung ermordet worden waren. Shawcross und Fyfe fokussierten auf die 12 Millionen Opfer, die sie ausdrücklich vom Kriegsgeschehen dissoziierten, auch wenn sie weiterhin hauptsächlich unter dem Anklagepunkt III Kriegsverbrechen verhandelt wurden:

And in their graves, crying out, not for vengeance but that this shall not happen again: 10 million who might be living in peace and happiness at this hour, soldiers, sailors, airmen, and civilians killed in battles that ought never to have been.

Nor was that the only or the greatest crime. In all our countries when perhaps in the heat of passion or for other motives which impair restraint some individual is killed, the murder becomes a sensation, our compassion is aroused, nor do we rest until the criminal is punished and the rule of law is vindicated. Shall we do less when not one but on the lowest computation 12 million men, women, and children, are done to death? Not in battle, not in passion, but in the cold, calculated, deliberate attempt to destroy nations and races, to disintegrate the traditions, the institutions, and the very existence of free and ancient states. Twelve million murders! Two-thirds of the Jews in Europe exterminated, more than 6 million of them on the killers' own figures. Murder conducted like some mass

---

224 Ebd.; Douglas, From IMT to NMT, S. 284; beide Autoren benutzen dieselbe Formulierung für dasselbe Phänomen.

225 https://avalon.law.yale.edu/imt/07-26-46.asp (zuletzt eingesehen am 19. Juli 2019); https://avalon.law.yale.edu/imt/07-27-46.asp (zuletzt eingesehen am 19. Juli 2019); https://avalon.law.yale.edu/imt/08-28-46.asp (zuletzt eingesehen am 19. Juli 2019); https://avalon.law.yale.edu/imt/08-29-46.asp (zuletzt eingesehen am 19. Juli 2019).

production industry in the gas chambers and the ovens of Auschwitz, Dachau, Treblinka, Buchenwald, Mauthausen, Maidanek, and Oranienburg.[226]

So leitete Shawcross sein Abschlussplädoyer ein, weniger eine theoretische juristische Abhandlung als vielmehr eine Rekapitulation der Beweismittel mit deutlichem Schwerpunkt auf den Anklagepunkten III und IV, darunter insbesondere der Mord an den europäischen Juden. Der Holocaust fand an den Schlüsselstellen zu Beginn und zum Ende des Plädoyers Erwähnung:

> There is one group to which the method of annihilation was applied on a scale so immense that it is my duty to refer separately to the evidence. I mean the extermination of the Jews. If there were no other crime against these men, this one alone, in which all of them were implicated, would suffice. History holds no parallel to these horrors.[227]

Auch der Part zu den individuellen Angeklagten konzentrierte sich in erster Linie auf die Beteiligung an und das Wissen über Kriegsverbrechen und Verbrechen gegen die Menschlichkeit. Shawcross hob diese Absicht extra hervor. So zitierte er z. B. aus antisemitischen Reden von Raeder und Dönitz oder fragte, ob Raeder wirklich nichts von der Ermordung der Juden in der lettischen Hafenstadt Libau (Liepāja) gewusst habe, worüber Marineoffiziere berichtet hätten.[228] Auch wenn Shawcross sich mit den individuellen Angeklagten befasste, wies er bereits ausdrücklich auf die Beteiligung der Wehrmacht an diesen Verbrechen hin.[229]

Unter dem Begriff Genozid rekapitulierte Shawcross aber auch die anderen Verbrechen der deutschen Besatzungsherrschaft in Ost- und Westeuropa. Dieser von Raphael Lemkin entwickelte Begriff fand auf dessen Betreiben hin Eingang in die Londoner Charta.[230] Die britische Anklage hatte sich des Begriffs erstmals im Kreuzverhör von von Neurath durch Fyfe bedient.[231] In den Abschlussplädoyers des britischen Chefanklägers und seines Stellvertreters diente der Tatbestand des Genozids zur Analyse der nationalsozialistischen Besatzungsherrschaft in Europa. Gleich zweimal betonte Shawcross, dass man die Probleme Europas nicht verste-

---

226 https://avalon.law.yale.edu/imt/07-26-46.asp, Paragraph 432 f., (zuletzt eingesehen am 19. Juli 2019).

227 https://avalon.law.yale.edu/imt/07-27-46.asp, Paragraph 500, (zuletzt eingesehen am 19. Juli 2019).

228 https://avalon.law.yale.edu/imt/07-27-46.asp, Paragraph 521, (zuletzt eingesehen am 19. Juli 2019).

229 https://avalon.law.yale.edu/imt/07-27-46.asp, Paragraph 526 f., (zuletzt eingesehen am 19. Juli 2019).

230 Zum Begriff „genocide" im Nürnberger Prozess siehe: Stiller, Semantics of Extermination; Earl, Prosecuting Genocide.

231 https://avalon.law.yale.edu/imt/06-25-46.asp, Paragraph 60, (zuletzt eingesehen am 19. Juli 2019).

hen könne, wenn man sich nicht die Ausmaße der deutschen Verbrechen in den besetzten Gebieten verdeutliche.[232]

Priemel hat herausgearbeitet, dass es Shawcross und Fyfe vor dem Hintergrund der Erfahrungen der Beweisvorträge der französischen und sowjetischen Anklagevertretungen auch darum ging, es in ihren Abschlussplädoyers nicht bei abstrakten Zahlen zu belassen und die endlose Wiederholung von Horrorgeschichten zu vermeiden.[233] Fyfe hatte den meisten Sitzungen beigewohnt und die Medienberichterstattung sehr genau verfolgt. Er wusste aus eigener Erfahrung um die Schwierigkeit und benannte sie in seinem Abschlussplädoyer:

> My Lord, I am deeply conscious that one of the greatest difficulties, and not the least of the dangers, of this Trial is that those of us who have been engaged day in and day out for 9 months have reached the saturation point of horror.[234]

Shawcross baute in seine Rede zwei Berichte deutscher Zeugen von Massenerschießungen von Juden ein. Als ersten den Bericht deutscher Soldaten über Erschießungen von jüdischen Kindern und Frauen auf dem jüdischen Friedhof von Schwetz (Świecie) Ende 1939.[235] Als zweiten den Bericht des deutschen Ingenieurs Hermann Gräbe über die Massenerschießungen von Juden in Dubno in der heutigen Ukraine.[236] Die letzten Sätze seines Abschlussplädoyers bestehen aus einem Zitat aus dessen Bericht über einen jüdischen Vater, der seinen kleinen Sohn an den Händen hält und zum Himmel zeigt, bevor die beiden durch Mitglieder eines Einsatzkommandos erschossen wurden. Sowohl dieses Einzelschicksal als auch die abstrakten Zahlen (10 Millionen Kombattanten, 12 Millionen Nicht-Kombattanten) folgten einer rhetorischen Strategie und waren richtungsweisend für die Medienrezeption.

4.3 Die deutschen Verteidiger und ihre Medienstrategien

Die deutschen Verteidiger verstanden den Prozess als einen Ort, an dem über die Deutung des Nationalsozialismus und des Zweiten Weltkrieges verhandelt wurde. Auch sie bemerkten sehr schnell, dass der Prozess sowohl vor Gericht als auch in den Medien geführt wurde. Viktor von der Lippe, der Hilfsverteidiger des angeklagten

---

232 https://avalon.law.yale.edu/imt/07-27-46.asp, Paragraph 500, (zuletzt eingesehen am 19. Juli 2019); https://avalon.law.yale.edu/imt/07-27-46.asp, Paragraph 481, (zuletzt eingesehen am 19. Juli 2019).
233 Priemel, Betrayal, S. 120f.
234 https://avalon.law.yale.edu/imt/08-29-46.asp, Paragraph 237, (zuletzt eingesehen am 19. Juli 2019).
235 https://avalon.law.yale.edu/imt/07-27-46.asp, Paragraph 526, (zuletzt eingesehen am 19. Juli 2019).
236 https://avalon.law.yale.edu/imt/07-27-46.asp, Paragraph 528, (zuletzt eingesehen am 19. Juli 2019).

ehemaligen Oberbefehlshabers der deutschen Kriegsmarine Erich Raeder notierte noch vor Prozessbeginn in seinem Tagebuch:

> Neben der reinen Verteidigungsfunktion scheint dieser gegenwärtig einzigen „gesamt-deutschen Versammlung" ja in den Augen der Weltöffentlichkeit auch die Aufgabe zuzu-fallen, – wenn auch mit aller Zurückhaltung – eine „deutsche Meinung" zum Prozeß zum Ausdruck zu bringen. Diese Situation hat sich von den Verteidigern ungewollt ergeben, einerseits weil keine zentrale deutsche Stelle existiert, und andererseits weil die Weltpresse sich auf jede Stellungnahme von deutscher Seite geradezu stürzt. Schon jetzt erscheinen amerikanische und englische Reporter, die von den Verteidigern Interviews zu erhalten trachten.[237]

Bei den Verteidigern handelte es sich nicht um eine homogene Gruppe. Sie gerieten in Konflikte, ihre unterschiedlichen vergangenheitspolitischen Interessen und die Interessen ihrer Mandanten gewichteten sie unterschiedlich.[238] Dies reichte von Verteidigern, die insgesamt positiv zum Nürnberger Prozess eingestellt waren, bis zu radikalen Militaristen und Nationalisten, die den Prozess grundsätzlich ablehnten. Aber in der Frage der Ablehnung der „Kollektivschuldanklage"[239], wie von der Lippe es bezeichnete, waren sich fast alle Verteidiger einig:

> … zuerst gegen das Odium einer *allgemeinen* [hervorgehoben im Original, E. S.] Barbarei der Deutschen, dann gegen die „Verbrecherischerklärung" von „Organisationen" und erst drittens gegen die Vorwürfe, die gegen die 20 Einzelangeklagten erhoben werden.[240]

Die Verteidiger nahmen die ihnen von den US-amerikanischen und britischen Medienvertretern zugedachte Rolle als Sprecher für die deutsche Nation bereitwillig an.

---

237 Viktor von der Lippe, Nürnberger Tagebuchnotizen. November 1945 bis Oktober 1946, Frankfurt a. M. 1952, S. 22. Der vermeintliche Vorwurf einer Kollektivschuld der Deutschen an den vom nationalsozialistischen Deutschland begangenen Kriegsverbrechen und Verbrechen gegen die Menschlichkeit ist ein Schlüsselbegriff in der deutschen Vergangenheitspolitik. Siehe: Helmut Dubiel, Niemand ist frei von der Geschichte. Die nationalsozialistische Herrschaft in den Debatten des Deutschen Bundestages. München 1999. Norbert Frei vertritt die These, dass der Vorwurf einer deutschen Kollektivschuld von alliierter Seite nie geäußert wurde, weshalb die obsessive Zurückweisung des nie erhobenen Vorwurfs als „ein – gewissermaßen im Widerspruch bestätigtes – indirektes Eingeständnis der gesamtgesellschaftlichen Verstrickung in den Nationalsozialismus" zu deuten sei. Siehe: Norbert Frei, 1945 und wir. Das Dritte Reich im Bewusstsein der Deutschen, München 2005, S. 155.

238 Seliger, Politische Anwälte?, S. 523 ff.; Priemel, Betrayal, S. 130 f.

239 Von der Lippe, Tagebuchnotizen, S. 510.

240 Ebd., S. 102.

Die Beziehungen zu den alliierten Korrespondenten gestalteten sich ambivalent. Einerseits gab es zahlreiche Kontakte. Wie von der Lippe in seinem Tagebuch verzeichnet hatte, stürzten sich die alliierten Korrespondenten auf die Verteidiger. Andererseits kam auch immer wieder deutlich zum Vorschein, dass die Korrespondenten keinerlei Sympathien für die Verteidigung besaßen. Von der Lippe notierte am 24. November 1945 in seinem Tagebuch: „Dann gab es heute eine Pressekonferenz für, oder besser gesagt gegen die Verteidiger [hervorgehoben im Original, E. S.].“[241]

Ein Artikel im *Time Magazine* berichtet von „some 200 hostile reporters, most of whom jeered and booed", denen sich die Verteidiger gegenübersahen.[242] Auch mussten sie sich Fragen nach ihrer Parteimitgliedschaft und ihrer Rolle im Krieg gefallen lassen.[243] Otto Zausmer, der Korrespondent des *Boston Globe*, beschwerte sich im Februar 1946 in einem Artikel darüber, dass die Verteidiger in der Folge ihre Pressekonferenzen aufgrund der Kritik der alliierten Presse für nicht-deutsche Korrespondenten gesperrt hätten.[244] Es hat aber weder den Anschein, als ob sich alle Verteidiger den US-amerikanischen und britischen Medien entzogen hätten, noch fehlt es in der britischen und US-amerikanischen Medienberichterstattung an direkten Verweisen auf die Kontakte zur Verteidigung.

Peter de Mendelssohn schrieb im *The New Statesman and Nation*, dass sich eine Gruppe von Verteidigern als Sprecher und Propagandisten der Verteidigung hervorgetan hätten und sich keine Gelegenheit entgehen ließen, ihre Ansichten zu verkünden, sei es auf Pressekonferenzen oder während Prozesspausen.[245] Zu den deutschsprachigen Korrespondenten unter den britischen und US-amerikanischen Medienvertretern scheinen die Verteidiger weiterhin häufig Kontakt gehabt zu haben.[246]

Die Verteidiger und ihre Mandanten befanden sich genau wie die Ankläger in einem wechselseitigen Abhängigkeitsverhältnis mit den US-amerikanischen und britischen Korrespondenten. Allerdings nahm dieses Verhältnis eine andere Form an, denn die Verteidiger konnten nicht darauf bauen, die Sympathien der

---

241 Von der Lippe, Tagebuchnotizen, S. 37.

242 The Fallen Eagles, *Time Magazine*, 3. Dezember 1945, S. 28–30, https://time.com/vault/issue/1945-12-03/page/30/ (zuletzt eingesehen am 30. März 2020).

243 Von der Lippe, Tagebuchnotizen, S. 37.

244 Zausmer, Allied Press Bared From Nazi Defense Conferences, *The Boston Daily Globe*, 22. Februar 1946, S. 12.

245 Peter de Mendelssohn, The Nuremberg Reckoning, *The New Statesman and Nation*, 1. Dezember 1945, S. 364.

246 Z. B. zu Howard K. Smith (CBS), Louis P. Lochner (AP), Peter de Mendelssohn (diverse Zeitungen und Zeitschriften) oder Arthur Gaeth (MBS und Overseas News Agency).

Korrespondenten zu besitzen. Aber die Logiken der US-amerikanischen und britischen Medien und die daraus resultierenden Zwänge für die Korrespondenten boten Möglichkeiten, die eigene Position in der Medienberichterstattung repräsentiert zu sehen. Es bedurfte keiner Sympathien, um mediale Aufmerksamkeit zu generieren.

Die Verteidigung musste lange auf den Moment warten, bis sie selbst aktiv ins Geschehen vor Gericht eingreifen konnte. Von Ende November 1945 bis Anfang März 1946 mussten die Verteidiger den Beweisvorträgen der Anklagevertretungen zuhören und konnten lediglich durch Einsprüche oder Kreuzverhöre von Zeugen der Anklage reagieren. Mit dem Beginn der Verteidigung trat der Prozess in eine neue Phase ein. Daniell schrieb am 10. März 1946 in der *New York Times* über ihren Auftakt:

> For in the present phase of the trial there is going on a kind of under-cover, behind-the-scenes struggle between the defense and the prosecution for a record on which history will judge not only these defendants but the system they represented.[247]

Insbesondere in dieser Phase hielt Jackson die Briefings der Korrespondenten durch Dean für notwendig und pochte auf dessen Rückkehr. Dean müsse die Einsprüche der US-amerikanischen Anklage gegen die Verteidigung und deren Mandanten erklären.[248] Mit anderen Worten: Die Verteidiger und Angeklagten sollten keine Möglichkeit bekommen, propagandistische Reden an das deutsche Volk zu halten oder Themen anzusprechen, die höchst peinlich für die Alliierten werden konnten. Gleichzeitig wollte man aber auch nicht in der Presse der Zensur der Verteidigung und der Verletzung der Grundsätze eines fairen Verfahrens angeklagt werden.

Zwei Paragraphen schränkten die Möglichkeiten der Verteidiger im juristischen Diskurs grundsätzlich ein: Erstens galt das Verbot, die Zuständigkeit des Gerichts in Frage zu stellen.[249] Zweitens durften sich die Verteidiger nicht des „Tu-quoque-Arguments" bedienen, also nicht darauf verweisen, dass sich die anklagenden Nationen der gleichen Verbrechen schuldig gemacht hätten.[250] Die US-amerikanische Anklage hatte extra in einem Rundschreiben an die sowjetischen, britischen und französischen Chefankläger darum gebeten, mögliche offene Flanken für Angriffe

---

247 Daniell, Defendants at Nuremberg Will Talk for the Record, *The New York Times*, 10. März 1946, S. E4.

248 Robert H. Jackson an William Jackson, 9. Februar 1946, LoC, Robert H. Jackson Papers, Box 103, Folder: Jackson, William E.

249 Siehe Artikel 3 der Charta des Internationalen Militärtribunals: https://avalon.law.yale.edu/imt/imtconst.asp#art3 (zuletzt eingesehen am 19. Juli 2019).

250 Siehe Artikel 6 der Charta des Internationalen Militärtribunals: https://avalon.law.yale.edu/imt/imtconst.asp#art6 (zuletzt eingesehen am 19. Juli 2019).

der Verteidigung zu benennen, sodass die alliierten Ankläger sich darauf einstellen könnten.[251]

Der Diskurs vor Gericht ließ sich auf diese Weise bedingt kontrollieren, der Mediendiskurs jedoch nicht. Jeder vom Gericht abgelehnte Antrag, jedes aufgrund eines Einspruchs der Anklage abgewiesene Beweisdokument und jede lediglich aufgrund der Verfahrensordnung zurückgestellte Äußerung der Verteidigung zog automatisch die Aufmerksamkeit der Korrespondenten auf sich.

Zu Beginn des Prozesses brachten die Verteidiger eine gemeinsame Erklärung ein, in der sie die juristischen Grundlagen des Prozesses in Frage stellten und ein Gutachten von führenden Experten des internationalen Rechts verlangten.[252] Das Gericht lehnte diesen Antrag mit Verweis auf Artikel 3 ab, der untersagte, die Zuständigkeit des Tribunals in Abrede zu stellen.[253] Dass der Antrag angenommen werden würde, hatten die Verteidiger nicht erwartet und dies war auch nicht ihr eigentliches Ziel. Es ging ihnen um die Verlesung der grundsätzlichen juristischen Einwände und damit um deren Veröffentlichung.[254] Aber auch die Verlesung der gemeinsamen Erklärung der Verteidiger untersagten die Richter. Von der Lippe, der Hilfsverteidiger von Raeder, setzte seine Hoffnungen auf die Presse, um das eigentliche Ziel doch noch zu erreichen und wurde nicht enttäuscht. Laut von der Lippe war es das Pressebüro des IMT, das die gemeinsame Erklärung an die Medien weitergab.[255] So fanden sich neben den knappen Worten des Gerichts über die Ablehnung des gemeinsamen Antrages der Verteidiger in der Medienberichterstattung auch die grundsätzlichen Einwände der Verteidiger gegen das Tribunal abgedruckt.[256]

Das war nicht das einzige Beispiel der engen Interdependenz zwischen Verteidigung und Medien am zweiten Prozesstag. Göring wollte die Aufforderung, sich schuldig oder nicht schuldig zu bekennen, dazu benutzen, eine Rede zu halten. Er wurde jedoch umgehend von Richter Lawrence unterbrochen. Selkirk Panton begann seinen Artikel auf der ersten Seite des britischen Boulevardblattes *Daily Express* mit der dramatischen Beschreibung dieser Szene: Göring vom britischen

---

251 Robert H. Jackson an Champetier de Ribes u. R. A. Rudenko, 8. März 1946, TNA, FO 1019/95.

252 http://avalon.law.yale.edu/imt/v1-30.asp (zuletzt eingesehen am 24. April 2019).

253 http://avalon.law.yale.edu/imt/11-21-45.asp, Paragraph 94, (zuletzt eingesehen am 24. April 2019).

254 Von der Lippe, Tagebuchnotizen, S. 28.

255 Ebd., S. 33.

256 Komplett abgedruckt findet sich die Eingabe der deutschen Verteidiger in der *New York Times*: TEXT OF MOTION BY NAZI DEFENSE, *The New York Times*, 22. November 1945, S. 3; Jan Yindruch, Hitler's plans for conquering the free world, *News Chronicle*, 22. November 1945, S. 1, 3; Case Against German Leaders, *The Times*, 22. November 1945, S. 4, 8; 20 Top Nazis Lose in Move To Halt Trial As It Opens, *The Washington Post*, 22. November 1945, S. 1 f.; Marguerite Higgins, 20 Top Nazis Deny Guilt Squirm at Revelations, *New York Herald Tribune*, 22. November 1945, S. 1, 30 f.

Richter in die Schranken verwiesen und schäumend vor Wut.[257] Der sich anschließende Absatz lautete: „This is the statement he would have made ...“[258] Görings zu diesem Zeitpunkt untersagte Rede fand auf diese Weise ihren Weg auf die erste Seite der meistgelesenen Zeitung in Großbritannien.

Der AP-Korrespondent Louis P. Lochner, ausgewählt aufgrund seiner ausgezeichneten Kontakte zu den deutschen Verteidigern, versandte Görings Rede über den Dienst der AP.[259] Und die *New York Times* druckte die Rede komplett ab, wie auch die vorbereitete Rede von Rosenberg, die er ebenfalls nicht verlesen durfte.[260]

Das berühmteste Beispiel für die Wechselwirkungen zwischen Verteidigern und Medien ist die Auseinandersetzung zwischen Richtern, Anklägern und Verteidigern über das geheime Zusatzprotokoll zum deutsch-russischen Nichtangriffspakt von 1939.[261] Dabei handelte es sich um eine Aufteilung der ost- und südosteuropäischen Interessenssphären zwischen Deutschland und der Sowjetunion in Polen, den baltischen Staaten, Bessarabien und Finnland „[f]ür den Fall einer territorialpolitischen Umgestaltung".[262] Alfred Seidl, der Verteidiger der Angeklagten Hess und Frank, versuchte während des Prozesses wiederholt, das geheime Zusatzprotokoll oder eidesstattliche Erklärungen mit dem Inhalt des Protokolls vor Gericht als Beweismittel einzubringen.[263] Jeder Versuch zog einen Einspruch der sowjetischen Anklage und Debatten zwischen den Richtern nach sich.[264] Und jeder Einspruch zog die Berichterstattung in den britischen und US-amerikanischen Medien nach sich.

In seinem ersten Anlauf versuchte Seidl ein Affidavit des Mitautors des deutsch-sowjetischen Nichtangriffspakts Friedrich Gaus als Beweismittel einzubringen. Der Versuch scheiterte am Einspruch der sowjetischen Anklage. Das Gericht entschied,

---

257 Panton, GOERING JOTS DOWN BANNED SPEECH, *Daily Express*, 22. November 1945, S. 1, 4.

258 Ebd.

259 Lochners 00930 nuernberg 22/11, 22. November 1945, WHSA, Louis Paul Lochner Papers, Newspaper Articles, Wire Service Dispatches and Articles, Associated Press 1945 November – 1947, Reel 31, Frame 33.

260 GOERING'S STATEMENT, *The New York Times*, 22. November 1945, S. 3; ROSENBERG'S STATEMENT, *The New York Times*, 22. November 1945, S. 3.

261 Zum sogenannten „Hitler-Stalin-Pakt" siehe: Claudia Weber, Der Pakt. Stalin, Hitler und die Geschichte einer mörderischen Allianz, München 2019.

262 https://www.dhm.de/lemo/bestand/objekt/geheimes-zusatzprotokoll-des-nichtangriffsvertrags-zwischen-deutschland-und-der-udssr-1939.html (zuletzt eingesehen am 24. April 2019).

263 Seliger, Politische Anwälte?, S. 339 ff.

264 http://avalon.law.yale.edu/imt/03-25-46.asp, Paragraph 7, (zuletzt eingesehen am 24. April 2019); http://avalon.law.yale.edu/imt/04-01-46.asp, Paragraph 310, (zuletzt eingesehen am 24. April 2019); http://avalon.law.yale.edu/imt/05-21-46.asp, Paragraph 282, (zuletzt eingesehen am 24. April 2019); Tusa u. Tusa, Nuremberg Trial, S. 297 f.; Priemel, Betrayal, S. 131.

dass vor einer Verlesung erst Übersetzungen des bis dato nur auf Deutsch vorlie-
genden Affidavits angefertigt werden müssten. Allerdings hatte Seidl das Affidavit
bereits an die Korrespondenten der Nachrichtenagenturen und ausländischer wie
deutscher Zeitungen am Tag vor der Verhandlung übergeben, „implying it was ‚an
exclusive‘"[265], wie der Korrespondent des *Boston Daily Globe* berichtete. Die Nachrichtenagenturen berichteten über die Weigerung des Gerichts, das Affidavit als
Beweismittel anzunehmen und zugleich ausführlich über dessen Inhalt.[266] In der
New York Times schaffte es die Prozessberichterstattung seit Görings Zeugenaussage
erstmals wieder mit der Schlagzeile „RUSSIAN WARDS OFF HESS' STORY OF
PACT"[267] auf die erste Seite. Der Korrespondent des *Boston Daily Globe* bezeichnete
den Vorfall als Triumph für die nationalsozialistische Propaganda und kritisierte
zugleich das Vorgehen des Gerichts und der sowjetischen Anklage: „If it had not
been for the mystery of its release and the objection of the Soviet prosecution, the
document would have received as little attention as it deserves."[268] Es muss im
Zusammenhang mit diesem Vorfall gesehen werden, dass die sowjetische Anklage
das Gericht darum bat, die Beweisdokumente der Verteidigung den Medienvertretern erst zugänglich zu machen, nachdem die Richter über die Annahme als
Beweismittel entschieden hatten.[269] So wollte die sowjetische Anklage verhindern,
dass die Beschränkungen des juristischen Diskurses durch die Wechselwirkungen
mit den Medien ausgehebelt wurden. Lawrence gab dem Antrag zunächst statt.
Der britische Ankläger Fyfe wandte jedoch ein, dass Dokumente für gewöhnlich
24 Stunden vor einer Sitzung der Presse zugänglich gemacht würden, die Medien
aber erst über die Dokumente berichten dürften, wenn diese im Gericht erwähnt
worden seien. Er schlug deshalb vor, dass die Dokumente weiterhin an die Medien
ausgegeben werden und diese sich verpflichten sollten, nicht über die Dokumente
zu berichten, falls Einspruch erhoben werde.[270] Lawrence folgte dieser Empfehlung:
„Perhaps the press would act in accordance with our wishes and not make public

---

265 Zausmer, Nazi Propaganda Again Triumphs at War Trial, *The Boston Daily Globe*, 31. März 1946,
S. 1.
266 *The Baltimore Sun*, 26. März 1946, S. 2; *The Boston Daily Globe*, 26. März 1946, S. 9; *The Los
Angeles Times*, 26. März 1946, S. 6; siehe auch die UP-Meldung: *Washington Post*, 26. März 1946,
S. 13; siehe auch weitere Korrespondentenberichte: Hal Foust, Hitler-Stalin Pact Cited in Nazi
Defense, *Chicago Daily Tribune*, 26. März 1946, S. 1; siehe auch die britische Berichterstattung: *The
Manchester Guardian*, 26. März 1946, S. 5.
267 Daniell, RUSSIAN WARDS OFF HESS' STORY OF PACT, *The New York Times*, 26. März 1946,
S. 1, 14.
268 Zausmer, Nazi Propaganda Again Triumphs at War Trial, *The Boston Sunday Globe*, 31. März 1946,
S. 6.
269 http://avalon.law.yale.edu/imt/03-27-46.asp#steengracht2, Paragraph 175–177, (zuletzt eingesehen
am 25. April 2019).
270 Ebd.; von der Lippe, Tagebuchnotizen, S. 198.

those documents to which objection is taken until we have ruled upon them."[271] Seidl wurde schließlich am 1. April erlaubt, das nun übersetzte Affidavit als Beweismittel trotz des Einspruchs der sowjetischen Anklage einzubringen.[272] Allerdings wurde ihm weiterhin verboten, das geheime Zusatzprotokoll einzubringen, da er nicht angeben konnte, aus welcher Quelle seine Kopie stammte.[273] Das hinderte ihn aber nicht daran, es trotzdem weiterhin zu versuchen. Während der Aussage des ehemaligen Staatssekretärs im Auswärtigen Amt Ernst von Weizsäckers am 21. Mai unternahm er einen weiteren Anlauf. Nach Einsprüchen der sowjetischen und US-amerikanischen Anklage entschied das Gericht, dass von Weizsäcker zwar zum geheimen Zusatzprotokoll befragt werden, das Protokoll selbst allerdings nicht eingebracht werden dürfe.[274] Von der Lippe vermerkte dazu aus der Perspektive der Verteidigung, dass „die Sowjets durch ihre vielen Proteste und Geheimnistuereien die Bedeutung des Vertrages nur unterstrichen"[275] hatten.

Seidl spielte das Spiel weiter bis zum Schluss und bis zum Schluss funktionierte es. Sein Abschlussplädoyer für Hess musste er abbrechen und überarbeiten.[276] Das Gericht befand, dass die Ausführungen Seidls zu den Ungerechtigkeiten des Versailler Vertrags in keiner Weise relevant in Hinblick auf die gegen seinen Mandanten vorgebrachten Anklagepunkte seien. Von der Lippe notierte in seinem Tagebuch, dass die Pressevertreter davon ausgingen, dass Seidl das Gericht bewusst provozieren wollte und es auf eine Zensur seiner Rede angelegt hatte.[277] Sein Plan war aufgegangen, wie von der Lippe feststellte: „Journalisten und viele andere Interessenten reißen sich um die Texte und natürlich um ungekürzte Texte des Plädoyers. Seidl ist nicht wenig stolz auf seine Popularität."[278] Dabei überwog in der US-amerikanischen und britischen Medienberichterstattung grundsätzlich die von Zausmer vertretene Position, nicht das Spiel der deutschen Verteidigung zu spielen und sich nicht dazu benutzen zu lassen, einen Keil zwischen die Alliierten zu treiben. Der *Times*-Korrespondent kommentierte ebenfalls, das geheime Zusatzprotokoll „needlessly it seems, has been made a source of mystery ever since the Nuremberg defence

---

271 https://avalon.law.yale.edu/imt/03-27-46.asp#steengracht2, Paragraph 176, (zuletzt eingesehen am 20. Juli 2019).

272 http://avalon.law.yale.edu/imt/04-01-46.asp, Paragraph 310, (zuletzt eingesehen am 24. April 2019).

273 http://avalon.law.yale.edu/imt/05-21-46.asp, Paragraph 283, (zuletzt eingesehen am 24. April 2019); Tusa u. Tusa, Nuremberg Trial, S. 297.

274 Ebd.

275 Von der Lippe, Tagebuchnotizen, S. 284.

276 http://avalon.law.yale.edu/imt/07-05-46.asp, Paragraph 553 (zuletzt eingesehen am 20. Juli 2019).

277 Von der Lippe, Tagebuchnotizen, S. 363; siehe z. B. die Berichterstattung im *Manchester Guardian*: „VERSAILLES NOT RELEVANT", *The Manchester Guardian*, 6. Juli 1946, S. 5.

278 Von der Lippe, Tagebuchnotizen, S. 404.

opened".[279] In der US-amerikanischen und britischen Medienberichterstattung regte man sich eher über das ungeschickte Vorgehen der sowjetischen Anklage auf, als das immer wieder vor Gericht thematisierte geheime Zusatzprotokoll für eine Kritik der Sowjetunion heranzuziehen und zu betonen, dass sich der auf der Richterbank vertretene Alliierte desselben Verbrechens schuldig gemacht hatte wie die Angeklagten.[280] Trotzdem berichteten die Journalisten immer wieder darüber.

Sympathien brachten die Korrespondenten den Positionen der Verteidiger nicht entgegen, hatten aber großes Interesse an Sensationen und exklusiven Nachrichten. Das eröffnete Möglichkeiten für die Verteidiger. Das spektakulärste Beispiel waren die Interviews der AP und des INS mit den Angeklagten. Während der Beweisvorträge der Anklage im Dezember 1945 vermittelten die Verteidiger schriftliche Interviews der beiden Agenturen mit ihren Mandanten. Der Umstand, dass die Angeklagten abgesehen von ihrem Bekenntnis zu Beginn des Prozesses bis Mitte März 1946 warten mussten, bis sie vor Gericht gehört wurden, steigerte die mediale Neugierde auf die Hauptkriegsverbrecher. Dean hatte bereits vor diesem Effekt der Prozessordnung gewarnt, den sich Göring und sein Anwalt nun zunutze machten.[281]

Dieser Fall verdeutlicht die paradoxen Zwänge der journalistischen Praxis, einerseits den Erwartungen bezüglich exklusiver Nachrichten im Konkurrenzkampf mit den anderen Agenturen gerecht werden zu müssen, andererseits sich als US-amerikanischer oder britischer Korrespondent nicht dem Vorwurf auszusetzen, ein Handlanger des Kriegsgegners zu sein. In diesem Paradox lag das ambivalente Verhältnis zwischen Verteidigern und Korrespondenten begründet.

Die Interviews waren ein riesiger Erfolg für die AP. Deren „General Manager" Kent Cooper erwähnte die Interviews seiner Korrespondenten mit den Angeklagten in seinem Bericht für das Jahr 1945.[282] Die AP versandte eine ganze Serie von Interviews mit ausgewählten Angeklagten an ihre Mitglieder. Gleich nach Erscheinen des ersten Interviews mit Göring gratulierte Cooper persönlich und erkundigte sich, wie die Interviews zustande gekommen waren.[283] In seiner Antwort nahm der Leiter des Teams von AP-Korrespondenten, Wes Gallagher, für sich die Idee in

---

279 MOSCOW TREATY OF 1939, *The Times*, 22. Mai 1946, S. 4; siehe auch: Daniell, Opening War Crimes Defense, *The New York Times*, 29. März 1946, S. 5.

280 NAZIS' SECRET PACT IN 1939 WITH SOVIET, *The Daily Telegraph*, 22. Mai 1946, S. 6; Clark, 'Prisoner of the Vatican's' secret, *News Chronicle*, 22. Mai 1946, S. 4; Witness Says Nazi-Red Pact Split Europe, *The Washington Post*, 22. Mai 1946, S. 9; Richard L. Stokes, Secret Soviet-Nazi Pacts On Eastern Europe Aired, *St. Louis Post-Dispatch*, 22. Mai 1946, S. 1, 6.

281 Siehe Kapitel 4.1.3.

282 Cooper, Report of the Executive Director, S. 100.

283 Kent Cooper an Gallagher und Lochner, 3. Dezember 1945, APCA, AP 02A.2 Foreign Bureau Correspondence, Box 7, Folder: Nuernberg.

Anspruch, die Angeklagten mittels eines Fragebogens zu interviewen.[284] Angesichts der Bewachung der Gefangenen durch zwei Regimenter Infanteriesoldaten habe es schlicht keine andere Möglichkeit gegeben. Es habe sich lediglich die Frage gestellt, wie man den Angeklagten den Fragebogen zukommen lassen könnte.

Gallagher hatte den Weg über die Verteidiger gewählt. Nicht umsonst hatte er von Anfang an versucht, zu diesen gute Beziehungen zu unterhalten. Zu diesem Zweck hatte er z. B. in der New Yorker Redaktion US-amerikanische Zeitungen für die Verteidiger angefordert als ein Zeichen des guten Willens.[285] Aber der Spezialist für die Kontakte zur Verteidigung im Nürnberger Team der AP war Louis P. Lochner. Cooper hatte Gallagher den seit Jahrzehnten als Deutschland-Korrespondent der AP arbeitenden Lochner extra aufgrund seiner exzellenten Beziehungen zur Seite gestellt.[286] Deshalb oblag Lochner die Kontaktaufnahme mit Görings Anwalt, wie Gallagher an Cooper berichtete: „Lochner and Stahmer knew each other by reputation and Louis persuaded him that here was an opportunity for Goering to make his views known."[287] Mit dem ersten Satz der durch Stahmer vermittelten Antworten Görings seien sie jedoch nicht zufrieden gewesen und hätten deshalb erfolgreich auf weiteren Antworten bestanden. Gemeinsam machten sie aus den Antworten ein publizierbares Interview.

> We just took care in presenting it not to leave the AP open to being charged with interfering with court procedure or sponsoring Goering's case. That was the reason for the messages to New York cautioning that the Editors Note must be used with a full account of how the story was obtained.[288]

Es folgten weitere Interviews mit Angeklagten. Gallagher ging davon aus, dass nach dem ersten exklusiven Interview mitsamt der „Editor's Note", in der das Verfahren beschrieben wurde, sich die Konkurrenz ebenfalls auf die Verteidiger stürzen würde. Deshalb erarbeitete das Team der AP-Korrespondenten eine Liste der aus ihrer Sicht bekanntesten Angeklagten. Hess, Keitel, von Papen, von Ribbentrop, von Schirach und Raeder hielten sie für „the only ones well enough known to make

---

284 Gallagher an Kent Cooper, 4. Dezember 1945, APCA, AP 02A.2 Foreign Bureau Correspondence, Box 7, Folder: Nuernberg.

285 Gallagher an Bassett, o. D., APCA, AP 02A.2 Foreign Bureau Correspondence, Box 7, Folder: Nuernberg.

286 Siehe Kapitel 5.2.2.

287 Gallagher an Kent Cooper, 4. Dezember 1945, APCA, AP 02A.2 Foreign Bureau Correspondence, Box 7, Folder: Nuernberg.

288 Ebd.; Gallagher und Lochner an AP (Göring-Interview inklusive Editor's Note), 1. Dezember 1945, APCA, AP 02A.2 Foreign Bureau Correspondence, Box 7, Folder: Nuernberg.

good prospects."[289] Sie teilten die Zuständigkeiten im Team aus Zeitgründen auf und kontaktierten die jeweiligen Anwälte. Es gelang ihnen Interviews mit Hess[290], von Ribbentrop[291], Keitel[292] und Raeder[293] zu erhalten. Unter Überschriften wie „Ribbentrop Says He Tried To Win Peace"[294] oder „KEITEL DESCRIBES ATTACK ON RUSSIA AS ‚PREVENTIVE WAR'"[295] fanden die Angeklagten ihre Ansichten in der US-amerikanischen Presse repräsentiert.

Wie von der Lippe bereits zu Beginn des Prozesses notiert hatte, waren es auch in diesem Fall die US-amerikanischen Korrespondenten, die aktiv wurden. Bis auf von Papen nutzten die Verteidiger und ihre Mandanten die Bühne, die die Korrespondenten ihnen anboten. Für das Team der AP-Korrespondenten war es ein riesiger Erfolg. Was wurde aus der Sorge, von der Konkurrenz als Sprachrohr der Angeklagten kritisiert zu werden? Die Agentur INS versuchte auf den Zug aufzuspringen, weshalb das Interview mit Hess gemeinsam von AP und INS publiziert wurde.[296] Die UP versuchte zwar die Interviews zu diskreditieren, wählte dafür aber einen anderen Weg.[297] Die öffentliche Kritik ging von der sowjetischen Anklage und Presse aus.

In einer Besprechung der Chefankläger der vier alliierten Nationen in Jacksons Büro forderte der sowjetische Chefankläger, Roman Rudenko, ein Verbot aller Interviews der Angeklagten und ihrer Verteidiger durch das Gericht. Otto Stahmer hatte zuvor dem Blatt *Neue Zeitung* für die US-amerikanische Besatzungszone

---

289 Gallagher an Kent Cooper, 4. Dezember 1945, APCA, AP 02A.2 Foreign Bureau Correspondence, Box 7, Folder: Nuernberg.

290 Louis P. Lochner u. Wes Gallagher, Hess Flew to Britain Only To Halt Fight of 'Noble Races', *The Washington Post*, 9. Dezember 1945, S. M1.

291 Daniel De Luce, Ribbentrop Says He Tried To Win Peace, *The Washington Post*, 10. Dezember 1945, S. 2.

292 Daniel De Luce u. Noland Norgaard, KEITEL DESCRIBES ATTACK ON RUSSIA AS 'PREVEN-TIVE WAR', *St. Louis Post-Dispatch*, 4. Dezember 1945, S. 2A.

293 Lochner u. Gallagher an AP, 8. Dezember 1945, WHSA, Louis Paul Lochner Papers, Speeches and Writings, Newspaper Articles, Wire Service Dispatches and Articles, Associated Press 1945 November – 1947, Reel 31, Frame 147–154, 162–166.

294 Daniel De Luce, Ribbentrop Says He Tried To Win Peace, *The Washington Post*, 10. Dezember 1945, S. 2.

295 Daniel De Luce u. Noland Norgaard, KEITEL DESCRIBES ATTACK ON RUSSIA AS 'PREVEN-TIVE WAR', *St. Louis Post-Dispatch*, 4. Dezember 1945, S. 2A.

296 Lochner u. Gallagher an AP, Dezember 1945, WHSA, Louis Paul Lochner Papers, Speeches and Writings, Newspaper Articles, Wire Service Dispatches and Articles, Associated Press 1945 November – 1947, Reel 31, Frame 155–160.

297 UP habe gegenüber dem Korrespondenten des *Time Magazine* Falschaussagen über das Zustande-kommen des Interviews gemacht, die Gallagher aber aus der Welt geschafft habe: Gallagher an Kent Cooper, 4. Dezember 1945, APCA, AP 02A.2 Foreign Bureau Correspondence, Box 7, Folder: Nuernberg.

ein Interview gegeben, das kurz nach dem Interview seines Mandanten Göring erschien. Rudenko befürchtete, dass die Verteidiger die Presse für ihre Propaganda nutzen würden.[298]

Fyfe differenzierte zwischen den Interviews der Verteidiger und den durch die Verteidiger vermittelten Interviews ihrer Mandanten. Letztere sollten durch das Gericht untersagt werden, doch könne man angesichts der zahlreichen Interviews der Ankläger den Verteidigern schlecht verweigern, ihrerseits Interviews zu geben.[299]

Jackson verteidigte die Veröffentlichung der Interviews. Schließlich handelte es sich bei der *Neuen Zeitung* um eine Zeitung der US-amerikanischen Militärregierung. Er sorgte sich um die Wahrnehmung der Medienvertreter bezüglich eines von Rudenkos geforderten Verbots.[300] Vor Prozessbeginn hatte er öffentlich garantiert, dass es keine Zensur der Berichterstattung aus Nürnberg geben werde, egal wie peinlich die Enthüllungen diplomatischer Geheimnisse durch die Angeklagten für die Alliierten werden sollten.[301] Jackson wandelte wieder auf dem schmalen Grat zwischen den Grundsätzen eines fairen Prozesses und der Gefahr, eine Plattform für nationalsozialistische Propaganda oder peinliche Enthüllungen zu bieten. Auf keinen Fall wollte er das Thema deshalb in einer öffentlichen Sitzung verhandeln. Er plädierte stattdessen für eine inoffizielle Verständigung mit den Richtern. Ohne zuvor die Position des Gerichts zu kennen, wollte er keine offizielle Eingabe machen.[302]

Bereits am 14. Dezember 1945 untersagte die „Security Section" des IMT den Verteidigern, Fragen von Korrespondenten an ihre Mandanten weiterzureichen. Das Gericht verkündete am 17. Dezember, dass es den Verteidigern verboten sei, als Vermittler zwischen ihren Mandanten und der Presse zu fungieren. Die Verteidiger selbst sollten sich die „greatest professional discretion"[303] in ihren Aussagen der Presse gegenüber auferlegen. Das Gericht betonte, dass die Presse dem Tribunal durch die weltweite mediale Verbreitung des Geschehens vor Gericht einen großen Dienst erweise, appellierte aber an die Kooperationsbereitschaft der Medienvertreter, nichts zu tun, das einem unparteiischen und fairen Verfahren zuwiderlaufe.[304]

Parallel zu Rudenkos Vorstoß gab es in den sowjetischen Medien aufgrund der Interviews heftige Kritik an der sensationslüsternen, kapitalistischen AP, worüber

---

298 Minutes of meeting of chief prosecutors, 12. Dezember 1945, TNA, FO 1019/85.

299 Ebd.

300 Ebd.

301 Jackson Frees Nazi War Trial Of Censorship, *The Washington Post*, 18. August 1945, S. 5.

302 Minutes of meeting of chief prosecutors, 12. Dezember 1945, TNA, FO 1019/85.

303 http://avalon.law.yale.edu/imt/12-17-45.asp, Paragraph 601, (zuletzt eingesehen am 29. April 2019).

304 Ebd.

wiederum die Nachrichtenagenturen berichteten.[305] Pierre J. Huss (INS) stellte es in seiner Berichterstattung so dar, als hätte das Gericht den wiederholten sowjetischen Attacken nachgegeben.[306] Das *Time Magazine* schloss sich dieser Sichtweise in einem Artikel über Zensur in der Nachkriegszeit an:

> In Nürnberg, enterprising reporters had interviewed Hermann Göring and other Nazi defendants by relaying questions through defense attorneys. The war crimes tribunal last week told counsel to cut it out; the Russians had complained.[307]

Die sowjetische Anklage und Presse hatten Fyfe und Jackson einen Dienst erwiesen. Indem die Sowjets öffentlich Stellung bezogen, nahmen sie beide aus der Schusslinie.[308]

---

305 Russian Scores AP For Goering Interview, *The Evening Sun*, 14. Dezember 1945, S. 3; AP Correspondent Attacked Over Goering Interview, *The Columbus Telegram*, 17. Dezember 1945, S. 5; Edward P. Morgan, "Synthetic" Interviews With Nazis Banned by Nuernberg Military Tribunal, *The Herald-News*, 17. Dezember 1945, S. 2; Nuernberg, 14. Dezember 1945 (AP), APCA, AP 02A.2 Foreign Bureau Correspondence, Box 7, Folder: Nuernberg; ALLIES BAR PRESS INTERVIEWS WITH NAZI DEFENDANTS, *St. Louis Post-Dispatch*, 15. Dezember 1945, S. 1; ALLIED TRIBUNAL BARS NEW QUIZ OF DEFENDANTS, *Chicago Daily Tribune*, 15. Dezember 1945, S. 5.

306 Pierre J. Huss, INTERVIEWS AT NUERNBERG BANNED BY CRIME COURT, *Marysville Journal-Tribune*, 17. Dezember 1945, S. 1; Russian Protests End in Nuernberg Interviewing Ban, *The Dispatch* (Moline, Illinois), 17. Dezember 1945, S. 18.

307 The Press: Censorship, Pro & Con, *Time Magazine*, 31. Dezember 1945, S. 58, https://time.com/vault/issue/1945-12-31/page/60/ (zuletzt eingesehen am 30. März 2020).

308 Zur erfolglosen Öffentlichkeitsarbeit der sowjetischen Anklage siehe: Hirsch, Soviets at Nuremberg.

5. Journalistische Praxis im organisationalen Kontext

In den vorangegangenen Kapiteln wurde der historische Kontext gesetzt, das infrastrukturelle Setting in Nürnberg beschrieben und die Öffentlichkeitsarbeit von Anklage und Verteidigung analysiert. Damit sind die Voraussetzungen geschaffen, um die journalistische Praxis der Korrespondenten entsprechend meiner grundlegenden Annahme in ihren organisationalen Kontexten zu untersuchen.[1]

Zahlreiche Medienorganisationen schickten Korrespondenten nach oder kauften Artikel und Beiträge aus Nürnberg von freien Journalisten ein. Die großen Nachrichtenagenturen entsandten ganze Teams von Korrespondenten, aber auch kleine, spezialisierte Nachrichtenagenturen waren in Nürnberg vertreten, wie die Overseas News Agency, die auf die Berichterstattung über Minderheiten spezialisiert war. Die großen Zeitungen Londons und in erster Linie diejenigen der US-amerikanischen Ostküste waren mit eigenen Korrespondenten in Nürnberg vertreten, ebenso die britische BBC und die US-amerikanischen Radio-Networks. Auch zahlreiche US-amerikanische und britische Zeitschriften entsandten zumindest temporär Berichterstatter zum Prozess.

Im Mittelpunkt der Untersuchung steht das Verhältnis dieser Korrespondenten zu ihren Redaktionen, deren Teil sie waren. Die Redaktionen müssen nicht als räumlicher, sondern als Handlungszusammenhang verstanden werden.[2] Die Korrespondenten und ihre Vorgesetzten in den Redaktionen waren Teil dieses organisationalen Handlungsfelds. Ihr Verhältnis ist deshalb vor dem Hintergrund der politischen Ausrichtung, der Positionierung am Markt, der Aufbau- und Ablauforganisation und der Produktionskultur der unterschiedlichen Medienorganisationen zu analysieren.[3] Die Ausgestaltung des organisationalen Handlungsfeldes konnte zwischen verschiedenen Medienorganisationen erheblich variieren.[4] Dementsprechend differierte die Ausgestaltung der Wechselwirkungsverhältnisse zwischen Korrespondenten und Redaktionen.

Welche Form der Steuerung ihrer Korrespondenten praktizierten die Redakteure? Welche Form und welche Intensität nahmen die Kommunikation zwischen Korrespondenten und Redaktionen an? Welche Autonomiespielräume wurden ihnen gewährt und wie viel Mitspracherecht besaßen die Korrespondenten bei redaktionellen Entscheidungen? Wie stark waren die Darstellungsformen, die Themen und

---

1 Altmeppen u. Arnold, Journalistik, S. 2.
2 Brüggemann, Journalistik als Kulturanalyse, S. 54.
3 Altmeppen u. Arnold, Journalistik, S. 9 ff.
4 Becker u. Vlad, News Organizations and Routines.

die Art der Inhalte grundsätzlich bereits durch die Redaktionen vorgegeben? Dabei geht es um die grundsätzlichen Fragen, was die Wahrnehmung des Geschehens vor Gericht durch die Korrespondenten strukturierte und woran diese sich bei der Wahl der Darstellungsform, der Selektion von Inhalten und gegebenenfalls der Kommentierung orientierten.

Die redaktionelle Bearbeitung der eingesandten Beiträge bildete einen weiteren wichtigen Teil des Wechselwirkungsverhältnisses. Wurden Artikel umgeschrieben, gekürzt, auf den hinteren Seiten vergraben oder wanderten gar in den Papierkorb? Die Korrespondenten verfolgten akribisch, was mit ihren Artikeln geschah, daher hatte redaktionelle Bearbeitung wiederum Auswirkungen auf ihr Verhalten.

Erst wenn man die Korrespondenten in ihren organisationalen Kontexten untersucht, ist auch die Frage nach der Bedeutung der journalistischen Rollenbilder und der Bedeutung individueller politischer Überzeugungen für die Aussagenproduktion zu beantworten. Der Ansatz berücksichtigt gleichermaßen die Akteure und die redaktionellen Strukturen, in die sie eingebunden waren. Strukturen, die einerseits ihr Handeln erst ermöglichten, sie anderseits jedoch auch stark einschränken konnten.

5.1 Die freie Journalistin Pauline Frederick: „working in the dark"

Am schärfsten trat die Bedeutung der Einbindung in redaktionelle Wechselwirkungsverhältnisse dort hervor, wo sie fehlte. Die US-Amerikanerin Pauline Frederick war als freischaffende Journalistin im November 1945 nach Europa aufgebrochen und machte Nürnberg zu ihrer Operationsbasis. In den folgenden Jahrzehnten sollte sie als Radio-Korrespondentin eine beispiellose Karriere machen.[5] Ihre Reise nach Deutschland endete jedoch im Mai 1946 als Fiasko: Deutschland und insbesondere Nürnberg waren zwar die aufregendsten Nachrichtenzentren der Nachkriegszeit, aber Frederick wusste nie, worüber sie wie schreiben sollte.

Eine Formulierung durchzieht die Korrespondenz mit ihren potenziellen Abnehmern in den Redaktionen und ihrer Agentin: „... [I]t is a little difficult working in the dark and not knowing wherein I am failing, or not, to meet market requirements."[6] Obwohl sie in Nürnberg bei einem der wichtigsten Medienereignisse der Nachkriegszeit zugegen war und Deutschland insgesamt zu der Zeit die wichtigste Quelle für Auslandsnachrichten in Europa war, hatte sie paradoxerweise Probleme, Themen zu finden, Inhalte zu selektieren und Darstellungsformen zu wählen. Ihre Stellung im journalistischen Feld als freie Korrespondentin verdeutlicht, wie

---

5 Greenwald, Reporting.
6 Pauline Frederick an Faustina Orner, 17. Januar 1946, SSC, Pauline Frederick Papers, Box 1, Folder: 13.

stark die journalistische Wahrnehmung und die Routinen durch den Organisationskontext strukturiert waren. Ohne die feste Einbindung in ein redaktionelles Wechselwirkungsverhältnis tappte Frederick im Eldorado der Auslandsnachrichten im Dunkeln. Sie verzweifelte schließlich daran, den verschiedenen thematischen, inhaltlichen und darstellerischen Ansprüchen der jeweiligen Redakteure nicht gerecht zu werden und gab im Mai 1946 frustriert auf.

Bevor Frederick nach Nürnberg aufbrach, hatte sie Absprachen mit Redakteuren unterschiedlicher Medienunternehmen in den USA und Kanada getroffen und sich der Dienste einer Agentin in New York versichert. Für die Zeitungssyndikate *Western Newspaper Union* (WNU) und *North American Newspaper Alliance* (NANA) hatte Frederick bereits früher gearbeitet. Ferner hatte sie Kontakte zum *Star Weekly*-Magazin aus Toronto geknüpft. Als sie am 2. Dezember 1945 in Nürnberg eintraf, stellte sie zudem fest, dass Robert H. Baukhage, dessen Mitarbeiterin sie lange Jahre gewesen war, immer noch für die American Broadcasting Company (ABC) vor Ort war. Sie nahm also wieder für kurze Zeit ihre Rolle als Assistentin ein und hatte damit auch den Kontakt zu ABC wieder hergestellt. Vor ihrer Abreise hatte sie lediglich eine konkrete Absprache mit Farnham Dudgeon, einem Redakteur der WNU, bezüglich einer Reportage-Serie über das Leben von Familien im Nachkriegseuropa getroffen. Fredericks Biografin hat darauf hingewiesen, dass die Journalistin selbst versuchte, gerade nicht als weibliche Korrespondentin wahrgenommen zu werden. Sie wollte an den Maßstäben ihrer männlich dominierten Profession gemessen werden und gab sich deshalb besondere Mühe, Vorurteile oder Stereotypen zu unterlaufen, die Frauen häufig begegneten. Gleichzeit fand sie aber zu Beginn ihrer Karriere häufig nur Aufträge, die sie in die Sparte der Frauen-Themen abdrängten.[7] Der Auftrag der WNU passte in dieses Muster. Abgesehen von diesem Auftrag hatte sie lediglich das Recht erwirkt, Artikelvorschläge per Telegramm als „press collect" an die Redaktionen zu schicken. Das Recht, „press collect" zu telegrafieren, bedeutete, dass die Medienunternehmen die Kosten für die Telegramme trugen, was angesichts der damaligen Preise nicht unerheblich war.

Es war nun an Frederick, Ideen für Artikel zu entwickeln oder möglichst exklusives Material zu finden, aus dem sich Texte machen ließen, um danach Anfragen an die verschiedenen Redaktionen zu schicken. Damit hatte sie bereits auf dem Weg nach Nürnberg begonnen, als sie einen Zwischenstopp in Paris eingelegt hatte und sie fuhr damit fort, während sie von Nürnberg aus durch Deutschland und Europa reiste. Die kurzen Telegramme an die Redaktionen enthielten für gewöhnlich das Thema und verwiesen auf Exklusivität, den US-amerikanischen oder kanadischen Bezug oder die Bedeutsamkeit des Artikels. Was angesichts ihrer Reisen ebenfalls

---

7 Greenwald, Reporting, S. 49 ff.

nie fehlen durfte, war ein Hinweis bezüglich der Adresse, an die die Antwort geschickt werden sollte und selbst das war keine Garantie, dass die Nachrichten sie tatsächlich erreichten. Der Redakteurin des *Star Weekly*, Jeannette Finch, bot sie einen Artikel an, für den sie in Paris Material gesammelt hatte: „Exclusive. New French food crisis depending wheat imports. Dangerous political implications. Have unreceived answer first query. Adress Press Camp Nuernberg."[8] An die Tageszeitung *Washington Star* versuchte sie, ein Interview mit Franz von Papen Jr. zu verkaufen.[9] Dieser half seinem Vater, der in Nürnberg angeklagt war, in der Rolle eines Hilfsverteidigers. Seine juristischen Kenntnisse hatte von Papen Jr. unter anderem auch an der Georgetown-Universität in Washington D.C. gesammelt. Doch wie über die Hälfte aller Anfragen wurde auch diese abgelehnt.[10] Allerdings war es selten, dass sich ein Redakteur wie Herbert F. Corn vom *Washington Star* die Mühe machte, die Absage wenigstens zu begründen. Den „local angle" habe er durchaus bemerkt, doch erstens sei darüber im *Washington Star* bereits berichtet worden und zweitens vermisse er eine kritischere Haltung gegenüber der beschönigenden Erzählung von von Papen Jr. über die Rolle seines Vaters.[11] Dies ist als Hinweis darauf zu werten, dass die These von Fredericks Biografin, diese habe zu kritisch berichtet und sei deshalb gescheitert, anzuzweifeln ist.[12] Andere Absagen fielen knapper aus. Auf einer Reise durch die britische Zone hatte Frederick am 9. Februar 1946 in Herford ein Interview mit dem für die Lebensmittelversorgung zuständigen Leiter der britischen Besatzungsmacht geführt und das fertige Produkt der NANA angeboten.[13] Die durch den NANA-Vertreter in London übermittelte Antwort fiel für Frederick verheerend aus: „FOLLOWING FROM NEWYORK QUOTE UNWANT GERMAN FOOD STORIES DISCONTINUE COLLECT QUERIES UNQUOTE"[14] Nicht nur lehnte die NANA den Artikel ab, sondern sie entzog ihr zusätzlich das Recht, Anfragen per Telegramm auf Kosten der Redaktion zu schicken, was einem Ende der Zusammenarbeit gleichkam.

Bisher hatte Frederick basierend auf Vermutungen und rudimentären Nachrichtenfaktoren Ideen für Artikel versandt und damit wenig Erfolg gehabt. Hierunter litt sie zunehmend und begann, ihre Berufswahl in Frage zu stellen, wie aus den

---

8 Frederick an Jeannette Finch, 2. Dezember 1945, SSC, Frederick Papers, Box 1, Folder: 13.
9 Frederick an Herbert F. Corn, o. D., SSC, Frederick Papers, Box 1, Folder: 13.
10 Corn an Frederick, 3. Januar 1946, SSC, Frederick Papers, Box 1, Folder: 13.
11 Ebd.
12 Greenwald, Reporting, S. 50.
13 Frederick an John Wheeler, o. D., SSC, Frederick Papers, Box 1, Folder: 13.
14 Sargint an Frederick, o. D., SSC, Frederick Papers, Box 1, Folder: 13.

Briefen an Familie und Freunde deutlich wird.[15] Wie ging sie mit diesen Problemen um? Erstens versuchte sie auf dem günstigeren postalischen Weg die Redaktionen zu kontaktieren, um statt der knappen telegrafischen Absagen ausführlichere Hinweise und Orientierung bezüglich des gewünschten Materials zu bitten:

I am looking forward to receiving the Star Weekly as I do feel as though I am operating very much in the dark as far as your needs are concerned. I would be grateful if you have any general suggestions you care to make as to the kind of material that interests you.[16]

Der Wunsch, das journalistische Produkt zu erhalten, in dem man veröffentlicht, sei es eine Zeitung, ein Magazin oder ein Nachrichtendienst, war nicht nur der freien Journalistin Frederick, sondern allen Korrespondenten eigen, wie in den folgenden Kapiteln zu sehen sein wird. Frederick erhoffte sich durch die Lektüre Hinweise und Orientierung bezüglich des gewünschten Materials, was immer mehr als Themen und Inhalte, nämlich auch Darstellungsformen und die Zeitlichkeit des Materials umfasste.

Zweitens kontaktierte sie ihre Agentin in New York, Faustina Orner, und ihren Kollegen und Mentor Baukhage, der mittlerweile wieder in den USA angekommen war.[17] Beide unterzogen Fredericks bisherige Artikel einer Kritik und nahmen eine Analyse des Marktsegments der US-amerikanischen und kanadischen Medien vor, auf das sie sich konzentrieren sollte. Damit übernahmen Orner und Baukhage eine Aufgabe, die im Wechselwirkungsverhältnis mit den Heimatredaktionen eigentlich den Redakteuren zukam. Nachrichten waren und sind relational, ihre Bedeutung ergibt sich in Relation zu den allgemeinen und medienspezifischen Nachrichten- und Themenkonjunkturen auf den verschiedenen Märkten. Wie sah Orners Einschätzung des Zeitschriftenmarktes in den USA zu Beginn des Jahres 1946 aus?

The difficulty so far is that all your material has been on the subject of the trials. Right or wrong, the American public is not much interested in them. Furthermore, the top markets here have their own correspondents at the trials and will not buy free lance material on this subject. This Week [eine syndizierte, wöchentliche Zeitungsbeilage, E. S.] has now established a policy of no controversial articles. In general, the attitude of the American public and the editors is that the War is over, let's forget it.[18]

---

15 Frederick an Baukhage, 21. Februar 1946, SSC, Frederick Papers, Box 1, Folder: 13; Frederick an ihre Eltern, 17. März 1946, SSC, Frederick Papers, Box 39, Folder: 6; Frederick an Orner, 5. April 1946, SSC, Frederick Papers, Box 1, Folder: 13.

16 Frederick an Finch, 16. April 1946, SSC, Frederick Papers, Box 1, Folder: 13.

17 Zum Verhältnis zwischen Baukhage und Frederick siehe: Greenwald, Reporting, S. 33.

18 Orner an Frederick, 4. Januar 1946, SSC, Frederick Papers, Box 1, Folder: 13.

Während sich Orner an der syndizierten Zeitungsbeilage *This Week* als Leitmedium des Frederick'schen Marktsegments orientierte, nahm Baukhage Anfang März den Nachrichtendienst der AP und eigene Erfahrungen als Vortragsreisender als Richtschnur:

> It may be true that they (the trials) are last page if any (the AP carries three quarter of a column sometimes two columns a day I notice) but I find keen interest in my lectures [...] and I devote at least a half to the trials.[19]

Viele Auslandskorrespondenten unternahmen Vortragsreisen genau zu dem Zweck, den Kontakt zu den Ansichten und Stimmungen in der Heimat, zu ihrem Publikum, nicht zu verlieren. War Baukhage bezüglich des Nürnberger Prozesses also nicht ganz entschieden, empfahl er Frederick aber auf alle Fälle das Thema Ernährungslage in Deutschland und Europa, was in jener Woche und für die folgenden „certainly the big story"[20] sei. Deshalb empfahl er ihr, den von der NANA abgelehnten Artikel über die deutsche Versorgungslage zu einem Magazinartikel auszubauen.

An diesem Punkt setzte auch ihre Agentin an. Sie kritisierte nicht nur Themen und Inhalte der bisherigen Artikel, sondern befand zudem die Darstellungsformen für ungeeignet. Im Gegensatz zu den Artikeln für die WNU und die NANA, die Tageszeitungen mit syndiziertem Material versorgten, wollte Orner Artikel von Frederick an Magazine verkaufen. Der Journalistin fehlte Orners Meinung nach die nötige Erfahrung, souverän und anlassbezogen zwischen den medienspezifischen Darstellungsformen hin und her zu wechseln:

> Another difficulty in selling the material you have been writing is that you are still writing newspaper stories and not magazine articles. The difference is very simple; a newspaper story is news and a magazine article is the story behind the news.[21]

Ein Problem, das Frederick auch von der Redakteurin des *Star Weekly* zurückgemeldet bekommen hatte[22] und das sie selbst reflektierte. Die Autorin war kein Neuling im Journalismus, aber ihre bisherige Arbeit als Assistentin von Baukhage und ihre eigenen Artikel für die NANA und die WNU in der Vergangenheit waren auf den Nachrichtenmarkt ausgerichtet und dementsprechend auch ihre Arbeits-

---

19 Baukhage an Frederick, 4. März 1946, SSC, Frederick Papers, Box 1, Folder: 13.
20 Ebd.
21 Orner an Frederick, 4. Januar 1946, SSC, Frederick Papers, Box 1, Folder: 13.
22 Finch an Frederick, o. D., SSC, Frederick Papers, Box 1, Folder: 13.

und Schreibroutinen. Sie gestand ihrer Familie, dass ihr die Umstellung schwerfalle und es eine Weile dauere „to teach an old dog (I was 38 in Brussels!!) new tricks."[23]

Sowohl ihre Agentin Orner als auch Baukhage bestärkten sie jedoch darin, dass zahlreiche mögliche Themen und Gegenstände der Berichterstattung in Deutschland und Europa zu finden seien, was aber in ihren Ohren angesichts ihrer spezifischen Probleme weniger ermutigend denn frustrierend klang:

> There are thousands of personal interest stories all over Europe, and these are the articles we discussed. Such articles must have scope and to appeal to the American public must tie in in some manner with their interests, or show how the European situation affects America.[24]

Die Ausrichtung ihrer Artikelideen für das US-amerikanische oder – im Falle des *Star Weekly* – für das kanadische Publikum hatte schon in den ersten telegrafischen Anfragen eine zentrale Rolle gespielt. Im Verlauf ihres Aufenthaltes in Europa betonte Frederick noch stärker die nationalen Perspektiven bei der Auswahl und Anpreisung ihrer Artikel. Aus Kopenhagen, wohin sie auf Einladung der dänischen Regierung reiste, bot sie dem *Star Weekly* einen bunten Strauß von Themen mit Bezug zu Kanada von der Wiederaufnahme der dänisch-kanadischen diplomatischen Beziehungen bis zur Hilfe Dänemarks bei der Suche nach Soldaten der kanadischen Luftwaffe.[25] Der NANA bot sie aus Kopenhagen einen Artikel über die Bedeutung des US-Dollars für die dänische Wirtschaft an und aus Heidelberg einen Text über den Tod von General George S. Patton an.[26] Der ABC versuchte sie einen Beitrag über die Ankunft der Familien US-amerikanischer Besatzungssoldaten in Bremerhaven zu verkaufen.[27]

Was bedeutete dieses Vorgehen für ihre Berichterstattung über den Nürnberger Prozess? Abgesehen davon, dass Frederick nach den Hinweisen von Orner und Baukhage ihre Anstrengungen, aus Nürnberg zu berichten, allgemein stark reduzierte, zeigt sich doch über den gesamten Zeitraum ein für die Mehrheit der US-amerikanischen Korrespondenten typisches Muster, wenn man sich allein die Zeiten ihrer Anwesenheit vor Ort anschaut: Frederick traf in Nürnberg ein, als die US-amerikanische Anklage in vollem Gange war. Noch bevor zumindest die britische Anklage abgeschlossen war, urteilte sie, dass der Prozess nun in eine „dead

---

23 Frederick an ihre Eltern, 21. Februar 1946, SSC, Frederick Papers, Box 39, Folder: 6.
24 Orner an Frederick, 4. Januar 1946, SSC, Frederick Papers, Box 1, Folder: 13.
25 Frederick an Finch, o. D., SSC, Frederick Papers, Box 1, Folder: 13.
26 Frederick an John Wheeler, 21. Dezember 1945, SSC, Frederick Papers, Box 1, Folder: 13; Frederick an ihre Eltern, 11. Februar 1946, SSC, Frederick Papers, Box 39, Folder: 6.
27 Frederick an Velotta, 13. April 1946, SSC, Frederick Papers, Box 1, Folder: 13.

phase"[28] trete, den Beteiligten auf die Nerven gehe und sie bis zum Beginn von Görings Verteidigung auf Reisen gehe wolle.[29] Dementsprechend verließ sie am 20. Januar 1946 Nürnberg und kam pünktlich zum Beginn der Verteidigung am 7. März zurück. Noch bevor Görings Verteidigung ganz vorüber war, urteilte sie wiederum mit größter Selbstverständlichkeit:

> His [Görings, E. S.] defense case will have taken two weeks before it is finally concluded. Of course, his will be the longest – but there are some estimates now that the trial will run as long as September. Of course, everyone is getting very bored with it and many of the correspondents are leaving for other parts of Europe.[30]

Allein die Zeiten ihrer Anwesenheit in Nürnberg verraten auch ohne Blick auf die Themen und Inhalte ihrer Berichte, dass Frederick außer der US-amerikanischen Anklage und der Verteidigung des wichtigsten Angeklagten nichts vom Prozess gesehen hat. Insofern überrascht es nicht, dass in ihrer gesamten Kommunikation mit den zahlreichen Redaktionen, der Agentin, den Kollegen sowie den Freunden und Familienmitgliedern nicht ein Wort über Briten, Franzosen oder Sowjets beim Prozess fiel und kein Angeklagter außer Göring erwähnt wurde.

John Wheeler, dem Redakteur der NANA, bot sie einen exklusiven Artikel über eine bevorstehende sensationelle Eingabe der Verteidigung in Nürnberg an, ferner exklusive, Göring belastende Dokumente sowie einen Artikel über Görings Ansichten darüber, warum es nicht gelungen war, die USA zu bombardieren.[31] Die beiden letzteren Artikel kaufte die NANA.

Frederick versuchte mit wachsender Verzweiflung, den Themenkonjunkturen und Perspektiven der US-amerikanischen und kanadischen Nachrichten- und Magazinmärkte zu folgen. Da sie als freie Journalistin ohne große Reputation auf der untersten Hierarchiestufe des journalistischen Feldes angesiedelt war, fanden sich diese Themenkonjunkturen und Perspektiven in Fredericks Praxis in Reinkultur. Sie war in keiner der Redaktionen, für die sie schrieb, sozialisiert worden, war also mit den spezifischen Produktionskulturen wenig vertraut. Auch konnte sie

---

28 Frederick an Orner, 17. Januar 1946, SSC, Frederick Papers, Box 1, Folder: 13.

29 Frederick an ihre Eltern, 28. Januar 1946, SSC, Frederick Papers, Box 39, Folder: 6; Frederick an Orner, 17. Januar 1946, SSC, Frederick Papers, Box 1, Folder: 13.

30 Frederick an ihre Eltern, 21. März 1946, SSC, Frederick Papers, Box 39, Folder: 6.

31 Frederick an John Wheeler, o. D., SSC, Frederick Papers, Box 1, Folder: 13; Frederick an Sargint, 22. Dezember 1945, SSC, Frederick Papers, Box 1, Folder: 15; Frederick an Sargint, 16. Januar 1946, SSC, Frederick Papers, Box 1, Folder: 13; Frederick an John Wheeler, o. D., SSC, Frederick Papers, Box 1, Folder: 15; Frederick an Sargint, o. D., SSC, Frederick Papers, Box 1, Folder: 13; Frederick an John Wheeler, 28. Dezember 1945, SSC, Frederick Papers, Box 1, Folder: 15.

nicht auf funktionierende redaktionelle Wechselwirkungsverhältnisse bauen. Redaktionelle Strukturen konnten das Handeln der Korrespondenten zwar erheblich einschränken, wie in den folgenden Kapiteln noch zu sehen sein wird, doch ermöglichten sie gleichzeitig journalistisches Handeln.[32] Sie konnten dabei helfen, aus der Konfrontation mit den von Frederick und ihren Korrespondenzpartnern so oft beschworenen Möglichkeiten für Artikel tatsächlich Artikel zu veröffentlichen. Agentin und Mentor versuchten, die Rolle der redaktionellen Anleitung so gut sie konnten auszufüllen. Frederick selbst suchte Rat und Orientierung im Gespräch mit erfahrenen Kollegen in Nürnberg.[33] Auch fehlte in den Redaktionen im Falle der freien Journalistin der wirtschaftliche Anreiz, der ansonsten darin besteht, die Produkte einer eigenen Korrespondentin zu nutzen, in die man investiert hatte. Die WNU hatte lediglich ihre Akkreditierung übernommen, aber keine Medienorganisation hatte im Vorfeld die Reise finanziell unterstützt. Völlig frustriert gab sie schließlich im Mai 1946 auf und gebrauchte wieder ihre häufig verwendete Formulierung, im Dunkeln zu arbeiten:

I've made up my mind that I'm coming home soon. [...] there seems to be no point wasting my time working in the dark. After all, with all the attempts to make this existence comfortable, it has its rugged aspects, and I'm ready to give it up if there isn't a lot of remuneration coming out of it.[34]

Die journalistische Wahrnehmung und die Routinen waren in hohem Maß von den Marktanforderungen vermittelt über die Redaktionen geprägt. Die potenziellen Auftraggeber in den Heimatredaktionen der USA und Kanadas strukturierten die journalistische Wahrnehmung und die Routinen entsprechend des Mediums, der Berichterstattungsform und der Themen. Ohne diese redaktionelle Strukturierung tappte Frederick tatsächlich im Dunkeln.

---

32 Baukhage stellte die Strukturen der großen Redaktionen in der Korrespondenz mit Frederick als handlungsermöglichend dar. Siehe: Baukhage an Frederick, 20. März [1946], SSC, Pauline Frederick Papers, Box 1, Folder: 13.

33 Frederick wandte sich an Tania Long und Raymond Daniell, die für die *New York Times* aus Nürnberg berichteten. In der Korrespondenz mit ihrer Agentin nutzte sie die Urteile von Long und Daniell, um ihrer Agentin implizit Versagen vorzuwerfen und ihr die Schuld am eigenen Scheitern zuzuschreiben. Siehe: Frederick an Orner, 5. April 1946, SSC, Frederick Papers, Box 1, Folder: 13.

34 Frederick an ihre Schwester, 23. April 1946, SSC, Frederick Papers, Box 39, Folder: 6.

5.2 Die Associated Press

Den denkbar stärksten Gegensatz zur freien Journalistin Frederick bildete die journalistische Praxis der AP-Korrespondenten. War jene auf sich allein gestellt und versuchte, bei zunehmender Frustration Anleitung und Orientierung von ihren Korrespondenzpartnern zu erhalten, so war das neunköpfige Team der AP-Korrespondenten in eine hoch arbeitsteilige und weltweit operierende Nachrichtenorganisation eingebunden.

Die AP belieferte Ende 1945 insgesamt 2604 Zeitungen und Radiostationen in aller Welt mit Nachrichten und Fotos. Allein von London nach New York sendete die AP 7.000.000 Wörter über private Kabel- und Funkverbindungen und schickte 2.500.000 Wörter in die andere Richtung zur Distribution in der östlichen Hemisphäre. Dafür beschäftigte die AP in den USA 1050 Journalisten sowie 700 Auslandskorrespondenten und weitere Angestellte in Büros überall auf der Welt.[35]

Die nicht-kommerzielle, genossenschaftliche AP verfolgte seit 1944 einen internationalen Expansionskurs in Europa, Asien und dem Nahen Osten.[36] Die Erschließung dieser Märkte war mit erheblichen Kosten und Aufwand verbunden. Neben der Akquise von Kunden mussten Strukturen errichtet werden, um Kunden in verschiedenen Ländern mit den Diensten der AP beliefern zu können. Eine Kommunikationsinfrastruktur musste aufgebaut und Büros gegründet oder erweitert werden, da neben dem Sammeln von Nachrichten nun deren Distribution hinzukam. Das notwendige Personal musste ausgebildet und entsendet werden. 1945 schickte der „General Manager" der AP Cooper allein 50 Korrespondenten und Fotografen ins Ausland. Insofern war die Organisation der AP während der Dauer des Nürnberger Prozesses großem Druck und erheblichen Veränderungen ausgesetzt. Die 50 Journalisten waren aber laut Cooper nicht das einzige, was die AP in die Welt hinausschickte:

> The expansion of news, feature, and photo activities on a global scale has carried with it The AP's virtues of objectivity, truthfulness, impartiality and accuracy, and thus has contributed in spreading the doctrine of a free press to all peoples hungry for unbiased information.[37]

Die AP hatte sich dem objektivistischen Journalismus verschrieben und Cooper sah sich berufen, als „Executive Director" der größten US-amerikanischen Nachrich-

---

35 Cooper, Report of the Executive Director, S. 114f., 117, 119; zur Geschichte der AP siehe: Silberstein-Loeb, The international distribution of news.

36 Gene Allen, Catching up with the competition. The international expansion of Associated Press, 1920–1945, in: Journalism Studies, 2015, DOI: 10.1080/1461670X.2015.1017410.

37 Cooper, Report of the Executive Director, S. 90.

tenagentur die Ideale der AP und die Doktrin der Freiheit der Presse zu weltweiter Geltung zu bringen.[38]

Da die AP ihre neuen Märkte im Gefolge der US-Armeen eroberte, liegt eine polit-ökonomische Lesart ihres Expansionsstrebens nahe. Im Gleichschritt mit der Expansion der weltweiten Einflussnahme der USA hat auch die AP im Bereich der Informationsmedien als Agent des US-amerikanischen Imperialismus ihren Zugriff auf die Länder der Welt erweitert.[39] Eine ergänzende Erklärung hat Gene Allen vorgeschlagen. Die Motive der Akteure untersuchend kommt er zu dem Schluss, dass es in erster Linie die Konkurrenz durch die UP gewesen sei, die zum Expansionskurs führte. Diese hatte praktisch bereits seit ihrer Gründung ihre Produkte ins Ausland verkauft. Durch die Kooperation mit Zeitungen im Ausland hatte die UP einen besseren Auslandsnachrichtendienst für ihre Kunden in den USA bereitstellen können. Mit den Gewinnen aus diesem Geschäft finanzierte sie die Expansion auf dem Heimatmarkt in den USA und begann, die führende Stellung der AP zu untergraben.[40] Der Nürnberger Prozess als wichtigstes Medienereignis in der unmittelbaren Nachkriegszeit wurde daher zum Schauplatz des Konkurrenzkampfes zwischen den beiden Nachrichtenagenturen.

Im ersten Unterkapitel werde ich das organisationale Handlungsfeld darstellen, innerhalb dessen ich das Wechselwirkungsverhältnis zwischen den Korrespondenten in Nürnberg und den Redaktionen in London und New York untersuche. Vor diesem Hintergrund werde ich im zweiten Unterkapitel anhand zweier sehr unterschiedlicher AP-Korrespondenten der Frage nachgehen, welche Handlungsrelevanz dem journalistischen Rollenselbstverständnis der Korrespondenten im organisationalen Handlungsfeld der AP zukam. Im dritten Unterkapitel geht es abschließend um die Frage, welche nicht-intendierten Folgen die Anwesenheit von über 300 miteinander konkurrierenden Korrespondenten in Nürnberg hatte – also Auswirkungen, die weder in den Kommunikationsabsichten der Korrespondenten noch in den Zielen der Organisationen angelegt waren.

5.2.1 Nürnberg – London – New York: Die Praxis der AP-Korrespondenten im redaktionellen Kontext

Der US-amerikanische Chefankläger Robert Jackson gab am 29. Oktober 1945 in Nürnberg eine Pressekonferenz, auf der er verkündete, dass sich die Angeklagten Franz von Papen und Baldur von Schirach Verteidiger genommen hätten. Die kurz

---

38 Siehe dazu auch Coopers Memoiren: Kent Cooper, The Right to Know. An Exposition of the Evils of News Suppression and Propaganda, New York 1956.

39 Oliver Boyd-Barrett, Media Imperialism Reformulated, in: Daya Kishan Thussu (Hg.), Electronic Empires. Global Media and Local Resistance, London 1998, S. 157–176.

40 Allen, Catching up with the competition, S. 2 f.

darauf in der deutschen Ausgabe von *Stars & Stripes* über die Pressekonferenz abgedruckte AP-Meldung besagte allerdings, von Papen und von Schirach wären von den Angeklagten als Anwälte genommen worden. Der deutsche Büroleiter der AP Gallagher musste sich daraufhin bei Jackson entschuldigen und die *Stars & Stripes* bitten, eine Richtigstellung zu drucken.[41] Was war passiert? Es stellte sich heraus, dass Gallaghers ursprüngliche Meldung aus Nürnberg erst in New York von einem „sub-editor" des „AP World desk" gekürzt („skeletonized"[42]) und dann auf das „wire" zum „AP World desk" nach London geschickt worden war, wo der nächste „sub-editor" die Nachricht umschrieb und den Sinn entstellte:

> This mixup resulted when APWorld relayed Gallaghers bulletin to London as follows: "Jackson announced vonpapen vonschirach chosen defense counsel [...]" I don't know how that could be interpreted except that two of the defendants had chosen defense counsel, but the London APWorld desk apparently succeeded in making the defendants defense counselors.[43]

Die Nachricht, die ihren Ursprung in Deutschland genommen hatte, wurde in New York und London umgeschrieben und produzierte, wieder nach Deutschland zurückgekehrt, eine Falschmeldung. Die Ablauforganisation glich in diesem Fall eher einer Form von „Stille Post".

Wie funktionierte die Einbindung der Korrespondenten vor Ort in die Ablauforganisation einer weltweit sammelnden und distribuierenden Nachrichtenagentur? Wie gestalteten sich die Wechselwirkungen zwischen den Korrespondenten der AP mit der Redaktion und welche Auswirkungen hatte die enge Einbindung in die redaktionellen Strukturen auf die Praxis und die Autonomiespielräume der Agenturkorrespondenten in Nürnberg?

Als erstes muss man die Fragestellung ergänzen und nach den Wechselwirkungen der Korrespondenten mit den Redaktionen (Plural!) fragen, denn im Gegensatz zu den Zeitungs-, Magazin- und Radiojournalisten mussten sich die AP-Korrespondenten mit mehreren Redaktionen koordinieren. Zum einen mit dem für das „A-wire" zuständigen „AP general desk" und dem für den AP World Service zuständigen „AP World desk" in New York, zum anderen mit der AP-Redaktion in London, wo es ebenfalls einen „general desk" und einen „AP World desk" gab.

---

41 Gallagher an Victor Hackler, 1. November 1945, APAC, AP 02A.2 Foreign Bureau Correspondence, Box 6, Folder: Berlin Aug.–Dec.
42 Hackler an Gallagher, 6. November 1945, ebd.
43 Bassett an Gould, 13. November 1945, ebd.

Der Grund hierfür lag darin, dass London sowohl eine „relay station"[44] für die Nachrichten aus als auch verantwortlich für die Distribution des AP World Services in Europa war.

Bevor ich damit beginne, die Wechselwirkungen mit Hilfe des Nürnberger Prozesses im Detail zu untersuchen, bedarf es einer Rekonstruktion der hoch arbeitsteiligen Aufbau- und Ablauforganisation der AP.[45] Damit sind einerseits die involvierten Redaktionen, die unterschiedlichen journalistischen Rollen und die Entscheidungsinstanzen, andererseits die grundsätzlichen Wege und Bearbeitungsschritte einer Nachricht im Produktionsprozess gemeint. Die organisationalen Settings und die Zuständigkeiten waren angesichts der Umstellung von Kriegs- auf Friedensbedingungen und des sich immer noch im Aufbau befindlichen AP World Service keinesfalls gefestigt und etabliert.

Zeitgleich mit dem Beginn des Prozesses führten die Redakteure und Manager in New York, London, Paris und Berlin eine Debatte über die Funktionen des Londoner „relay desk" beim Sammeln und Distribuieren von Nachrichten in Europa. Solche Fragen waren immer auch Machtfragen. Zuständigkeiten und Hierarchien zwischen Büros und zwischen Redakteuren und Korrespondenten wurden neu aufgeteilt.

Victor Hackler, der verantwortliche „news editor" in London, stand in der Kritik. Die New Yorker Redaktion hatte den „London report", also sämtliche von London nach New York übermittelten Meldungen aus Europa, einer quantitativen und qualitativen Evaluierung unterzogen. Das Ergebnis war nicht zufriedenstellend.[46] Hackler geriet unter Rechtfertigungsdruck. Er weigerte sich, für die Quantität und Qualität des „London report" verantwortlich gemacht zu werden. Bisher, so Hackler, hätten er und seine Mitarbeiter darauf verzichtet, die Berichte der europäischen Korrespondenten zu kürzen, umzuschreiben oder auszusortieren. Alles sei nach New York weitergeleitet worden, sonst hätten sich die anderen Büros beschwert. Solle er die Fehler beheben, müsse eine andere Regelung gefunden werden:

The London desk will relay only what it thinks New York wants, needs and will use. It will trim, rewrite and discard, just like any filing desk at home. The editors, of course, will be held to account for their news judgment, just like any other wire editor, but they

---

44 „Relay: receiving a story on one wire and sending it on another." Diese Definition findet sich in: Breaking News. How the Associated Press has covered war, peace, and everything else, hg. v. Associated Press, New York 2007, Kapitel: Glossary of Wire Service Terms.

45 Altmeppen u. Arnold, Journalistik, S. 13 ff.

46 Bunnelle an Hackler, 12. September 1945, APCA, AP 02A.2 Foreign Bureau Correspondence, Box 5, Folder: London Office July–Sept.

will not be expected to relay every story in full just because it came in by cable, and at considerable expense.[47]

Gould bestätigte diese Regelung in einem Rundschreiben an alle europäischen Büros. Relman Morin, der Pariser Bürochef, ging sogar noch weiter. Er forderte, London sollte allein verantwortlich für die Nachrichten aus Europa sein. Die Meldungen sollten direkt, ohne nochmalige redaktionelle Bearbeitung in New York in den Nachrichtendienst eingespeist werden.[48]

Von Gallagher aus Deutschland kam entschiedener Widerspruch. Nichts könne die Moral und den Stolz der Korrespondenten stärker untergraben und mehr Konflikte zwischen den Büros verursachen als die Institutionalisierung Londons „as a second cable desk".[49] Gallagher fürchtete, dass beim Umschreiben, Kürzen und Aussortieren in London zudem eine britische Perspektive einfließe. Dadurch sah er den fundamentalen Grundsatz der AP verletzt, dass der Mann vor Ort immer am besten Bescheid wisse.[50] Gallagher konnte auf mehrere Beispiele aus dem Zweiten Weltkrieg verweisen, in denen die Berichte von europäischen Kriegsschauplätzen am Londoner „relay desk" aus britischer Perspektive umgeschrieben worden waren. Eine Wiederholung solcher Vorkommnisse in der „delicate political situation now existing in Europe"[51] wäre verheerend für die AP. Und da das Londoner Büro als Ausbildungsstätte für unerfahrene US-amerikanische Auslandskorrespondenten diene, habe „the most recent newcomer to Europe"[52] nun das letzte Wort über Artikel von erfahrenen Korrespondenten.

Gallaghers letzter Kritikpunkt richtete sich gegen die redaktionelle Bearbeitung von Artikeln durch „rewriter" und „headline writer" im Allgemeinen, die bei ihren Versuchen, einen besonderen Aufmacher zu finden oder den Artikel zu verbessern, dessen ursprüngliche Aussage entstellten. Durchlaufe ein Artikel diese Prozedur zweimal, in London und New York, konnte für ihn das Ergebnis nur doppelt so schlimm sein. Am Ende dieses „„mechanical' typewriter journalism", in dem ein Artikel durch mindestens drei Hände gegangen sei, stehe eine textbuchartige Konformität.[53]

Gallagher kämpfte um Autonomiespielräume und eine gewisse Kontrolle über seine journalistischen Produkte. Die Autorität der New Yorker Redaktion musste

---

47 Hackler an Gould, 24. September 1945, ebd.
48 Morin an Gould, 16. Oktober 1945, APCA, AP 02A.2 Foreign Bureau Correspondence, Box 5, Folder: London Office Oct.–Dec.
49 Gallagher an Gould, 12. Oktober 1945, ebd.
50 Ebd.
51 Ebd.
52 Ebd.
53 Ebd.

er zwangsläufig anerkennen. Aber seine Chancen, mit Artikeln aus Deutschland auf das „A-wire" zu gelangen, wollte er sich nicht von einem anderen, ihm formal gleichgestellten Bürochef diktieren lassen. „Since I am going to London tomorrow I will deliver a copy of this to Vic [Victor Hackler, London „news editor", E. S.] personally and we can fight a duel on Fleet street."[54] Wie schon in der Planungsphase zur Berichterstattung zu den Nürnberger Prozessen traten deutlich die Konkurrenzverhältnisse innerhalb der Organisation zum Vorschein, die nur mühsam von der New Yorker Zentrale beherrscht werden konnten.

Bevor der „Assistant General Manager" Gould jedoch ein Machtwort in der Sache sprach, holte er die Meinung des „Acting Foreign News Editor" in New York, Ben Bassett, ein. Dieser nahm in seinem Memorandum Bezug auf Gallaghers Brief, weshalb die mit den unterschiedlichen Rollen des Korrespondenten und des Redakteurs verbundene Perspektivendifferenz deutlich zum Vorschein kam.[55] Genau wie Gallagher bezog er sich sowohl auf die konkrete Frage der Zuständigkeiten des Londoner „relay desk" als auch auf die allgemeine Auseinandersetzung zwischen Korrespondent und Redakteur.

Für ihn stand fest, dass London aufgrund seiner doppelten Funktion als Relaisstation und Verteiler des World Service mehr und mehr zum Zentrum der Nachrichtenströme werde. Im dortigen AP-Büro arbeiteten zu dem Zeitpunkt bereits 29 Journalisten am „general desk", 13 am „world desk" und acht am „domestic desk".[56] Die Korrespondenten könnten schlicht nicht alle Meldungen aus Europa nach New York weiterleiten. London müsse kürzen und aussortieren. In Friedenszeiten könne London diese Rolle durchaus übernehmen, Gallagher sei in seinem Denken den Kriegsbedingungen verhaftet. Allerdings sollte sich beim Kürzen und Umschreiben auf Artikel konzentrieren werden, die nicht politischer Natur seien. Als Beispiel nannte er den Bergen-Belsen-Prozess der Briten. Das Interesse in den USA gehe zurück, doch in Großbritannien halte es weiter an. Dementsprechend habe man den Korrespondenten vor Ort erlaubt, weiter Meldungen nach London zu schicken, aber dem dortigen Büro untersagt, diese Meldungen nach New York weiterzuleiten.[57]

Im zweiten Teil des Memorandums trat die Perspektivendifferenz zwischen Redaktion und Korrespondenten im Allgemeinen zum Vorschein. Habe der Korrespondent ein Thema vor Augen, in das er Zeit und Mühen investiert habe, müsse

---

54 Ebd.

55 Bassett an Gould, 24. Oktober 1945, APCA, AP 02A.2 Foreign Bureau Correspondence, Box 5, Folder: London Office Oct.–Dec.

56 Kent Cooper an Bunnelle, 19. Februar 1946, APCA, AP 02A.2 Foreign Bureau Correspondence Box 3, Folder: London Jan + Feb 1946.

57 Bassett an Gould, 24. Oktober 1945, APCA, AP 02A.2 Foreign Bureau Correspondence, Box 5, Folder: London Office Oct.–Dec.

der Redakteur die gesamte Nachrichtenlage eines spezifischen Tages vor Augen haben. Und da der Platz auf dem AP-Kabel und in den Zeitungen begrenzt sei, müsse er Meldungen immer in Relation zu den anderen Meldungen des Tages sehen und dementsprechend abwägen:

> When there is a heavy Washington file, as on the day of presidential message, it is better to send 300 words of the original cable than to lose all 600. And sometimes rewriting can do that more skillfully than mere bobtailing.[58]

Bassett argumentierte aus der Perspektive des Redakteurs und verteidigte die Notwendigkeit, nicht nur zu kürzen, sondern auch umzuschreiben. Diese Perspektive eines Redakteurs, der eine redaktionell bearbeitete Auswahl auf das Kabel von London nach New York bringen muss, kann man in den Briefen des AP-Korrespondenten Don Doane studieren. Doane war einer jener „most recent newcomer[s] to Europe"[59], der zuerst im Londoner Büro eingesetzt wurde und später auch noch aus Nürnberg als Korrespondent berichten sollte. Er schilderte seine Tätigkeiten als einer der 29 Journalisten am Londoner „general desk" in einem Brief an seine Eltern, was einen seltenen Einblick in die Praxis der „rank and file" unter den Redakteuren ermöglicht:

> Here's what the job is: When I go to work its about 7 p.m. in New York and 4 p.m. on the west coast, so I am aiming entirely at morning papers for the first few hours. Then I begin to look for stories for early editions of afternoon papers next day. Any good story that happened last night I rewrite (and freshen up if possible) for the next afternoons papers. Also watch for good features that can be moved early on the wire while the day's news is just beginning to develop. Always, of course, I have to keep bulletin protection on any new story that develops, since we have papers and radio stations active clear around the clock. Physically there's a lot of work involved merely in reading these successive editions of six morning newspapers which reach the desk during the night, picking up from them any good stories we haven't had and watching for editorials that might make news. Also have to scan two financial newspapers every night for stories of interest either in North or South America. At the same time, of course, I edit and relay any stories coming in from our correspondents in Ireland, Norway, Sweden, Denmark, Belgium, Holland, France, Germany, Austria, Jugoslavia, Greece, Spain, Italy, the Middle East and Africa. Fortunately they don't all become garrulous at once—especially in the middle of the night.[60]

---

58 Ebd.
59 Gallagher an Gould, 12. Oktober 1945, ebd.
60 Don Doane an seine Familie, 18. Juli 1945, Don Doane Letters from Europe 1945–1952, edited 2016 by William Urban (unveröffentlichtes Manuskript); es finden sich noch zahlreiche weitere

Genau um diese Arbeit von Doane am Londoner „relay desk" ging die Debatte: die redaktionelle Bearbeitung und Weiterleitung von Korrespondentenmeldungen aus Europa, während er gleichzeitig Nachrichten und Features aus Großbritannien übermittelte, zahlreiche Zeitungen durchkämmte, unterschiedliche Kundeninteressen der Morgen- und Abendzeitungen einkalkulierte und sicherstellte, dass die AP im Kampf mit der Konkurrenz kein wichtiges Bulletin versäumte.

An Gould war es nun, eine Entscheidung über die Zuständigkeiten Doanes und seiner Kollegen in London zu treffen und eine „passage of arms in Fleet Street"[61] zwischen den Bürochefs zu vermeiden. In einem Schreiben an Gallagher inklusive Kopie des Memorandums von Bassett, die in Kopie auch an Hackler in London und Morin in Paris gingen, legte Gould schließlich Ende Oktober seine Entscheidung dar.[62] Da die wichtigsten inhaltlichen Punkte Bassetts Memorandum zu entnehmen waren, beschränkte er sich auf zwei grundsätzliche Punkte. Erstens betonte Gould nach dem Ausbruch der Rivalitäten zwischen den Bürochefs die Notwendigkeit zur Zusammenarbeit. Und zweitens unterstrich er nochmals Bassetts Einschätzung der Bedeutung Londons als Kommunikationsknotenpunkt. Nach Beilegung der Debatte fasste Bunnelle, der Londoner Bürochef, die Situation gegenüber dem „General Manager" Cooper am 23. November 1945 wie folgt zusammen:

> Present world communications make the London bureau the European divisional head-quarters for news and newsphoto collection and distribution. It oversees relays to America, Europe and the East, refines the report, backstops failures, checks the questionable, edits the overwritten, clarifies the obscure and makes suggestions on coverage. As the eastern hemisphere New York-cum-Washington, it deals quickly and intimately with foreign bureau matters which otherwise would involve costly delays. By actual count, the London bureau is presently weeding out of the westbound relay file alone approximately 50,000 waste words weekly. It acts, in fact, as an advance Cable and General Desk.[63]

Wie sehr die Frage der Zuständigkeiten des Londoner „relay desk" auch eine Macht- und Interessenfrage war, wird im folgenden Teil des Briefes deutlich. Bunnelle forderte, ihn angesichts seiner Aufgaben zum Managing Executive zu machen und die bisherige geografische Beschränkung auf das Vereinigte Königreich fallen zu

---

Beschreibungen seiner Arbeit als Redakteur in den Briefen, siehe: Doane an seine Familie, 9. Februar 1945, ebd.; Doane an seine Familie, 11. März 1945, ebd.

61 Gould an Gallagher, 26. Oktober 1945, APCA, AP 02A.2 Foreign Bureau Correspondence, Box 5, Folder: London Office Oct.–Dec.

62 Ebd.

63 Bunnelle an Kent Cooper, 23. November 1945, APCA, AP 02A.2 Foreign Bureau Correspondence Box 3, Folder: London Jan + Feb 1946.

lassen.[64] Auch wenn dieser Vorstoß nicht von Erfolg gekrönt war, war doch die Ablauforganisation von der Hierarchie sanktioniert und Londons Verantwortung für die europäischen Meldungen etabliert worden. Wie wichtig London war, ist bereits aus der von Bunnelle genannten Zahl von 50.000 gekürzten Wörtern pro Woche aus den Meldungen der europäischen Korrespondenten ersichtlich.

Auch die folgende Untersuchung der Wechselwirkungsverhältnisse am Beispiel des Nürnberger Prozesses unterstreicht die Bedeutung Londons in seiner Doppelfunktion als Relaisstation und Verteiler für den AP World Service neben der übergeordneten New Yorker Redaktion.

Nachdem ich das organisationale Setting in groben Zügen rekonstruiert habe, stellt sich nun die Frage, wie die Wechselwirkungsbeziehungen zwischen den AP-Korrespondenten und ihren Redaktionen konkret aussahen und welche Bedeutung die redaktionelle Einbindung für die journalistische Praxis der Korrespondenten in Nürnberg hatte. Dabei ging es nicht nur um die nachträgliche redaktionelle Bearbeitung des Gesendeten, sondern auch um die zum Teil detaillierte Steuerung der Berichterstattung durch die Redaktionen. Nur die Redaktionen in New York und London konnten die Meldungen in Relation zu den Nachrichten des Tages setzen und die Themenkonjunkturen sowie die Nachfrage auf den Absatzmärkten beurteilen. Letztlich entschieden die Redakteure, was in welcher Form an die Kunden versandt wurde, weshalb sie aufgrund ihres Wissens und ihrer Stellung im Produktionsprozess im Verhältnis zu den Korrespondenten die Oberhand besaßen.

Im Falle des Nürnberger Prozesses bestanden, wie bereits herausgearbeitet, enge Wechselwirkungsverhältnisse mit dem Management und den Redaktionen in New York und London. Neben den grundsätzlichen Personalentscheidungen waren die Darstellungsformen, Themen, Inhalte und das Volumen der Berichterstattung sowie nicht selten auch die Wahl der Kommunikationswege Gegenstand von Aushandlungsprozessen. Dabei sind zwei Wege der Koordination mit den Korrespondenten zu unterscheiden.

Bei planbaren Ereignissen wie dem Nürnberger Prozess griffen die Redakteure auf detaillierte Planung und direkte Steuerung der Berichterstattung zurück. Doch waren nicht alle nachrichtenwürdigen Ereignisse solange im Voraus absehbar und der dem Journalismus inhärente Zeitdruck lässt bei unvorhergesehenen Ereignissen kaum eine detaillierte Steuerung zu. In solchen Momenten mussten die Redakteure darauf vertrauen, dass die Korrespondenten unter extremem Zeit- und Konkurrenzdruck sowie keinesfalls perfekten Kommunikationsbedingungen selbstständig arbeiteten und die richtigen Entscheidungen im Sinne der Organisation trafen. Grundlegende Voraussetzung war die Vertrautheit der Korrespondenten mit den Routinen und Normen ihrer Profession sowie deren organisationsspezifischen

---

64 Kent Cooper an Bunnelle, 27. November 1945, ebd.

Adaptionen. Wo auch immer sie ursprünglich ihr Handwerk gelernt hatten, durchliefen die Korrespondenten zusätzlich, wie am Beispiel Doanes bereits gesehen, vor ihrem ersten Einsatz verschiedene Redaktionen innerhalb der AP, um mit der AP-spezifischen Produktionskultur vertraut zu werden.

Doch das wesentliche Element der indirekten Steuerung war die Einbindung der Korrespondenten in eine permanente Feedback-Schleife, die den Abgleich dessen, was gesendet wurde, mit dem, was auf das „wire" kam und mit dem, was schließlich von den Kunden gedruckt wurde, beinhaltete. Das Feedback konnte unterschiedliche Formen annehmen: Analysen der Berichterstattung durch das Management, komplette Kopien des „A-wires", Ausschnittsammlungen verschiedener Zeitungen einer Woche zu einem Thema oder sogenannte „weekly ‚logsheets'", die extra für diesen Zweck erstellt wurden, wie Cooper in seinem Jahresbericht für das Jahr 1945 schrieb.[65] Dies waren verschiedene Wege, um die Anforderungen der Redaktionen und Absatzmärkte unter Einsatz großer Ressourcen an die Korrespondenten zurückzuspiegeln.

Diese permanente Evaluierung übte einen enormen Druck auf die Korrespondenten aus. Sie wollten ihre Artikel gedruckt sehen, am besten versehen mit ihrer „byline". Um dem Erfolgsdruck gerecht zu werden, orientierten sie sich bei der Auswahl ihrer Themen und beim Schreiben ihrer Artikel an den Evaluierungsergebnissen. Die Folge war ein hohes Maß an Selbstreferentialität, das in den Strukturen und Routinen angelegt war. Konfrontiert mit dem Geschehen vor Ort, orientierten sich die Korrespondenten an den direkten redaktionellen Anweisungen und den Evaluierungsergebnissen, wenn sie sich fragten, worüber sie wie mit Aussicht auf Erfolg schreiben sollten.

In der Folge geht es darum, diese direkte und indirekte Steuerung der Korrespondenten am Beispiel des Nürnberger Prozesses zu untersuchen. Beginnend mit Formen der direkten Steuerung möchte ich erstens herausarbeiten, wie diese Form der Steuerung funktioniert. Was genau ist Gegenstand der Steuerung? Woran orientieren sich die Redakteure ihrerseits, wenn sie die Korrespondenten vor Ort unterwiesen? Welche Freiräume gab es für die Korrespondenten? Zweitens gilt es, vermittelt über die direkte Steuerung auch inhaltliche Aussagen zur Berichterstattung zu machen. Wie wurde das Ereignis wahrgenommen und wie entwickelte sich das journalistische Interesse am Prozess?

Lange bevor der Prozess überhaupt begann, setzte die Planung der Berichterstattung ein. Dem designierten Chefkorrespondenten der AP in Deutschland, Wes Gallagher, oblag es, ein Team für die Berichterstattung aus Nürnberg zusammenzustellen. Die Auswahl der Korrespondenten und Planung der Berichterstattung erfolgte in enger Abstimmung mit dem Präsidenten der AP, Kent Cooper, und mit

---

65 Cooper, Report of the Executive Director, S. 105.

dem Vize-Präsidenten, Alan Gould, die auch eigene Vorschläge machten und die Freigabe der Ressourcen abzusegnen hatten.[66] Neben den drei Fotografen und dem Fotoredakteur war die AP bei Prozessbeginn mit fünf Korrespondenten vertreten. Neben Gallagher selbst waren die Pulitzer-Preis-Gewinner Daniel De Luce und Louis P. Lochner in Nürnberg. Lochner war aufgrund seiner Erfahrung als Deutschland-Korrespondent ausgewählt worden. Vor dem Krieg war er lange Jahre Leiter des Berliner AP-Büros gewesen und sollte Gallagher in Nürnberg aufgrund seiner exzellenten Kontakte zu den deutschen Verteidigern zur Seite stehen.[67] Des Weiteren waren Noland Norgaard und George Tucker ausgewählt worden, letzterer aufgrund seiner Kontakte zur US-Armee.[68]

Noch von der Annahme ausgehend, dass der Prozess am 1. September 1945 beginnen würde, fragte Gallagher bereits Anfang August an, wie die Erwartungen bezüglich der Berichterstattung über den Prozess seitens der Redakteure in New York und in London aussähen. Gallaghers und Bunnelles Wahrnehmungen des bevorstehenden Prozesses standen ganz unter dem Eindruck des Krieges, der zu dem Zeitpunkt in Asien immer noch andauerte. Die Kriegsperspektive war zu diesem Zeitpunkt die entscheidende Rahmung des Ereignisses.[69] „By all indication, this should prove the biggest remaining story of the European war."[70]

Sowohl nach dem Ersten als auch nach dem Zweiten Weltkrieg hatte die Presse in den USA und Großbritannien großen Erfolg mit sogenannten „‚now it can be revealed' stories"[71] gehabt, die während des Krieges der Zensur zum Opfer gefallen waren und nun gedruckt werden durften. Gallagher ging davon aus, dass der Prozess ähnliches Material über „outstanding events leading to untold stories of the war"[72] liefern werde – nur in diesem Fall aus den Archiven des Gegners. Diese Erwartungshaltung sollte sich bestätigen. Als Cooper in seinem Jahresbericht für

---

66 Kent Cooper an Gallagher, 6. August 1945, APCA, AP 01.46 Administrative and Bureau Correspondence Foreign News Service 1941–1945, Box 20, Folder: 276; Gould an Gallagher, 7. November 1945, APCA, AP 02A.2 Foreign Bureau Correspondence, Box 7, Folder: Nuernberg.

67 Kent Cooper an Lochner, 19. September 1945, APCA, AP 02A.3 Subject File Box 63, Folder: Comment on Louis Lochner's Article.

68 Gallagher an Gould, 30. August 1945, APCA, AP 02A.2 Foreign Bureau Correspondence, Box 7, Folder: Nuernberg.

69 Zur Wahrnehmung des Prozesses aus der Perspektive der übergeordneten „story line" des Krieges siehe: Leff, Wartime Frame.

70 Bunnelle an Gallagher, 17. Juli 1945, APCA, AP 02A.2 Foreign Bureau Correspondence, Box 7, Folder: Nuernberg.

71 Cooper, Report of the Executive Director, S. 101.

72 Gallagher an Gould, 6. August 1946, APCA, AP 02A.2 Foreign Bureau Correspondence, Box 7, Folder: Nuernberg.

1945 die Berichterstattung Revue passieren ließ, hob er neben den Interviews mit den Angeklagten die „„now it can be revealed' stories" lobend hervor.[73]

Gallagher fragte in New York an, ob nicht einige größere Zeitungen Interesse hätten, Auszüge oder Zusammenfassungen im Umfang von 30.000 Wörtern täglich aus den Verhandlungen zu erhalten und bereit wären, die Kosten für die Übermittlung zu übernehmen.[74] Neben Art und Umfang der Berichterstattung war die Frage der Übermittlung das zweite große Thema des Briefes. Denn die Übermittlung solcher Textmengen war grundsätzlich keine leichte Aufgabe, stellte im zerstörten Nachkriegsdeutschland aber eine besondere Herausforderung dar. Gallagher berichtete, er arbeite an verschiedenen Lösungen mit den Public-Relations-Offizieren der Armee, aber vorerst müsse man vom üblichen Preis von 5 Cent pro Wort ausgehen, wenn man den Zeitungen das Angebot unterbreiten wolle.[75]

Es sollte nicht die letzte Anfrage bezüglich der Wünsche des Heimatmarktes bleiben und die Redakteure und Manager in New York hatten eine simple Methode, diese Wünsche zu eruieren. Die New Yorker Morgenzeitungen *New York Times* und *New York Herald Tribune* dienten ihnen als Leitmedien insbesondere im Falle der Auslandsberichterstattung. Keine Zeitung im ganzen Land druckte mehr Auslandsnachrichten. Deshalb wurde eigens ein „Q-wire" für die lokalen New Yorker Zeitungen zusätzlich zum nationalen „A-wire" eingesetzt, um die beiden Zeitungen so schnell und umfassend wie möglich mit Auslandsnachrichten zu versorgen.[76]

In diesem Fall sprach Glenn Babb, Redakteur der AP, mit seinen beiden Kollegen bei der *Times* und bei der *Herald Tribune*. Beide lehnten eine feste tägliche Quote generell ab. Sie waren davon überzeugt, dass die Leser wesentlich mehr an Inlandsnachrichten interessiert seien und die Rationierung des Zeitungspapiers den Platz für die Berichterstattung über die Prozesse beschränken werde.[77] Damit nannten die beiden Redakteure zwei Argumente, die die US-amerikanischen und britischen Korrespondenten noch häufig während des elf Monate dauernden Prozesses hören sollten. In einem Punkt stimmten sie allerdings mit Gallagher überein. Auch sie erwarteten als Höhepunkte des Prozesses jene Aussagen oder Dokumente, die die „hitherto secret history" des Krieges erzählten.[78] Gould übermittelte diese Wünsche

---

73 Cooper, Report of the Executive Director, S. 101.
74 Gallagher an Gould, 6. August 1946, AP 02A.2 Foreign Bureau Correspondence, Box 7, Folder: Nuernberg.
75 Ebd.
76 Bassett an Gould, 31. Oktober 1945, APAC, AP 02A.2 Foreign Bureau Correspondence, Box 6, Folder: Berlin Aug–Dec.
77 Babb an Gould, 16. August 1945, APAC, AP 02A.2 Foreign Bureau Correspondence, Box 7, Folder: Nuernberg.
78 Ebd.

über Bunnelle an Gallagher und stellte klar, dass der Umfang der Berichterstattung „will have to be gauged by actual developments."[79]

Diese Episode, lange bevor der Prozess überhaupt begann, verdeutlicht drei Dinge, die sich auch in der Prozessberichterstattung und deren Steuerung immer wieder finden: erstens die Wahrnehmung des Prozesses aus der Perspektive des Krieges, zweitens die herausragende Bedeutung der New Yorker Morgenzeitungen als Leitmedien bei der Steuerung der Berichterstattung und drittens der Verweis auf die Konkurrenz durch Inlandsnachrichten sowie die Papierknappheit, die dem Umfang der Berichterstattung Grenzen setzten.

Als dann der Prozess am 20. November 1945 begann, konnten Gallagher und seine Kollegen sich nicht darüber beschweren, dass sie in Bezug auf die Wünsche der Redaktionen im Dunkeln gelassen wurden. Die lange im Voraus planbaren Höhepunkte des Prozesses, wie die Eröffnung und die Urteilsverkündungen, erlaubten eine direkte operative Steuerung der Berichterstattung aus Nürnberg durch New York. Für die operative Koordination war der „foreign desk supervisor" Bassett in New York zuständig. Kurz vor Prozessbeginn informierte Gallagher die New Yorker Redaktion detailliert über die geplanten Arbeitsabläufe:

> DELUCE NORGAARD AND MYSELF WILL HANDLE RUNNING STORY AND DAY NIGHT LEADS IN ABOVE ORDER. IE DELUCE WILL DO DAY LEAD OPENING DAY NORGAARD NIGHTER EYE SECOND DAY LEAD DELUCE NIGHTER ETC. RUNNING STORY EACH DAY WILL BE SIGNED ONLY "ASSOCIATEDS" IN ORDER AVOID CONFUSION AND CONTINUE WITH SAME NUMBER THROUGHOUT BOTH SESSIONS EACH DAY STOP ALL STORIES WILL CARRY DATELINE ON FIRST TAKE ONLY SAVE WORDAGE. LOCHNER AND TUCKER WILL DO SIDE-BARS COLOR INTERPRETATIVE EACH SESSION WILL ADVISE LATER TODAY ON FIRST DAYS ROUTE FILING. PLEASE ADRESS ALL MESSAGES ASSOCIATED PRESS NUERNBERG RATHER THAN INDIVIDUAL STAFFERS. UNTIL FURTHER NOTICE SUGGEST NEW YORK [U]SE RCA FOR MESSAGES AS MORE EFFICIENT.[80]

Die Festlegung von Zuständigkeiten, Darstellungsformen, detaillierten Zeitplänen, Kommunikationswegen und – im Falle der laufenden Berichterstattung – einheitlicher „slugs"[81] und „bylines" dienten Gallagher zur Koordinierung des arbeitsteiligen Teams. Angesichts der Probleme im Vorfeld des Prozesses war es nicht überraschend, dass Gallagher dringend darum bat, die Londoner Redaktion

---

79 Gould an Bunnelle, 17. August 1945, Babb an Gould, 16. August 1945, ebd.
80 Gallagher an AP, o. D., ebd.
81 „Slug – Single word at the top of a dispatch to identify it." Diese Definition findet sich in: Harnett, Wirespeak, S. 43, siehe auch S. 172.

über alle Anweisungen zu informieren, die die Berichterstattung aus Nürnberg betrafen. Während das arbeitsteilig organisierte Team der fünf AP-Korrespondenten entsprechend des von Gallagher ausgearbeiteten Plans aus dem Nürnberger Justizpalast berichtete[82], erhielten sie parallel dazu eine Evaluierung aus der Perspektive der Redakteure, die die Meldungen aus Nürnberg in Beziehung dazu setzen, was angesichts der Nachrichtenlage des Tages Platz in den Nachrichtendiensten der AP finden konnte. Bassett telegrafierte am zweiten Tag des Prozesses an Gallagher:

COVERAGE CONTINUES IN VAN [vanguard, E. S.] BUT THINK SHOULD CUT SOME CORNERS PENDING HOTTEST DEVELOPMENTS COMMA REALIZING NUERNBERG MUST COMPETE WITH SEVERAL PRIME DOMESTIC STORIES UNISTATES STOP SUGGEST RUNNING DISPENSE WITH SUCH DETAILS AS COURT RECESSES[83]

Bassett versicherte, dass die laufende Berichterstattung der AP weiter an der Spitze stehe, was immer den Vergleich mit UP und INS implizierte. Einige weniger wichtige Details des Geschehens im Gerichtssaal sollten allerdings angesichts zahlreicher, wichtiger Inlandsnachrichten gekürzt werden.

ALSO CONSIDERABLE DUPLICATION TODAY BETWEEN NORGAARD GALLAGHER [...] SUGGESTING POSSIBLE NEED FILING EDITOR THERE STOP RUNNING SHOULD BEAR MAIN LOAD WITH LEADS HELD BRIEFEST WE EXPANDING FROM RUNNING[84]

Bassett hatte schon im Vorfeld darauf hingewiesen, dass ein „filing editor" zur Koordination der Berichterstattung vor Ort direkt bei den Büros der Kommunikationsunternehmen notwendig sein könnte.[85] Der hohe Grad von Arbeitsteilung zwischen Korrespondenten und Redakteuren zeigte sich insbesondere daran, dass die „leads", was den ersten Absatz eines Artikels bezeichnet, der die wichtigsten Informationen enthalten und die Aufmerksamkeit der Leser wecken soll, auf Grundlage der laufenden Berichterstattung in New York fertiggestellt wurden. Pro Tag

---

82 Zur Arbeitsorganisation der AP-Korrespondenten in Nürnberg siehe auch: Gallagher, Wes Gallagher Takes You behind the Scenes at Nuernberg, in: The AP World 1.8 (1946): 10+. Associated Press Collections Online, http://tinyurl.galegroup.com/tinyurl/WwY72 (zuletzt eingesehen am 13. April 2015).

83 Bassett an Gallagher, o. D., APCA, AP 02A.2 Foreign Bureau Correspondence, Box 6, Folder: Berlin Aug–Dec.

84 Ebd.

85 Gould an Gallagher, 7. November 1945, APCA, AP 02A.2 Foreign Bureau Correspondence, Box 7, Folder: Nuernberg.

musste jeweils ein „lead" für die Morgen- und Abendausgaben geschrieben werden. Damit war eine Entlastung der Korrespondenten vor Ort beabsichtigt. Auch war verabredet worden, dass die einzelnen Telegramme der laufenden Berichterstattung nicht mit den jeweiligen Namen der Korrespondenten, sondern einfach mit „Associateds" gezeichnet wurden.

HELP GREATLY IF SIDEBARS HELD THREEHUNDRED SINCE BOTH LONDON NEWYORK CUTTING TUCKERS LOCHNERS ORDER GET THEM ON WIRES STOP GLAD SEE YOU ON PREWI BEAM MOST ECONOMICAL EFFICIENTEST RECEIVING END[86]

Für die beiden Korrespondenten Tucker und Lochner, die für die „color"[87] und „sidebars"[88] verantwortlich waren, enthielt das Telegramm den Hinweis, dass ihre Meldungen nicht länger als 300 Wörter sein sollten, da sowohl die Redakteure in New York als auch in London zu dem Zeitpunkt die Meldungen kürzen müssten, um sie in den jeweiligen AP-Service einzuspeisen. Und, was nie fehlen durfte, die Absprache der gewählten Kommunikationskanäle und die Versicherung ihres Funktionierens. In diesem Fall hatte man sich auf Press Wireless geeinigt.

Was sich schon in Bassetts Telegrammen am zweiten Tag des Prozesses angekündigt hatte, zeigte sich noch deutlicher zu Beginn der zweiten Woche:

GALLAGHER WES YOU AND CONFRERES DOING GREAT JOB BUT MUST TELL YOU ABLE USE ONLY HALF TO TWOTHIRDS RUNNING YESTERDAY TODAY WHEN SESSIONS NOT STARTLING STOP STORY MEETING TERRIFIC COMPETITION DOMESTICWISE AND MAIN NEWYORK MORNINGERS PRINTING LESSEN TWO COLUMNS NUERNBERG TODAY STOP THIS SUGGESTS HOLD SOME OF OUR STEAM FOR HOTTER DAYS[89]

Bassett konnte angesichts wichtiger Inlandsnachrichten lediglich die Hälfte bis zwei Drittel der laufenden Berichterstattung nutzen und die New Yorker Morgenzeitungen druckten nicht einmal mehr zwei Spalten über den Prozess. Auch aus der Perspektive der Journalisten vor Ort war der Prozess in der zweiten Woche alles

---

86 Bassett an Gallagher, o. D., APCA, AP 02A.2 Foreign Bureau Correspondence, Box 6, Folder: Berlin Aug–Dec.

87 Zur Begriffserläuterung siehe: Harnett, Wirespeak, S. 21: „COLOR – Descriptive, human interest material".

88 Zur Begriffserläuterung siehe: ebd., S. 43: „SIDEBAR – A secondary story related to a news event, not the main story".

89 Bassett an Gallagher, o. D., APCA, AP 02A.2 Foreign Bureau Correspondence, Box 6, Folder: Berlin Aug–Dec.

andere als aufsehenerregend. Die Anweisung, die Berichterstattung zu reduzieren und auf spannendere Episoden zu warten, dürfte kaum eine Überraschung für die Korrespondenten gewesen sein.

War Bassett für die operative Steuerung in Echtzeit zuständig, kümmerte sich der „Assistant General Manager" Gould um die strategische Koordination. Er schaute nicht nur auf die tagesaktuelle Entwicklung, sondern sah sich detailliert die gesamte Berichterstattung der ersten drei Wochen an und setzte sie in Bezug zu den Themenkonjunkturen der US-amerikanischen Medienlandschaft. Zu Beginn der vierten Prozesswoche schickte er basierend auf der Analyse New Yorker Zeitungen einen „interim ‚situationer' from the home front"[90] an Gallagher. Was Gould in diesem Schreiben vollbringen musste, war, dem Team in Nürnberg mitzuteilen, dass das Interesse am Prozess rapide gesunken war, ohne Gallagher und Co. vollkommen zu demotivieren. Deshalb begann er mit dem Lob, dass „from the standpoint of pictures, spot news, and news enterprise"[91] die Berichterstattung absolut hervorragend gewesen sei. Der nächste Satz kombinierte allerdings ein weiteres Lob mit der bitteren Pille, dass der Nürnberger Prozess aus den Schlagzeilen verschwunden sei:

> As a matter of fact the news features developed by staff enterprise kept Nuernberg datelines to the fore more consistently than the actual trial coverage, which has been backed off many front pages during the past week or so by other news breaks …[92]

Die laufende Berichterstattung über den Prozess war also auf kurze Meldungen auf den Innenseiten der Zeitungen geschrumpft, wenn sie nicht ganz verschwunden war. Lediglich Features, wie die schriftlichen Interviews von Gallagher und Lochner mit einigen der Angeklagten vermittelt durch deren Anwälte, hatten noch für Schlagzeilen gesorgt.[93] Und wie immer dienten die New Yorker Morgenzeitungen als Leitmedien, um die Themenkonjunkturen einzuschätzen.[94] Gould hatte sich die Ausgabe der *New York Sun* und mehrere Titelseiten der *New York Herald Tribune* vorgenommen und eine einfache quantitative Analyse der Themen der In- und Auslandsberichterstattung durchgeführt. Seine Schlussfolgerungen für die

---

90 Gould an Gallagher, 10. Dezember 1945, APCA, AP 02A.2 Foreign Bureau Correspondence, Box 7, Folder: Nuernberg; ein „situationer" ist im Nachrichtendienst-Jargon ein anderes Wort für Hintergrundbericht.

91 Ebd.

92 Ebd.

93 Siehe Kapitel 4.3.

94 Dessen war sich der Verleger der *New York Times* bewusst: Cyrus L. Sulzberger, Memo European Staff, 22. August 1946, NYPL, New York Times Company Records, Arthur Hays Sulzberger Papers, Box 248, Folder: 12 Staff Foreign correspondents 1946–1949.

Auslandsberichterstattung für den heimischen Markt und den AP World Service lauteten:

> There are naturally many variables but the trends are very clearly marked and they underline the necessity for streamlining the foreign news report at a time when the political-economic news is taking top headlines throughout the country. Naturally, too, we have to gauge our production from the standpoint of world service as well as domestic needs, but this does not alter the basic need to streamline our efforts, or strip the secondary. If anything it emphasizes these needs, since AP-World's premium on sharp writing and selectivity is high indeed.[95]

Damit sich die Korrespondenten selbst ein Bild von den Themenkonjunkturen auf dem Heimatmarkt der AP machen konnten, hatte Gould Zeitungsseiten mitgeschickt. Auch wenn die Aussage Görings Anfang März und die Urteile und Hinrichtungen im Oktober noch einmal erhebliche Medienaufmerksamkeit generieren sollten, nahm doch das Interesse stetig ab.

Für die Urteils- und Strafmaßverkündungen am 30. September und 1. Oktober 1946 haben sich leider keine Telegramme der direkten Steuerung in Echtzeit durch den „foreign news editor" aus New York erhalten, aber die minutiöse Planung der Berichterstattung. Die Korrespondenten vor Ort informierten die Londoner und New Yorker Redakteure über die Planungen der Richter bezüglich des Ablaufs der Urteils- und Strafmaßverkündungen und die New Yorker Redaktion unter Federführung von Gould arbeitete einen Plan für die Berichterstattung aus.[96] Gould listete minutiös auf, wann welche Art von Meldung mit welcher Priorität und mit welchem Kommunikationskanal über welchen Teil der Verhandlungen der letzten zwei Tage des Prozesses gesandt werden sollte. Dabei differenzierte er zusätzlich zwischen den Anforderungen der Morgen- und Abendzeitungen.[97]

Für den ersten Tag der Urteilsverkündung sah der Plan vor, dass die wichtigsten Punkte der offiziellen Zusammenfassung des Urteils und die offizielle Zusammenfassung des Urteils selbst übermittelt werden sollten, die zu Beginn der Verhandlung

---

95 Gould an Gallagher, 10. Dezember 1945, APCA, AP 02A.2 Foreign Bureau Correspondence, Box 7, Folder: Nuernberg.

96 Außerdem leitete die AP den voraussichtlichen Ablauf der Berichterstattung an ihre Kunden weiter, damit diese sich darauf einstellen konnten, wann mit den ersten Informationen über die Urteile und die Strafmaße zu rechnen sei: Note to Editors (Confidential & Not For Publication), 27. September 1946, APCA, AP 02A.2 Foreign Bureau Correspondence, Box 7, Folder: Nuernberg Executions (Prior to Execution Day – 1st Section); zusätzlich verschickte das Team der AP-Korrespondenten in Nürnberg eine Meldung über die Vorbereitungen zur Berichterstattung über die Urteilsverkündung: Night Lead Trial, Nuernberg, Germany, 27. September 1946, ebd.

97 Gould an Morin u. Gallagher, 28. September 1946, ebd.

ausgeteilt werden würde. Eine nicht zu ausführliche laufende Berichterstattung mit kurzem „daylead" und einem „roundup" für die Morgenzeitungen, das die Ereignisse des Tages zusammenfasste, wurde angefordert. Für den zweiten Tag, an dem die Urteile über die einzelnen Angeklagten und die Strafmaße verkündet wurden, war die Planung noch ausführlicher.

> assume planning duplicate verdicts via paris london also direct newyork which desirable all hottest stop running descriptive plus condensations each verdict should meet most if not all requirements for afternoons stop [...] good descriptive sidebars naturally welcomed including ayems [Morgenzeitungen, E. S.] color story and ayems abstract all verdicts whereon foreign desk here can summarize or request additional as may needed stop[98]

Den Urteilen kam eine so große Bedeutung zu, dass die Meldungen über sie gleichzeitig über Paris nach London und direkt nach New York geschickt werden sollten. Die deskriptive laufende Berichterstattung plus kurze Zusammenfassung eines jeden Urteils sollte den Bedürfnissen der Abendzeitungen genügen. Im Laufe des Tages sollten für die Morgenzeitungen „color storys" und Zusammenfassungen aller Urteile geschrieben werden. Genau wie die Art der Berichterstattung waren die Übertragungswege Teil eines Aushandlungsprozesses zwischen den Korrespondenten und den verschiedenen Redaktionen, wobei neben praktischen Effizienzkriterien genauso die Kosten und die der jeweiligen Nachricht zugesprochene Bedeutung einflossen. Das wurde besonders deutlich im Fall der Anweisungen zum Senden von vollständigen Texten aus den Federn der Richter:

> textually suggest definitely plan moving goering hess ribbentrop keitel raeder judgment soons available or as they can be cleared without jamming higher priority copy transmitting these directly newyork only unless paris or london decide they need in which case would seem preferable relay via london to avoid duplication[99]

Die vollständigen Urteile im Wortlaut sollten nur für die fünf aus Sicht der AP wichtigsten Angeklagten direkt nach New York telegrafiert werden, sobald ausreichend Platz auf den Funkverbindungen vorhanden wäre. Falls Paris oder London jedoch auch Interesse hätten, sollten die Urteile über Paris und London nach New York gesandt werden, ohne sie zu duplizieren. In der Tat hatte der neue Büroleiter in London bereits am 23. August seine ähnlich detaillierte Wunschliste an Gallagher

---

98 Ebd.
99 Ebd.

übermittelt und um die Duplizierung der Meldungen gebeten.[100] Es gab also mindestens drei Wege der Nachrichtenübermittlung, deren Verwendung koordiniert werden musste.

Das obige Zitat verdeutlicht ferner, wie begrenzt die journalistische Aufmerksamkeit angesichts der 21 Angeklagten auf den Bänken im Nürnberger Justizpalast war und auf welche Angeklagten sie sich richtete. Es gab mehrere Situationen, in denen die einzelnen Angeklagten auf diese Art und Weise entsprechend ihrer Bedeutung klassifiziert wurden. Im Fall der bereits erwähnten Interviews der AP mit den Angeklagten stellten die Korrespondenten eine Liste auf, die sich fast genau mit der von Gould zum Ende des Prozesses deckte.[101] Das war insofern besonders relevant, als dass mit den einzelnen Angeklagten auch bestimmte Anklagepunkte und Verbrechenskomplexe verknüpft waren. Hans Frank oder Ernst Kaltenbrunner, in deren Anklage Kriegsverbrechen und Verbrechen gegen die Menschlichkeit zentraler Gegenstand der Verhandlungen war, befanden sich auf den hinteren Plätzen des journalistischen Aufmerksamkeitsrankings.[102] Dieses wurde von Redakteuren und Korrespondenten geteilt und war offenbar nicht begründungsbedürftig.

Doch trotz der minutiösen Planung durch das New Yorker Management stand fest, dass das mediale Interesse am Prozess deutlich abgenommen hatte. Der letzte Satz in Goulds Telegramm zur Planung der Berichterstattung zu den Urteilsverkündungen besagte: „only injunction being send no repeat no flashes stop"[103]. Hatte sich Gallagher für die Verkündung der Urteile bereits im Dezember 1945 den Plan zum Mieten eines Radiokanals exklusiv für die AP zur Übermittlung der Urteile auf dem schnellst möglichen Weg nach New York absegnen lassen, wurde diese Erlaubnis im August 1946 wieder zurückgenommen.[104] Gould begründete dies neben technischen Bedenken damit, dass das Interesse an den Prozessen stetig zurückgegangen sei und die Ausgaben für ein solches Verfahren (ca. 1000 US-Dollar) nicht mehr im Verhältnis zur Nachfrage stünden.[105]

Alle hier aufgeführten Telegramme und Briefe der Redakteure aus New York und London sind Teil eines gigantischen Aufwands innerhalb der AP, die Büros und die Korrespondenten in einer Art permanenten Feedback-Schleife über die

---

100 John Lloyd an Gallagher, 23. August 1946, APCA, AP 02A.2 Foreign Bureau Correspondence, Box 7, Folder: Nuernberg.

101 Siehe Kapitel 4.3.

102 Zum Ranking der Angeklagten in der Berichterstattung durch die *New York Times* siehe: Leff, Wartime Frame.

103 Gould an Morin u. Gallagher, 28. September 1946, APCA, AP 02A.2 Foreign Bureau Correspondence, Box 7, Folder: Nuernberg Executions (Prior to Execution Day – 1st Section).

104 Gallagher an Gould, 5. Dezember 1945, APCA, AP 02A.2 Foreign Bureau Correspondence, Box 7, Folder: Nuernberg; Frank. J. Starzel an Bunnelle u. Gallagher, 19. Dezember 1945, ebd.; Gallagher an Gould, 16. August 1946, ebd.

105 Gould an Gallagher, 27. August 1946, ebd.

Themenkonjunkturen und die aktuelle Nachfrage nicht nur auf dem Heimatmarkt der AP in den USA, sondern auf sämtlichen Märkten weltweit zu unterrichten. Ziel war es, die Korrespondenten möglichst zeitnah über die Prozentsätze der versandten Artikel zu informieren, die es in einem ersten Schritt auf eines der „AP wires" schafften und in einem zweiten Schritt dann tatsächlich abgedruckt wurden. Der wichtigste Teil dieses Feedbacks war der Vergleich mit der Konkurrenz, mit UP, dem International News Service (INS) und mit Reuters auf denjenigen Märkten, wo sie mit der britischen Agentur konkurrierten. Es fand ein ständiger Abgleich mit der Konkurrenz bezüglich der Übertragungszeiten und des Abdrucks der Meldungen statt. Die Telegramme an die Korrespondenten lesen sich wie Spielberichte aus der Sportberichterstattung, in denen die Korrespondenten ihren „batting average"[106] mitgeteilt bekamen. Die Berichte gingen nicht nur aus den USA ein, sondern auch von den Büros in Südamerika, Japan und Europa, wurden in New York zusammengefasst und nach Nürnberg geschickt. Die Feedback-Schleife ermöglichte eine Evaluierung meist nicht lange nach getaner Arbeit.

Dabei fällt auf, wie selten eine qualitative Evaluierung erfolgte, die sich mit den Darstellungsformen oder den Inhalten der Meldungen auseinandersetzte. Gould lobte John Parris, einen dem Londoner Büro zugeordneten Korrespondenten, für eine Darstellungsform, wie sie in der unübersichtlichen Nachkriegszeit von der AP gefordert wurde:

The situationer on British foreign policies, particularly the policies dealing with India and Egypt, was very well done for last Sunday's night report, by John Parris. This is a type of news interpretive which carries increasing value, in these complicated times.[107]

Dies ist einer der wenigen überlieferten Fälle einer qualitativen Evaluation, die sich einer reinen Quantifizierung der bekannten Parameter entzog.

Es gab weitere Wege, die Auslandsbüros und Korrespondenten über die Anforderungen der Nachrichtenmärkte und der AP-Dienste in Kenntnis zu setzen, so dass sie ihre Selektion von Themen und Einschätzung von Nachrichtenwerten daran orientieren konnten. Die AP versandte Zeitungen an ihre Korrespondenten, meistens mehrere gebündelte Titelseiten verschiedener Zeitungen eines Tages. Auch ließ die AP ihren Büros im Ausland Zusammenfassungen oder komplette Kopien des „A-wires" zukommen. Zusätzlich erhielten die Korrespondenten sogenannte „tearsheets", womit von ihnen verfasste Artikel bezeichnet wurden, die gezielt aus Zeitungen herausgeschnitten wurden. Bevor Gould am 10. Dezember

---

106 Gould an Gallagher, 10. Dezember 1945, ebd.
107 Gould an Bunnelle, 22. Mai 1946, APCA, AP 02A.2 Foreign Bureau Correspondence Box 3, Folder: London May + June 1946.

1945 seine Analyse der Nürnberg-Berichterstattung samt „tearsheets" aus New Yorker Zeitungen verschickte, hatte er schon zwei solcher Sendungen mit gebündelten Titelseiten und Kopien des „A-wires" auf den Weg geschickt.[108] So konnten sich die Korrespondenten über die wichtigsten Themenkonjunkturen informieren und ihre eigenen Erfolge und Misserfolge betrachten, inklusive der redaktionellen Bearbeitung, wenn sie es denn mit einem Artikel in eine Zeitung geschafft hatten.

Mit demselben Ziel versandte das New Yorker Management das „weekly General Desk log" an sämtliche Auslandsbüros.[109] Eine Neuerung, die Cooper für so wichtig befand, dass er sie in seinem Jahresbericht für 1945 an den Vorstand anführte.

To help guide and inform bureaus more effectively, both at home and abroad, weekly "logsheets" were compiled by the General News and Newsphoto Desks in New York. These covered notes and comments upon productive operations, on a day-by-day basis; cited competitive advantages or disadvantages, under-scored lessons of experience.[110]

Zusätzlich zu diesem kondensierten Überblick wurden auch komplette Kopien des „AAA wire report" an die Büros zur Einsicht für alle Korrespondenten versandt. Nicht selten forderten die Bürochefs diese Kopien an, wie Gallagher am 27. Januar 1946, woraufhin er pro Woche drei komplette Kopien über einen Zeitraum von drei Wochen erhielt.[111] Was für die Büros in Nürnberg und Deutschland galt, galt erst recht für das Büro in London. Dort trafen noch weit mehr Titelseiten der wichtigsten Morgen- und Abendzeitungen aus den USA und Kopien des „A-wire" ein.[112] Insbesondere das Londoner Büro war nach seiner Etablierung als Relaisstation für die europäischen Meldungen gezwungen, den Dienst zu optimieren. Cooper war schockiert gewesen über die Zahl von 50.000 gekürzten Wörtern, eine Information, die Bunnelle eigentlich zur Unterstreichung seiner eigenen Bedeutung und mit der Absicht gesandt hatte, einen neuen Titel zu bekommen.[113] Bunnelle hatte die Aufgabe, sich mit den europäischen Bürochefs zu koordinieren, um den

---

108 Gould an Gallagher, 26. November 1945, APCA, AP 02A.2 Foreign Bureau Correspondence, Box 7, Folder: Nuernberg; Gould an Gallagher, 3. Dezember 1945, ebd.
109 Gould an Bunnelle, 27. November 1945, APCA, AP 02A.2 Foreign Bureau Correspondence, Box 5, Folder: London Office Oct.–Dec.
110 Kent Cooper, Report of the Executive Director, S. 105.
111 Gallagher an Gould, 27. Januar 1946, APCA, AP 02A.2 Foreign Bureau Correspondence, Box 4, Folder: German Newspaper Men to U.S.; Gould an Gallagher, 11. Februar 1946, ebd.
112 Gould an Hackler, 2. Oktober 1945, APCA, AP 02A.2 Foreign Bureau Correspondence, Box 5, Folder: London Office Oct.–Dec.; Hackler an Gould, 11. Oktober 1945, ebd.; Gould an Hackler, 19. Oktober 1945, ebd.
113 Kent Cooper an Bunnelle, 14. Dezember 1945, APCA, AP 02A.2 Foreign Bureau Correspondence Box 3, Folder: London Jan + Feb 1946.

Output zu reduzieren[114] – selbstverständlich auch mit Gallagher und dessen Team in Nürnberg – und besprach sich selbst wiederum mit Gould in New York, der von Cooper mit der Optimierung des gesamten Dienstes beauftragt worden war. Ziel war es, sowohl die Anzahl der in London zu kürzenden Wörter als auch den Prozentsatz des Materials zu reduzieren, das aus London nach New York gesendet wurde, dann aber nicht für die verschiedenen Dienste verwendet werden konnte. Die Auswahl an Titelseiten und die Kopien des „A-wire" sollten zur Orientierung der europäischen Büros dienen. Der Erfolg dieses Prozesses wurde in detaillierten, quantitativen Analysen des Londoner Büros überwacht:

> London's report, for the week ending Dec. 29, shows aggregate "spiked" wordage of nearly 36,000, so far as New York relay was concerned. Of this total, 9,150 words were used by London for AP-World or British domestic service, leaving net waste of 26,735 words. This compares with the previous week (ending 12/22) total of 52,000 words "spiked" in London …[115]

Und in einem zweiten Schritt wurden die Meldungen Londons nach New York ebenfalls einer quantitativen Analyse unterzogen, um herauszufinden, wie viele Meldungen aus London in der New Yorker Redaktion im Papierkorb landeten.

> A 24-hour survey of the report from London, on Dec. 31, showed only 620 words unused out of a total of 7,235 beamed for the general news report. This cut the waste down to about eight (8) per cent, as compared with approximately 40 per cent unused, when our last previous checkup was made.[116]

Das System des Anmeldens aller Artikel über 150 Wörter und von Bulletins, das man neben der Aufforderung zur noch engeren Koordination zwischen Redaktionen und Korrespondenten in Bezug auf die Einschätzung von Nachrichtenwerten[117] als Mittel zur Reduktion des Überschusses eingeführt hatte, schien zu funktionieren.[118] Dieser Prozess wurde kontinuierlich fortgeführt. Im April 1946 hatte sich die Anzahl der gekürzten Wörter in London auf unter 14.000 in der Woche reduziert und der

---

114 Gould an Bunnelle, 11. April 1946, APCA, AP 02A.2 Foreign Bureau Correspondence Box 3, Folder: London March + April 1946.

115 Gould an Kent Cooper, 3. Januar 1946, APCA, AP 02A.2 Foreign Bureau Correspondence Box 3, Folder: London Jan + Feb 1946.

116 Ebd.

117 Gould an Bunnelle, 8. April 1946, APCA, AP 02A.2 Foreign Bureau Correspondence Box 3, Folder: London March + April 1946.

118 Gould an Kent Cooper, 3. Januar 1946, APCA, AP 02A.2 Foreign Bureau Correspondence Box 3, Folder: London Jan + Feb 1946.

Ausschuss in New York hatte sich bei akzeptablen 8 % stabilisiert.[119] Die Spielräume der Korrespondenten wurden dadurch weiter eingeschränkt und die Orientierung oder sogar Rückversicherung bezüglich der Erwartungen der Redaktionen in New York und London verstärkt.

Neben der Kritik oder des Lobes für einzelne Artikel, der Kopien des „A-wires" und der Zusendung von Zeitungen gab es noch einen weiteren Weg, wie Evaluierungen der geleisteten Arbeit die Korrespondenten erreichten: Die AP-Büros weltweit sendeten Rückmeldungen über die eingegangen Meldungen und deren Erfolg bei den Kunden im Vergleich zur Konkurrenz an die Zentrale in New York oder den „AP World desk" in London, die diese direkt oder in Form von Zusammenfassungen an die einzelnen Büros und Korrespondenten weiterleiteten. Diesem Verfahren entsprechend erhielten Gallagher und seine Kollegen in Nürnberg regelmäßig ihr „batting average"[120] mitgeteilt. Insbesondere nach den großen Höhepunkten gingen zuerst kurze Evaluierungen per Telegramm und etwas später ausführlichere per Brief ein. Nachdem die Urteilsverkündungen am 1. Oktober 1946 und die Hinrichtungen am 16. Oktober 1946 beendet waren, erreichten die AP-Korrespondenten in Nürnberg noch am jeweils selben Abend die Telegramme aus Rom, Paris, London und New York mit einer Bewertung der Übertragungszeiten im Vergleich mit der Konkurrenz, einer kurzen Bewertung der Qualität des Gesendeten und erster Hinweise auf die Präferenzen der Kunden wiederum im Vergleich zur Konkurrenz.[121] Gould fügte seiner Bewertung der Berichterstattung über die Urteile neben seiner eigenen Analyse der New Yorker Zeitungen bereits eine Rückmeldung aus St. Louis bei:

GALLAGHER SALUTATIONS OVERALL FINE JOB STOP UNIPRESS SLIGHTLY AHEAD GOERING SENTENCE BUT OUR CLEANUP MUCH FASTER SUPERIOR STOP STLOUIS MESSAGES QUOTE GENERALLY OUR NUERNBERG IN PRINTABLE FORM AHEAD UNIPRESS STOP BOTH STARTED ROUNDED SECOND LEAD TOGETHER BUT OUR ADDS FASTER WE HAD MORE AT 859 AES THAN UNIPRESS 922 AES UNQUOTE BROKE EVEN COMPETITIVE NEWYORK AFTERNOONS BUT UNIPRESS PREFERRED MORNINGS MAKEOVER EDITIONS [...] OUR DESCRIP-

---

119 Gould an Bunnelle, 12. April 1946, APCA, AP 02A.2 Foreign Bureau Correspondence Box 3, Folder: London March + April 1946.

120 Gould an Gallagher, 10. Dezember 1945, APCA, AP 02A.2 Foreign Bureau Correspondence, Box 7, Folder: Nuernberg.

121 01616 London OCT 1 (AP) Following Messages Have Been Releayed To Associated Nuernberg, 1. Oktober 1946, APCA, AP 02A.2 Foreign Bureau Correspondence, Box 7, Folder: Nuernberg Executions (Prior to Execution Day – 1st Section).

TIVE AND SIDEBARS EXCELLENT AND GREAT QUANTITY TEXTUAL MATTER
HANDLED RAPIDLY WELL[122]

Die Briefe von Gould an Gallagher vom 2. und 7. Oktober enthielten eine detailliertere Auswertung der Schlagzeilen in den Morgenzeitungen vom Montag bis zu den Abendzeitungen vom Dienstag entsprechend der zweitägigen Urteilsverkündung. Natürlich hatte Gould nur jene Zeitungen berücksichtigt, die tatsächlich beide Dienste abonniert hatten. Insgesamt konnte er vermelden, dass die AP UP mit 22–11 geschlagen hatte.[123] Doch beschränkte sich die Evaluierung nicht nur auf den heimischen Nachrichtenmarkt. Genauso wie Gallagher darüber informiert wurde, wie seine Meldungen über die Urteile in Japan im Vergleich zur Konkurrenz abgeschnitten hatten[124], erhielt er Informationen darüber, wie seine Berichterstattung über die Hinrichtungen in Südamerika abgeschnitten hatte.[125] Der Brief von Gould an Gallagher enthielt dann zusätzlich sämtliche Telegramme der südamerikanischen Büros. Gallagher war also darüber informiert, wie sich seine Meldungen über die Hinrichtungen im Vergleich zur Konkurrenz in Havanna, Bogota, Lima, Mexico City, Rio de Janeiro, Buenos Aires, Caracas oder auch in Valparaíso und Santiago geschlagen hatten: „From <u>Santiago</u>: ‚Dominant Valparaíso. Split play Santiago morninger. Swept afternooers both cities. AP first by 3 minutes Goering suicide.‘"[126]

Innerhalb der AP in New York gab es anlässlich der Urteilsverkündung eine Untersuchung, da es zu einer Verzögerung von 30 Sekunden bei der Versendung des Bulletins mit Görings Urteil auf dem „A wire" gekommen war. In dem Moment, als das „cable department" das Bulletin ankündigte, wurde der Angestellte, der den Transmitter bediente, durch einen Kollegen abgelöst. Dadurch sei es zu einer Verzögerung gekommen.[127] Diese sekundengenaue Rekonstruktion der Abläufe verdeutlicht, unter welchem Zeitdruck nicht nur die Korrespondenten, sondern auch die Redakteure und Techniker standen. Im Gegensatz zu Zeitungs- und Magazinjournalisten gab es bei den Agenturjournalisten klare Indikatoren, die eine zeitnahe Evaluierung der geleisteten Arbeit zuließen und die AP wie auch die anderen Agenturen machten intensiven Gebrauch davon.

---

122 Gould an Gallagher, o. D., ebd.
123 Gould an Gallagher, 7. Oktober 1946, ebd.; siehe auch Goulds Brief an Gallagher vom 2. Oktober 1946: Gould an Gallagher, 2. Oktober 1946, ebd.
124 Gould an Gallagher, 8. Oktober 1946, ebd.
125 Gould an Gallagher, 17. Oktober 1946, AP 02A.2 Foreign Bureau Correspondence, Box 7, Folder: Nuernberg Executions, Execution-Day + After (2nd Section).
126 Ebd.
127 LEP an PRM [Paul R. Mickelson], 2. Oktober 1946, APCA, AP 02A.2 Foreign Bureau Correspondence, Box 7, Folder: Nuernberg Executions (Prior to Execution Day – 1st Section).

Die detaillierte Rekonstruktion der Aufbau- und Ablauforganisation sowie des Wechselwirkungsverhältnisses zwischen Korrespondenten und Redaktionen anhand der „London relay"-Debatte und der Berichterstattung über den Nürnberger Prozess verdeutlicht das hohe Maß an Arbeitsteilung und die damit korrespondierende Ausdifferenzierung journalistischer Rollen. Die Nachricht des Korrespondenten konnte bis zu drei redaktionelle Bearbeitungsprozesse durchlaufen. Das New Yorker Management in der Person des „Assistant Manager" Gould hatte die Aufgabe, die Kooperation der verschiedenen Büros und Rollenträger sicherzustellen, was angesichts der Konkurrenzverhältnisse nicht immer leicht war. Die Einbindung der AP-Korrespondenten in diese organisationalen Strukturen erfolgte durch indirekte und direkte Steuerung sowie permanente Evaluierung. Voraussetzung dafür waren geteilte professionelle Normen und Routinen, die in einer eigenen Sprache, dem „cablese", Ausdruck fanden.[128] Die Sprache im Stil der Codes und des Jargons des Nachrichtenwesens ist von einer solchen technizistischen Neutralität, dass der eigentliche Gegenstand der Berichterstattung für den Leser der Quellen dahinter oft vollkommen verschwindet. Die Eröffnung und die Urteilsverkündungen als die wichtigsten Höhepunkte des Prozesses ließen eine detaillierte Planung bzw. direkte Steuerung zu. Sie zeigen, dass die journalistische Praxis der Agenturkorrespondenten vor Ort maßgeblich durch die Anforderungen der Redaktionen bestimmt waren. Die Autonomiespielräume der Korrespondenten waren gering. Auch bei weniger plan- und kontrollierbaren Ereignissen waren die Strukturen mittels indirekter Steuerung und permanenter Evaluierung auf die Orientierung der Korrespondenten an den Erwartungen der Redaktion und der Perspektive des Heimatmarktes ausgerichtet. Auch wenn die AP durch den Ausbau des World Service immer mehr unterschiedliche nationale Nachrichtenmärkte bediente, konzentrierten sich die Korrespondenten doch weiterhin auf das „A-wire" und den US-amerikanischen Markt. Wie bereits erwähnt war dieser Markt bald gesättigt mit Berichten aus Nürnberg. Schon am zweiten Tag wurde die laufende Berichterstattung gedrosselt, zu Beginn der zweiten Woche wiesen die Redakteure nochmals darauf hin, dass die Inlandsnachrichten zu dem Zeitpunkt dominierten und am Ende der dritten Woche meldete Gould, dass die laufende Berichterstattung über Nürnberg aus den Zeitungen verschwunden sei und lediglich besondere Features es noch schafften, gedruckt zu werden. Es zeigte sich, dass die Redaktionen im Wechselwirkungsverhältnis mit den Korrespondenten aufgrund ihres Wissens über den Heimatmarkt und ihre Stellung im Produktionsprozess deutlich überlegen waren, was zu einer Ausrichtung der journalistischen Wahrnehmungsroutinen an den Erwartungen der Redaktion führte.

---

128 Harnett, Wirespeak.

5.2.2 Journalistisches Selbstverständnis und organisationaler Kontext: Die AP-Korrespondenten Louis P. Lochner und Don Doane

Da man nicht direkt von den Rollenbildern der Korrespondenten auf ihr journalistisches Handeln schließen kann, stellt sich die Frage nach der Handlungsrelevanz von Rollenbildern in organisationalen Handlungskontexten.[129] Welches Verständnis hatten die beiden Korrespondenten Louis P. Lochner und Don Doane von ihrer Rolle als Korrespondenten und bestand die Möglichkeit, dass sie ihre persönlichen Vorstellungen dieser Rolle oder ihre persönlichen politischen Einstellungen in organisationales Handeln umsetzen konnten? Dabei ist die potenzielle Mehrdimensionalität des journalistischen Selbstverständnisses zu berücksichtigen. Unterschiedliche Rollenbilder schließen sich nicht gegenseitig aus, sondern stehen in einer losen, hierarchischen Ordnung, die eine situative Relativierung erlaubt.[130] Wie dieser organisationale Kontext beschaffen war, wurde im letzten Kapitel analysiert. In diesem Kapitel untersuche ich die Rollenbilder von zwei sehr unterschiedlichen AP-Korrespondenten und stelle die Frage, welche Handlungsrelevanz diesen im organisationalen Kontext der AP und ihrer eigenen Einschätzung nach zukam.

Louis P. Lochner

Louis P. Lochner (1887–1975) begann 1924 für die AP zu arbeiten.[131] Im Gegensatz zu den meisten AP-Korrespondenten wurde er in Berlin vor Ort vom dortigen AP-Büroleiter eingestellt, ohne vorher diverse Inlandsredaktionen durchlaufen zu haben. Vier Jahre später wurde ihm selbst die Leitung des Büros übertragen und er blieb in Deutschland bis zur deutschen Kriegserklärung an die USA im Dezember 1941. Während dieser Zeit erarbeitete sich Lochner eine herausragende Stellung unter den Auslandskorrespondenten in Deutschland. Er fungierte als Präsident der „Foreign Correspondents Association" (1929–1930 und 1934–1937) und der „American Chamber of Commerce in Germany" (1936–1941). Für seine Berichterstattung über das Münchener Abkommen erhielt er 1939 den Pulitzer-Preis. Lochner war einer der wenigen Korrespondenten, die von beiden Fronten aus über den Zweiten Weltkrieg berichtet hatten. Bis zur Kriegserklärung an die USA berichtete er von verschiedenen deutschen Fronten. Nach der Kriegserklärung

---

129 Armin Scholl u. Siegfried Weischenberg, Journalismus in der Gesellschaft. Theorie, Methodologie und Empirie, Wiesbaden 1998, S. 162.

130 Siegfried Weischenberg, Maja Malik u. Armin Scholl, Journalism in Germany in the 21st Century, in: David H. Weaver u. Lars Willnat (Hg.), The global journalist in the 21st century, New York 2012, S. 205–219, hier S. 213; Weischenberg, Malik u. Scholl, Souffleure der Mediengesellschaft, S. 98 ff.

131 Ein biografischer Überblick zu Lochner findet sich in: Morrell Heald (Hg.), Journalist at the Brink. Louis P. Lochner in Berlin, 1922–1942, Philadelphia, PA 2007.

wurde Lochner zusammen mit anderen US-amerikanischen Korrespondenten und Diplomaten für fünf Monate interniert und danach über Lissabon repatriiert.[132] Im Juni 1942 war er zurück in den USA, wo er tat, was Journalisten zu tun pflegen: er schrieb ein Buch, ging auf Vortragsreisen und arbeitete als Radiokommentator.[133] Im Oktober 1944 begann er wieder als Kriegskorrespondent in Europa für die AP zu arbeiten und folgte den US-amerikanischen Armeen auf ihrem Vormarsch in Deutschland. Nicht ohne Grund war Lochner in dem Moment wieder in den aktiven Dienst versetzt worden, als die US-amerikanischen Armeen begannen, die deutsche Westgrenze zu überschreiten. Nach seinen langen Jahren als Korrespondent und Bürochef galt er als der Deutschlandexperte der AP. Lochner blieb auf Bitten von Cooper bis Mai 1946 in Deutschland, wo er beim Aufbau des deutschen AP-Büros half und über den Nürnberger Prozess berichtete.[134] Zurück in den USA setzte er sich zur Ruhe, kehrte aber noch im Laufe des Jahres 1946 im Auftrag der Hoover Library zurück nach Deutschland, um Material für deren Sammlung zu sichern. 1947 reiste Lochner erneut nach Deutschland, diesmal als Mitarbeiter von Hoovers „Economic Mission to Germany and Austria" im Auftrag von Präsident Truman.[135]

Lochners Bezug zu Deutschland war aber nicht nur professioneller Natur. Sein Vater, ein lutherischer Pastor, war aus Deutschland in die USA emigriert und ließ sich in Wisconsin nieder, wo es große Gemeinden deutscher Immigranten gab.[136] Lochners zweite Frau, die er Anfang der 1920er Jahre in Berlin kennengelernt hatte, war ebenfalls Deutsche. Insofern gab es enge familiäre Verbindungen nach Deutschland.

Dieser Hintergrund von Lochners beruflicher und persönlicher Biografie ist insofern von Interesse, als dass es während seiner Zeit als AP-Korrespondent in Deutschland von 1944–1946 häufig Kritik an seinen Berichten gab.[137] In gewisser Weise war Lochner an solche Kritik bereits gewöhnt. Sowohl sein Engagement in der Friedensbewegung vor dem Eintritt der USA in den Ersten Weltkrieg als auch seine Berichterstattung aus Nazi-Deutschland bis zur deutschen Kriegserklärung an die USA hatten ihm den Vorwurf eingetragen, ein Sympathisant der Deutschen oder sogar der Nationalsozialisten zu sein.[138] In der Endphase des Zweiten Welt-

---

132 Louis P. Lochner, Always the Unexpected. A Book of Reminiscenses, New York 1956, S. 5.

133 Ebd., S. 277, 289 ff.

134 Kent Cooper an Lochner, 19. September 1945, APCA, AP 02A.3 Subject File Box 63, Folder: Comment on Louis Lochner's Article.

135 Lochner, Always the Unexpected, S. 306 ff.

136 In keinem Archiv fanden sich mehr Nachlässe von Auslandskorrespondenten, die 1945 oder 1946 aus Nürnberg berichtet hatten, als in der Wisconsin Historical Society, Library-Archives Division, in Madison, Wisconsin. Die Mehrheit hatte deutsche Wurzeln.

137 Im Archiv der AP liegt eine ganze Akte mit Kommentaren zu Lochners Berichterstattung vor. Siehe: APCA, AP 02A.3 Subject File Box 63, Folder: Comment on Louis Lochner's Article.

138 Lochner, Always the Unexpected, S. 277 ff.; Heald, Journalist at the Brink, S. 16.

krieges, als die Debatte über den zukünftigen Umgang mit den Deutschen in vollem Gange war und über die Frage der richtigen Besatzungspolitik gestritten wurde, kritisierten zahlreiche Kunden und Mitglieder der AP sowie Privatpersonen Lochner als „notorious apologist for the Nazis"[139] oder als „pipeline for the transmission of Kraut propaganda".[140]

William Shirer griff Lochner und die AP in einer syndizierten Kolumne in der *New York Herald Tribune* vom 11. März 1945 an.[141] Shirer argumentierte für einen harten Frieden mit Deutschland und warnte vor den Berichten Lochners, in denen der versuche, eine saubere Trennlinie zwischen den Nationalsozialisten und dem deutschen Volk zu ziehen. In Nürnberg sollten beide wenig später persönlich aufeinandertreffen.[142]

Shirer war nicht der einzige Kollege, der seine Einwände offen äußerte. Geoffrey Parsons, Redakteur der europäischen Ausgabe der *New York Herald Tribune*, protestierte ebenfalls gegen Lochners Berichte aus den besetzten Teilen Deutschlands und weigerte sich, diese zu drucken.[143] Frank Grimes, Redakteur des *Abilene Reporter-News*, schrieb ein „editorial" bezüglich Lochners Artikelserie über das Attentat auf Hitler vom 20. Juli 1944, in dem er den Autor ebenfalls angriff:

This is the old familiar line. [...] We are asked to believe that the Nazis and the Nazis alone are responsible for Germany's conduct in this war, and that once we get rid of the Nazis we can deal safely and leniently with all other Germans. We fell for this line of bunk 25 years ago, and if we fall for it again – God have mercy on our souls.[144]

Die Frage nach der Beteiligung des deutschen Volkes an den begangenen Verbrechen stand auch während des Nürnberger Prozesses im Mittelpunkt. Der Vorwurf an Lochner lautete, seine persönlichen politischen Anliegen in den Artikeln für die AP zu vertreten, womit er gegen die journalistische Norm der Objektivität

---

139 Geoffrey Parsons Jr. (*New York Herald Tribune*, European Edition) an Edward Kennedy, 20. März 1946, APCA, AP 02A.3 Subject File Box 63, Folder: Comment on Louis Lochner's Article.

140 Frank Grimes (*Abilene Reporter-News*) an Frank H. King (AP Dallas), o. D., ebd.

141 Shirer, Propaganda Front, *New York Herald Tribune*, 11. März 1945, S. A1; der Artikel findet sich ebenfalls in den Akten der AP; zur syndizierten Kolumne „Propaganda Front" von Shirer siehe auch: William Shirer, 20th Century Journey, Bd. 3: A Natives Return, 1945–1988, Boston, MA u. a. 1990, S. 54.

142 William Shirer, End of a Berlin Diary, New York 1947; Shirer traf am 19. November 1945 in Nürnberg ein.

143 Geoffrey Parsons Jr. (*New York Herald Tribune*, European Edition) an Edward Kennedy, 20. März 1946, APCA, AP 02A.3 Subject File Box 63, Folder: Comment on Louis Lochner's Article.

144 Grimes, Beware This Propaganda Line, *The Abilene Reporter-News*, 21. März 1945, S. 6; der Artikel befindet sich ebenfalls in den Akten der AP; siehe auch: Grimes an King, 11. April 1945, APCA, AP 02A.3 Subject File Box 63, Folder: Comment on Louis Lochner's Article.

verstoße, die den Kern der Identität der AP ausmachte. Vor diesem Hintergrund stellen sich die Fragen, wie Lochner seine journalistische Rolle im Allgemeinen und in dieser spezifischen Situation verstand und wie die AP auf diese Vorwürfe gegenüber ihrem Korrespondenten reagierte?

In seiner Autobiografie, die 1955 in Deutschland und 1956 in den USA erschienen ist, schreibt Lochner über den Beruf des Auslandskorrespondenten:

> They are, to all intents and purposes, shirt-sleeve ambassadors. [...] Their work is done chiefly in shirt sleeves as they sit at their typewriters in smoky, often dingy rooms. [...] For their job is to interpret one people to another.[145]

Die Selbstbeschreibung als „shirt-sleeve ambassador" war unter Korrespondenten nicht unüblich. Bunnelle beschrieb den „Post-War Correspondent" in seinem Beitrag in der Firmenzeitschrift der AP ebenfalls als „ambassador both of the Associated Press and of the United States."[146] Was darunter zu verstehen war, ist jedoch mit dem Begriff allein nie präzise umrissen. Als Aufgabe des Auslandskorrespondenten bezeichnete Lochner, das eine Land dem anderen verständlich zu machen und vice versa. Eine Aussage, die mindestens ebenso viel Raum für Interpretation lässt. Das obige Zitat ist dem kurzen Kapitel in Lochners Autobiografie entnommen, in dem er sich mit dem Handwerk des Korrespondenten auseinandersetzt. Er zählt darin alle die Dinge auf, die Laien mit seiner Profession des Auslandskorrespondenten verbinden: internationale Konferenzen, Interviews von Berühmtheiten und Entscheidern, Zeugenschaft von welthistorischen Ereignissen, auf Tuchfühlung mit den Großen dieser Welt. „All these thrilling experiences do come to the foreign correspondent and make his profession rewarding. But the daily routine has many a drab aspect."[147] Nur enthält seine Autobiografie außer diesem Hinweis auf die langweiligen Routinen des Berufes lediglich Anekdoten, die den Erwartungen der Laien bezüglich seiner Profession entsprechen. Mit diesen Anekdoten und seinen spektakulärsten „scoops" illustriert er seine Selbstbeschreibung als „shirt-sleeve ambassador"[148]. Der kurze Abschnitt zum Handwerk des Auslandskorrespondenten lässt eine Erwähnung der redaktionellen Einbindung gänzlich vermissen, die sehr eng war, wie am Beispiel des Nürnberger Prozesses im vorigen Kapitel gezeigt wurde. Er steht ebenso im Gegensatz zu den von Morell Heald edierten und kommentierten Briefen Lochners, die er selbst zwischen 1922 und 1942 an seine

---

145 Lochner, Always the Unexpected, S. 115.
146 Bunnelle, When the Shooting's over, an AP Man's Toughest Job Begins as Post-War Correspondent, in: The AP World 1.1. Associated Press Collections Online, http://tinyurl.galegroup.com/tinyurl/X6733 (zuletzt eingesehen am 15. April 2015).
147 Lochner, Always the Unexpected, S. 127.
148 Ebd., S. 115.

Familie in den USA sandte. Heald bezeichnet die Briefe als „the most detailed description of a correspondent's daily round of activities and modes of operation now available."[149] Darin komme deutlich zum Vorschein, wie anstrengend die täglichen Routinen eines Büroleiters und wie frustrierend die „galling subjection to the demands of the home office and criticisms of his nominal regional chief [...] in London"[150] gewesen seien. Heald geht so weit zu sagen, Lochner sei „almost an ideal model of the organization man"[151] gewesen, der sich den Anforderungen der Organisation untergeordnet habe. Insofern ist Lochners Autobiografie typisch für das gesamte Genre der Journalistenautobiografien, indem er diese Aspekte der journalistischen Praxis in seinen Memoiren marginalisierte und zum Teil ganz ausblendete.[152]

Schaut man sich das Kapitel in Lochners Autobiografie zu dem in dieser Darstellung untersuchten Zeitabschnitt 1945/46 an, finden sich hierin keine journalistischen Routinen und Praktiken erwähnt, dafür jedoch seine Begegnungen samt abgedruckten Dankesschreiben mit dem US-amerikanischen Oberbefehlshaber Dwight D. Eisenhower. Lochner hatte bei der Sicherstellung der NSDAP-Mitgliedskartei geholfen und zwischen dem Kardinal Graf von Preysing und dem US-Militär vermittelt. Lochner erzählt die Geschichte seines Treffens mit dem britischen Außenminister Ernest Bevin in der ausgebombten ehemaligen Reichskanzlei und berichtet von seiner eigenen Rolle im Nürnberger Prozess. Der Journalist hatte der US-amerikanischen Anklage NS-Dokumente übergeben, die als Beweismittel eingebracht und später wieder zurückgezogen wurden.[153] Die restlichen Kapitel seiner Autobiografie entsprechen diesem Muster. Ob er in Zusammenarbeit mit Reichskanzler Brüning und mit Hilfe einer AP-Meldung 1931 die deutsche Währung vor dem Kollaps schützte, Treffen zwischen dem US-amerikanischen Botschafter und dem ehemaligen Reichskanzler Brüning vermittelte, Kontakte zum aktiven Widerstand unterhielt oder half, eine Vermittlungsmission zwischen Deutschland auf der einen und Frankreich und Großbritannien auf der andere Seite im Oktober 1939 auf den Weg zu bringen, stets ist es der „shirt-sleeve ambassador", der die Hauptrolle spielt.[154] Eine Rolle, die er angesichts der politischen Umstände im nationalsozialistischen Deutschland, seiner gleichzeitigen Verbun-

---

149 Heald, Journalist at the Brink, S. 511.

150 Ebd., S. 373.

151 Ebd., S. 106.

152 Zur Diskrepanz zwischen der öffentlichkeitswirksamen Selbstvermarktung und der journalistischen Praxis siehe: Domeier, Weltöffentlichkeit und Diktatur, S. 93 f. Zu den Erzählmustern der Autobiografien von Auslandskorrespondenten siehe auch: Pedelty, War Stories, S. 39.

153 Lochner, Always the Unexpected, Kapitel: On Both Sides of the Battle Front und Home at Last.

154 Ebd., S. 207, 246, 262.

denheit mit Deutschland und den USA sowie seiner pazifistischen Überzeugen wegen überzeugt gewesen sei spielen zu müssen.[155]

Vor dem Hintergrund der politischen Kontroverse um Lochners Berichterstattung ist es wichtig, wie Lochner seine damalige politische Position in dem Kapitel seiner Memoiren darstellt: Er habe das Potsdamer Abkommen in AP-Meldungen kritisiert und geschrieben, es sei schlimmer als der Vertrag von Versailles.[156] Ferner behauptet er, Roosevelt persönlich habe eine Zensurrichtlinie festgelegt, die jede Erwähnung eines deutschen Widerstandes untersagt habe, da solche Berichte der Politik der bedingungslosen Kapitulation hinderlich gewesen wären. Roosevelt habe beabsichtigt, die Schuld des gesamten deutschen Volkes und nicht nur des NS-Regimes festzuschreiben.[157]

Schon nach seiner Rückkehr aus Deutschland in die USA 1942 hatte Lochner in seinem Buch *What about Germany?* angesichts seiner Kontakte zu einzelnen Personen des aktiven Widerstandes gegen Hitler die Frage nach der Existenz eines „anderen Deutschlands" empathisch mit ja beantwortet.[158] Heald schätzt auch vor dem Hintergrund neuerer Forschungen Lochners Aussagen zum Ausmaß des deutschen Widerstandes als übertrieben ein und bezeichnet sie als „wishfull thinking".[159]

Seinen politischen Standpunkt in Bezug auf die US-amerikanische Deutschlandpolitik und seine Kritik an Roosevelt machte Lochner in seiner Autobiografie deutlich. Wie sehr ihn aber gleichzeitig der Vorwurf, „pro-German" und mit „Nazi germs"[160] infiziert worden zu sein, beschäftigte, zeigt sich daran, dass er auf den ersten sechs Seiten seiner Autobiografie gleich zweimal darauf eingeht. Stets ist er darum bemüht, gewichtige Leumundszeugen anzuführen, die ihm attestieren, ein guter US-amerikanischer Patriot zu sein.[161] Im hier ausführlicher untersuchten Kapitel zum Zeitraum 1944–1946 durfte zum Schluss eine Anekdote, in der er seine Kritiker attackiert, nicht fehlen.[162] Auch wenn Lochner die lange Abwesenheit aus den USA nicht als Problem für seine Arbeit wahrnahm, so betont Heald jedoch, dass insbesondere die mit den Deutschen geteilten Erfahrungen Lochners während des Krieges von 1939–1942 zu einer noch stärkeren Identifikation mit dem deutschen Volk geführt habe.[163]

---

155 Heald, Journalist at the Brink, S. 466.
156 Lochner, Always the Unexpected, S. 284.
157 Ebd., S. 294 f.
158 Louis P. Lochner, What about Germany? New York 1942.
159 Heald, Journalist at the Brink, S. 468
160 Lochner, Always the Unexpected, S. 6.
161 Ebd., S. 3 u. 6.
162 Ebd., S. 285 ff.
163 Heald, Journalist at the Brink, S. 376.

In seinen knappen Ausführungen zum journalistischen Handwerkszeug erwähnt Lochner zwar, dass jeder Korrespondent „general news, much of it of a boring routine nature"[164] bearbeiten müsse, doch findet sich nichts davon in seiner Autobiografie. Der journalistische Alltag mit seinen langweiligen Routinen und tristen Aspekten findet kaum Erwähnung und das Wechselwirkungsverhältnis mit der Redaktion bleibt gänzlich ausgespart. Stattdessen inszeniert er sich als wirkmächtigen Akteur mit klaren politischen Meinungen auf Tuchfühlung mit den wichtigen Entscheidern, was durchaus verständlich ist, schließlich sollte sich das Buch verkaufen. In der retrospektiven Erzählung präsentiert Lochner nur die eine Facette seines mehrdimensionalen journalistischen Selbstverständnisses – die Facette, mit der er sich am stärksten identifizierte.

Nun gilt es, die journalistische Praxis der autobiografischen Erzählung gegenüberzustellen. Dabei geht es darum, die andere Facette der journalistischen Praxis – die tägliche Routine – sichtbar zu machen und zu untersuchen, inwiefern Lochner sein Selbstverständnis eines „shirt-sleeve ambassador" in der Praxis umsetzen konnte. Dazu ist es notwendig, die Aufmerksamkeit wieder auf die konkrete Situation zu richten, als die Vorwürfe gegen Lochner ab Februar 1945 bei der AP eingingen. Wie hat Lochner darauf reagiert?

Cooper setzte ihn in einem Brief vom 27. März 1945 über die Kommentare zu seiner Berichterstattung in den Meinungsspalten der Zeitungen sowie über die eingegangenen Briefe ins Bild.[165] In einem langen Antwortschreiben vom 6. April nahm Lochner Stellung zu den Vorwürfen.[166] Versuche man in Kriegszeiten objektiv zu sein, laufe man Gefahr, umgehend von der einen oder der anderen Seite als Propagandist abgestempelt zu werden. Er ging konkret auf die Kritik an seinem Artikel über das Attentat auf Hitler vom 20. Juli 1944 ein. Lochner hatte einen ihm bekannten Mitverschwörer im befreiten Teil Deutschlands gefunden und auf Grundlage dessen Berichts den Artikel verfasst, der am 20. März 1945 in zahlreichen US-amerikanischen Zeitungen erschienen war.[167] Wie dies angesichts der von Roosevelt persönlich erlassenen Zensurrichtlinie bezüglich des deutschen Widerstandes, die Lochner in seiner Autobiografie enthüllen sollte, möglich war, ist ein Rätsel. Lochner hatte seine Quelle mit den Worten zitiert, dass die „elite of post-Bismarckian Germany"[168] im Gegensatz zu Hitler stehe und selbst die gesellschaftlichen Gruppen benannt, die darunter zu verstehen seien: der Adel, das

---

164 Lochner, Always the Unexpected, S. 124.

165 Kent Cooper an Lochner, 27. März 1945, APCA, AP 02A.3 Subject File Box 63, Folder: Comment on Louis Lochner's Article.

166 Lochner an Kent Cooper, 6. April 1945, ebd.

167 U. a. *Los Angeles Times, New York Herald Tribune, New York Times, The Atlanta Constitution, Chicago Daily Tribune.*

168 Lochner, Hitler Plot and Causes of Its Failure Described, *Los Angeles Times* 20. März 1945, S. 1.

Militär, Industrielle, Banker und die Intelligenz unter den Arbeitern. Wie jemand aus dem Zitat einer Quelle schließen könne, er selbst wolle die „post-Bismarckian elite"[169] verteidigen, sei ihm rätselhaft. Ganz im Gegenteil vertrete er privat die Meinung, sein Informant solle nicht am Wideraufbau Deutschlands beteiligt werden und jene benannten gesellschaftlichen Gruppen trügen eine erhebliche Schuld am Krieg. „But am I reporting the facts given me by an informant, or telling the world what Louis Lochner thinks about this or that man? I consider myself a reporter [hervorgehoben im Original, E. S.]."[170] Lochner zog sich auf eine etwas naive Art und Weise auf die Position des objektiven Beobachters zurück, als ob es egal wäre, welche Meinungen er in seinen Artikeln zitierte oder wie er diese Meinungen kontextualisierte bzw. ausbalancierte. Wie auch in der Autobiografie führte er Leumundszeugen an und beschuldigte seine Kollegen des Neids ob seiner Sprachkenntnisse und exzellenten Kontakte.[171]

Wie ging die AP mit der Kritik an ihrem Korrespondenten um? Als erstes ist zu betonen, dass sich das Management und auch seine Kollegen nach außen hin deutlich hinter Lochner stellten und ihn gegen die Angriffe verteidigten.[172] Mit Lochner selbst korrespondierte Cooper, der ihn ebenfalls seiner Unterstützung und seines Vertrauens versicherte. Sein Brief an Lochner, in dem er ihn über die Kritik informierte, enthielt aber auch die Ermahnungen, in allen Situationen „complete objectivity"[173] zu wahren und die möglichen Intentionen deutscher Informanten zu bedenken. Man rief sich in der internen Kommunikation das Objektivitätsgebot wie ein Mantra zu,[174] dass die konkrete Bedeutung an einem Einzelfall durchgespielt wurde, war eine Ausnahme. In Coopers Brief findet sich aber zusätzlich auch ein Hinweis, wie intern mit der Kritik umgegangen wurde. Cooper erwähnte in seinem Brief, dass Gould und Babb ihn unterrichtet hätten, Lochners Artikel über „non-fraternization regulations" aus Aachen sei überarbeitet worden, „because the original story was subject to misinterpretation. This is the kind of backstopping I know you want and I am confident you can ‚take it."[175] Dabei handelte es sich

---

169 Lochner an Kent Cooper, 6. April 1945, APCA, AP 02A.3 Subject File Box 63, Folder: Comment on Louis Lochner's Article.

170 Ebd.

171 Ebd.

172 Kent Cooper an Parsons Jr., 9. April 1945, APCA, AP 02A.3 Subject File Box 63, Folder: Comment on Louis Lochner's Article; Kennedy an Parsons Jr., 22. März 1945, ebd.; Jagger an Maurice Leon, 19. März 1945, ebd.

173 Kent Cooper an Lochner, 27. März 1946, ebd.

174 Gould an Kennedy, 4. April 1946, ebd; Kennedy an Kent Cooper, 4. April 1945, ebd.

175 Kent Cooper an Lochner, 27. März 1945, ebd.; der Artikel findet sich ebenfalls in der Akte: Lochner, Fraternizing Ban Worries AMG Men, ebd.

um jenen Artikel, der Shirer in seiner syndizierten Kolumne zur Kritik an Lochner und der AP veranlasst hatte.[176]

Was die verantwortlichen Personen innerhalb der AP machten, war, die Redakteure anzuweisen, Lochners Artikel einer besonders sorgfältigen Lektüre zu unterziehen und wenn nötig umzuschreiben oder in den Papierkorb wandern zu lassen. Da viele von Lochners Artikeln via London übermittelt und dort auch für den „AP-World service" redaktionell bearbeitet wurden, gingen die Kritiken an Lochner samt einem Begleitschreiben von Gould auch an Bunnelle in London. Ziel war es sicherzustellen, dass auch London dasselbe „editorial backstopping"[177] für den „AP-World service" entsprechend der Norm der Objektivität betreibe. Im Falle von Zweifeln an Berichten sollten New York und London einander umgehend kontaktieren, um sicherzustellen, dass eine einheitliche redaktionelle Leitlinie gewahrt bleibe. Bunnelle war bereits mit dem Problem vertraut, da er ein Telegramm des „Assistant Manager" Claude Jagger erhalten hatte, der die Freigabe von Lochners Artikeln nur erlaubte, nachdem sie sorgfältig redaktionell bearbeitet worden waren: „APPROVE SELLING LOCHNERS 1529 SERIES 2/4 LEADER PROVIDED YOU EDIT MOST CAREFULLY REMOVE ANY POSSIBLE BASIS FOR CHARGES PROGERMAN BIAS"[178]

Bunnelle selbst äußerte wiederholt Bedenken an Lochners Artikeln während der gesamten Zeit, die dieser noch in Deutschland verblieb und unterrichtete Cooper darüber. Er bezeichnete die Situation als „a little dangerous"[179] für die AP und gab an, seine Redakteure seien sehr vorsichtig mit Lochners Material. Das hieß, dass die abgesprochene Koordination zwischen den Redaktionen in New York und London einsetzte, wenn Zweifel an der Objektivität von Lochners Artikeln aufkamen. Bunnelle merkte z. B. im Juli 1945 zwei Artikel von diesem an, die er eher für „editorials" als objektive Berichterstattung hielt. Er kritisierte, dass die Quellen fragwürdig und nicht durch Kommentare ausbalanciert worden seien.[180] Auch wenn Lochners Artikel nicht die einzigen waren, die aufgrund solcher Vorbehalte aussortiert wurden,[181] wurde seinen Artikeln doch durchgehend eine besondere Aufmerksamkeit der Redakteure zuteil. Der letzte wegen mangelnder Objektivität

---

176 Shirer, Propaganda Front, *New York Herald Tribune*, 11. März 1945, S. A1.
177 Gould an Bunnelle, 28. März 1945, APCA, AP 02A.3 Subject File Box 63, Folder: Comment on Louis Lochner's Article.
178 Jagger an Bunnelle, o. D., ebd.
179 Bunnelle an Kent Cooper, 6. Juli 1945, ebd.
180 Bunnelle an AP, o. D., APCA, AP 02A.2 Foreign Office Correspondence, Box 6, Folder: Berlin Jan–July.
181 Kent Cooper an Allen (AP-Korrespondent Osteuropa), 5. Dezember 1945, APCA, AP 02A.2 Foreign Bureau Correspondence, Box 5, Folder: London Office Oct.–Dec.; Bunnelle an Straton, 16. November 1945, ebd.; siehe auch Kapitel 2.

aussortierte Artikel findet sich Ende April 1946, unmittelbar bevor Lochner im Mai 1946 zurück in die USA ging.[182]

Es sei noch angemerkt, dass auch einige Zeitungen wie die *New York Times* und die *Atlanta Constitution* den Artikel Lochners über den deutschen Widerstand redaktionell bearbeitet und die besonders anstößigen Passagen über die Opposition der „post-Bismarckian elite" gegen Hitler selbst gekürzt hatten.[183]

Was ist das Ergebnis der Gegenüberstellung von autobiografischer Selbstdarstellung und journalistischer Praxis im Falle von Lochner? Die politischen Umstände im nationalsozialistischen Deutschland, seine außergewöhnliche Stellung als dienstältester Deutschland-Korrespondent und Büroleiter der AP sowie sein persönlicher Hintergrund machten ihn zu einem „shirt-sleeve ambassador", der keinesfalls lediglich an seiner Schreibmaschine saß, sondern auch seinen Schreibtisch verließ und als Akteur im diplomatischen Spiel zu agieren versuchte. Dabei ließ er sich durchaus von persönlichen politischen Überzeugungen leiten. Neben seinen journalistischen „scoops" ist es dieses Rollenbild, das Lochner in seiner Autobiografie in den Vordergrund seiner Erzählung rückt.

Wie sehr Lochner aber in seiner journalistischen Praxis durch das Berichterstattungsmuster des objektiven Beobachters, die Darstellungsformen der AP und die Einbindung in die redaktionellen Strukturen gebunden war, wird in seinen Briefen an die Familie aus den Jahren 1922–1942 und aus der Untersuchung der journalistischen Praxis zwischen 1944–1946 deutlich. Insofern blieb ihm auch kaum etwas anderes übrig, als in der Replik auf die Kritik an seiner Berichterstattung sich Cooper gegenüber auf die Rolle des unabhängigen Reporters zurückzuziehen, obwohl dies wohl kaum seinem Selbstverständnis entsprach.

Objektivistischer Journalismus, wie ihn die AP propagierte, bildet weniger Objektivität als einen herrschenden Konsens ab.[184] Lochners Positionen zum deutschen Widerstand und zum Verhältnis der Deutschen zum Nationalsozialismus sollten erst im Kalten Krieg konsensfähig werden. Was aber deutlich geworden ist, sind die in der Ablauforganisation der AP eingebauten Sicherungen gegen „personal bias"[185] einzelner Korrespondenten. Die AP nutzte Lochners Erfahrung und Kon-

---

182 Bunnelle an Gould, 25. April 1946, APCA, AP 02A.2 Foreign Bureau Correspondence, Box 3, Folder: London March + April 1946; Gould an Bunnelle, 30. April 1946, ebd.

183 Vgl. den Artikel in der *Los Angeles Times* mit den Artikeln in der *New York Times* und der *Atlanta Constitution*: Lochner, Hitler Plot and Causes of Its Failure Described, *Los Angeles Times*, 20. März 1945, S. 1, 6; Lochner, Himmler Linked to Plot on Hitler; Participant Tells of July Attempt, *The New York Times*, 20. März, S. 1, 4; Lochner, Himmler Reportes in Plot To Kill Hitler Last July, *The Atlanta Constitution*, 20. März 1945, S. 6.

184 Nerone, The media and public life, S. 169f.

185 Frank Esser, Editorial Structures and Work Principles in British and German Newsrooms, in: European Journal of Communication 13, 1998, H. 3, S. 375–405, hier S. 398.

takte zum Aufbau der AP in Deutschland. Diese Kontakte waren auch der Grund, warum Cooper ihn nach Nürnberg beorderte. Ein Großteil seiner Artikel von dort basierte auf diesen Kontakten. Niemand inszenierte sich in seiner Berichterstattung über den Nürnberger Prozess so sehr als Zeitzeuge der vor Gericht verhandelten Geschichte wie Lochner.[186]

Die Redakteure in London und New York achteten jedoch darauf, dass jegliche Meldungen Lochners, die im Verdacht standen, zu deutschlandfreundlich zu sein, redaktionell bearbeitet oder ganz aussortiert wurden. Die Handlungsrelevanz seines Selbstverständnisses oder seiner persönlichen politischen Überzeugungen waren somit aufgrund der redaktionellen Verfahren der AP im Falle der Aussagenproduktion eher gering einzuschätzen. In Lochners Autobiografie findet sich ein Satz zu seiner Pensionierung, bevor er im Auftrag erst der Hoover Library und danach mit Hoover selbst zurück nach Deutschland ging, der die Autonomiespielräume des AP-Korrespondenten im Gegensatz zum vorherrschenden Narrativ zum Ausdruck bringt:

> There were so many things I wanted to do which could never be tackled as long as I was tied to a wrist watch, as it were, and had the constant worry that my news flash might be some seconds or minutes behind my competitors.[187]

Don Doane

Don Doane (1911–1999) arbeitete zeitgleich mit Lochner als AP-Korrespondent in Deutschland und berichtete ebenfalls über den Nürnberger Prozess sowohl vor Ort als auch am „relay desk" in Frankfurt am Main und London. Doane stammte aus Kansas, hatte den Journalismusstudiengang der University of Missouri besucht und für verschiedene regionale Tageszeitungen gearbeitet, bevor er 1937 in Kansas City bei der AP anfing. In Vorbereitung auf seinen Einsatz als Auslandskorrespondent in Europa wurde er im Januar 1945 an den „cable desk" in New York versetzt, von wo aus er im Februar 1945 nach London aufbrach. Doane war einer jener „most recent newcomer[s] to Europe"[188], der zuerst im Londoner Büro als Redakteur eingesetzt wurde, wie bereits in Kapitel 5.2.1 beschrieben. Seit Doane Missouri verlassen hatte und im Januar 1945 nach New York und Europa aufgebrochen war, schrieb er Briefe an seine Familie. Bis zu seiner Kündigung im Oktober 1953 als Deutschland-Korrespondent der AP haben sich zahlreiche Briefe angesammelt,

---

186 Siehe z. B.: Louis Lochner an AP, 20. November 1945, WHSA, Louis Paul Lochner Papers, Newspaper Articles, Wire Service Dispatches and Articles, Associated Press 1945 November – 1947, Reel 31, Frame 18–21.

187 Lochner, Always the Unexpected, S. 298.

188 Gallagher an Gould, 12. Oktober 1945, APCA, AP 02A.2 Foreign Bureau Correspondence, Box 5, Folder: London Office Oct.–Dec.

die sich im Besitz seiner Nachfahren befinden.[189] Ziel dieses Abschnitts ist es, Lochners und Doanes Rollenbilder zu kontrastieren. Sie eignen sich dafür sehr gut, da ihre Herkunft, ihr Alter, ihre Erfahrungen und ihre Stellung innerhalb der AP so unterschiedlich waren.

Konnte Lochner auf die Erfahrung von 14 Jahren als AP-Bürochef in Berlin zurückgreifen, hatte Doane bis dato lediglich aus Missouri berichtet. Auch hatte er weder deutsche Wurzeln noch sprach er überhaupt Deutsch. Sein Deutschlandbild war dem Lochners diametral entgegengesetzt. Unter dem Eindruck der „Enthüllungen" über deutsche Konzentrationslager im Frühjahr 1945 schrieb er an seine Familie:

> Yes, of course, it's a horrible situation—but I hope that hate lives long enough to keep Germany hogtied until every German now alive is too old to fight. If ever a whole race was guilty, then the Germans race is convicted en masse.[190]

Und sein Bild der Deutschen verbesserte sich nicht durch persönlichen Kontakt.[191]

Während Lochner als Büroleiter und nach seiner Rückkehr mit den US-amerikanischen Armeen als „roving correspondent" und Deutschlandexperte eine Sonderstellung innehatte, fing Doane auf der untersten Hierarchiestufe des europäischen AP-Korrespondentennetzes an. Das bedeutete, dass die Einsatzorte häufig wechselten, genau wie die Themenbereiche und Institutionen, über die er zu berichten hatte. Zudem wurde er sowohl als Redakteur wie auch als Reporter eingesetzt, wechselte also permanent zwischen den verschiedenen journalistischen Rollen. Er hatte nur wenig Einfluss darauf, wie und wo er eingesetzt wurde. Die damit verbundene Unsicherheit und Abhängigkeit von den Vorgesetzten kommt in den Briefen immer wieder zum Ausdruck: „Yeah, that reminds me: I wish I knew where I'm going. Did I mention the India prospect?"[192] Drei Monate später, im September 1945, wechselte er kurzfristig als „Feuerwehrkraft" von England nach Deutschland, um Kollegen in Süddeutschland und Berlin zu ersetzen, die über den Nürnberger Prozess berichten sollten.[193]

Die Rolle, die er in der Berichterstattung über den Prozess spielte, verdeutlicht seine Stellung innerhalb der AP. Er wurde zur Vorberichterstattung nach Nürnberg

---

189 Ein Neffe, William Urban, hat die Briefe ediert und mir, obwohl sie noch nicht veröffentlicht sind, zur Verfügung gestellt. Dafür danke ich ihm recht herzlich.

190 Doane an seine Schwestern, 19. Mai 1945, Don Doane Letters from Europe 1945–1952, edited 2016 by William Urban (unveröffentlichtes Manuskript).

191 Doane an seine Schwester, 22. November 1945, ebd.

192 Doane an seine Schwestern, 19. Mai 1945, ebd.

193 Doane an seine Schwester, 8. Oktober 1945, ebd.

entsandt, als noch kein fester Korrespondent installiert war.[194] Während sich die Augen der Weltöffentlichkeit bei Prozessbeginn auf Nürnberg richteten, musste er aus Dachau über die dortigen Prozesse berichten.[195] Über den Jahreswechsel arbeitete er wieder in London am „cable desk" und kehrte erst im Frühling nach Deutschland zurück. Als dann die Urteilsverkündungen in Nürnberg anstanden, verbrachte er 12-Stunden-Schichten am Telefon, damit die Nachrichten aus Nürnberg auf das „leased wire" von Frankfurt am Main nach London gelangten.[196] Und als alles vorbei war, musste er die Nachberichterstattung zu Görings Selbstmord und die Suche nach dem US-amerikanischen Henker übernehmen.[197] Sein einziger Kommentar zum Nürnberger Prozess in den Briefen war, dass er hoffe, nicht über die Nachfolgeprozesse in Nürnberg berichten zu müssen, da das „Press Camp" so ungemütlich sei.[198]

Dass der Beruf des Auslandskorrespondenten nicht nur aus „cocktails with the foreign minister" bestehe, sondern zu einem Großteil aus „grinding desk work", wie der „Assistant General Manager" Claude Jagger in einem Rundschreiben bezüglich Personalrequirierung schrieb,[199] war Doane schon während seiner Arbeit als Redakteur in London klar geworden. Der Wunsch, der monotonen Schreibtischarbeit zu entkommen, hatte ihn nach Deutschland geführt. Die Strapazen seines „field assignment"[200] waren andere, doch keinesfalls weniger anstrengend, wie man den Briefen wiederholt entnehmen kann.

Doane war zu einem Zeitpunkt in den Auslandsdienst eingestiegen, als akuter Personalmangel herrschte, was sich erst einige Zeit nach Kriegsende ändern sollte.[201] Viele der Anforderungen der AP an einen Auslandskorrespondenten waren bei Doane lediglich als Potenziale angelegt. Jaggers Rundschreiben zu diesen Anforderungen enthielt die Punkte Sprachen, Bildung, Erfahrungen als Redakteur und Reporter, Geschäftssinn und möglichst keine Familie.[202] Doane hatte eine Tochter

---

194 Doane an seine Schwester, 8. Oktober 1945, ebd.

195 Doane an seine Schwester, 22. November 1945, ebd.

196 Gallagher an Gould, 2. Oktober 1946, APCA, AP 02A.2 Foreign Bureau Correspondence, Box 7, Folder: Nuernberg Executions (Prior to Execution Day – 1st Section).

197 Gallagher an Gould, 24. Oktober 1946, APCA, AP 02A.2 Foreign Bureau Correspondence, Box 7, Folder: Nuernberg Executions, Execution-Day + After (2nd Section).

198 Doane an seine Schwester, 10. November 1946, Don Doane Letters from Europe 1945–1952, edited 2016 by William Urban (unveröffentlichtes Manuskript).

199 Jagger an Department Heads, News Editors u. Chiefs of Bureaus [Rundschreiben], 7. August 1945, APCA, AP 02A.2 Foreign Bureau Correspondence, Box 5, Folder: London Office July–Sept.

200 Doane an seine Familie, 15. September 1945, Don Doane Letters from Europe 1945–1952, edited 2016 by William Urban (unveröffentlichtes Manuskript).

201 Cooper, Report of the Executive Director, S. 114 f.

202 Jagger an Department Heads, News Editors u. Chiefs of Bureaus [Rundschreiben], 7. August 1945, APCA, AP 02A.2 Foreign Bureau Correspondence, Box 5 Folder: London Office July–Sept;

und sprach kein Deutsch, als er nach Europa entsandt wurde. Er hatte zwar studiert und Erfahrungen in AP-Büros gesammelt, doch beides innerhalb der Grenzen von Missouri. Sein Fall illustriert die Bedeutung Londons als Ausbildungsort für Auslandskorrespondenten, wo Doane die ersten Monate eingesetzt wurde. Dieser war sich bewusst, wie relativ unvorbereitet und unerfahren er auch nach der Zeit in London immer noch war, insbesondere wenn er auf Kollegen wie den Pulitzer-Preis-Gewinner und Deutschlandexperten Lochner traf. Sein schneller Wechsel zwischen Orten, Rollen und „beats" hatte wenig dazu beigetragen, sich zurecht-zufinden, was die Möglichkeiten einer unabhängigen Berichterstattung ebenfalls einschränkte:[203]

> I'm certainly getting a variety of politics these days – from Missouri politics to English politics and now Bavarian politics. [...] One of my jobs last week was to write a "Colorful intimate" review of Bavarian politics for the London "News Review" (England's Time magazine). I am sure it was not "intimate" and I doubt it was "colorful", but the American political adviser to the military government assures me it was factually correct, which is most important.[204]

Doane fehlten das nötige Hintergrundwissen und die Vertrautheit mit dem Gegenstand, was erstens in die Abhängigkeit von PR-Offizieren führte und zweitens eine Beschränkung auf leicht zugängliche Fakten zur Folge hatte. Dieses Argumentationsmuster findet sich immer wieder in Doanes Korrespondenz mit seiner Familie. Der Journalist zeichnet in seinen Briefen nicht das Bild eines „shirt-sleeve ambassador", der souverän Politik und Gesellschaft des Landes, aus dem er berichtete, interpretierte. Vielmehr kämpfte er häufig selbst damit, die Ereignisse zu verstehen. Diese Unsicherheit versuchte er zu überwinden, indem er sich darauf berief, lediglich die Fakten zu berichten, auch wenn er nicht genau wusste, was sie bedeuteten. Auch sich auf die Verfahren der AP zu berufen, diente zur Bewältigung seiner eigenen Unsicherheit. Das galt ebenso für seine Berichterstattung über die US-amerikanische Deutschland-Politik:

> I still don't know what we ought to do over here, but feel pretty sure whatever we are doing is not the right answer. These people are an enigma. [...] We certainly aren't making much

---

siehe auch: Bunnelle, When the Shooting's over, an AP Man's Toughest Job Begins as Post-War Correspondent, in: The AP World 1.1. Associated Press Collections Online, http://tinyurl.galegroup. com/tinyurl/X6733 (zuletzt eingesehen am 15. April 2015).

203 Siehe hierzu auch die Beschreibung der Praxis seiner redaktionellen Arbeit in London in Kapitel 5.2.1.

204 Doane an seine Schwester, 8. Oktober 1945, Don Doane Letters from Europe 1945–1952, edited 2016 by William Urban (unveröffentlichtes Manuskript).

progress teaching them democracy—partly because we have poor teachers and partly because they don't want to learn. Oh, well, I don't have to decide what to do. I just try to report what is done.[205]

Und das galt ebenso für die Politik gegenüber der Sowjetunion, als Deutschland immer mehr zum Austragungsort des beginnenden Kalten Krieges wurde:

Yes, I know the world is slowly splitting in halves, and I am right on the edge of that widening crack. Yes, it looks bad – and it's not all (though much) Russia's fault. But please I don't feel like discussing it today. […] I don't want to think of war or listen to rumors of war. I used to say if I thought we were heading needlessly toward a war I'd abandon everything to help prevent it. Now, that I see it happening, I don't see what I can do. So I just try to remain factual and unprejudiced in all my writing which touches on the international situation, and hope for the best.[206]

In diesem Zitat gestand er seine Hilflosigkeit ein, im vorherigen die Grenzen seines Wissens. Er tat nicht so, als habe er als Journalist die Lösung für die politischen Probleme parat. In beiden Briefen berief er sich auf die Verfahren und Normen der AP, weniger um die Situation zu bewältigen, als um überhaupt handlungsfähig zu sein. Selbst wenn er in den Briefen an seine Familie politische Ansichten äußerte, stellte er klar, dass es sich um seine privaten Meinungen handele, die erstens nicht zur Veröffentlichung bestimmt und zweitens wahrscheinlich in Teilen falsch seien. Die klare Trennung zwischen privaten politischen Ansichten und dem Objektivitätsmantra der AP-Berichterstattung behielt er auch in der privaten Korrespondenz bei.

Wie sehr ihn die Art der Berichterstattung von Zeit zu Zeit frustrierte, wird in den an seinen Bruder Kenneth gerichteten Teilen der Briefe deutlich. Kenneth versuchte regelmäßig, ihn in philosophische oder politische Diskussionen zu verwickeln:

Will you pardon me if I don't indulge at a time in some of that philosophical and political speculation you suggested. I'm not in the mood for that at the moment, kind of written out. […] Often I wish I had you [seinen Bruder, E. S.] around for such conversations. Your thinking jogs my lazy mind—and also pricks my social conscience. I often get discouraged—in fact disgusted—at the way I and others like me report things which have so much more significance than we record with our surface scratchings. Not a satisfying

---

205 Doane an seine Schwester, 27. Oktober 1948, ebd.
206 Doane an seine Schwester, 12. Juli 1947, ebd.

feeling. But maybe the sum total of the things we write ads up to a picture perhaps more true than our own personal version or analyses would be.[207]

Bei aller Idealisierung von Journalisten und Korrespondenten und der Betonung ihrer Funktion in demokratietheoretischen Abhandlungen muss man sie sich auch als Angestellte einer großen Organisation vorstellen, die am Ende des Tages müde und abgekämpft von der Arbeit waren. Das hier zum Ausdruck gebrachte Gefühl, in den Routinen der Berichterstattung gefangen zu sein und angesichts der Anforderungen der journalistischen Praxis zu müde oder mental nicht in der Lage zu sein, die größeren Zusammenhänge zu reflektieren, zog sich durch Doanes gesamte Korrespondenz.[208] Allerdings war es typisch für ihn, auch in diesem Moment einer kritischen Auseinandersetzung mit den Bedingungen seiner Arbeit der eigenen Meinung zu misstrauen und sich stattdessen auf das kollektive Ergebnis der organisationalen Verfahren zu verlassen, wie er es im letzten Satz des Zitates zum Ausdruck brachte.

Doanes Briefe stellen eine seltene Quelle über einen Korrespondenten aus der „rank and file of journalism"[209] dar, der keinen Buchvertrag bei der Rückkehr ins Heimatland angeboten bekam und auch nicht die Notwendigkeit sah, seine eigene Rolle in Buchform zu veröffentlichen, wie Lochner es getan hatte. Dieser versuchte die verschiedenen Dimensionen seines Rollenbildes in der Praxis zu aktualisieren. Er wollte sowohl unabhängiger Reporter als auch Botschafter in Hemdsärmeln oder im Frack sein. Wenn Lochner auch zeitweise aufgrund der besonderen Umstände die Rolle eines diplomatischen Akteurs für sich reklamierte, so ist doch deutlich geworden, welche eingeschränkte Handlungsrelevanz dieses Rollenbild für seine im engeren Sinne journalistische Arbeit hatte, wenn er vor der Schreibmaschine die Hemdsärmel hochkrempelte. Doane hingegen war der eigentliche „organization man"[210]. Er kannte seine Rolle in der Organisation und entsprach den Erwartungen an diese Rolle, auch weil sie ihm in schwierigen oder unvorhersehbaren Situationen Orientierung bot und seine Handlungsfähigkeit gewährleistete. Die Bewertung durch seinen Chef in London passt zu diesem Bild: „Looks like a good addition to the staff after more seasoning. He has given the impression both on the night rewrite job and on the night aerial story that he is

---

207 Doane an seine Familie, 19. Mai 1945, ebd.
208 Doane an seine Schwester, 22. November 1945, ebd.; Doane an seine Schwester, 12. Juli 1947, ebd.
209 Hanno Hardt u. Bonnie Brennen (Hg.), Newsworkers: Toward a history of the rank and file, Minneapolis, MN 1995.
210 Diese Bezeichnung nutzt Heald eigentlich für die Beschreibung von Lochner: Heald, Journalist at the Brink, S. 106.

potentially a competent workman."[211] Das hieß nicht, dass er unkritisch war. Im Privaten beschwerte er sich bitterlich über die Beschäftigungsbedingungen bei der AP. Auch suchte er sich sein persönliches Thema, dem er mehr Aufmerksamkeit entgegenbrachte, als er eigentlich gemusst hätte. Seine ausgeprägte Abneigung gegenüber dem Militär, die in der Auseinandersetzung mit der US-amerikanischen Militärregierung in Deutschland stetig wuchs, machte ihn zu einem Experten und Kritiker der US-amerikanischen Militärgerichtsbarkeit.[212]

Abschließend stellt sich die Frage, inwieweit es sich bei den unterschiedlichen Selbstbildern von Lochner und Doane um einen Generationenunterschied handelte, die Geschichte der beiden Korrespondenten also auch einen Wandel journalistischer Rollenbilder einfängt?

5.2.3 Der Kampf um den „scoop": Nicht-intendierte Folgen journalistischer Konkurrenz

Die britischen Morgenzeitungen druckten am 17. Oktober 1946 in riesigen Lettern auf der ersten Seite eine Falschmeldung.[213] Als die Leser ihre Zeitungen in die Hand nahmen, konnten sie dort lesen, dass alle elf zum Tode verurteilten Hauptkriegsverbrecher in der vorherigen Nacht gehängt worden seien.[214] Tatsächlich hatte Göring jedoch kurz vor der geplanten Hinrichtung Selbstmord begangen. Dies war lediglich die spektakulärste Falschmeldung im Laufe des Prozesses. Wie kam es zu solchen Falschmeldungen, obwohl zeitweise 300 der renommiertesten Journalisten in engem Kontakt zu den entscheidenden Akteuren über den Prozess berichteten? Die Antwort lautet: Gerade weil 300 Journalisten auf engstem Raum über ein wenig medienkonformes Ereignis berichten mussten, kam es zu solchen Falschmeldungen. Die Konkurrenzsituation und die permanente wechselseitige Beobachtung insbesondere der Agenturjournalisten produzierten dysfunktionale Dynamiken in der Berichterstattung, die die Journalisten weder intendiert hatten noch kontrollieren konnten. Wie tief die Beobachtung und der Vergleich mit der Konkurrenz in den Routinen der Nachrichtenagenturen verankert waren, ist in Kapitel 5.2.1 deutlich geworden. Die daraus resultierenden negativen Folgen für die

---

211 Bunnelle an Gould, 5. April 1945, APCA, AP 02A.2 Foreign Bureau Correspondence, Box 5, Folder: London Office April–June.

212 Doane berichtete über die Dauchauer Prozesse, den Nürnberger Prozess, die Nürnberger Nachfolgeprozesse und den Lichfield-Prozess.

213 Sofern sie auf der ersten Seite Nachrichten druckten.

214 Eine Ausschnittsammlung mit den Falschmeldungen britischer Zeitungen findet sich in den Akten der AP: APCA, AP 02A.2 Foreign Bureau Correspondence, Box 7, Folder: Nuernberg Executions, Execution-Day + After (2nd Section).

journalistische Autonomie und die Berichterstattung, die weder in den Kommunikationsabsichten der Korrespondenten noch in den Zielen der Organisationen angelegt waren, sind Gegenstand dieses Kapitels.

Die strukturell bedingte Konkurrenz zwischen den Nachrichtenagenturen wurde dadurch verschärft, dass die nicht-kommerzielle, genossenschaftlich organisierte AP sich 1944 dazu entschieden hatte, verstärkt auf den internationalen Märkten zu expandieren.[215] Eine wesentliche Ursache dafür war die Konkurrenz durch die kommerzielle, sich in privatem Besitz befindliche UP.[216] UP machte erhebliche Gewinne mit dem Auslandsgeschäft und nutzte diese Ressourcen und den besseren Zugang zu Auslandsnachrichten, um der AP die Stellung auf dem heimischen Markt streitig zu machen. Die UP hatte fast seit Bestehen Nachrichten auch an ausländische Kunden verkauft, während die AP bis 1934 in diesem Geschäftsfeld erheblich durch die Kartellverträge mit europäischen Nachrichtenagenturen eingeschränkt war.[217] Fehlende Ressourcen für eine schnelle Expansion aufgrund der wirtschaftlichen Depression verzögerten die ehrgeizigen Pläne Coopers nach dem Ende des Kartells und der Kriegsausbruch und spätere Kriegseintritt der USA setzte den Expansionsbestrebungen in Europa ein vorläufiges Ende.[218] Die Befreiung Europas war damit auch der Auftakt eines Kampfes um Kunden auf dem Kontinent. Der Nürnberger Prozess wurde phasenweise als Aushängeschild für die Berichterstattung beider Dienste angesehen, weshalb er zu einem besonders sichtbaren Schlachtfeld im keinesfalls auf Europa beschränkten Kampf zwischen AP und UP wurde.[219]

Neben den 300 Korrespondenten, „literally standing on one another's toes"[220], war dies der besondere Hintergrund, vor dem Gallagher Nürnberg als „the most grinding competitive newspaper show of its kind Europe has ever produced"[221] bezeichnete. Erschwerend kam hinzu, dass der Prozess der Superlative, der Geschichte schreiben sollte, sich schon bald aus Perspektive der Journalisten als eine

---

215 Silberstein-Loeb, The international distribution of news, S. 222 ff.; Allen, Catching up with the competition, S. 2.

216 Allen betont die Komplementarität der wirtschafts- und journalismushistorischen mit den politisch-ökonomischen Erklärungsansätzen; meine Perspektive legt einen Schwerpunkt auf die journalistischen Motive der Akteure. Siehe: Allen, Catching up with the competition.

217 Rantanen, Electronic News Cartel.

218 Allen, Catching up with the competition, S. 12.

219 Für einen Bericht über den Konkurrenzkampf aus Perspektive der Akteure siehe: Gallagher an Gould, 2. September 1946, APCA, AP 02A.2 Foreign Bureau Correspondence, Box 4, Folder: Stuttgart Spy Ring.

220 Gallagher, Wes Gallagher Takes You behind the Scenes at Nuernberg, in: The AP World 1.8 (1946): 10+. Associated Press Collections Online, http://tinyurl.galegroup.com/tinyurl/WwY72 (zuletzt eingesehen am 13. April 2015).

221 Ebd.

„citadel of boredom"[222] herausstellte, wie Rebecca West im *New Yorker* schrieb. Die dokumentenbasierte Strategie des US-amerikanischen Hauptanklägers machte den Prozess zu einer langweiligen Geschichtsstunde, die partout nicht enden wollte.[223] Nach Gallaghers Meinung resultierte aus dieser Kombination aus extremer Konkurrenz und einem wenig medienkonformen Ereignis ein Haufen von aufgebauschten, verzerrten oder schlicht falschen Artikeln, die auf Gerüchten und Halbwahrheiten basierten. Dies habe solche Ausmaße angenommen, dass der Korrespondent des *Time Magazine* darüber einen Artikel veröffentlichen wolle, wie er seinen Vorgesetzten in New York telegrafierte.

> Opposition playing fast and loose with all sources and don't intend Associated be stamped into same tactics. Time Magazine taking note situation preparing press section story on phony reports coming out trial under press too much competition one story.[224]

Der konkrete Anlass war eine Falschmeldung der UP gewesen, die behauptet hatte, Göring habe seine Schuld am Reichstagsbrand von 1933 eingestanden. Wieso schrieb Gallagher darüber an seine Vorgesetzten in New York? Erstens bekamen sein Team und er in Nürnberg zeitaufwendig zu recherchierende Anfragen der Redaktion bezüglich Meldungen der Konkurrenz. Die permanente Beobachtung der UP- und INS-Meldungen durch die Redakteure in New York führte dazu, dass sie Anfragen schickten, sobald sie den Eindruck gewannen, dass die Korrespondenten in Nürnberg ein Ereignis übersehen hatten. In den ersten zwei Wochen des Prozesses erhielt Gallagher fünf Anfragen aus New York wegen Artikeln der Konkurrenz. Vier der Artikel, auf die sich die Anfragen bezogen, seien schlicht erfunden gewesen, der fünfte Artikel zumindest höchst zweifelhaft. Die zum Teil kryptischen Anfragen des New Yorker „cable desk" hätten jedoch teilweise ganze Arbeitstage eines Korrespondenten in Anspruch genommen.[225] Handelte es sich um eindeutige Falschmeldungen, konnten die Korrespondenten wenigstens eine Meldung verschicken, die den Artikel der Konkurrenz widerlegte. Jene UP-Falschmeldung über Görings Eingeständnis seiner Schuld am Reichstagsbrand hatte eine Meldung der AP mit den Dementis der US-amerikanischen, britischen und französischen Anklage zur Folge.[226]

---

222 West, A Reporter at Large: Extraordinary Exile, *The New Yorker*, 7. September 1946, S. 34–47, hier S. 34.

223 Flanner, Letter From Nuremberg, *The New Yorker*, 5. Januar 1946, S. 46–50, hier S. 48.

224 Bassett an Gould, 3. Dezember 1945, APCA, AP 02A.2 Foreign Bureau Correspondence, Box 7, Folder: Nuernberg.

225 Gallagher an Kent Cooper, 4. Dezember 1945, ebd.

226 Nuernberg, Dec. 3 (AP), 3. Dezember 1945, ebd.

Schwieriger wurde es bei Artikeln der Konkurrenz, die Ereignisse aufgriffen und aufbauschten, die entsprechend ihrer eigenen Einschätzung des Nachrichtenwerts keinerlei Aufmerksamkeit oder wenn überhaupt nur eine kleine Meldung verdient hätten. Dann mussten die Korrespondenten sich gegenüber der eigenen Redaktion rechtfertigen, warum sie der Konkurrenz einen „scoop" ermöglicht hatten sowie außerdem schnellstens auf den Zug aufspringen und ebenfalls einen Artikel schreiben, auch wenn es den journalistischen Grundsätzen widersprach. Das war der zweite Grund, warum Gallagher seinen Vorgesetzten in New York über das Problem berichtete: „… I am sure that it is your feeling we should not enter any insane race trying to stretch legitimate news to meet doubtful competition."[227]

Der Wettstreit der Nachrichtenagenturen ging allerdings munter weiter und Gallagher war nicht der einzige, für den die Falschmeldungen ein großes Ärgernis bedeuteten. Auch die Ankläger waren verstimmt über sensationalistische Berichte aus Nürnberg, die zwar enorme mediale Aufmerksamkeit generierten, aber nichts mit den Inhalten des Gerichtsverfahrens zu tun hatten. William Jackson weilte gerade in den USA, als die UP eine Falschmeldung über einen geplanten Befreiungsversuch der Angeklagten durch deutsche Kriegsgefangene verschickte:

> The goddam UP – I enclose their fantastic stories about the "Goring Jail Break" and how they were sensationalized in the local papers. AP ran stories that the UP account had been denied, but not a word of retraction in UP. Ann Stringer has the morals of a whore, but lacks the qualifications.[228]

Einige Regionalzeitungen druckten große Artikel über die Meldung.[229] Die AP wiederum verschickte eine Meldung, die erstens die Geschichte des Befreiungsversuchs als Falschmeldung bezeichnete und zweitens darauf verwies, dass in Folge der Falschmeldung sämtliche Kontakte zwischen der US-amerikanischen Armee und Journalisten in Nürnberg untersagt seien.[230] Allerdings waren dies weder der letzte verhängte Nachrichten-Blackout noch die letzte Falschmeldung. Der stellver-

---

227 Gallagher an Kent Cooper, 4. Dezember 1945, APCA, AP 02A.2 Foreign Bureau Correspondence, Box 7, Folder: Nuernberg.
228 William Jackson an Robert H. Jackson, 8. Februar 1946, LoC, Robert H. Jackson Papers, Box 103, Folder: Jackson, William E.
229 Germans Plan Jail Delivery of Leaders Standing Trial at Nuernberg, Yankees Hear, *Rochester Democrat and Chronicle*, 5. Februar 1946, S. 3; A Nuremberg Plot Rumored, *Des Moines Tribune*, 4. Februar 1946, S. 2; Nazi Underground Plot to Free Hess, Goering and Other Germans Is Nipped, *Great Falls Tribune*, 5. Februar 1946, S. 2; Plot to Release Nazis Aired At Nuernberg, *The Salt Lake Tribune*, 5. Februar 1946, S. 1; Army Moves Swiftly to Nip Reported Plot to Free Goering, Other Nazis, *St. Petersburg Times*, 5. Februar 1946, S. 1.
230 German Trial Officials Ban Press Contacts, *The Washington Post*, 6. Februar 1946, S. 4.

tretene Leiter des „Press Camp" beruhigte seine Frau zu Hause in den USA damit, dass sie den Nachrichtenmeldungen aus Nürnberg keinen Glauben schenken solle. Genau wie Gallagher erklärte er ihr, dass eine riesige Zahl von Korrespondenten vor Ort sei, der Prozess aber „very dull most of the time."[231] Deshalb produzierten sie sensationalistische Geschichten und bauschten noch das kleinste Ereignis auf, um ihre Bosse in New York zufrieden zu stellen.

Das Problem verschärfte sich gegen Ende des Prozesses, als die UP unter der persönlichen Leitung des Präsidenten, Hugh Baillie, und unter Einsatz erheblicher personeller Ressourcen versuchte, die Berichterstattung aus Nürnberg und Deutschland im Konkurrenzkampf mit der AP zu einem Aushängeschild ihres Dienstes zu machen. Gallagher vermutete, dass die UP sich durch die aggressive Expansion des Auslandsgeschäfts der AP seit Kriegsende provoziert fühle. Nun versuche sie, verlorenen Boden gutzumachen, sowohl was die Berichterstattung als auch was den Vertrieb ihrer Dienste anbelangte.[232] Das Timing war sicherlich kein Zufall. Seit dem 26. Juni 1946 besaßen AP und UP eine Lizenz zum Vertrieb ihrer Dienste direkt an die deutsche Lizenzpresse in der US-amerikanischen Besatzungszone.[233] Damit war der Markt für die Nachrichtenagenturen in Deutschland geöffnet worden. Gallagher ließ New York über Baillies Pläne bezüglich Nürnbergs und seine eigenen Gegenmaßnahmen informieren:

INFORMATIVELY GALLAGHER SAYS UNIPRESS PLANNING SPLURGE ON FINAL NUERNBERG DEFENDANT PLEAS TOMORROW WITH SIX MAN STAFF HEADED BY HUGH BAILLIE. HES INSTRUCTED HODENFIELD REEDY MEET THIS WITH INCREASED FILE ON BULLETIN ALSO FEATURES AND SIDEBARS[234]

Gallagher hatte also seine beiden Korrespondenten Hodenfield und Reedy angewiesen, ihrerseits den Output der Berichterstattung über die abschließenden Aussagen der Angeklagten in allen Belangen zu steigern. War der Prozess in Gallaghers Augen erstens ein legitimer Gegenstand der Berichterstattung und war es ihm zweitens gelungen trotz der personellen Unterlegenheit eine konkurrenzfähige Berichterstattung zu organisieren, geriet die AP in der Deutschlandberichterstattung

---

231 Ernest Cecil Deane an Lois Deane, 14. Mai 1946, Hoover Institution Archives, Ernest Cecil Deane Letters, Letters of Ernest Cecil Deane to his wife, Lois (Kemmerer) Deane, 1942–1946, Brief Nr. 310.

232 Gallagher an Gould, 2. September 1946, APCA, AP 02A.2 Foreign Bureau Correspondence, Box 4, Folder: Stuttgart Spy Ring.

233 Martina Schumacher, Ausländische Nachrichtenagenturen in Deutschland vor und nach 1945, Köln 1998, S. 115.

234 APLS PRESS ASSD NYK, o. D., APCA, AP 02A.2 Foreign Bureau Correspondence, Box 7, Folder: Nuernberg.

bei weniger staatstragenden Themen gegenüber der UP zunehmend ins Hintertreffen. Wie bereits angemerkt, finden sich in den Archiven der Medienunternehmen meist nicht die routinierten Abläufe aufbewahrt, sondern Dokumente über die Situationen, in denen die Routinen versagten. Im Archiv der AP gibt es eine ganze Akte zum „Stuttgart Spy Ring".[235] Ausgangspunkt war eine Meldung der UP vom 29. August 1946 über die Verhaftung von 15 Deutschen in der US-amerikanischen Zone aufgrund der Anschuldigung, Spionage für die Sowjetunion zu betreiben.[236] Erst nach Anfragen aus New York traf dort über drei Stunden später eine Meldung der AP über das Ereignis ein. Der Vorfall hatte ein Telegramm an alle Abonnenten des „A-wire"[237], eine Intervention des „General Managers" Kent Cooper[238], einen Berg an Telegrammen und Briefen sowie die Überarbeitung der Personalplanung für Deutschland zur Folge.[239] Das alles aufgrund einer Meldung, „that turned out to be a wet firecracker,"[240] wie der Chef des Pariser AP-Büros, Pat Morin, nüchtern feststellte. Cooper persönlich hatte um Morins Einschätzung gebeten, wie er Gallaghers Rechtfertigungen bezüglich des „scoop" für die UP bewertete.[241] Gallagher hatte die bereits erwähnten überlegenen personellen Ressourcen der UP angeführt.

They are doing just what we used to do – threw men around over a widespread area outside the main Frankfurt, Nuernberg, Berlin circuit to pick up what they can. […] Baillie and company apparently saw an opportunity to regain ground with a drive here while we were trimming. They are putting the same kind of heat on in selling their services as well.[242]

Deshalb sei es ihnen gelungen, ein Ereignis in Stuttgart zu recherchieren und darüber zu berichten, lange bevor die AP überhaupt etwas davon erfuhr. Diese Attacke der Konkurrenz könne er mit seinen Ressourcen nicht parieren. Gallagher kritisierte die UP für ihre Berichterstattung.

---

235 APCA, AP 02A.2 Foreign Bureau Correspondence, Box 4, Folder: Stuttgart Spy Ring.

236 Spy Ring Bared; U.S. Arrests 15 Germans as Soviet Agents, *The Boston Daily Globe*, 30. August 1946, S. 1, 11.

237 The A.P., Note to Editors, 29. August 1946, APCA, AP 02A.2 Foreign Bureau Correspondence, Box 4, Folder: Stuttgart Spy Ring.

238 Kent Cooper an Morin, 30. August 1946, ebd.

239 Ebd.; Morin an Kent Cooper, 11. September 1946, ebd.; Gould, Memorandum, 30. August 1946, ebd.

240 Morin an Kent Cooper, 2. September 1946, ebd.

241 Kent Cooper an Morin, 30. August 1946, ebd.

242 Gallagher an Gould, 2. September 1946, ebd.; Kent Cooper an Morin, 30. August 1946, ebd.

> UP is riding the crime circuit heavily specializing in CIC [Counter Intelligence Corps, E. S.], CID [Criminal Investigation Command, E. S.] and G2 [Militärischer Nachrichtendienst, E. S.] tips and stories[243]

Weder die Arbeit, die diese Einheiten in Deutschland zu dem Zeitpunkt leisteten, noch ihre Hinweise seien sinnvoll oder verlässlich. Vermeintliche Verbrecher oder Spione müssten häufig wieder freigelassen und Aussagen zurückgenommen werden wie im Fall des „Stuttgart Spy Ring".[244] Gallagher konnte auf weitere Vorfälle dieser Art verweisen. Zudem verzerre die Konzentration auf solche Themen das Bild der US-amerikanischen Besatzung in Deutschland, worüber sich das Kriegsministerium zu Recht beschwere. Dies alles bedeute nicht, dass er wichtige Meldungen übergehe, aber er wolle vorsichtig sein und nicht dazu verleitet werden, über „a bunch of dangerous secondary"[245] zu berichten, nur weil die Konkurrenz sich darauf stürze. Was Gallagher hier zwar andeutet, aber nicht direkt ausspricht, ist, dass genau dies im Falle der „Stuttgart Spy Ring"-Artikel geschehen war. Natürlich war er gezwungen gewesen, über den „wet firecracker"[246] zu berichten. Auch wenn Gallaghers Einschätzung des Nachrichtenwerts des Ereignisses, der UP-Artikel darüber und die Vertrauenswürdigkeit der Quellen ihm nahelegten, diese Meldungen zu ignorieren, musste er doch schleunigst eine Meldung abschicken, um mit der Konkurrenz gleichzuziehen. Es war ein schmaler Grat zwischen den professionellen Normen und dem Konkurrenzdruck auf dem Markt der Nachrichtenagenturen.

Das große Finale des Prozesses und das größte Desaster in der Berichterstattung über den Prozess standen jedoch noch aus: die Vollstreckung der Todesurteile. Der Artikel des *Time Magazine*-Korrespondenten über die negativen Folgen der Konkurrenz zwischen den zahllosen Korrespondenten in Nürnberg, von dem Gallagher schon im Dezember 1945 gesprochen hatte, erschien schließlich nach den Hinrichtungen der Verurteilten.[247] Ausschlaggebend dafür war die bereits eingangs erwähnte spektakuläre Falschmeldung, alle zum Tode Verurteilten seien hingerichtet worden, obwohl Göring kurz vor seiner geplanten Hinrichtung Selbstmord begangen hatte. Alle Nachrichtenagenturen, INS, UP, AP und Reuters, hatten Göring am Galgen sterben lassen, doch nur die Spätausgaben der britischen Morgenzeitungen druckten die Reuters-Meldung, während der Zeitunterschied zu den USA dafür sorgte, dass die Korrektur mit der Nachricht von Görings Selbstmords

---

243 Ebd.

244 German ‚Spies' Freed by Army, *Los Angeles Times*, 1. September 1946, S. 2.

245 Gallagher an Gould, 2. September 1946, Kent Cooper an Morin, 30. August 1946, APCA, AP 02A.2 Foreign Bureau Correspondence, Box 4, Folder: Stuttgart Spy Ring.

246 Morin an Kent Cooper, 2. September 1946, ebd.

247 The Press: Vigil in Nürnberg, *Time Magazine*, 28. Oktober 1946, S. 56 f., https://time.com/vault/issue/1946-10-28/page/58/ (zuletzt eingesehen am 30. März 2020).

die Zeitungen noch rechtzeitig vor Andruck erreichte. Der öffentliche Schaden war für Reuters deshalb am größten, doch alle Agenturen hatten früher oder später dieselbe Falschmeldung versandt. Wie konnte es dazu kommen?

Lange war es fraglich, ob Journalisten überhaupt den Hinrichtungen beiwohnen durften. Darüber zu entscheiden hatte der Alliierte Kontrollrat in Berlin. Die Chefs der Nachrichtenagenturen inszenierten ihre Lobbyarbeit für einen Zugang ihrer Korrespondenten zu den Hinrichtungen öffentlichkeitswirksam als Kampf für die Freiheit der Presse. Nachdem sie u. a. beim Kriegsminister und dem US-amerikanischen Mitglied des Alliierten Kontrollrates vorstellig geworden waren und über ihre eigenen Anfragen berichtet hatten,[248] erreichten sie schließlich einen Kompromiss.[249] Zwei Korrespondenten einer jeden der vier Siegermächte durften als Zeugen bei den Hinrichtungen anwesend sein. Nicht-offiziellen Fotografen blieb der Zugang aber weiterhin versagt.[250] Zumindest die sechs Korrespondenten der Westalliierten wurden per Losverfahren bestimmt und das Internationale-Korrespondenten-Komitee beschloss, die Berichte der Ausgelosten umgehend nach den Hinrichtungen allen Korrespondenten zugänglich zu machen.[251] Während sich die acht ausgelosten Korrespondenten bereits frühzeitig am Dienstag, den 15. Oktober 1946, im Nürnberger Gefängnis einfinden mussten und ihnen bis zur Urteilsvollstreckung jeder Kontakt zur Außenwelt verboten war,[252] versammelten sich die übrigen Korrespondenten am Abend dieses Tages im Presseraum des Nürnberger Justizpalastes, um „Nachtwache" zu halten, wie der *Time Magazine*-Korrespondent die Szene bezeichnete:

It was Execution Night in Nürnberg, and in the spacious second-floor pressroom at the courthouse, the air was heavy with tension and tobacco smoke. Eight newsmen, chosen by lot, had gone to see the war criminals die. To kill time, the 60-odd correspondents who were left behind paced the floor restlessly, watched each other with guarded eyes, plotted

---

248 Kent Cooper an Joseph T. McNarney, o. D., APCA, AP 02A.2 Foreign Bureau Correspondence, Box 7, Folder: Nuernberg Executions (Prior to Execution Day – 1st Section); die UP sandte ihren Artikel über die Anfrage bei Kriegsminister Patterson an die AP mit der Bitte um Unterstützung: Earl E. Johnson (Vizepräsident UP) an Gould, 30. September 1946, ebd.

249 McNarney an Kent Cooper, 12. Oktober 1946, ebd.; [Auszug aus dem Protokoll des Kontrollrates zur Frage der Zulassung der Presse bei den Hinrichtungen], [30. September 1946], TNA, FO 1049/428.

250 Auch die Verkündung des Strafmaßes der einzelnen Angeklagten am 1. Oktober 1946 durfte nicht fotografiert werden, wogegen die Agenturen ebenfalls erfolglos protestiert hatten: Kent Cooper an IMT, 28. September 1946, APCA, AP 02A.2 Foreign Bureau Correspondence, Box 7, Folder: Nuernberg Executions (Prior to Execution Day – 1st Section).

251 Gallaghers 01030 (ATTN GOULD) Nurenberg 30/9, 30. September 1946, ebd.

252 Panton an Daily Express, Reuters, British United Press, Exchange Telegraph, 15. Oktober 1946, NLA, Ronald Selkirk Panton Papers, Series 1, Box 1, Folder: 2.

how they might scoop the pool. The minutes and hours ticked by. Around the world, they knew, deadlines were coming & going, while editors stood impatiently over teletypes.[253]

Während die Korrespondenten im Presseraum immer nervöser wurden, sich misstrauisch beäugten und auf unterschiedliche Arten und Weisen versuchten, Informationen über die Hinrichtungen zu erlangen, wurden die ausgelosten Korrespondenten, bevor die Hinrichtungen begannen, darüber informiert, dass Göring um 22:45 Uhr Selbstmord begangen hatte. Doch durften sie aufgrund der Nachrichtensperre weder mit ihren Redaktionen noch mit ihren Kollegen Kontakt aufnehmen. Erst um 6:20 Uhr, über sieben Stunden nach Görings Selbstmord, veröffentlichte die Vier-Mächte-Kommission ein offizielles Kommuniqué; erst danach durften auch die ausgelosten Korrespondenten das Gefängnis verlassen und ihre Informationen und Meldungen mit den Kollegen teilen.[254] Was in diesem Zeitraum zwischen dem Beginn der Hinrichtungen und der Veröffentlichung des Kommuniqués passierte, in dem Zeitraum also, in dem die Falschmeldungen in die Welt hinausgeschickt wurden, ohne dass eine offizielle Bestätigung der erfolgten Hinrichtungen vorlag, ist von den Nachrichtenagenturen minutiös rekonstruiert worden.

Reuters machte die DANA-Korrespondenten in ihrem „Editorial Report" als die Schuldigen aus. Um 2:45 Uhr am Morgen des 16. Oktober habe DANA einen „flash" versandt: „„Eleven Nuremberg executions carried out.""[255] Reuters habe diesen Bericht wenig später mit Angabe der Quelle versandt und hinzugefügt, dass dies bisher noch nicht offiziell bestätigt sei.[256] Diese Reuters-Nachricht wurde wiederum von INS um 22:05 Uhr (EST) in einem Bulletin verbreitet, während die AP aus Frankfurt am Main um 22:21 Uhr (EST) die DANA-Meldung verbreitete.[257] Dass diese Einschränkungen in den Meldungen der Agenturen schließlich nach und nach wegfielen, hing mit der Aussage des französischen Mitglieds der Vier-Mächte-Kommission zusammen. Beim Verlassen der Hinrichtungsstätte von wartenden Korrespondenten gefragt, ob die Hinrichtungen vorüber seien, bejahte er dies, ohne Görings Selbstmord zu erwähnen.[258] Reuters (03:43 Uhr GMT, 22:43 Uhr

---

253 The Press: Vigil in Nürnberg, *Time Magazine*, 28. Oktober 1946, S. 56 f., https://time.com/vault/issue/1946-10-28/page/58/ (zuletzt eingesehen am 30. März 2020).

254 Editorial Report: The Goering Suicide, [17. Oktober 1946], The Reuters Archive, 1/013865, LN 974.

255 Ebd.

256 Ebd.

257 Die AP fertigte ebenfalls eine genaue Chronologie der Meldungen an. Gould verschickte diese Chronologie als Anhang eines Briefes an Gallagher: Gould an Gallagher, 17. Oktober 1946, APCA, AP 02A.2 Foreign Bureau Correspondence, Box 7, Folder: Nuernberg Executions, Execution-Day + After (2nd Section); eine weitere Chronologie mit Kommentar findet sich in: Mickelsen an Gould, 16. Oktober 1946, APCA, AP 02A.2 Foreign Bureau Correspondence, Box 7, Folder: Nuernberg Executions, Execution-Day + After (2nd Section).

258 Editorial Report: The Goering Suicide, [17. Oktober 1946], The Reuters Archive, 1/013865, LN 974.

EST) und INS (23:11 Uhr EST) begannen daraufhin, die Einschränkungen fallen zu lassen, während AP (00:17 Uhr EST) und UP (00:19 Uhr EST) eine Stunde länger als die beiden Konkurrenten warteten, bis sie ebenfalls die Hinrichtungen ohne weitere Einschränkungen als für beendet erklärten. Im *Time Magazine*-Artikel ist die Situation, in der sich die AP- und UP-Korrespondenten befanden, treffend beschrieben: „As the small hours lengthened, A.P. and U.P., badgered by their home offices, put out their own incautious flashes hanging all eleven Nazis ..."[259]

Die AP verschickte ein „bulletin" um 00:17 Uhr (EST), die UP einen „flash" um 00:19 Uhr (EST).[260] Das Ausmaß der Frustration über diese Falschmeldungen bei der AP und sicher auch bei der UP wird verständlich, wenn man sich anschaut, wie viel Zeit jeweils zwischen den Falschmeldungen und den Nachrichten vom Selbstmord Görings lag. Ganze drei Minuten im Fall der UP, sechs Minuten im Fall der AP.[261] In dieser intensiven Konkurrenzsituation unter permanenter gegenseitiger Beobachtung hatten die Korrespondenten bereits ihre eigene Realität in einem Zitationskartell erschaffen. Eine Stunde lang widerstanden die UP- und AP-Korrespondenten dem Druck, diese selbstfabrizierte Realität uneingeschränkt zu beglaubigen, bis sie drei bzw. sechs Minuten vor der Bekanntgabe des Selbstmords doch noch auf den Zug der Falschmeldungen aufsprangen.

Der Schaden für Reuters war, wie bereits gesagt, am größten, da die britischen Morgenzeitungen die Falschmeldungen gedruckt hatten.[262] Reuters selbst gab eine Meldung zu den Umständen der Falschmeldung heraus, einige Zeitungen bevorzugten allerdings eigene Schilderungen.[263] Der „Editorial Report" von Reuters zu der Affäre bemerkte, dass sich viele Zeitungen zwar nicht auf die Reuters-Meldungen bezogen, als sie fälschlicherweise schrieben, alle Verurteilten seien gehängt worden, dafür aber in den erklärenden Artikeln des nächsten Tages die Schuld umso

---

259 The Press: Vigil in Nürnberg, *Time Magazine*, 28. Oktober 1946, S. 56 f., https://time.com/vault/issue/1946-10-28/page/58/ (zuletzt eingesehen am 30. März 2020).

260 Gould an Gallagher, 17. Oktober 1946, APCA, AP 02A.2 Foreign Bureau Correspondence, Box 7, Folder: Nuernberg Executions, Execution-Day + After (2nd Section).

261 Mickelsen an Gould, 16. Oktober 1946, ebd.

262 Der *Manchester Guardian* druckte eine sehr knappe Reuters-Meldung und kürzte den Verweis in der Meldung auf die DANA: ELEVEN NAZI LEADERS EXECUTED, *The Manchester Guardian*, 16. Oktober 1946, S. 5; die *Times* druckte ebenfalls die Reuters-Meldung ab, kürzte den Verweis in der Meldung auf die DANA aber nicht: 11 NAZI LEADERS EXECUTED, *The Times*, 16. Oktober 1946, S. 4; eine Ausschnittsammlung mit den Falschmeldungen britischer Zeitungen findet sich in den Akten der AP: APCA, AP 02A.2 Foreign Bureau Correspondence, Box 7, Folder: Nuernberg Executions, Execution-Day + After (2nd Section).

263 Reuters: Goering's Suicide Leads To News Muddle, 16. Oktober 1946, The Reuters Archive, 1/013865, LN 974; Panton, ‚Goering hanged': How the story got out, *Daily Express*, 17. Oktober 1946, S. 1.

sorgfältiger Reuters zuschrieben.[264] Der neue Chef der AP in London, John Lloyd, war jedenfalls heilfroh, in den Ausschnitten der „explanation stories", die er nach New York sendete, keine Erwähnung der AP zu finden.[265] Das änderte aber nichts daran, dass die übliche Feedback-Schleife in aller Kürze per Telegramm und in aller Ausführlichkeit per Brief dieses Mal eine scharfe Zurechtweisung für Gallagher enthielt. Die Zurechtweisung betraf Gallagher persönlich, denn die AP-Meldung des AP-Korrespondenten Hodenfield aus Nürnberg mit der Nummer 10600[266], die schließlich dazu führte, dass die AP sich der „trigger happy company"[267] der anderen Agenturen zugesellte, stammte trotz obiger „dateline" und „byline" von Gallagher, wie er Gould in einem Telegramm gestand:

THANKS YOUR MESSAGE LIKE MAKE CLEAR HODENFIELDS 10600 NOT HIS BUT MY SOLE RESPONSIBILITY SINCE THAT AND ALL LEADS THROUGHOUT DAY WRITTEN HERE [Frankfurt am Main, E. S.] TALE LOAD OFF NUERNBERG RUNNING WHICH HEAVIEST[268]

Während die laufende Berichterstattung in Nürnberg von den dortigen Korrespondenten geschrieben wurde, schrieb Gallagher in der Frankfurter Relaisstation die „leads", um seine Kollegen in Nürnberg zu entlasten. Dass die ursprüngliche „byline" und „dateline" beibehalten wurden, war nicht ungewöhnlich. Der Vorfall verdeutlicht nochmals den hohen Grad an Arbeitsteilung und zeigt, wie schwierig die Rekonstruktion der Ablauforganisation ist.

Die Aufgabe, zu kritisieren und zu loben, fiel, wie schon den gesamten Prozess über, dem „Assistant Manager" Gould zu. Bei der Lektüre von Telegramm und Brief weiß man nicht, ob Gould sich mehr über die Verletzung journalistischer Normen empörte: „… do not assume to be a fact something we do not <u>know</u> [hervorgehoben

---

264 Editorial Report: The Goering Suicide, [17. Oktober 1946], The Reuters Archive, 1/013865, LN 974. Als eigentlichen Schuldigen machten die britischen Zeitungen aber die alliierte Kommission in Nürnberg und insbesondere das US-amerikanische Mitglied aus. Die Zeitungen behaupteten, die Nachrichtensperre sei absichtlich verhängt worden, um den US-amerikanischen Zeitungen einen Vorteil zu verschaffen (Preference for American Press, The Manchester Guardian, 17. Oktober 1946, S. 5). Die AP berichtete über die Zurückweisung dieses Vorwurfs der britischen Presse durch die US-amerikanische Militärregierung (Richard Kasischke, Berlin, Oct 17 (AP), 17. Oktober 1946, APCA, AP 02A.2 Foreign Bureau Correspondence, Box 7, Folder: Nuernberg Executions, Execution-Day + After (2nd Section).

265 Lloyd an Gould, 17. Oktober 1946, ebd.

266 Hodenfields 10600 Second Lead Nuernberg Oct 16 (AP), 16. Oktober 1946, ebd.

267 Gould an Gallagher, 17. Oktober 1946, ebd.

268 Gallagher an Gould, 16. Oktober 1946, ebd.

im Original, E. S.] to be a fact"[269] oder ob seine Verärgerung doch eher daraus resultierte, dass eine Chance verpasst worden war, die Konkurrenz zu schlagen:

THIS SINGLE FAILURE [...] COST US A GOLDEN OPPORTUNITY TO AVOID MISTAKES WHICH OTHERS MADE INCLUDING INS FLASH ALL ELEVEN HANGED TRANSMITTED 2311 EASTERN TIME AND UNIPRESS FLASH SIMILARLY 0019[270]

Dieses Phänomen der nicht-intendierten negativen Folgen der journalistischen Konkurrenz, dass Gallagher und der Korrespondent des *Time-Magazine* bereits zu Beginn des Prozesses ausgemacht hatten, fand im Abschluss des Prozesses seinen Höhepunkt.

5.3 Die britischen Tageszeitungen

Norman Clark war der Korrespondent des *News Chronicle*. Aber an einigen Tagen des Prozesses waren von ihm verfasste Artikel nicht nur dort zu lesen, sondern in vier britischen Tageszeitungen. An diesen Tagen vertrat Clark inoffiziell seinen Kollegen der *Times*. Und da die *Times* die Artikel ihres Korrespondenten auch an den *Manchester Guardian* und den *Glasgow Herald* verkaufte, erschienen Clarks Artikel in vier britischen Zeitungen. Das dürfte kaum jemand bemerkt haben. Denn die *Times* versah die Artikel grundsätzlich nur mit dem Hinweis „From Our Special Correspondent" und Clark gab sich alle Mühe, wie ein Korrespondent der *Times* zu schreiben. Er verschickte einen Artikel an seine eigene Zeitung, wie er es fast an jedem Tag des Prozesses tat, und einen zweiten Artikel an die *Times*. Er produzierte zwei unterschiedliche Artikel – von unterschiedlicher Länge, mit unterschiedlichen Stilen und unterschiedlichen Themen – zugeschnitten auf die Anforderungen der jeweiligen Redaktion.

Clarks besonderer Fall problematisiert die Annahme, dass es sich bei Korrespondenten um unabhängige Autoren handelte. Wenn er nach den Sitzungen des Gerichts begann, seinen Bericht zu tippen, tat er dies in der Rolle eines Korrespondenten des *News Chronicle* und an einigen Tagen schlüpfte er unmittelbar im Anschluss in die Rolle eines Korrespondenten der *Times*. Wenn Clark mit dem Einlegen eines neuen Bogen Papiers mühelos die Rollen wechseln konnte, wird die Frage nach seinem Selbstverständnis zweitrangig. Die wichtigere Frage ist, woher er wusste, was ein *News Chronicle*-Artikel und was ein *Times*-Artikel ist? Wor-

---

269 Gould an Gallagher, 17. Oktober 1946, ebd.
270 Gould an Gallagher, [16. Oktober 1946], ebd.

an orientierte er sich beim Verfassen der Artikel? Wie viel war eigentlich schon entschieden, bevor er zu schreiben begann?

Diese Fragen sind nicht auf Clarks Arbeit beschränkt, sondern von grundsätzlicher Natur. Sie erklären die Wahrnehmung und Deutung des Prozesses durch die Korrespondenten. Konkret stellt sich die Frage, ob die Korrespondenten sich dem Paradigmenwechsel der britischen Anklage anschlossen und den Fokus vom Angriffskrieg auf die Kriegsverbrechen und Verbrechen gegen die Menschlichkeit verschoben.

Das Ziel dieses Kapitels ist die Analyse der journalistischen Praxis der Korrespondenten dreier britischer Tageszeitungen. Clark schrieb für das liberale Massenblatt *News Chronicle*, Selkirk Panton für das konservative Massenblatt *Daily Express* und Robert Cooper für die offiziöse Qualitätszeitung *Times*. Aufgrund der Zusammenarbeit mit der *Times* im Fall der Berichterstattung aus Nürnberg wird auch der *Manchester Guardian* und dessen Korrespondent David Woodward am Rande behandelt. Vier Zeitungen mit unterschiedlichen politischen Ausrichtungen aus unterschiedlichen Marktsegmenten und, wie die Untersuchung zeigt, mit unterschiedlichen Wechselwirkungsverhältnissen zwischen den Redaktionen und ihren Korrespondenten mit den entsprechenden Auswirkungen auf die Berichterstattung über den Nürnberger Prozess.

So unterschiedlich sich die journalistische Praxis zwischen den Zeitungen darstellte, alle britischen Zeitungen teilten während des Nürnberger Prozesses ein gemeinsames Problem: die Rationierung des Zeitungspapiers. Die kriegsbedingte Rationierung führte zur Reduktion der Seitenzahl und damit zu erheblichem Platzmangel.[271] Das hatte bei allen Zeitungen Auswirkungen auf die Erwartungen an die Korrespondenten. Dem Paris-Korrespondenten des *Manchester Guardian* gab der Chefredakteur im August 1945 deshalb folgende Worte mit auf den Weg:

> Looking ahead for the next few months I can see that we are going to be hard pressed to find room for all the worthwhile stuff. Sometimes one feels inclined to bless our correspondents for their assiduity – Sylvia Sprigge to whom the woes of the Italians and the Yugoslavs are a passion and who has been ranging about Italy in the most daring way, Anderson who thinks anything under 2,000 words a day is slacking, to say nothing of Woodward and Bliven and Alistar Cooke and Brogan in America, and the whole vast of the Times foreign service. And now with all the domestic excitements of home politics and the new Government plus a famine-stricken Europe, and the reopening of Poland and Czechoslovakia, the revival of sport and ordinary civilian activities we are going to

---

271 Die Rationierung dauerte noch bis 1958, siehe: Louis Heren, The post-war press in Britain, in: Dennis Griffiths (Hg.), The Encyclopedia of the British Press 1422–1992, Basingstoke 1992, S. 56–64, hier S. 56.

have a very stiff problem of fitting everything into our miserable 6 and 8-page papers. So instead of bothering about whether you send us enough you should be considering how you should send us less![272]

Die Rationierung des Zeitungspapiers dauerte auch nach Kriegsende an, während gleichzeitig die Themen der Berichterstattung im Übergang vom Krieg zum Frieden zunahmen. Wie die britischen Zeitungen darauf reagierten und welche Auswirkungen dieses Problem bezüglich der Erwartungen der Redaktionen an die Berichterstattung über Nürnberg hatten, führt bereits mitten hinein in die unterschiedlichen organisationalen Kontexte.

Die britischen Zeitungen wiesen eine weitere Gemeinsamkeit auf. So heftig auch über die jüngste britische Zeitgeschichte auf Grundlage der in Nürnberg präsentierten Beweise in den Medien gestritten wurde, das Tribunal und dessen rechtliche Grundlage waren tabu. Die britische Presse hatte sich nach einer Entscheidung des „Speaker of the House" verpflichtet, das Tribunal einem hohen britischen Gericht gleichzustellen und für die Dauer des Prozesses auf grundsätzliche Kritik zu verzichten.[273] Der *Manchester Guardian* und die *Times* bestritten zwar, dass die Entscheidung des Speakers für Zeitungen juristisch verbindlich sei und verteidigten das Recht der freien Berichterstattung, verpflichteten sich aber freiwillig, der Entscheidung zu folgen.[274] Beide Zeitungen und die britische Presse generell erlegten sich daraufhin große Zurückhaltung in den Meinungsspalten in quantitativer wie qualitativer Hinsicht auf.[275] Die Diskussion über die Rechtmäßigkeit des Verfahrens und den Vorwurf der Siegerjustiz wurde während des laufenden Verfahrens in die Leserbriefspalten verbannt.

---

272 Für eine Beschreibung der Situation aus Sicht eines Redakteurs des *Manchester Guardian* siehe: A. P. Wadsworth an Darsie B. Gillie (Paris-Korrespondent), 1. August 1945, MGA, Editor's Correspondence B Series, B/G120/55a.

273 Hansard, HC Deb vol. 416 cols. 598–600, 22. November 1945, https://api.parliament.uk/historic-hansard/commons/1945/nov/22/allied-court-nuremberg-references-by (zuletzt eingesehen am 16. Juli 2019); Comment on Nuremberg, *The Manchester Guardian*, 24. November 1945, S. 4; A Ruling by Mr. Speaker, *The Times*, 23. November 1945, S. 5.

274 Comment on Nuremberg, *The Manchester Guardian*, 24. November 1945, S. 4; A Ruling by Mr. Speaker, *The Times*, 23. November 1945, S. 5.

275 Ich habe keinen weiteren Kommentar einer britischen Zeitung zur Entscheidung des Speakers gefunden. Zur Frage der Kommentierung des Prozesses in der Redaktion des *Manchester Guardian* siehe: J. L. B. Hammond an A. P. Wadsworth, 23. November 1945, MGA, Editor's Correspondence B Series (Crozier/Wadsworth), B/H101/111a.

5.3.1 *The Times:* „A Journal of Record"

Der *Manchester Guardian* beauftragte keinen eigenen Korrespondenten mit der Berichterstattung über den Nürnberger Prozess, sondern kaufte zusätzlich zu den Diensten der Nachrichtenagenturen die Berichterstattung der *Times* ein.[276] Das war nicht ungewöhnlich. Schon zu Kriegsbeginn hatte der *Manchester Guardian* mit der *Times* einen Vertrag über die Auslandsberichterstattung aus verschiedenen Ländern und Regionen abgeschlossen. Die Berichterstattung über den Prozess fügte der *Manchester Guardian* diesem Arrangement aufgrund der Entscheidung des Redakteurs A. P. Wadsworth hinzu.[277] Als Zuschreibung führte der *Manchester Guardian* über den Artikeln „From Our Special Correspondent". Unter den Artikeln fand sich der Hinweis: „The Times & Manchester Guardian Service".

Allerdings übernahm der *Manchester Guardian*-Korrespondent David Woodward im Februar 1946 die Berichterstattung aus Nürnberg, während der *Times*-Korrespondent Robert Cooper für einen Monat in London weilte. Für einige Wochen im Mai, Juni und August wurde Cooper abermals von einem Kollegen vertreten, dem Korrespondenten des *News Chronicle*, Norman Clark. Auch wenn Cooper mit Abstand die meiste Zeit aus Nürnberg berichtete, verbargen sich also hinter der Zuschreibung „From Our Special Correspondent" drei verschiedene Autoren von drei verschiedenen Zeitungen. Der *Glasgow Herald* hatte wie der *Manchester Guardian* ebenfalls Teile der Auslandsberichterstattung der *Times* abonniert.[278]

Die Gemeinsamkeiten zwischen *Manchester Guardian* und *Times* erstreckten sich auch auf das Feld der Beziehungen der beiden Redaktionen zu ihren Korrespondenten.[279] Beide Zeitungen verzichteten weitestgehend auf direkte Steuerung oder Anleitung und gewährten ihren Korrespondenten relativ große Autonomiespielräume. Stattdessen beorderten sie die Korrespondenten in regelmäßigen Abständen zu Konsultationen nach Manchester bzw. London. Kurz bevor Woodward Cooper im Februar 1946 in Nürnberg ablöste, der zu einer solchen Konsultation nach London reiste, erhielt Woodward einen langen Brief seines Chefredakteurs, Wadsworth.

---

276 David Ayerst, The Manchester Guardian. Biography of a Newspapers, Ithaca, NY 1971, S. 573.

277 A. P. Wadsworth an James Bone, 15. Oktober 1945, MGA, Editor's Correspondence B Series, B/ B220/555; News UK Archive, Subject Boxes, Manchester Guardian file. Der *Manchester Guardian* bezog bis 1948 Dienste der *Times*; zur Auslandsberichterstattung unter Wadsworth allgemein siehe: Ayerst, Biography, S. 572 ff.

278 Das Prinzip der Anonymität dauerte in der *Times* bis 1967 an, siehe: Seymour-Ure, Press and Broadcasting, S. 135 f.

279 Zum Verhältnis zwischen britischen Deutschland-Korrespondenten und ihren Redaktionen nach dem Zweiten Weltkrieg siehe: Robrecht, Diplomaten, S. 154 ff.

I am afraid it means leaving a good deal to your own initiative, but it has never been our custom to fetter correspondents by detailed directives. But the absence of instructions about particular stories does not remove the necessity for keeping in close touch with the office, letting us know where you are, where you are going and what you are proposing to do.

We should be satisfied on the whole with two one-thousand word articles a week, plus occasional brief messages or some news event like a Control Commission announcement. The ADLS comes so quickly that I should imagine you would use it for many of the articles.[280]

Die Erwartungen an den Korrespondenten bezüglich der Quantität waren den Platzbeschränkungen geschuldet. Wie viel Platz für die Berichte von Auslandskorrespondenten zur Verfügung stand, war in hohem Maße davon abhängig, ob das Parlament tagte.[281] Die Erwartungen an die Art der Berichterstattung gingen hingegen aus den allgemeinen Vorstellungen über die Aufgaben eines Korrespondenten hervor. Woodward sollte sich, wie auch die anderen Korrespondenten des *Manchester Guardian*, in einer Art Arbeitsteilung mit den Agenturen auf wenige wichtige Themen beschränken und zu diesen „survey article" schreiben. Er sollte also nicht mit den Agenturmeldungen um den Platz in den Nachrichtenspalten des *Manchester Guardian* konkurrieren, sondern interpretative und analytische Artikel schreiben, für die auf der Seite mit den Auslandsnachrichten und auf der Seite mit den Leitartikeln Extra-Spalten zur Verfügung standen. Gegenüber dem USA-Korrespondenten stellte Wadsworth die paradoxe Situation klar:

One small point. I think I must have misled you about the most convenient size of mailed articles. Oddly, it is harder to get in a short piece of 500 or 600 words than a long piece of 800 or 900 words. The latter fits into the feature article space; whereas a short article has to fight for its life with news, and very often stands a poor chance.[282]

Ein vergleichbarer Zeitdruck wie bei Agenturmeldungen bestand bei solchen Artikeln nicht. Deshalb konnten sie auch kostensparend per ADLS versandt werden. Diese Anweisungen deckten sich mit denen an andere Auslandskorrespondenten des *Manchester Guardian* aus demselben Zeitraum.[283]

---

280 Wadsworth an Woodward, 21. Januar 1946, MGA, Editor's Correspondence B Series, B/W347/23a.

281 Wadswoth an Bone, 16. August 1945, MGA, Editor's Correspondence B Series (Crozier/Wadsworth), B/B220/542; Wadsworth an Gillie, 5. Oktober, MGA, Editor's Correspondence B Series (Crozier/Wadsworth), B/G120/59.

282 Wadsworth an Bruce Bliven, 16. Juni 1946, MGA, Editor's Correspondence B Series, B/B185/89.

283 Siehe die Anweisungen von Wadsworth an Leopold Ralf Muray (Österreich- und Deutschland-Korrespondent): Wadsworth an Muray, 16. Januar 1947, MGA, Editor's Correspondence B Series,

Auch David Ayerst betont die relative Unabhängigkeit und Selbstständigkeit in seiner Arbeit über den *Manchester Guardian*, die die Korrespondenten im Vergleich zu anderen Zeitungen besaßen.[284] Aber wie auch ihre Kollegen sorgten die Korrespondenten des *Manchester Guardian* sich permanent darum, die Ausgaben ihrer eigenen Zeitung möglichst täglich geliefert zu bekommen, wie aus der Korrespondenz mit den Redakteuren hervorgeht.[285]

Konkrete Anweisungen an Woodward bezüglich der Berichterstattung aus Nürnberg finden sich nur wenige – lediglich der Hinweis, dass er den Versand von Beweisdokumenten und Transkripten sicherstellen solle, der seit Wiederaufnahme des Prozesses im Januar nicht mehr erfolgt sei.[286] Aus dem gesamten Zeitraum von Woodwards Nürnberg-Berichterstattung im Februar 1946 findet sich neben der Koordination der Staffelübergabe mit Cooper nur ein Telegramm in seiner Korrespondenz mit Wadsworth. Darin wurde er ermahnt, kürzere Artikel zu senden und die Länge von 1500 Wörtern keinesfalls zu überschreiten.[287] Allerdings war er im Gegensatz zur regulären Berichterstattung aus Deutschland bei den Artikeln aus Nürnberg aufgrund der besonderen Regeln der Prozessberichterstattung und aufgrund des Arrangements mit der *Times* in wesentlich höherem Maße den Konventionen einer klassischen Nachrichtenmeldung unterworfen.

Iverach McDonald, selbst Korrespondent unter dem „Foreign News Editor" der *Times*, Ralph Deakin, und Autor einer Geschichte der *Times*, schrieb über das Verhältnis von Deakin zu seinen Korrespondenten:

> He never bothered them with the kind of request for obvious news which news editors on other papers were apt to send to their correspondents. He would say that anyone who needed such prompting was not up to the standard which The Times required.[288]

Nürnberg entsprach diesem Muster. Mehrere Vorfälle aus der Zeit, in der der *Times*-Korrespondent Cooper von dort berichtete, belegen dies. Nachdem einige personalpolitische Entscheidungen der Redaktion bezüglich der *Times*-Korrespondenten in Deutschland getroffen worden waren, ohne dass Cooper davon erfahren hatte, musste Deakin einräumen, dass die Kommunikation zwischen Cooper und der Redaktion zu wünschen übrig lasse:

B/M478/29; oder die Anweisungen an Darsie B. Gillie (Paris-Korrespondent): Wadsworth an Darsie B. Gillie, 1. August 1945, MGA, Editor's Correspondence B Series, B/G120/55a.

284 Ayerst, Biography, S. 579.

285 Anderson an Wadsworth, 8. April 1945, MGA, Editor's Correspondence B Series, B/A65/4b; Gillie an Wadsworth, 31. März 1945, MGA, Editor's Correspondence B Series, B/G120/52a.

286 Wadsworth an Woodward, 21. Januar 1946, MGA, Editor's Correspondence B Series, B/W347/23a.

287 Wadsworth an Woodward, 12. Februar 1946, MGA, Editor's Correspondence B Series, B/W347/27.

288 McDonald, Struggles, S. 72.

I am not quite sure about the circumstances in which you have remained ignorant about Berlin. There has (I also feel) been rather less contact between the office and yourself in recent weeks than is healthy or convinient, but that has probably been due to stresses at both ends.[289]

Doch mag der seltene Kontakt nicht nur dem Stress geschuldet gewesen sein, sondern auch der spezifischen Natur des Medienereignisses Nürnberger Prozess. Die im Archiv der *Times* überlieferte Korrespondenz ist spärlich und es gibt Hinweise, dass dies nicht den Lücken in der Überlieferung geschuldet ist. Im Juli 1946 schrieb Cooper an Deakin: „It is along time since I have been in touch with you, but Nuremberg ticks on almost mechanically and all has been plain sailing."[290] Die Berichterstattung über Nürnberg fand in so routinisierten Bahnen statt, dass es kaum Anlass zur Kommunikation gab. Die Erwartungen waren klar formuliert und die tägliche Zusammenfassung des Prozessgeschehens in Form einer Nachrichtenmeldung machte Kommunikation überflüssig.

Abgesehen von der Koordination der Anwesenheit in Nürnberg mit Woodward und Clark finden sich lediglich Briefe mit Nürnberg-Bezug, die man als moralischen Beistand während einer langen und phasenweise ermüdenden Aufgabe bezeichnen könnte.[291] Diese Briefe trafen insbesondere während der Phasen des Prozesses ein, in denen sich die mediale Aufmerksamkeit abwandte, wie im Fall der Beweisvorträge der französischen und sowjetischen Anklage:

Meanwhile, I hope you will find the remainder of the Nuremberg trial of real interest. It is natural that attention to it should have become lay during the last two or three weeks, but it will become acute again when the men begin to defend themselves. I hope you will see it through to the end, and that the end will be satisfactory in a historic sense.[292]

Lediglich bei besonderen Ereignissen nahm die Kommunikation zwischen der Redaktion der *Times* und ihrem Korrespondenten Cooper zum Zwecke der Koordination zu. Vor und während der Urteilsverkündung gab es einen engen, regelmäßigen Kontakt mit spezifischen Instruktionen von Deakin.

---

289 Deakin an Robert Cooper, 17. Januar 1946, News UK Archive, Ralph Deakin Papers, TT/FN/1/RD/1 Correspondence with Cooper, Robert W. Folder: 1945–1946.

290 Robert Cooper an Deakin, 5. Juli 1946, News UK Archive, Ralph Deakin Papers, TT/FN/1/RD/1 Correspondence with Cooper, Robert W. Folder: 1945–1946.

291 R. M. Barrington-Ward an Robert Cooper, 7. März 1946, News UK Archive, Barrington-Ward Papers, MAN/1 Cooper, Robert W., Folder: 1924–1958; Deakin an Robert Cooper, 14. August 1946, News UK Archive, Ralph Deakin Papers, TT/FN/1/RD/1 Correspondence with Cooper, Robert W. Folder: 1945–1946.

292 Deakin an Robert Cooper, 6. März 1946, ebd.

This is just a line to ask you if you are quite happy about your arrangements for reporting the Nuremberg judgments, and to let you know that The Times is very anxious to report them better than anyone else will do. We hope, with your vital aid, that we shall be able to get as near as possible to a verbatim report; and we want you to know that the office here is all set for the occasion.[293]

Es galt sowohl die Vorberichterstattung, die Berichterstattung über die beiden Tage der Urteils- und Strafmaßverkündung wie auch die Übermittlung der Transkripte zu koordinieren, damit die *Times* ihrem Anspruch genügen konnte, eine fast wortgetreue Berichterstattung zu liefern. Cooper schickte einen sogenannten „turnover"-Artikel zur Veröffentlichung am Tag der Urteilsverkündung.[294] Die Berichterstattung über den ersten Tag der Urteilsverkündung verlief reibungslos. Cooper versandte einen langen Nachrichtenartikel und die Transkripte der Verhandlung. Deakin machte seine Ankündigung bezüglich „exceptionally full reports"[295] wahr und druckte neben Coopers Artikel sowie einem Leitartikel auf drei kompletten Seiten fast das gesamte 50.000 Wörter umfassende Urteil.

Die Berichterstattung über die Urteils- und Strafmaßverkündung der individuellen Angeklagten am letzten Tag lief hingegen nicht reibungslos. Coopers eigener Artikel verfehlte die „First Edition" der *Times*, da alle bis auf einen Fernschreiber in Nürnberg ausgefallen waren. Der daraus resultierende Stau der zu sendenden Meldungen zog erhebliche Verspätungen bei der Übermittlung nach sich.[296] Und auch die Dokumentenlieferung scheiterte an widrigen Umständen und einem Missverständnis, wie Cooper per Telegramm erklärte:

YESTERDAYS PLANE LEFT ON ALTERED SCHEDULE BUT DIDNT SEND JUDG-MENT BECAUSE CONSIDERED EARLY SUMMARY OF AGENCIES ON WHICH YOUD INFORMED ME YOUD RELY WAS ADEQUATE AND FURTHER WAS UNIN-FORMED WHETHER TEXTS EYE DESPATCHED MONDAY HAD SERVED USEFUL PURPOSE[297]

Die *Times* griff auf die erwähnte Zusammenfassung des Urteils gegen die individuellen Angeklagten von Reuters zurück. In dem Anspruch, eine möglichst wortgetreue

---

293 Deakin an Robert Cooper, 23. September 1946, ebd.

294 Judgment at Nuremberg, *The Times*, 30. September 1946, S. 4.

295 Deakin an Robert Cooper, 23. September 1946, News UK Archive, Ralph Deakin Papers, TT/FN/ 1/RD/1 Correspondence with Cooper, Robert W. Folder: 1945–1946.

296 Bei der digitalisierten Version der Gale Group, die online einzusehen ist, handelt es sich um die „Late Edition", in der Coopers Korrespondentenbericht enthalten ist.

297 Robert Cooper an F. N. E. [foreign news editor], 2. Oktober 1946, News UK Archive, Ralph Deakin Papers, TT/FN/1/RD/1 Correspondence with Cooper, Robert W. Folder: 1945–1946.

Berichterstattung der letzten beiden Tage des Prozesses zu erreichen, schlug sich das Selbstverständnis der *Times* als „journal of record"[298] nieder.

THANKS WE UNDERSTOOD ENORMOUS DIFFICULTIES AND THANK YOU FOR EXCELLENT DISPATCHES FULLSTOP TIMES SCORED HEAVILY WITH MONDAYS TEXT AND WOULDVE SCORED WITH TUESDAYS FULLSTOP AGREE BETTER YOU REMAIN UNTIL EXECUTIONS[299]

Genauso wie Cooper richtig antizipiert hatte, dass er bis zur Hinrichtung in Nürnberg bleiben sollte, lag er mit seiner Vermutung richtig, dass nicht er über die Hinrichtungen berichten würde, sondern aus den zur Verfügung stehenden Berichten der ausgelosten Korrespondenten ausgewählt werden würde.[300] Cooper stellte weniger Fragen, als dass er sich seine meist korrekten Annahmen über die Wünsche der Redaktion bestätigen ließ. Nach den Hinrichtungen reiste Cooper nach London, um mit Deakin sein Buch über den Prozess zu besprechen, das er im Auftrag der britischen Anklage schreiben sollte.[301]

Vergleicht man die Kommunikation der beiden Redaktionen in Manchester und London mit ihren Korrespondenten, wird deutlich, dass beide von einer direkten Steuerung nicht nur bei der Berichterstattung aus Nürnberg absahen. Wodurch war die journalistische Praxis des Korrespondenten der *Times* bestimmt, wenn die Anweisungen der Redaktion nur spärlich eintrafen?

Obwohl der *Manchester Guardian* die Berichterstattung der *Times* über den Nürnberger Prozess eingekauft hatte, schickte die Redaktion trotzdem einen ihrer Deutschland-Korrespondenten, David Woodward,[302] zum Beginn des Prozesses nach Nürnberg. Er sollte Dokumente und Transkripte der Verhandlungen sammeln und arrangieren, dass diese Dokumente auch in Zukunft laufend per ADLS nach Manchester geschickt würden. Da fast alle britischen Zeitungen zwei Korrespondenten in Nürnberg hatten, ist es nicht verwunderlich, dass der Korrespondent der *Times*, Cooper, gefragt wurde, ob Woodward und er bei der Berichterstattung zusammenarbeiten wollten. Eine Arbeitsteilung mit dem Kollegen lehnte er jedoch ab:

WOODWARD NOTED BUT SUITABLE DIVISION WORK SEEMS DIFFICULT ARRANGE SINCE DOCUMENTS SO VOLUMINOUS USUALLY RELEASED IN SHOALS

---

298 McDonald, Struggles, S. 5.

299 Deakin an Robert Cooper, 2. Oktober 1946, News UK Archive, Ralph Deakin Papers, TT/FN/1/ RD/1 Correspondence with Cooper, Robert W. Folder: 1945–1946.

300 Robert Cooper an Ralph Deakin, o. D., ebd.; Deakin an Robert Cooper, 15. Oktober 1946, ebd.

301 Memo for Mr. Deakin from Hiley, 15. Oktober 1946, ebd.

302 Ayerst, Biography, S. 557.

THAT DESPATCHES ENTIRELY MATTER [...] SELECTION AND BUILD UP STOP
ALSO DIFFICULT AVOID DUPLICATION IF WOODWARD DOING PIECE FOR
MANCHESTER ...[303]

Deakin hielt Rücksprache mit dem *Manchester Guardian* und telegrafierte daraufhin
an Cooper, dass Woodward lediglich Dokumente sammeln werde. Woodward sei
aber jederzeit bereit, ihn zu vertreten, falls er eine Pause wünsche. Das sei aber
Coopers Entscheidung.[304]

Dass Cooper im Gegensatz zum Rest der britischen Zeitungen weiterhin allein für die *Times* über den Prozess berichtete, hing mit der Strukturierung der
journalistischen Praxis durch die Erwartungen der Redaktionen zusammen. Cooper konnte sich insbesondere in den ersten Wochen der US-amerikanischen und
britischen Anklage auf die Beweisdokumente konzentrieren. Elemente anderer
Darstellungsformen, wie „colour"- oder „feature"-Artikel, wurden nicht von ihm
erwartet. Seine Berichterstattung der ersten Prozesshälfte liest sich wie eine quellengesättigte Diplomatiegeschichte der Vorkriegs- und Kriegszeit. Diese hauptsächlich
auf der Selektion von Beweisdokumenten basierende Geschichte wollte er lieber
allein schreiben.

Diese Darstellungsform war auch bestimmend für die von Woodward und Clark
in Vertretung von Cooper für die *Times* produzierten Artikel. Während Clark die
Vertretung für Cooper übernahm, musste er natürlich weiter Artikel für den *News
Chronicle* schreiben. Es liegen also für die Zeiträume der Vertretungen häufig zwei
Artikel und die dazugehörigen Telegramme für zwei verschiedene Zeitungen von
ein und demselben Korrespondenten vor.

Ein Vergleich dieser Artikel zeigt, wie problemlos Clark zwischen den Erwartungen an die Darstellungsformen von *Times* und *News Chronicle* hin und her sprang.
Die Telegramme für die *Times* waren fast durchgehend doppelt so lang wie die für
den *News Chronicle*, weshalb die Berichterstattung in der *Times* nicht nur ausführlicher war, sondern auch Themen enthielt, die keinen Eingang in die Telegramme
an den *News Chronicle* fanden.[305] Die Telegramme für die *Times* lieferten mehr
Kontext, sowohl was die Einordnung eines Beweismittels oder einer Aussage in den
Prozess als auch in den historischen Kontext betraf. Im *News Chronicle* selektierte
Clark oft zentrale Beweismittel und zitierte lange Passagen, was seinen Artikeln
teilweise etwas Kollagenhaftes verlieh. Häufig versuchte er das „courtroom drama"

---

303 Robert Cooper an Deakin, 2. Dezember 1945, News UK Archive, Ralph Deakin Papers, TT/FN/1/
RD/1 Correspondence with Cooper, Robert W. Folder: 1945–1946.

304 Deakin an Robert Cooper, 3. Dezember 1945, ebd.

305 Vgl. die Telegramme an den *News Chronicle* und an die *Times* vom 24. Mai, 27. Mai, 28. Mai,
29. Mai, 30. Mai, 9. August u. 10. August 1946, IWM, Clark Papers, Documents.13371, Box: 05/19/
3, Folder: Despatches (Nuremberg Trial 1).

aus Rede und Gegenrede inklusive der Reaktionen der Angeklagten für den *News Chronicle* direkt wiederzugeben.[306]

Am deutlichsten treten die Unterschiede in den beiden Artikeln hervor, die Clark über das Ende der Abschlussplädoyers der Ankläger gegen die Organisationen an den *News Chronicle* bzw. die *Times* sandte.[307] Dass Clark ausnahmsweise über einen wichtigen Moment des Prozesses für die *Times* berichtete, hing mit der Verspätung Coopers aufgrund von Transportproblemen zusammen.[308] Im *News Chronicle* begann Clark mit dem Verweis auf die letzten Worte der Angeklagten am folgenden Tag. Dazu hatte er Informationen von Görings Anwalt erhalten. Angeblich wolle Göring darum bitten, dass seine Mitangeklagten und er selbst verurteilt werden, damit das deutsche Volk freigesprochen werde. Ribbentrop und einem weiteren Angeklagten sei hingegen von ihren Anwälten geraten worden, auf letzte Worte zu verzichten. Dementsprechend fiel auch die Überschrift des gedruckten Artikels aus: „TODAY 21 TOP NAZIS MAKE FINAL PLEAS – GOERING WILL ASK TO BE CONDEMNED"[309]. Die sich daran anschließenden Absätze über das Abschlussplädoyer des sowjetischen Anklägers waren eher eine Berichterstattung über die Reaktionen der Angeklagten auf das Abschlussplädoyer. Der Fokus lag auf dem demonstrativen Desinteresse der Angeklagten statt auf dem Inhalt der Rede.

Clarks *Times*-Artikel hingegen führte in den weiteren Ablauf des Prozesses ein, beteiligte sich nicht an den Spekulationen darüber, was die Angeklagten am nächsten Tag sagen würden und berichtete ausführlich über die Abschlussrede des sowjetischen Anklägers, statt nur ein paar Reaktionen der Angeklagten festzuhalten.[310] Und im Gegensatz zum Artikel für den *News Chronicle* war an dieser Stelle noch nicht Schluss. Clark referierte in drei langen Absätzen die Anklage gegen das Oberkommando und den Generalstab, vorgetragen vom US-amerikanischen Ankläger Telford Taylor. Vor dem Hintergrund, dass die Anklage gegen das deutsche Militär nicht nur in Deutschland sehr umstritten war und diese beiden Organisationen freigesprochen wurden, weil sie nicht der formalen Definition einer Organisation

---

306 Vgl. auch die Berichterstattung vom 4. April 1946, 5. April 1946 oder 9. August 1946, ebd.

307 Clark, TODAY 21 TOP NAZIS MAKE FINAL PLEAS – GOERING WILL ASK TO BE CONDEMNED, *News Chronicle*, 31. August 1946, S. 1; Clark, Press Collect News Chronicle London, 30. August 1946, IWM, Clark Papers, Documents.13371, Box: 05/19/3, Folder: Despatches (Nuremberg Trial 1); Closing Stage In Nuremberg, *The Times*, 31. August 1946, S. 4; Clark, Press Collect Times London, 30. August 1946, IWM, Clark Papers, Documents.13371, Box: 05/19/3, Folder: Despatches (Nuremberg Trial 1); beide Telegramme wurden von den Redaktionen komplett übernommen.

308 Robert Cooper an Deakin, 8. September 1946, News UK Archive, Ralph Deakin Papers, TT/FN/1/RD/1 Correspondence with Cooper, Robert W. Folder: 1945–1946.

309 Clark, TODAY 21 TOP NAZIS MAKE FINAL PLEAS – GOERING WILL ASK TO BE CONDEMNED, *News Chronicle*, 31. August 1946, S. 1.

310 Closing Stage In Nuremberg, *The Times*, 31. August 1946, S. 4.

entsprechend der Londoner Charta genügten, handelte es sich um eine wichtige Passage. Der letzte Absatz ging noch auf die Rede des französischen Anklägers Champetier de Ribes zu den Organisationen ein.

Clark bediente die unterschiedlichen redaktionellen Erwartungen eines „journal of record"[311] und eines liberalen Massenblattes an die Berichterstattung, woraus zwei stilistisch und inhaltlich verschiedene Artikel über ein und denselben Handlungstag entstanden.[312]

Die grundsätzlichen Unterschiede in Bezug auf Darstellungsform und Selektion zwischen der Berichterstattung im *News Chronicle* und der *Times* sind verdeutlicht worden. Auch im Vergleich zu den Agenturberichten weist der Korrespondentenbericht in der *Times* deutliche Unterschiede auf. Über diese Unterschiede entzündete sich eine Leserbriefdebatte in der *Times*. Die enttäuschten Erwartungen ihrer Leserschaft forderten Reaktionen des Korrespondenten und der Redaktion heraus, in denen diese ihr Vorgehen rechtfertigten. Den Auftakt machte ein Leserbriefschreiber am 10. April 1946:

I have been waiting to see some protest against the methods in which these trials are being reported by our Press and radio, but so far in vain. The accused are (unavoidably) denied many safeguards in procedure which they would enjoy in a trial in this country. Is this any reason for denying them also the elementary right of freedom from attack and prejudging of their cases in the British reporting of the trial?[313]

Cooper las den Leserbrief noch am Tag der Veröffentlichung und bekam die Möglichkeit, in einem eigenen Leserbrief aus Nürnberg zu antworten. Als erstes führte er die Meinung der britischen Delegation in Nürnberg an, die die Vorwürfe gegenüber der britischen Medienberichterstattung zurückwiesen. Er selbst räumte ein, dass dieser präzedenzlose internationale Prozess so stark von den normalen juristischen Verfahren abweiche, dass es nicht verwunderlich sei, wenn auch die Berichterstattung von der üblichen Praxis abweiche. Dabei sei aber nie gegen die Regeln der Objektivität verstoßen worden oder eine Vorverurteilung durch die Presse erfolgt.[314]

Das war nur der Auftakt für eine Flut von Leserbriefen, die sich der Frage der Rechtmäßigkeit und Fairness des Prozesses und der Berichterstattung annahmen. Zwischen April und Mai 1946 wurden insgesamt 17 Leserbriefe abgedruckt. Unter den Leserbriefschreibern befanden sich wichtige Persönlichkeiten wie C. K. Allen

---

311 McDonald, Struggles, S. 5.
312 Pedelty referiert ein ähnliches Beispiel zum Einfluss redaktioneller Erwartungen auf Korrespondentenberichte: Pedelty, War Stories, S. 9 ff.
313 E. Pakenham-Walsh, The Nuremberg Trials (Leserbrief), *The Times*, 10. April 1946, S. 5.
314 Your Special Correspondent, The Nuremberg Trials (Leserbrief), *The Times*, 12. April 1946, S. 5.

(Warden of Rhodes House), Arthur Lehman Goodhart (Professor für Rechtswissenschaften in Oxford) und Lord Parmoor. Mit Bezug auf die Berichterstattung finden sich keine weiteren Argumente, lediglich Beispiele für vermeintliche Vorverurteilungen, die in den Augen der Leserbriefschreiber eine Missachtung des Gerichts darstellten.[315] Am 13. Mai nahm Cooper nochmals Stellung zu den Vorwürfen. Zuerst befasste er sich mit den zwei als Beleg für die Vorwürfe angeführten Beispielen. Er verteidigte seine Aussage, dass niemand mehr für die Aufrüstung Deutschlands vor dem Krieg getan habe als Hilmar Schacht, was angesichts dessen Amtes als Generalbevollmächtigter für die Kriegswirtschaft eine Tatsache sei. Kaltenbrunners Verteidigung als „ugly" zu bezeichnen, wenn er seine Unterschrift unter Todesurteilen in Abrede stelle und stattdessen seine Untergeben und seine Vorgesetzten belaste, entspreche britischen Moralvorstellungen.

For nearly six months we have done our utmost to give an objective and intelligible account of the Nuremberg scene. An average of perhaps 50,000 words a day, often far more, comes before the court, and the task of assimilating this mass of evidence would become "meaningless" without some measure of comment.[316]

Cooper vermutete zum Abschluss, dass sich die Kritik an der Berichterstattung aus der Ablehnung des Nürnberger Prozesses speise. Der Leitartikel zu dieser Leserbriefdebatte versuchte hingegen, sauber zwischen der Kritik am Prozess und der Kritik an der Berichterstattung zu unterscheiden. Eine Auseinandersetzung mit der grundsätzlichen Kritik am IMT in den Meinungsspalten lehnte die *Times* entsprechend ihrer freiwilligen Selbstzensur zu diesem Zeitpunkt ab.[317] Zur Kritik an der Berichterstattung nahm der Leitartikler jedoch Stellung. Der Korrespondent habe eine Zurückhaltung geübt, vergleichbar mit den Erwartungen an die Berichterstattung über einen Prozess in England. Genau wie Cooper selbst verwies der Leitartikel auf die Unmöglichkeit, auch nur eine adäquate Zusammenfassung der Aussagen und Beweismittel in der Zeitung unterzubringen. „… [I]t has generally therefore been necessary to fall back upon a description of the effect of the evidence on an observer with an open mind."[318] Wenn die Beschreibung des Effekts als Kommentierung gelte, so habe der Korrespondent in diesen engen Grenzen kommentiert, habe diese Grenze aber nie überschritten.

---

315 C. K. Allen, The Nuremberg Trials (Leserbrief), *The Times*, 26. April 1946, S. 5; ders., The Nuremberg Trials (Leserbrief), *The Times*, 6. Mai 1946, S. 5; Lord Parmoor, The Nuremberg Trials (Leserbrief), *The Times*, 3. Mai 1946, S. 5.

316 Your Special Correspondent, The Nuremberg Trials (Leserbrief), *The Times*, 13. Mai 1946, S. 5.

317 A Reply from Nuremberg, *The Times*, 13. Mai 1946, S. 5.

318 Ebd.

Auch wenn sich die Leserbriefdebatte auf den Begriff der Kommentierung fokussierte, handelte es sich oft eher um eine erstaunlich präzise Analyse des Tagesgeschehens vor Gericht, mit der Cooper seine Artikel begann. Die Beschreibung des Effekts, den die Beweismittel auf einen Beobachter machten, war eine treffende Bezeichnung für das, was sich häufig in den ersten beiden Absätzen der *Times*-Artikel befand. Diese analytischen oder kommentierenden Elemente der *Times*-Depeschen unterschieden sich erheblich von dem Stil einfacher Agenturmeldungen. Diese analytischen Elemente nahmen mit dem Beginn der Verteidigung zu, insbesondere wenn es keinen Einspruch der alliierten Ankläger als Balance zu referieren gab. Ein Beispiel für eine solche Analyse durch Cooper findet sich während der Verteidigung des ehemaligen Außenministers von Ribbentrop am 28. März 1946:

> Little of relevant value was added to the defence of Ribbentrop, the former Nazi Foreign Minister, during a day of desultory legal argument on the manner in which the hundreds of documents his counsel is seeking to submit shall be presented to the Nuremberg tribunal. To some extent the prosecution is reaping what it sowed by introducing many contentious matters into the case that have little bearing on the criminal issues involved.
> Irrelevance is being answered by irrelevance, and with the weeks dragging on the court is now engaged in trying to eliminate a mass of dead wood from the proceedings without undue harshness to the German advocates, whose interpretation of their requirements sometimes borders on obstruction. Without attempting to answer the charges against the prisoner they are putting forward German diplomatic notes and specious utterances by Nazi leaders by way of justification, as though it were the nations of Europe who conspired against the Reich. To hear Ribbentrop's counsel, Dr. Martin Horn, quoting Mr. Hore-Belisha as late as 1938 on the need for nine new British divisions as a proof of Britain's aggressive intentions was to despair of German comprehension.[319]

Cooper verbindet in diesen Zeilen seine Kritik an der ausufernden Beweisführung der US-amerikanischen Anklage mit der Kritik an der unfähigen Verteidigung und dem daraus resultierenden absurden Eindruck auf einen Beobachter. Gerade diese Teile des Korrespondentenberichts, die einen zentralen Unterschied zu Agenturmeldungen ausmachten, waren die Teile, die häufig im *Manchester Guardian* gekürzt wurden.[320]

Die Ausführungen verdeutlichen, dass Cooper durchaus ein enger Rahmen durch den redaktionellen Kontext gesetzt war, auch wenn die direkte Steuerung

---

319 Ribbentrop as Tool, *The Times*, 28. März 1946, S. 4.
320 Vgl. z. B. die Artikel vom 23. November 1945, 22. Januar, 23. Januar, 24. Januar, 30. Januar, 31. Januar, 1. Februar, 2. April, 3. April, 4. April, 5. April, 6. April, 9. April 1946 im *Manchester Guardian* und der *Times*.

durch die Redaktion innerhalb dieses Rahmens in der täglichen Praxis keine große Rolle spielte.[321] Die Praxis war davon dominiert, das Geschehen vor Gericht in täglichen Nachrichtenmeldungen zusammenzufassen. Cooper konnte „colour"- oder „features"-Artikel oder auch nur Elemente dieser Darstellungsformen ausblenden. Die Leserbriefdebatte bringt die ihm gesetzten Grenzen zum Vorschein. Gleichzeitig belegt die Debatte, dass die Telegramme von Cooper mehr waren als reine Selektion. Wenn man verstehen will, wie die Analyse und Kommentierung in der Berichterstattung der *Times* ausfielen, dann muss man sich bei der Inhaltsanalyse der engen Beziehungen der Redaktion und Coopers zur britischen Anklagevertretung erinnern.

Die *Times* folgte in der Berichterstattung und den Leitartikeln der britischen Prozessstrategie. Vergleicht man die Berichterstattung und Leitartikel zum Eröffnungsplädoyer und zum Abschlussplädoyer, kann man die Repräsentation und Kommentierung des Lernprozesses verfolgen, den Douglas und Priemel für die britische Anklage herausgearbeitet haben.[322]

Die Berichterstattung der *Times* über die Dauer des gesamten Prozesses ist fast lückenlos. Die Aufmerksamkeitskonjunkturen drücken sich lediglich in der Länge der Artikel aus. Cooper berichtete ausführlich über die US-amerikanische Anklage, die unter dem Anklagepunkt I, Verschwörung, auch alle anderen Anklagepunkte präsentierte. Das inkludierte die im Rahmen des „aggressive war paradigm" vorgetragene Beweisführung zu Kriegsverbrechen und Verbrechen gegen die Menschlichkeit. Coopers Berichterstattung stimmte mit der grundsätzlichen Kritik der britischen Anklage am Konzept der Verschwörung sowohl als juristische Kategorie als auch als historisches Narrativ überein.[323]

There must inevitably be a good deal of assumption in taking the framework of the Nazi party at the peak of its power and interpreting the history of the previous 25 years to fit it,

---

321 Ergänzend im Hinblick auf die Wechselwirkungen muss noch angemerkt werden, dass die Korrespondenten der *Times* und des *Manchester Guardian* angehalten waren, von Zeit zu Zeit nicht zur Veröffentlichung bestimmte Hintergrundberichte an die Redaktionen zur Orientierung der Leitartikelschreiber zu senden. In diesen Berichten besaßen die Korrespondenten entsprechend größere Freiheiten, ihre Sicht der Dinge zu schildern und „off the record" erhaltenes Material zu übermitteln. Dieser Kanal stellte eine mögliche Beeinflussung der redaktionellen Positionen dar, zumindest aber einen offenen Dialog zwischen Korrespondenten und Redaktionen. Leider liegen keine solcher Berichte über den Nürnberger Prozess vor. Siehe: Ayerst, Biography, S. 575; Wadsworth an Gillie, 27. Februar 1946, MGA, Editor's Correspondence B Series, B/G120/51; J. M. D. Pringle an Gillie, 29. Januar 1946, MGA, Editor's Correspondence B Series, B/G120/66a; Wadsworth an Anderson, 14. Juni 1946, MGA, Editor's Correspondence B Series, B/A65/25.

322 Siehe Kapitel 4.2.

323 Zur britischen Kritik an dem Anklagepunkt I siehe: Tusa u. Tusa, Nuremberg Trial, S. 113.

as tough the German people at large were never more than inarticulate pawns. That such a moment arrived is not to be doubted; but by then the die was cast.[324]

Erstens drückte sich darin eine Kritik an einer simplifizierenden intentionalistischen Erzählung aus, die die Geschichte ausgehend von ihrem Ende deutet und zweitens eine mit dem Begriff der Verschwörung verbundene Sorge, dass die Verantwortung für die deutschen Verbrechen auf die Individuen auf der Anklagebank beschränkt und so einem Selbstentlastungsdiskurs der Deutschen Vorschub geleistet werden könnte. Außerdem kritisierte Cooper die unter dem Anklagepunkt I eingebrachte Flut von Dokumenten zur Rekonstruktion der Geschichte der NSDAP seit ihrer Gründung sowie zur gesamten Diplomatiegeschichte Europas zwischen den Kriegen. Statt 50 Schlüsseldokumente als Beweismittel einzubringen, die für eine Anklage ausreichend gewesen wären, habe die Verteidigung nun das Recht, auf alle eingebrachten Dokumente einzugehen und den Prozess unendlich zu verschleppen.[325]

So kritisch Cooper über die US-amerikanische Anklage berichtete, so lobend äußerte er sich in seiner Berichterstattung über die britische Anklage. Deren Beginn am 4. Dezember 1945 zum Anklagepunkt II, Verbrechen gegen den Frieden, bildete den eigentlichen Auftakt der Prozessberichterstattung in der *Times*. Drei Artikel erschienen an diesem Tag, alle im Ton einer Würdigung der britischen Anklage. Als Kern der britischen Anklage stellte Cooper die deutschen Angriffskriege heraus und den Briand-Kellog-Pakt als zentrales Dokument zur Stütze der juristischen Grundlage dieses Anklagepunktes. Der zweite Artikel ist eine lange Paraphrase der Rede des britischen Chefanklägers, in der Shawcross neben den juristischen Ausführungen zum Anklagepunkt II, Verbrechen gegen den Frieden, auch eine Würdigung der britischen Kriegsanstrengungen unternahm.

At that moment only the British Empire stood between Germany and the achievement of her aim to dominate the Western World. Only the British Empire-and England as its citadel. But it was enough. The first, and possibly the decisive, military defeat which the enemy sustained was in the campaign against England; and that defeat had a profound influence on the future course of the war.[326]

Der die beiden Artikel begleitende Leitartikel wiederholt Shawcross' Argumentation, dass das Führen eines Angriffskrieges in der Zwischenkriegszeit auch von

---

324 Documentary Evidence Of Nazi Crimes, *The Times*, 23. November 1945, S. 4.
325 WITNESSES FOR NUREMBERG, *The Times*, 21. Dezember 1945, S. 4; RIBBENTROP'S WILES TO BRING JAPAN INTO THE WAR, *The Times*, 10. Januar 1946, S. 4.
326 BRITISH INDICTMENT OF NAZI LEADERS, *The Times*, 5. Dezember 1945, S. 8.

Deutschland als ein Verstoß gegen internationales Recht anerkannt worden sei und lediglich die Einrichtung einer Institution zur Durchsetzung dieses Rechts eine Neuerung darstelle.[327] Neben dem zentralen juristischen Anklagepunkt behandelte der Leitartikel auch das zentrale historische Narrativ.

> A purpose is being served, as Sir Hartley Shawcross was at pains to point out, which transcends the fate of the score of men in the dock. Historians and politicians of the future are being furnished with a thoroughly documented analysis of the origin of the war, and security is being provided against the success of any future attempt to misrepresent the responsibility for the initiative in aggression, such as that on which the National Socialist myth of 1914 was founded.[328]

In dem Moment, als die engere juristische Frage der individuellen Schuld transzendiert und der Übergang in die Sphäre des „didactic legalism" vollzogen wurde, führte die *Times* den klassischen Diskurs über die Kriegsschuldfrage fort. Die sich an die Eröffnung anschließende Berichterstattung Coopers über die britische Anklage liest sich wie eine quellengesättigte Diplomatiegeschichte der Vorkriegs- und Kriegszeit.

Zwei Jahresrückblicke in der *Times* zwischen den Jahren machen verständlich, welche Bedeutung und Funktion dem Nürnberger Prozess zugeschrieben wurde. Während die Dachauer Prozesse und der Bergen-Belsen-Prozess die in den Konzentrationslagern begangenen Verbrechen ahnden sollten, wurde dem Nürnberger Prozess im allgemeinen Jahresrückblick eine andere Funktion zugeschrieben:

> A more solemn act of high justice was inaugurated in Nuremberg, once the ceremonial headquarters of National Socialism, where the surviving chiefs of the party, including Göring, Hess, and Ribbentrop, were arraigned before an international tribunal on an indictment charging them with all the supreme crimes against civilization constituted by, or proceeding from, the initiation of aggressive and total war.[329]

Implizit wurde eine Arbeitsteilung zwischen den Prozessen wegen Verbrechen in Konzentrationslagern und dem Nürnberger Prozess postuliert. Im thematischen Jahresrückblick unter der Überschrift „Rooting Out The Nazi Evil"[330] wurde diese Arbeitsteilung nochmals unterstrichen.

---

327 Jackson betonte im Gegensatz zu Shawcross die Notwendigkeit, das internationale Recht zu erneuern. Siehe: Priemel, Betrayal, S. 107 ff.
328 Second Count, *The Times*, 5. Dezember 1945, S. 5.
329 Review of the Year 1945, *The Times*, 2. Januar 1946, [Issued with *The Times*].
330 Rooting Out The Nazi Evil, *The Times*, 2. Januar 1946, S. 11.

Diese Unterscheidung deckte sich mit der Berichterstattung der Korrespondenten über den Nürnberger Prozess. Schon während der US-amerikanischen Beweisführung unter den Anklagepunkten III und IV gab Cooper seinem Verdruss über die nicht endende Auseinandersetzung mit den NS-Verbrechen Ausdruck. „More than enough has been heard of the unbelievable activities of the S.S. guards in the concentration camps, from whom the terrible Death's Head units arose."[331]

Cooper und Woodward, der ab dem 5. Februar 1946 während der französischen Anklage übernahm, hatten beide bereits über die Befreiung der Konzentrationslager und über den Bergen-Belsen-Prozess berichtet. Sie verwiesen mehr als einmal auf die frühen Prozesse gegen die Mannschaften von Konzentrationslagern und auf die US-amerikanische Anklage im laufenden Prozess, während sie über die Beweisvorträge der französischen und sowjetischen Ankläger berichteten. „The world already knows enough of the Belsen and Dachau trials, for example, to need any detailed repetition of these monstrous war crimes now."[332] Je häufiger die Korrespondenten auf die Redundanzen verwiesen, desto kürzer wurden die Berichte.

Wann setzte der Wandel in der Wahrnehmung und Deutung des Prozesses durch die *Times* entsprechend des Umdenkens der britischen Anklage ein? Erste Anzeichen finden sich in der Berichterstattung über die Phase der Verteidigung ab Mitte März 1946. Laurel Leff merkt in ihrer Analyse der Berichterstattung über die vorhergehende Phase der alliierten Anklage in einer Fußnote an, dass der Holocaust scheinbar während der Phase der Verteidigung paradoxerweise stärker in den Vordergrund gerückt sei.[333] In der Tat spielen gerade in den britischen Kreuzverhören Kriegsverbrechen und Verbrechen gegen die Menschlichkeit eine zentrale Rolle, ganz zu schweigen von den Aussagen der Angeklagten und deren Zeugen. Die *Times* mit ihrer kontinuierlichen Berichterstattung enthält zahlreiche Artikel mit ausführlichen Informationen über die NS-Verbrechen. Coopers Artikel über den Tag der Aussage von Rudolf Höß in der Vormittagssitzung und über den Beginn der Anklage gegen Rosenberg in der Nachmittagssitzung verdeutlicht in den analytischen ersten Absätzen, wie stark die Berichterstattung in dieser Phase von den NS-Verbrechen geprägt war.

> With the entry of Alfred Rosenberg into the witness-box this evening the Nuremberg court became the reluctant audience for an outpouring of philosophical thought that sounded altogether meaningless after the terrible evidence about the slaughter of millions of people at Auschwitz to which the Tribunal had previously been listening. […]

---

331 WITNESSES FOR NUREMBERG, *The Times*, 21. Dezember 1945, S. 4.
332 GERMAN TORTURES IN THE WEST, *The Times*, 26. Januar 1946, S. 3.
333 Leff, Wartime Frame, Fußnote 77.

Moments like these give the depressing conviction that for many Germans and the rest of the civilized world words have not the same meaning, and to hear the prisoner talking of his studies of Indian mysticism and the spiritual consequences of the industrial revolution was to doubt whether he has grasped the full import of the Nuremberg indictment.[334]

Auch bestand im Falle Coopers keine Gefahr, dass er angesichts des sich ändernden politischen Kontextes geneigt gewesen wäre, die deutschen Verbrechen zu ignorieren oder auch nur zu relativieren. Dem Redakteur für Auslandsnachrichten der *Times* schrieb er im September 1946, während er auf die für Ende September angekündigten Urteile wartete:

Apart from the extraordinary historical fascination of the trial, I feel very much that everything should be done to diminish the widespread cynicism about Nuremberg, inspired no doubt by a growing conviction that Nazi methods are not peculiar to Germany.[335]

Der Berichterstattung über das Abschlussplädoyer des britischen Chefanklägers kommt eine besondere Bedeutung zu. Denn selbst die *Times* zweifelte in einem Leitartikel daran, dass ihre Leser der täglichen Berichterstattung bis zu diesem Zeitpunkt kontinuierlich hätten folgen können.[336] Die Abschlussplädoyers fassten die komplexe und materialreiche Anklage unter Berücksichtigung der von der Verteidigung eingebrachten Beweismittel zusammen. Die zahlreichen Informationen wurden in einem bedeutungsvollen Narrativ zusammengefasst. Und dieses Narrativ hatte sich seit dem Eröffnungsplädoyer geändert. Die Berichterstattung in der *Times* vollzog den Wandel der britischen Prozessstrategie vom „aggressive war paradigm" zum „atrocities paradigm" mit.

Einerseits war dies eine fast automatische Folge des Anspruchs der *Times*, eine möglichst komplette und wortwörtliche Berichterstattung zu ermöglichen. Der Korrespondentenbericht ist eine mit einer kurzen Einleitung versehene Auswahl von Auszügen aus der Rede von Shawcross. Die Rede des britischen Chefanklägers erstreckte sich über zwei Tage, der zweite Tag war ein Samstag. Trotzdem überließ die *Times* die Berichterstattung nicht den Sonntagszeitungen, sondern druckte am Montag einen zweiten langen Artikel mit Auszügen aus der Rede.

Andererseits lassen die Rahmung der Auszüge durch Überschriften und die Einleitung durch den Korrespondenten keinen Zweifel daran, dass die *Times* der

---

334 ROSENBERG DENIES HE INITIATED USE OF THE TERM 'MASTER RACE', *The Times*, 16. April 1946, S. 6; im Verlaufe des Artikels wird deutlich, dass es sich bei den Opfern von Auschwitz in erster Linie um Juden gehandelt hat.

335 Robert Cooper an Deakin, 8. September 1946, News UK Archive, Ralph Deakin Papers, TT/FN/1/RD/1 Correspondence with Cooper, Robert W. Folder: 1945–1946.

336 Last Words at Nuremberg, *The Times*, 29. Juli 1946, S. 5.

Deutung des Prozesses durch die britische Anklage folgte. Shawcross' Differenzierung und Gewichtung zwischen den 10 Millionen im Krieg gefallenen Soldaten und den 12 Millionen Toten, die abseits der Kriegsschauplätze von den Deutschen ermordet worden waren, erwies sich als eine medientaugliche Strategie zur Überwindung des „aggressive war paradigm". Bevor die Auszüge der Reden von Jackson und Shawcross beginnen, wird im Artikel die Zahl der 12 Millionen Morde bereits dreimal genannt, zweimal in der Überschrift des Artikels und einmal in der Einleitung zu den Auszügen aus den Plädoyers. Cooper referierte in der Einleitung seines Artikels den zentralen Punkt aus Shawcross' Abschlussplädoyer:

> He brought home the colossal weight of the accusations – 10,000,000 combatants killed in battles that ought never to have been; 12,000,000 men, women and children, at the lowest computation, done to death, not in battle or in passion but in the cold, calculated attempt to destroy nations and races.[337]

In seiner Einleitung zum Artikel über die zweite Hälfte des Abschlussplädoyers am Folgetag hob Cooper hervor, dass Shawcross neben der Entgegnung auf die juristischen Vorbehalte der Verteidigung einen großen Teil seiner Rede dem neuen Tatbestand des Genozids gewidmet habe.[338] Der stellvertretende britische Chefankläger hatte dieses bereits in der Anklageschrift erwähnte Konzept im Kreuzverhör des ehemaligen Außenministers von Neurath überraschend wieder prominent zur Sprache gebracht. Philippe Sands hat die Behauptung aufgestellt, dass dies auf Vermittlung durch Cooper geschehen sei.[339] Auf jeden Fall widmete Cooper in seinem Buch dem Tatbestand des Genozids ein eigenes Kapitel.[340]

Was das Abschlussplädoyer von Shawcross ausmachte, waren nicht nur die Informationen über die NS-Verbrechen, sondern die Tatsache, dass er zentrale Narrative über die Geschichte des Nationalsozialismus und den Prozess reformulierte. Und die *Times* folgte dieser Reformulierung in ihren Nachrichten- und Meinungsspalten. Denn auch im Leitartikel zum Abschlussplädoyer griff sie die in Zahlen gefasste Differenzierung und Gewichtung auf.[341] Da die *Times* nur die Reden des britischen Chefanklägers mit Leitartikeln bedachte, war der Gegensatz in der Kommentierung des Prozesses am Anfang und am Ende des Prozesses genauso dramatisch wie

---

337 DENUNCIATION AT NUREMBERG – NAZI LEADERS RESPONSIBLE FOR 12,000,000 MURDERS, *The Times*, 27. Juli 1946, S. 4.

338 Ebd.

339 Philippe Sands, East West Street: On the Origins of Genocide and Crimes Against Humanity, London 2016, S. 337.

340 Robert Cooper, Nuremberg, S. 109–123.

341 Last Words at Nuremberg, *The Times*, 27. Juli 1946, S. 5.

der Gegensatz zwischen dem Eröffnungs- und Abschlussplädoyer des britischen Chefanklägers.

Doch schlussendlich lag die Entscheidung über den Prozess in den Händen der Richter. Die Berichterstattung der *Times* über die Urteile entsprach der herausgearbeiteten Logik, dass die Bereitschaft der offiziellen britischen Lesart des Prozesses zu folgen, der entscheidende Faktor für die Berichterstattung war. Auch und gerade für die Berichterstattung über die Urteils- und Strafmaßverkündung betonte der Redakteur für Auslandsnachrichten den Anspruch, „to get as near as possible to a verbatim report".[342] Wie bereits ausgeführt, hatte sich der Koordinationsaufwand zwischen Cooper und Deakin am ersten Tag der Urteilsverkündung gelohnt. Die *Times* druckte das 50.000 Worte umfassende Urteil auf drei kompletten Zeitungsseiten. Das Urteil der Richter war trotz der ausführlichen Informationen über die NS-Verbrechen dem „aggressive war paradigm" verpflichtet. Die Berichterstattung der *Times* aus Nürnberg repräsentierte genau dieses Ergebnis des Urteils. Coopers Artikel verkündete in der Überschrift, in den hervorgehobenen Absätzen unter der Überschrift und im ersten Absatz, dass Angriffskriege das „supreme international crime" seien:

> In clear, ringing words, speaking in the name of the civilized world, the Nuremberg Tribunal has declared aggressive war to be the "supreme international crime" for which individual heads of State cannot escape punishment by seeking refuge in their sovereign rights. Whatever the fate of the accused leaders of the Third Reich, this is Nuremberg's message to mankind.[343]

Lediglich ein Absatz in diesem Artikel beschäftigte sich mit Kriegsverbrechen und Verbrechen gegen die Menschlichkeit. Doch außer dem Hinweis, dass diese Anklagepunkte nicht im Zusammenhang mit der Verschwörung unter Anklagepunkt I stehen, findet sich lediglich die kurze Anmerkung, dass die Deutschen Kriegsverbrechen „on a scale never before seen in the history of war"[344] begangen hätten. Die die Urteilsverkündung kommentierenden Leitartikel hingegen zeichneten sich durch eine gewisse Widersprüchlichkeit aus. Der erste Leitartikel vom 1. Oktober 1946 ließ an Deutlichkeit nichts zu wünschen übrig.

---

342 Deakin an Robert Cooper, 23. September 1946, News UK Archive, Ralph Deakin Papers, TT/FN/1/RD/1 Correspondence with Cooper, Robert W. Folder: 1945–1946.

343 WORLD JUDGMENT ON NAZI LEADERS – AGGRESSIVE WAR THE SUPREME CRIME, The Times, 1. Oktober 1946, S. 6.

344 Ebd.

This crime of aggressive war is the *fons et origo* [hervorgehoben im Original, E. S.] of the whole indictment; all the other offences were committed in furtherance or in consequence of the criminal policy of aggression.[345]

Das bedeutete nicht, dass der Leitartikelschreiber darauf verzichtete, eine Aufzählung der Kriegsverbrechen und Verbrechen gegen die Menschlichkeit anzuschließen, inklusive der Erwähnung der Shawcross'schen 12 Millionen Toten und dem Hinweis, dass darunter 6 Millionen Juden waren. Die Gewichtung entsprach aber dem „aggressive war paradigm". Der Leitartikel vom 2. Oktober 1946 hingegen folgte wieder dem „atrocities paradigm".

No rhetoric could add anything to the cold horror of the record. Savagery is not the word to describe them; for there is a degree of wickedness that can only be attained by the corruption of human nature in an advanced civilization. Even so, the high civilizations of the past do not afford parallels for perversion so intense or for degradation so deep.[346]

Die Kategorien der Verbrechen seien eindeutig. Kriegsverbrechen und Verbrechen gegen die Menschlichkeit seien millionenfacher Mord. Verschwörung und Verbrechen gegen Frieden waren dem Artikel nach nun nur noch die Bedingungen, unter denen die Morde verübt wurden. Verurteilungen aufgrund dieser Anklagepunkte erlaubten eine weniger unmittelbare Verantwortung und ermöglichten den Richtern einen größeren Spielraum bei der Berücksichtigung mildernder Umstände. Diese an die Diagnose des Zivilisationsbruches erinnernde Rhetorik, die den Krieg als Kontext deutet, in dem die eigentlichen Verbrechen begangen wurden, stand wiederum ganz in der Shawcross'schen Argumentation des „atrocities paradigm".

Neben dem permanenten Lob der britischen Ankläger und Richter stellte die Bereitschaft, der sich wandelnden Deutung des Ereignisses durch die britischen Akteure zu folgen, die zentrale Konstante der Berichterstattung und Kommentierung in der *Times* dar.

5.3.2 *News Chronicle*: das liberale Massenblatt

Der Kriegs- und angehende Auslandskorrespondent Norman Maynard Clark (1910–2004) berichtete fast ununterbrochen von Dezember 1945 bis Oktober 1946 für die liberale britische Tageszeitung *News Chronicle* über den Nürnberger Prozess. Zu dieser Zeit hatte der *News Chronicle* eine Auflage von 1,45 Millionen und war

---

345 Judgment at Nuremberg, *The Times*, 1. Oktober 1946, S. 7.
346 Justice, *The Times*, 2. Oktober 1946, S. 5.

als Teil des Daily News Trust im Besitz der britischen Industriellenfamilie Cadbury, die der Liberalen Partei oder dem, was davon übrig geblieben war, nahestand.[347]

Clark hatte bereits in jungen Jahren begonnen, als „copy boy" für die *Daily News* zu arbeiten, die 1930 mit dem *Daily Chronicle* zusammengelegt worden war, um den *News Chronicle* zu bilden.[348] Clark stieg im *News Chronicle* Schritt für Schritt vom „copy boy" zum Reporter auf. Seine Karriere als Kriegsberichterstatter begann, als er nach dem Ende der Luftschlacht um England der 8. Britischen Armee zugeordnet wurde, um zwischen Januar 1942 und Mai 1943 aus Nordafrika zu berichten. Die Invasion Siziliens und des italienischen Festlands waren die nächsten Kriegsschauplätze, von denen er Depeschen verschickte. Im Juni 1944 landete er mit der 3. US-Armee in der Normandie und berichtete über den Vormarsch der Alliierten bis zur deutschen Kapitulation.

Nach Kriegsende ließ Gerald Reid Barry, der Chefredakteur des *News Chronicle*, Clark mitteilen, dass er sich einen Platz im Corps der Auslandskorrespondenten des Blattes verdient habe und bis auf weiteres in Deutschland bleiben solle.[349] Von dort berichtete er über den Bergen-Belsen-Prozess und direkt im Anschluss über das Internationale Militärtribunal. Clark war einer der wenigen Korrespondenten, die fast für die gesamte Dauer des Prozesses in Nürnberg anwesend waren. Telegramme von Clark aus Nürnberg erschienen an einigen Tagen sogar gleichzeitig im *News Chronicle*, der *Times* und im *Manchester Guardian*, deren Korrespondenten er inoffiziell während dessen Abwesenheiten vertrat.[350] Es war ihm gelungen, sich als Auslandskorrespondent zu etablieren und er blieb auch nach dem Prozess Deutschland-Korrespondent des *News Chronicle*. Beim Verkauf des *News Chronicle*, der letzten liberalen britischen Zeitung mit Massenauflage, an den konservativen Daily Mail & General Trust 1960 hatte er den Posten des Redakteurs für Auslandsnachrichten inne.

Clarks Nachlass befindet sich heute im Imperial War Museum in London. Dieser Nachlass ist insofern besonders, als dass er die Rekonstruktion der redaktionellen Bearbeitung von Clarks Artikeln für den gesamten Zeitraum des Prozesses

---

347 Seymour-Ure, Press and Broadcasting, S. 28; zum *News Chronicle* siehe: Gannon, British Press, S. 38–42.

348 Clarks Biografie habe ich auf Grundlage der Nachrufe im *Guardian*, in der *Times* und im *Herald* (Glasgow) rekonstruiert: https://www.theguardian.com/media/2004/aug/25/pressandpublishing. guardianobituaries, (zuletzt eingesehen am 17. August 2018); https://www.thetimes.co.uk/article/ norman-clark-2wls77p7sqj, (zuletzt eingesehen am 17. August 2018); http://www.heraldscotland. com/news/12420960.Norman_Clark_Renowned_Fleet_Street_journalist/, zuletzt (eingesehen am 17. August 2018).

349 Norman Cliff an Clark, 11. Oktober 1945, IWM, Clark Papers, Documents.13371, Box 05/19/2, Folder: Germany December 2–18th, 1945.

350 Siehe Kapitel 5.3.1.

ermöglicht. Clark hat sämtliche Telegramme aufgehoben und bei denen, die veröffentlicht wurden, die Zeitungsausschnitte angeheftet. Dafür benutzte er eine andere Ausgabe als die in der British Library auf Mikrofilm verfilmten Ausgaben. Diese tragen entweder den Hinweis „4 a.m. EDITION" oder „LATE LONDON EDITION". Bei den Zeitungsausschnitten im Nachlass von Clark findet sich leider kein Hinweis auf die Ausgabe. Es muss sich aber um eine frühere Ausgabe handeln, da Clarks Artikel darin häufig noch länger sind oder sich überhaupt nur in dieser Ausgabe finden, während sie in den späteren Ausgaben bereits von anderen Nachrichten verdrängt wurden. Es liegen also teilweise drei verschiedene Varianten eines Artikels vor: das originale Telegramm, die erste redaktionelle Bearbeitung in der Ausgabe aus Clarks Nachlass und die zweite redaktionelle Bearbeitung in einer der Ausgaben der British Library. Diese Quellenlage ermöglicht eine detaillierte Untersuchung des redaktionellen Bearbeitungsprozesses. Wie viele von Clarks Artikeln wurden gedruckt? Wurde gekürzt? Wie und was wurde gekürzt? Wurden die Artikel ergänzt oder umgeschrieben? Und wie reagierte Clark auf die redaktionelle Bearbeitung? Letztlich geht es um die Untersuchung einer zentralen Facette des Wechselwirkungsverhältnisses zwischen Clark und seiner Redaktion.

Vor der Auswertung der redaktionellen Bearbeitung muss man sich jedoch dieses Wechselwirkungsverhältnis zwischen Clark und seiner Redaktion mit allen seinen Facetten verdeutlichen. Etablierte wechselseitige Erwartungshaltungen stellten sicher, dass Selektion, Darstellung und Deutung der Artikel ohne großen Kommunikationsaufwand den Wünschen der Redaktion entsprachen. So konnte im Regelfall der Aufwand für die redaktionelle Bearbeitung möglichst gering gehalten werden. Clark wiederum hatte das Ziel, seine Artikel in der Zeitung abgedruckt zu finden, und zwar nicht irgendwo, sondern möglichst prominent platziert. Wie funktionierte der Abgleich der Erwartungshaltungen? Woran orientierte sich Clark beim Verfassen seiner Telegramme? Das gilt es im Folgenden zu untersuchen. Nur wenn man diese Prozesse berücksichtigt, kann man die redaktionelle Bearbeitung der Artikel des Korrespondenten richtig einordnen. Denn bereits die erste Selektion, Darstellung und Deutung des Geschehens durch Clark war ein Produkt der Wechselwirkungen zwischen dem Korrespondenten und der Redaktion.

Ein offensichtlicher Prozess des Abgleichs der Erwartungshaltungen zwischen Clark und der Redaktion – für gewöhnlich personifiziert durch den Redakteur für Auslandsnachrichten Norman Cliff – waren Telegramme, sogenannte „service messages", und Briefe. Telegramme der Redaktion über den Umfang und die Platzierung der eingesandten Artikel waren ein typisches Mittel zum Abgleich der Erwartungshaltungen. Zahlreiche solcher kurzen Telegramme finden sich zwischen den gesammelten Artikeln von Clark aus seiner Zeit als Kriegs- und Auslandskorrespondent.[351] Erhalten ist ferner ein regelmäßiger Briefwechsel. Zum Ende des Krieges schrieb Cliff ausführliche Rundbriefe an alle seine Kriegskorresponden-ten.[352] Der Grund dafür war die Anweisung seitens des Militärs, die Anzahl der „service messages" zu reduzieren.[353] In diesen Briefen und Rundbriefen besprach und verglich er die Leistungen der einzelnen Korrespondenten: Welche Themen oder Fronten sie bearbeitet und ob sie exklusive Nachrichten geschickt hatten, in welchem Umfang sie wo im Blatt veröffentlicht worden waren, wie die „sub-editors" die Telegramme kommentierten und wie sie im Vergleich zur Konkurrenz der anderen Zeitungen abgeschnitten hatten. Teilweise enthielten die Briefe auch aus-führliche Erläuterungen der redaktionellen Entscheidungen.[354] Dieses Feedback sollte den Korrespondenten bei ihrer Arbeit Orientierung bieten. Durch die Eva-luierung der eigenen Leistung und den Vergleich mit der Konkurrenz innerhalb und außerhalb der eigenen Zeitung wurde aber auch Druck erzeugt. Gleichzeitig galt es, die Moral der Korrespondenten aufrecht zu erhalten und sie zu motivieren. Cliff schloss einen Brief mit Rückmeldungen zu Clarks Telegrammen im August 1944 mit den Worten:

> So I hope you will go ahead, give us all you have got and be sure that you are serving the paper well and at the same time building up a first-class reputation. You have some of the big stories of a lifetime in front of you.[355]

Am besten lassen sich diese Prozesse untersuchen, wenn sie versagten. Denn für gewöhnlich waren diese Prozesse hochgradig routinisiert, was angesichts des Zeit-drucks bei der Produktion einer Tageszeitung eine funktionale Notwendigkeit war. Wenn die Routinen versagten, entstand hingegen die Notwendigkeit zur ex-pliziten und kostspieligen Kommunikation per Telegramm über Annahmen und tatsächliche Erwartungen.

Zu einem solchen Vorfall kam es während Clarks Zeit als Korrespondent in Berlin kurz vor Beginn des Nürnberger Prozesses. Am 11. November 1945 schickte er ein

---

351 Siehe z. B. Cliff an Clark, 7. September 1944, IWM, Clark Papers, Documents.13371, Box 05/19/2, Folder: War Despatches (D-Day – Ardennes Offensive); MacIntyre an Clark, o. D., IWM, Clark Papers, Documents.13371, Box 05/19/2, Folder: Despatches (Germany 1945–1948, incl. Berlin Air Lift), Germany, 1945.

352 Für das Jahr 1945 finden sich zehn Briefe zwischen den Telegrammen im Nachlass, allerdings nur einer aus der Zeit des Nürnberger Prozesses. Für das Jahr 1946 ist keine briefliche Korrespondenz zwischen Clark und der Redaktion im Nachlass überliefert.

353 Cliff an Clark, 11. April 1945, IWM, Clark Papers, Documents.13371, Box 05/19/2, Folder: War Despatches (Bastonge – End of War).

354 Cliff an Clark, 19. April 1945, ebd.

355 Cliff an Clark, 25. August 1944, IWM, Clark Papers, Documents.13371, Box 05/19/2, Folder: War Despatches (D-Day – Ardenne Offensive).

sechzehn „takes" umfassendes Telegramm über eine Grundsatzrede des britischen Oberbefehlshabers Bernard Montgomery nach London.[356] In einer Pressekonferenz hatte dieser die britische Besatzungspolitik in Deutschland einer gründlichen Analyse unterzogen. Der Redakteur für Auslandsnachrichten, Cliff, antwortete darauf am nächsten Tag: „COLUMN ETHALF YOUR MONTY MESSAGE FRONT PAGE BUT PUZZLED WHY FILED THREE THOUSAND WORDS"[357] Clark erklärte und rechtfertigte in seiner Antwort die Entscheidung, 3000 Wörter über Montgomerys Rede gekabelt zu haben.[358] Sein Telegramm ermöglicht einen Einblick in die journalistischen Routinen. Die Antwort ist zwar eine nachträgliche Reflexion und Rechtfertigung, doch die genannten Gründe mussten im journalistischen Feld oder in der Redaktionskultur des *News Chronicle* legitim gewesen sein.

Über die Einschätzung der Bedeutung des Ereignisses habe er sich mit seinem Kollegen Ian Bevan ausgetauscht und Clark führte weiter an, dass auch die Kollegen der Konkurrenz ähnlich lange Telegramme geschickt hätten. Außerdem wird ersichtlich, dass die dem Ereignis zugeschriebene Bedeutung nicht nur das Produkt des Austausches mit seinem Kollegen und der Orientierung am Verhalten der Konkurrenz, sondern auch in hohem Maße abhängig von der Berichterstattung zum Thema in den britischen Medien war. Die BBC habe der Rede Montgomerys, die an einem Sonntag stattfand, lediglich fünf Minuten widmen können. Die Nachrichtenagenturen hätten zu dem Moment entsprechend der allgemeinen Order operiert, den Nachrichtenfluss aus Deutschland zu reduzieren und dem Ereignis nicht in vollem Umfang gerecht werden können, wie sie Clark persönlich anvertraut hätten. Letztlich erschlossen sich die Bedeutung und die Deutung des Ereignisses auch aus den Leitartikeln der eigenen Zeitung zum Thema. Clark sah in den Ausführungen Montgomerys und in seinem Bericht darüber eine Unterstützung der kritischen Leitartikel des *News Chronicle* mit Bezug auf Außenminister Bevin und dessen Deutschlandpolitik. Die Orientierung an der Berichterstattung und Position des eigenen Mediums war für Clark ein entscheidender Faktor für die Einschätzung der Bedeutung und Deutung des Ereignisses. Er schloss mit einem für Auslandskorrespondenten typischen Hinweis, der nochmal unterstreicht, wie sehr deren Wahrnehmung durch den eigenen nationalen und redaktionellen Kontext strukturiert war: „DOESNT IT CONFIRM EYE NEED BREAK ADREALIGN MYSELF HOME VIEW GERMANY"[359]

---

356 Clark an *News Chronicle*, 11. November 1945, IWM, Clark Papers, Documents.13371, Box 05/19/2, Folder: Despatches (Germany 1945–1948, incl. Berlin Air Lift), Germany, 1945.

357 Cliff an Clark, 12. November 1945, ebd.

358 Clark an Cliff, o. D., ebd.

359 Ebd.

Regelmäßige Besuche der Heimatredaktionen mit ausführlichen Besprechungen zwischen Redakteuren und Korrespondenten waren ein weiterer zentraler Teil des Abgleichs der gegenseitigen Erwartungen, über die sich – wie über die meisten Vorgänge in den Redaktionen – leider keine Aufzeichnungen finden. Clark bekam seinen im obigen Telegramm geforderten Heimaturlaub zwischen dem Ende des Bergen-Belsen-Prozesses und dem Beginn des Nürnberger Prozesses gewährt.[360] Für die Weihnachtspause ist seine Heimreise ebenfalls belegt.[361] Direkt nach Ende des Prozesses wurde ihm wieder Heimaturlaub gewährt.[362] Während des Prozesses sind erneut längere Phasen der Abwesenheit von Clark durch fehlende Artikel belegt, weshalb es wahrscheinlich ist, dass er während des Prozesses weitere Reisen nach London unternahm. Zusätzlich kamen sowohl der Chefredakteur als auch der Verleger des *News Chronicle* ihrerseits nach Nürnberg, wie aus deren Tagebüchern hervorgeht.[363] Die Lektüre der eigenen Zeitung und die Besuche in der Heimatredaktion waren auch deshalb so wichtig, da eine ausführliche inhaltliche Diskussion per Telegramm nicht standfand bzw. nur dann, wenn etwas falsch gelaufen war wie im Falle des unangemessen langen Berichts über Montgomerys Rede.

Für die Phase der Berichterstattung aus Nürnberg finden sich neben den Besuchen in der Heimatredaktion, um sich wieder mit dem britischen Blick auf die Ereignisse vertraut zu machen, und den Gegenbesuchen von Verleger und Chefredakteur auch die anderen Formen des Abgleichs der gegenseitigen Erwartungen. Dazu zählen die typischen kurzen Telegramme der Redaktion über Umfang und Platzierung der Artikel von Clark sowie eine detailliertere Absprache der Berichterstattung vor und während der Urteilsverkündung.[364] Auch die Krisenkommunikation kam angesichts der Falschmeldungen über die Umstände von Görings Tod zum Tragen.[365] In erster Linie ist jedoch ein langer Brief von Clark an den Auslandsredakteur Cliff von Interesse, in dem er seine Eindrücke der ersten zwei Wochen vor Ort ausführlich schilderte. Der Brief regelte die gegenseitigen Erwartungshaltungen bezüglich der Berichterstattung aus Nürnberg und eröffnet Einblicke in die Routinen der Selektion und Darstellung durch Clark. Eine Diskussion der Inhalte

---

360 Cliff an Clark, o. D., ebd.

361 Clark an Cliff, 16. Dezember 1945, IWM, Clark Papers, Documents.13371, Box: 05/19/3, Folder: Despatches (Nuremberg Trial 1).

362 Herbert an Clark, o. D., IWM, Clark Papers, Documents.13371, Box: 05/19/3, Folder: Despatches (Nuremberg Trial 2).

363 Walter Thomas Layton, Diary of visit to Germany 1945, Eintrag vom 6. Dezember 1945, TRA, 1/962443, LN 683; Barry, Diary of visit to Germany, February 15 to March 3 1946, Eintrag vom 21. Februar 1946, LSE, Gerald Reid Barry Papers, Folder: Barry/26, [Diary of visits to Germany and the USA.].

364 IWM, Clark Papers, Documents.13371, Box: 05/19/3, Folder: Despatches (Nuremberg Trial 2).

365 Barry an Clark, o. D., ebd.; Clark an Barry, o. D., ebd.

der Berichterstattung oder der Deutung des Ereignisses fehlt allerdings auch hier fast vollständig.

Clark nahm in dem Brief kein Blatt vor den Mund und bezeichnete die Arbeitsbedingungen vor Ort in den ersten Wochen als eine Strafe für alle Korrespondenten.[366] Er war entsandt worden, um einen erkrankten Kollegen zu ersetzen und der zweite Korrespondent des *News Chronicle* vor Ort litt ebenfalls an der Durchfallepidemie, weshalb dieser teilweise aus dem Bett arbeitete. Clarks drastische Schilderung ist ein weiterer Beleg für die in Kapitel 3 beschriebenen katastrophalen Arbeitsbedingungen insbesondere während der ersten Wochen, in denen Nürnberg vollkommen überlaufen war.

Das war aber nicht der einzige Grund, warum Clark spätestens Ende Januar abgelöst werden wollte. Er verstand sich als Auslandskorrespondent und verwies darauf, dass er sich unmittelbar nach Kriegsende in Berlin und in der britischen Zone eingearbeitet und die nötigen Kontakte geknüpft habe. Doch dann habe er erst über den Bergen-Belsen- und nun über den Nürnberger Prozess berichten müssen, was nichts anderes als „police court reporting"[367] sei. Unter den Ressourcen, die die Prozessberichterstattung verbrauche, würden er und die Deutschland-Berichterstattung im *News Chronicle* leiden, weshalb er forderte, sich mit den anderen Auslandskorrespondenten in Nürnberg abzuwechseln: „… I think we should share it, however irksome and routine the coverage of the trial becomes."[368] Der Prozess war zwar ein Ereignis von welthistorischer Bedeutung, aus der Perspektive der journalistischen Routinen aber alles andere als außergewöhnlich und auf Dauer eher langweilig und störend für einen Kriegsberichterstatter, der ungeduldig den Übergang vom Kriegs- zum Auslandskorrespondenten schaffen wollte.

Ein dritter Punkt, der Anlass zur Beschwerde gab, war die Organisation der Arbeitsabläufe vor Ort im Vergleich mit der Konkurrenz. Denn alle Zeitungen hatten zwei Korrespondenten vor Ort, „one to do the general court story, and the other to preoccupy himself with the ‚side' stories, to keep contact with the hundred-and-one departments engaged on the case and the counself [sic] of the four countries as well as defence lawyers."[369] Clarks Kollege Ian Bevan arbeitete gleichzeitig noch für eine australische Zeitung, stand also nicht wirklich zur Verfügung, weshalb für einige Aufgaben schlicht keine Zeit bleibe:

> Since, I take it, you wanted a general daily story from me – and, necessarily, because if B.B.C. and evening paper coverage, the later news for the dailies must be sought mainly

---

366 Clark an Cliff, 16. Dezember 1945, IWM, Clark Papers, Documents.13371, Box: 05/19/3, Folder: Despatches (Nuremberg Trial 1).

367 Ebd.

368 Ebd.

369 Ebd.

in the late afternoon sessions – I have little or no time in which to do anything serious about contacts.[370]

Mittlerweile in der vierten Woche des Prozesses angekommen räumte Clark allerdings selbst ein, dass die Arbeit so routiniert ablaufe, dass er nun auf einen zweiten Mann verzichten könne. Deshalb ist das Zitat auch in erster Linie interessant, weil es eine fundamental wichtige Regelung der gegenseitigen Erwartungen enthält. Wiederum wird deutlich, dass die Bedeutung der Ereignisse auch aus der Relation zur Berichterstattung anderer Medien entstand. In Abgrenzung zur Berichterstattung der BBC und der Abendzeitungen, die noch über die Vormittagssitzung am Tag ihres Erscheinens berichteten, konzentrierte sich Clark in erster Linie auf die Nachmittagssitzungen des Gerichts, um Material für seine Artikel zu finden.[371]

Ein letzter Punkt, den Clark im Brief an seinen Redakteur ansprach und auch bereits mit dem Verleger besprochen hatte, war das Problem, dem Prozess und den Beweisen, die die Geschichte des Zweiten Weltkrieges erzählten, in einer nur vier Seiten umfassenden Zeitung gerecht zu werden. Er könne lediglich ein oder zwei Themen pro Tag berücksichtigen, müsse streng auswählen und zahlreiche Dokumente von größter Wichtigkeit übergehen. Es sei schlicht frustrierend und es stelle sich automatisch das Gefühl ein, man mache einen schlechten Job.

Still, I'm grateful for the space the News Chronicle is giving to it, and I think we are doing the right thing. When you pick up the "Mail" and "Express" and often see that they don't give a line to it or guy a side issue you despair of Fleet Street when so much of earth-shaking history is coming before our eyes for the first time.[372]

In diesem Zitat zeigt sich wieder, wie wichtig sowohl die Lektüre der eigenen Zeitung als auch der Zeitungen der Konkurrenz für Clark war. Er verfolgte, welches Schicksal seinen eigenen Artikeln widerfuhr und behielt die direkte Konkurrenz im Blick. Sein Eindruck bezüglich des Umfangs der Berichterstattung im Vergleich zur Konkurrenz trog ihn nicht. Zwar konnte der *News Chronicle* nicht mit der *Times* mithalten, was die Regelmäßigkeit und den Umfang der Berichterstattung anbelangte, aber im Vergleich mit der direkten Konkurrenz auf dem Markt der Massenblätter, dem *Daily Express* und der *Daily Mail*, widmete Clarks Zeitung dem

---

370 Ebd.

371 Eine Erkenntnis, die für Inhaltsanalysen von Medienberichterstattung in diesem Zeitraum von Bedeutung ist. Das Sample einer Inhaltsanalyse sollte eine Abendzeitung umfassen. Im Falle meiner Studie habe ich die Berichterstattung des *Evening Standard* ausgewertet, die sich fundamental von den Tageszeitungen unterscheidet.

372 Clark an Cliff, 16. Dezember 1945, IWM, Clark Papers, Documents.13371, Box: 05/19/3, Folder: Despatches (Nuremberg Trial 1).

Prozess deutlich mehr Aufmerksamkeit. Weder verbannte der *News Chronicle* den Prozess so schnell wie der *Daily Express* auf die Innenseiten der Zeitung, noch waren die Phasen, in denen der Prozess komplett ignoriert wurde, so lang wie bei der Konkurrenz.

Der *News Chronicle* brachte Nachrichten aus Nürnberg vom Beginn des Prozesses am 20. November 1945 bis zum 10. Januar 1946 fast ununterbrochen auf der Titelseite. Bei Beginn der französischen Anklage am 17. Januar 1946 war die Prozessberichterstattung allerdings bereits auf die hinteren Seiten verbannt und dasselbe Schicksal widerfuhr der sowjetischen Anklage. Erst mit Beginn der Aussagen der Angeklagten druckte der *News Chronicle* vom 14. bis 22. März wieder fortlaufend Schlagzeilen auf der ersten Seite. Selbst den weniger bekannten Angeklagten wurde im folgenden Zeitraum bis zum 10. Mai 1946 immer mal wieder ein Artikel auf der ersten Seite zuteil.[373] Danach ging das Interesse aber merklich zurück, als die weniger prominenten Angeklagten in den Zeugenstand traten. Von Ende Mai bis Ende Juni gab es eine längere Phase, in der die Berichterstattung quasi eingestellt und ein großer Teil der Verteidigung ignoriert wurde. Mit den Aussagen der Außenpolitiker von Papen und von Neurath setzte die Berichterstattung erneut ein. Aber erst im Juli erschienen wieder Meldungen auf der ersten Seite anlässlich der Abschlussplädoyers der Verteidiger und der Ankläger. Die darauffolgende Phase der Verteidigung der angeklagten Organisationen erfuhr nur noch geringe Aufmerksamkeit durch den *News Chronicle*, obwohl auch in dessen Spalten die Bedeutung der Anklage für Millionen von Deutschen betont wurde.[374] Erst die Urteilsverkündungen und die Hinrichtungen führten wieder zu Schlagzeilen und umfangreicher Berichterstattung.

Rekapituliert man die Konjunkturen der Berichterstattung im *News Chronicle* über den gesamten Zeitraum, überrascht es nicht, dass K. G. Burton, der britische Soldat in der Nachrichtenabteilung, in seinen Memoiren berichtete, dass Clark im Verlaufe des Prozesses mit den Entscheidungen seiner Redaktion nicht immer so zufrieden war wie zu Beginn des Prozesses. Burton und seine Kameraden pflegten ein freundschaftliches Verhältnis zu den Korrespondenten und nahmen Anteil an deren Geschicken.

On one occasion the News Chronicle Warco [war correspondent, E. S.] (Norman Clark) was almost beside himself when, having sent a very long and well-worked despatch, he

---

373 Clark, Goering tells his story in the box, *News Chronicle*, 14. März 1946, S. 1; Ian Bevan, Goering caught in many lies, *News Chronicle*, 22. März 1946, S. 1, 4; Clark, Doenitz continued war 'to save blood', *News Chronicle*, 10. Mai 1946, S. 1.

374 Clark, 'A thousand little Fuehrers', *News Chronicle*, 1. März 1946, S. 4; Clark, Nazi-trained millions still a peril, *News Chronicle*, 29. August 1946, IWM, Clark Papers, Documents.13371, Box: 05/19/3, Folder: Despatches (Nuremberg Trial 1).

found that, in the paper as issued, his editor had reduced all his hard work to a small paragraph at the bottom of an inside page![375]

Und das passierte im weiteren Verlauf des Prozesses relativ häufig. 48 seiner ca. 190 Artikel, die er zwischen dem 4. Dezember 1945 und dem 18. Oktober 1946 aus Nürnberg an die Redaktion sandte, schafften es nicht in die Zeitung. Der Hauptteil dieser kompletten Streichungen fiel eindeutig in die zweite Phase des Prozesses ab Mai 1946, deckte sich also mit den Konjunkturen der Berichterstattung. Zehn weitere seiner Artikel wurden so stark gekürzt, dass Clarks Name nicht mehr über den Artikeln stand; kaum einer seiner Artikel wurde ungekürzt übernommen. 30 Artikel wurden in der „4 a.m. EDITION" bzw. „LATE LONDON EDITION" im Vergleich zu der von Clark gesammelten Ausgabe nochmals gekürzt und 22 Artikel ganz gestrichen. Im Fall des *News Chronicle* waren die Unterschiede zwischen den Ausgaben also erheblich.

Was die Quantität der Kürzungen anbelangt, dürfte dies in erster Linie dem Platzmangel in der die meiste Zeit nur vier Seiten umfassenden Zeitung geschuldet sein. Clark selbst hatte in seinem Brief darauf hingewiesen.[376] Bereits der dritte von Clark verschickte Artikel vom 6. Dezember 1945 fiel der abschließenden Debatte über den US-amerikanischen Kredit an Großbritannien zum Opfer.[377] Clark hatte ein sechs „takes" umfassendes Telegramm an die Redaktion gesandt, was angesichts des dritten Tages der britischen Anklage in Nürnberg aus seiner Sicht durchaus gerechtfertigt war.[378] Doch durch die Debatte über den Kredit, die von hoher innen- wie außenpolitischer Bedeutung war, wurden die Nachrichten aus Nürnberg zu einer kleinen Meldung ohne Angabe des Verfassers.[379] Über die Anklage gegen von Ribbentrop, vorgetragen vom stellvertretenden britischen Chefankläger am 8. Januar, schickte Clark sogar sieben „takes" an die Redaktion.[380] Doch angesichts der bevorstehenden Eröffnung der Generalversammlung der UN in London am

---

375 K. G. Burton, Memoir, S. R2, IWM, Burton Papers, Documents.20930, Box: 13/36/1, Folder: K. G. Burton, Memoir.

376 Clark an Cliff, 16. Dezember 1945, IWM, Clark Papers, Documents.13371, Box: 05/19/3, Folder: Despatches (Nuremberg Trial 1).

377 Zum US-amerikanischen Kredit an Großbritannien siehe: Christopher J. Barlett, „The special relationship". A political history of Anglo-American relations since 1945, London 1992, S. 10 ff.

378 Clark an *News Chronicle*, 6. Dezember 1945, IWM, Clark Papers, Documents.13371, Box: 05/19/3, Folder: Despatches (Nuremberg Trial 1).

379 MUSSOLINI WANTED TO POSTPONE THE WAR, *News Chronicle*, 7. Dezember 1945, S. 1.

380 Clark an *News Chronicle*, 8. Januar 1946, Clark Papers, Documents.13371, Box: 05/19/3, Folder: Despatches (Nuremberg Trial 1).

10. Januar wurde seine Meldung ebenfalls so stark zusammengekürzt, dass sein Name wiederum nicht über dem Artikel stand.[381]

In dem Leitartikel zur Urteilsverkündung vom 1. Oktober 1946 drückte die Redaktion deshalb auch ihr Bedauern darüber aus, dass die britischen Zeitungen angesichts des Ausmaßes und der Dauer des Prozesses nicht in der Lage gewesen seien, eine adäquate tägliche Berichterstattung zu gewährleisten.[382] Angesichts des knappen Platzes war der Verdrängungswettbewerb unter den Nachrichtenmeldungen hoch. Wenn dann auch noch das Parlament tagte, blieb kaum mehr Platz für Auslandsnachrichten und den Korrespondenten wurde telegrafiert, nur noch „BRIEF BRIGHT MESSAGES"[383] zu schicken.

Allein die Quantität der Kürzungen und die Streichungen ganzer Artikel verdeutlicht, wie wichtig die redaktionelle Bearbeitung war und wie hochgradig arbeitsteilig das Ergebnis. Schließlich bearbeitete die Redaktion nicht nur die Artikel, sondern entschied auch über deren Platzierung und die Überschrift. Im Anschluss an die quantitative Analyse stellen sich inhaltliche Fragen: Was und wie gekürzt wurde? Gab es inhaltliche oder thematische Muster? Wurden die Artikel umgestellt, umgeschrieben oder auch durch Agenturmeldungen ergänzt?

Differenzen, was die grundsätzliche Deutung des Ereignisses anbelangt, gab es nicht, wenn man die Leitartikel der Redaktion und die Feature-Artikel von Clark vergleicht. In ihrer unbedingten Unterstützung des Prozesses im Allgemeinen und des britischen Anklageteams im Besonderen waren sich Korrespondent und Redaktion einig. Es findet sich kein kritisches Wort über den Prozess oder die britische Anklage im *News Chronicle*. Entsprechend folgten auch Korrespondent und Redaktion der Deutung des Prozesses, wie sie vor Gericht und hinter den Kulissen in Nürnberg von der britischen Anklage vertreten wurde. Der größte Part des Meinungsartikels zur Urteilsverkündung im *News Chronicle* war eine Wiederholung der Argumente aus dem Abschlussplädoyer des britischen Chefanklägers.[384] Die Fairness und Notwendigkeit des Prozesses wurde betont, seine Länge gerechtfertigt und die Argumentation übernommen, dass es nicht um die 24 Angeklagten, sondern um die Etablierung einer neuen verrechtlichten internationalen Ordnung gehe. Schließlich wurde die zentrale These der britischen Anklage wiederholt, dass es sich eigentlich um zwei Prozesse handele:

---

381 Ribbentrop to Ciano in 1939 – Germany is bent on war, *News Chronicle*, 9. Januar 1946, S. 1; zur Gründung der UNO siehe: Helmut Volger, Geschichte der Vereinten Nationen, München 2008, S. 29 ff.

382 Verdict of History, *News Chronicle*, 1. Oktober 1946, S. 2.

383 Cliff an Clark, o. D., IWM, Clark Papers, Documents.13371, Box 05/19/2, Folder: Despatches (Germany 1945–1948, incl. Berlin Air Lift), Germany, 1945.

384 Verdict of History, *News Chronicle*, 1. Oktober 1946, S. 2.

In effect, two trials have been proceeding simultaneously at Nuremberg. One is the trial by the international judges of men accused of crimes against humanity; the other is a trial before the Court of history of a new technique in international justice. That is the double significance of Nuremberg.[385]

Eine Differenzierung, die verhindern sollte, dass die legalistischen Debatten über das Tribunal die genozidalen Verbrechen der Deutschen verdeckten. Diese Deutung hatte sich der Chefredakteur und Leitartikel-Schreiber Barry bereits während seines Besuchs in Nürnberg nach einem Dinner mit dem britischen Richter Norman Birkett in seinem Tagebuch notiert.[386]

Für Clark ergab sich die Möglichkeit, in den Feature-Artikeln seine Interpretation des Ereignisses darzulegen. Anlässlich wichtiger Wendepunkte im Ablauf des Prozesses wurde er um solche Artikel gebeten. Allerdings schafften es nur zwei seiner fünf Feature-Artikel in die Zeitung.[387]

Clark lässt in ihnen keinen Zweifel an seiner Unterstützung und Identifikation mit der britischen Anklage. Dieser Wertschätzung konnte der Journalist offen in einem Feature-Artikel nach dem Ende der Abschlussplädoyers Ausdruck geben:

And from Nuremberg nothing has been proved clearer – and this is acknowledged by the prosecuting delegations of the United States, Russia and France alike – than that British law and sense of justice stand out giants in the world today.[388]

Darin stimmte Clark mit der Redaktion überein. Allerdings nutzte er diese Darstellungsform, um im Einklang mit der britischen Anklage die genozidalen Verbrechen der Deutschen nochmals herauszustellen. Bleibt man beim Bild der zwei Prozesse, betonte Clark den Prozess gegen die genozidalen Massenmörder. So recycelte Clark ein von der Redaktion gekürztes „take"[389] aus seiner Berichterstattung über Shawcross' Abschlussplädoyer, um daraus einen Feature-Artikel zu machen, der am Tag

---

385 Ebd.
386 Barry, Diary of visit to Germany, February 15 to March 3 1946, Eintrag vom 21. Februar 1946, LSE, Barry Papers, Ordner: Barry/26, [Diary of visits to Germany and the USA].
387 Am 22. Juni 1946 empfahl er der Redaktion die Nutzung eines Artikels als Feature, falls dieser es als Nachrichtenmeldung nicht in die Zeitung schaffte. Sein Feature über Albert Speer vom 1. September 1946 nach dessen letzten Worten vor Gericht wurde ebenso gestrichen wie sein zweites Feature zur Urteilsverkündung.
388 Clark, 21 Guilty Men whose defence broke down, News Chronicle, 30. Juli 1946, S. 2.
389 Clark an News Chronicle, 29. Juli 1946, IWM, Clark Papers, Documents.13371, Box: 05/19/3, Folder: Despatches (Nuremberg Trial 1).

vor den Urteilsverkündungen gedruckt wurde.[390] Bei dem „take" handelte es sich um die die Verlesung des Affidavits des deutschen Ingenieurs Walter Gräbe über Massenerschießungen von Juden in der Ukraine. Clark ergänzte das alte „take" um eine Einleitung, in der er die Bedeutung des Dokuments für den Prozess erklärte. Aus dieser neuen Passage wurde allerdings der Satz gekürzt, dass das Dokument „the Nazis' ultimate crime"[391] verkörpere. Clark begann seinen Artikel mit einem weiteren Shawcross-Zitat aus dem Plädoyer: „… that these things shall not occur again."[392] Gleichzeitig bildete das Zitat die Überschrift des gedruckten Artikels und wurde nochmals am Ende hinzugefügt.[393] Wenn es also darum ging, das Ereignis zu deuten, benutzten Clark und die Redaktion mit Vorliebe die Worte der britischen Ankläger.

Berücksichtigt man die redaktionelle Bearbeitung des zweiten veröffentlichten Feature-Artikels, verstärkt sich der Eindruck der unterschiedlichen Schwerpunktsetzung Clarks im Gegensatz zur Redaktion. Clark ließ in seinem Feature-Artikel nach den Abschlussplädoyers wiederum keinen Zweifel daran, was er für das eigentliche Verbrechen der Nationalsozialisten hielt:

> But, not only has the pattern of aggression been proved – a greater crime, the crime of "genocide" – the new word that Nuremberg has given the language – has grown from it.
> Genocide – the sinister, geo-political ambitions of Germandom which, with bestial logic, aspired to the biological conquest and animal annihilation of races.
> The world did not need the word until the Nazis embarked on the crime of destroying national, racial and religious groups – but it is a word that will figure in the Paris Peace conference.
> For Genocide – from the Latin, "gens" (race, tribe), and the suffix, "cide" (to kill) – expressing extermination of race and creed and culture by a coordinated plan is the parent of all the crimes that Nuremberg has heard under four counts.
> Nuremberg has proved "Genocide".[394]

---

390 Clark an *News Chronicle*, o. D., IWM, Clark Papers, Documents.13371, Box: 05/19/3, Folder: Despatches (Nuremberg Trial 2); Clark, TODAY JUDGMENT IS DELIVERED AT NUREMBERG – That these things shall not occur again, *News Chronicle*, 30. September 1946, S. 2.

391 Clark an *News Chronicle*, o. D., IWM, Clark Papers, Documents.13371, Box: 05/19/3, Folder: Despatches (Nuremberg Trial 2); *News Chronicle*, 30. September 1946, S. 2.

392 Clark an *News Chronicle*, o. D., IWM, Clark Papers, Documents.13371, Box: 05/19/3, Folder: Despatches (Nuremberg Trial 2).

393 Clark, TODAY JUDGMENT IS DELIVERED AT NUREMBERG – That these things shall not occur again, *News Chronicle*, 30. September 1946, S. 2.

394 Clark an *News Chronicle*, o. D., IWM, Clark Papers, Documents.13371, Box: 05/19/3, Folder: Despatches (Nuremberg Trial 1).

Diese gesamte Passage wurde gekürzt. Im veröffentlichten Text blieb lediglich der Satz übrig: „And Nuremberg has clarified the most cynical and atrocious crime man has yet conceived – ‚genocide,‘ the extermination of race, creed and culture by a coordinated plan."[395] Die gekürzten Passagen wiesen Redundanzen auf, aber die Gewichtung der Anklagepunkte zueinander durch Clark fiel wie schon im ersten Feature-Artikel den Kürzungen zum Opfer.

Clark sandte einen weiteren Feature-Artikel zur Urteilsverkündung, der nicht gedruckt wurde. Eigentlich hatte er einen Artikel über die Angeklagten in ihren Zellen schreiben wollen, sich aber dagegen entschieden, wie er seinem Redakteur mitteilte. Das Thema sei „overwritten etstilted"[396], weshalb er stattdessen die Highlights des Prozesses rekapitulierte. Unter den einleitenden Worten „satiated with horrors almost surpassing human credibility the trial has dragged on through two hundred etnineteen days until the nuremberg onlooker has been exhausted of all emotion"[397] erinnerte Clark an Zeugenaussagen, Kreuzverhöre und Filme. Weniger programmatisch, sondern eher in einer Aneinanderreihung von Schlaglichtern, legte er auch in diesem nicht-veröffentlichten Feature-Artikel den Schwerpunkt auf Kriegsverbrechen und Verbrechen gegen die Menschlichkeit. Ob beabsichtigt oder nur dem Platzmangel geschuldet, kann nicht geklärt werden, aber die redaktionelle Bearbeitung schwächte Clarks Priorisierung der genozidalen Verbrechen im Vergleich zu den anderen Anklagepunkten ab.

Wie bereits angemerkt, finden sich nur fünf an die Redaktion versandte Feature-Artikel in Clarks Nachlass. Seine Routine war die „general daily story"[398], die er fast ausnahmslos zwischen 17:00 und 18:30 Uhr verschickte.[399] In diesen täglichen Zusammenfassungen berichtete er über das Geschehen vor Gericht und damit gleichzeitig über die Geschichte des Zweiten Weltkrieges, wie sie in den eingebrachten Beweismitteln zutage trat. Hier lag sein Schwerpunkt. Weder die komplexen rechtlichen Fragen noch das sogenannte „courtroom drama" standen im Mittelpunkt der Berichterstattung im *News Chronicle*, sondern die eingebrachten Beweismittel als Quelle für die durchlebte Geschichte des Zweiten Weltkrieges.

History was never written like this before. At Nuremberg the main figures confront each other. Point of fact and view and counter-fact and view have been exchanged.

---

395 Clark, 21 Guilty Men whose defence broke down, *News Chronicle*, 30. Juli 1946, S. 2.

396 Clark an *News Chronicle*, [30. September 1946], IWM, Clark Papers, Documents.13371, Box: 05/19/3, Folder: Despatches (Nuremberg Trial 2).

397 Ebd.

398 Clark an Cliff, 16. Dezember 1945, IWM, Clark Papers, Documents.13371, Box: 05/19/3, Folder: Despatches (Nuremberg Trial 1).

399 Die einzelnen Telegramme oder „takes" tragen neben dem Kürzel des Artikels und der Nummer des jeweiligen „takes" auch die Uhrzeit.

What we and the Germans saw through censored glasses has been qualified by new aspects. How little wrong the Allied picture of Germany was before and during the war is one of the astonishing confirmations of the trial.[400]

Clark hatte betont, wie streng er auswählen musste, wie viele Dokumente er auslassen musste und wie frustrierend es für ihn war, diese Geschichte nicht ausführlicher erzählen zu können. Ein zentrales Kriterium der Selektion war der nationale Bezug zu den verhandelten Themen oder den verhandelnden Personen. Nicht nur bei der Deutung des Prozesses orientierten sich der Korrespondent und die Redaktion eng an der britischen Anklage, sondern auch bei der Auswahl der Nachrichten. Wie in Kapitel 4 bereits herausgearbeitet, antizipierten die Ankläger die nationale Selektion ihrer jeweiligen Medienlandschaften. Der britische Chefankläger stellte seinem Abschlussplädoyer die folgenden Worte voran:

> Although throughout these proceedings the representatives of the prosecuting powers have worked in the closest cooperation and agreement and although there are certain matters which I shall be laying before the Tribunal on behalf of all of us, we all thought it right at this final stage, even at the cost of some inevitable repetition and overlapping, that we should prepare our final submissions quite independently so that the Tribunal and our own countries might know exactly the grounds on which we seek the condemnation of these men …[401]

Eine verständliche Entscheidung, wenn man die Berichterstattung im *News Chronicle* über die Abschlussplädoyers analysiert. Die Redaktion machte aus dem einen „take" über Jacksons Abschlussplädoyer eine Auflistung der kurzen Charakterisierungen der Angeklagten durch den US-amerikanischen Chefankläger.[402] Die wenigen Zeilen, die Clark über das französische und sowjetische Abschlussplädoyer an die Redaktion sandte, wurden komplett gekürzt.[403] Die bei Clark angelegte Selektion nach nationalen Bezugspunkten hatte er also grundsätzlich mit der Redaktion gemein und sie wurde nochmals verstärkt durch die redaktionelle Bearbeitung. Damit ist deutlich geworden, dass es sich bei dieser um eine zweite Selektion, Darstellung und Deutung handelte, wobei bereits diejenige durch Clark ein Produkt der Wechselwirkungen zwischen Korrespondent und Redaktion waren.

---

400 Clark, 21 Guilty Men whose defence broke down, *News Chronicle*, 30. Juli 1946, S. 2.

401 http://avalon.law.yale.edu/imt/07-26-46.asp, Paragraph 432, (zuletzt eingesehen am 6. Januar 2019).

402 Clark an *News Chronicle*, 26. Juli 1946, IWM, Clark Papers, Documents.13371, Box: 05/19/3, Folder: Despatches (Nuremberg Trial 1); *News Chronicle*, 27. Juli 1946, S. 1.

403 Clark an *News Chronicle*, 29. Juli 1946, IWM, Clark Papers, Documents.13371, Box: 05/19/3, Folder: Despatches (Nuremberg Trial 1); *News Chronicle*, 30. Juli 1946, S. 1.

Analysiert man die Telegramme von Clark und deren redaktionelle Bearbeitung über die französische und sowjetische Anklage im Januar und Februar 1946, kann man nachvollziehen, dass die Entscheidung der Chefankläger, bei der Planung der Abschlussplädoyers von national verfassten Medienöffentlichkeiten auszugehen, auf die Erfahrungen mit der Prozessberichterstattung zurückzuführen war. Die französischen und sowjetischen Anklagevertreter waren für die Anklagepunkte Kriegsverbrechen und Verbrechen gegen die Menschlichkeit verantwortlich. Die Franzosen machten am 17. Januar den Auftakt, gefolgt von den Sowjets am 8. Februar.

In der redaktionellen Bearbeitung der Berichterstattung über die Vorträge der beiden von den Deutschen besetzten Ländern finden sich deutliche Parallelen. Bereits Clarks Artikel über die Eröffnungsplädoyers der Chefankläger wurden stark gekürzt. Von den acht bzw. fünf „takes", die Clark nach London schickte, schaffte es ca. jeweils ein Viertel in die Zeitung.[404] Die Berichterstattung war auf Seite 4 verbannt und die redaktionellen Kürzungen nahmen in der Folge weiter zu. Der kürzeste Artikel über die französische Anklage vom 6. Februar umfasste noch 108 Wörter, der über die sowjetische Anklage vom 15. Februar noch 103 Wörter. Dies war das Ergebnis der Kürzungen von jeweils drei eingesandten „takes".[405]

Erstmals wurden eingesandte Telegramme nicht gedruckt und stattdessen Artikel ohne jede Angabe der Quelle veröffentlicht. Am 29. Januar 1946 sagten französische Zeugen zu Kriegsverbrechen und Verbrechen gegen die Menschlichkeit in West-[406], am 27. Februar sowjetische und jüdische Zeugen zu denselben Punkten in Osteuropa aus.[407] An beiden Tagen schrieb Clark ein Telegramm.[408] An beiden Tagen wurden andere Meldungen ohne jeden Hinweis auf deren Ursprung gedruckt, die statt der Zeugenaussagen „courtroom trivia" bzw. die Frage möglicher britischer

---

404 Clark an *News Chronicle*, 17. Januar 1946, IWM, Clark Papers, Documents.13371, Box: 05/19/3, Folder: Despatches (Nuremberg Trial 1); Clark, French call for death of top Nazis, *News Chronicle*, 18. Januar 1946, S. 4; Clark an *News Chronicle*, 8. Februar 1946, IWM, Clark Papers, Documents.13371, Box: 05/19/3, Folder: Despatches (Nuremberg Trial 1); Clark, NAZI CRIMES BILL: 'IT MUST BE PAID', *News Chronicle*, 9. Februar 1946, S. 4.

405 Clark an *News Chronicle*, 5. Februar 1946, IWM, Clark Papers, Documents.13371, Box: 05/19/3, Folder: Despatches (Nuremberg Trial 1); Clark, Hitler sent assassins to Denmark, *News Chronicle*, 6. Februar 1946, S. 4; Clark an *News Chronicle*, 14. Februar 1946, IWM, Clark Papers, Documents.13371, Box: 05/19/3, Folder: Despatches (Nuremberg Trial 1); 54,800 Nazi atrocities says Soviet, *News Chronicle*, 15. Februar 1946, S. 4.

406 http://avalon.law.yale.edu/imt/01-29-46.asp, (zuletzt eingesehen am 7. Januar 2019).

407 http://avalon.law.yale.edu/imt/02-27-46.asp, (zuletzt eingesehen am 7. Januar 2019).

408 Clark an *News Chronicle*, 29. Januar 1946, IWM, Clark Papers, Documents.13371, Box: 05/19/3, Folder: Despatches (Nuremberg Trial 1); Clark an *News Chronicle*, 27. Januar 1946, IWM, Clark Papers, Documents.13371, Box: 05/19/3, Folder: Despatches (Nuremberg Trial 1).

Zeugen vor Gericht verhandelten.[409] Am 2., 11. und 14. Februar wurden Clarks Artikel erstmals nicht mehr in der „4 a.m. EDITION" bzw. der „LATE LONDON EDITION" abgedruckt, finden sich aber in der Ausgabe des *News Chronicle* aus seinem Nachlass.[410] Weitere Telegramme wurden ersatzlos gestrichen und erste Lücken traten in der Berichterstattung auf.[411] Die „general daily story"[412] war keine Selbstverständlichkeit mehr.

Das zurückgehende Interesse der Redaktion kann aber auch für Clark keine Überraschung gewesen sein. In seinen eigenen Artikeln machte er deutlich, dass er nach den Prozessen gegen die Mannschaften von Konzentrationslagern und nach den Vorträgen der US-amerikanischen Ankläger die Beweise der französischen und sowjetischen Ankläger für redundant und deren Vorträge für monoton hielt.[413] Als Clark sein Telegramm über die französische Anklage vom 31. Januar 1946 mit den Worten begann, „with a monotonous repetition that has left the court satiated by the catalogue of atrocities"[414], handelte es sich dabei um den ersten ersatzlos gestrichenen Artikel der Prozessberichterstattung im *News Chronicle*.[415] Er klang genauso wie seine Kollegen von der *Times* in dieser Phase des Prozesses.[416] Dies verdeutlicht auch, dass Clark parallel zur britischen Anklage einen Lernprozess durchlief, wenn man sich seine Feature-Artikel zum Ende des Prozesses vergegenwärtigt.

Wie reagierte Clark auf die redaktionelle Bearbeitung seiner Artikel in dieser Phase des Prozesses? Erstens reduzierte Clark im Verlauf der französischen und sowjetischen Anklage seinen Output. Er schickte zwar weiterhin fast täglich eine Meldung, passte deren Umfang jedoch nun in weit höherem Maße an das konkrete Tagesgeschehen vor Gericht an. Der Umfang schwankte zwischen bis zu

---

409 Judge and counsel in Nuremberg scene, *News Chronicle*, 30. Januar 1946, S. 4; Ribbentrop cannot call Churchill, *News Chronicle*, 28. Februar 1946, S. 4.

410 Clark, Britain to be 'utterly destroyed', *News Chronicle*, 2. Februar 1946, IWM, Clark Papers, Documents.13371, Box: 05/19/3, Folder: Despatches (Nuremberg Trial 1); Clark, Lidice film to be shown at Nuremberg, *News Chronicle*, 11. Februar 1946, IWM, Clark Papers, Documents.13371, Box: 05/19/3, Folder: Despatches (Nuremberg Trial 1); Clark, Millions of Soviet P.o.W.s died, *News Chronicle*, 14. Februar 1946, IWM, Clark Papers, Documents.13371, Box: 05/19/3, Folder: Despatches (Nuremberg Trial 1).

411 Clark an *News Chronicle*, 31. Januar 1946, IWM, Clark Papers, Documents.13371, Box: 05/19/3, Folder: Despatches (Nuremberg Trial 1); Clark an *News Chronicle*, 15. Februar 1946, ebd.; Clark an *News Chronicle*, 18. Februar 1946, ebd.; zwischen dem 15. und 20. Februar 1946 erschienen keine Artikel über die sowjetische Anklage.

412 Clark an Cliff, 16. Dezember 1945, ebd.

413 Clark an *News Chronicle*, 28. Januar 1946, ebd.

414 Clark an *News Chronicle*, 31. Januar 1946, ebd.

415 Mit Ausnahme zweier sehr kurzer Artikel vom 9. Dezember 1945, die an einem Sonntag geschrieben wurden und deshalb keine Verhandlung vor Gericht zum Gegenstand hatten, siehe: Clark an *News Chronicle*, 9. Dezember 1945, ebd.; Clark an *News Chronicle*, 9. Dezember 1945, ebd.

416 Siehe Kapitel 5.3.1.

acht und lediglich eineinhalb „takes".[417] Während der Phase der französischen und sowjetischen Anklage schafften es lediglich zwei als spektakulär betrachtete Zeugenaussagen von Clark mit mehr als drei „takes" bedacht zu werden und in der Zeitung nicht nur als kurze Meldung zu erscheinen.[418]

Zweitens bemühte sich Clark verstärkt, Themen und Inhalte mit Bezug zu Großbritannien aus dem Geschehen vor Gericht auszuwählen oder solche Bezüge herzustellen. Darin unterstützte ihn die Redaktion durch die Formulierung passender Überschriften. Aus dem französischen Beweisvortrag vom 30. Januar und dem sowjetischen vom 26. Februar über Verbrechen der Deutschen in West- bzw. Osteuropa wurden in beiden Fällen ein Telegramm und schließlich auch ein Artikel über die 50 erschossenen Offiziere der Royal Air Force, die nach einem Ausbruchsversuch aus dem Lager Stalag III in Schlesien 1944 ermordet worden waren.[419]

Falls ein Prozesstag nichts hergab, griff Clark auf nicht vor Gericht präsentierte Dokumente zurück oder auf Beweismittel, die vor Gericht als Beweise eingebracht, aber nur in kurzen Auszügen zitiert worden waren. Aus dem Beweisvortrag des sowjetischen Anklägers Smirnov am 18. Februar über die Verbrechen der Deutschen an den Zivilbevölkerungen der Sowjetunion, Jugoslawiens, Polens und Griechenlands griff Clark den Bericht der griechischen Regierung heraus. Smirnov verlas lediglich Auszüge in Zusammenhang mit Verbrechen an der griechischen Zivilbevölkerung.[420] Clark machte aus dem Bericht eine Story über die „secret history of the war"[421], indem er über die deutschen Zusicherungen berichtete, dass Griechenland keine deutsche Invasion drohe, solange es nicht sein Territorium als

---

417 Clark an *News Chronicle*, 17. Januar 1946, IWM, Clark Papers, Documents.13371, Box: 05/19/3, Folder: Despatches (Nuremberg Trial 1); Clark an *News Chronicle*, 22. Februar 1946, ebd.

418 Dabei handelte es sich um die Zeugenaussagen von Vaillant-Couturier für die französische Anklage und die Aussage von Friedrich Paulus für die sowjetische Anklage: Clark an *News Chronicle*, 28. Januar 1946, ebd.; Clark, GOERING HID FROM THE EYES OF THIS WOMAN, *News Chronicle*, 29. Januar 1946, S. 4; Clark an *News Chronicle*, 11. Februar 1946, IWM, Clark Papers, Documents.13371, Box: 05/19/3, Folder: Despatches (Nuremberg Trial 1); *News Chronicle*, 12. Februar 1946, S. 1; Clark an *News Chronicle*, 12. Februar 1946, IWM, Clark Papers, Documents.13371, Box: 05/19/3, Folder: Despatches (Nuremberg Trial 1); *News Chronicle*, 13. Februar 1946, S. 4.

419 Clark an *News Chronicle*, 30. Januar 1946, IWM, Clark Papers, Documents.13371, Box: 05/19/3, Folder: Despatches (Nuremberg Trial 1); Clark, R.A.F. men were shot on Hitler's order, *News Chronicle*, 31. Januar 1946, S. 4; Clark an *News Chronicle*, 26. Februar 1946, IWM, Clark Papers, Documents.13371, Box: 05/19/3, Folder: Despatches (Nuremberg Trial 1); Clark, Hitler order was 'Shoot RAF P.o.W.s', *News Chronicle*, 27. Februar 1946, S. 4; für ein weiteres Beispiel siehe: Clark, NUREMBERG NAZIS NOW BEGIN TO BLACKEN HITLER, *News Chronicle*, 26. Februar 1946, S. 4.

420 http://avalon.law.yale.edu/imt/02-18-46.asp, Paragraph 524 f., (zuletzt eingesehen am 7. Januar 2019).

421 Clark an *News Chronicle*, 18. Februar 1946, IWM, Clark Papers, Documents.13371, Box: 05/19/3, Folder: Despatches (Nuremberg Trial 1).

Aufmarschgebiet für die britische Armee zur Verfügung stelle. Lediglich das vierte und letzte „take" widmete Clark dem eigentlichen Beweisvortrag durch Smirnov. Trotzdem schaffte es der Artikel nicht in die Zeitung.

Clark schrieb auch über bevorstehende Beweisvorträge oder Zeugenaussagen, die einen Bezug zu Großbritannien haben würden. Seine Depesche vom 6. Februar, der Tag, an dem die französische Anklage endete, begann er mit der Nachricht, dass am nächsten Tag geheime Dokumente über den Flug von Hess nach Großbritannien enthüllt würden, was durch die Redaktion zur Überschrift „Hess secrets out today" erhoben wurde.[422]

Wie wurde redaktionell bearbeitet, wenn die Telegramme nicht einfach gestrichen oder durch Agenturmeldungen ersetzt wurden? Welche Formen der Bearbeitung gab es, wie häufig wurden sie angewendet und welche Auswirkungen hatten sie auf den eingesandten Text? Nur sehr selten kam es vor, dass Telegramme von Clark durch Material der Nachrichtenagenturen ergänzt wurden, sodass am Ende ein aus mehreren Quellen zusammengesetzter Artikel entstand. Ein Vorgehen, das unter „sub-editors" durchaus üblich war. Anlässlich der Berichterstattung über den Bergen-Belsen-Prozess hatte Cliff in einem Brief an Clark geschrieben, dass dessen Artikel so exzellent gewesen seien, dass die „sub-editors" komplett auf Agenturmaterial hätten verzichten können.[423] Im Fall des Nürnberger Prozesses machten die „sub-editors" lediglich dreimal explizit von Agenturmaterial Gebrauch.[424]

Am 16. Januar 1946 sandte Clark drei „takes" über die Anklage gegen Frick und Seyß-Inquart.[425] Die Redaktion strich den Part zu Letzterem und kürzte den Part zu Frick. Stattdessen begann der gedruckte Artikel mit dem Bericht über die Verlesung eines Verhörs von Göring, der darin die näheren Umstände der Schuldzuweisung ausführte, die Kommunisten hätten 1933 den Reichstag in Brand gesetzt.[426] Die Verlesung dieses Verhörs war Teil der Anklage gegen Frick, von Clark aber nicht

---

422 Clark an *News Chronicle*, 6. Februar 1946, IWM, Clark Papers, Documents.13371, Box: 05/19/3, Folder: Despatches (Nuremberg Trial 1); Clark, Hess secrets out today, *News Chronicle*, 7. Februar 1946, S. 4; für ein weiteres Beispiel siehe: Clark, Britain to be 'utterly destroyed', *News Chronicle*, 2. Februar 1946, IWM, Clark Papers, Documents.13371, Box: 05/19/3, Folder: Despatches (Nuremberg Trial 1).

423 Cliff an Clark, 28. September 1945, IWM, Clark Papers, Documents.13371, Box: 05/19/2, Folder: Despatches (Germany 1945–1948, incl. Berlin Air Lift), December 2–18th, 1945.

424 Proof of murder in report by Keitel, *News Chronicle*, 10. Januar 1946, S. 1; GOERING: 'I FIXED REICHSTAG GUILT ON COMMUNISTS', *News Chronicle*, 17. Januar 1946, S. 4; FIVE SET-BACKS TO DEFENCE AT NUREMBERG, *News Chronicle*, 23. März 1946, S. 4.

425 Clark an *News Chronicle*, 16. Januar 1946, IWM, Clark Papers, Documents.13371, Box: 05/19/3, Folder: Despatches (Nuremberg Trial 1).

426 GOERING: 'I FIXED REICHSTAG GUILT ON COMMUNISTS', *News Chronicle*, 17. Januar 1946, S. 4.

berücksichtigt worden.[427] Die Folgen waren erstens, dass ein Zitat aus Görings Verhör die Überschrift stellte, obwohl Clark die Rolle von Frick bei der Ermordung der europäischen Juden und beim Euthanasie-Programm in den Mittelpunkt seines Telegramms gestellt hatte. Zweitens bekam Clark keine „byline", stattdessen stand „News Chronicle Special Correspondent and Reuter"[428] unter dem Artikel. Drittens waren Clarks Teile des Artikels so stark und ungeschickt gekürzt worden, dass die Morde in Hadamar, einer zentralen Institution im Rahmen der nationalsozialistischen Euthanasie-Verbrechen, pauschal dem Verbrechenskomplex Holocaust zugerechnet wurden.[429] Aber wie bereits angemerkt, wurde diese Praxis der redaktionellen Bearbeitung lediglich dreimal explizit in den Artikeln angewendet.

Eine weitere seltene Ausnahme, dass Artikel aus einem in der Redaktion verfassten Teil und einem Korrespondentenbericht bestanden, waren die zeitgleichen Veröffentlichungen der großen Reden der Ankläger als Pressemeldung in den Hauptstädten der Alliierten. Als Shawcross am 4. Dezember 1945 seine Eröffnungsrede hielt, kabelte Clark nach London: „note to subs as whole shawcross statement has been released in london am sending only summary and highpoints".[430]

Ansonsten konnte die Redaktion die Telegramme von Clark umstellen, kürzen und umschreiben, was erhebliche Eingriffe in die Texte darstellen konnte. Am 16. Dezember sandte Clark ein Telegramm ein, das sich zuerst mit den Verhandlungen über eine Weihnachtspause beschäftigte und Verfahrensfragen klärte.[431] Im zweiten Teil berichtete er über die Entlassung von drei Sekretärinnen der Verteidigung durch das Tribunal aus Sicherheitsgründen. Nach der redaktionellen Bearbeitung fanden sich die Verhandlungen über die Weihnachtspause am Ende des Artikels wieder, die Verfahrensfragen waren gekürzt worden und die entlassenen Sekretärinnen prangten als Schlagzeile auf der ersten Seite.[432]

Zwei Tage später schickte Clark ein Telegramm bestehend aus drei „takes".[433] Die ersten eineinhalb „takes" handeln von der Anklage gegen das Reichskabinett, die SS, die SA und vom Gesundheitszustand Kaltenbrunners. Dieser Part wurde komplett gekürzt und stattdessen die letzten eineinhalb „takes" zur Anklage wegen

---

427 http://avalon.law.yale.edu/imt/01-16-46.asp, Paragraph 355, (zuletzt eingesehen am 7. Januar 2019).

428 GOERING: 'I FIXED REICHSTAG GUILT ON COMMUNISTS', *News Chronicle*, 17. Januar 1946, S. 4.

429 Zu Hadamar und den nationalsozialistischen Euthanasie-Verbrechen siehe: Uta George et al. (Hg.), Hadamar. Heilstätte, Tötungsanstalt, Therapiezentrum, Marburg 2006.

430 Clark an *News Chronicle*, 5. Dezember 1945, IWM, Clark Papers, Documents.13371, Box: 05/19/3, Folder: Despatches (Nuremberg Trial 1).

431 Clark an *News Chronicle*, 16. Dezember 1945, ebd.

432 Clark, NAZI CHIEFS LOSE THREE SECRETARIES, *News Chronicle*, 17. Dezember 1945, S. 1.

433 Clark an *News Chronicle*, 18. Dezember 1945, IWM, Clark Papers, Documents.13371, Box: 05/19/3, Folder: Despatches (Nuremberg Trial 1).

Kunstraubs komplett abgedruckt und mit der Überschrift „NAZIS KEPT ‚LOOT STAFF‘" versehen.[434]

Diese Formen der redaktionellen Bearbeitung, die durch Ergänzen, Streichen, Ersetzen oder Umstellen das im ersten „take" gesetzte zentrale Thema des Korrespondentenberichts veränderten, kamen nur selten zu Anwendung. Lediglich neun Fälle sind eindeutig. Die meisten davon sind bereits auf den vorherigen Seiten geschildert worden. Das bedeutet, dass die Redaktion die Möglichkeiten zur radikalen Abänderung des Korrespondentenberichts oder die Ersetzung durch andere Meldungen besaß, aber selten von diesen Möglichkeiten Gebrauch machte oder machen musste.

Bleibt die Frage zu klären, wie die redaktionelle Bearbeitung für gewöhnlich aussah, wenn in den Seiten des *News Chronicle* Platz für den Prozess vorhanden war. Denn kaum ein Artikel wurde ohne zumindest kleine Kürzungen abgedruckt. Bei der großen Mehrheit der Artikel waren es sogar ganze „takes", die den redaktionellen Streichungen zum Opfer fielen.

Besonders in den ersten beiden Monaten des Prozesses nahm die redaktionelle Bearbeitung den Beginn der Telegramme von Clark unter die Lupe. Dieser Teil folgte im Aufbau einem klassischen Muster: zuerst ein Aufmacher, dann die Kontextualisierung, im Ganzen nicht mehr als zwei oder drei Sätze. Häufig stellten oder schrieben die „sub-editors" den Beginn der Artikel leicht um. Sie übernahmen Thema und Inhalt der ersten Sätze aus den Telegrammen, strukturierten aber den Beginn entsprechend des Aufbaus der Darstellungsform mit Aufmacher und Kontextualisierung in zwei oder drei klaren Sätzen:

Goring, as Commissioner of the Four-Year Plan, promoted the world's largest black market – a cynical system of looting an extortion which finally fell a victim of its excesses.[435]

Darauf folgte eine Einordnung in den Kontext des Prozesses.

M. Charles Gerthoffer, of the French prosecuting team, presenting France's case against Nazi economic looting before the War Crimes Tribunal here today, traced how black market activities, fostered by the Germans, assumed enormous proportions, resulting in "unbelievable corruption among the German Army from privates up to generals."[436]

Clark selbst war nach dem ersten Satz damit fortgefahren, die Geschichte des französischen Schwarzmarktes zu erzählen und hatte erst später erwähnt, dass

---

434 Clark, NAZIS KEPT 'LOOT STAFF', *News Chronicle*, 19. Dezember 1945, S. 1.
435 Clark, GOERING RAN GREATEST BLACK MARKET, *News Chronicle*, 22. Januar 1946, S. 4.
436 Ebd.

diese Ausführungen Teil der französischen Anklage waren.[437] Die „sub-editors"
setzten den schematischen Aufbau um.

Es gab keine einheitliche Methode des Kürzens der Artikel durch die Redaktion.
Es finden sich ebenso viele Telegramme, in denen in jedem „take" lediglich einzelne
Sätze oder Absätze gekürzt wurden, wie Telegramme, in denen komplette „takes"
gekürzt wurden. Im Falle der Kürzungen einzelner Sätze oder Absätze waren es
neben Kürzungen von inhaltlichen Reproduktionen des vor Gericht Gesagten oft
die analytischen, kontextualisierenden oder wertenden Aussagen von Clark, die
gekürzt wurden, wobei deren Anzahl grundsätzlich gering war. Die Korrespondentenberichte wurden durch diese redaktionelle Bearbeitung der Teile beraubt, die sie
von reinen Agenturmeldungen unterschieden, und machten sie zu einer Kollage
aus Zitaten und Paraphrasen.

Clarks Bericht über die Aussage von Schacht im Zeugenstand am 1. Mai 1946
umfasste drei „takes" bzw. 818 Wörter, wovon es fast genau die Hälfte in die Zeitung
schaffte.[438] Der Aufmacher, im Artikel auch typografisch hervorgehoben, war die
Denunziation Hitlers als Lügner durch Schacht. Es folgte die knappe Kontextualisierung zur Anklage gegen Schacht und seiner Rolle im Nationalsozialismus. Clarks
Analyse der Aussage Schachts sowie der Versuch, deren Bedeutung zu bestimmen,
indem er die Aussage in Beziehung zu denen der Mitangeklagten setzte, wurde gekürzt. Im zweiten „take" wurde wiederum der eine Satz gekürzt, in dem Clark eine
Analyse und Kritik der Aussage Schachts vornahm. Im dritten „take" verfuhr die
redaktionelle Bearbeitung ebenfalls nach dem nun bekannten Muster und kürzte
den einen Satz, in dem Clark die Aussage Schachts in eigenen Worten beschrieb. Es
war deshalb durchaus passend, dass bereits die Überschrift des Artikels ein Zitat
Schachts war: „Schacht says – ‚Hitler deceived the world, Germany and me'".[439]
Denn was von Clarks Telegramm übrig blieb, war eine Aneinanderreihung von
direkten Zitaten und Paraphrasen der Verhandlung. Abgesehen von zwei Sätzen, in
denen Clark Aussagen Schachts in indirekter Rede wiedergab, fand sich kein Satz
ohne ein direktes Zitat.

Ebenfalls typisch für die Berichterstattung im *News Chronicle* war die Kürzung
der Passage zu „courtroom trivia": Schacht überforderte durch zu schnelles Reden
die Übersetzer, was die Warnleuchten im Zeugenstand mehrfach zum Leuchten

---

437 Clark an *News Chronicle*, 21. Januar 1946, IWM, Clark Papers, Documents.13371, Box: 05/19/3,
Folder: Despatches (Nuremberg Trial 1).

438 Clark an *News Chronicle*, 30. April 1946, IWM, Clark Papers, Documents.13371, Box: 05/19/3,
Folder: Despatches (Nuremberg Trial 1); Clark, Schacht says – 'Hitler deceived the world, Germany
and me', *News Chronicle*, 1. Mai 1946, S. 1.

439 Clark, Schacht says – 'Hitler deceived the world, Germany and me', *News Chronicle*, 1. Mai 1946,
S. 1.

brachte. Hierin unterschied sich der *News Chronicle* von seiner Konkurrenz auf dem Markt der Massenblätter, dem *Daily Express*.

Die Liste von Beispielen lässt sich fortsetzen.[440] Schon in Clarks erstem Telegramm, dem Bericht über die Eröffnungsrede des britischen Chefanklägers am 4. Dezember 1945, kürzte die Redaktion Clarks Kommentar zum zentralen Politikum in der britischen Debatte über den Zweiten Weltkrieg. Clark hatte in seinem Telegramm geschrieben, dass der Chefankläger ein ums andere Mal wie ein Vertreter des britischen Außenministeriums geklungen habe, wenn es um die Frage der „Appeasement"-Politik und die Münchener Konferenz 1938 gegangen sei.[441]

Clarks Telegramm über die Sitzung der sowjetischen Anklage vom 19. Februar 1946 behandelte die Reaktionen der Angeklagten, aber auch seine eigene auf die Vorführung eines Films der sowjetischen Armee.[442] Die während des Vormarsches durch ehemals deutsch-besetzte Gebiete in der Sowjetunion und Polen entstandenen Aufnahmen zeigten die Verbrechen der Deutschen, u. a. die befreiten Konzentrations- und Vernichtungslager Majdanek und Auschwitz. Das Telegramm reflektierte das Unvermögen, die Verlesung der abstrakten Opferzahlen vor Gericht zu verstehen, da das menschliche Vorstellungsvermögen die Millionen Opfer nicht fassen könne. Deshalb betonte Clark die Bedeutung der Visualisierung durch den Film, der erstmals das eigentlich unvorstellbare Ausmaß der „mass extermination"[443] veranschauliche. Der gedruckte Artikel umfasste ein Viertel der vier „takes" und war nur noch eine verstümmelte Version des Telegramms.[444]

Während der Phase der Abschlussplädoyers der Verteidiger im Juli 1946 ließ Clark häufig wertende Kommentare in die Berichterstattung einfließen, die von der Redaktion gekürzt wurden. Das lag wohl auch daran, dass es im Gegensatz zu den Vorträgen der Verteidiger während des Prozesses keine Einsprüche der Ankläger zum Ausbalancieren der Sicht der Verteidigung zu zitieren oder paraphrasieren gab. So z. B. im Fall der Berichterstattung über das Abschlussplädoyer des Verteidigers Otto Nelte für seinen Mandanten Keitel: „In an undignified and indecent plea for

---

440 Sie z. B. Clarks gekürzte Analyse der deutschen Verteidigung: Clark an *News Chronicle*, 4. März 1946, IWM, Clark Papers, Documents.13371, Box: 05/19/3, Folder: Despatches (Nuremberg Trial 1); Clark, Frick turns on Goering at trial, *News Chronicle*, 5. März 1946, S. 4.

441 Clark an *News Chronicle*, 4. Dezember 1945, IWM, Clark Papers, Documents.13371, Box: 05/19/3, Folder: Despatches (Nuremberg Trial 1); Clark, BRITISH CASE AGAINST NAZIS Men who helped Hitler to power, *News Chronicle*, 5. Dezember 1945, S. 1, 4.

442 Clark an *News Chronicle*, 19. Februar 1946, IWM, Clark Papers, Documents.13371, Box: 05/19/3, Folder: Despatches (Nuremberg Trial 1).

443 Ebd.

444 Clark, Why Raeder shut his eyes, *News Chronicle*, 20. Februar 1946, S. 4; für ein weiteres Beispiel siehe: Clark an *News Chronicle*, 13. März 1946, IWM, Clark Papers, Documents.13371, Box: 05/19/3, Folder: Despatches (Nuremberg Trial 1); Clark, Goering tells his story in the box, *News Chronicle*, 14. März 1946, S. 1.

pity for the german people nazi lawyer doctor otto nelte ..."[445] Genauso fielen aber auch positive Aussagen zu den Angeklagten der redaktionellen Bearbeitung zum Opfer, wenn denn welche zu finden waren wie im Fall von Schacht: „... emerging from this lengthy and searching trial as the defendant with the best defence ..."[446]

Die redaktionelle Bearbeitung zeichnete sich aus durch die Kombination aus erheblichen Kürzungen aufgrund von Platzmangel und der konsequenten Durchsetzung der Darstellungsform einer Tagessynopse, die fast nur Verlautbarungsjournalismus ohne Analyse, Kontextualisierung oder Kommentierung war. Die bei Clark zu findenden Ansätze dazu schafften es nur sehr selten in die Zeitung. Grundsätzlich bestand bei diesem Vorgehen die Gefahr, dass die Informationen nur schwer in den historischen oder den Kontext des Prozesses einzuordnen waren. Im schlimmsten Fall bewirkten die Kürzungen, dass die Artikel zu unzusammenhängenden Zitatsammlungen wurden und nicht einmal mehr die Informationen verständlich waren. Das Komplexitätsniveau der Artikel war entsprechend gering. Es ist höchst fraglich, ob Clark auch weiterhin den „sub-editors" so dankbar war wie in seinem Brief an die Redaktion von Mitte Dezember, als seine Meldungen noch auf die Titelseite abonniert waren. „A word of thanks, too, to the Foreign subs; their subbing has helped my story from here out more than once."[447]

Clark setzte durch die Auswahl eines bestimmten Aspekts der täglichen Verhandlungen im ersten „take" für gewöhnlich das Thema eines Artikels. Aber diese Auswahl orientierte sich durch die verschiedenen Prozesse des Abgleichs der Erwartungshaltungen immer schon am nationalen und redaktionellen Kontext. Die Redaktion konnte seine Telegramme immer noch in den Papierkorb fallen lassen, kürzen, umstellen, umschreiben, ersetzen oder ergänzen. Als die Redaktion von diesen Möglichkeiten während der französischen und sowjetischen Anklage verstärkt Gebrauch machte, zeigten sich die entsprechenden Auswirkungen in der Berichterstattung durch Clark. Die Länge seiner Telegramme fluktuierte wesentlich stärker in Abhängigkeit von nationalen Bezügen, besonderen Sensationen und der Hierarchie der Angeklagten. Da alle Korrespondenten meiner Untersuchung die Notwendigkeit der regelmäßigen Lektüre ihres Mediums am Einsatzort betonten und alles dafür taten, die Versorgung mit ihrer Zeitung oder Zeitschrift sicherzu-

445 Clark an *News Chronicle*, 8. Juli 1946, IWM, Clark Papers, Documents.13371, Box: 05/19/3, Folder: Despatches (Nuremberg Trial 1); Clark, 'PITY GERMANY,' PLEADS COUNSEL AT NUREMBERG, *News Chronicle*, 9. Juli 1946, S. 1.

446 Clark an *News Chronicle*, 15. Juli 1946, IWM, Clark Papers, Documents.13371, Box: 05/19/3, Folder: Despatches (Nuremberg Trial 1); Clark, Schacht demands acquittal, *News Chronicle*, 16. Juli 1946, S. 1.

447 Clark an Cliff, 16. Dezember 1945, IWM, Clark Papers, Documents.13371, Box: 05/19/3, Folder: Despatches (Nuremberg Trial 1).

stellen, kommt dieser Facette des Wechselwirkungsverhältnisses mit der Redaktion eine große Bedeutung zu.

Nur in seinen Feature-Artikeln besaß Clark eine größere, wenn auch keinesfalls absolute Freiheit. Folgten seine Nachrichtenmeldungen in erster Linie der Devise, die Geschichte der Diplomatie und der Kriegsführung des Zweiten Weltkrieges zu erzählen, legte er in Übereinstimmung mit der Position der britischen Anklage in seinen Feature-Artikeln zum Ende des Prozesses den Schwerpunkt auf die genozidalen Verbrechen der Deutschen. Er vollzog den Lernprozess der britischen Anklage mit. Allerdings werden auch hier die Grenzen seiner Möglichkeiten angesichts der gestrichenen und gekürzten Feature-Artikel deutlich.

Insbesondere für inhaltsanalytische Arbeiten hält die Untersuchung der journalistischen Praxis mit einem Schwerpunkt auf die redaktionelle Bearbeitung zwei Erkenntnisse bereit. Erstens ergibt sich aus den erheblichen Unterschieden zwischen den verschiedenen Auflagen des *News Chronicle* an ein und demselben Tag die Notwendigkeit, bibliografische Angaben zu Zeitungen mit dem Hinweis auf die verwendete Auflage zu versehen.[448] Zweitens sollte ein Sample von Zeitungen egal zu welchem Thema angesichts der Arbeitsteilung mit den Morgenzeitungen immer auch eine Abendzeitung umfassen.[449]

5.3.3 *Daily Express:* das Boulevardblatt

Der *Daily Express* war (und ist) eine englische Zeitung, der *Daily Express* war (und ist) ein Boulevardblatt und der *Daily Express* war das Blatt von Lord Beaverbrook (1879–1964). Diese drei Attribute prägten die Wahrnehmung des *Daily Express*-Korrespondenten Selkirk Panton in Nürnberg und die redaktionelle Bearbeitung seiner Berichte. Um in der schmalen vier- bzw. sechsseitigen Zeitung bei starker Konkurrenz durch innenpolitische Themen überhaupt gedruckt zu werden, orientierte Panton sich zwangsläufig an den Erwartungen der Redaktion. Neben der allen Korrespondenten gemeinsamen Lektüre des eigenen Mediums stellte das enge Wechselwirkungsverhältnis zwischen Panton und der Redaktion den Transmissionsriemen der redaktionellen Erwartungshaltungen dar. Teilweise erreichte ihn an seinen Einsatzorten eine Flut von detaillierten Anweisungen bezüglich Themen, Inhalten, Darstellungsformen und politischer Ausrichtung von zu schreibenden

---

448 Dieses Ergebnis des Forschungsprozesses konnte in dieser Arbeit keine durchgehende Anwendung finden, da viele Zeitungen in ausländischen Bibliotheken an Mikrofilmlesegeräten ausgewertet wurden. Die Scans der Artikel umfassen zwar Datum und Seitenzahl, um welche Tagesauflage es sich handelt, ist jedoch nur auf der ersten Seite vermerkt.

449 In dieser Untersuchung wurde der *Evening Standard* in die Inhaltsanalyse zum Nürnberger Prozess aufgenommen, der sich in seiner Berichterstattung erheblich von den Tageszeitungen unterscheidet. Siehe hierzu die inhaltsanalytische Zusammenfassung im Fazit.

Artikeln. Das Wechselwirkungsverhältnis Pantons mit der Redaktion war zwar keine Einbahnstraße, doch war seine Praxis im Vergleich zu den Korrespondenten des *Manchester Guardian* und der *Times* zu einem wesentlich höheren Grad durch die direkte Steuerung seitens der Redaktion strukturiert. Erfüllte er die Erwartungen trotz der Lektüre des *Daily Express* und der direkten Steuerung nicht, waren seine Meldungen intensiver redaktioneller Bearbeitung ausgesetzt. Seine eigenen politischen Überzeugungen spielten im organisationalen Kontext kaum eine Rolle, wie auch schon seine Biografin angemerkt hat.[450]

Diese spezifische Ausprägung des Wechselwirkungsverhältnisses war den Produktionsbedingungen auf dem umkämpften Markt der Boulevardpresse geschuldet und der Reproduktion der Führungskultur des Besitzers, Lord Beaverbrooks, durch die Redakteure. Folglich war die Berichterstattung noch stärker als beim *Manchester Guardian* und der *Times* aus der Perspektive der Londoner Redaktion verfasst. Deshalb gilt es, bevor ich zu Panton und seiner Berichterstattung aus Nürnberg komme, Beaverbrooks politische Ansichten und Positionen am Ende des Zweiten Weltkrieges und sein Verhältnis zur Redaktion des *Daily Express* unter dem langjährigen Chefredakteur Arthur Christiansen zu skizzieren.

Lord Beaverbrook, mit bürgerlichem Namen Max Aitken, war ein in Kanada geborener Geschäftsmann, Politiker und Pressebaron,[451] der im Ersten und Zweiten Weltkrieg Kabinettsposten in Großbritannien erhielt, zwischen den Kriegen ein Zeitungsimperium aufbaute und Teil des imperialen Flügels der Konservativen Partei war. Am Ende des Zweiten Weltkrieges beteiligte er sich als enger Vertrauter Churchills maßgeblich persönlich und mittels seiner Zeitungen *Daily Express*, *Sunday Express* und *Evening Standard* am katastrophalen konservativen Wahlkampf von 1945. Nicht nur hatte er durch die Niederlage der Konservativen den direkten Zugang zur Regierung und Ansehen in der Konservativen Partei verloren, auch seine grundlegenden politischen Ideen liefen konträr zur sich entwickelnden Nachkriegsordnung.

---

450 Marianne Hicks, R. Selkirk Panton, an Australian in Berlin: a foreign correspondent for the Daily Express in Europe, 1929–1950, University of Western Australia 2005, http://research-repository.uwa.edu.au/files/3388354/Hicks_Marianne_2005.pdf (zuletzt eingesehen am 17. Januar 2015), S. 301.

451 Zu Lord Beaverbrook siehe: A. J. P. Taylor, Beaverbrook, London 1972; Anne Chisholm u. Michael Davie, Beaverbrook. A Life, London 1992; Jörg Requate, Medienmacht und Politik. Die politischen Ambitionen großer Zeitungsunternehmer – Hearst, Northcliffe, Beaverbrook und Hugenberg im Vergleich, in: Archiv für Sozialgeschichte, 41, 2001, S. 79–95; Colin Seymour-Ure, Media Barons in British Politics after 1945, Frank Bösch u. Dominik Geppert (Hg.), Journalists as political actors. Transfers and interactions between Britain and Germany since the late 19th Century, Augsburg 2008, S. 140–158.

Almost every aspect of the post-war world order might have been designed to frustrate and annoy Beaverbrook. The United States emerged as the dominant power; Britain sank into dependence; new international institutions were formed; imperial links grew weaker.[452]

Seit Beginn seiner politischen Karriere in Großbritannien war Beaverbrook für den politischen und wirtschaftlichen Zusammenhalt des Empires eingetreten, lehnte die Verstrickung in internationale Koalitionen ab und befürwortete eine freundschaftliche Distanz zu den USA. Insofern lehnte er nicht nur die Unabhängigkeit Indiens, den US-amerikanischen Kredit für Großbritannien, den Marshall-Plan und den damit verbundenen deutschen Wiederaufbau ab, sondern auch den Konfrontationskurs mit der Sowjetunion im beginnenden Kalten Krieg. In der Vorkriegszeit hatte er die „Appeasement"-Politik von Premierminister Neville Chamberlain gegenüber dem nationalsozialistischen Deutschland vehement unterstützt.[453] Nun vertrat er eine ähnliche Politik gegenüber der Sowjetunion. Für eine friedliche Koexistenz nahm er in Kauf, dass Osteuropa in eine Reihe kommunistischer Satellitenstaaten transformiert wurde, eine Tatsache, an der die westlichen Alliierten laut Beaverbrook nichts ändern könnten.[454]

Die politischen Ansichten Beaverbrooks waren deshalb so wichtig, weil er seine Zeitungen als Instrument zur Erlangung politischer Macht nutzte oder wie er selbst vor der „Royal Commission of Enquiry on the Press" 1948 aussagte: „I ran the paper purely for the purpose of making propaganda."[455] Aber natürlich qualifizierte er seine Aussage dahingehend, dass die Propaganda für die Meinungsspalten reserviert sei und die Nachrichtenspalten absolut frei von jeglicher Propaganda seien.[456]

Die Medienhistoriker Curran und Seaton ordnen diese Aussage in einen größeren Kontext ein. Erstens geben sie zu bedenken, dass bei aller Selbstdarstellung der Pressebarone als „journalist-politicians'" die Wirtschaftlichkeit eine conditio sine qua non war. Deshalb hatten die Boulevardzeitungen in den harten Konkurrenzkämpfen um Auflagenhöhen mit Hilfe von Erhebungen der Leserpräferenzen eine Anpassung der Inhalte vorgenommen, die einen deutlichen Rückgang politischer Themen am redaktionellen Anteil der Zeitungen bedeutete. Auch wenn die Rationierung von Zeitungspapier während des Krieges und in der Nachkriegszeit diesen

---

452 Chisholm u. Davie, A Life, S. 455.
453 Gannon, British Press, S. 36 ff.
454 Taylor, Beaverbrook, S. 564f.
455 Zitiert nach: Chisholm u. Davie, A Life, S. 458.
456 Das entsprach auch der Antwort, die seine Angestellten beim *Daily Express* in einem Fragebogen der Kommission gaben: Replies to Questionnaire Issued by the Royal Commission of Enquiry on the Press, June 24th, 1947 from London Express Newspaper Ltd., 24. Juni 1947, TRA, 1/962860, LN 683; siehe dazu auch: Arthur Christiansen, Headlines All My Life, New York 1961, S. 161 f.

Trend zum Teil wieder umkehrte, hatten die Pressebarone doch ein wesentlich schärferes Auge auf die wirtschaftliche Seite der Zeitungen.[457]

Zweitens merken Curran und Seaton an, dass es keinesfalls ungewöhnlich war, dass Besitzer von Zeitungen diese zur Förderung ihrer politischen Interessen nutzten, doch waren die Pressebarone der Zwischenkriegszeit, darunter auch Beaverbrook, dabei wesentlich unabhängiger von Parteiapparaten und staatlichen Institutionen als ihre Vorgänger.[458] Dies galt gerade für Beaverbrook in der unmittelbaren Nachkriegszeit, der weder mit der Labour-Regierung noch mit den sich nach der Wahlniederlage neu aufstellenden Konservativen sympathisierte.

Wie gestaltete sich das Verhältnis von Beaverbrook zur Redaktion des *Daily Express* unter der Leitung von Christiansen? Curran und Seaton betonen Beaverbrooks detaillierte Kontrolle der redaktionellen Abläufe, der Inhalte und der politischen Ausrichtung bis hin zum Layout seiner Zeitungen. Das galt insbesondere für den *Daily Express*.[459] Wenn Christiansen versucht, seinen Alltag als Redakteur in seinen Memoiren abzubilden, fehlen nie die zahlreichen Anrufe, Telegramme und Treffen mit Beaverbrook. Um jedes Detail seiner Zeitung habe Beaverbrook sich gekümmert.[460] Christiansen selbst und seine Weggefährten beschrieben das Verhältnis als eine Art Arbeitsteilung zwischen Beaverbrook und Christiansen.[461] In den Worten von Christiansen: „Beaverbrook used newspapers to further his own beliefs. I wanted only to use newspapers to develop and perfect the projection of news in a way that everyone could understand."[462] Dieses Motiv einer Arbeitsteilung zwischen der politischen Ausrichtung der Zeitung durch den Besitzer und der technischen Umsetzung dieser Anweisungen in der Form eines erfolgreichen Boulevardblattes zieht sich als roter Faden durch Christiansens Memoiren. Immer wieder betont er seine Loyalität gegenüber Beaverbrook und seine Akzeptanz dessen politischen Führungsanspruchs.[463] Das nimmt teilweise absurde Formen einer Verneinung eigener politischer Positionen an.[464] Christiansen übernahm nicht nur

---

457 Curran u. Seaton, Power, S. 42 f.

458 Ebd., S. 44.

459 Ebd., S. 40.

460 Christiansen, Headlines, S. 52; zahlreiche Belege dafür finden sich in der Korrespondenz zwischen Christiansen und Beaverbrook: PA, Beaverbrook Papers, BBK/H/115.

461 Geoffrey Cox, The gospel according to Christiansen, in: British Journalism Review, 7, 1996, H. 4, S. 52–56, hier S. 56; Robert Allen, The inside story of the Daily Express, Cambridge 1983, S. 66 f.

462 Christiansen, Headlines, S. 48.

463 Ebd., S. 144.

464 Christiansen habe sich eine ungewöhnlich erbitterte Auseinandersetzung mit Beaverbrook über die Freilassung von Oswald Mosley aus der Internierung während des Zweiten Weltkrieges geliefert. Der Grund: Er habe sich um die Auswirkungen auf die Auflage Sorgen gemacht, sollte der *Daily Express* Mosleys Freilassung unterstützen. Siehe: Christiansen, Headlines, S. 142.

die politischen Vorgaben Beaverbrooks, sondern auch dessen Arbeits- und Führungsstil, wie er auf den als programmatisch zu verstehenden ersten Seiten seiner Memoiren klarstellte.[465] Die Kritik seines Vorgängers aufnehmend, dass er seinen Mitarbeitern einen einheitlichen, formalistischen und seelenlosen Journalismus aufzwinge, bekannte er selbstbewusst: „I admit that I did try to impose my will on all and sundry."[466] Er hatte eigene Vorstellungen bezüglich Inhalten, Darstellungsformen und Stil und versuchte diese laut eigener Aussage genau wie Beaverbrook bis ins letzte Detail durchzusetzen.[467] Für jene, die diesen Vorstellungen nicht folgten, „the association with the paper came to an end quickly enough."[468]

Die detaillierten „bulletins", die Christiansen fast täglich in der Redaktion aushängte und an seine Korrespondenten versandte, enthielten detaillierte positive und negative Kritik der jeweiligen Ausgabe des Tages. Sie verdeutlichen seinen Beaverbrook spiegelnden Führungsstil und seine Vorstellungen über Aufmachung und Inhalte des *Daily Express*.[469] Christiansen stellte eine Zeile aus einem seiner „bulletins" in programmatischer Absicht an den Beginn seiner Memoiren: „REMEMBER THE PEOPLE IN THE BACK STREETS OF DERBY."[470] Damit beschrieb er die imaginierten Leser, die ihm und seinen Mitarbeitern als Orientierung dienen sollten:

> The people who lived behind those clean lace curtains in row after row of identical boxes were newspaper readers, and every word that appeared in at any rate *my* newspaper must be clear and comprehensible to them, must be interesting to them, must encourage them to break away from their littleness, stimulate their ambition, help them want to build a better land.[471]

Das Konzept, um diese Menschen, die sich weder für die Oper, Ökonomie noch Politik interessierten, dennoch zum Kauf einer Zeitung zu bewegen, predigte Christiansen in seinen „bulletins" und seinen Memoiren. An erster Stelle stand die Personalisierung der Berichterstattung („Always, always tell the news through people"[472]), gefolgt von der Ausweitung der nicht-politischen Anteile in der Zei-

---

465 Ebd., S. 3, 52, 160.

466 Ebd., S. 3.

467 Ebd., S. 52.

468 Ebd., S. 3.

469 Christiansen hat den „bulletins" ein Kapitel seiner Memoiren gewidmet, in dem er auch zahlreiche Auszüge abgedruckt hat. Siehe: Christiansen, Headlines, S. 159–169; siehe auch: Cox, Gospel, S. 55 f.

470 Christiansen, Headlines, S. 2.

471 Ebd., S. 1.

472 Cox hat einige der täglichen „bulletins" gesammelt und abgedruckt in: Cox, Gospel, S. 56.

tung und dem Versuch, einen optimistischen Ton zu treffen. Letzterer Punkt war die Folge der Ansicht, den Menschen in Derby zeigen zu müssen, wie sie der „drabness of their lives" entkommen können.[473]

Im Laufe der elf Monate des Nürnberger Prozesses berichteten sechs verschiedene Korrespondenten des *Daily Express* über den Prozess, darunter auch der Chefkorrespondent für Deutschland, Selkirk Panton, der in Australien geboren und aufgewachsen war. In den 1920er Jahren ging Panton nach Deutschland, wo er zuerst als Sprachlehrer arbeitete. 1929 fand er eine Anstellung im Berlin-Büro des *Daily Express*, wo er unter Sefton Delmer in die Arbeit eines Auslandskorrespondenten eingewiesen wurde.[474] Abgesehen von einer zweijährigen Unterbrechung als Wien-Korrespondent von 1933 bis 1935 arbeitete Panton bis zum Kriegsausbruch 1939 als Berlin-Korrespondent des *Daily Express*.

Seine Biografin bezeichnet Panton als „fellow traveller of the Right".[475] Er sympathisierte mit den Nationalsozialisten und befürwortete eine Diktatur in Deutschland zur Lösung der politischen, kulturellen und wirtschaftlichen Probleme der Weimarer Republik.[476] Er ging davon aus, dass es zu einem Ausgleich zwischen dem britischen Empire und dem nationalsozialistischen Deutschland kommen könne. Dabei erleichterten ihm sein latenter Rassismus und Antisemitismus die Annäherung an die Nationalsozialisten.[477]

Seine Ansichten konnte er auf den Seiten des *Daily Express* nur bedingt zum Ausdruck bringen.[478] Allerdings passte seine Haltung bis zu einem gewissen Grad zur Linie des Blattes, das britische Empire zu schützen und sich aus den Konflikten des Kontinents herauszuhalten. Die „Appeasement"-Politik Chamberlains in der Vorkriegszeit, die auch Beaverbrooks politische Leitlinie für den *Daily Express* war, konnte Panton ohne Bedenken unterstützen.[479]

Kurz vor Kriegsausbruch 1939 reiste er mit seiner Familie nach Dänemark, von wo aus er seine Berichterstattung über Deutschland fortsetzte, bis er nach der deutschen Invasion im April 1940 interniert wurde. Hicks hat herausgearbeitet,

---

473 Christiansen, Headlines, S. 2.

474 Hicks, Panton, S. 78; zu Sefton Delmer siehe: Bayer, Starreporter; ansonsten war es auch beim *Daily Express* üblich, dass die Korrespondenten zuerst z. B. als „sub-editor" in der Auslandsredaktion mit den Methoden und dem Stil des *Daily Express* vertraut gemacht wurden, wie der Korrespondent Geoffrey Cox berichtet. Siehe: Cox, Gospel, S. 53.

475 Hicks, Panton, S. 77; Hicks greift einen Begriff von Richard Griffiths auf. Siehe: Richard Griffiths, Fellow Travellers of the Right: British Enthusiasts for Nazi Germany, 1933–1939, London 1980; Bayer, Starreproter, S. 33 ff., 77.

476 Hicks, Panton, S. 113 ff.

477 Ebd., S. 92 ff.

478 Ebd., S. 300.

479 Ebd., S. 216.

dass Panton sowohl den Umschwung in der öffentlichen Meinung Großbritanniens als auch seiner eigenen Redaktion falsch eingeschätzt habe. Deshalb habe er sich heftiger Kritik seitens der Redaktion ausgesetzt gesehen, die ihm mangelnde Objektivität und Verstöße gegen die redaktionelle Leitlinie des *Daily Express* vorgeworfen habe. Panton sei genötigt worden, seine Haltung gegenüber Adolf Hitler und Deutschland in seiner Berichterstattung zu revidieren.[480]

Nach seiner Freilassung hatte Beaverbrook zuerst Bedenken, doch wurde Panton wieder in den Dienst aufgenommen und kehrte mit den alliierten Armeen 1945 nach Deutschland zurück, wo er bis 1950 Berlin-Korrespondent des *Daily Express* blieb. Die besonders dichte Überlieferung der Korrespondenz Pantons mit seinen Redakteuren bei seiner Rückkehr nach Berlin Anfang Juli 1945 dient im Folgenden zur Rekonstruktion der Strukturmerkmale des Wechselwirkungsverhältnisses zwischen Panton und der Redaktion, die dessen Berichterstattung über den Nürnberger Prozess prägten.

Dass Panton überhaupt die Möglichkeit erhielt, als erster *Daily Express*-Korrespondent am Ende des Krieges nach Berlin zu gehen, zeugt von seiner Stellung innerhalb der Hierarchie der *Daily Express*-Korrespondenten. Seine Position als Chefkorrespondent in Deutschland sicherte ihm schlagzeilenträchtige Themen, Ereignisse und Orte der Berichterstattung. Das Thema, bei dem Schlagzeilen im *Daily Express* vorprogrammiert waren, war die Frage nach dem Ende von Hitler und Eva Braun sowie dem Verbleib anderer nationalsozialistischer Führungsfiguren.[481] Thematisch war die Berichterstattung Pantons wesentlich vielseitiger als die seiner Kollegen von *Manchester Guardian* und *Times*. Er musste ebenso über das Verhältnis der vier Besatzungsmächte wie über Würste aus Hunden mit Stammbaum aus Berlin berichten.[482] Mit letzterem Thema wollte er sich bei seinem Redakteur für die mit dem ersten Thema verbundene Langeweile entschuldigen. Die Kommunikation zwischen Panton und der Redaktion bei seiner Ankunft in Berlin Anfang Juli 1945 verdeutlicht die boulevardesken Schwerpunkte und die Form der direkten Steuerung des Korrespondenten:

> in rosiest dreams these are among the hitler stories we would like from you in berlin one dispatch from spot where hitler was killed two hitlers last hours three how in turn he dismissed goering goebbels etcetera his last words to them four what really happend to change plans for proplonged resistance in redoubt query interviews cummen who searched chancellery ruins if found four bodies which might have been hitlers was body

---

480 Ebd., S. 215, 234 ff.

481 Bayer, Starreporter; Hicks, Panton, S. 269 f.

482 Panton an Charles Foley, 29. Januar 1946, NLA, Ronald Selkirk Panton Papers, Series 1, Box 1, Folder: 4.

of eva braun found or body of woman who might have been her or any other positive proof hitler dead query what steps have russians taken to identify one of actual corpses as hitlers query[483]

Das war nicht das einzige Telegramm mit Anweisungen bezüglich konkreter Berichte oder Rechercheaufträge. Es war nicht ungewöhnlich, dass acht Telegramme, die eigentlichen Artikel nicht mitgerechnet, pro Tag zwischen der Redaktion und Panton hin und her gingen.[484] Die Ankunft in Berlin und das Verlangen nach Artikeln über Hitler nahm solche Ausmaße an, dass der verantwortliche „Foreign News Editor" Charles Foley am 5. Juli 1945 einer weiteren Anfrage entschuldigend voranstellte:

> todays final shot in bombardment cable queries of last few days what we want to know is obvious colon if body was not hitlers whose was it query and new clue hitlers fate query new rumours europewider say hitler still alive[485]

Eine typische Anfrage an Panton, die aus der extremen Konkurrenz und gegenseitigen Beobachtung der Londoner Zeitungen resultierte, war ebenfalls Teil des „bombardment" mit Telegrammen bei seiner Ankunft in Berlin: „daily herald s starting big exclusive goering s notebook serial weekend can you counterblast cumexclusive goebbels or something similar query"[486] Auf einen Vorstoß der Konkurrenz auf dem Markt der Boulevardzeitungen musste umgehend reagiert werden. Viele Telegramme an Panton beginnen mit einem solchen Verweis auf die Konkurrenz oder auf einen Agenturbericht. Am 26. September 1945 bekam Panton neben dem Auftrag, 500 Worte in Form eines „objective news report"[487] für einen Überblicksartikel zur Situation in Europa beizusteuern, gleich zwei Aufträge der Redaktion basierend auf der Beobachtung der Konkurrenz. Erstens informierte man ihn über den Bericht eines Konkurrenzblattes, wonach die Berliner Polizei durch Mitarbeiter von Scotland Yard reorganisiert werde. Die Redaktion gehe davon aus, dass Panton bereits mit der Quelle des Berichts in Kontakt stehe.[488] Zweitens verbreite die AP bis zu dem Zeitpunkt unbekannte Reden Hitlers vor seinen Generälen. Weitere Reden sollten gefunden worden sein. Da die AP als

---

483 Foley an Panton, 4. Juni 1945, NLA, Ronald Selkirk Panton Papers, Series 3, Box 6, Folder: 52.

484 Siehe z. B. die Korrespondenz zwischen Panton und der Redaktion am 14. Juni 1945 in: ebd.

485 Foley an Panton, 5. Juli 1945, NLA, Ronald Selkirk Panton Papers, Series 3, Box 6, Folder: 53.

486 Foley an Panton, 4. Juli 1945, ebd.

487 John Lambert Garbutt an Panton, 26. September 1945, NLA, Ronald Selkirk Panton Papers, Series 3, Box 6, Folder: 55.

488 Henderson an Panton (261800), 26. September 1945, ebd.

Quelle den US-amerikanischen Militärgeheimdienst ausweise, solle Panton sich mit den entsprechenden britischen Stellen in Verbindung setzen.[489]

Die Ursache hierfür lag in der Produktionskultur des Boulevardblattes *Daily Express*, das nicht den Anspruch hatte, ein „journal of record" für eine relativ kleine Gruppe der gesellschaftlichen Elite zu sein, sondern auf dem Massenmarkt der Boulevardblätter um Leser konkurrierte. Hier war der Konkurrenzdruck wesentlich größer bzw. wurde tendenziell auf anderen Feldern ausgetragen, was eine intensive Beobachtung der anderen Zeitungen und der Agenturen durch die Redakteure des *Daily Express* zur Folge hatte. Neben dem sich grundsätzlich auf die Korrespondenten übertragenden Druck, exklusive Nachrichten für den Konkurrenzkampf um Auflagenzahlen zu liefern, resultierten aus der gegenseitigen Beobachtung der Londoner Redaktionen Dynamiken, die sich in direkten Anweisungen an die eigenen Korrespondenten niederschlugen. Diese redaktionelle Perspektive kommt auch in den zahlreichen Berichten von Christiansen an Beaverbrook zum Ausdruck, die dieser verfasste, wenn sein Chef außer Landes weilte. Diese Berichte haben den Charakter einer Zusammenfassung der wichtigsten Vorkommnisse in der britischen Zeitungswelt und verdeutlichen, wie stark die gegenseitige Bezugnahme und Beobachtung der verschiedenen Zeitungen war.[490]

Die daraus resultierenden Anweisungen waren durchaus erwünscht, um im harten Konkurrenzkampf der Korrespondenten untereinander in dem nur vier bzw. später sechs Seiten umfassenden *Daily Express* abgedruckt zu werden. Umso mehr, als der *Daily Express*, wie andere britische Zeitungen auch, die Ausgaben für die Auslandsredaktion nach Kriegsende reduzierte.

With the end of war-time finance the Daily Express faces the need to readjust its expenditure in the light of new conditions. This obligation concerns all departments of this and other Fleet Street offices, but it bears heavily on the foreign department because the cost of the foreign service is out of all proportion to the amount of foreign copy that can be carried by a four-page newspaper in which – for the time being – home news predominates.[491]

Unter diesen Bedingungen forderte Panton eine direkte Steuerung durch die Redaktion aktiv ein:

---

489 Henderson an Panton (261815), 26. September 1945, ebd.
490 Christiansen an Beaverbrook, 12. März 1946, PA, Beaverbrook Papers, BBK/H/115; Christiansen an Beaverbrook, 15. März 1946, ebd.; Christiansen an Beaverbrook, 18. März 1946, ebd.; Christiansen an Beaverbrook, 3. April 1946, ebd.; Christiansen an Beaverbrook, 5. Dezember 1946, ebd.; Christiansen an Beaverbrook, 12. Dezember 1946, ebd.
491 Foley an Panton, 15. Februar 1946, NLA, Ronald Selkirk Panton Papers, Series 1, Box 1, Folder: 8.

profoley [Charles Foley, E. S.] sent sunday express yesterday story of hitler mystery if they havent used it might interest you as news or leader pager stop your wires are arriving far too late in day for me to react suggest you try to route them via gpo jery four or five [Namen der Sender des „General Post Office", E. S.] stop would welcome closest touch exyou re interest stories eteither upplay in paper as were unnewspapers unmail since june twentyfive would it be possible send midnightly resume first edition query[492]

Panton erhielt außerdem Aufträge vom *Sunday Express*, der ebenfalls Beaverbrook gehörte. Neben der Notwendigkeit, die stets unsicheren Kommunikationswege zu optimieren, kommt in Pantons Telegramm überdeutlich der Wunsch zum Vorschein, die enge Verbindung zur Redaktion zu pflegen und genaue Anweisungen zu bekommen, insbesondere da der Journalist in Berlin weder aktuelle Zeitungen noch regelmäßige Post erhielt, an denen er sich hätte orientieren können. Deshalb bat er darum, per Telegramm täglich eine Zusammenfassung der ersten Ausgabe des *Daily Express* zu erhalten. Die Notwendigkeit, die eigene Zeitung lesen zu können oder zumindest eine Zusammenfassung zu erhalten, wurde auch von der Redaktion anerkannt und Pantons Wunsch trotz erheblicher Kosten für die täglichen langen Telegramme erfüllt.[493]

Die gegenseitige Beobachtung der Konkurrenten traf nicht nur auf die Londoner Redaktionen zu, sondern auch auf die Korrespondenten vor Ort. Als Panton bemerkte, dass die *Daily Mail* mit Rhona Churchill eine zweite Korrespondentin nach Berlin brachte, obwohl nur ein Korrespondent pro Zeitung erlaubt war, protestierte er bei der Militärregierung und unterrichtete seinen Redakteur in London:

have protested here but suggest you do likewise as her presence here disadvantages us seriously doubling mails [Daily Mail, E. S.] virtual strength over us stop this is specially true during big three meeting [Konferenz von Potsdam, E. S.] when eyem uptied conference etsehll be at liberty humanise berlin while tetlow [Edwin Tetlow, E. S.] covers conference[494]

Die Beobachtung der Konkurrenz war auch immer mit politischen Abgrenzungen verbunden, die nicht bei den Meinungsseiten haltmachten, sondern sich bis in die Nachrichtenseiten der Zeitungen erstreckten. Kaum ein Thema war so umstritten wie die britische „Appeasement"-Politik der Vorkriegszeit, weil auch die

---

492 Panton an Foley, 8. Juli 1945, NLA, Ronald Selkirk Panton Papers, Series 3, Box 6, Folder: 53.

493 Panton bat am 27. September 1945 um die Wiederaufnahme des Dienstes und betonte dabei, wie unverzichtbar die täglichen Zusammenfassungen seien und dass diese letztlich Geld einsparen würden, siehe: Panton an Henderson, 27. September 1946, NLA, Ronald Selkirk Panton Papers, Series 3, Box 6, Folder: 55.

494 Panton an Foley, 16. Juli 1945, NLA, Ronald Selkirk Panton Papers, Series 3, Box 6, Folder: 53.

Zeitungen sich zu der Zeit politisch festgelegt hatten.[495] Jede Aussage und jedes Dokument der deutschen Seite, das vor und während des Prozesses zu diesem Thema zutage gefördert wurde, war deshalb ein Politikum. Panton in seiner Funktion als Deutschlandexperte und Berlin-Korrespondent der 1930er Jahre wurde von seinem Redakteur befragt, wie die Aussagen General Franz Halders bezüglich des militärischen Widerstandes gegen Hitler in der Sudetenkrise 1938 einzuschätzen seien, über die die Labour-Zeitung *Daily Herald* und der kommunistische *Daily Worker* berichteten:[496] „re halder consider his story phoney [...] eteye regard whole story bracket as non tory unbracket as attempt blacken tory september crisis policy by left wingers".[497]

Beaverbrooks Politik und damit die redaktionelle Leitlinie des *Daily Express* in der Sudetenkrise wie in der gesamten Vorkriegszeit betonte die Konzentration auf das Empire und eine Distanzierung von den Problemen des europäischen Kontinents, was eine entschiedene Unterstützung der „Appeasement"-Politik zur Folge gehabt hatte.[498] Eine Linie, der Panton als „fellow traveller of the Right" und im Glauben an die mögliche Kooperation zwischen dem Nationalsozialismus und dem britischen Empire nur zu gerne gefolgt war.[499] Es ging bei der Frage von Halders Aussagen und allen Dokumenten zur „Appeasement"-Politik immer auch um die Verteidigung der eigenen Reputation und der Reputation der Zeitung.

Die boulevardeske, thematisch breite Ausrichtung, die direkte Steuerung bezüglich zu schreibender Artikel und Recherche, der Wunsch seitens des Korrespondenten danach in der vierseitigen Zeitung mit Schwerpunkt auf innenpolitische Themen, die selbstreferentielle Orientierung an dem eigenen Presseerzeugnis, die Beobachtung der Konkurrenz in London und Nürnberg und die politische Ausrichtung bis hinein in die Nachrichtenseiten – all diese in der Korrespondenz zwischen Panton und seiner Redaktion verdichteten Aspekte waren Strukturmerkmale des Wechselwirkungsverhältnisses mit der Redaktion. Ergänzt um die Auswertung seiner Berichte und deren redaktioneller Bearbeitung können im folgenden Abschnitt zum Nürnberger Prozess auch die Auswirkungen des Wechselwirkungsverhältnisses auf die journalistischen Aussagen nachvollzogen werden.

Der Auftakt der redaktionellen Korrespondenz aus Nürnberg durch Panton und seinen Kollegen Montague Lacey könnte kaum deutlicher das Verhältnis zwischen

---

495 Gannon, British Press; Marianne Hicks, 'NO WAR THIS YEAR'. Selkirk Panton and the editorial policy of the Daily Express, 1938–39, in: Media History 14, 2008, H. 2, S. 167–183.

496 Foley an Panton, [12. September 1945], NLA, Ronald Selkirk Panton Papers, Series 3, Box 6, Folder: 55.

497 Panton an Foley, 16. September 1945, ebd.

498 Gannon, British Press, S. 36 ff., 225 ff.

499 Hicks, Panton, S. 216.

Korrespondenten und Redaktion zum Ausdruck bringen. Panton wandte sich an den „Foreign News Editor" Foley mit der Anfrage:

> profoley please advise soonest sunday whats interest nuremberg trial for mondays paper shall eye wait until monday before sending main preliminary story query also would features like leaderpager[500] for publication tuesday morning query would appreciate if monty [Montague Lacey, E. S:] eteye kept closest informed throughout whats interest in trial as completely without english papers here[501]

Foley antwortete: „would like preliminary story tonight stop will advise later re-leaderpager"[502] Worauf wiederum Panton antwortete:

> prohenderson in view uncertainty whether trial actually take place tuesday am leaving main preliminary until then as otherwise be absurd if trial postponed tomorrow stop there seems complete confusion here but betting is roughly four to one it will begin tuesday stop would welcome more general guidance as were completely in dark here unradio unnewspapers unletters regards panton[503]

Abgeschnitten von Radio- und Zeitungsnachrichten fehlte es den Korrespondenten an Orientierung und ihre Abhängigkeit von ihrer Redaktion sowie der Wunsch nach Anweisungen wuchsen. Weder wussten sie, was ihre eigene Zeitung noch was die Konkurrenz umtrieb. So hatten sie z. B. keine Notiz von einem „scoop" der Konkurrenz unmittelbar vor Prozessbeginn genommen, den die für die *Daily Mail* arbeitende Rhona Churchill gelandet hatte. Umgehend erging eine Anweisung der Redaktion an die Korrespondenten: „rhona churchill has good story arrest emmy goering who may produced witness against goering order help convict him of looting charges stop canst upfollow".[504]

In der zitierten Korrespondenz kam die grundsätzliche Ausrichtung der Bericht-erstattung der Korrespondenten am nationalen und redaktionellen Kontext zum Ausdruck, der auch die Wahrnehmungsroutinen Pantons strukturierte. Was trieb die Konkurrenz? Was interessierte die eigene Redaktion? Im Falle des *Daily Express* wurde dieser Bezug neben der Lektüre des eigenen Blattes vor allem durch die

---

500 Feature-Artikel, der auf der zweiten Seite neben den Leitartikeln erschien, woher der Name stammte.

501 Panton an Foley, [17. November 1945], NLA, Ronald Selkirk Panton Papers, Series 1, Box 2, Folder: 9.

502 Henderson an Panton, [18. November 1945], ebd.

503 Panton an Henderson, 18. November 1945, ebd.

504 Henderson an Panton, [19. November 1945], ebd.

direkten detaillierten Anweisungen an die Korrespondenten sichergestellt. Im Folgenden geht es darum, den Zusammenhang zwischen redaktionellen Anweisungen und journalistischen Aussagen herzustellen und die englische, die boulevardeske und die spezifisch Beaverbrook'sche Perspektive zu verdeutlichen.

Im Juli 1946 berichtete Panton seinen Eltern von einer geplanten Reise mit seiner Frau, die die beiden durch Frankreich, Italien und die Schweiz führen und in Nürnberg enden sollte,

> ... where the paper wants me to cover the finale of Goering and Co. They have been very good and just because they say I have done better than anyone else there and whenever I go there I put it on the frontpage I found a new contract awaiting me with a Pound 5 a week rise, which puts me in the over Pound 2000 a year ...[505]

Panton hatte zu diesem Zeitpunkt bereits über den Beginn des Prozesses und den der Verteidigung mit dem Höhepunkt des Kreuzverhörs von Göring berichtet. Der „Foreign Editor" des *Daily Express* bezog ihn in die Planung der Berichterstattung aus Deutschland ein, in erster Linie bei Fragen der strategischen Platzierung von Korrespondenten, aber auch bezüglich wichtiger Themen: „would apppreciate your general view prospects german coverage etstories in immediate future when youve looked round".[506] Panton nutzte diesen Einfluss bzw. hatte als Chefkorrespondent ein Anrecht auf die herausragenden Themen und Ereignisse. Das spiegelte sich auch in den Phasen seiner Anwesenheit in Nürnberg wider. Bereits einen Tag nach der Eröffnung der britischen Anklage durch Shawcross telegrafierte Panton an die Redaktion: „sensations unlikely now until defence starts early in new year stop eye also feel need of certain break at xmas attempt curc stomach etescape brief spell exthis plague"[507] Die Verteidigung begann allerdings erst am 8. März 1946. Bis dahin blieb Panton dem Prozess fern und berichtete stattdessen aus Berlin. Er ließ sich von seinem Kollegen und von der britischen Anklage genauestens über den Beginn der deutschen Verteidigung unterrichten, um nicht zu früh nach Nürnberg zu reisen.[508] Dass zwischen dem Beginn der britischen Anklage am 4. Dezember 1945 und dem der deutschen Verteidigung im März 1946 noch die Eröffnungsreden und die Beweisführungen der französischen und sowjetischen Anklage lagen, ignorierte Panton. Dieses karriereorientierte Denken und das Ausspielen seiner Seniorität

505 Panton an seine Eltern, 3. Juli 1946, NLA, Ronald Selkirk Panton Papers, Series 1, Box 1, Folder: 7.
506 Foley an Panton, [18. September 1945], NLA, Ronald Selkirk Panton Papers, Series 3, Box 6, Folder: 55.
507 Panton an Foley, 5. Dezember 1945, NLA, Ronald Selkirk Panton Papers, Series 1, Box 2, Folder: 9.
508 Panton an Lawrence Vaughan-Jones, [22. Februar 1946], NLA, Ronald Selkirk Panton Papers, Series 1, Box 1, Folder: 1; Vaughan-Jones an Panton, [22. Februar 1946], ebd.; Panton an Fyfe, o. D., ebd.; Fyfe an Panton, [23. Februar 1946], ebd.; Panton an Foley, [22. Februar 1946], ebd.

zeigten sich auch im weiteren Verlauf des Verfahrens. Während die hintere Bank der deutschen Angeklagten Mitte Juni 1946 in den Zeugenstand trat, telegrafierte Panton an Foley, dass angesichts der allgemeinen „dullness" des Prozesses,

> whichll persist next five weeks suggest vaughanjones continues covering here ethe prepared do this as his berlin urgency evaporated stop feel there are firstclass stories in neighbourhood et eye suggest eye swang for next fortnight frinstance am already onto blombergs [Werner von Blomberg, E. S.] widow who reportedly living fatly land etcontinuing former oldest profession bavarian lakeside which might provide frontpage interview[509]

Während Speer und von Neurath ins Kreuzverhör genommen wurden, schlug Panton vor, der Witwe von Generalfeldmarschall Werner von Blomberg nachzuspüren und seinem Kollegen Vaughan-Jones die Berichterstattung über den Prozess zu überlassen.[510] Im Endeffekt reiste Panton fast nur zu den Höhepunkten des Prozesses nach Nürnberg, die ihm Schlagzeilen garantierten: die Eröffnung des Prozesses, der Beginn der Verteidigung, die Schlussplädoyers und letzten Worte der Angeklagten sowie die Urteilsverkündung und die Hinrichtungen. Die langen Phasen, in denen der *Daily Express* die Berichterstattung quasi einstellte, überließ er seinen Kollegen. Dieses Detail ließ er im oben zitierten Brief an seine Eltern unerwähnt, als er seine Fähigkeit rühmte, in Nürnberg Schlagzeilen zu generieren.

Richtet man den Blick auf die Anwesenheitsphasen Pantons in Nürnberg, zeigen sich die Aufmerksamkeitskonjunkturen des *Daily Express* und das, was im Fokus und was eben nicht im Fokus der Berichterstattung stand. Erstens interessierte sich der *Daily Express* nicht für die Geschichten der anderen Nationen, die ebenfalls vor Gericht verhandelt wurden. Das galt eingeschränkt für den Bündnispartner USA und die US-amerikanische Anklage, die den Prozess eröffnete und den größten Teil der spektakulären Beweismittel und Zeugen präsentierte, umso stärker allerdings für die französische und sowjetische Anklage.[511] Diese nationale Perspektive ist beim *Daily Express* im Vergleich zu den beiden Qualitätszeitungen *Manchester Guardian* und *Times* noch ausgeprägter, da das Blatt die Korrespondentenberichte ohne Bezug zu Großbritannien nicht nur kürzte, sondern über lange Phasen des Prozesses die Berichterstattung komplett einstellte.

---

509 Panton an Foley, [17. Juni 1946], NLA, Ronald Selkirk Panton Papers, Series 1, Box 1, Folder: 4.

510 Die Affäre um von Blomberg und seine Frau war bereits im Rahmen der Aussage des Zeugens der Anklage, Hans Bernd Gisevuis, zur Sprache gekommen, siehe: https://avalon.law.yale.edu/imt/04-24-46.asp, Paragraph 175 (zuletzt eingesehen am 23. Dezember 2019).

511 Siehe hierzu auch Kapitel 4.2; insbesondere das Schreiben von: Beaverbrook an Shawcross, 25. Februar 1946, PA, Beaverbrook Papers, BBK/C/294.

Die nationale Perspektive bezog sich nicht nur auf Themen, sondern auch auf Personen. Die Mitglieder des britischen Anklageteams dienten als nationale Heldenfiguren, die eine personalisierte Berichterstattung ermöglichten und ein Identifikationsangebot an die Leserschaft darstellten. Als Fyfe sein Kreuzverhör von Göring begann, titelte der *Daily Express*: „BRITAIN v. NAZI No. 2 – THE TRAP I SET – Goering pales, admits that he lied – SIR DAVID TEARS MASK OFF THE ‚GENTLEMAN' –".[512]

Fyfe, ein Vertrauter Churchills und „Attorney General" in dessen „caretaker government" von 1945, war der Held, der nach Jacksons Niederlage gegen Göring im Kreuzverhör den Prozess rettete. Der Sonderkorrespondent des *Daily Express*, Alan Moorehead, erklärte in seinem Artikel „The Court of King's Bench" das Tribunal gleich zu einem britischen Gericht mit Lawrence und Fyfe als Anführer der Richterbank bzw. der Anklage.[513]

Implizit waren die Selektionskriterien in den Anweisungen bezüglich Themen und Inhalten an Panton enthalten, z. B. auf britische Zeugenaussagen zu achten:

BUP [British United Press, E. S.] HAVE ISSUED ADVANCE HALIFAXS REPLIES ADQUESTIONNAIRE SUBMITTED PARGOERINGS COUNSEL LOOKS LIKE INTERESTINGEST ITEM DAYS HEARING PRESUME YOURE COVERING[514]

Explizit hervorgehoben und diskutiert wurden die Selektionskriterien lediglich, wenn Probleme oder Missverständnisse aufgetreten waren. Dann dienten sie zur nachträglichen Legitimation der Entscheidungen des Korrespondenten gegenüber der Redaktion. Pantons Meldung vom 20. Juni 1946 über den Angeklagten Speer im Zeugenstand wurde vom „Foreign Editor" nicht abgedruckt und in einem Telegramm als enttäuschend bezeichnet.[515] Panton rechtfertigte sich wortreich. Neben einer komplizierten Krankheitsgeschichte führte er als zweites Argument an:

thursdays [Daily, E. S.] express arriving here thursday afternoon hadnt single word my long story with english angle british judge etprosecutor grilling papen so assumed interest lacking etfeared overfiling heaviliest stop […] unfortunately missed you telephone friday

---

512 BRITAIN v. NAZI No. 2 – THE TRAP I SET – Goering pales, admits that he lied – SIR DAVID TEARS MASK OFF THE 'GENTLEMAN', *Daily Express*, 22. März 1946, S. 3; siehe auch die Überschrift vom 20. März 1946: BRITISH PROSECUTOR SHAKES GOERING'S STAR WITNESS – Fyfe reveals plot to talk peace and make war, *Daily Express*, 20. März 1946, S. 3.

513 Alan Moorehead, The Court of King's Bench, *Daily Express*, 21. August 1946, S. 2.

514 Henderson an Panton, [8. März 1946], NLA, Ronald Selkirk Panton Papers, Series 1, Box 1, Folder: 1.

515 Foley an Panton, [21. Juni 1946], NLA, Ronald Selkirk Panton Papers, Series 1, Box 1, Folder: 1.

as otherwise this couldve been upcleared eteye would have sent longer story friday would be grateful if youd explain cause debacle chriswards [Christiansen, E. S.] regards panton[516]

Abgesehen von diversen Krankheiten machte er letztlich die Redaktion für seinen hinter den Erwartungen zurückgebliebenen Artikel über Speer verantwortlich. In Abwesenheit direkter Anweisungen hatte er wie üblich den *Daily Express* gelesen und festgestellt, dass seine Meldung vom 19. Juni 1946 über von Papen nicht gedruckt worden war, obwohl er seiner Meldung einen „english angle" verliehen habe.[517] Das hieß nichts anderes, als dass er sich auf Themen, Vorkommnisse und Personen konzentriert hatte, die aus englischer Perspektive interessant waren oder einen direkten Bezug zu England hatten. In diesem Fall war der Bezug, dass sich in das Kreuzverhör von von Papen der britische Richter Lawrence eingeschaltet hatte. Entsprechend hatte Panton als „slug line" zur thematischen Identifikation am Beginn des Telegramms „take one lawrence" gewählt. Nachdem seine Meldung nicht gedruckt worden war, obwohl er in seiner Geschichte der direkten Befragung von Papens durch den britischen Richter die zentralen Selektionskriterien der Personalisierung und des Ethnozentrismus beachtet hatte, schätzte er das Interesse der Redaktion als gering ein. So erklärte er seine enttäuschende Meldung vom Folgetag und bat darum, dass man es dem Chefredakteur Christiansen erklären möge.

Panton machte sich im März 1946 von Berlin aus wieder auf den Weg nach Nürnberg, da der Beginn der deutschen Verteidigung anstand. Den Auftakt machte entsprechend der Hierarchie der Angeklagten Göring. Panton hatte zugestimmt, ohne die Hilfe eines Kollegen über diese Phase des Prozesses zu berichten, was sowohl mit der Personalknappheit als auch mit dem knapp bemessenen Raum für Auslandsnachrichten zu tun hatte.[518] Schon bevor Panton Nürnberg erreichte, ergingen Anweisungen bezüglich zu schreibender Artikel mit Spezifizierung der Darstellungsform, der Inhalte und des Abgabetermins durch Foley: „suggest reopen nuremberg cumfeature prowednesday night on next phase trials which though chiefly looking forward would include upsumming exnews to date".[519]

Das Feature mit der Überschrift „Göring begins his fight tomorrow" erschien pünktlich zum Auftakt der deutschen Verteidigung am 7. März 1946.[520] Panton fasste darin die Strategie der deutschen Verteidiger zusammen, lieferte einen Ausblick auf den weiteren Ablauf des Verfahrens und schob eine in der ersten Person geschriebene Beobachtung des Geschehens vor Gericht ein. Dabei handelte es

---

516 Panton an Foley, [23. Juni 1946], ebd.

517 Ebd.

518 Foley an Panton, 21. Februar 1946, NLA, Ronald Selkirk Panton Papers, Series 1, Box 1, Folder: 8; Panton an Foley, [22. Februar 1946], NLA, Ronald Selkirk Panton Papers, Series 1, Box 1, Folder: 1.

519 Foley an Panton, [4. März 1946], NLA, Ronald Selkirk Panton Papers, Series 1, Box 1, Folder: 8.

520 Panton, Goering begins his fight tomorrow, *Daily Express*, 7. März 1946, S. 2.

sich um eine Art doppelte Personalisierung.[521] Er inszenierte sich selbst als Augenzeuge und Experte. Gleichzeitig fokussierte er auf die zentralen Personen auf der Bühne des Gerichts, indem er beschrieb, wie sich die Richter, Ankläger und Angeklagten seit seinem letzten Besuch im Dezember 1945 verändert hätten. Die abschließende Referenz auf kritische Stimmen zum Prozess entsprach der redaktionellen Leitlinie. Zu dieser Phase des Prozesses kritisierte der *Daily Express* in seinen Meinungsspalten, dass der Prozess zu lange dauere und seine Ziele verfehle[522] – eine Position, der am Ende des Prozesses explizit widersprochen wurde, ohne die eigene Inkonsequenz in den Meinungsspalten zu erwähnen.[523]

Ein weiteres Beispiel für die Vorgabe von Darstellungsform und Inhalten aus der Berichterstattung über Göring belegt, dass es sich bei dieser Art von Anweisungen um tägliche Routinen handelte und zeigt ihre Vielfalt auf: „your goering real beauty led middlepage but now goering reintroduced want story projected maximum question etanswer form cumevidence closely packed".[524] Am folgenden Tag, dem 15. März 1946, findet sich ein Artikel über die Befragung Görings durch seinen Anwalt, der im Gegensatz zu den vorherigen Artikeln ganz im Frage-Antwort-Stil verfasst wurde.[525]

Aber nicht nur Anweisungen bezüglich Rechercheaufträgen, Darstellungsformen und Inhalten, sondern auch explizite politische Direktiven finden sich in der Korrespondenz, wie sich an den Anweisungen der Redaktion zur Berichterstattung über Görings Kreuzverhör zeigen lässt: „another masterly middlepage lead stop slightly scared possibility opening way adnew goering cult".[526] Angesichts der Unfähigkeit Jacksons, Göring im Kreuzverhör in die Enge zu treiben, regte sich in der Londoner Redaktion die Sorge, dass Göring zu einer Identifikationsfigur des Widerstandes der Deutschen gegen die alliierte Besatzung werden könnte. Foley wies Panton an, dieser Gefahr in seiner Berichterstattung entgegenzutreten. Das Kreuzverhör war nicht nur im *Daily Express* zum alles entscheidenden Duell stilisiert worden. In der Berichterstattung, die weniger auf die verhandelten Inhalte als auf die Performanz der beiden Duellanten einging, trug Göring eindeutig den Sieg davon. Die Situation schien so ernst, dass Panton sich gegenüber dem Chefredakteur Christiansen

---

521 Dieselbe Vorgehensweise findet sich auch in seinem ersten Feature vom 19. Juni 1946, das nicht gedruckt wurde. Siehe: 191000 take one leaderpager expanton nuremberg, [19. Juni 1946], NLA, Ronald Selkirk Panton Papers, Series 1, Box 1, Folder: 1.

522 Opinion: Too long, *Daily Express*, 31. Dezember 1945, S. 2.

523 Zum Vergleich siehe: Opinion, *Daily Express*, 2. Oktober 1946, S. 4.

524 Foley an Panton, [14. März 1946], NLA, Ronald Selkirk Panton Papers, Series 1, Box 1, Folder: 8; das Lob bezieht sich auf: Panton, Goering says: I did it all for the Fuehrer's sake, *Daily Express*, 14. März 1946, S. 3.

525 Panton, Goering challenges will: 'Hitler did not make it', *Daily Express*, 15. März 1946, S. 3.

526 Foley an Panton, [19. März 1946], NLA, Ronald Selkirk Panton Papers, Series 1, Box 1, Folder: 1.

und dem „Foreign Editor" Foley rechtfertigte. An Christiansen telegrafierte er am 20. März 1946: „realise danger lionising goering but only way to prevent this appears to be removal jackson from prosecution trusting maxwell fyfe will give good chance for deflating reichsmarshal"[527] Ein fast identisches Telegramm schickte er an Foley.[528] Doch auch wenn er um die Wünsche seiner Redaktion wusste, reagierte Panton in seinen Meldungen an den *Daily Express* über das Kreuzverhör von Göring zu langsam. Seine Telegramme mit den Berichten über die Prozesstage vom 19. und 20. März 1946 enthielten neben der heldenhaften Leistung des stellvertretenden britischen Chefanklägers Fyfe immer noch Passagen über die peinliche Niederlage Jacksons – im Telegramm vom 19. März 1946 sogar an prominenter Stelle in den ersten drei „takes". Beide Passagen über Jacksons Niederlage in den Telegrammen wurden von der Redaktion komplett gekürzt.[529] Am 22. März 1946 lautete die Überschrift über das Kreuzverhör von Göring durch Fyfe dann: „BRITAIN v. NAZI No. 2 – THE TRAP I SET – Goering pales, admits that he lied – SIR DAVID TEARS MASK OFF THE ‚GENTLEMAN'".[530] Großbritannien hatte den Sieg davongetragen und Jacksons peinliche Niederlage war gestrichen worden.

Diese Form der politisch motivierten Anweisungen und der redaktionellen Bearbeitung bei Verstoß gegen diese oder als Intervention, noch bevor die Anweisungen die Korrespondenten erreichen konnten, findet sich beim *Daily Express* häufiger. Der bereits erwähnte Streit um die „Appeasement"-Politik aus der Vorkriegszeit ist ein weiteres Beispiel. War der Versuch, Görings Erfolgen im Gerichtssaal nicht zu viel Aufmerksamkeit zuteilwerden zu lassen, einem auch unter Journalisten weit verbreiteten Patriotismus geschuldet, so handelte es sich bei der Berichterstattung über die „Appeasement"-Politik eindeutig um eine spezifische politische Ausrichtung des *Daily Express* bzw. Lord Beaverbrooks.

Panton als Deutschland-Korrespondent der Vorkriegszeit war mitverantwortlich für die damalige Berichterstattung über die „Appeasement"-Politik.[531] Wie bereits angemerkt war er noch im September 1945 bereit, die Hinweise auf den deutschen militärischen Widerstand im Jahr 1938 als linke Propaganda gegen die „Appeasement"-Politik abzutun. Kaum eine Zeitung hatte sich 1938 so stark

---

527 Panton an Christiansen, [20. März 1946], ebd.
528 Panton an Foley, [20. März 1946], ebd.
529 Vgl.: 191800 take one goering panton nuremberg, [19. März 1946], ebd.; Panton, Fyfe reveals plot to talk peace and make war – BRITISH PROSECUTOR SHAKES GOERING'S STAR WITNESS, *Daily Express*, 20. März 1946, S. 3; 201800 take one fyfe panton nuremberg, [20. März 1946], NLA, Ronald Selkirk Panton Papers, Series 1, Box 1, Folder: 1; Panton, GOERING GRILLED ABOUT SHOT RAF OFFICERS – It was called 'Aktion Kugel', *Daily Express*, 21. März 1946, S. 3.
530 Panton, BRITAIN v. NAZI No. 2 – THE TRAP I SET – Goering pales, admits that he lied – SIR DAVID TEARS MASK OFF THE 'GENTLEMAN', *Daily Express*, 22. März 1946, S. 3.
531 Hicks, Panton, S. 220 ff.

exponiert wie der *Daily Express*. Über der riesigen Überschrift „Peace" auf der Titelseite vom 30. September 1938 stand etwas kleiner gesetzt „The Daily Express declares that Britain will not be involved in a European war this year, or next year either". Darunter findet sich Pantons Bericht über das Münchener Abkommen. Noch in seinen Memoiren verteidigte Christiansen trotzig die Schlagzeile und die Haltung des *Daily Express* in der Frage.[532] Das Thema war derart politisiert und „Appeasement" zu einem Kampfbegriff nicht nur der Parteien, sondern auch der Zeitungen geworden, dass das Thema nicht Teil der routinisierten Berichterstattung von Darstellungsformen und Nachrichtenwerten war, sondern ein allen bewusstes Politikum.

Der *Manchester Guardian* hatte extra einen Leitartikel und zwei Artikel eines Professors der University of Manchester zum Thema der „Appeasement"-Politik im Licht der neuen Dokumente aus Nürnberg veröffentlicht.[533] Der *Daily Worker* titelte unter der „byline" ihres Korrespondenten Ivor Montagu anlässlich des Beginns der britischen Anklage drei Tage hintereinander über das Münchener Abkommen und den Verrat der Konservativen an der Tschechoslowakei 1938.[534] Die Zeitung ließ es sich nicht nehmen, unter der Überschrift „‚There Will be No War' Echo" darauf hinzuweisen, dass Ribbentrop vermittelt durch den Prozess Lord Beaverbrook und Lord Kemsley Fragebögen zukommen lassen werde.[535] Ribbentrop gedenke, sich auf *Daily Express*-Schlagzeilen zu beziehen, um seine Friedensbemühungen zu beweisen. Mit anderen Worten: Der *Manchester Guardian* und der *Daily Worker* nutzten das Tribunal, um die Konservativen und ihre medialen Unterstützer in der Presse zu attackieren.

Wie reagierten der *Daily Express* und Panton in ihrer Berichterstattung auf dieses kontroverse Thema? Die Vorkriegsdiplomatie und „Appeasement"-Politik wurden vor dem Nürnberger Tribunal sowohl von der US-amerikanischen als auch von der britischen Anklage behandelt. Sidney Alderman begann am 26. November 1945 für die US-amerikanische Anklage seine Präsentation bezüglich des Führens von Angriffskriegen im Rahmen des Anklagepunktes I, „The Common Plan or Conspi-

532 Christiansen, Headlines, S. 145 ff.
533 The End of Appeasement, *The Manchester Guardian*, 14. März 1946, S. 4; L. B. Namier, THE IDES OF MARCH, 1939. I – Preliminaries, ebd.; ders., THE IDES OF MARCH, 1939. II – Slovakia's "Liberation", *The Manchester Guardian*, 15. März 1946, S. 4; ders., THE IDES OF MARCH, 1939. III, *The Manchester Guardian*, 16. März 1946, S. 4.
534 Ivor Montagu, GOERING GAVE CZECHOSLOVAKIA ‚HIS WORD OF HONOUR', *Daily Express*, 4. Dezember 1945, S. 1, 4; ders., The Ghost of Munich Speaks at Nuremberg, *Daily Express*, 5. Dezember 1945, S. 1, 4; ders., MORE LIGHT IN TORY DUPLICITY AFTER MUNICH, *Daily Express*, 6. Dezember 1945, S. 1, 4.
535 'There Will be No War' Echo, *Daily Worker*, 6. Dezember 1945, S. 1.

racy"[536], die mit Unterbrechungen bis zum 10. Dezember 1945 dauerte[537] und in deren Rahmen er am 26. November 1945 und vom 3. bis zum 5. Dezember 1945 das Münchner Abkommen und die Besetzung der Tschechoslowakei behandelte. In der Eröffnung der britischen Anklage zum Anklagepunkt II, „Crimes Against Peace", stand das Thema notgedrungen im Mittelpunkt, bestand dieser Anklagepunkt doch weitestgehend in einer Auflistung der von Deutschland gebrochenen Verträge. Deshalb wurde das Thema parallel zur US-amerikanischen Anklage auch von der britischen Anklage am 4. und 5. Dezember 1945 vor Gericht verhandelt.

In seinem Telegramm vom 26. November 1945 berichtete Panton über die von der US-amerikanischen Anklage vorgetragenen Beweismittel zur Vorkriegsdiplomatie erst im siebten von zehn „takes".[538] Nur am Rande erwähnt er Chamberlains „Appeasement"-Politik. Chamberlain habe den Ausbruch eines Krieges in der Krise im Herbst 1938 verhindert. Das war kaum eine kritische Auseinandersetzung mit den neuen Erkenntnissen des Prozesses zum Thema. Am 3. Dezember 1945 sandte er ein vier „takes" umfassendes Telegramm, worin er gestand:

> down in munich those days eye was told that hitler as chamberlain left him after signing quote no more war unquote agreement leant back in chair and roared with laughter for five minutes stop eye didnt believe this then stop now eye do[539]

In typischer Art und Weise inszenierte sich Panton als Augenzeuge und erzählte die Politikgeschichte mit Hilfe der Strategie der Personalisierung. Ungewöhnlich war nur sein Eingeständnis, Hitlers Kriegsabsichten 1938 verkannt zu haben, womit er auch implizit die „Appeasement"-Politik delegitimierte.

Keiner seiner beiden Berichte schaffte es, im *Daily Express* abgedruckt zu werden. Sein Telegramm vom 26. November 1945 wurde um die inhaltliche Auseinandersetzung mit den Beweismitteln gekürzt und auf die Schilderung des „courtroom drama" reduziert.[540] Sein Telegramm vom 3. Dezember 1945 wurde überhaupt nicht abgedruckt. Stattdessen druckte der *Daily Express* den Artikel eines „Express Staff Reporters", in dem die Aussage eines Mitglieds der Gestapo zur Entführung zweier britischer Agenten angekündigt wurde.[541]

---

536 https://avalon.law.yale.edu/imt/11-26-45.asp, Paragraph 253 (zuletzt eingeshen am 26. Juli 2019).

537 https://avalon.law.yale.edu/imt/12-10-45.asp, Paragraph 334 (zuletzt eingesehen am 26. Juli 2019).

538 261630 take one trial fifthday dateline palace of nuremberg, 26. November 1945, NLA, Ronald Selkirk Panton Papers, Series 1, Box 2, Folder: 9.

539 031700 take one-four trial eleventhday dateline palace of nuremberg, 3. Dezember 1945, ebd.

540 Panton, GOERING AND CO. TRIAL SURPRISE ALLIES DROP HITLER SPEECH, *Daily Express*, 27. November 1945, S. 1.

541 Gestapo men 'rat' on Goering and Co., *Daily Express*, 4. Dezember 1945, S. 4.

Als dann am 4. Dezember 1945 die britische Anklage begann und parallel dazu die US-amerikanische Beweisführung zur Besetzung der Tschechoslowakei fortgesetzt wurde, stellte Panton den Versuch ein, über die Inhalte der Eröffnungsrede oder die Inhalte der Präsentation von Beweismitteln zu berichten. Der Artikel zur Eröffnungsrede konzentrierte sich auf die Änderungswünsche der sowjetischen Anklage, denen Shawcross nachgekommen war.[542] Am Tag darauf, dem 5. Dezember 1945, lautete die Überschrift über Pantons Artikel „NAZI PRISONER 21 GETS A SEAT TO HIMSELF"[543], der sich mit dem erstmaligen Erscheinen von Ernst Kaltenbrunner im Gerichtssaal beschäftigte. Am 6. Dezember 1945 schickte Panton ein Telegramm, das im ersten „take" einen Feueralarm im Gerichtssaal und in den folgenden die Verwirrung der deutschen Verteidiger angesichts zweier britischer Ankläger mit demselben Nachnamen zum Thema hatte.[544] Auch wenn das erste „take" zum Feueralarm gekürzt wurde, wurden die beiden anderen weitestgehend übernommen.[545]

Zu den einzelnen Tagen ist keine Korrespondenz überliefert, aber das Muster der redaktionellen Bearbeitung lässt keinen Zweifel an einem beabsichtigten, politisch motivierten Eingreifen der Redakteure. Angesichts der Artikel ab dem Beginn der britischen Anklage muss man davon ausgehen, dass entweder eine nicht überlieferte redaktionelle Anweisung an Panton ergangen war oder dieser aufgrund der peinlich genauen Lektüre des *Daily Express* seine Lektion gelernt hatte. Das Thema der Vorkriegsdiplomatie und insbesondere die britische „Appeasement"-Politik unter Neville Chamberlain wurde im *Daily Express* konsequent ignoriert.[546]

Es ist deutlich zu erkennen, dass die von Beaverbrook und der Redaktion behauptete strenge Trennung zwischen Meinungen und Nachrichten nicht gegeben war. Und die „Appeasement"-Politik war nicht das einzige Thema im Rahmen des Tribunals, das als Folge der politischen Richtlinien Beaverbrooks auch in den Nachrichtenspalten des *Daily Express* eine besondere Behandlung erfuhr.

In Übereinstimmung mit der Beaverbrook'schen Haltung gegenüber der Sowjetunion fanden die von der deutschen Verteidigung vorgebrachten Beweise zum Geheimen Zusatzprotokoll des Nichtangriffspakts zwischen Deutschland und der Sowjetunion von 1939 und die Beweise zu den Kriegsverbrechen an polnischen Offizieren in den Wäldern von Katyn kaum bzw. gar keine Erwähnung in den Spalten

---

542 Panton, SIR HARTLEY CUTS OUT BITS OF HIS SPEECH – Russians said: 'Do you mind?', *Daily Express*, 5. Dezember 1945, S. 4.

543 Panton, NAZI PRISONER 21 GETS A SEAT TO HIMSELF, *Daily Express*, 6. Dezember 1945, S. 4.

544 061740 take one trial fourteenthday dateline nuremberg, 6. Dezember 1945, NLA, Ronald Selkirk Panton Papers, Series 1, Box 2, Folder: 9.

545 Panton, THE JONSES PUZZLE NAZI DEFENCE, *Daily Express*, 7. Dezember 1945, S. 4.

546 Mit einer Ausnahme: Panton, HITLER MINISTER SAYS: I KNEW CHAMBERLAIN WOULD FLY Neurath tells the 'secret history' before Munich, *Daily Express*, 25. Juni 1946, S. 3.

des *Daily Express*. Lediglich die erste Erwähnung des Geheimen Zusatzprotokolls vor dem Tribunal am 25. März 1946 findet sich in der Berichterstattung des *Daily Express*.[547] Aus den Berichten Pantons am 26., 28. und 29. März 1946 wurden die Passagen zum Geheimen Zusatzprotokoll von der Redaktion gekürzt.[548]

Ganz abgesehen davon, welche Motive den jeweiligen redaktionellen Bearbeitungen von Telegrammen ihres Auslandskorrespondenten zugrunde lagen, waren diese eher die Regel als die Ausnahme. Insgesamt gab es deutlich öfter umfangreiche redaktionelle Eingriffe in die Texte Pantons durch die „editors" und „sub-editors" als bei der *Times* und dem *Manchester Guardian*. Von Zeit zu Zeit waren zwar auch die Korrespondentenmeldungen insbesondere im *Manchester Guardian* stark gekürzt, doch waren im *Manchester Guardian* und in der *Times* die beiden ersten Absätze des Korrespondentenberichts fast immer gesetzt und damit der Schwerpunkt und die Ausrichtung des Artikels.[549] Die „editors" und „sub-editors" des *Daily Express* hingegen erlaubten sich größere Freiheiten mit den Berichten ihres Korrespondenten. Sie kürzten, sortierten ganze Artikel aus (im Falle von Pantons Nürnberg-Berichterstattung allein 15 Meldungen), schrieben um, ergänzten Material aus Agenturmeldungen und setzten eigene Schwerpunkte. Bei den beiden Qualitätszeitungen dominierte der Anspruch einer möglichst umfassenden Zusammenfassung des Tagesgeschehens aus britischer Perspektive mit einem Schwerpunkt auf den rechtlichen und politischen Aspekten des Verfahrens. Die Korrespondenten vor Ort waren in der besten Position, einen solchen Text zu schreiben. Die Boulevardzeitung *Daily Express* konzentrierte sich stärker auf das Sensationelle, Persönliche oder Unterhaltsame und griff entsprechend der redaktionellen Leitlinie stärker in die Meldungen ein. Tendenziell war die Präsentation wichtiger als die Inhalte. In diesem Sinne handelte es sich um einen höheren Medialisierungsgrad, was die Bedeutung der Redaktion stärkte.

---

547 Panton, Hess: I will not answer silly questions, *Daily Express*, 26. März 1946, S. 4.

548 261800 take one ribbentrop panton berlin, 26. März 1946, NLA, Ronald Selkirk Panton Papers, Series 1, Box 1, Folder: 1; Panton, VON RIBBENTROP WON'T TALK, *Daily Express*, 27. März 1946, S. 4; 281800 take one ribbentrop panton nuremberg, 28. März 1946, NLA, Ronald Selkirk Panton Papers, Series 1, Box 1, Folder: 1; Panton, Trembling Ribbentrop comes to life to say – 'HITLER'S BLUE EYES WON ME OVER', *Daily Express*, 29. März 1946, S. 3; 291800 take one lawrence panton nuremberg, 29. März 1946, NLA, Ronald Selkirk Panton Papers, Series 1, Box 1, Folder: 1; Panton, JUDGE STOPS RIBBENTROP LECTURE, *Daily Express*, 30. März 1946, S. 4. Eine weitere, indirekte Erwähnung findet das Zusatzprotokoll in Pantons Artikel vom 31. August 1946, worin er über die wahrscheinlichen Inhalte der letzten Worte der Angeklagten spekulierte. Siehe: Panton, AT 10 a.m. TODAY– THE LAST WORDS. Goering will accuse Britain, *Daily Express*, 31. August 1946, S. 1.

549 Diese Aussagen basieren auf dem Vergleich der Korrespondentenberichte von Robert Cooper an die *Times* und den *Manchester Guardian*. Rückschlüsse auf die redaktionelle Bearbeitung lassen sich durch den Vergleich der abgedruckten Artikel also nur indirekt ziehen.

Panton klagte selten über die Bearbeitung seiner Meldungen durch die Redaktion, es kam aber vor, z. B. in der Berichterstattung über Göring im Zeugenstand. Die „sub-editors" hatten einer Meldung Pantons Material von Nachrichtenagenturen als Aufmacher vorangestellt, wobei ihnen ein Fehler unterlaufen war.[550] Aufgrund seiner regelmäßigen *Daily Express*-Lektüre ließ Pantons Beschwerde nicht lange auf sich warten. Zwei Tage nach Erscheinen des Artikels telegrafierte er an den *Daily Express*:

> am shocked on seeing fridays paper that fake stuff included in lead my story under my name feel must protest strongliest as damaging my reputation especially here and contrary to express policy stop [...] feel subs must think eyem lousy reporter if eye can sit through whole days proceedings etmiss such story if true[551]

Die Entschuldigung der Redaktion erfolgte in diesem Fall umgehend, zusätzlich ergänzt um ein Lob seiner letzten Meldung:

> sorry fridays slipup due subeditor believing you mightve been temporarily out court stop have reinforced rule against mingling agency with signed messages stop congratulations your brilliant coverage monday which given widest space[552]

In der überlieferten Korrespondenz mit Bezug auf die Berichterstattung aus Nürnberg war es der einzige Fall einer direkten Beschwerde Pantons aufgrund der redaktionellen Bearbeitung seiner Meldungen – offenbar mit der Folge, dass die Vermischung von Agenturmeldungen und Korrespondentenberichten in der Folge wieder ausgesetzt wurde.

Neben der englischen Perspektive und der Ausrichtung an Beaverbrooks politischen Richtlinien war die Berichterstattung des *Daily Express* vor allem eins: die eines Boulevardblattes. Die boulevardeske Perspektive war eine Frage der Selektion und der Darstellung. Im Vergleich zu den Qualitätszeitungen handelte es sich um eine Erweiterung und unterschiedliche Gewichtung der Themen, denen Aufmerksamkeit zuteilwurde. Genauso wie Panton über die rechtlichen und politischen Aspekte des Prozesses berichten sollte, musste er auch die genauen Geburtsdaten der Angeklagten an die Redaktion schicken, damit Horoskope zu diesen gedruckt

---

550 Panton, Goering challenges will: 'Hitler did not make it', *Daily Express*, 15. März 1946, S. 3.
551 Panton an Christiansen, [17. März 1946], NLA, Ronald Selkirk Panton Papers, Series 1, Box 1, Folder: 4.
552 Christiansen an Panton, 19. März 1946, NLA, Ronald Selkirk Panton Papers, Series 1, Box 1, Folder: 1.

werden konnten.[553] Oder er wurde angewiesen, Meldungen über die Frauen der
Angeklagten am Abend vor der Urteilsverkündung zu schicken:

> 291600 [29. September 1946, 16:00 Uhr, E. S.] your 291135 [29. September 1946,
> 11:35 Uhr, E. S.] tried yesterday get wife story but theyre still under silence ban from
> tribunal ethave been ordered to leave nuremberg for their homes stop tried again this
> morning but all important one either left yesterday or firstthing this morning[554]

In diesem Fall konnte er aufgrund der Vorkehrungen des Tribunals die Wünsche
der Redaktion nicht erfüllen. Der größte Unterschied zu den Qualitätszeitungen in
der Auswahl und Darstellung war jedoch, dass Panton und der *Daily Express* sich
auf die performativen Aspekte der Gerichtskultur konzentrierten.[555] Das Tribunal
war eine Bühne, auf der die verschiedenen Akteure ihre Rollen entsprechend der
Verfahrensordnung spielten. Panton legte einen Schwerpunkt auf das Mienenspiel,
die Gesten und Reaktion der Angeklagten sowie die Konfrontationen und Duelle.
Er berichtete über den Stuhl für den Angeklagten Kaltenbrunner und wie er von
seinen Mitangeklagten gemieden wurde, als er das erste Mal den Gerichtssaal be-
trat.[556] Panton schrieb über die Verwirrung der deutschen Verteidiger angesichts
der namensgleichen britischen Ankläger und er berichtete über den Flirt Ribben-
trops mit seiner Sekretärin im Zeugenstand.[557] Der *Manchester Guardian* und die
Times hingegen nutzten die Beweisführung in erster Linie, um die Geschichten zu
erzählen, von denen die Beweismittel zeugten. Während der *Daily Express* sich auf
das „courtroom drama" fokussierte, liest sich die Berichterstattung über die ersten
Prozesswochen im *Manchester Guardian* und in der *Times* wie eine Diplomatiegeschichte. Dabei handelte es sich nicht um absolute Gegensätze, sondern um eine
Frage der Gewichtung.

Der *Daily Express* berichtete am 19. Oktober 1945 ausführlich über die rechtlichen und politischen Aspekte des Verfahrens anlässlich der Veröffentlichung der
Anklageschrift. In der differenzierten Berichterstattung über diese wurden Fragen
gestellt und Problemkomplexe beschrieben, deren Beantwortung oder Analyse
durch das Medium der Boulevardzeitung enge Grenzen gesetzt waren. In dem
fast eine ganze Seite einnehmenden Nachrichtenartikel und ebenso im Leitartikel
zur Anklageschrift finden sich eine in den folgenden Monaten nie mehr erreichte

---

553 Panton an Christiansen, o. D., NLA, Ronald Selkirk Panton Papers, Series 1, Box 3, Folder: 19.
554 Panton an Daily Express, [29. September 1946], ebd.
555 Wamhof, Gerichtskultur, S. 18 ff.
556 Panton, NAZI PRISONER 21 GETS A SEAT TO HIMSELF, *Daily Express*, 6. Dezember 1945, S. 4.
557 Panton, THE JONSES PUZZLE NAZI DEFENCE, *Daily Express*, 7. Dezember 1945, S. 4; Panton,
   Trembling Ribbentrop comes to life to say – 'HITLER'S BLUE EYES WON ME OVER', *Daily
   Express*, 29. März 1946, S. 3.

Aufmerksamkeit und Sorgfalt in der Berichterstattung über die Kriegsverbrechen und Verbrechen gegen die Menschlichkeit.[558]

Der Leitartikel betonte, dass die Kenntnis über die deutschen Verbrechen Voraussetzung für das Verständnis des Nachkriegseuropas sei: „It is hard for the mind to grapple with such evidence. Yet the effort must be made. It is the key to understanding much that is happening in Eastern Europe today."[559] Diese Argumentation war identisch mit derjenigen der britischen Anklage, als sie Beaverbrook bat, die Berichterstattung über die sowjetische und französische Anklage nicht einzustellen.[560] Die in der inhaltlichen Auseinandersetzung mit der Anklageschrift vom *Daily Express* selbst aufgeworfenen Problemkomplexe konnten in der Berichterstattung Pantons über den Prozess nicht verhandelt werden, da die englische und boulevardeske Perspektive an den Problemen vorbeizielte und der vorhandene Platz enge Grenzen setzte.

Der Frage, ob bestimmte strukturelle, durch den redaktionellen Kontext vorgegebene Merkmale der Berichterstattung eine tiefere Auseinandersetzung mit einigen Themen grundsätzlich verhindern würden, stellte sich der Chefredakteur Christiansen auch in seiner Autobiografie. Er räumte ein: „Every technique of presentation of news is liable to falsification in some way or other."[561] Immerhin empfahl der *Daily Express* seinen Lesern im Falle der Berichterstattung über den Nürnberger Prozess, die Seiten vom 19. Oktober 1945 über die Anklageschrift „for reference and backround" aufzubewahren.[562] Eine sinnvolle Empfehlung, fehlte es doch bei der boulevardesken Berichterstattung des *Daily Express* im Laufe des Verfahrens häufig an Kontext und Hintergrund, um die aus dem Geschehen herausgegriffenen Szenen aus dem Gerichtssaal und ihre Bedeutung für den Prozess verstehen zu können.

Ein letztes zentrales Element in der Beziehung zwischen Redaktion und Korrespondenten, das nochmals verdeutlicht, wie deren Orientierung an den redaktionellen Erwartungen sichergestellt wurde, lässt sich ebenfalls aus der Korrespondenz herauslesen: die gezielte Kritik oder das gezielte Lob eines Korrespondenten. Hierbei ging beides den Autoren nicht nur persönlich zu, sondern wurde auch organisationsintern in Form der „bulletins" des Chefredakteurs Christiansen veröffentlicht.[563] Neben der aufmerksamen Kontrolle, was von ihren Meldungen nach der Bearbeitung durch die Redaktion übrig blieb, halfen die Rückmeldungen den

---

558 WAR-MAKING AND MURDERS BY DIVERS MEANS, *Daily Express*, 19. Oktober 1945, S. 1; THE NUREMBERG CALENDER, *Daily Express*, 19. Oktober 1945, S. 2.

559 Opinion, *Daily Express*, 19. Oktober 1945, S. 2.

560 Siehe Kapitel 4.2.

561 Christiansen, Headlines, S. 150.

562 THE NUREMBERG CALENDER, *Daily Express*, 19. Oktober 1945, S. 2.

563 Christiansen, Headlines, S. 159 ff.

fernab von London arbeitenden Korrespondenten, ihre Position innerhalb der Organisation zu deuten. Die Rückmeldungen waren in zweierlei Hinsicht ein Mittel der Disziplinierung. Offensichtlich sollte Lob und Kritik die Korrespondenten über die Wünsche der Redaktion informieren und ihnen die Möglichkeit geben, sich diesen Wünschen anzupassen. Zusätzlich sollte die organisationsinterne Veröffentlichung in Form der „bulletins" aber auch den Konkurrenzkampf befeuern.

EDITOR HIGHLY PLEASED CUMYOUR SATURDAYS ETTODAYS STORIES [...] VIVES BULLETINWISE QUOTE PARTICULAR PRAISE PROPANTONS EFFORTS UNQUOTE ETCALLS SMORNING INTERPRETATIVE GOERINGER QUOTE ANOTHER FIRSTCLASSER ETKIND EXEXPLANATORY FORCOVERAGE WHICH SHOULD STUDIED PARALL OUR MEN ABROAD UNQUOTE CONGRATULATIONS FRERKPROFOLEY[564]

Dieses Lob aus dem „bulletin" von Christiansen für Pantons Artikel vor Beginn des Kreuzverhörs von Göring ging nicht nur dem Verfasser zu, wie sich dem Verweis auf den Vorbildcharakter für andere Korrespondenten entnehmen lässt. Die Redaktion war für Panton die zentrale Institution für Bestätigung und Anerkennung.

Wie ist abschließend sein Wechselwirkungsverhältnis mit der Redaktion des *Daily Express* einzuschätzen? Seine Biografin bewertete Pantons Handlungsautonomie im Rahmen des redaktionellen Kontextes als sehr begrenzt:

Panton had limited free will. His reporting was circumscribed by contingent events, his background, life choises and the diktats of policy. Nonetheless, Beaverbrook's and his editorial staff's control over Panton and his newsgathering were always incomplete, fractured and conditional. Panton could and did present material that did not fit seamlessly in the policies of the paper, although such instances sometimes prompted censure. The momentum of events, at times, necessitated a change in the paper's direction, and occasionally Panton subverted the policies of the Express, although never significantly or for extended periods.[565]

Nach der Analyse seiner Berichterstattung über den Nürnberger Prozess parallel zu seiner Korrespondenz mit der Redaktion und der redaktionellen Bearbeitung seiner Meldungen aus Nürnberg müssen die Grenzen seiner Handlungsautonomie betont werden. Seine Stellung in der Hierarchie der Auslandskorrespondenten im *Daily Express* sorgte zwar dafür, dass er bei der Planung der Berichterstattung und der Verteilung der Korrespondenten angehört wurde, doch verschaffte ihm

---

564 Frerk an Panton, [18. März 1946], NLA, Ronald Selkirk Panton Papers, Box 1, Series 1, Folder: 1.
565 Hicks, Panton, S. 301.

seine Position in erster Linie Vorteile gegenüber seinen Kollegen, aber keinen grundsätzlichen Einfluss auf die Berichterstattung. Denn im Gegensatz zum *Manchester Guardian* und der *Times* wurde von der Redaktion nicht nur ein Rahmen abgesteckt, in dem der Korrespondent relativ frei agieren konnte, sondern häufig war er Gegenstand einer direkten Steuerung in Form einer Flut von Anweisungen und Rechercheaufträgen. Diese Form der Steuerung war dem Konkurrenzkampf der Boulevardzeitungen geschuldet und spiegelte das Verhältnis des Besitzers zu seiner Redaktion wider. Zusätzlich waren seine Meldungen einer weitgehenden redaktionellen Bearbeitung ausgesetzt, die im Falle der Abweichung von der redaktionellen Leitlinie aussortierte, kürzte und umstellte. Die besondere Situation der Platzknappheit aufgrund der Rationierung von Zeitungspapier und die Dominanz von Inlandsnachrichten verstärkte lediglich die grundsätzliche Strukturierung seiner Wahrnehmung durch den redaktionellen und nationalen Kontext.

5.4   Die Magazine: *The New Yorker* vs. *Time Magazine*

In dem *New Yorker*-Artikel „Untimely" erzählt Jill Lepore, Geschichtsprofessorin in Havard und selbst „staff writer" des *New Yorker*, die Geschichte der Fehde zwischen Henry Luce, Mitgründer und Redakteur des *Time Magazine*, und Harold Ross, Gründer und Redakteur des *New Yorker*.[566] Ross habe sich und den *New Yorker* in produktiver Abgrenzung von Luce und dessen *Time Magazine* entworfen und entwickelt:

> In the fall of 1924, he wrote a prospectus for The New Yorker. He had plenty of other influences, and a whole crop of ideas of his own, but it's still striking how much it reads as a proposal for a magazine that would be everything Time wasn't.[567]

Auf der einen Seite Luce, der mit unglaublichem Erfolg das erste nationale Nachrichtenmagazin für die wachsende US-amerikanische Mittelschicht ins Leben rief und durch die folgenden Gründungen des Wirtschaftsmagazins *Fortune* und des Fotomagazins *Life* ein Medienimperium aufbaute. Auf der anderen Seite Ross, dessen *New Yorker* eher literarische Ambitionen verfolgte und sich der Kunst, dem Humor und dem Lebensstil der New Yorker Oberschicht widmete. Die Geschichte der Fehde zwischen den beiden Männern ist reich an verbalen und journalistischen Duellen, wie Lepore zeigt. Mich interessiert, ob sich auch die journalistische Praxis

---

566 Zur Fehde zwischen *Time Magazine* und *The New Yorker* siehe auch: Brinkley, The Publisher, S. 196 ff.

567 Jill Lepore, Untimely, *The New Yorker*, 19. April 2010, S. 109–114, hier S. 111.

unterscheidet, die die beiden Magazine unter der Aufsicht ihrer jeweiligen Gründerväter pflegten. Die Analyse von Quellen zur Berichterstattung über den Nürnberger Prozess legt offen, dass der praktizierte Journalismus auf einem bewussten Gegensatz zwischen den Magazinen beruhte. Nirgendwo wurde dieser Gegensatz deutlicher als im jeweiligen Wechselwirkungsverhältnis zwischen den Redaktionen und ihren Korrespondenten. Dieser Gegensatz zeigt, dass unterschiedliche Faktoren für die Aussagenproduktion in den beiden Magazinen verantwortlich waren. Die Berichterstattung des *Time Magazine* über den Nürnberger Prozess ist nur zu verstehen, wenn man die Querelen in der New Yorker Redaktion untersucht – für die Berichterstattung des *New Yorker* waren die Überzeugungen und Erfahrungen der Korrespondentinnen entscheidend.

5.4.1 Time Magazine

Alan Brinkley hat in seiner Biografie von Luce betont, dass dessen Interesse an Politik und internationalen Beziehungen vor dem Zweiten Weltkrieg flüchtig gewesen sei. Nur selten habe er bei öffentlichen Anlässen dezidiert seine politische Meinung vorgetragen. Auch habe er keinen Wert darauf gelegt, seine Magazine als Sprachrohre seiner Ansichten zu nutzen. Unter seinen Redakteuren habe er einen relativ großen Meinungspluralismus zugelassen, solange diese ihr Handwerk verstanden.[568] Das *Time Magazine* habe bei seiner Gründung keinen bestimmten politischen Kurs verfolgt oder überhaupt direkte politische Beeinflussung als Ziel angestrebt. Das Magazin sei in erster Linie durch sein Format definiert gewesen: „Time was, and wanted to be, a practical digest of the news."[569] Statt offensichtlicher politischer Ausrichtung habe es implizit das Alter der beiden jungen Gründer Luce und Briton Hadden sowie die Zugehörigkeit zu einer gesellschaftlichen Schicht reflektiert. Hadden und Luce waren fest verankert im männlichen, weißen, protestantischen Umfeld der gehobenen Mittel- und Oberschicht. Ihr Bildungsgang über die Privatschule Hotchkiss zur Eliteuniversität Yale verortete sie im elitären Kreis der protestantischen Ostküstenaristokratie. Das *Time Magazine* sei in seinen frühen Jahren „apolitical and culturally conservative" gewesen.[570]

Das habe sich mit dem Beginn des Zweiten Weltkrieges geändert.[571] Brinkley schreibt, die globale Krise habe sowohl Luces Selbstbild als auch dessen Verständnis seiner Magazine transformiert. Der Zweite Weltkrieg habe den Auftakt zu einem

---

568 Brinkley, The Publisher, S. 241.
569 Ebd., S. 135.
570 Ebd., S. 196.
571 Ebd., S. 241; Robert Vanderlan, Intellectuals incorporated. Politics, art, and ideas inside Henry Luce's media empire, Philadelphia, PA 2010, S. 177 f., 181.

zunehmend auch parteipolitisch geprägten Meinungsjournalismus gebildet. Erstmals habe Luce versucht, direkten Einfluss auf die Innen- und Außenpolitik der USA zu nehmen, indem er die US-amerikanischen Isolationisten attackierte und in den Präsidentschaftswahlen 1940 aktiv den republikanischen Gegenkandidaten zu Roosevelt förderte. „Gone was his lassez-faire attitude toward the contents of his magazines. They, like him, were now soldiers in a cause, and Luce set out to train them in the proper presentation of the crisis."[572] Seine Abneigung gegenüber Roosevelt nahm während des Krieges noch zu und auch in den kommenden Präsidentschaftswahlen unterstützte Luce offen die republikanischen Kandidaten. Sein Anspruch, die persönliche Kontrolle über die Inhalte seiner Magazine zu besitzen, habe während des Krieges zugenommen, sei in der Praxis aber auf Widerstand innerhalb der Redaktionen gestoßen. Die Größe und die Dezentralisierung seines Medienimperiums, seine Distanz vom operativen Geschäft und der Widerstand zahlreicher Redakteure habe seiner Kontrolle und der Umwandlung seiner Magazine in ideologische Instrumente für seine politischen Ansichten Grenzen gesetzt.[573] Neben dem neuen Anspruch, eine einheitliche redaktionelle Politik für seine Magazine durchzusetzen, sei das Format – „a practical digest of the news" – mit den rigiden Vorgaben bezüglich Darstellungsformen, Sprache, Länge und Abstraktionsniveau der Artikel aber bestehen geblieben – ein Format, das auf den nationalen Markt der US-amerikanischen Mittelschicht mit seinen über einer Millionen *Time*-Lesern ausgerichtet war.[574]

Die Artikel des *Time Magazine* waren in vieler Hinsicht typisch für die US-amerikanische Berichterstattung über den Nürnberger Prozess.[575] Im Mittelpunkt der Auseinandersetzung standen die Fragen nach Rechtmäßigkeit und Siegerjustiz. Im Vorfeld des Prozesses drückte sich die Skepsis des *Time Magazine* schon in den Überschriften der Artikel aus: „To Suit the Case", „Victor's Law" oder „West of the Pecos", was auf einen Ausspruch des „U.S. Attorney General" zurückging, der sich in erster Linie einen schnellen Prozess ohne legalistische Feinheiten wünschte.[576] Die Kritik konzentrierte sich auf den Vorwurf, dass neues Recht geschaffen werde, das zum Zeitpunkt der Tat noch nicht bestanden habe, sondern nachträglich zum Zwecke der Verurteilung der Verlierer von den Siegern maßgeschneidert werde. Unter den Anklagepunkten und Bestimmungen der IMT-Charta waren es die

---

572 Brinkley, The Publisher, S. 241.

573 Ebd., S. 286 f.

574 Ebd., S. 282.

575 Für einen Überblick über die US-amerikanische Medienberichterstattung siehe: Kapitel 6.

576 *Time Magazine*, 18. Juni 1945, S. 29, https://time.com/vault/issue/1945-06-18/page/31/ (zuletzt eingesehen am 30. März 2020); 22. Oktober 1945, S. 26, https://time.com/vault/issue/1945-10-22/page/28/ (zuletzt eingesehen am 30. März 2020); 26. November 1945, S. 28, https://time.com/vault/issue/1945-11-26/page/30/ (zuletzt eingesehen am 30. März 2020).

Punkte Verbrechen gegen den Frieden und die strafrechtliche Verantwortlichkeit von Staatsoberhäuptern, auf die sich dieses Argument der Kritiker in erster Linie bezog. Das *Time Magazine* räumte dieser Kritik großen Platz ein:

> "Wars of aggression" were now considered illegal. Yet the prosecuting powers had waged aggressive wars (Russia in Finland) or countenanced it (the U.S. maintained relations with Germany after the invasions of Poland and the Low Countries).
>
> One part of the indictment implied that making war was itself a crime, while another accepted war as an institution by speaking of its "laws and costums."
>
> Four sovereign states charged the accused with conspiring to seize power in their own sovereign state.
>
> Whatever laws the Allies were trying to establish for the purpose of the Nürnberg trials, most of them had not existed at the time the deeds were committed. Yet, since the days of Cicero, jurists have condemned ex post facto punishment.[577]

Auch wenn die „cover story" vom 10. Dezember 1945 die Fairness des Prozesses betonte und zugestand, dass sich die schlimmsten Befürchtungen, dieser könnte zu einer juristischen Farce werden, nicht bewahrheitet hätten, zieht sich durch die gesamte Berichterstattung die Frage nach der Siegerjustiz.[578] Die Berichterstattung zu den Abschlussplädoyers im August war mit „Trial by Victory" überschrieben, und auch diejenige über die Urteile und die Hinrichtungen gab den Zweifeln an deren Rechtmäßigkeit Ausdruck. Nach der Urteilsverkündung druckte das Magazin einen fiktiven Text ab, der die Rollen von Siegern und Verlierern vertauschte:

> On October 16, 1946, eleven top U.S. war criminals were hanged in the yard of Moyamensing Prison in Philadelphia. According to the six German, Japanese and Italian newsmen present, all met their fate calmly except J. Edgar Hoover, who was drunk and disorderly. The eleven men, convicted on one or both counts of waging aggressive defensive war, or spreading equalitarian doctrines, included ...[579]

Dass das *Time Magazine* den Vorwurf der Siegerjustiz tendenziell bejahte und die rechtlichen Grundlagen des Tribunals für fragwürdig erklärte, ist unter dem

---

577 West of the Pecos, *Time Magazine*, 26. November 1945 S. 28, https://time.com/vault/issue/1945-11-26/page/30/ (zuletzt eingesehen am 30. März 2020).

578 Day of Judgment, *Time Magazine*, 10. Dezember 1945, S. 25–28, https://time.com/vault/issue/1945-12-10/page/27/ (zuletzt eingesehen am 20. März 2020); Test, *Time Magazine*, 4. März 1946, S. 25, https://time.com/vault/issue/1946-03-04/page/27/ (zuletzt eingesehen am 30. März 2020).

579 Morning After Judgment, *Time Magazine*, 14. Oktober 1946, S. 32, https://time.com/vault/issue/1946-10-14/page/34/ (zuletzt eingesehen am 30. März 2020).

Strich weniger wichtig als die Tatsache, dass die gesamte Debatte von dieser Frage dominiert wurde.[580]

Bezeichnenderweise wurden in dem fiktiven Stück mit verkehrten Rollen die Angeklagten nicht wegen Kriegsverbrechen oder Verbrechen gegen die Menschlichkeit verurteilt, sondern wegen des Führens eines Angriffskrieges. Dass die Debatte sich auf die Frage der Siegerjustiz fokussierte, hing entscheidend mit der Prozessstrategie des US-amerikanischen Chefanklägers zusammen. Jacksons erklärtes Ziel war es, internationales Recht zu schaffen, das Angriffskriege für illegal erklärte.[581] Alle anderen deutschen Verbrechen, die unter den Anklagepunkten Kriegsverbrechen und Verbrechen gegen die Menschlichkeit verhandelt wurden, ordnete er der Verschwörung zum Führen eines Angriffskrieges unter. Die Berichterstattung des *Time Magazine* folgte dieser Schwerpunktsetzung Jacksons.

The charges encompassed every evil act of Nazidom. But one charge encompassed all the others: the charge that the defendants had planned and waged aggressive war. The corruption of pre-Nazi Germany, the murder of 4,500,000 Jews, the successive invasions, the plunder of Europe and the enslavement of Europeans—all were held to be international crimes because all were part of the master plan of aggressive war. Upon that contention, Justice Jackson repeatedly said, the prosecution's case stood or fell.[582]

Das führte in der Berichterstattung des *Time Magazine* zu einer eindeutigen Hierarchisierung der Anklagepunkte. Verstärkt wurde diese Tendenz durch die Konzentration auf die US-amerikanischen Anklagevertreter. Das Desinteresse an den Vorträgen der anderen alliierten Nationen vor Gericht wird deutlich, wenn man sich die Aufmerksamkeitskonjunkturen der Berichterstattung anschaut. Insbesondere die französische und sowjetische Anklage wurden unter den Überschriften „Vengeance, French" und „Vengeance, Russian" in typischem „Timese" mit medienkonformen Zitaten in aller Kürze abgehandelt.[583] Der deutschen Verteidigung

---

580 Siehe auch die Artikel: The Nürnberg Debate, *Time Magazine*, 14. Oktober 1946, S. 29, https://time.com/vault/issue/1946-10-14/page/31/ (zuletzt eingesehen am 30. März 2020); Forgive us our sins, *Time Magazine*, 21. Oktober 1946, S. 32, https://time.com/vault/issue/1946-10-21/page/34/ (zuletzt eingesehen am 30. März 2020); Night without Dawn, *Time Magazine*, 28. Oktober 1946, S. 34 f., https://time.com/vault/issue/1946-10-28/page/36/ (zuletzt eingesehen am 30. März 2020).

581 Priemel, Betrayal, S. 73.

582 The Chalice of Nürnberg, *Time Magazine*, 10. Dezember 1945, S. 26 f., https://time.com/vault/issue/1945-12-10/page/28/ (zuletzt eingesehen am 30. März 2020).

583 Vengeance, French, *Time Magazine*, 28. Januar 1946, S. 26, https://time.com/vault/issue/1946-01-28/page/28/ (zuletzt eingesehen am 30. März 2020); Vengeance, Russian, *Time Magazine*, 28. Januar 1946, S. 26, https://time.com/vault/issue/1946-01-28/page/28/ (zuletzt eingesehen am 30. März 2020); für eine ausführliche Analyse des „Timese" siehe: Brinkley, The Publisher, S. 128 f.

widerfuhr dieselbe Behandlung, der Inhalt der Artikel erschöpfte sich schon in den Überschriften.[584]

Da die Berichterstattung der Schwerpunktsetzung auf den Angriffskrieg Folge leistete und die französische und sowjetische Anklage, die Kriegsverbrechen und Verbrechen gegen die Menschlichkeit vor dem Tribunal vertraten, weitestgehend ignorierte, ist es nicht überraschend, dass auch der Holocaust kaum Erwähnung findet. Auch darin spiegelte das *Time Magazine* die allgemeine US-amerikanische Berichterstattung wider.[585] Die Erwähnung der Juden als Opfergruppe wurde im *Time Magazine* fast durchgehend vermieden, selbst wenn die Aussage von Rudolf Höß es sogar in die Überschrift eines Artikels schaffte:[586] „2,500,000 Pieces". Der mit einem zynischen Unterton geschriebene Artikel beschrieb Höß als kalten, professionellen Ingenieur des Todes. Umso erstaunlicher, dass der Artikel es versäumte, den „2,500,000 Pieces" einen Namen zu geben. In der „cover story" zur US-amerikanischen Anklage findet zwar der Film über die Konzentrationslager Erwähnung, aber wiederum nicht die Juden als Opfergruppe.[587] Lediglich der an Weihnachten 1945 erschienene Artikel mit der Überschrift „The Untellable Story" bildete eine Ausnahme.[588] Darin wird wiederholt betont, dass die vor Gericht erzählte Geschichte der Ermordung der europäischen Juden allgemein bekannt sei, nur verstehen könne sie niemand.

Auch die Art der Darstellung der deutschen Verbrechen in den kurzen, in leicht verständlichem „Timese" gehaltenen Artikeln wird generell nicht der Komplexität der deutschen Verbrechen gerecht. Zwar folgte das *Time Magazine* in seiner Berichterstattung der Schwerpunktsetzung auf die große Verschwörung und wiederholte Jacksons Deutung, dass alle Anklagepunkte im Zusammenhang mit dieser Verschwörung gesehen werden müssten, stellte aber die deutschen Verbrechen als zusammenhanglose Grausamkeiten dar, was viel zum Überdruss an „atrocity stories" beitrug, aber wenig zu deren Verständnis.

---

584 Indefensibles' Defense, *Time Magazine*, 18. März 1946, S. 29, https://time.com/vault/issue/1946-03-18/page/31/ (zuletzt eingesehen am 30. März 2020); Stiff Ears, *Time Magazine*, 25. März 1946, S. 31, https://time.com/vault/issue/1946-03-25/page/33/ (zuletzt eingesehen am 30. März 2020); Excuses, *Time Magazine*, 15. April 1946, S. 28, https://time.com/vault/issue/1946-04-15/page/30/ (zuletzt eingesehen am 30. März 2020).

585 Zur Berichterstattung der *New York Times* siehe: Leff, Wartime Frame.

586 2,500,000 Pieces, *Time Magazine*, 1. April1946, S. 28 f., https://time.com/vault/issue/1946-04-01/page/30/ (zuletzt eingesehen am 30. März 2020).

587 Day of Judgment, *Time Magazine*, 10. Dezember 1945, S. 25–28, https://time.com/vault/issue/1945-12-10/page/27/ (zuletzt eingesehen am 20. März 2020).

588 The Untellable Story, *Time Magazine*, 24. Dezember 1945, http://content.time.com/time/subscriber/article/0,33009,778521,00.html (zuletzt eingesehen am 30. März 2020).

The Allied prosecution continued to pile up evidence, detailing their guilt with an endless chain of chilling facts. The civilized world, like the Nazis, might have become bored with these horror stories—a U.S. reporter muttered: "O God, more of the same!"—but the prosecution had more to tell.[589]

In dem „Prosit Neujahr" überschriebenen Artikel war jeweils ein Absatz mit maximal drei kurzen Sätzen für Ernst Kaltenbrunner, Otto Ohlendorf, Erich von dem Bach-Zelewski und das Oberkommando der Wehrmacht vorgesehen. Die Artikel „Memories" und „Notes from Nürnberg" waren genauso aufgebaut.[590] So reproduzierte das Format die Wahrnehmung, es handele sich schlicht um die Aneinanderreihung immer gleicher „Gräueltaten".

Um die nationale Perspektive abschließend abzurunden, sei noch erwähnt, dass das *Time Magazine* durchgehend als „Cheerleader" des US-amerikanischen Anklageteams auftrat, auch wenn es die rechtlichen Grundlagen anzweifelte. Die Überschrift „Under the Hammer" machte in kurzen, markigen Worten deutlich, dass die US-amerikanische Anklage die Alibis und Ausreden der Angeklagten zerschmetterte.[591] Egal ob der im Vergleich mit dem britischen Chefankläger rhetorisch überlegene Vortrag von Jackson oder die angeblich gnadenlose Effizienz der US-amerikanischen Anklage als Ganzes, die Heroisierung der US-amerikanischen Ankläger war ein fester Bestandteil der Berichterstattung.[592] Jacksons peinliche Niederlage gegen Göring im Kreuzverhör wurde schlicht nicht erwähnt. Insgesamt zeigt sich in der eingenommenen Perspektive, dem Schreibstil und der Haltung des Magazins ein hohes Maß an redaktioneller Kohärenz in der Berichterstattung.

Keiner der hier zitierten Artikel trug eine „byline". Auf Grundlage der vom Präsidenten von Time Inc., Roy E. Larsen, gesammelten Korrespondentenberichte kann rekonstruiert werden, dass die Telegramme aus Deutschland und Nürnberg von 1945 und 1946 in erster Linie von John Scott (1912–1973) stammten.[593] Scott hatte

---

589 Prosit Neujahr, *Time Magazine*, 14. Januar 1946, S. 24, https://time.com/vault/issue/1946-01-14/page/26/ (zuletzt eingesehen am 20. März 2020).

590 Memories, *Time Magazine*, 11. Februar 1946, S. 27, https://time.com/vault/issue/1946-02-11/page/29/ (zuletzt eingesehen am 30. März 2020); Notes from Nürnberg, *Time Magazine*, 25. Februar 1946, S. 26, https://time.com/vault/issue/1946-02-25/page/28/ (zuletzt eingesehen am 30. März 2020).

591 Under the Hammer, *Time Magazine*, 21. Januar 1946, S. 26, https://time.com/vault/issue/1946-01-21/page/28/ (zuletzt eingesehen am 30. März 2020).

592 Naivete & Skill, *Time Magazine*; 24. Dezember 1945, http://content.time.com/time/subscriber/article/0,33009,778522,00.html (zuletzt eingesehen am 30. März 2020); Under the Hammer, *Time Magazine*, 21. Januar 1946, S. 26, https://time.com/vault/issue/1946-01-21/page/28/ (zuletzt eingesehen am 30. März 2020).

593 Houghton Library, Harvard College Library, Dispatches from *Time* Magazine Correspondents: First Series, 1942–1955 (MS Am 2090).

eine erstaunliche Biografie. Nach einem Studium an der Universität von Wisconsin ging er 1932 in die Sowjetunion und arbeitete für fünf Jahre in einer Stahlfabrik in Magnitogorsk. Aufgrund der stalinistischen Säuberungen war er gezwungen, die Sowjetunion zu verlassen und begann als *Time Magazine*-Korrespondent über den Zweiten Weltkrieg zu berichten. Zum Beginn des Nürnberger Prozesses wurde er als „staff correspondent" im Impressum des *Time Magazine* geführt, ab dem 14. Januar 1946 bis zum 8. März 1948 als Berliner Bürochef. Er blieb *Time*-Korrespondent bis zu seiner Pensionierung 1973. Nach seiner Rückkehr aus der Sowjetunion veröffentlichte er 1942 ein Buch über seine Erfahrungen und sein Leben in Magnitogorsk.[594] Ebenfalls 1942 publizierte er eine politische Analyse des Konflikts zwischen Hitler und Stalin und 1945 ein Buch mit dem Titel *Europe in Revolution*.[595] Neben den Telegrammen ist letzteres besonders wichtig zur Rekonstruktion seiner politischen Überzeugungen zur Zeit des Nürnberger Prozesses. Im Folgenden untersuche ich aber zuerst die Zuständigkeiten der Ressorts für die Nachrichten aus Nürnberg innerhalb der Redaktion.

Die Rubrik, in der die Nachrichten über den Nürnberger Prozess erschienen, war erst in der Ausgabe vom 5. Februar 1945 eingeführt und vorgestellt worden. Sie lautete: „International".

> This new department is being started for the same reason every TIME department was started – to help our editors bring together in one place all the week's news on a major subject, so it can be told in TIME as one, clear, connected, coherent story.[596]

Unter der neuen Rubrik „International" sollten der „Senior Editor" John Osborne, die „writer" Robert Okin und Philipp Lohman sowie drei „researcher" die Nachrichten einer Woche zusammenstellen, die sich zwar im Ausland abspielten, aber zu denen die USA einen direkten Bezug hatten oder die eine besondere Bedeutung für die USA besaßen. Konkret hieß das in den Worten von Luce: „Its subject: the making, de facto and de jure, of the new peace."[597] Natürlich sollten die *Time*-Korrespondenten eng mit den Redakteuren zusammenarbeiten, „to bring firsthand color and authenticity to each week's International report."

Die redaktionelle Politik im Detail zu beschreiben, ist schwierig. Insgesamt kann man mit Brinkley zusammenfassen, dass Luce zum Kriegsende weiter versuchte, die ideologische Ausrichtung seiner Magazine zu bestimmen, er zunehmend

---

594 John Scott, Behind the Urals: An American Worker in Russia's City of Steel, o. J. o. O.
595 John Scott, Europe in Revolution, Boston, MA 1945.
596 Letter from the Publisher, *Time Magazine*, 5. Februar 1945, S. 13, https://time.com/vault/issue/1945-02-05/page/15/ (zuletzt eingesehen am 30. März 2020).
597 Henry L. Luce, Memo an die Redakteure des *Time Magazine*, 27. November 1945, LoC, John Osborne Papers, Box 3, Folder: 1.

intoleranter gegenüber abweichenden Meinungen innerhalb seiner Redaktionen wurde und einen anti-kommunistischen Kurs steuerte.[598] Luces Wunsch, seine Zeitschriften zu verlässlichen ideologischen Instrumenten zu machen, war nicht so leicht umzusetzen wie gewünscht. Aufgrund seiner Distanz zum operativen Geschäft hing Luces politische Einflussnahme oft an Personalkonstellationen. Das Ressort „International" diente zu Beginn de facto dem Abdruck von Nachrichten und Telegrammen von Korrespondenten, die dem neuen anti-kommunistischen Chefredakteur der „Foreign News"-Rubrik, Whittaker Chambers, missfielen.[599] Das dürften die meisten Korrespondentenberichte gewesen sein.[600] Denn in einer von Luce in Auftrag gegebenen Umfrage unter den Korrespondenten zu deren Meinung über Chambers hatten alle dessen systematische Verzerrung der Nachrichten scharf kritisiert, wenn er denn ihre Telegramme überhaupt zur Kenntnis nahm.[601] Der Korrespondent in Moskau weigerte sich, weiterhin Material für die Auslandsberichterstattung an die Redaktion zu schicken.[602] Der Korrespondent in China hatte ein Schild auf seinem Schreibtisch stehen mit dem Hinweis: „Any resemblance to what is written here and what appears in *Time* magazine is purely coincidental."[603] Insofern verwundert es nicht, dass Luce sich gezwungen sah, eine zweite Rubrik für Auslandsnachrichten zu erschaffen, um einen Kompromiss zwischen den verschiedenen Fraktionen innerhalb der Redaktion zu erreichen. Die Berichterstattung über den Prozess wurde dem neuen Ressort zugeschlagen. Trotz der Kritik an Chambers von Korrespondenten und Redakteuren hielt Luce bis zum Herbst 1945 an ihm fest, bis dieser aufgrund gesundheitlicher Probleme eine Auszeit nehmen musste.

Der Herausgeber des *Time Magazine*, P. I. Prentice, widmete anlässlich der japanischen Kapitulation seinen „Letter from the Publisher" den Kriegskorrespondenten von *Time* und *Life* im Pazifik. In einer für die journalistische Selbstdarstellung im Zweiten Weltkrieg typischen Art und Weise steht die Simulation soldatischen Lebens im Vordergrund, die Nähe zu den Soldaten, zum Kampfgeschehen, zur Gefahr. Die Autorität der Berichte beruhte auf einer authentischen Darstellung ihrer Teilnahme am soldatischen Leben; genuin journalistische Normen treten

---

598 Brinkley, The Publisher, S. 300; Vanderlan, Intellectuals incorporated, S. 22.

599 Brinkley, The Publisher, S. 294; Vanderlan, Intellectuals incorporated, S. 246; Robert T. Elson, Time, Inc. The intimate history of a publishing enterprise, 1923–1941, New York 1968, S. 109 f.

600 Zum Verhältnis der Korrespondenten zu Chambers siehe auch: Brinkley, The Publisher, S. 294 ff.; Elson, Time Inc., S. 106 ff.; Vanderlan, Intellectuals incorporated, S. 240 f.; Whittaker Chambers, Witness, New York 1952, S. 498.

601 Brinkley, The Publisher, S. 291.

602 Vanderlan, Intellectuals incorporated, S. 242.

603 Zitiert nach: Thomas Griffith, Harry and Teddy. The turbulent friendship of Henry R. Luce and Theodore H. White: the press lord and his rebellious correspondent, New York 1995, S. 123.

in der Darstellung in den Hintergrund.[604] Erst in den vorletzten Absätzen kam Prentice auf die eigentlichen journalistischen Tätigkeiten zu sprechen:

> I wish I had more space to sketch the special background of war which has seasoned each of our correspondents. Every one of these men knows that covering the news for TIME does not mean just duplicating the headline reports we get from our Associated Press wires. Rather his job is to dig out vital background material and usually-overlooked detail that will give TIME'S news depth and feeling – to help our editors make their reports alive and understandible to TIME'S readers.[605]

Aber der Absatz enthält auch Hinweise zum Wechselwirkungsverhältnis zwischen Korrespondenten und *Time*-Redaktion. Es war die Aufgabe der Korrespondenten, den Redakteuren Hintergrundmaterial und übersehene Details zu liefern; es war die Aufgabe der Redakteure, die Telegramme der Korrespondenten zu benutzen, um daraus Artikel zu machen, die sich in das Format, die Rubriken, den Stil und die redaktionelle Politik des *Time Magazine* einpassten.

Die Analyse der Telegramme von Scott aus Deutschland und insbesondere aus Nürnberg bestätigt dieses Bild des Verhältnisses zwischen Korrespondenten und Redaktion. Scott nahm in erster Linie die Rolle eines Reporters im Gegensatz zu der eines „writers" ein. Grundsätzlich kann man sagen, dass Scott in seinen Telegrammen Material lieferte, das von den Redakteuren zum Verfassen von Artikeln genutzt werden konnte. Dabei war er keinesfalls auf Daten, Fakten und Zitate aus Interviews beschränkt. Die Korrespondenz hatte vielmehr den Charakter einer Diskussion unter außenpolitischen Experten. Herrschte bei anderen Medienorganisationen die Order knappster redaktioneller Kommunikation per Telegramm über Thema, Darstellungsform, Länge und Zeitplan, adressierten sich Scott und sein Korrespondenzpartner direkt (für gewöhnlich der „Chief of Correspondents") und debattierten Deutungen und Interpretationen der politischen Lage. Scott schickte lange Hintergrundberichte, aber ebenso Daten und Fakten, Zitate von Politikern und Militärs sowie vertrauliche Informationen aus den Interviews. Er antwortete auf konkrete Anfragen der Redaktion und machte eigene Themenvorschläge. Natürlich existieren auch Artikel oder Fragmente von Artikeln. Aber die beiden zentralen

---

604 Ein gesamter „A Letter From The Publisher" vom 29. Januar 1945 verfolgte genau diesen Zweck, die Nähe der Redaktion zum Kriegsgeschehen zu belegen, indem auf die Reisen der Redakteure an die Fronten und auf den permanenten Strom von Kriegskorrespondenten, die die Heimatredaktion besuchten, hingewiesen wurde. Siehe: A Letter From The Publisher, *Time Magazine*, 29. Januar 1945, S. 15, https://time.com/vault/issue/1945-01-29/page/17/ (zuletzt eingesehen am 30. März 2020).

605 A Letter From The Publisher, *Time Magazine*, 10. September 1945, S. 17, https://time.com/vault/issue/1945-09-10/page/19/ (zuletzt eingesehen am 30 März 2020).

Merkmale, die alle Aspekte des Wechselwirkungsverhältnisses zwischen Scott und der Redaktion prägten, waren seine Rolle als Reporter und der Kommunikationsstil einer außenpolitischen Expertendebatte.

Die Rolle des Reporters zeigte sich schon daran, dass viele der Telegramme von Scott Antworten auf konkrete Anfragen der Redaktion waren. Z. B. am 28. Juli 1945 aus Berlin: „FOR INTERNATIONAL: ANSWERING QUERY 10 ON REACTION OF GIs TO GERMANS".[606] Die Antwort ist kein Artikel, sondern ein Bericht im Stil einer Konversation mit den Redakteuren in der ersten Person gehalten, worin eigene Beobachtungen, Daten und Fakten enthalten sind. Unter den überlieferten Telegrammen finden sich zahlreiche solcher Antworten auf konkrete Anfragen der Redaktion. Noch deutlicher traten die Reportereigenschaften und der Kommunikationsstil in Scotts Telegramm über seinen Flug mit Präsident Truman von Potsdam nach Frankfurt am Main während der Potsdamer Konferenz vom 28. Juli 1945 zum Vorschein.

> None of the quotes except those from the President's speeches are for publication. The agencies already have filed heavily on the trip, so I will fill in only those things they may have missed plus my own impressions.[607]

Scott lieferte keinen Artikel, sondern vertrauliche Hintergrundinformationen aus den Gesprächen mit Truman, Außenminister Brynes, General Eisenhower und anderen Entscheidungsträgern. Am Ende fand sich wiederum eine im Stil einer Expertendiskussion gehaltene persönliche und leicht herablassende Einschätzung der außenpolitisch unerfahrenen Politiker Truman und Brynes. Ein Telegramm bezüglich einer „cover story" über den US-amerikanischen Hochkommissar für Österreich, General Mark Clark, folgte demselben Muster. Scott schickte zwei Anekdoten über Clark, „which might be useful for the Mark Clark Cover."[608] Danach folgten „off the record" Hintergrundinformationen von wichtigen Entscheidungsträgern über Clark und über die Lage in Österreich, „which might be of use in the cover."[609] Dem bekannten Muster entsprechend schloss Scott sein Telegramm ab mit einer in der ersten Person gehaltenen Einschätzung der sowjetischen Strategie in Österreich und Deutschland. Genauso schickten zahlreiche *Time Magazine*- und

---

606 John Scott cable no. 11 part I – Berlin – Reaction of GIs to Germans, 28. Juli 1945, HL/HU, Dispatches from Time Magazine Correspondents: First Series, 1942–1955, Container 296.

607 John Scott cable no. 10 – Berlin – Truman visit to Frankfurt, 28. Juli 1945, HL/HU, Dispatches from Time Magazine Correspondents: First Series, 1942–1955, Container 296.

608 Berlin dispatch no. 336 – Clark (Scott), 15. Juni 1946, HL/HU, Dispatches from Time Magazine Correspondents: First Series, 1942–1955, Container 356.

609 Ebd.

Life-Korrespondenten ihre Beiträge zur „cover story" von zahlreichen Standorten innerhalb und außerhalb der USA an die Redaktion.[610]

Scotts Telegramme aus Nürnberg über den Prozess folgten ebenfalls diesem Muster von Reporterrolle und außenpolitischer Expertendebatte. Er schickte einen Bericht seiner Wanderung durch Nürnberg samt Zitaten von Einwohnern, der die Reaktion der Deutschen auf den Prozess abdecken sollte – das typische Element einer jeden Berichterstattung über Nürnberg, das immer das Desinteresse am Prozess und die anders gearteten Sorgen der Deutschen im ersten Nachkriegswinter zum Inhalt hatte.[611]

Scott lieferte ein Interview mit Jackson nach dem ersten Prozesstag[612], der das Interview dafür nutzte, Scott die Teile seiner noch streng geheimen Eröffnungsrede zu zeigen, die auf die Kritik der deutschen Verteidigung und – wie Jackson durch seinen Pressesprecher wusste – die Kritik des *Time Magazine* an den rechtlichen Grundlagen des Prozesses einging. Neben diesen vertraulichen Hintergrundinformationen enthielt das Telegramm aber auch zitierfähige Aussagen von Jackson. Die Reporterrolle wird durch folgendes Zitat überdeutlich: „Regarding your 162, Jackson says he absolutely has not revised any opinions expressed in his April 13 speech, which whoever writes the story must read carefully."[613] Die „162" bezog sich auf die nummerierten Telegramme der Redaktion. Bei der Rede „Rule of Law Among Nations" vom 13. April 1945 handelte es sich um einen Auftritt Jacksons beim jährlichen Treffen der American Society of International Law in Washington, wo er sich dafür aussprach, dass Kriegsverbrecherprozesse rechtsstaatlichen Verfahren genügen müssten und keine politischen Instrumente sein dürften.[614] Scotts Hinweis richtete sich an den Redakteur, der mit Hilfe seiner Telegramme den Artikel am Ende tatsächlich schrieb.

Es sind neben kurzen Korrekturen zwei weitere Telegramme in Vorbereitung auf die große „cover story" über den Prozess erhalten, die am 10. Dezember 1945 erschien. Die beiden neun und elf Seiten langen Telegramme waren überschrieben

---

610 Siehe das Verzeichnis der Telegramme an Roy E. Larsen zwischen dem 13. und 15. Juni 1946: Dispatches from *Time* Magazine Correspondents: First Series, 1942–1955: Guide, http://oasis.lib. harvard.edu/oasis/deliver/~hou00068 (zuletzt eingesehen am 2. Juli 2018).

611 John Scott cable no. 2 – Nuremberg – German reactions to impending trials, 19. November 1945, HL/HU, Dispatches from Time Magazine Correspondents: First Series, 1942–1955, Container 318.

612 John Scott cable no. 5 – Nurnberg – Interview with Jackson, 20. November 1945, HL/HU, Dispatches from Time Magazine Correspondents: First Series, 1942–1955, Container 318.

613 Ebd.

614 Robert H. Jackson, Rule of Law Among Nations, 13. April 1945, https://www.roberthjackson. org/wp-content/uploads/2015/01/Rule_of_Law_Among_Nations.pdf (zuletzt eingesehen am 24. April 2017).

mit „Herman and the Wolf" und „Second Take on Goering Cover Story".[615] Scott ging zu dem Zeitpunkt noch davon aus, dass Göring im Zentrum der „cover story" stehen würde, was letztlich nicht der Fall war. Die Telegramme enthalten die bekannten Elemente: Impressionen aus dem Gerichtssaal; lange Bausteine eines möglichen Artikels, in diesem Fall mit einer Schilderung der juristischen Herausforderungen sowie der US-amerikanischen Beweisführung; vertrauliche „off the record"-Hintergrundinformationen, hier vom US-amerikanischen Richter Francis Biddle; das Angebot der Übermittlung von Dokumenten, nämlich der Rede, die Göring zu Beginn des Prozesses nicht halten durfte; die Auflistung von Daten und Fakten, hier eine Liste von Zeugen und Dokumenten der Verteidigung; Antworten auf Anfragen der Redaktion, nämlich, ob die Beweise gegen die Angeklagten ausreichen, um aus dem Verfahren keinen politischen Racheakt zu machen und schließlich die eigene Deutung des Prozesses in Form der Expertendiskussion.

Nachdem die technischen und praktischen Aspekte dieses Wechselwirkungsverhältnisses herausgearbeitet worden sind, stellt sich die Frage, welche konkreten Inhalte und Deutungen aus Scotts Telegrammen von den Redakteuren aufgegriffen wurden. Gab es womöglich Meinungsverschiedenheiten zwischen den selbsternannten außenpolitischen Experten? Auf diese Art und Weise lassen sich Rückschlüsse darauf ziehen, welche Handlungsrelevanz letztendlich die politischen Überzeugungen von Scott besaßen.

Scott wurde in einem Artikel vom Korrespondenten der Zeitung *PM*, Victor Bernstein, zitiert. Bernstein hatte in der zweiten Woche des Prozesses Korrespondenten aus zahlreichen Ländern in Nürnberg befragt, ob sie den Prozess vor Beginn für eine gute Idee gehalten hätten und ob sie nach der ersten Woche Grund hätten, ihre Meinung zu ändern. Scott war einer von acht US-amerikanischen Korrespondenten, die Bernstein befragt hatte.

I did not think a trial was a good idea because I thought it might become a safety valve for popular feeling against war and channel this feeling into blame for twenty people alone. People might be led to think: Kill them and everything will be all right – though in reality many forces working towards war would remain untouched by trial.

I have partly changed my mind. I was encouraged by Jackson's opening remarks though somewhat discouraged by subsequent transient and nevertheless avoidable technical difficulties.[616]

---

615 John Scott cable no. 8 – Nuremberg – Hermann and the wolf, 29. November 1945, HL/HU, Dispatches from Time Magazine Correspondents: First Series, 1942–1955, Container 319; John Scott cable no. 10 – Nuremberg – Goering, 30. November 1945, ebd.

616 Victor Bernstein, Reporters' Consensus Favors Crime Trials, *PM*, 2. Dezember 1945, S. 5.

Scotts Sorgen waren nicht unberechtigt. Insbesondere in Deutschland war die Deutung auch in der unter alliierter Kontrolle stehenden Lizenzpresse verbreitet, die eigene Schuld auf die 21 Männer auf der Anklagebank zu projizieren und die deutsche Nation und die deutsche Bevölkerung als entschuldigt anzusehen.[617] Doch hatte Scott nicht in erster Linie die Frage der deutschen Kollektivschuld im Kopf, als er seine anfänglichen Bedenken äußerte, dass „many forces working towards war" im Prozess unberücksichtigt bleiben könnten. Scott ging es weniger um die Schuldfrage, die aus seiner Sicht beantwortet war, wenn sie auch noch einwandfrei vor dem Tribunal bewiesen werden musste. Es ging vielmehr um die Frage nach den Ursachen des Zweiten Weltkrieges, was Scott zu einer Ausnahmeerscheinung machte, da er die These der „Verschwörung" der Angeklagten eben nicht als ausreichend anerkannte.[618] Hier kommt das Element der außenpolitischen Expertendebatte in seinen Telegrammen an die Heimatredaktion ins Spiel. In der zweiten Lieferung zur „cover story" vom 30. November 1945 behandelte er anlässlich einer Anfrage, in welchem Ressort die Nachrichten aus Nürnberg erscheinen sollten, ausführlich die Frage nach den Ursachen:

> On the last question in your cable I, of course, think this is an international story. The fact that the defendants are German is incidental to a much greater thing. They had an able obedient people to work with, but they are essentially criminal products of a criminal age. They are the symbols of Nazism, yes, but Nazism is the symbol of a crisis of western civilization, a crisis which is by no means past. These twenty men are but mean nonenities, warped gnomes in a country which is the black sheep in a world run amuck with too much power, too many inventions and machines, too much speed and centralization which have not been assimilated and which we have not yet found the moral strength and wisdom to direct. We are children playing with magic. These twenty bad boys and a few thousand other ones waved the wrong wand and brought misery and destruction to millions. What we do to them is not important compared to whether or not the rest of us learn which wand to use to avoid such a catastrophe. Jackson expressed a hope, a pious, uninformed, myopic hope, but still a hope that we would learn. This is the world's hope, and it is up to us to implement it, give it guts and teeth.
>
> These guts and teeth consist in world government, planned world economy and cooperation as opposed to competition as the basic principle of our society, but I regretfully observe that I see few indications that a majority of the people or even a large minority,

---

617 Diese Deutung war so weit verbreitet, dass die „Information Control Division" politische Richtlinien für die Lizenzpresse erließ, um der Deutung entgegenzuwirken: Lucius D. Clay an Information Control Division, OMGUS, Oktober 1946, BArch, AG 1945–46/3/3.

618 Zur Unterscheidung zwischen Schuldzuweisung und Ursachenforschung mit Bezug auf den Nationalsozialismus, siehe: Zygmunt Bauman, Dialektik der Ordnung: Die Moderne und der Holocaust, Hamburg 1992, S. 11.

particularly in my own country, recognize these basic truths and plan to put them into effect.[619]

Weit davon entfernt, die deutsche Schuld am Krieg oder an den begangenen Verbrechen in Abrede stellen oder relativieren zu wollen, fragte Scott danach, welche Entwicklungen der Industriemoderne die nationalsozialistische Herrschaft und die deutschen Verbrechen als eine Möglichkeit haben entstehen lassen. Eine beunruhigende Frage. Sofern die Möglichkeitsbedingungen der deutschen Verbrechen der Moderne innewohnten und nicht ihr Gegensatz, sondern ihr latentes Potential waren, konnte man sich nicht mit einem Gefühl der Sicherheit zurücklehnen und das Problem in dem Moment für gelöst erklären, in dem die 21 Angeklagten verurteilt waren.[620] Diese Perspektive lenkte den Blick auch zwangsläufig auf die problematischen Entwicklungen der eigenen Gesellschaft während des Krieges. Dass Scott Jacksons Anstrengungen für eine neue internationale Rechtsordnung, die die Souveränität der Nationalstaaten zumindest ansatzweise beschnitt, als wichtigen Schritt zu einer Weltregierung begriff, war verständlich und im Zuge des mit der Gründung der UNO verbundenen Enthusiasmus auch nicht ungewöhnlich. Doch entbehrt es nicht einer gewissen Ironie, dass ein *Time*-Korrespondent in seinen Telegrammen als Antwort auf die beiden Weltkriege einen Schwanengesang auf den Kapitalismus anstimmte und eine sozialistische Planwirtschaft forderte. Gerade Luce war stolz darauf, dass seine Magazine nicht nur die Bedeutung von Handel und Unternehmertum, sondern auch deren Tugenden hervorhoben.[621]

Wenn Scott schrieb, nicht einmal eine Minderheit in den USA teile seine Deutung, dann hätte er noch hinzufügen können, dass sein Chefredakteur diese Deutung ganz sicher auch nicht teilte – genauso wenig wie seine unmittelbaren vorgesetzten Redakteure in der Rubrik „International". Sie waren zwar keine extremen Anti-Kommunisten wie Chambers, doch verfochten sie auch keinen demokratischen Sozialismus wie Scott. Die Berichterstattung des *Time Magazine* war durchaus eine zutreffende Zusammenfassung der vorherrschenden Perspektive auf den Prozess in der US-amerikanischen Berichterstattung. Die Fokussierung auf die Frage der Siegerjustiz anlässlich der Anklage wegen des Führens eines Angriffskrieges, die medialen Aufmerksamkeitskonjunkturen als Folge der den Routinen innewohnenden nationalistischen Perspektive und die Darstellung der deutschen Verbrechen

---

619 John Scott cable no. 10 – Nuremberg – Goering, 30. November 1945, HL/HU, Dispatches from Time Magazine Correspondents: First Series, 1942–1955, Container 319.

620 Zu Scotts Deutung des Prozesses siehe ausführlich: Ebbo Schröder, Die (Nicht-)Verantwortung des Technikers. Albert Speer vor Gericht und in der Presse, in: Zeitschrift für Technikgeschichte, 83, 2016, H. 4, S. 287–305.

621 Brinkley, The Publisher, S. 196.

als eine endlose, nicht unterscheidbare Reihe sich wiederholender „atrocities" waren typische Merkmale der Berichterstattung. Der zuständige „Senior Editor" für die Rubrik „International", John Osborne, formulierte in einem internen Memo aus dem November 1948 bezüglich „editorials", also der politischen Ausrichtung der Redaktion zu bestimmten Themen, seine damalige Perspektive und Kritik am Nürnberger Prozess:

> The Nuremberg and Tokyo verdicts – the whole approach was wrong, for a fundamental reason: peoples cannot be convinced of national guilt, however thoroughly they may be convicted. I have always believed (and wrote in TIME in 1945) that this was the great fallacy in the Nuremberg approach, and when I have time or invitation I propose to try to make this viewpoint believable in print.[622]

Diese kritische Haltung gegenüber dem Prozess dominierte die Berichterstattung. Inwiefern sie zutrifft, war und ist Gegenstand zahlreicher Debatten zum Nürnberger Prozess. Entscheidend war, dass die Frage der Siegerjustiz die Berichterstattung dominierte und von anderen Fragen und Aspekten des Prozesses ablenkte. Scott konnte seine Perspektive auf den Prozess in Telegrammen mit dem „Chief of Correspondents" diskutieren, die das *Time Magazine* ein Vermögen gekostet haben müssen. Aber Eingang in die Berichterstattung fanden seine Deutungen des Prozesses nicht. Seine tiefergehenden Fragen nach den Ursachen des Krieges und der deutschen Verbrechen waren zu komplex für das Format des „digest of the news". Nicht einmal Scotts weniger grundsätzliche und für einige Länder durchaus zutreffende Deutung, dass der Prozess die Linke in Europa und den USA stärken werde, da deren Einschätzung der Nationalsozialisten im Großen und Ganzen zutreffend gewesen sei, fand Berücksichtigung.

Um die Widersprüche noch weiter zu treiben, sei abschließend die Rezension von Scotts Buch *Europe in Revolution* erwähnt, die am 12. November 1945, also kurz vor Beginn des Prozesses im *Time Magazine* erschien.[623] In seinem Buch hatte Scott seine Haltung zum sich in Europa als Folge der Weltkriege ausbreitenden Sozialismus kundgetan und auf die Notwendigkeit und Möglichkeit eines Ausgleichs mit der Sowjetunion hingewiesen.[624] In der Rezension wurde der Autor gleich zu Beginn als langjähriger eigener Korrespondent ausgewiesen, bevor die meisten seiner Aussagen kritisiert und verworfen wurden. Zumindest zu diesem

---

622 John Osborne an Joseph Thorndike Jr., 30. November 1948, LoC, John Osborne Papers Box 2, Folder: 6.

623 *Time Magazine*, 12. November 1945, S. 103, https://time.com/vault/issue/1945-11-12/page/105/ (zuletzt eingesehen am 30. März 2020).

624 Scott, Revolution, S. 242 ff.

Zeitpunkt muss ein erstaunliches Maß an Meinungspluralismus innerhalb der Reihen des *Time Magazine* möglich gewesen sein, auch wenn es nicht für die Inhalte des Magazins galt.

5.4.2 The New Yorker

Die Veränderungen, die der Zweite Weltkrieg für den Chefredakteur Harold Ross und den *New Yorker* mit sich brachten, waren nicht weniger einschneidend als für das *Time Magazine*, wie Ben Yagoda in seiner Geschichte des *New Yorker* schreibt:

> In any number of ways, the Second World War was a turning point for the New Yorker. The war thrust it, not necessarily willingly, onto a wider stage, forever removed from the label "humor magazine," robbed (as even the Depression had not) of the comfortable luxury of noncommittal politics.[625]

Der *New Yorker* wendete sich an ein bewusst elitäres, urbanes Milieu. Ross hatte seit Gründung Wert darauf gelegt, den *New Yorker* nicht mit politischen oder gar wirtschaftlichen Themen zu überfrachten, sondern sich auf Literatur, Satire, Kritiken, Kunst und die Lebens- und Konsumwelten der New Yorker Oberschicht konzentriert.[626] Im Gegensatz zum formalistischen „Timese" legte Ross großen Wert auf einen eleganten Schreibstil. Selbst die Große Depression der 1930er Jahre hatte dem Ton und der Ausrichtung des Magazins nichts anhaben können. Seine eigene politische Ausrichtung blieb vage; er bezeichnete sich als im weitesten Sinne liberal, seine Haltung zur Rassenfrage war allerdings selbst für damalige Verhältnisse rückwärtsgewandt, wie der heutige Chefredakteur des *New Yorker*, David Remnick, einräumt.[627] Brinkley schreibt, trotz aller Unterschiede zwischen den beiden Redakteuren seien sowohl Luce als auch Ross in den Jahren vor dem Zweiten Weltkrieg als „apolitical but culturally conservative" zu bezeichnen.[628]

Ross' Reaktion auf den Ausbruch des Krieges war allerdings eine andere als die von Luce und hatte weniger mit seinen politischen Überzeugungen als seinem Selbstverständnis als Redakteur zu tun. Mary Corey hat den Redakteur Ross als eine „curious mixture of permissiveness and rigidity" bezeichnet.[629] Bestimmte

---

625 Ben Yagoda, About Town. The New Yorker and the world it made, London 2000, S. 168.
626 Zu Harold Ross siehe: Thomas Kunkel, Genius in disguise. Harold Ross of the New Yorker, New York 1995.
627 David Remnick, The New Yorker in the Forties, 28. April 2014, *The New Yorker*, https://www.newyorker.com/books/page-turner/the-new-yorker-in-the-forties (zuletzt eingesehen am 1. Juli 2018).
628 Brinkley, The Publisher, S. 196.
629 Corey, The World through a monocle, S. 22.

literarische Konventionen mussten eingehalten werden und er war pedantisch in Fragen der Grammatik und des präzisen Ausdrucks, zeigte sich in anderen wichtigen Bereichen aber umso flexibler: „Above all he was dedicated to the proposition that a good editor allowed intelligent writers to write about what really concerned them in a comprehensible style and without interference.“[630] Nach Kriegsausbruch fügte er sich in das Schicksal, Notiz von den politischen und kriegerischen Geschehnissen nehmen zu müssen und öffnete den *New Yorker* für die Berichterstattung über die schweren, ernsten Dinge des Lebens. Dabei vertraute er auf die Mitarbeiter, mit denen er sich umgeben hatte.[631] William Shawn, der spätere langjährige Chefredakteur, war als „fact editor“ für die nicht-fiktionalen Beiträge der Korrespondenten verantwortlich. Der langjährige Mitarbeiter E. B. White übernahm ab 1943 die „Notes and Comments“-Rubrik, was am ehesten einer redaktionellen Meinungsseite entsprach. White war während des Krieges zu der Überzeugung gelangt, dass die einzige politische Lösung zur Vermeidung zukünftiger Konflikte eine Form von Weltregierung sei. Vertreter dieser Denkrichtung wurden als „One-Worlder“ bezeichnet und Ross gehörte nicht zu ihnen. Ursprünglich verstand er sich als Isolationist und sein politisches Konzept war es gewesen, sich in der Frage des US-amerikanischen Kriegseintritts schlicht an Präsident Roosevelt zu orientieren und ihm zu vertrauen, das Richtige zu tun.[632] Da White sowohl Ross' Haltung in dieser Frage als auch dessen Abneigung gegen journalistische Kreuzzüge im Dienste welcher Sache auch immer bekannt war, bat er um eine Rückmeldung von Ross zu einem seiner Texte in der „Notes and Comments“-Rubrik:

> I say dismiss any fear that you might make the magazine a crank publication. Probably that's what it ought to be, if the crankiness is sound; the uncertain factor is how soon will such truths be effective. But aside from all that and from everything else, you made the Comment page what it is, God knows, and I have for long regarded it as yours to the extent that you want to make use of it.[633]

Das Zitat verdeutlicht, dass Ross seinen Mitarbeitern in der Redaktion großes Vertrauen entgegenbrachte und ihnen große Freiheiten einräumte, ohne seine Ansichten bezüglich Darstellungsformen und politischer Ausrichtung zum Maß aller Dinge zu machen. Er entsandte Korrespondenten in die wichtigsten Zentren und auf die wichtigsten Kriegsschauplätze der Welt, ausgestattet mit denselben Freiheiten, ihre Beobachtungen und Erfahrungen in ihnen angemessen erscheinenden Formen

---

630 Ebd., S. 23.
631 Ebd.
632 Yagoda, About Town, S. 170.
633 Harold Ross an E. B. White, Oktober 1944, zitiert nach: Yagoda, About Town, S. 194.

zu berichten. Im Gegensatz zu Luce, der in Reaktion auf die Krise des Zweiten Weltkrieges seinen politischen Missionsdrang entdeckte und seine Magazine zu Sprach-
rohren seiner politischen Überzeugungen machte, indem er sie einer strengen
inhaltlichen Kontrolle zu unterwerfen versuchte, ging Ross bezüglich der redaktionellen Organisation den entgegengesetzten Weg. Als Kontrastfolie zur Beschreibung
des Journalismus, den er im *New Yorker* implementierte, dienten ihm Luce und
dessen *Time Magazine*. Seine langjährige Frankreich-Korrespondentin Janet Flanner hatte in einem Brief die personelle Übermacht der Time-Inc.-Korrespondenten
in Frankreich beklagt, während sie als einzige *New Yorker*-Korrespondentin für
das große Land verantwortlich war.[634] Ross' Antwort war insofern als Beschwich-
tigung und Zuspruch für seine Korrespondentin gedacht; er schilderte aber auch
aus seiner Sicht die unterschiedlichen Beziehungen zwischen Redaktionen und
Korrespondenten der beiden Verlage:

> You've got plenty of chance against the Luce people, because we're playing a completely
> different game. The big difference is that we have writers doing our foreign stuff – such as
> it is – and they have legmen. Even if by a fluke they had a writer the home office wouldn't
> recognize it, and if it did, it wouldn't want him to write. We don't pretend to cover things
> as spot news. They do. And from all I have heard, the home office always knows more
> than the man in the field and fixes his facts to fit. [...] For my temperament, our game is
> the better. Naturally.[635]

Dass Ross zu dieser Bewertung kam, ist nicht überraschend, traf jedoch den entscheidenden Punkt. Das Wechselwirkungsverhältnis zwischen den Redaktionen
und den Korrespondenten der beiden Magazine unterschied sich grundsätzlich.
Sah das Format des *Time Magazine* eine extreme Arbeitsteilung zwischen den
schreibenden Redakteuren und den in erster Linie Material sammelnden Auslandskorrespondenten vor, stellte der *New Yorker* die Erfahrungen und Beobachtungen
der Korrespondenten in den Vordergrund und räumte ihnen die darstellerischen
und inhaltlichen Freiheiten ein, diesen Ausdruck zu geben. Das Format des *New
Yorker* stand nicht unter dem Zwang, seinen Lesern eine wöchentliche, allumfas-
sende Zusammenfassung der Nachrichtenlage in den USA und aus aller Welt zu
liefern. Was sich der *New Yorker* unter Auslandsberichterstattung vorstellte, wurde
in der Endphase des Krieges thematisiert, weil die Umstände der routinierten Pro-
duktionsweise des Magazins zuwiderliefen, wie Ross jedem, der es hören wollte,
erzählte:

---

634 Flanner an Hawley, 24. März 1947, NYPL, The New Yorker Records, Box 44, Folder: 7.
635 Ross an Flanner, 11. April 1947, ebd.

A weekly magazine gets very difficult under the strain of suspense and terrific news which lasts over a period of weeks. We were making over pages three or four times, and always in the dark. As I told Shawn the other day, the whole thing is over and we can now stop playing newspaper. We have had a hard time calming down here, but within a couple of weeks will be back on a magazine basis, I think. Sayre, travelling around with the spot news boys in Germany queried us on a group of stories emanating from alleged secretaries of Hitler, Goebbels, etc., a few days ago. I told Shawn to tell him the hell with urgent news.[636]

Die sich überschlagenden Ereignisse – Roosevelts Tod und die deutsche Kapitulation – hatten zu einer derartigen Beschleunigung des Nachrichtenzyklus geführt, dass der *New Yorker* den Entwicklungen, die eigentlich reflektiert und kommentiert werden sollten, hinterher hechelte. Der zweite Grund, warum die Vorstellungen des *New Yorkers* von Auslandsnachrichten zu dieser Zeit thematisiert wurden, war Joel Sayre. Dieser war ein junger, unerfahrener Korrespondent, der noch nicht mit der spezifischen Produktionskultur des *New Yorker* vertraut war, was in dieser für das Magazin und seine Routinen so schwierigen Zeit erhöhten Kommunikationsbedarf zur Folge hatte. Der „non-fiction editor" Shawn musste ihm in dieser Zeit mehr als einmal und in deutlichen Worten telegrafieren, welche Art von Artikeln der *New Yorker* im Allgemeinen von seinen Auslandskorrespondenten erwartete:

WE DO NOT WANT NEWS WE WANT BACKROUND STORIES PERIOD WE WANT TO PARALLEL THE NEWS NOT COVER IT PERIOD WE URGE YOU TO FORGET ABOUT NEWS PERIOD [...] THESE ARE THE NEW YORKER'S PROVINCE PERIOD THOSE PIECES WE CAN DO AND NO ONE ELSE CAN AND WE DO NOT HAVE TO WORRY ABOUT COMPETING WITH NEWSPAPERS OR NEWS MAGAZINES PERIOD[637]

Die Agenturen und Zeitungen konstruierten eine soziale Realität entlang der vorherrschenden journalistischen Wahrnehmungsroutinen dieser Mediengattungen. Der *New Yorker* bot andere Perspektiven durch eine andere redaktionelle Aufbau- und Ablauforganisation, durch Investitionen von Ressourcen in die Recherche und die Anzahl der Spalten, durch alternative Darstellungsformen und durch Darstellungen, die gezielt die blinden Flecken der journalistischen Wahrnehmungsroutinen von Zeitungen und Nachrichtenmagazinen ins Blickfeld rückten. Dass Beobachtungen zweiter Ordnung und die damit verbundenen Routinen ihre eigenen blinden

---

636 Ross an Flanner, 19. Mai 1945, NYPL, The New Yorker Records, Box 44, Folder: 8.

637 William Shawn an Joel Sayre, 16. Mai 1945, NYPL, The New Yorker Records, Box 425, Folder: 14; siehe auch: Shawn an Sayre, 6. Juli 1945, ebd; Shawn an Sayre, 12. November 1945, ebd.

Flecken aufweisen, steht außer Frage. Auch der *New Yorker* stand nicht außerhalb der Kultur, deren so zentraler Teil er war. Mary Corey hat diese blinden Flecken in ihrer Monografie *The World Through A Monocle: The New Yorker at Midcentury* ausführlich untersucht.[638]

Abgesehen von Sayres Artikel im Vorfeld des Prozesses über den KZ-Film der US-amerikanischen Anklage war die Berichterstattung über den Nürnberger Prozess im *New Yorker* fest in Frauenhand.[639] Janet Flanner, langjährige Frankreich-Korrespondentin, berichtete über die erste Hälfte des Prozesses, Rebecca West, die englische Journalistin und Schriftstellerin, über die zweite Hälfte. Andy Logan, spätere legendäre „City Hall"-Reporterin des Magazins, schrieb über die Nachfolgeprozesse.

Janet Flanner

Flanner hatte 1925 ihren ersten „Letter from Paris" im *New Yorker* veröffentlicht und war seitdem die Frankreichkorrespondentin des Magazins.[640] Während des Krieges hatte sie sich geweigert, als Kriegsberichterstatterin in Frankreich zu bleiben und war erst Ende 1944 zurückgekehrt. Paris wurde wieder ihr Standort, doch reiste sie bis zum Kriegsende mehrere Male an verschiedene Fronten, besuchte nach der Befreiung die KZs Buchenwald und Ravensbrück und reiste nach Kriegsende in verschiedene europäische Städte. Nach Nürnberg reiste sie zweimal.[641] Bei ihrem ersten Aufenthalt vom 13. auf den 14. Dezember 1945 besuchte sie lediglich eine Nachmittags- und eine Vormittagssitzung. Sie kehrte erst am 22. Februar 1946 nach Nürnberg zurück, blieb diesmal aber fast einen Monat bis zum 20. März 1946. Insgesamt verschickte sie fünf „Letter from Nuremberg", schrieb aber in der Zwischenzeit auch Artikel aus anderen Städten und arbeitete zeitgleich an einem „Reporter at Large" über die „Arts and Monuments Men", eine US-amerikanische Armeeeinheit, die für die Sicherung und Rückgabe deutscher Beutekunst zuständig war. Ihre kurze Karriere als Radiokorrespondentin hatte sie zu diesem Zeitpunkt aufgrund der Arbeitsbelastung schon wieder beendet.

---

638 Corey, World through a monocle. Coreys Analyse entlang der Kategorien „Rasse", Klasse und Geschlecht beleuchtet diese blinden Flecken. Allerdings ist mit Bezug auf die Berichterstattung über Nürnberg anzumerken, dass gerade die Frage des Geschlechts von den ausschließlich weiblichen Korrespondentinnen thematisiert wurde.

639 Joel Sayre, Letter from Nuremberg, *The New Yorker*, 1. Dezember 1945, S. 106–111.

640 Zu Flanner siehe: Brenda Wineapple, Genêt. A Biography of Janet Flanner, New York 1989; zu Flanners Berichterstattung über den Nürnberger Prozess siehe: Carl Rollyson, Reporting Nuremberg. Martha Gellhorn, Janet Flanner, Rebecca West, and the Nuremberg Trials, in: ders., Rebecca West and the God That Failed. Essays, Lincoln, NE 2005, S. 79–86.

641 Zu Flanners Berichterstattung über den Nürnberger Prozess siehe auch: Neumahr, Das Schloss der Schriftsteller, S. 147–163.

Über welches Thema sie schrieb, von welchem Ort aus sie berichtete, die Darstellungsform, die Länge des Artikels und bis wann er in der Redaktion eingegangen sein musste, all das koordinierte sie mit dem „non-fiction editor" Shawn per Telegramm, der aber gewöhnlich Rücksprache mit Ross hielt. An Shawn sandte sie auch ihre Ergänzungen oder Korrekturen in letzter Minute. In seltenen Fällen diskutierten sie den redaktionellen Bearbeitungsprozess. Mit Ross schrieb sie sich in regelmäßigen Abständen Briefe. Flanner besaß erhebliche Autonomiespielräume bei allen Fragen bezüglich ihrer Arbeit, die zwischen ihr und ihren beiden Redakteuren ausgehandelt wurden. So ging der Wunsch, über den Prozess zu berichten, von Flanner aus. Auf eine kurze telegrafische Anfrage folgte am selben Tag eine noch kürzere positive Antwort.[642] Als Flanner sich im Dezember entschied, aufgrund der katastrophalen Transportbedingungen lediglich eine Nacht in Nürnberg zu verbringen und nach einer dreitätigen, strapaziösen Rückreise nach Paris auch noch den Abgabetermin für den Artikel verpasste sowie keine Anstalten machte, nochmals nach Nürnberg zurückzukehren, antworte Shawn in typischer Manier:

PLEASE DO NOT FRET PERIOD NO HARM DONE IN MISSING THIS WEEK'S ISSUE PERIOD NOW PLEASE SEND NUREMBERG LETTER TO ARRIVE NO LATER THAN WEDNESDAY DECEMBER TWENTY SIXTH PERIOD AS FOR LENGTH COMMA IT CAN BE SINGLE DOUBLE OR TRIPLE AS THE MATERIAL WARRANTS PERIOD [...] THE ONE REMAINING QUESTION HOWEVER IS WHETHER YOU REALLY WANT TO GO BACK PERIOD WITH LIVING AND TRAVEL CONDITIONS WHAT THEY ARE ETCETERA WE DO NOT WANT YOU TO MAKE THE TRIP UNLESS YOU YOURSELF THINK WISE AND DESIRABLE FROM YOUR OWN POINT OF VIEW[643]

Diesem Muster entsprach ein Großteil ihrer Kommunikation mit Shawn. Kurze Absprachen der Themen und Orte, der Länge und des Abgabetermins. Ihr Gefühl, Ross, Shawn und dem *New Yorker* verpflichtet zu sein, führte allerdings dazu, dass den Anfragen auch ein gewisser Zwang innewohnte, den sie sich selbst auferlegte. Dieses Pflichtgefühl und die Möglichkeit, mit dem Flugzeug zu reisen, bewogen sie schließlich im Februar 1946, doch noch einmal nach Nürnberg zurückzukehren. Trotzdem waren ihre Autonomiespielräume innerhalb dieses organisationalen Kontextes erheblich, weshalb der Akteurin, ihrem Selbstverständnis und ihren Überzeugungen im Vergleich zu den Korrespondenten des *Time Magazine* eine größere Handlungsrelevanz zukam. Im Gegensatz zu den durch die Nachrichtenfaktoren

---

642 Flanner an Shawn, 21. August 1945, NYPL, The New Yorker Records, Box 418, Folder: 25; Shawn an Flanner, 21. August 1945, ebd.
643 Shawn an Flanner, 20. Dezember 1945, ebd.

ihrer Mediengattungen, redaktionelle Deutungsschablonen und die Beobachtung der Leitmedien konditionierten Wahrnehmungsroutinen der Zeitungs- und Agenturjournalisten besaß Flanner eine größere Freiheit, eigenen Zugängen und Ideen zu folgen. Das hieß gleichzeitig, dass sie in einem wesentlich höheren Maße bei der Auswahl von Themen, Inhalten, Perspektiven und Formen des Ausdrucks auf sich selbst zurückgeworfen war. Diese Differenz nahm auch Flanner wahr. Um ihr Ausdruck zu verleihen, hatte sie die Angewohnheit von Ross übernommen, Luce und das *Time Magazine* als Kontrastfolie zu nutzen:

> Maybe being on the magazine is often a trial but dont forget leaving it leaves one no place except down to go [...] The worst I fear for anyone would be to have to go all the way down to Luce. That's zero in human attainment or freedom, I feel. And I dont care if some of them are paid $20,000 a year.[644]

Ohne die Wertung zu übernehmen, die in den Vergleichen von Ross und Flanner mit dem *Time Magazine* enthalten waren, traf die Beschreibung der Differenz in diesem Fall aus der Perspektive der Korrespondentin zu.

Wie hat Flanner ihre Freiheiten im Falle der Berichterstattung über das Tribunal genutzt? Ihr erster „Letter from Nuremberg" stellte eine Auseinandersetzung mit der gesamten Nachkriegsordnung dar. Die Themenwahl hing auch damit zusammen, dass ihr erster, den Transportbedingungen geschuldeter Kurzbesuch in Nürnberg sie lediglich mit flüchtigen Impressionen versorgt hatte. Das reichte nicht für einen ganzen Artikel. Es kam erschwerend hinzu, dass die von ihr gesammelten europäischen Ausgaben der *Herald Tribune*, die als Grundlage des Artikels dienen sollten, vom Zimmerservice des Hotel Scribe in Paris entsorgt waren worden. „At midnight & with no Trib file in hotel any more, I was stuck."[645] Also verknüpfte sie den Prozess mit der gesamten Nachkriegsordnung, weil sie zum Prozess selbst herzlich wenig sagen konnte. Der erste Absatz setzte den Ton des gesamten Artikels:

> There are two sights in Germany which seem equally to give dramatic proof that the Allies won the war. One is the vast spectacle of any ruined German city, open to the skies, and the other is the small talbeau of the Nazi-filled prisoners' box, beneath the floodlights, in the war-crimes courtroom in Nuremberg. Almost everything else in Germany – in the American zone, at least – seems to be some sort of sign that we Allies are at a loss in the peace.[646]

---

644 Flanner an McKelway, 27. Dezember 1938, NYPL, The New Yorker Records, Box 315, Folder: 8.
645 Flanner an Shawn, 9. Januar 1946, NYPL, The New Yorker Records, Box 432, Folder: 16.
646 Flanner, Letter from Nuremberg, *The New Yorker*, 5. Januar 1946, S. 46–50, hier S. 46.

Liest man Flanners berufliche und private Korrespondenz aus der Nachkriegszeit, wird deutlich, dass sie selbst ratlos war. Die Nachrichten über die deutschen Konzentrationslager, ihre weiteren Recherchen und Veröffentlichungen zu diesen und ihr Besuch in Buchenwald hatten Flanner in ihren Grundfesten erschüttert. Zwischen ihren beiden Aufenthalten in Nürnberg schrieb sie an ihre Lebensgefährtin Natalia Danesi Murray:

> Man is so wicked & cruel, so strong of arm in torture, so violent of mind in his notions of improving the world, that he scatters blood like a fish leaping from a lake, merely in pleasure & strength. I used to see the good things which men hoped for or wrote & now I see more clearly their evil & even in the good writings, I see evil in ink, like a typographical error. I havent the wisdom to know the real truth about anything & my half minded, half hearted sorties into facts & then my insolently sure sounding reports on theme are beginning to terrify me. Who dares tell the truth, even the little he knows? We all cheer the French Revolution, even today; read about it. We all cheer our ally Russia; read about their Revolution. We all curse Germany; read how much sense they mixed with their insanity, sense which we do not show in our knowledge either of Europe or men. I am sick & disgusted & long for you.[647]

Die Deutung und Einordnung der deutschen Verbrechen war ein Prozess, der sich durch ihre Korrespondenz und Artikel zog und mit erheblichen Erschütterungen einherging. Flanner hatte begonnen, sich mit der französischen Geschichte zu beschäftigen, war aber so weit in der Zeit zurückgegangen, dass sie über den Terror der Französischen Revolution las. Statt eine Perspektive auf die Gegenwart zu erhalten, stellte sich ihr die Geschichte als eine Abfolge von Gewalt im rhetorischen Gewand der Verbesserung der Gesellschaft dar. Ihre Auseinandersetzung mit den deutschen Verbrechen hatte nicht nur ihren Hass auf die Deutschen intensiviert, sondern grundsätzlich ihren Glauben an die westliche Zivilisation erschüttert – eine Zivilisation, die nicht nur aus politischen Idealen, sondern in Flanners Verständnis auch auf einem in ihrem Quäkertum wurzelnden Menschenbild und auf kulturellen Errungenschaften beruhte, deren wichtigster Repräsentant Frankreich gewesen war. Doch sowohl ihr Menschenbild als auch Frankreich als die Verkörperung der westlichen Kultur hatten irreparablen Schaden genommen.[648] An ihre langjährige Freundin Solita Solano schrieb sie:

---

647 Flanner an Natalia Danesi Murray, 15. Januar 1946, LoC, Janet Flanner–Natalia Danesi Murray Papers, Box 2, Folder: 15.

648 Flanner an Shawn, 20. Februar 1945, NYPL, The New Yorker Records, Box 418, Folder: 25; Flanner an Danesi Murray, 15. Januar 1946, LoC, Janet Flanner–Natalia Danesi Murray Papers, Box 2, Folder: 14.

You say, in New Jersey, that you feel that the truth is, that France is all right, that everything you love is still there, the ideas, books, pictures, wine people, life beginning again, Fr[ench] humanism also. I do not think so. It wld be idle to explain to you privately – I write & radio the contrary –. Even the wine is not here. [...] I have written the truth when I say what is needed is a revival of morality.[649]

Dabei bezog sie sich auf das Ende ihres ersten „Letter from Paris", den sie nach der Rückkehr im November 1944 geschrieben hatte. Sie schrieb darin, dass Frankreich keine Erlösung durch die verschiedenen Parteien erwarten solle, sondern nur „a revival of morality", gleichermaßen praktiziert von den Regierten wie den Regierenden, Abhilfe schaffen könne. Flanner hatte sich geweigert als Kriegskorrespondentin in Frankreich zu bleiben. Als Quäkerin und Pazifistin hatte sie ihren Redakteur gewarnt, könne sie im Falle eines Krieges nichts anderes schreiben, als ihrem Hass auf alle Kriegsparteien Ausdruck zu verleihen.[650] Im Nachkriegsfrankreich schrieb sie nun öfters, dass sie es bereue, nicht über die Kampfhandlungen berichtet zu haben, die die einzig anständigen Aspekte eines Krieges seien. „The rest of it and the peace are horrors & seem unclean."[651] Egal wohin sie schaute, sie konnte der Nachkriegsordnung keine positiven Seiten abgewinnen.

Flanner war zutiefst verunsichert über ihre eigene Rolle als Korrespondentin in dieser Situation.[652] Ihre Radiobeiträge für das Blue Network, einen Vorläufer von ABC, nutzte sie als einen Kanal, um einen harten Frieden für Deutschland zu fordern und sie nahm sich des Schicksals der zurückkehrenden Kriegsgefangenen, Deportierten und Zwangsarbeiter an. Gegenüber Ross rechtfertigte sie ihre Arbeit für das Radio damit, dass sie zwar teilweise dieselben Themen wie im *New Yorker* behandele, doch auf eine Art und Weise, die man als Meinungsjournalismus mit einer politischen Agenda bezeichnen könnte.[653] Ihre Biografin, Brenda Wineapple, bezeichnete Flanners Radiobeiträge als eher persönlich; sie habe darin ihren Gefühlen und Meinungen Ausdruck gegeben.[654] Den Erwartungen an ihre Rolle als Korrespondentin des *New Yorkers* gerecht zu werden und Hintergrundberichte und Interpretationen zu liefern, fiel ihr wesentlich schwerer und erschien ihr zeit-

---

649 Flanner an Solita Solano, o. D. [1945], LoC, Janet Flanner and Solita Solano Papers, Box 2, Folder: 16.

650 Flanner an McKelway, 27. Januar 1939, NYPL, The New Yorker Records, Box 315, Folder: 8.

651 Flanner an Shawn, o. D. [1947], NYPL, The New Yorker Records, Box 447, Folder: 6.

652 Wineapple, Genêt, S. 193 f.

653 Flanner an Ross, 2. Mai 1945, NYPL, The New Yorker Records, Box 44, Folder: 8.

654 Wineapple, Genêt, S. 191.

weise sogar als Zumutung, wie sie zwischen den Reisen nach Nürnberg an Danesi geschrieben hatte.[655]

Diese Ausführungen zu Flanners Wahrnehmung des Krieges und der unmittelbaren Nachkriegszeit sind Voraussetzung für das Verständnis ihrer Artikel aus Nürnberg. Denn diese pessimistische Haltung und Ratlosigkeit kombiniert mit beißender Kritik zog sich durch den gesamten ersten „Letter from Nuremberg". Sie war weit davon entfernt, einen Artikel über den Triumph des Rechts mit der US-Anklage als Helden zu schreiben. Neben der Befriedigung, Göring auf der Anklagebank zu finden, sah Flanner nichts Positives, obwohl sie das grundlegende Prinzip des Prozesses unterstützte. Als Erstes nahm sie sich die US-amerikanische Anklage vor, die ihr genauso inkompetent erschien wie die gesamte US-amerikanische Militärregierung:

> It would seem that we Americans, prosecuting the most nebulous possible charge – crimes against humanity – have, ever since our own Chief Prosecutor Jackson's precise, idealistic, impressive opening, weakened our case, already difficult because the charge lacks precedence, by our irrelevancies and redundancies. [...]. We Americans took five days merely for the case of Austria and Czechoslovakia, and broke up the resultant boredom in court only with the irrelevant diversion of horror movies of Belsen, Dachau, and Buchenwald, which are not in either country. On the whole, our lawyers have succeeded in making the world's most completely planned and horribly melodramatic war dull and incoherent.[656]

Die Rivalitäten innerhalb der großen Gruppe von US-amerikanischen Anklägern waren bekannt und ebenso wie einige Journalisten sahen auch einige US-Ankläger den Prozess als Karrierechance. Flanners ausgeprägte Abneigung gegenüber dem Egoismus und der Geltungssucht der männlichen Anwälte, wie sie es Danesi gegenüber zum Ausdruck brachte, findet sich auch in späteren Artikeln.[657] Sie schloss sich der unter Journalisten weitverbreiteten Kritik an der teilweise konfusen, schlecht organisierten und wenig medienkonformen Performanz der US-Anklage an.

Nach der Anklage war die Verteidigung an der Reihe. Deren Unfähigkeit sei vielleicht damit zu entschuldigen, dass die Verteidiger in den vorherigen zwölf Jahren keine Möglichkeit gehabt hätten, ihren Beruf auszuüben. Es folgte eine Evaluierung des Nutzens des Tribunals für die demokratische Umerziehung der Deutschen, die verheerend ausfiel. Die deutsche Lizenzpresse müsse gezwungen werden, über den

---

655 Flanner an Natalia Danesi Murray, 15. Januar 1946, LoC, Janet Flanner–Natalia Danesi Murray Papers, Box 2, Folder: 15.

656 Flanner, Letter from Nuremberg, *The New Yorker*, 5. Januar 1946, S. 46–50, hier S. 48.

657 Flanner an Danesi Murray, 17. Dezember 1945, LoC, Janet Flanner–Natalia Danesi Murray Papers, Box 2, Folder: 14.

Prozess zu berichten, was aber auch keinen Unterschied mache, da die Deutschen
sowieso keine Notiz von dem Prozess nähmen. Sie seien genauso antisemitisch,
nationalistisch und totalitär gesinnt wie vor dem Prozess und warteten auf einen
Krieg zwischen den westlichen Alliierten und der Sowjetunion.[658] In einer rhetorisch schönen Überleitung richtete Flanner ihre beißende Kritik abschließend auf
die gesamte Nachkriegsordnung. Wenn die deutsche Verteidigung einen solchen
Wert auf die Wahrheit lege, sollte sie sich doch lieber mit einigen „bitter peacetime
truths about the Allies" beschäftigen.[659] Die Satzung des Tribunals untersagte der
deutschen Verteidigung ausdrücklich, auf Verbrechen der Alliierten zu verweisen,
aber Flanner stand dies in ihrem Artikel offen. Sie verwies auf die Rückkehr des Fa-
schismus in England, die Diskriminierung von jüdischen und afroamerikanischen
Soldaten in der US-Armee und die Anklage gegen US-amerikanische Offiziere in
England wegen Misshandlung von Gefangenen. Flanners grundsätzliche Deutung
der Nachkriegssituation in Europa erlaubte es ihr nicht, im Stil der idealistischen
Prozesseröffnung durch Jackson den Triumph des Rechts zu feiern. Wie auch der
Time-Korrespondent Scott, wenn auch aus anderen Gründen, war sie nicht davon
überzeugt, dass alles gut werde, wenn die 21 Angeklagten verurteilt waren. Der
Unterschied zu Scott war nur, dass der organisationale Kontext im *New Yorker* ihr
die Freiheit ließ, diese Interpretation nicht nur zu Papier zu bringen, sondern auch
drucken zu lassen.

Im Gegensatz zu den vorherrschenden Aufmerksamkeitskonjunkturen der anglo-
amerikanischen Medien, die sich in der Fluktuation der anwesenden Korrespondenten in Nürnberg widerspiegelten, reiste Flanner das zweite Mal zum Prozess,
als ihre Kollegen Nürnberg in Scharen verließen:

> Suggest send another Paris double in two weeks then going Nurnberg if Russians then at
> bar. Believe made error and should have gone for French proceedings. Would have if my
> friend Madame Vaillant Couturier had told me she was testifying. Tried Friday to fly up
> in time but no planes. Am bitterly disappointed in my lack of judgment.[660]

Das Interesse der anglo-amerikanischen Presse für die französische und sowjetische Anklage war kaum vorhanden. Flanner hingegen versuchte zur Aussage
der französischen Zeugin Marie-Claude Vaillant-Couturier anzureisen, doch einmal mehr hatten die schlechten Transportbedingungen Auswirkungen auf ihre
Berichterstattung. Da sie die Aussage ihrer Freundin, der französischen Widerstandskämpferin und kommunistischen Abgeordneten der Nationalversammlung

---

658 Flanner, Letter from Nuremberg, *The New Yorker*, 5. Januar 1946, S. 46–50, hier S. 50.
659 Ebd., S. 48.
660 Flanner an Shawn, o. D. [1946], NYPL, The New Yorker Records, Box 432, Folder: 16.

Vaillant-Couturier, in Nürnberg aufgrund der Transportprobleme verpasst hatte, widmete sie dem Thema kurzerhand einen halben „Letter from Paris".[661] Die Journalistin und Fotografin Vaillant-Couturier war 1942 als Widerstandskämpferin in Frankreich verhaftet und 1943 nach Auschwitz-Birkenau deportiert worden, von wo aus sie im August 1944 in das Konzentrationslager Ravensbrück verbracht worden war. Aus dem dokumentenlastigen und täterzentrierten Prozess stach ihre Aussage heraus, auch wenn die anglo-amerikanischen Medien kaum Notiz davon nahmen.[662] Flanner nannte Vaillant-Couturiers Aussage „the most dramatic innovation of the trial so far – the French prosecution's surprise use, as witnesses, of people who had suffered under the Nazis' criminal regime."[663] Sie erzählte die Geschichte von Vaillant-Couturier und präsentierte die erschreckendsten Passagen aus deren Aussage über ihre Zeit in Auschwitz-Birkenau und Ravensbrück.

Flanner reiste schließlich wie geplant zum Beginn der sowjetischen Anklage an. Mit anderen Worten: Sie schwamm gegen den Strom. Flanners Berichterstattung über die sowjetische Anklage war in erster Linie die Weigerung, das Spiel der deutschen Verteidigung zu spielen, was in ihren Artikeln die Grenzen des Sagbaren bestimmte. Die erste Erwähnung der sowjetischen Anklage in ihrem zweiten Artikel war der Moment, als der sowjetische Chefankläger Rudenko Einspruch gegen die Verhandlung des deutsch-sowjetischen Nichtangriffspaktes von 1939 erhob. Sie hatte beobachtet, dass Verteidigung und Angeklagte sowie einige westalliierte Ankläger der Erwähnung des Vertrags mit maliziöser Vorfreude entgegensahen und Flanner porträtierte Rudenko als souveränen Ankläger, der die Situation entschärfte.[664] Als Churchills Rede in Fulton, Missouri wie eine „postwar bombshell"[665] in Nürnberg einschlug, war sie erst recht entschlossen, das Spiel der deutschen Verteidigung nicht mitzuspielen:

> The reason for the presence of us all here – an exotic, shut-off, quadripartite community, about two thousand strong – is the Tribunal, which seems a small Allied island of hope, sanity, and justice surrounded by the sullen, Valhalla-minded Germans and their ruined town. There are a hundred and sixty journalists in Nuremberg – momentarily the world's largest news group in one place covering one event – who are mostly writing for the world's largest newspapers, from Moscow to San Francisco. We ourselves have only one daily newspaper to read, Stars & Stripes, which gave us the startling headline "Unite to Stop Russians, Churchill Warns."[666]

---

661 Flanner, Letter from Paris, *The New Yorker*, 23. Februar 1946, S. 48–53.
662 Zur Aussage von Vaillant-Couturier siehe: Tisseron, La France, S. 186 ff.
663 Flanner, Letter from Paris, *The New Yorker*, 23. Februar 1946, S. 48–53, hier S. 48.
664 Flanner, Letter from Nuremberg, *The New Yorker*, 9. März 1946, S. 80–86, hier S. 83.
665 Flanner, Letter from Nuremberg, *The New Yorker*, 16. März 1946, S. 92–94, hier S. 92.
666 Ebd.

Sie musste mit ansehen, wie die deutschen Anwälte die Ausgabe der *Stars & Stripes* hochhielten und die Angeklagten selbstzufrieden lächelnd die Schlagzeile lasen. Ihre Beschreibung des Tribunals als alliierte Insel der Hoffnung, der Vernunft und der Gerechtigkeit war erstens eine treffende Beschreibung Nürnbergs, zweitens eine treffende Deutung der medialen Repräsentation Nürnbergs in einem Meer von Nachrichten über die katastrophale Verschlechterung der Beziehungen zwischen den USA und der Sowjetunion und drittens war ihre Weigerung, diese Hoffnung zu zerstören, ebenfalls repräsentativ für eine Mehrheit der Korrespondenten. Der Hinweis, dass es sich bei den Massakern an polnischen Offizieren in Katyn laut der Aussage polnischer Repräsentanten um sowjetische Verbrechen gehandelt habe, war lediglich privat an ihre Lebensgefährtin Danesi, nicht an den *New Yorker* adressiert. Der Hinweis befand sich auf einem Dokument der deutschen Verteidigung zum Fall Katyn, dessen Rückseite sie als Briefpapier benutzte. Sie hatte noch handschriftlich ergänzt: „… but we can't go into that here and now!!"[667] Es war Flanners Entscheidung, diese Themen zu übergehen und die Insel der Hoffnung zu bewahren. Sie konzentrierte sich stattdessen auf die Kritik an der deutschen Anklage und den „Valhalla-minded Germans".[668]

Grundsätzlich galt, dass die Artikel einer redaktionellen Bearbeitung und einer peniblen Überprüfung der Fakten unterzogen wurden.[669] Flanner wurden in der Regel die „tearsheets" zugesandt. Bei längeren Artikeln wie „Reporter at Large" und „Profile" wurden ihr auch Korrekturfahnen zugeschickt. Für den ersten ihrer fünf „Letter from Nuremberg" liegt ihre originale Fassung vor.[670] Ein Vergleich mit dem gedruckten Artikel zeigt, dass jeweils ein Satz innerhalb und eine Seite am Ende des Artikels gekürzt wurde. Auf der letzten gekürzten Seite verirrte sich Flanner auf deutsche Bahnhöfe, was der Redaktion als ein unpassendes Ende für den Artikel erschien. Die Kürzungen veränderten dementsprechend nichts an ihren Aussagen zu Nürnberg. Ansonsten finden sich nur Korrekturen des Ausdrucks, die weder die Inhalte noch die Satzstruktur veränderten.

Das einzige Mal, dass in der Korrespondenz über das Tribunal die redaktionelle Bearbeitung kontrovers diskutiert wurde, war Flanners Berichterstattung über den großen Zweikampf zwischen Göring und Jackson im Kreuzverhör. Warum forderte Shawn Flanner auf, ihren Artikel über das Duell der beiden Protagonisten zu überarbeiten? Nachdem das Interesse der US-amerikanischen und britischen Medien dramatisch zurückgegangen war, versprach das Duell zwischen dem wichtigsten

---

667 Flanner an Danesi Murray, 12. März 1946, LoC, Janet Flanner–Natalia Danesi Murray Papers, Box 2, Folder: 15.

668 Flanner, Letter from Nuremberg, The New Yorker, 16. März 1946, S. 92–94, hier S. 92.

669 Zum redaktionellen Ablauf und zur Überprüfung der Fakten siehe: Yagoda, About Town, S. 200 ff.

670 Flanner, Letter from Nuremberg, 26. Dezember 1945, NYPL, The New Yorker Records, Box 1366, Folder: 9.

Angeklagten und dem wichtigsten Vertreter der Anklage ein „courtroom drama", wie es sich die Medien wünschten. Das Duell wurde zum eigentlichen Thema, hinter dem die Inhalte des Prozesses verschwanden. Flanner begann ihren Artikel mit einem Zitat eines britischen Juristen, der das Aufeinandertreffen als „duel to the death" der Repräsentanten zweier politischer Ideen bezeichnete.[671] Von dieser „decisive battle of ideas" hänge der gesamte Erfolg des Tribunals ab.[672] Flanner hing die Bedeutung des Kreuzverhörs so hoch, damit der Fall für Jackson in ihrem Artikel umso tiefer wäre. Jackson war nach einhelliger Meinung kläglich gescheitert und der britische Ankläger Fyfe musste einspringen. Als Reaktion auf ihren ersten Entwurf telegrafierte Shawn:

YOU MAY WANT TO REWORK A BIT YOUR INTRODUCTION TO JACKSON CROSS EXAMINATION TO TAKE COGNIZANCE OF THE MORE SUCCESSFUL BRITISH HANDLING OF GOERING [...] ALSO YOU WANT TO PUT IN A FEW MORE RE-FLECTIONS OF YOUR OWN ON FACT THAT IN THE BATTLE OF IDEAS BETWEEN JACKSON AND GOERING COMMA IT WAS NOT THE NAZI IDEAS THAT TRI-UMPHED OVER THE DEMOCRATIC IDEAS BUT RATHER THE SUPERIOR MIND TRIUMPHING OVER THE INFERIOR[673]

Flanner war in ihrer Kritik des US-amerikanischen Prozesspersonals in Person von Jackson über das Ziel hinausgeschossen. Ihre erste Version konnte so verstanden werden, als ob die nationalsozialistische Ideologie triumphiert hätte. Und dem Triumph der Zivilisation durch das Kreuzverhör des britischen Anklägers hatte Flanner aufgrund ihrer Abreise schon nicht mehr beigewohnt. In diesem Fall zeigte die Redaktion Flanner die Grenzen ihrer Freiheiten auf, ihre vernichtende Kritik an Jackson blieb aber auch in der gedruckten Version bestehen.

Grundsätzlich muss betont werden, dass Flanner zwar einen größeren inhaltli-chen wie darstellerischen Handlungsspielraum als die zu der Zeit noch anonymen Korrespondenten des *Time Magazine* hatte, aber auch ihre Arbeit war redaktionell gerahmt. Die eifrigste Leserin der eigenen Artikel und des eigenen Magazins war sie selbst – in dieser Hinsicht verhielt sie sich genauso wie die Korrespondenten anderer Medien. So finden wir auch in ihrer Korrespondenz die obligatorischen Beschwerden, wenn die „tearsheets" der eigenen Artikel oder der *New Yorker* nicht eintrafen. Sie betonte zudem extra die Notwendigkeit, nicht nur die „pony edition" für die Armee zu bekommen, da in dieser Ausgabe die „Notes and Comments"-Rubrik fehlte.

---

671 Flanner, Letter from Nuremberg, *The New Yorker*, 30. März 1946, S. 76–82, hier S. 76.
672 Ebd.
673 Shawn an Flanner, 22. März 1946, NYPL, The New Yorker Records, Box 432, Folder: 16.

CANT KOVENER [die Sekretärin, E. S.] FRHEAVENS SAKES AIRMAIL ME TEARSHEETS ALL MY SOFAR LETTERS PLUS METROPOLITAN EDITION PONY EDITIONS CUTE BUT CUT NOTES COMMENTS[674]

Flanner war also bestens über die redaktionelle Ausrichtung des *New Yorker* informiert. Noch bis in die 1950er Jahre vertrat dieser die Position, dass ein Ausgleich zwischen den USA und der Sowjetunion möglich wäre. Dann schwenkte das Magazin auf die Formel um, dass der Kalte Krieg zwar akzeptiert werden müsse, doch keine Gefahr durch den Kommunismus in den USA selbst bestehe.[675] Nürnberg als Insel der alliierten Hoffnung zu beschreiben, lag also ganz auf Linie des *New Yorker*.

Rebecca West

Dass Flanners fünf „Letter from Nuremberg" nicht die einzigen Artikel über das Tribunal im *New Yorker* blieben, war einem Zufall geschuldet. Am 15. Juli 1946 erhielt Ross ein Telegramm von Rebecca West, die kurzfristig zum Abschlussplädoyer der britischen Anklage nach Nürnberg reisen wollte und fragte, ob sie etwas schicken dürfe.[676] Ross sagte sofort zu, hatte er doch bereits einige Mühen darauf verwandt, West an das Magazin zu binden und die Konkurrenten von *Time* und *Life* auszustechen.[677] Der Nürnberger Prozess war schon zu Beginn des Jahres in ihrer Korrespondenz als mögliches Thema diskutiert und verworfen worden. „David Low, whom I trust, said that the Nuremberg trials were dull as ditch-water. I would get over there if I could stay there just three days, and could go with my husband."[678] Ross hatte auf die Berichte von Flanner verwiesen und von einer Reise abgeraten.[679] Dass West nun doch und ohne vorherige Absprache mit dem *New Yorker* nach Nürnberg reiste, lag daran, dass der britische Chefankläger sie gefragt hatte, ob sie nicht ein Buch über das Tribunal schreiben wolle. Das hatte sie zwar abgelehnt, aber trotzdem darum gebeten, den Abschlussplädoyers beiwohnen zu

---

674 Flanner an Shawn, 28. März 1945, NYPL, The New Yorker Records, Box 418, Folder: 25.

675 Corey, World through a monocle, S. 40 ff. u. 58 ff.

676 Rebecca West an Ross, 15. Juli 1946, NYPL, The New Yorker Records, Box 66, Folder: 12; zu Rebecca West siehe: Victoria Glendinning, Rebecca West. A Life, London 1987; Carl Rollyson, Rebecca West. A Life, New York 1996; zu ihrer Berichterstattung über den Nürnberger Prozess siehe: Rollyson, Reporting Nuremberg; Neumahr, Das Schloss der Schriftsteller, S. 203–218.

677 Ross an West, 9. August 1946, NYPL, The New Yorker Records, Box 66, Folder: 12; zur Debatte zwischen Ross und West bezüglich Time Inc. siehe: West an Ross, 17. Januar 1946, ebd.; Ross an West, 11. Februar 1946, ebd.

678 West an Ross, 17. Januar 1946, ebd.; siehe auch die Autobiografie von: David Low, Low's Autobiography, London 1956, S. 361.

679 Ross an West, 11. Februar 1946, NYPL, The New Yorker Records, Box 66, Folder: 12.

dürfen.[680] Zusammen mit dem britischen Chefankläger und dessen Stellvertreter flog sie am 23. Juli 1946 für die Abschlussplädoyers nach Nürnberg.[681] Statt der geplanten zwei Tage blieb sie allerdings bis zum 6. August 1946. Eine Affäre mit dem US-amerikanischen Richter Francis Biddle und der Umzug vom „Press Camp" in Biddles Villa mögen hierbei eine Rolle gespielt haben.[682] Dort wohnte sie auch während ihres zweiten Aufenthaltes in Nürnberg anlässlich der Urteilsverkündung, über die sie sowohl für den *New Yorker* als auch für den *Daily Telegraph* berichtete.

West berichtete Ross begeistert über ihre Arbeit für den *Daily Telegraph* – eine Arbeit, deren Herausforderungen sich deutlich von den Bedingungen unterschied, die der *New Yorker* ihr gewährte. Wests Korrespondenz mit Ross verdanken wir eine Beschreibung des durch verschiedene „takes" strukturierten Schreibprozesses für den *Daily Telegraph* zur Zeit der Urteilsverkündung. Neben ihren beiden regulären Korrespondenten hatte das Blatt eine Korrespondentin gesucht, die „the scene and the atmosphere of the court"[683] beschreiben sollte. Es ist bezeichnend, dass die folgende Beschreibung journalistischer Praxis von einer Schriftstellerin stammt, für die die Arbeitsabläufe des Tageszeitungsjournalismus gerade keine Routine waren:

> The Judges had to meet at nine, an hour before the opening of the court, so we [West und Biddle, E. S.] had to leave the villa at half past eight. I had to sit in court simultaneously write and listen, and type my stuff in the lunch hour, and send off each separate take to the Telegraph as I wrote it. I could not get a desk so worked in Biddle's room, which was damned handsome of him. To send off a take I had to run along a long corridor, down two flights of stairs, along another corridor, and so home [sic] – sixteen times during the day. I then went into the afternoon session and came out and typed in the second half of it, getting back to the villa with the judge at six o'clock, literally not having had time to eat a sandwich, and having sent off eighteen hundred words each day. I noted with pleasure that my juniors were wilting.[684]

Der *Daily Telegraph* wartete auf ihren Bericht für die Morgenausgabe des nächsten Tages. Auch die Notwendigkeit, angesichts des Rückstaus bei der Nachrichten-

---

680 West an Ross, 28. August 1946, ebd.

681 West, Tagebuch 1946, Eintrag vom 23. Juli 1946, YUL/Beinecke, Rebecca West Papers, Box 38, Folder: 1410.

682 Zur Beziehung zwischen West und Biddle siehe deren Briefwechsel: YUL/Beinecke, Rebecca West Papers, Box 6, Folder: 140; ein ausführlicher Bericht über die Reise findet sich in: West an Ross, 28. August 1946, NYPL, The New Yorker Records, Box 66, Folder: 12; siehe auch: Rollyson, West, S. 247 ff.

683 Ankündigung zur Berichterstattung über die Urteilsverkündung im *Daily Telegraph* vom 30. September 1946, S. 1.

684 West an Ross, 23. Oktober 1946, NYPL, The New Yorker Records, Box 66, Folder: 11.

übermittlung ihre Reportage in zahlreichen einzelnen „takes" zu schicken, war eine ungewohnte Arbeitsweise, die Spuren in ihrem Artikel hinterließ. Als Grenzgängerin zwischen Literatur und Journalismus arbeitete sie für gewöhnlich mit Motiven und Bildern, die sich durch ihre Artikel zogen und die einzelnen Teile gekonnt verwoben. Für eine solche Komposition fehlte ihr schlicht die Zeit und die erheblichen Brüche im Artikel für den *Daily Telegraph* vermitteln den Eindruck, als ob die einzelnen „takes" Wests Artikel strukturierten.[685]

Die Arbeit für den *New Yorker* unterschied sich bezüglich der Anforderungen an den Text und die Bedingungen des Schreibprozesses erheblich. Es dürfte deutlich geworden sein, dass Wests Ansehen bei der britischen Anklage und beim *New Yorker*, die beide um ihre Dienste warben, ihr eine außergewöhnliche Stellung einräumte. Abgabezeiten und Länge der Artikel waren ihr weitestgehend freigestellt. Die redaktionelle Bearbeitung beschränkte sich auf kleine Korrekturen. „Copy from such writers as you goes through on an as-is basis, but points always come up."[686] Dabei handelte es sich in beiden Fällen in erster Linie um kleine Änderungen, die Ross in einem Brief an West auflistete und um Rückmeldung bat.[687] Ross sparte auch nicht mit Lob für ihre Artikel: „We are, as usual, highly enthusiastic about the piece, admiring it for its undoubtly high literary and philosophical values, and, secondarily, for its journalistic opportuneness."[688] Damit hatte Ross die Artikel der Autorin treffend beschrieben.

Gerahmt wurde Wests erster Artikel von dem Kontrast der Angeklagten und ihrer Verbrechen mit der idyllischen deutschen Landschaft, die sie beim Anflug auf Nürnberg aus dem Flugzeug beobachten konnte.[689] Ein Versuch, Bezug zu nehmen auf das Paradox, für dessen Illustration für gewöhnlich nicht die deutsche Natur, sondern die deutsche Kultur in Anspruch genommen wurde: Wie kann das Land der Dichter und Denker auch das Land des Nationalsozialismus sein? Innerhalb dieser Rahmung beschreibt sie den Prozess als einen „tug of war concerning time" zwischen Richtern und Anklägern auf der einen und den Verteidigern und Angeklagten auf der anderen Seite, womit sie eine Stimmung, aber keine Inhalte beschrieb.[690] Ihre Bewertung der britischen und US-amerikanischen Richter und Ankläger fiel sehr schmeichelhaft und im Vergleich zu Flanner deutlich positiver aus. Angesichts der Umstände ihrer Reise und ihrer Affäre mit Biddle

---

685 West, Last Dramatic Scenes of Nuremberg, *The Daily Telegraph*, 1. Oktober 1946, S. 4; dies., How the War Criminals Heard Their Fate, *The Daily Telegraph*, 2. Oktober 1946, S. 4; die redaktionelle Bearbeitung kann nicht mehr rekonstruiert werden, weshalb die Aussage unter Vorbehalt steht.

686 Ross an West, 3. September 1946, NYPL, The New Yorker Records, Box 66, Folder: 12.

687 Ross an West, 21. Oktober 1946, NYPL, The New Yorker Records, Box 66, Folder: 11.

688 Ross an West, 27. August 1946, NYPL, The New Yorker Records, Box 66, Folder: 12.

689 West, A Reporter at Large: Extraordinary Exile, *The New Yorker*, 7. September 1946, S. 34–47.

690 Ebd., S. 34.

stellt dies keine Überraschung dar. Die *New Yorker*-Korrespondentin Andy Logan, deren Ehemann als Ankläger in Nürnberg arbeitete und die die Artikel über die Nachfolgeprozesse schrieb, schickte eine kurze Bewertung des Artikels an Shawn:

> I imagine it's not necessary to say that I admired her piece considerably, especially in her recreating of the lethargy of the Nuremberg atmosphere [...]. Nevertheless the article, although a good deal less critical than those Flanner wrote last spring, hasn't been nearly as seriously or as highly regarded here, mostly because people seem to think that, in straining to make her point about the obscenity and impotence of the defendants, she strained away from the truth, especially in the case of Goering.[691]

Wests zweiter Artikel über die Urteilsverkündungen erschien erst am 26. Oktober 1946.[692] Nachdem sie wiederholt Abgabetermine verpasst hatte, wies Ross sie daraufhin, dass sie beim Schreiben ihres Artikels die Zeitdifferenz zwischen dem Ereignis und der Veröffentlichung berücksichtigen müsse, da sie sonst Gefahr laufe, Dinge zu wiederholen, die bereits ausführlich in der Presse besprochen worden seien.[693] Ein Problem, dessen sie sich auf eine einfache Art und Weise entledigte: „What did we see in the courtroom? Everybody knows by now. It is no longer worth telling ..."[694] Der Artikel wollte ebenfalls in erster Linie literarischen und philosophischen Ansprüchen genügen. Sie erzählte die Geschichte ihrer Reise nach Nürnberg als den Eintritt in eine Männerwelt bestehend aus Bürokratie und Ineffizienz. Ihre absurde Anreise per Flugzeug, organisiert von der britischen Besatzungsmacht, die Schikane durch die Militärpolizei beim Zugang zum Prozess, der Selbstmord Görings trotz eines riesigen Sicherheitsapparates, all diese Episoden verknüpfte sie lose mit dem Motiv der Kontrolle durch tyrannische Organisationen, in denen Männer herrschten und gleichzeitig beherrscht wurden. Görings Selbstmord diente ihr als abschließende Bestätigung: „It was disconcerting to realize that the man's world in which Nuremberg had had its being had in effect been just as crazy as it had looked."[695] Der riesige Sicherheitsapparat, der sich selbst so wichtig nahm, hatte versagt, als es darauf ankam.

Das zweite Motiv war ein Versuch, den deutschen Geist und dessen Perversion, die vor dem Tribunal verhandelt wurde, durch die Verflechtung zweier weiterer Episoden ihrer Reise zu illustrieren. Der Besuch des Berliner Tiergartens mit seinen Skulpturen und Denkmälern sowie der Besuch im „Press Camp" (Schloss Stein)

---

691 Andy Logan an Shawn, 13. September 1946, NYPL, The New Yorker Records, Box 436, Folder: 3.

692 West, The Birch Leaves Falling, *The New Yorker*, 26. Oktober 1946, S. 93–105.

693 Ross an West, 10. Oktober 1946, NYPL, The New Yorker Records, Box 66, Folder: 11; Ross an West, 11. Oktober 1946, ebd.

694 West, The Birch Leaves Falling, *The New Yorker*, 26. Oktober 1946, S. 93–105, hier S. 103.

695 Ebd., S. 104.

dienten West als Illustrationen der fatalen Verknüpfung von Militarismus und Romantizismus in der deutschen Geschichte. Mit großer Befriedigung beschrieb sie die abgeschlagenen Köpfe der Skulpturen der Hohenzollern im Tiergarten und die „Horde" von weiblichen Korrespondentinnen, die das Schloss Stein nun in Besitz genommen hatte. Die Damen, für die das Schloss im Stil des Wilhelminischen Historismus ursprünglich gebaut worden war, hätten sich niemals träumen lassen, dass diese „ink-stained gypsies had, in fact, invaded their halls because they had been on the side of order against disorder, stability against incoherence."[696]

Bei allen grundsätzlichen Unterschieden zwischen den Artikeln von West und Flanner war beiden die Erfahrung eigen, in Nürnberg in eine Männerwelt einzutauchen.[697] Sie entwickelten daraus eine explizit weibliche Perspektive auf den Prozess und die Nachkriegsordnung, die er mitgestalten sollte. Sie lassen sich weder in die Gruppe der Korrespondentinnen einordnen, die zwar über politische Themen berichteten, allerdings im Streben nach Anerkennung durch ihre männlichen Kollegen eine weibliche Perspektive strikt verneinten, noch lassen sie sich in die Gruppe der Korrespondentinnen einordnen, die von ihren Redaktionen von vornherein auf sogenannte „weibliche" Themen abonniert waren.

Die Unterschiede im Stil der Darstellung und in der Bewertung des Prozesses zwischen Flanner und West verweisen auf die großen Autonomiespielräume der individuellen Korrespondentinnen im organisationalen Kontext des *New Yorker*, was zu einer wesentlich geringeren redaktionellen Kohärenz in der Berichterstattung im Vergleich zum *Time Magazine* führte. Die Redakteure des *New Yorker* setzten zwar einen Rahmen durch die grundsätzliche Erwartung an ihre Korrespondentinnen, nicht in den Konkurrenzkampf des Nachrichtenjournalismus einzusteigen, sondern die blinden Flecken desselben zu reflektieren und Hintergrundberichte zu schreiben. Innerhalb dieses weiten Rahmens kann man die Entstehung der journalistischen Aussagen nur verstehen, wenn man die Erfahrungen und Einstellungen der Korrespondentinnen mit Hilfe von Selbstzeugnissen in den Blick nimmt.

Beim *Time Magazine* sicherte die Dominanz der Redaktion eine kohärente inhaltliche und darstellerische Berichterstattung über den gesamten Zeitraum. Erstens waren die redaktionellen und personalpolitischen Konstellationen in New York, mit denen Luce Einfluss auf sein Magazin nahm, entscheidend für das Verständnis der journalistischen Aussagen. Die persönlichen Überzeugungen der Korrespondenten spielten kaum eine Rolle. Zweitens waren die journalistischen Aussagen durch die

---

696 Ebd., S. 98.

697 Ein Vergleich der unterschiedlichen Schreibstile und Einstellungen von Wests und Flanners Artikeln über Deutschland in der Nachkriegszeit findet sich in: Glendinning, West, S. 197; neben der wesentlich romanhafteren und abstrakteren Schreibe von West bezeichnet Glendinning deren Bereitschaft zu klaren moralischen Urteilen in Bezug auf die Handlungen der Briten oder Alliierten als zentralen Unterschied.

Machtstellung und konzeptionelle Ausrichtung der Redaktion wesentlich stärker aus einer nationalen und redaktionellen Perspektive geschrieben. Nirgendwo wurde dies deutlicher als im Vergleich der Berichterstattung von *Time Magazine* und *New Yorker* über die französische und sowjetische Anklage in Bezug auf Umfang und Deutung. Flanner reiste eigens zur sowjetischen Anklage an und verwandte einen Teil eines „Letter from Paris" auf die Aussage der französischen Zeugin Vaillant-Couturier, deren Bedeutung für den Prozess sie explizit herausstellte.[698] Das *Time Magazine* hingegen handelte die französische und sowjetische Anklage im Telegrammstil unter den Überschriften „Vengence, French" und „Vengence, Russian" ab.[699] Zwar erkannte das *Time Magazine* den besonderen Opferstatus dieser Länder an, entmündigte diese aber gleichzeitig, indem die Äußerungen der französischen und sowjetischen Ankläger und Zeugen als emotional und nicht objektiv stigmatisiert wurden.

Diese unterschiedlichen Formen von Journalismus leiteten sich letztlich auch aus den Zielen ab, die diese Magazine verfolgten. Das Konkurrenzverhältnis erscheint vor dem Hintergrund dieser so unterschiedlichen oder besser komplementären Formen von Journalismus kaum nachvollziehbar, doch hatte es Bestand. Als Flanner davon erfuhr, dass der *New Yorker* bei einem Ranking des Außenministeriums für Korrespondentenvisen für die Sowjetunion 1947 nur auf Platz 42 gelandet war, protestierte sie. Über die vier ihrer Meinung nach zentralen Themen des Krieges, den Kollaps des republikanischen Frankreichs, die juristische Ahndung von Angriffskriegen, die Atombombe und den nationalsozialistischen Genozid an den Juden, habe der *New Yorker* die endgültigen Artikel verfasst.[700] Deshalb war sie der Meinung, müsste der *New Yorker* auf Platz sechs der Rangliste stehen oder doch sogar auf Platz fünf? „We shld have been 6th on the list; UP, AP, Times, Trib & then Time though we are naturally ahead of Time as the Time men here are always telling me."[701]

---

698 Flanner, Letter from Paris, *The New Yorker*, 23. Februar 1946, S. 48–53.

699 Vengeance, French, *Time Magazine*, 28. Januar 1946, S. 26, https://time.com/vault/issue/1946-01-28/page/28/ (zuletzt eingesehen am 28. November 2019); Vengeance, Russian, *Time Magazine*, 28. Januar 1946, S. 26, https://time.com/vault/issue/1946-01-28/page/28/ (zuletzt eingesehen am 28. November 2019).

700 Flanner an Ross und Shawn, 5. März 1947, NYPL, The New Yorker Records, Box 44, Folder: 7.

701 Flanner an Hawley, 24. März 1946, ebd.

5.5 Selbstverständnis vs. Organisation: Chester Wilmots Berichterstattung für die BBC

Der BBC-Korrespondent Chester Wilmot reiste während des Tribunals mehrere Male nach Nürnberg und berichtete aus fast jeder Phase des Prozesses für die BBC, zu der er 1944 als Teil der neu aufgestellten „War Reporting Unit" gestoßen war, um über die alliierte Invasion Frankreichs zu berichten.[702] Zuvor hatte er als gebürtiger Australier bereits von 1940 bis 1942 für die Australian Broadcasting Corporation (ABC) als Kriegsberichterstatter gearbeitet. Den Karriereschritt vom Kriegsberichterstatter zum Korrespondenten der BBC beim Nürnberger Prozess empfand Wilmot als überfällige Anerkennung seiner Fähigkeiten. Doch war er damit noch nicht am Ziel angekommen. Denn Wilmot hatte den Anspruch, ein politischer Kommentator zu werden.[703] Während seiner Zeit bei der BBC hegte er den permanenten Wunsch, die ihm durch die Organisation der BBC gesetzten Grenzen zu verschieben. Sein Rollenverständnis kollidierte in der Praxis immer wieder mit den journalistischen Grundsätzen der Organisation und den entsprechenden Erwartungen der Redaktion.

> Now that the war is over and party politics have begun again the importance of objectivity in BBC news becomes more than ever apparent. […] The objectivity of BBC news involves a most rigid and absolute avoidance of expressions of editorial opinion, combined with an equally rigid refusal to omit or to bowdlerize any news that is of sober public interest.[704]

Diese journalistischen Grundsätze der BBC erschlossen sich aus dem Status als Körperschaft des öffentlichen Rechts, die formal unabhängig von staatlichem und parteipolitischem Einfluss sein sollte. James Curran und Jean Seaton schreiben, dass die BBC der Ort war, wo sich ein journalistisches Rollenbild und eine journalistische Praxis entsprechend der zitierten Grundsätze in Großbritannien am konsequentesten durchsetzten.[705] Es stellt sich die Frage, ob Curran und Seaton die Durchsetzung dieses Rollenbilds nicht ein paar Dekaden zu früh angesetzt

---

702 Zu Wilmots Biografie siehe: McDonald, Valiant.

703 McDonald beschreibt Wilmot als einen der bekanntesten Rundfunkkorrespondenten des Krieges; die Zuhörer vertrauten ihm wie keinem anderen; er war ein glühender Patriot, aber immer objektiv und an den Ursachen interessiert; die BBC bewunderte seine analytischen Fähigkeiten aber auch seine Augenzeugenberichte; er gewann den Respekt der Kommandeure im Feld und in den Hauptquartieren sowie die Zuneigung der einfachen Soldaten und beeinflusste als einer der wenigen Korrespondenten die Ereignisse, über die er berichtete. Siehe: McDonald, Valiant, S. 8 f.

704 BBC Year Book 1946, London o. J., S. 55.

705 Curran u. Seaton, Power, S. 117.

haben, wenn sie diese Entwicklung bereits vor dem Zweiten Weltkrieg verorten.[706] Wilmots Karriere bei der BBC war jedenfalls der Versuch, Positionen innerhalb der Organisation zu erreichen, die ihm größere Autonomiespielräume zur Verfolgung seines Anspruchs gewährten, die öffentliche Meinung und die politische Debatte zu beeinflussen. Auch eine politische Karriere in Großbritannien oder Australien in den Reihen der Labour Partei konnte er sich vorstellen.[707] Die Korrespondenz mit seinem Vater in Australien diente ihm als Medium zur Reflexion seines Selbstverständnisses und davon abhängigen Karriereplänen:

> I'm not interested in becoming merely a "purveyor of news" – a "radio reporter". I'm not content that people should be "interested in my news". I want them to be "influenced by my views". I am an observer and commentator – not a reporter. Hence my concern about what kind of job the BBC offers me.[708]

Dieses Selbstverständnis kollidierte nicht nur mit den journalistischen Grundsätzen der BBC, sondern auch mit der journalistischen Praxis einer Organisation, die hochgradig bürokratisch, arbeitsteilig und wie keine andere von der Interaktion mit der Kommunikationstechnologie geprägt war.

Da sich die Rolle der BBC als Nachrichtenmedium während des Krieges wandelte, der Krieg gleichzeitig eine Phase des rapiden technischen Wandels der Radioberichterstattung mit sich brachte und beides von großer Bedeutung für Wilmots Arbeit in Nürnberg war, sind seine Kriegserfahrungen ein wichtiger Teil dieses Kapitels.

Wilmots erste Station in der BBC war die „War Reporting Unit".[709] Die BBC wuchs stark während des Krieges: von 4000 Mitarbeitern 1939 auf 11.000 Mitarbeiter Ende 1940.[710] Die „War Reporting Unit" war Teil der Anstrengungen, die Nachrichtenberichterstattung auszubauen, da die BBC im Kontext des Krieges eine neue Bedeutung als Nachrichtenmedium im Vergleich und in Konkurrenz zur Presse erlangte.[711] Um den Herausforderungen gerecht zu werden, baute die BBC ihre Fähigkeiten zum Sammeln von Nachrichten aus. Dazu zählte unter anderem

---

706 Andrew Marr weist daraufhin, dass viele der frühen Fernsehjournalisten im Bereich der politischen Berichterstattung zahlreiche ehemalige Politiker oder Journalisten mit dem Anspruch, Politiker zu sein, in ihren Reihen hatte. Siehe: Marr, My Trade, S. 281.

707 Wilmot an seinen Vater, 27. Januar 1946, NLA, Chester Wilmot Papers, Box 9, Folder: 2–2a; Wilmot an seinen Vater, 27. Februar 1946, ebd.

708 Ebd.

709 Zur Geschichte der „War Reporting Unit" siehe: Asa Briggs, The history of broadcasting in the United Kingdom, Bd. 3: The war of words, Oxford 2000, S. 656–660 u. 666–668.

710 Curran u. Seaton, Power, S. 123.

711 Ebd., S. 134 f.

der Aufbau einer Gruppe eigener Korrespondenten und die Überwachung und Aufnahme ausländischer Radiosendungen. Auf der Programmseite kam es zum Wandel bestehender Sendungen wie der klassischen Nachrichtensendung „News Bulletin"[712] und zur Einführung neuer Formate wie „Radio Newsreel" (RNR) oder „War Report". Beide Formate hatten zum Ziel, Aufnahmen oder Live-Berichte vom Geschehen vor Ort in die Berichterstattung zu integrieren und gleichzeitig durch diese sogenannten „outside broadcasts" die Aktualität der Berichterstattung zu steigern – auch in Konkurrenz zu den Zeitungen.[713] Diese Formate erforderten neue Produktionstechniken, die das Verlesen von Agenturmeldungen mit Korrespondentenberichten, Vor-Ort-Berichterstattung und Kommentaren zu einer neuen Form der Nachrichtenberichterstattung kombinierten.

Im Gegensatz zu den Zeitungs- und Agenturjournalisten betraten Wilmot und die „War Reporting Unit" insbesondere in technischer Hinsicht Neuland, als sie mit den alliierten Armeen 1944 in Frankreich landeten.[714] Die Korrespondenten waren mit extra entwickelten tragbaren Aufnahmegeräten ausgerüstet worden und die Möglichkeiten für Aufnahmen des Geschehens vor Ort wurden permanent ausgetestet, um die Geräusche und O-Töne der Schlachten einzufangen. Wilmots Briefe an seine Frau und Familie sprühten geradezu vor Begeisterung ob des Experimentierens mit den neuen technischen Möglichkeiten und der Qualität der Aufnahmen. Die Einheit war mit mehreren mobilen Transmittern ausgestattet, mit deren Hilfe sie ihre Aufnahmen übermitteln oder auch live auf Sendung gehen konnte. Zusätzlich wurden die Tonträger mit den Aufnahmen, einem Skript oder einer Beschreibung sowie Anweisungen zum Schneiden der Tonträger nach London geflogen, wo das Material den verschiedenen Diensten und Sendungen zur Verfügung stand.

Wilmot wurde mit der Zeit mehr Verantwortung übertragen und er bekleidete ab 1945 eine zunehmend administrative und redaktionelle Rolle in der „War Reporting Unit" zusätzlich zu seinen eigenen Sendungen.

> I now have the pick war reporting job for the BBC – I'm their senior man in Monty's command and they give me a very free hand to do the job as I think fit. [...] The result is that now I have got in this group everything I want. I have the transport – the transmitters – the recording engineers – the correspondents to organise a good cover on this final phase.[715]

---

712 Zum Wandel der „News Bulletins" siehe: ebd., S. 136 f.

713 Wie wichtig die Konkurrenz mit den Zeitungen war, wird in Wilmots Korrespondenz mit den Redakteuren und in den Berichten über seine Arbeit an seine Frau und Familie deutlich. Siehe: Wilmot an Malcolm Frost, 10. Juni 1944, NLA, Chester Wilmot Papers, Box 9, Folder: 3a; Frost an Wilmot, 20. April 1945, ebd.; Wilmot an seine Frau, 31. März 1945, ebd., Folder: 2–2a.

714 Zu Wilmots Arbeit als Teil der „War Report Unit" siehe: McDonald, Valiant, S. 318 ff.

715 Wilmot an seine Frau, 7. März 1945, NLA, Chester Wilmot Papers, Box 9, Folder: 2–2a.

Wie die Korrespondenten einzusetzen waren, hing von der Koordination mit den Vertretern der verschiedenen Dienste der BBC ab. Nur in diesem organisationalen Kontext der Wechselwirkungen zwischen Korrespondenten und Redakteuren lässt sich die journalistische Praxis verstehen. Wie auch andere Medienorganisationen nutzte die BBC zur Koordination der Berichterstattung organisationsspezifische Darstellungsformen wie „eyewitness frontline story", „overall-situation report of battles", „actuality" (Aufnahmen des Geschehens vor Ort und O-Töne) oder „spot news". Howard Marshall und Malcom Frost, Direktor und stellvertretender Direktor der Einheit, versorgten die Korrespondenten mit einem stetigen Strom an Instruktionen in Form von langen Briefen oder kurzen Telegrammen bezüglich des geforderten Materials.[716] Die Anforderungen entwickelten sich in Abhängigkeit der Programme, der Entwicklung des Krieges, der Zeitungsberichterstattung, der eigenen Berichterstattung der vorhergehenden Tage und der imaginierten oder ermittelten Hörerpräferenzen. Neben den häufig detaillierten Anweisungen erfolgte ebenfalls eine Rückmeldung über die Verwendung der eingesandten Beiträge, sogenannte „usage reports":

> Herewith, for your information, copies of usage of material since 7th March. It is a paltry attempt to replace the very meaty letters which Aidan sends you from time to time – he is stricken with a palsy at the moment and so I am forwarding these in the hopes that they will at least contribute a little towards your knowledge of what is used, when it is used and how it is used.[717]

Neben den durchnummerierten „despatches" wurden in den „usage reports" die Uhrzeit und Qualität der Übertragung, der jeweilige Dienst („Home Service", „North American Service", „Pacific Service" etc.) und das jeweilige Programm (War Report, Combat Diary, Radio Newsreel etc.) aufgeführt, das das Material verwandt hatte. Besonderes Lob fand sich ebenso vermerkt wie Auseinandersetzungen der Redakteure über das Material und den Prozess der redaktionellen Bearbeitung. So wurden zum Beispiel die ersten beiden Sätze von Wilmots „despatch 228" vom 2. Januar 1945 mit dem Titel „The Germans Cover Up" in der morgendlichen Redaktionssitzung der Londoner Redakteure besprochen und der „Overseas editor" kürzte die zu optimistische Beurteilung der militärischen Lage. Die gekürzte Version wurde im „General Overseas Programme" und im „African newsreel"

---

716 Der Ordner „Correspondence with BBC and BBC Service Messages, 1944–45" enthält sowohl längere Briefe mit ausführlichen Anweisungen über das von der Redaktion gewünschte Material als auch zahlreiche Telegramme mit kurzen Anweisungen als Teil der alltäglichen Praxis. Siehe: NLA, Chester Wilmot Papers, Box 9, Folder: 3a Correspondence with BBC and BBC Service Messages, 1944–45.

717 H. M. Davis an Wilmot, 12. März 1945, NLA, Chester Wilmot Papers, Box 9, Folder: 3a.

benutzt, allerdings ging trotzdem eine „service message" an Wilmot mit der Bitte zur Überarbeitung hinaus.[718]

Das Schema des Ablaufs der redaktionellen Prozesse des „War Report", der am D-Day erstmals auf Sendung ging, ist in dem kurz nach Kriegsende von der BBC herausgegebenen Buch *War Report: From D-Day to V-Day*[719] enthalten. Aber nur in seltenen Fällen lassen sich die täglichen mündlichen Aushandlungsprozesse rekonstruieren. Lediglich wenn die Notwendigkeit bestand, die Entscheidungen der Redakteure gegenüber den Korrespondenten zu begründen, finden sich Verschriftlichungen, in denen die Perspektive der Redakteure erkennbar ist. In diesen Aushandlungsprozessen waren die Direktoren der „War Reporting Unit", die Redakteure der verschiedenen Sendungen, der „Controller (News)" und der „Assistant Controller (News)" beteiligt.[720] Da die Entscheidung über die Verwendung des Materials bei den Akteuren in London lag, kam es auch zu Anfragen seitens der Korrespondenten nach den Wünschen der Redaktion[721] und falls diese zu ungenau ausfielen, zu der Beschwerde: „I hope it is what you want, but I received only the sketchiest notes of your requirements, so I have had to work pretty much in the dark."[722] Auch wenn Wilmot im Laufe der Kampagne an der Westfront die „overall situation reports and analysis" für den „War Report" und administrative Aufgaben übertragen bekommen hatte, litt er nach der Auflösung der „War Reporting Unit" am Ende des Krieges darunter, dass die „Foreign News Division" und der „Foreign News Editor" die Kriegsberichterstatter als Korrespondenten zweiter Klasse ansahen, die nicht mit wichtigen politischen Themen betraut werden konnten.[723]

Nach Kriegsende in Europa war es Wilmots Absicht, über das Ende des Krieges im Pazifik zu berichten. Ausschlaggebend dafür waren seine weiterführenden Pläne einer journalistischen oder politischen Karriere in Australien.

> What I feel abt the Pacific is this – In Australia people are going to forget the German war very quickly, and they're not going to count service over here as being of much importance compared with the Pacific. If I'm to have any standing with the Australians later on I must have shared their experiences in the Pacific War – and if possible I must be in at the kill.[724]

---

718 Frost an Wilmot, o. D., ebd.

719 War Report. D-Day To VE-Day, zusammengestellt und hg. v. Desmond Hawkins, London 1985 (1946), S. 44–47.

720 [Unleserlicher Name] an Wilmot, 20. April 1945, NLA, Chester Wilmot Papers, Box 9, Folder: 3a.

721 Wilmot an Frost, 1. Mai 1945, ebd.

722 Wilmot an Robert Kemp, 26. November 1944, ebd.

723 Wilmot an seine Familie, 7. Dezember 1945, NLA, Chester Wilmot Papers, Box 9, Folder: 2–2a.

724 Wilmot an seine Eltern, 23. Juli 1945, ebd.

Doch machte ihm die japanische Kapitulation nach den Abwürfen der Atombomben einen Strich durch die Rechnung. In der Zeit zwischen Kriegsende und dem Beginn des Nürnberger Prozesses reiste Wilmot als freier Mitarbeiter der BBC durch Westeuropa, sammelte aber in erster Linie Material für sein Buch über die Westfront in Europa von der Landung in der Normandie bis zur deutschen Kapitulation.[725] Das Angebot, über Nürnberg zu berichten, verstand er als einen wichtigen Schritt auf dem Weg, als politischer Korrespondent innerhalb der BBC anerkannt zu werden.

The Nuremberg job and the broadcasts I've done for them in the past four months have done me a lot of good. When the War Reporting Unit folded up and Foreign News Division again took over the running of correspondents, the F[oreign].N[ews]. Editor – Barker – would have nothing to do with the War Reporters. […] The result is that now I am accepted by Barker as a "Foreign Correspondent" and not just as a "War Reporter". […] If I had gone right off the air when War Reporting folded up, I would have found it hard to get into Foreign News. Consequently I felt it important to do enough broadcasts from Europe to make the change-over and to get the recognition.[726]

Als Wilmot dies im Januar 1946 schrieb, hatte er bereits zwei Aufenthalte in Nürnberg für die BBC hinter sich.[727] Im Oktober 1945 hatte er noch als freier Mitarbeiter zwei Sendungen im Rahmen der Vorberichterstattung über den Prozess produziert.[728] Vom 7. bis zum 21. Dezember 1945 hatte er die reguläre Berichterstattung aus Nürnberg übernommen, die er eigentlich abgelehnt hatte, aber er sprang dann als Krankheitsvertretung ein.[729] Neben einem Besuch im März 1946 zu Recherchezwecken reiste Wilmot zwei weitere Male nach Nürnberg.[730] Er berichtete im August 1946 über die Schlussworte der Angeklagten und Ende September bzw. Anfang Oktober über die Urteils- und Strafmaßverkündung.

Da Wilmot im Dezember kurzfristig als Krankheitsvertretung einsprang, hatte er lediglich zwölf Stunden, um seinen Arbeitstag in London zu beenden und

---

725 Wilmot, The Struggle For Europe, Ware, Hertfordshire 1997 (1952).

726 Wilmot an seine Familie, 2. Januar 1946, NLA, Chester Wilmot Papers, Box 9, Folder: 2–2a.

727 In Wilmots Biografie von McDonald nimmt der Prozess nur vier Seiten ein wovon zwei den Prozess in allgemeinen Worten beschreiben. Siehe: McDonald, Valiant, S. 438–441.

728 Chester Wilmot an H. N. T. (Home News Talk) & R. N. R. (Radio Newsreel), Despatch No 423 "Preparations at Nuremberg", 26. Oktober 1945, NLA, Chester Wilmot Papers, Box 12, Folder: 35; Wilmot an Pacific Service u. Home Talks, Despatch No 422, "The Final Nazi Rally", 26. Oktober 1945, ebd.

729 Wilmot an seine Familie, 7. Dezember 1945, NLA, Chester Wilmot Papers, Box 9, Folder: 2–2a; eine ausführliche Beschreibung seiner Arbeit für die BBC in Nürnberg während dieser Phase findet sich in: Wilmot an seine Eltern, 16. Dezember 1945, ebd.

730 Wilmot an seine Frau, [18. März 1946], ebd.

seine Sachen zu packen, bis er um 3:30 Uhr am frühen Morgen von einem Auto abgeholt und zum Flughafen gefahren wurde. Um 14 Uhr Ortszeit landete er in Nürnberg und war eine Stunde später vor dem Justizpalast. Da er noch keinen Pass für das Gebäude und den Gerichtssaal hatte, musste er sich mit Hilfe eines geliehenen Passes Eintritt verschaffen. Um 15:30 Uhr saß er in seiner Rundfunkkabine und um 18:30 Uhr sendete er seinen ersten Beitrag.[731] Er wollte zumindest einen kurzen Eindruck einer Sitzung des Tribunals gewonnen haben, bevor er eine Zusammenfassung der Woche vor Gericht für das Sonntagabendprogramm produzieren musste.

Wilmot bereute nicht nach Nürnberg gekommen zu sein. Der Prozess sei ein einmaliges Erlebnis, das er nicht missen wolle. Auch gab es keinen besseren Ort, um Material für sein Buch über den Zweiten Weltkrieg zu sammeln. Aber die Arbeitsbelastung sollte während seines Aufenthaltes in Nürnberg nicht geringer werden, wie er seinen Eltern berichtete:

> But you have no idea how tiring it is sitting all day with headphones on – following documents – writing and putting over three pieces or even four – and what is more repeating most of them twice because of bad transmission … and in between times, watching the recording engineers and seeing that they record the right stuff and make copies of the things that are specially needed and seeing that service messages are replied to etc etc. It is quite a sweat and far too much work for one man, as I told the BBC when they originally asked me to do the job.[732]

Wilmot musste täglich einen Beitrag für die 13-Uhr-Nachrichten der BBC liefern, den er bereits schreiben musste, während die Vormittagsverhandlung noch andauerte.[733] Mehrmals die Woche musste er um 15:45 Uhr live einen Beitrag für Radio Newsreel sprechen, was eine weitere Unterbrechung darstellte. Am Abend eines jeden Sitzungstages waren ein weiterer zweiminütiger Beitrag für die Abendnachrichten und ein vierminütiges Feature zu produzieren. Die Nachmittagsverhandlung endete gewöhnlich gegen 17 Uhr und der Beitrag für die Abendnachrichten musste bis 17:30 Uhr übermittelt worden sein. Da sich die Qualität der Übermittlung ab 18:30 Uhr deutlich verschlechterte, musste Wilmot bis dahin auch seinen letzten Beitrag des Tages übermittelt haben.[734]

---

731 Wilmot an seine Eltern, 16. Dezember 1945, ebd; Wilmot, Nuremberg, Dec 7th, Despatch No 436, Nuremberg Ends Its Third Week, 7. Dezember 1945, NLA, Chester Wilmot Papers, Box 12, Folder: 35.

732 Wilmot an seine Eltern, 16. Dezember 1945, NLA, Chester Wilmot Papers, Box 9, Folder: 2–2a.

733 Transkripte seiner Sendungen aus Nürnberg finden sich in: NLA, Chester Wilmot Papers, Box 12, Folder: 35.

734 Wilmot an seine Eltern, 16. Dezember 1945, NLA, Chester Wilmot Papers, Box 9, Folder: 2–2a.

Parallel dazu musste er sich durch die Berge an Beweisdokumenten arbeiten, ohne deren Lektüre dem Prozess nur schwer zu folgen war, Anfragen der Redaktion in London beantworten und sicherstellen, dass die Ingenieure der BBC die richtigen Passagen der Gerichtsverhandlung aufnahmen und kopierten. Diese wurden nach London geflogen und dort den verschiedenen Programmen zur Verfügung gestellt. Nicht zuletzt Wilmot selbst hatte Nutzen von diesen Aufnahmen im Rahmen eines weiteren Formats, das er in Nürnberg produzieren musste: „The Nuremberg Report". Jeden Samstag rekapitulierte diese 13¼-minütige Sendung die vergangene Woche für das Sonntagabendprogramm des „Home Service", insgesamt waren es drei solcher Sendungen im Dezember 1945.[735] Es stellte sich heraus, dass die Produktion der Sendungen das geringste Problem war. Beide Wochenenden in Nürnberg verbrachte Wilmot damit, die technischen Schwierigkeiten der Übermittlung per Flugzeug oder Transmitter zu überwinden. Am ersten Wochenende scheiterte er komplett und seine Sendung musste auf Grundlage eines Transkripts in London von einem Sprecher verlesen werden.[736] Am nächsten Wochenende drohte sich die Geschichte zu wiederholen.

> … I was hoping to get the week-end fairly clear so I hurried through with my round-up and had it written by 2 pm Sat. That I fondly thought should let me have all Sunday clear … but I reckoned without the weather which grounded the aircraft taking the discs and interfered with the transmission to such an extent that I spent Saturday afternoon and this morning repeating the round-up for Home Service and a short round up for Newsreel. Finally got through fairly well at noon today.[737]

Parallel dazu hatte Wilmot zwei Kopien seiner Sendungen angefertigt und jeweils eine Kopie mit einer De Havailland Mosquito zum „Ministry of Information" und eine Kopie mit einer Douglas Dakota zum Bush House geschickt, wo der European Service der BBC residierte.[738] Zum Umgang mit den Kopien schickte Wilmot Anweisungen. Eine Version war 7 Minuten, die andere 7 Minuten und 15 Sekunden lang. Falls beide Versionen rechtzeitig eintrafen, sollten die Redakteure „disc 1 of the Dakota version […] and Disc 2 and 3 of the Mosquito version"[739]

---

735 Wilmot, Despatch No 437 Third Week at Nuremberg, Round-up of Week for HNT (Home News Talk), 8. Dezember 1945, NLA, Chester Wilmot Papers, Box 12, Folder: 35; Wilmot, Despatch No 452 The Fourth Week at Nuremberg (Round-up for HNT for 16.12.45), 15. Dezember 1945, ebd; Wilmot, Despatch No 466 Fifth Week at Nuremberg, For Home News Talks, 23. Dezember 1945, ebd.

736 Wilmot an seine Eltern, 16. Dezember 1945, NLA, Chester Wilmot Papers, Box 9, Folder: 2-2a.

737 Ebd.

738 Wilmot an Traffic Manager, 15. Dezember 1945, NLA, Chester Wilmot Papers, Box 12, Folder: 33.

739 Wilmot an Traffic Manager, Nuremberg Round-up for Dec 16th, 15. Dezember 1945, ebd.

benutzen. So blieben rund 6 Minuten für das Einfügen von „actuality". Den „discs" lagen Skripte bei, aus denen die Redakteure ersehen konnten, an welchen Stellen welche Aufnahmen aus dem Gericht eingespielt werden sollten. Wilmot konnte allerdings nicht garantieren, dass diese Skripte genau mit dem Gesprochenem übereinstimmten, da er „a little cutting ad lib"[740] betrieben habe. Wilmot übertrug den Auszug aus dem Transkript der Verhandlung in sein eigenes Skript für die BBC und vermerkte am Rand, auf welcher „disc" von welchem Tag sich die Stelle befand und wie lang die einzufügende Sequenz war.[741] Deshalb war es so wichtig, dass Wilmot die Aufnahmen aus dem Gerichtssaal durch die Ingenieure und den regelmäßigen Versand der Aufnahmen nach London koordinierte.

Den Brief an seine Eltern über seine Arbeit in Nürnberg im Dezember 1945 begann er damit, dass er eigentlich keine Zeit zum Schreiben von privaten Briefen habe. Über den Prozess wolle er gar nicht erst versuchen zu berichten[742], dazu fühle er sich erst in der Lage, wenn er wieder zu Hause sei und Zeit zum Nachdenken gehabt habe. Den Brief an seine Eltern über seine Arbeit in Nürnberg im September und Oktober 1946 beendete er mit der Erkenntnis: „On looking back through this [den Brief, E. S.] I find that I have gossiped away about the technical problems and personal worries of the correspondent and told you nothing about the trial itself."[743] Wilmots Briefe an seine Familie sind eine Erzählung über die Herausforderungen und Schwierigkeiten der Radioberichterstattung. Die Interaktion mit störanfälligen technischen Apparaten, die Abhängigkeit von unsicheren Übertragungswegen und der hohe Koordinationsaufwand sowohl mit Technikern als auch mit der Redaktion bei der Produktion der Beiträge machten Wilmots Arbeit zu einer „hell of a sweat".[744] Zum Nachdenken über den Prozess blieb da keine Zeit.

Die Planung der Berichterstattung über den Nürnberger Prozess in der BBC war eine bürokratische und dementsprechend hierarchische Angelegenheit. Im Folgenden konzentriere ich mich auf die Planung der Berichterstattung über die Urteils- und Strafmaßverkündung. Es galt, die Wünsche des „Director-General" sowie von Home, Overseas und European Service mit ihren zahlreichen Diensten und Programmen zu koordinieren. Grundsätzliche Entscheidungen wurden in den „Programme Policy Meetings" getroffen, an denen auch der „Director-General", William Haley, teilnahm. Im Protokoll der Sitzung vom 9. April 1946 wurde festgehalten:

---

740 Wilmot an Traffic Manager, Nuremberg Round-up for Dec 16th, 15. Dezember 1945, ebd.
741 Wilmot, Despatch No 452 The Fourth Week at Nuremberg (Round-up for HNT for 16.12.45), 15. Dezember 1945, ebd.
742 Wilmot an seine Eltern, 16. Dezember 1945, NLA, Chester Wilmot Papers, Box 9, Folder: 2–2a.
743 Wilmot an seine Eltern, 7. Oktober 1946, ebd.
744 Wilmot an seine Eltern, 16. Dezember 1945, ebd.

Nuremberg Trial: D. G. [Director-General, E. S.] said that the final stage of the Nuremberg Trial, consisting possibly of the solemn indictment of those on trial and pronouncement of sentences, was of such importance that consideration should be given to broadcast it "live" in all BBC services. C(N) [Controller (News), E. S.] to look into technical possibilities.[745]

Das größte Problem war jedoch, den genauen Ablauf der Urteils- und Strafmaßverkündung zu erfahren. Vermittelt durch das „Lord Chancellor's Office" waren dem Vorsitzenden Richter Lawrence Fragen nach dem wahrscheinlichen Enddatum und dem Ablauf gestellt worden, doch konnte er zu dem Zeitpunkt lediglich seine privaten Vermutungen übermitteln, kein offizielles Programm.[746] Doch schon der Hinweis, dass das Ende des Prozesses mehrere Tage in Anspruch nehmen dürfte, beendete vorerst die Pläne für eine Live-Übertragung. Im Protokoll des „Programme Policy Meeting" vom 18. Juli 1946 war vermerkt:

> Nuremberg Trial: Agreed that as the judgment was expected to last two or three days, idea of broadcasting it "live" was impracticable. The judgment and sentence should however be recorded in full, and the climax of the trial covered in BBC services by means of edited recorded extracts. News Division to be responsible for the recording but free to call on member of another Division if necessary to do the editing.[747]

Zur konkreten Organisation der Berichterstattung wurde nun eine Planungsgruppe einberufen. Die personelle Entscheidung für Wilmot als Korrespondenten vor Ort dürfte zwischen dem „Controller (News)" A. P. Ryan und dem „Foreign News Editor" A. E. Barker gefallen sein.[748] Ryan hatte sich schon früher beim „Director-General" für Wilmot ausgesprochen, dessen Arbeit in Nürnberg im Dezember gelobt und ihn als „politically experienced" bezeichnet, was bedeutete, „he can do the news side – and also being able to do a good O[utside].B[roadcast]. [...] It will, I suggest, in any case be necessary to have two men adequately to cover news and O[utside].B[roadcast]."[749] An diesem Punkt kamen Wilmots Erfahrungen mit der „War Reporting Unit" zum Tragen. Beim ersten Treffen der Planungsgruppe am

---

745 [Auszug aus dem Protokoll des Programme Policy Meeting], 9. April 1946, BBC Written Archive, R47/942/1, Relays War Trials File 1a, January 1945–July 1946.

746 Controller (News) an D. G. [Director-General], 3. Juli 1946, ebd.

747 [Auszug aus dem Protokoll des Programme Policy Meeting], 18. Juli 1946, BBC Written Archive, R47/942/1, Relays War Trials File 1a, January 1945–July 1946.

748 A. E. Barker an Controller (News), 13. August 1946, BBC Written Archive, R47/942/2, Relays War Trials File 1b, August 1946–August 1947.

749 Controller (News) an D. G., 10. April 1946, BBC Written Archive, R47/942/1, Relays War Trials File 1a, January 1945–July 1946.

4. September 1946 stand Wilmot als Korrespondent fest, der durch Karl Anders[750] vom „German Service" verstärkt wurde.[751]

Bei dem Treffen, an dem sieben Personen der verschiedenen Dienste unter der Leitung des „Foreign News Editor" Barker teilnahmen, wurden die verschiedenen Anforderungen der Dienste festgehalten.[752] Der „Home Service" wollte an beiden Abenden der Urteilsverkündung ein halbstündiges Programm aus Mitschnitten aus dem Gerichtssaal senden. „News Bulletins" wollte sich auf Transkripte des Materials aus Nürnberg und die von Wilmot über den Transmitter von dort zur Verfügung gestellten Materialien beschränken. Die Direktoren der vier „Overseas Services" (African, Pacific, North American, General Overseas) waren im Vorfeld vom „Controller (Overseas Services)" nach ihren Wünschen gefragt worden.[753] Sie wollten erstens die halbstündigen Sendungen des „Home Service" übernehmen, und zweitens die „Overseas Services"-Live-Übertragungen aus dem Gerichtssaal inklusive der einleitenden und abschließenden Kommentare Wilmots senden. Drittens wollte der „North American Service" (einer von vier „Overseas Services") zusätzlich einen 13¼ Minuten langen „Current Events"-Beitrag sowie einen zweiminütigen Beitrag zur Sendung „London Column" am 2. Oktober 1946 nach Ende des Prozesses.[754] „News Reel" beabsichtigte das gesamte Material des BBC-Transmitters in Nürnberg inklusive Wilmots kurzer Augenzeugenberichte aus dem Gerichtssaal in „Oxford Street" aufzuzeichnen und der „German Service" wollte eine eigene 45-minütige Sendung an beiden Abenden produzieren.

Neben den Wünschen der einzelnen Programme galt es ferner, das in Nürnberg benötigte Personal und die Einrichtungen zum Senden, Aufnehmen und Kopieren sowie die Transportwege für Aufnahmen und offizielle Transkripte zu planen. In London mussten „intake facilities"[755] bereitgestellt und die Distribution, redaktionelle Bearbeitung und Produktion des eingehenden Materials geplant werden. Am Ende des Koordinierungsprozesses stand ein detaillierter Ablaufplan (alle Zeiten in GMT) für die Berichterstattung über die letzten beiden Tage des Prozesses, den

---

750 Karl Anders, Im Nürnberger Irrgarten, Nürnberg 1948; zum Deutschland-Dienst der BBC aus Nürnberg siehe auch: Carl Brinitzer, Hier spricht London. Von einem der dabei war, Hamburg 1969; Wagner, Medienereignis.

751 Nuremberg. Notes on a meeting held on September 4th, 4. September 1946, BBC Written Archive, R47/942/2, Relays War Trials File 1b, August 1946–August 1947.

752 Ebd.

753 Joanna Spicer an Hope Simpson, 19. Juli 1946, BBC Written Archive, R47/942/1, Relays War Trials File 1a, January 1945–July 1946.

754 Spicer an Foreign News Editor, 26. September 1946, BBC Written Archive, R47/942/2, Relays War Trials File 1b, August 1946–August 1947.

755 Nuremberg Planning Meeting – For Discussion, 4. September 1946, BBC Written Archive, R46/374, Rec. Gen. Nuremberg Trial 1945–1947; darunter waren „live relays", Aufnahmekanäle und Transkription (Telediphone Unit) zu verstehen.

Wilmot umzusetzen hatte.[756] Der Aufwand an Infrastruktur und Personal und dementsprechend an Koordination war enorm. Wilmot wurde fünf Tage vor Beginn der Urteilsverkündung nach Nürnberg entsandt, wo er einem großen Team aus Ingenieuren und Korrespondenten verschiedener Auslandsdienste der BBC vorstand.[757]

Am 30. September 1946 um 8 Uhr begann die Sitzung des Gerichts und es war entschieden worden, dass der Transmitter der BBC in Nürnberg die direkte Tonspur des Gerichts übertragen sollte, solange Englisch gesprochen wurde. Wenn Französisch oder Russisch gesprochen wurde, sollte die englische Übersetzung übertragen werden. Das erste Aufnahmegerät der BBC zeichnete die originale Tonspur des Gerichts auf, egal welche Sprache gesprochen wurde. Das zweite Gerät zeichnete grundsätzlich die deutsche Übersetzung der Gerichtsverhandlung auf. In London aufgrund von mangelnder Qualität der Übertragung beanstandete Stellen sollten in Nürnberg mit Hilfe der Aufzeichnungen kopiert und die Kopien für eine spätere Übermittlung zurückbehalten werden. Angesichts der Erfahrungen mit den Übertragungen aus Nürnberg dienten die Aufnahmen zum einen als Absicherung, zum anderen zeichneten sie sich durch eine bessere Qualität als die Übermittlungen des Transmitters aus und dienten als Grundlage der „Overseas programmes" und der halbstündigen abendlichen Sendung für den „Home Service".[758]

Deshalb war großer Aufwand betrieben worden, um die Aufnahmen so schnell wie möglich nach London zu übermitteln. Die BBC bediente sich der regulären Luftkuriere der R. A. F. von Nürnberg nach London, die vormittags und nachmittags jeweils einmal zwischen den Städten verkehrten. Wilmot hielt diesen Kurierdienst allerdings für unzuverlässig und lediglich ausgerichtet auf die Bedürfnisse der Presse. Deshalb hatte er vorgeschlagen, zusätzlich ein eigenes Flugzeug zu chartern, das entsprechend der Bedürfnisse der BBC von Nürnberg nach Paris fliegen sollte, von wo aus die Aufnahmen „could be played over our music line to London."[759] Zu seiner großen Überraschung ging die BBC auf diesen Vorschlag ein.

Der von der Planungsgruppe vorgelegte Ablaufplan beinhaltete einen minutiösen Zeitplan für den Transmitter der BBC, der Wilmots Tagesablauf diktierte. Aufgelistet sind die Zeiten der Übertragungen für die Verhandlung und für die Wiederholung von Aufzeichnungen aus dem Gerichtssaal, für die Berichte des „German Service", für „Service Messages" sowie die Abflugzeiten der Kuriermaschinen und das voraussichtliche Eintreffen von Aufzeichnungen via Paris in London. Auch Uhrzeit, Dauer und Art der Beiträge Wilmots waren verzeichnet. Um 7:50 Uhr

---

756 Nuremberg Coverage of the Last Days of Trial, o. D., ebd.

757 Wilmot an seine Familie, 7. Oktober 1946, NLA, Chester Wilmot Papers, Box 9, Folder: 2–2a.

758 Ebd.

759 Ebd.; Nuremberg Coverage of the Last Days of Trial, o. D., BBC Written Archive, R46/374, Rec. Gen. Nuremberg Trial 1945–1947.

führte Wilmot in die bevorstehende Berichterstattung des Tages ein, um 15 Uhr sendete er eine Kommentierung des Endes der Sitzung und bei jeder Pause des Gerichts lieferte Wilmot fünfminütige Augenzeugenberichte. Außerdem sendete er um 11:40 Uhr einen dreiminütigen Beitrag für die 13-Uhr-Nachrichten (BST) des „Home Service" und ab 16:15 Uhr zwei Beiträge von vier und zwei Minuten Länge für das halbstündige Abendprogramm des „Home Service" über den Prozess.[760] In London trafen die verschiedenen Dienste parallel ihre Vorbereitungen. Man hatte eine Produktionseinheit für den halbstündigen Beitrag aufgestellt, der für den „Home Service" und die „Overseas Services" produziert werden sollte, was ebenfalls der Koordination bedurfte:

> By arrangement between Editor (News) and Controller (European Service), approved by D.G. (and in collaboration with Mr. Wellington, Head of the Home Service) a half-hour programme will be given in the Home Service each night from 2115 to 2145 BST. For this purpose a special editorial unit has been set up. Mr. David Graham has been lent by Controller (European Service) to act as Editor, with immediate responsibility to F[oreign] N[ews] E[ditor].[761]

Zusätzlich wurde ein Produzent des „Home News Talks"-Programm abgeordnet, ein Sprecher gefunden und ein Studio mit dem notwendigen technischen Personal zur Verfügung gestellt. Wilmot übermittelte auf Grundlage der Transkripte der Verhandlung seine Empfehlungen für die Auswahl von Aufzeichnungen der Urteilsverkündung durch die Redakteure in London und lieferte seine vier- und zweiminütigen Beiträge zur Rahmung des Programms.[762]

Im Vorfeld waren bereits die einzelnen Dienste direkt mit Wilmot in Kontakt getreten, um ihn genauer über die Erwartungen an seine Beiträge zu informieren. Die für die „London Column" zuständige Mrs. Eric Robertson schickte Wilmot eine Einweisung mit Hinweisen zu Einleitung und Ende des Beitrags und einer Präzisierung des Themas: „theme being ‚sidelights Nuremberg assumption being listener wholly cognizant basic news'."[763] Der Redakteur des „Radio Newsreel"-Programms Peter Pooley sandte Instruktionen für die Vorberichterstattung:

---

760 Ebd.; die Skripte von Wilmots Sendungen finde sich in: NLA, Chester Wilmot Papers, Box 12, Folder: 36.

761 J. C. S. Macgregor (Deputy Editor (News)) an David Graham u. a., 25. September 1946, BBC Written Archive, R47/942/2, Relays War Trials File 1b, August 1946–August 1947.

762 Wilmot an Round-Up Editor, 30. September 1946, NLA, Chester Wilmot Papers, Box 12, Folder: 33; Wilmot an seine Familie, 7. Oktober 1946, NLA, Chester Wilmot Papers, Box 9, Folder: 2–2a.

763 Mrs. Eric Robertson (Peggy) an Wilmot, [September 1946], BBC Written Archive, R47/942/2, Relays War Trials File 1b, August 1946–August 1947.

EXPOOLEY COLON GRATEFUL COLOUR PIECE FRIDAY IF POSSIBLE SURAT-
MOSPHERE COURTHOUSE STOP PIECE SHOULD HAVE TENSION ADUPBUILD
ADFINAL DAY STOP THIS ADDITIONAL ADNEWS DESPATCH ALREADY RE-
QUESTED[764]

In beiden Fällen fragte Wilmot nach der Übermittlung seiner Beiträge nach, ob
diese den Vorstellungen seiner Auftraggeber entsprochen hätten und bot im Falle
des Beitrags für Pooley an, diesen falls gewünscht zu überarbeiten.[765] Er richtete sich
also ganz nach den Vorgaben der Redakteure und vergleicht man die Anweisungen
mit den Skripten seiner Beiträge stellt man fest, dass diese genau den Vorgaben
entsprechen.[766] Wilmots Beitrag entsprechend der oben zitierten Anfrage des RNR-
Redakteurs Pooley begann mit den Worten:

> I'm looking down on the empty bench, the empty dock and the empty seats of the court-
> room. For two hundred and sixteen days it echoed with the verbal clash of forensic battle
> as judges, counsel, defendants and witnesses have uncovered history and made history
> in this – the greatest trial of modern times. But now – on the eve of the final act of this
> drama – the courtroom is hushed in expectation.[767]

Genau wie gewünscht konzentrierte sich Wilmot auf die Atmosphäre im Gerichtssaal und den Aufbau der Spannung in Erwartung der Urteile. Ein weiteres Programm wandte sich mit Vorgaben an Wilmot, das wie kein zweites die Grenzen
des Sagbaren für die Korrespondenten aufzeigte. Wilmot sollte einen „news commentary" sprechen. Der Kommentar ist eine Darstellungsform, die theoretisch
größere Autonomiespielräume für die Journalisten gewährt. Zumindest sollte der
Kommentar den Korrespondenten für den Moment aus dem Korsett der Norm
objektivistischer Berichterstattung befreien.

Ein Beispiel aus der Prozessberichterstattung, das die Relevanz dieser Norm für
die Praxis verdeutlicht, stammt aus dem April 1946. Die Beiträge zum Nürnberger
Prozess des „Home bulletin" waren einer Evaluierung unterzogen worden. Der
„Controller (News)" wies seinen Redakteur an, sowohl den Inhalt der Skripte als
auch das Sprechen der Nachrichtenbeiträge zum Prozess in den „News Bulletins"

---

764 Peter Pooley (Home News Talk Editor) an Wilmot, [25. September 1946], NLA, Chester Wilmot
  Papers, Box 12, Folder: 33.
765 Wilmot an Traffic Manager, 27. September 1946, ebd.; Wilmot an Mrs. Eric Robertson, 15. Oktober
  1946, BBC Written Archive, R47/942/2, Relays War Trials File 1b, August 1946–August 1947.
766 Wilmot, Nuremberg No 9. For RNR 27.9.46 The Last Week-End, NLA, Chester Wilmot Papers,
  Box 12, Folder: 36; Wilmot, Nuremberg Round-up for Tuesday October 1st, London Column, ebd.
767 Wilmot, Nuremberg No 9. For RNR 27.9.46 The Last Week-End, ebd.

zu überwachen. Eine faire Zusammenfassung sollte in den Nachrichtenmeldungen gewahrt und auch die Stimme des Sprechers absolut neutral bleiben.[768]

Welche Autonomiespielräume gewährte die Darstellungsform des Kommentars Wilmot in der Praxis? Auch wenn diese Darstellungsform theoretisch die Grenzen des Sagbaren für die Korrespondenten erweitern sollte, wurden diese durch die redaktionellen Vorgaben bezüglich der Inhalte sogleich wieder eingeschränkt. Der ideale Ablauf in den Augen der Redakteure wäre gewesen, dass Wilmot den Kommentar in London eingesprochen hätte, damit sie die Kontrolle über das Skript und den gesprochenen Beitrag gehabt hätten. Doch zum Zeitpunkt der Rückkehr Wilmots aus Nürnberg sei das Interesse am Prozess bereits wieder vorüber, weshalb er den Kommentar aus Nürnberg senden sollte. Zwei verschiedene Möglichkeiten der Übertragung aus Nürnberg wurden durchgespielt, beiden haftete aber dasselbe Problem an, weshalb detaillierte Anweisungen an Wilmot ergehen sollten:

> But in either case it would be impossible for us to have a look at the script first and we should have to rely on careful briefing and on Chester Wilmot.
> On the question of subject matter suggested that the following points might be included in addition to the eye-witness reports: 1. That the enormous amount of time, trouble and expense involved in these trials has been fully justified in establishing the guilt of the accused men before history.
> 2. That the important thing about the trials is not so much the fate of these individual men, but the attempt to establish some system of international morality.
> Mr. Wilmot agreed with these points and also suggested he would fill in the backround by sketching the history of the trials, changes in the attitude of the defendants leading to the climax of the final pleas and the judgment.[769]

25 Tage vor der Urteilsverkündung erhielt Wilmot auf diesem Wege bereits Vorschläge der Redaktion, wie das Ergebnis des Prozesses zu kommentieren sei, denen er bereitwillig zustimmte. Die Darstellungsform des Kommentars führte in der Praxis scheinbar nur zu größerer inhaltlicher Kontrolle.

Wilmots gesamte Berichterstattung der letzten beiden Tage war geprägt von diesem offiziösen, staatstragenden Tenor, der in erster Linie die Legitimität und den Erfolg des Tribunals hervorhob. Das auch den Feinden gewährte „fair play" diente als identitätsstiftender Tenor für die britische Nation. Nicht die rechtlichen Grundlagen standen zur Debatte, sondern der faire Ablauf des Prozesses, dessen

---

768 Controller (News) an Mr. Rumsam, 4. April 1946, BBC Written Archive, R47/942/1, Relays War Trials File 1a, January 1945–July 1946.

769 John Reed an Miss Rowley: Telephone conversation with Chester Wilmot with reference to news commentary on the Nuremberg Trials, 5. September 1946, BBC Written Archive, R47/942/2, Relays War Trials File 1b, August 1946–August 1947.

Garant der Vorsitzende Richter Lawrence war. Den Wandel im Verhalten der Angeklagten, den Wilmot erkannt zu haben glaubte, deutete er als Anerkennung des Tribunals.[770] Da die Schlussworte Speers zur Bedeutung des Schicksals seiner selbst im Angesicht der hehren Ziele des Verfahrens den Punkt 2 der redaktionellen Anweisungen so genau abbildeten, nutzte Wilmot dessen Worte, um diesen Punkt zu unterstreichen:

> In those last words Speer summed up the ultimate importance of this trial, for while our attention at this moment is naturally concentrated on the men in the dock, it must not be forgotten that the prosecution seeks to establish not only the guilt of these men … but the very International Law by which potential aggressors may be curbed and upon which a peaceful and ordered world may be founded.[771]

Der Eindruck des Offiziösen in Wilmots Berichterstattung über die Urteilsverkündung wurde durch drei weitere Punkte bestärkt. Er folgte dem Gericht bei der Schwerpunktsetzung auf das Führen eines Angriffskrieges sowie auf die individuelle Verantwortung der Angeklagten. Das „aggressive war paradigm" herrschte in der Deutung des Prozesses durch die BBC vor. In seinem „Round-up" zur Urteilsverkündung am 30. September 1946 formulierte Wilmot dies in aller Deutlichkeit: „The essence of the Tribunals verdict – as pronounced so far – may be summed up in these four propositions."[772] Erstens habe es eine Verschwörung zum Führen von Kriegen gegeben. Zweitens handele es sich bei diesen Kriegen um Angriffskriege. Drittens seien Angriffskriege zum „supreme international crime" erklärt worden. Und viertens habe das Gericht erklärt, dass Staatsmänner und Militärs sich nicht hinter der staatlichen Souveränität oder Hitlers Diktatur verstecken könnten, sondern eine individuelle Verantwortung für die Verbrechen trügen. Kriegsverbrechen und Verbrechen gegen die Menschlichkeit waren untergeordnete Punkte. Wilmot zeigte sich schockiert über die abweichende Meinung des sowjetischen Richters, tat aber alles, um die Bedeutung dieser Abweichung herunterzuspielen.[773] Und er rahmte seinen letzten Bericht aus Nürnberg mit Worten des britischen Richters und des britischen Chefanklägers, deren Zitate Anfang und Ende des Berichts bildeten, womit er der Zuschreibung der BBC als „voice of Britain" alle Ehre machte.[774]

---

770 Wilmot, The Last Day At Nuremberg, For North American Service, Relayed from Nuremberg 1415GMT, Oct. 2nd, 2. Oktober 1946, NLA, Chester Wilmot Papers, Box 12, Folder: 36; Wilmot, Nuremberg Round Up for Tuesday October 1st, 1. Oktober 1946, ebd.; Wilmot, Judgment Day Commentary Live 0920 NT, 1. Oktober 1946, ebd.

771 Wilmot, Judgment Day Commentary Live 0920 NT, 1. Oktober 1946, ebd.

772 Wilmot, Monday Round-Up to be relayed at 18:30 GMT 30th Sept., 30. September 1946, ebd.

773 Ebd.

774 Close Of The Trial, Nuremberg Tuesday 1st October, 1. Oktober 1946, ebd.

Einen entscheidenden Unterschied machte Wilmots persönlicher Einsatz vor Ort in Nürnberg aber doch. Er schlug unmittelbar vor Beginn der Urteils- und Strafmaßverkündung verschiedene Änderungen an der Programmplanung vor. Er warb dafür, dass der „Home Service" den Höhepunkt des Prozesses, die Verkündung der Urteile und Strafmaße, am Dienstagnachmittag live übertragen sollte.[775] Davon erhoffte er sich, den Abendzeitungen mit den Neuigkeiten über die Urteile zuvorzukommen.[776] Auch argumentierte er, dass die im „General Overseas" und im „Pacific Service" geplanten Live-Übertragungen der Eröffnung der Urteilsverkündung am 30. September 1946 wenig Sinn machten und schlug vor, stattdessen auf Grundlage der offiziellen Zusammenfassung des Urteils lieber einen eigenen Beitrag zu produzieren.[777] Beide Vorschläge wurden vorerst abgelehnt.[778] Schließlich gelang Wilmot aber doch noch ein entscheidender Durchbruch und er erhielt auf Nachfrage bei den britischen Richtern das, worum die BBC über verschiedene Kanäle bisher vergeblich gebeten hatte: einen genauen Zeit- und Ablaufplan der letzten beiden Tage des Prozesses. Dies war die Voraussetzung dafür, doch noch die auch vom „Director-General" ursprünglich gewünschte Live-Übertragung aus dem Gerichtssaal zu ermöglichen. Wilmot schickte den genauen Ablaufplan per Kurier nach London.[779] Voller Stolz berichtete er seiner Familie, was daraufhin passiert war:

> On the strength of it I suggested that Home [Programme, E. S.] should broadcast the final hour – the passing of the sentences. But when I talked to Barker [Foreign News Editor, E. S.] on our radiophone on Monday evening I found that they wanted to take the whole day. They would do the unprecedented – and w[oul]d allocate to Nuremburg the Light network from 8.20 until the close of the trial – which meant about 6 hours broadcasting .... Only the Coronation service had been so treated in the past. I was to do 10 minutes at the start, 15 minutes at the interval in mid-morning, 10 minutes closing at lunch; five minutes at the start of the pm and then 10 minutes to wind-up at the end of the whole trial. Fifty minutes live on an occasion such as this is "something" – you couldn't just too

---

775 Wilmot, Nuremberg 26th 1915 GMT Service Message One, 26. September 1946, NLA, Chester Wilmot Papers, Box 12, Folder: 33.

776 Wilmot an seine Familie, 7. Oktober 1946, NLA, Chester Wilmot Papers, Box 9, Folder: 2–2a.

777 Wilmot an Traffic for Foreign News Editor, 0900 GMT, 28. September 1946, NLA, Chester Wilmot Papers, Box 12, Folder: 33.

778 Foreign News Editor an Wilmot, Service Message Seven, [28. September 1946], ebd.; Wilmot an seine Familie, 7. Oktober 1946, NLA, Chester Wilmot Papers, Box 9, Folder: 2–2a.

779 Wilmot an Traffic for Foreign News Editor, 30. September 1946, BBC Written Archive, R47/942/2, Relays War Trials File 1b, August 1946–August 1947; Wilmot an Barker, 30. September 1946, NLA, Chester Wilmot Papers, Box 25, Folder: 39.

off whatever came to your mind – whatever one said had to be in keeping with the dignity of the court and the solemnity of the occasion.[780]

Hält man sich die ursprünglichen Beschlüsse des „Programme Policy Meeting" und den wiederholt vom „Director-General" geäußerten Wunsch, den von Lawrence gesprochenen Part der Urteils- und Strafmaßverkündung live zu übertragen, vor Augen, war der Entschluss nicht so überraschend. Trotzdem: Für Wilmot endete seine Arbeit in Nürnberg mit einem persönlichen Triumph.

Durch Wilmots weitere Karriere bei der BBC zog sich der Wunsch nach größeren Freiheiten für sein Verständnis von Journalismus wie ein roter Faden. Er versuchte weiter seine Reputation als „foreign correspondent" zu stärken und darauf aufbauend Positionen innerhalb der BBC zu erlangen, die es ihm ermöglichten, die Rolle eines politischen Kommentators zu spielen. „Of course if they did offer me the UNO job – as their chief observer and commentator, not reporter – I should be a fool not to take it."[781] Die Position in New York als Analyst und Kommentator bei der UNO erhielt er jedoch nicht und lehnte andere Positionen innerhalb der BBC ab, die ihm nicht zusagten. Er setzte seine Arbeit als freier Mitarbeiter für die BBC in Europa fort und schrieb weiter an seinem Buch, das immer größere Ausmaße annahm. Aber auch seine Arbeit als freiberuflicher Mitarbeiter nahm er immer unter der Perspektive seiner beruflichen Reputation und der Autonomiespielräume wahr. Er bevorzugte es, Beiträge für den „Pacific Service" im Gegensatz zum „Home Service" zu produzieren, da er dort eine freie Hand bezüglich der Inhalte habe und seiner Meinung in Ansätzen Ausdruck verleihen dürfe, was der „Home Service" niemals zuließe. „I would never be allowed to say on the Home Service what I do say for Pacific. The Home Service is very middle-of-the-road ... and you can barely have a political opinion there at all."[782] Auch zur Abteilung „Radio Newsreel" wolle er nach dem Weggang des Gründers und langjährigen Redakteurs nicht permanent zurückkehren. „The programme is only a shadow of its former self and the present regime would NEVER NEVER let anyone comment as I did."[783] Zusätzlich nahm Wilmot das Angebot des *Economist* an, Analysen und Kommentare im Stil des *New Yorker*-Formats „Reporter at Large" zu schreiben. Damit verband er die Hoffnung, dass die „News Division" der BBC schließlich doch noch seine Fähigkeiten anerkennen würde: „It still tends to look upon me as a war correspondent and to be doubtful of my standing as a commentator on affairs, but this may change that."[784]

---

780 Wilmot an seine Familie, 7. Oktober 1946, NLA, Chester Wilmot Papers, Box 9, Folder: 2–2a.

781 Wilmot an seine Eltern, 15. Februar 1946, NLA, Chester Wilmot Papers, Box 9, Folder: 2–2a.

782 Wilmot an seine Eltern, 16. Dezember 1946, ebd.

783 Wilmot an seine Eltern, 18. März 1947, NLA, Chester Wilmot Papers, Box 22, Folder: 1.

784 Ebd.

6. Fazit

Das interdisziplinäre Forschungsdesign und die akribische Quellenrecherche ermöglichen es, einen Blick auf die journalistische Praxis zu werfen, ohne von vornherein durch normative Vorannahmen oder die Selbstdarstellungen der Korrespondenten gelenkt zu sein. So gelangt das alltägliche Verhalten und Handeln der Korrespondenten ins Blickfeld – der blinde Fleck der Mediengeschichte. Das Resultat ist eine Geschichte, die weder eine zynische Entlarvung der Korrespondenten als Marionetten des Staates oder der Verleger noch eine Heldengeschichte der unerschrockenen Streiter für die Wahrheit ist. Beide Geschichten würden den Journalisten nicht gerecht werden.

Zentrales Ergebnis meiner Untersuchung der US-amerikanischen und britischen Korrespondenten beim Nürnberger Prozess ist die Heterogenität journalistischer Praxis in unterschiedlichen organisationalen Kontexten und die Bedeutung dieser organisationalen Kontexte für das Verständnis der Produktion journalistischer Aussagen. Die technischen, organisationalen und politischen Bedingungen, denen die Korrespondenten unterworfen waren, unterschieden sich erheblich – ganz zu schweigen davon, dass es sich bei den Korrespondenten selbst keineswegs um eine homogene Gruppe handelte. Diese Unterschiede waren nicht deckungsgleich mit den verschiedenen Mediengattungen, wie die Gegenüberstellung von *Time Magazine* und *New Yorker* verdeutlicht. Sie lagen begründet in den unterschiedlichen Produktionskulturen, in die die Korrespondenten eingebettet waren.

Die Extreme bildeten die AP und der *New Yorker*. Die Agenturjournalisten „that lowest but most useful of God's creatures"[1] waren eingebunden in eine hochgradig arbeitsteilige Organisation. Die Redakteure in New York steuerten während des Prozesses teilweise die Berichterstattung in Echtzeit, d. h. so lange, wie ein Telegramm von New York nach Nürnberg brauchte. Die formalen Zwänge bezüglich Darstellungsform, Thema und Länge strukturierten die Artikel. Die Geschwindigkeit der Übermittlung und die Verwendung der Artikel durch die Endkunden im Vergleich mit der Konkurrenz wurden von der Redaktion erhoben. Die Korrespondenten wurden permanent mit Hilfe der erhobenen Kennzahlen evaluiert. Das hatte eine Verdichtung der Arbeit und Zeitdruck zur Folge. Die Einflussnahme der Redaktion und die Ausrichtung auf die Absatzmärkte war am stärksten und die Handlungsspielräume der Korrespondenten waren am geringsten. Diese Wechselwirkungen mit der Redaktion waren der entscheidende Faktor der journalistischen Aussagenproduktion der Agenturkorrespondenten.

---

1 Mann, Well Informed, S. IX.

Wie dysfunktional diese Produktionskultur sein konnte, zeigte sich während des Prozesses. Die Berichterstattung wurde zum Teil von der gegenseitigen Beobachtung der Redaktionen in den USA getrieben, was unter den Bedingungen extremer Konkurrenz Prozesse in Gang setzte, die weder von der Redaktion noch von den Korrespondenten kontrolliert werden konnten. Die Falschmeldung über Görings Hinrichtung war nur das letzte unrühmliche Beispiel, das nochmals illustrierte, wie der Konkurrenzdruck dysfunktionale Folgen zeigte, indem die Qualitätskontrolle außer Kraft gesetzt wurde. Mehr als einmal beschwerten sich die Korrespondenten über die Arbeitsbedingungen und die Anmaßung der Redaktion, besser zu wissen, was vor Ort passiert, als die Korrespondenten.[2]

Machte sich der Chefkorrespondent der AP in Deutschland Sorgen darüber, dass die arbeitsteilige Produktion der Agenturartikel einen seelenlosen „‚mechanical' typewriter journalism" hervorzubringen drohe, waren beim *New Yorker* individuelle Stile gefragt.[3] Der *New Yorker* verstand sich nicht als Nachrichtenmagazin, sondern als eine Beobachtung der und einen Kommentar zur Welt des Nachrichtenjournalismus. Dazu brauchte es zwar ebenfalls eine Koordination zwischen Korrespondentinnen und Redaktion, die die Medienlandschaft und ihre Themenkonjunkturen überblicken konnte. Aber die Freiheiten der Korrespondentinnen waren enorm. Sie waren nicht dem Zeitdruck des Nachrichtenmarktes ausgesetzt, konnten Themen und Orte der Berichterstattung mitbestimmen, ihren eigenen Stil verwenden und litten nicht unter den Platzbeschränkungen der Tageszeitungen. Für das Verständnis ihrer Texte muss man sich deshalb zu einem wesentlich größeren Maß mit den individuellen Korrespondentinnen auseinandersetzen. Ihre Texte reproduzieren nicht die Aufmerksamkeitskonjunkturen, die Themenwahl und die Perspektiven des Nachrichtenjournalismus, sondern waren Ausdruck des Selbstverständnisses und der Überzeugungen der Autorinnen. Das kam schon darin zum Ausdruck, dass die Texte eine dezidiert weibliche Perspektive auf die männliche Welt des Prozesses und der Militärregierungen im besetzten Deutschland einnahmen. Innerhalb des organisationalen Kontextes des *New Yorker* waren das journalistische Selbstverständnis und die persönlichen Ansichten der Korrespondentinnen der entscheidende Faktor.

Unterschiedliche Produktionskulturen fanden sich auch innerhalb einer Mediengattung. Der Fakt, dass die Artikel des *Time Magazine* in der New Yorker Redaktion verfasst wurden und die des *New Yorker* von den Korrespondentinnen vor Ort (oder in Pariser Hotelzimmern), veranschaulicht die unterschiedlichen

---

2 De Luce an Honce, 21. März 1946, APCA, AP 02A.2, Box 4, Folder: German Newspaper Men to U.S.; Gallagher an Robert Cooper, 4. Dezember 1945, APCA, AP 02A.2 Foreign Bureau Correspondence, Box 7, Folder: Nuernberg.

3 Gallagher an Gould, 12. Oktober 1945, APCA, AP 02A.2 Foreign Bureau Correspondence, Box 5, Folder: London Office Oct.–Dec.

Wechselwirkungsverhältnisse zwischen Redaktion und Korrespondenten in den beiden Medienorganisationen. Das *Time Magazine* ist das beste Beispiel dafür, dass die Berichte eines Korrespondenten nicht mit dessen persönlichen Überzeugungen gleichgesetzt werden dürfen. Nicht die Korrespondenten, sondern die Machtkämpfe in der Redaktion sind der Schlüssel zum Verständnis der Berichterstattung im *Time Magazine*.

Aber auch die britischen Tageszeitungen zeigten ein breites Spektrum an Wechselwirkungsverhältnissen. Die entgegengesetzten Enden des Spektrums bildeten das Massenblatt *Daily Express* und die *Times*. Die grundsätzlichen Unterschiede in der Darstellungsform, den Inhalten und dem Stil zwischen den beiden Zeitungen waren enorm. Die boulevardesken Artikel des *Daily Express* mit ihrem Fokus auf Personalisierung und „courtroom drama" bilden einen starken Kontrast zu den langen Tagessynopsen der *Times*, die Beweismittel analysierten und in einen historischen und juristischen Kontext einordneten.

Damit war bereits viel über einen Artikel entschieden, bevor ein Korrespondent ein Wort geschrieben oder getippt hatte. Ein Großteil der im *Daily Express* gedruckten Inhalte war trivial, unterhaltsam oder sensationalistisch. In der Berichterstattung über den Nürnberger Prozess finden sich boulevardeske Muster personen- oder ereignisbezogener Berichterstattung, die zu Lasten von kontext- oder strukturbezogenen Berichten gingen.[4] Die Fixierung auf die Täter im Zusammenspiel mit kontextfreiem „courtroom drama" ohne Bezug zu Täterbildern und mit austauschbaren Horrorgeschichten verhinderte ein Verständnis des Nationalsozialismus und leistete apologetischen Narrativen Vorschub.[5]

Auch die Beziehungen der Korrespondenten zu ihren Redaktionen unterschieden sich zwischen den beiden Zeitungen. Während der *Times*-Korrespondent über lange Phasen keinen direkten Kontakt mit der Redaktion hatte, wurde der *Daily Express*-Korrespondent teilweise mit Telegrammen und Anweisungen bombardiert. Er forderte letztere sogar selbst ein, da er in Nürnberg ohne Radio und Zeitungen vollkommen im Dunkeln stünde und lieferte damit die pointierteste Formulierung des Paradox, dass die Redaktion ihrem Augenzeugen vor Ort die Augen öffnen musste. Im Fall des *Daily Express* kam der redaktionelle Eingriff in Pantons Meldungen hinzu, sobald sie gegen die redaktionelle Leitlinie verstießen. Insgesamt

---

4 Grundsätzlich dazu siehe: Ulf Hannerz, Foreign News. Exploring the World of Foreign Correspondents, Chicago, IL 2004, Kapitel 7: Writing Time.

5 Priemel, Betrayal, S. 405 ff.; Die Anklage wegen Verschwörung im Zusammenspiel mit der Auswahl der Angeklagten habe apologetischen Narrativen Vorschub geleistet. Demnach habe eine kleine Gruppe abnormaler Personen sich verschworen und eine totalitäre Herrschaft begründet, deren erste Opfer die Deutschen gewesen seien. Im Ergebnis, so Priemel, haben sich psychopathologische Deutungen zu Lasten historischer und struktureller Erklärungsansätze durchgesetzt.

resultierte daraus eine sehr starke Stellung der Redaktion, die die Berichterstattung dominierte.

Der BBC kommt eine besondere Bedeutung zu, da die Praxis ihrer Korrespondenten aufgrund der komplizierten technischen Voraussetzungen und hochgradig arbeitsteiligen Produktion am nächsten an das herankommt, was in den folgenden Jahrzehnten mit dem aufkommenden Fernsehen und dem Einzug von Computern als „electronic journalism" bezeichnet werden wird.

Die BBC muss man sich als technokratischen Koloss vorstellen. Neben der Interaktion mit der unzuverlässigen Technik nahmen die Organisation von technischen Abläufen und genuinen journalistischen Tätigkeiten einen unglaublich großen Teil der Zeit und der Aufmerksamkeit des Radiokorrespondenten Wilmot ein. Am Ende des Prozesses stand Wilmot einem ganzen Team von Korrespondenten und Technikern vor. Insbesondere die Klärung der Frage, ob neben den aufgezeichneten O-Tönen eine Live-Berichterstattung der Urteilsverkündung möglich sein würde, war zeitraubend, weil diese alle Bereiche seiner Tätigkeit gleichzeitig berührte: die Beziehungen zum Gericht, zu seiner Redaktion, die Technik und die journalistischen Praktiken. Letztlich beschäftigte sich das Team um Wilmot in einem zeitraubenden Verfahren mit sich selbst. Bei der Lektüre seiner Privatkorrespondenz stellt sich der Eindruck ein, dass diese Aufgaben die inhaltliche Auseinandersetzung mit dem Geschehen vor Gericht in den Hintergrund drängten, wie er selbst ein ums andere Mal verwundert feststellte.

Die bürokratische und hierarchische Organisation der während des Krieges stark gewachsenen BBC spiegelte sich auch in den Beziehungen zu ihrem Korrespondenten wider. Das zeigte sich in der Planung der Berichterstattung über die Urteilsverkündung, die auf der obersten Hierarchieebene mit dem „Programme Policy Meeting" Monate vor dem eigentlichen Ereignis ihren Anfang nahm, wo der „Director-General" seine Wünsche äußerte. Fortgeführt wurde der Prozess von einer Planungsgruppe mit sieben leitenden Redakteuren der verschiedenen Dienste unter der Leitung des „Foreign News Editor".

Abgesehen von den journalistischen Grundsätzen der Neutralität und Objektivität, die in regelmäßigen Abständen wie ein Mantra wiederholt wurden, finden wir bei der BBC den Dreiklang der redaktionellen Kontrolle. In einem ersten Schritt gaben die Redakteure direkte Aufträge mit Art, Länge und zum Teil auch mit den gewünschten Inhalten. In einem zweiten Schritt oblag ihnen die redaktionelle Bearbeitung des übermittelten Materials, sofern es sich nicht um eine Live-Berichterstattung handelte. Und drittens stellten sie durch Feedback-Schleifen in Form der „usage reports" sicher, dass die Korrespondenten über die Verwendung, Bearbeitung und möglicherweise Kritik ihres Materials im Bilde waren, um ihr zukünftiges Verhalten entsprechend ausrichten zu können. Dies stellte eine starke Kontrolle über die Darstellungsformen und Inhalte der Berichterstattung aus Nürnberg durch die Redaktionen sicher. Auch bei Wilmot finden wir die bezeichnende

Formulierung „had to work pretty much in the dark"[6], wenn auch auf Nachfrage die Instruktionen durch die Redaktion in der gewünschten Klarheit ausblieben.

Kontrolle und inhaltliche Vorgaben nahmen ein absurdes Ausmaß an, als Wilmots Meinungsbeitrag zum Ende des Prozesses bereits Wochen vor der Urteilsverkündung in seinen groben inhaltlichen Zügen in London vorformuliert wurde. Die Macht lag bei den zahlreichen Redakteuren der verschiedenen Programme und Dienste. Wilmot war einerseits bemüht, die Erwartungen zu erfüllen, andererseits suchte er angesichts der Kontrolle zeit seines Dienstes für die BBC nach kleinen Freiräumen für seine eigenen Vorstellungen von Berichterstattung.

Diese auf den vorherigen Seiten rekapitulierten und in Beziehung zueinander gesetzten Ergebnisse der Untersuchung verdeutlichen, wie wichtig die Unterschiede zwischen den Produktionskulturen der Medienorganisationen waren, weil sie darüber entschieden, was die Berichterstattung dominierte: die Agenda der Redaktion oder der Augenzeuge vor Ort. Kein Korrespondent und keine Korrespondentin konnten den organisationalen Kontext ignorieren. Aber die Abhängigkeit der Agentur- und Boulevardjournalisten von den heimischen Redaktionen drohte ihre Wahrnehmung zu dominieren. Die Beobachtung der Redaktionen und des heimischen Medienmarktes war genauso wichtig wie das Geschehen an dem Ort, über den sie berichten sollten. Die Korrespondenten lasen ihre eigene Zeitung oder ihre Evaluationsberichte und forderten für den Fall, dass diese nicht verfügbar waren, Anweisungen von der Redaktion ein. Dies war ein zentraler Teil ihrer Routine. Diese Routine war genauso wichtig für das Verfassen des Artikels wie die Beobachtung des Geschehens, worüber man eigentlich schreiben sollte. In diesen Fällen dominierten die Agenda der Redaktionen und die Themenkonjunkturen des heimischen Medienmarktes die Berichterstattung der Augenzeugen vor Ort. Die permanente Rückbindung der Korrespondenten strukturierte gleichzeitig die Wahrnehmung des Geschehens vor – Auslandskorrespondenz war ein schmaler Grat zwischen Selbstreferentialität und Repräsentation.

Dabei ist die direkte oder indirekte Steuerung der Korrespondenten nicht grundsätzlich negativ zu bewerten. Sie bot Orientierung und ermöglichte das Schreiben, wenn es darum ging, aus der riesigen Fülle an Material und den zahllosen Möglichkeiten der Darstellung auszuwählen. Ansonsten fand man sich in der absurden Situation, durch den Hot Spot der internationalen Nachrichten zu reisen und nicht zu wissen, worüber man schreiben sollte, wie es der freien Journalistin Pauline Frederick passierte.

Es drängen sich deshalb die Fragen auf, wie die Rollenbilder der Korrespondenten aussahen, welche Relevanz diese Rollenbilder für die journalistische Praxis hatten und ob sie lediglich Formen „ideologischer Selbsttäuschung" waren? Es gab

---

6 Wilmot an Robert Kemp, 26. November 1944, NLA, Chester Wilmot Papers, Box 9, Folder: 3a.

eine große Bandbreite an Rollenbildern, mit denen sich die Korrespondenten iden-
tifizierten – vom objektivistischen Journalismus bis zum Meinungsjournalismus,
der lediglich eine andere Form der politischen Betätigung war. Die Ausführungen
zu den Wechselwirkungen mit den Redaktionen haben allerdings gezeigt, dass die
Frage nach der Relevanz dieser Rollenbilder abhängig von den Produktionskulturen
war. Aber es handelte sich bei journalistischen Rollenbildern nicht um „ideologische Selbsttäuschungen". Die Korrespondenten reflektierten die Bedingungen
ihres Handelns und die Grenzen ihrer Möglichkeiten – sie waren sich der Lücke
zwischen Rollenbildern und Praxis bewusst. Nur überbrücken konnten sie diese
nicht. Gleichzeitig stellte dieser Beruf in der untersuchten Phase Anerkennung und
Karrieren mit unglaublichen Möglichkeiten bereit, wenn man Erfolg hatte.

In der Tat sind die Memoiren und Autobiografien der Korrespondenten eine
Aneinanderreihung von Abenteuern, „scoops", Begegnungen mit den Reichen und
Mächtigen und alles in allem von Belegen ihrer eigenen Wirkmächtigkeit.[7] Aber
gerade die Autobiografien, die mehr als nur schnell auf den Markt geworfene Er-
fahrungsberichte in den Diensten der eigenen Karriere waren, enthalten Hinweise,
um diese Geschichten gegen den Strich zu lesen. Erstens weisen sie nicht selten
darauf hin, dass es sich bei den Geschichten um die Ausnahmen und nicht die
Regel handelt.[8] Zweitens handelt es sich häufig um Niedergangsgeschichten der
Profession. Die Zeit, in der die Ideale der Rollenbilder noch gelebt wurden, wird in
eine romantisierte Vergangenheit verlegt. Die gute alte Zeit endet manchmal mit
dem Ersten Weltkrieg, bevor Funk und Flugzeuge die Profession zerstörten, oder
in den 1970er Jahren, als Satellitenkommunikation und „electronic journalism"
die seriösen Standards des Zeitungsjournalismus untergruben.[9] Walter Cronkites
Autobiografie ist das beste Beispiel hierfür. Er beschwört die Ideale des objektivistischen Journalismus, nur um eine Anekdote nach der anderen zu erzählen, die
deren Relevanz in der Praxis in Frage stellen. Der größte Profiteur des „electronic
journalism" war schizophrenerweise sein prominentester Kritiker.[10]

Die Untersuchung der journalistischen Praxis enthält zahlreiche Beispiele, in
denen die Korrespondenten sich der Diskrepanz zwischen Rollenbild und Praxis
bewusst waren. Dabei sind verschiedene Konstellationen zu unterscheiden: Wenn
sie ein grundsätzlich anderes Verständnis ihrer Rolle hatten als die Erwartungen
der Redaktion, wenn sie grundsätzlich andere politische Ansichten hatten als die

---

7 Pedelty, War Stories, S. 39.

8 Lochner, Always the Unexpected, S. 127; Mann, Well Informed, S. XII.

9 Mann, Well Informed, S. X; Edwin Tetlow, As It Happened. A Journalist Looks Back, London 1990,
   S. 11; Cronkite, Life, S. 358; Eric Sevareid, Free Press For A Free People, in: Society, November/
   December 1977, S. 11, 23–25; Charles Lynch, You can't print THAT! Memoirs of a political voyeur,
   Edmonton 1983, S. 220 ff.

10 Cronkite, Life, S. 358.

Redaktion oder – auch wenn das eigene Rollenbild mit den grundsätzlichen Erwartungen der Redaktion übereinstimmte – wenn die Umsetzung des Rollenbildes in der täglichen Praxis nur unter Abstrichen möglich war.

Der junge AP-Korrespondent Don Doane entsprach dem klassischen Rollenbild des Reporters. Er verfolgte keine politischen Ambitionen mit seinen Berichten, sondern war sogar froh darüber, nicht in den Schuhen der Politiker und Militärs zu stecken. Unter den unübersichtlichen Bedingungen der Nachkriegszeit wollte er keine politischen Entscheidungen treffen müssen. Aber er reflektierte sehr genau seine Stellung innerhalb einer großen bürokratischen Organisation auf den unteren Stufen der Karriereleiter. Wie auch seine Kollegen kritisierte er Bezahlung und Arbeitsbedingungen. So verbat sich Daniel De Luce Kritik an der Qualität seiner Berichte angesichts des ihm aufgezwungenen Zeitdrucks.[11] Und Wes Gallagher versuchte, seinen Vorgesetzten klarzumachen, dass die Versuche der New Yorker Redaktion, die Berichterstattung in Nürnberg auf Grundlage der Beobachtung der Konkurrenz zu steuern, im Desaster enden musste.[12]

Es gab auch jene Korrespondenten, die nicht nur Kritik an Arbeitsbedingungen äußerten, sondern eine grundsätzlich andere Auffassung als ihre Redaktionen vertraten. Doanes Kollege Louis P. Lochner, der einer anderen Generation angehörte, sah in den Korrespondenten „shirt-sleeve ambassadors" und „much more than a casual reporter."[13] Er beklagte sich über die Mühsal der alltäglichen Anforderungen an einen Agenturkorrespondenten, weil er ein grundsätzlich anderes Verständnis seiner Rolle hatte, als es der organisationale Rahmen der AP zu dieser Zeit zuließ. Seine Agenda eines Ausgleichs zwischen den USA und Deutschland lief dem politischen Konsens zuwider, der 1945 und 1946 noch dominierte und dementsprechend die Position der AP war.[14] Chester Wilmot bewegte sich in dem organisationalen Rahmen der BBC, sehnte sich aber nach einem Ausbruch. Er wollte endlich politischen Meinungsjournalismus betreiben oder gleich ganz in die Politik überwechseln.[15] Der Korrespondent des *Time Magazine*, John Scott, teilte seinem Redakteur seine sozialistische Weltdeutung mit, ohne auf einen Abdruck

---

11 DeLuce an Honce, 21. März 1946, APCA, AP 02A.2, Box 4, Folder: German Newspaper Men to U.S.

12 Die schonungsloseste Auseinandersetzung mit der journalistischen Praxis der AP findet sich allerdings bei Edward Kennedy. Kennedy war 1945 von der AP entlassen worden, nachdem er das Embargo der Nachricht über die deutsche Kapitulation gebrochen hatte. Siehe: Ed Kennedy's war: V-E Day, censorship, & the Associated Press, Baton Rouge, LA 2012; Fine, Edward Kennedy's Long Road to Reims.

13 Lochner, Always the Unexpected, S. 115, 117.

14 Siehe Kapitel 5.2.2.

15 Siehe Kapitel 5.5.

seiner Ansichten zu hoffen. Er hatte trotzdem eine lange und erfolgreiche Karriere beim *Time Magazine* vor sich.[16]

Schließlich hat die Untersuchung der journalistischen Praxis anschaulich gezeigt, wie unterschiedlich die Interaktion der Korrespondenten mit der Technik war und welch unterschiedliche Folgen dies für die journalistische Nachrichtenproduktion hatte. Diese Interaktion ist nur zu verstehen, wenn sie in die politischen und ökonomischen Kontexte eingeordnet wird.

Tritt man einen Schritt zurück und schaut auf das gesamte infrastrukturelle Setting, in dem die Korrespondenten agierten, erkennt man, dass die Bedingungen, unter denen sie arbeiteten, das Ergebnis von Verhandlungen zwischen Spitzenvertretern von Politik, Militär und Medien waren. Verhandelt wurde um Kosten, Zugang und Ressourcenallokation. Die Entscheidung darüber, ob die britische Regierung z. B. weiterhin einen mobilen Transmitter in Nürnberg zur Verfügung stellte, implizierte gleichzeitig immer auch schon eine Bewertung der Bedeutung des Ereignisses. Für die Agenturen kam hinzu, dass sie im Kampf um Ressourcen keine Einheitsfront bildeten und die Kommunikationsinfrastruktur die entscheidende Ressource in ihrem Konkurrenzkampf war.

Für die Agenturkorrespondenten beinhaltete die Abhängigkeit von der technischen Infrastruktur ohne Einfluss auf die Ressourcenallokation zu haben, ein großes Frustrationspotential. Ganz abgesehen davon, dass die Wahl des Kommunikationskanals häufig unter ökonomischen Gesichtspunkten direkte Auswirkungen auf die Art und Weise hatte, wie und wie viel sie schrieben, entschied unter den Bedingungen extremer Konkurrenz die Geschwindigkeit und nicht die Qualität über Erfolg oder Niederlage.

Die Interaktion mit der Technik unterschied sich erheblich sowohl beim Verfassen der Nachrichten als auch bei der Ausgestaltung der Wechselwirkungen zwischen Redaktion und Korrespondenten. Sofern die Agenturen über kein gemietetes Kabel verfügten, galt es sich so kurz wie möglich zu fassen, was sogar eine eigene Kabelsprache, das „cablese", nach sich zog, die heute zum Teil nur mit einem Handbuch zu entziffern ist, während die Korrespondenten des *Time Magazine* fast schon philosophisch zu nennende Streitgespräche über das Kabel in aller Ausführlichkeit führten. Machte die New Yorker Redaktion der AP Gebrauch von der schnellen Verbindung nach Nürnberg, um die Korrespondenten an den großen Tagen des Prozesses direkt zu steuern, findet sich zwischen dem Korrespondenten der Londoner *Times* und seiner Redaktion nur sporadischer Kommunikationsverkehr mit langen Phasen der kompletten Funkstille abgesehen von den Artikeln des Korrespondenten.

---

16 Siehe Kapitel 5.4.1.

Das Radio bedarf einer besonderen Erwähnung. Die Praxis des Korrespondenten der BBC war geprägt von der Auseinandersetzung mit dem technisch Möglichen, weshalb sein Gemütszustand häufig zwischen Begeisterung und Frustration
schwankte. Aufnahmen mit mobilen Rekordern, deren Qualität und der Klang der
eigenen Stimme sowie die Übermittlung der Sendungen bestimmte den Alltag des
BBC-Korrespondenten Wilmot zu einem Grad, dass sich die Frage stellt, wann er
sich eigentlich um die journalistischen Inhalte kümmerte. Seine Erfahrungen mit
„outside broadcasts", die er bei der „War Reporting Unit" gemacht hatte, waren nicht
zuletzt eine Voraussetzung dafür, dass er den Auftrag erhielt, aus dem Nürnberger
Justizpalast zu berichten.

Die Korrespondenten waren nicht die einzigen Verbindungsglieder zwischen
Nürnberg und ihren Redaktionen. Sie waren ein wichtiger Knotenpunkt in einem
großen Netz. Kontakte zwischen Redakteuren, Verlegern, Anklägern, Ministern
und Beamten liefen parallel zu ihrer Arbeit.[17]

Die Kontakte zwischen Redakteuren und Anklägern hatten nicht nur die technische Infrastruktur zum Gegenstand, sondern auch den Prozess und die Berichterstattung darüber. Teilweise fanden sie in einem offiziellen Rahmen statt wie im
Falle der Besuche von Redakteuren und Verlegern oder wie beim Versuch der
britischen Anklage, die Pressebarone zur Berichterstattung über den Prozess aufzu-
fordern. Es konnten auch einzelne politische Allianzen oder persönliche Kontakte
sein, wie Jacksons Verbindungen zur *Washington Post* oder zum syndizierten Kolumnisten Walter Lippmann. In diesem Zusammenhang ist auf die besondere
Stellung der *Times* in Großbritannien hinzuweisen, die sowohl in London als auch
in Nürnberg engste Kontakte zur Anklage und zum Außenministerium unterhielt.
Dass insbesondere die Ankläger die Korrespondenten umgingen und sich direkt
an die Redakteure und Verleger wandten, ist ein weiterer Beleg dafür, dass die
Redaktionen die Machtzentren waren.

Die Versuche der Einflussnahme auf die Berichterstattung durch die britische
und US-amerikanische Anklage hatten ihre Grenzen, auch wenn sie erheblichen
Aufwand betrieben. Jackson und Shawcross konnten aber jederzeit darauf zählen,
in der Medienberichterstattung Gehör zu finden, wenn sie vor Gericht auftraten –
zumindest in den jeweiligen nationalen Medien. Die sich im Verlauf des Prozesses
herauskristallisierenden unterschiedlichen Positionen der Anklagevertretungen,

---

17 Die Korrespondenz des Besitzers der *St. Louis Post-Dispatch* und seiner Redakteure verdeutlicht das
   Ausmaß der Kontakte mit Bezug zum Nürnberger Prozess, die am Korrespondenten der Zeitung
   in Nürnberg vorbeiliefen, darunter Präsident Truman, dessen Pressesprecher, der Kriegsminister,
   die US-amerikanische Anklage und deren Berater sowie die Manager der AP und zahlreiche andere Verleger und Redakteure. Siehe: LoC, Joseph Pulitzer Papers, Box 74, Folder: Editorial Page
   Nuremberg Trials 1945.

wie sie sich im „aggressive war paradigm" und „atrocities paradigm" ausdrückten, fanden sich in den jeweiligen Medienberichterstattungen der Länder repräsentiert.

Auch wenn Jackson sich gegen innenpolitische Gegner in der republikanischen und isolationistischen Presse durchsetzen musste, dominierte seine Schwerpunktsetzung auf den Angriffskrieg die mediale Debatte. Diese verschob sich aufgrund der fragwürdigen Rechtsgrundlage des Anklagepunktes Verbrechen gegen den Frieden von den deutschen Verbrechen hin zu der Frage der Rechtmäßigkeit des Tribunals.

> There is at least a touch of irony in the fact that the trial of men who seemingly did evil gladly and certainly enormously should of itself pose one of the greatest issues of right or wrong in our time.[18]

Die große Mehrheit der US-amerikanischen Presse folgte der Deutung der US-amerikanischen Anklage und dem Urteil der Richter: Sinn und Zweck des Tribunals sei die Ächtung von Angriffskriegen durch internationales Recht und die Feststellung der individuellen Verantwortung von Staatsmännern und Militärs für das Planen, Beginnen und Führen solcher Angriffskriege.[19] Es fand sich vor Beginn des Prozesses z. B. in der *New York Times* ein Artikel, in dem gefordert worden war, den Holocaust als Anklagepunkt zu priorisieren.[20] Aber das „aggressive war paradigm" war sowohl in Bezug auf die US-amerikanischen Kriegserfahrungen als auch in Bezug auf die zentrale politische Frage eines Krieges zwischen den USA und der Sowjetunion anschlussfähig, was der Öffentlichkeitsarbeit der US-amerikanischen Anklage in die Hände gespielt haben dürfte.

Als die britischen Chefankläger Ende Juli ihre Abschlussplädoyers hielten, hatten die US-amerikanischen Medien kaum noch Korrespondenten vor Ort. Schaut

---

18 John Sloan Dickey, The Master Evil-doers at the Bar of Justice, *The New York Times*, Book Review, 3. März 1946, S. 3.

19 Another Milestone, *Miami Daily News*, 1. Oktober 1946, S. 12; For the Supreme Crime of War: Death, *The Philadelphia Inquirer*, 1. Oktober 1946, S. 16; Guilty of Aggression, *St. Petersburg Times*, 1. Oktober 1946, S. 6; Guilty, as Charged, *Rochester Democrat and Chronicle*, 1. Oktober 1946, S. 12; Judgment at Nuremberg, *The New York Times*, 1. Oktober 1946, S. 22; Justice at Nuernberg, *The Cincinnati Enquirer*, 1. Oktober 1946, S. 6; The Nuernberg Verdict, *The Detroit Free Press*, 1. Oktober 1946, S. 6; "The Supreme Crime", *New York Herald Tribune*, 1. Oktober 1946, S. 26; Verdict at Nuremberg, *St. Louis Post-Dispatch*, 1. Oktober 1946, S. 2C; Dewitt Mackenzie, The Wages Of Aggressive War Is Death, *Indiana Evening Gazette*, 1. Oktober 1946, S. 8; Justice at Nurnberg, *The Baltimore Sun*, 2. Oktober 1946, S. 12; The Judgment, *New York Herald Tribune*, 2. Oktober 1946, S. 30; The Nuernberg Verdicts, *The Pittsburgh Press*, 2. Oktober 1946, S. 6; Uncle Dudley, LANDMARK FOR ALL TIMES, *The Boston Daily Globe*, 2. Oktober 1946, S. 18; Barnet Nover, Nuernberg Verdict, *The Washington Post*, 3. Oktober 1946, S. 8.

20 The German Crime, *The New York Times*, 19. Juni 1945, S. 18.

man sich die Berichterstattung über Shawcross' Abschlussplädoyer in den US-amerikanischen Zeitungen an, dann zeigt sich, wie realistisch Jackson die Aufmerksamkeitskonjunkturen der US-amerikanischen Medien eingeschätzt hatte, als er auf einem eigenen Plädoyer bestanden hatte.[21] Nicht nur die sowjetischen und französischen Abschlussplädoyers wurden ignoriert, sondern auch das Abschlussplädoyer des britischen Chefanklägers. Von Shawcross' zweitägiger Rede im Namen aller anklagenden Nationen blieben in den US-amerikanischen Zeitungen zwei Sätze übrig.[22]

Im Gegensatz zu den US-amerikanischen berichteten die britischen Medien an zwei Tagen ausführlich und auf der ersten Seite über die Rede.[23] Dort, wo das „aggressive war paradigm" auch in der Berichterstattung sowohl die Gewichtung („The Supreme Crime"[24]) als auch die Wahrnehmung in den US-amerikanischen Medien lenkte und die Verbrechen unter den Anklagepunkten III und IV als „(relatively) retail crimes which were committed in the course of such a war"[25], „accessory

---

21 Minutes of Chief Prosecutors Meeting, 5. April 1946, UCONN, Thomas J. Dodd Papers, Box 319, Folder: 8139, https://archives.lib.uconn.edu/islandora/object/20002%3A20117449#page/3/mode/2up (zuletzt eingesehen am 15. Juli 2019); siehe Kapitel 4.1.

22 https://avalon.law.yale.edu/imt/07-26-46.asp, Paragraph 432 (zuletzt eingesehen am 28. November 2019); AP: Allies Demand Death Penalty For Nazi Chiefs, *Chicago Daily Tribune*, 27. Juli 1946, S. 4; Death of Top Nazis Demanded at Trial, *The Detroit Free Press*, 27. Juli 1946, S. 2; Nazi Conspirators As Guilty As Hitler, Jackson Tells Court, *The Cincinnati Inquirer*, 27. Juli 1946, S. 2; Jackson, Shawcross Demand Conviction of Nuernberg Defendants, *The Boston Daily Globe*, 27. Juli 1946, S. 14; Allies Demand Death For 22 Nazi Leaders, *Minneapolis Morning Tribune*, 27. Juli 1946, S. 3; Death Demanded for 22 Nazis at Nuernberg, *San Fransisco Examiner*, 27. Juli 1946, S. 4; Conviction Of 22 Nazis Demanded, *Indiana Evening Gazette*, 26. Juli 1946, S. 1; U.S. Justice Presents Case Of Conspiracy, *The Tampa Daily Times*, 26. Juli 1946, S. 1, 4; Jackson Flays Big Nazis in Appeal for Conviction, *Spokane Daily Chronicle*, 26. Juli 1946, S. 1; UP: Jackson Asks 22 Convictions, *The Los Angeles Times*, 27. Juli 1946, S. 5; Death Demanded For 22 Top Nazis, *The Pittsburgh Press*, 26. Juli 1946, S. 1, 10; INS: War Guilt Is Cited At Nuernberg Trial, *The Scranton Times*, 26. Juli 1946, S. 1, 8.

23 Anthony Mann, Death Demanded For Nazi Leaders, *The Daily Telegraph*, 27. Juli 1946, S. 1, 4; Anthony Mann, France And Russia Will Ask Death For Nazis, *The Daily Telegraph*, 29. Juli 1946, S. 5; Nazi Gang 'Must Die', *Evening Standard*, 26. Juli 1946, S. 1, 4; Keitel Cries In The Dock, *Evening Standard*, 27. Juli 1946, S. 1, 8; Nuremberg: Death Demand for 'Common Murderers', *Daily Worker*, 27. Juli 1946, S. 4; Norman Clark, Shawcross Says All 21 Top Nazis Must Die, *News Chronicle*, 27. Juli 1946, S. 1; Norman Clark, Nazi Gang Look Guilty At Last, *News Chroncile*, 29. Juli 1946, S. 4; Karl Robson, Goering Hisses And Splutters At 'Perjury', *Daily Express*, 27. Juli 1946, S. 4; Denunciation At Nuremberg, *The Times*, 27. Juli 1946, S. 4; "These Are Our Laws – Let Them Prevail", *The Times*, 29. Juli 1946, S. 4; Nuremberg Nazis Charged As Common Murderers, *The Manchester Guardian*, 27. Juli 1946, S. 5; Ribbentrop Nearly Collapses, *The Manchester Guardian*, 29. Juli 1946, S. 5; Shawcross Says 'No Mitigation', *The Observer*, 28.Juli 1946, S. 1.

24 "The Supreme Crime", *New York Herald Tribune*, 1. Oktober 1946, S. 26.

25 War Crimes and Punishment, *New York Herald Tribune*, 9. Juni 1945, S. 10.

crimes"[26], „associated crimes"[27] oder „collateral crimes"[28] bezeichnet wurden, verkehrte sich in der britischen Berichterstattung über das Abschlussplädoyer die Gewichtung und änderte sich die Wahrnehmung. In den Artikeln standen die 12 Millionen Ermordeten im Vordergrund, die explizit nicht durch Kriegshandlungen ums Leben gekommen waren, was bis dahin eine Minderheitenposition in der britischen Presse gewesen war. Einzig der *Evening Standard* hatte von Beginn den Schwerpunkt seiner Berichterstattung auf den Holocaust gesetzt.[29] Im *Manchester Guardian* war zumindest vor Beginn des Prozesses gefordert worden, den Anklagepunkt Verbrechen gegen den Frieden fallen zu lassen und stattdessen den Holocaust in den Mittelpunkt zu stellen.[30]

In Nürnberg wurde die Auseinandersetzung mit den deutschen Verbrechen noch nicht dem Kalten Krieg geopfert. In Nürnberg arbeiteten die Großmächte zum letzten Mal zusammen, aber mit dem Ende des Prozesses endete die Zusammenarbeit. Jackson hatte bereits im ersten Bericht an Präsident Truman über ein internationales Tribunal im Juni 1945 darauf hingewiesen, dass es sich um eine seltene historische Konstellation handle, die die Möglichkeit für ein solches Tribunal eröffne. „Such occasions rarely come and quickly pass."[31] Dass sich diese politische Konstellation am Ende des Prozesses verändert hatte, war Jackson nur zu bewusst. Deshalb wollte er im November 1946 verhindern, die UN-Vollversammlung über die Aufnahme des Nürnberger Präzedenzfalls in die Charta der Vereinten Nationen abstimmen zu lassen. „… [T]here is less unity of purpose and spirit today"[32], schrieb er an US-Außenminister James F. Byrnes und an den Chefdelegierten bei den Vereinten Nationen Warren Austin und bat sie, von dem Vorhaben Abstand zu nehmen, da er eine Niederlage und die Vernichtung des Erreichten befürchtete.

Jackson selbst hatte die Zusammenarbeit mit der Sowjetunion aufgekündigt, als er in seiner ersten öffentlichen Rede nach der Urteilsverkündung in den USA die Sowjetunion des Verstoßes gegen die Londoner Charta und die Urteile von Nürnberg bezichtigte.[33]

---

26 Lippmann, Jackson Report Historic Paper, *The Boston Daily Globe*, 9. Juni 1945, S. 4.

27 Higgins, Goering, Ribbentrop and 9 to Die in 2 weeks; Hess and 6 Get Jail Terms; 3 Are Acquitted, *New York Herald Tribune*, 2. Oktober 1946, S. 1.

28 "The Supreme Crime", *New York Herald Tribune*, 1. Oktober 1946, S. 26.

29 Richard McMillan, Hess Taken Ill In Dock, *Evening Standard*, 20. November 1945, S. 1, 4.

30 Namier, The Nuremberg Trial, II – The Indictment, *The Manchester Guardian*, 20. November 1945, S. 4, 6.

31 Report to the President by Mr. Justice Jackson, 6. Juni 1945, http://avalon.law.yale.edu/imt/jack08.asp (zuletzt eingesehen am 11. Juli 2019).

32 Robert H. Jackson an James F. Byrnes u. Warren Austin, 16. November 1946, YULMA, Walter Lippmann Papers, Box 80, Folder: 1135.

33 Robert H. Jackson, Address of Justice Jackson at the University of Buffalo, *The New York Times*, 5. Oktober 1946, S. 4.

Jackson war nicht der einzige, der der Meinung war, dass die Zusammenarbeit mit der Sowjetunion mit dem Abschluss des Prozesses an ihr Ende gekommen sei. Der Korrespondent der *St. Louis Post-Dispatch*, Dick Stokes, schrieb nach dem Ende des Prozesses aus Nürnberg an seinen Redakteur:

> We feel very keenly here that the pressing danger has passed from Germany to Russia and that as far as possible the machinations of the Kremlin should be watched in many areas. It is my belief that the Post-Dispatch may continue the eminent public service which it performed by sending a correspondent to the European war and to the international military tribunal.[34]

In jedem Fall war die letzte große Story des Zweiten Weltkrieges vorbei, die Insel der internationalen Zusammenarbeit der Großmächte versunken. Mit dem Kalten Krieg zeichnete sich ein neues außenpolitisches Paradigma auch in der medialen Berichterstattung ab.[35] Die Nürnberger Nachfolgeprozesse fanden bereits in diesem neuen politischen Kontext statt.[36]

Abschließend ist zu konstatieren, dass das typische Merkmal von Medienereignissen, die sie auszeichnende mediale Selbstreferentialität, generell wenig ausgeprägt war. Prominentester und kontroversester Gegenstand in der Berichterstattung über die Berichterstattung waren die Unterbringung und Verpflegung der Korrespondenten.[37] Nina Burkhardts Feststellung, dass eine kritische Selbstthematisierung der klassischen Medienvertreter bei diesem Medienereignis unterblieb, und Domeiers Beobachtung, dass die Austauschprozesse zwischen US-amerikanischen Deutschland-Korrespondenten und den Nationalsozialisten vor Gericht ausgeblendet wurden, sind um eine weitere Leerstelle zu ergänzen.[38] Auf der Anklagebank saßen prominente Vertreter des nationalsozialistischen Propagandaapparates. Insbesondere anhand von Hans Fritzsche wurde die Rolle der Medien im Nationalsozialismus und während des Krieges vor Gericht thematisiert. Das Interesse der anglo-amerikanischen Korrespondenten war jedoch gering und eine grundsätzliche Auseinandersetzung mit ihrer eigenen Rolle in diesem Krieg anlässlich der

---

34 Dick Stokes an Benjamin Harrison Reese, 9. September 1946, LoC, Joseph Pulitzer Papers, Box 116, Folder: Reese, B. H. 1946.

35 Gorman u. McLean, Media and Society, S. 109 ff.; Chapman, Comparative Media History, S. 207 ff.; Suzanne Franks, Lacking a Clear Narrative: Foreign Reporting after the Cold War, in: The Political Quarterly, 76, 2005, H. 1, S. 91–101, hier S. 92.

36 Kim C. Priemel u. Alexa Stiller, Wo „Nürnberg" liegt. Zur historischen Verortung der Nürnberger Militärtribunale, in: dies. (Hg.), NMT. Die Nürnberger Militärtribunale zwischen Geschichte, Gerechtigkeit und Rechtschöpfung, Hamburg 2013, S. 9–63, hier S. 9.

37 Siehe Kapitel 3.2.

38 Burkhardt, Rückblende, S. 47; Domeier, Weltöffentlichkeit und Diktatur, S. 687 f.

Medienvertreter auf der Anklagebank findet sich nicht einmal in Ansätzen. Die juristische Abrechnung mit dem Kriegsgegner und letzte große Story über den Zweiten Weltkrieg war nicht der Ort kritischer Selbstreflexion.

Die Metapher aus der Einleitung aufgreifend kann man sagen, der Deckel der Blackbox ist auf den vorangehenden Seiten gelüftet worden. Es hat sich gezeigt, dass dem redaktionellen Kontext eine überragende Bedeutung zukommt, wenn wir die Entstehungsprozesse journalistischer Aussagen untersuchen wollen. Innerhalb dieses analytischen Rahmens hat sich gezeigt, dass die Wechselwirkungen mit den Redaktionen bei einer Mehrheit der Korrespondenten der entscheidende Faktor waren. Ohne diese Wechselwirkungen und die Anbindung an die heimischen Medienmärkte ist die Entstehung journalistischer Aussagen nicht zu verstehen. Wie wichtig dieses Verständnis ist, zeigt die Berichterstattung über den Holocaust. Die Ermordung von sechs Millionen Juden wurde in der US-amerikanischen Berichterstattung zu keiner kohärenten Erzählung, und die britische Anklage kostete es all ihre Kräfte, die britischen Medien zur Berichterstattung über ein Thema zu bewegen, dem von wenigen Ausnahmen abgesehen keine Relevanz für die britische Medienlandschaft zugesprochen wurde. Es unterstreicht die Relevanz der Untersuchung der journalistischen Praxis und der Frage danach, wie journalistische Aussagen entstehen, wenn in der Berichterstattung anglo-amerikanischer Medienorganisationen sogar ein Ereignis wie der Holocaust fast verschwindet.

Es stellt sich die Frage, inwieweit diese am Beispiel des Nürnberger Prozesses in einem spezifischen historischen Kontext gewonnenen Ergebnisse verallgemeinerbar sind. Für die Auslandsberichterstattung der Nachkriegszeit gilt dies in jedem Fall. Nachrichtenorganisationen „must facilitate modes of reporting events that discount each occurrence's demand for idiosyncratic treatment and processing" wie Gaye Tuchman in ihrem Aufsatz „The Exception proves the Rule: The Study of Routine News Practices" schreibt.[39] Die Aufbau- und Ablauforganisationen der Redaktionen und die journalistischen Routinen waren nicht Nürnberg-spezifisch.

Die Tatsache, dass die Korrespondenten in ihren Uniformen die sichtbarsten Repräsentanten des Militärischen bei diesem Internationalen Militärtribunal waren, versinnbildlicht die den Korrespondenten in den staatlichen Medienstrategien zugedachten Rollen, zu denen die Selbstbilder der großen Mehrheit der Korrespondenten nicht in Konflikt standen. Im übertragenen Sinn kann man sagen, dass sie die Uniformen selbst im Übergang vom Zweiten Weltkrieg zum Kalten Krieg nicht auszogen, auch wenn die Geschichte der Auswirkungen der Sozialisation einer ganzen Generation von Journalisten im Zweiten Weltkrieg auf den Journalismus

---

39 Gaye Tuchman, The Exception Proves the Rule: The Study of Routine News Practices, in: P. M. Hirsch et al. (Hg.), Strategies for Communication Research. Beverly Hills, CA 1977, S. 43–62, hier S. 45.

der folgenden Jahrzehnte noch geschrieben werden muss. Die Allgegenwart von Hunderten Korrespondenten, ihrer Konkurrenz und den daraus resultierenden nicht-intendierten Folgen ist eher ein Sinnbild für die Omnipräsenz der Medien im Jahrhundert der Massenmedien denn eine Nürnberger Besonderheit.

Natürlich gab es besondere Arbeitsbedingungen vor Ort auf der „Insel" der alliierten Kooperation mitten im besetzten Feindesland, und es ist wichtig, diese zu berücksichtigen. Allerdings kam diesen Spezifika der örtlichen Arbeitsbedingungen in diesem Fall eine relativ geringe Bedeutung zu. Die Berichterstattung aus Kriegs- und Krisengebieten ist häufig daraufhin zu untersuchen, welchen Zugang die Korrespondenten zum Geschehen hatten, wie ihre Bewegungsmuster aussahen und was sie eigentlich mit ihren Augen bezeugen konnten. In Nürnberg waren hingegen alle auf engstem Raum zusammengedrängt, um einem Stück zu folgen, das nicht zuletzt für sie aufgeführt wurde. Auch der Wettlauf zum nächsten Telegrafen reduzierte sich auf einen Sprint über den Flur im Gerichtsgebäude und verdeutlicht, dass die besonderen Umstände der Berichterstattung vor Ort nicht besonders ins Gewicht fielen. Lediglich in prominenten Bildern zur Selbstvermarktung kam dem Wettlauf eine Bedeutung zu, obwohl das Rennen hinter den Kulissen durch die Verhandlungen über die beste Kommunikationsinfrastruktur längst entschieden war. Doch dieses Detail fand in den Veröffentlichungen keine Erwähnung.

Inwiefern sind die Ergebnisse übertragbar auf den Journalismus der beiden Untersuchungsländer als solchen? Gilt die belegte Grundannahme der redaktionellen Einbindung für Tausende von Kilometern entfernte Korrespondenten, so gilt sie erst recht für die in den Redaktionen ansässigen Reporter und Redakteure. Weil die Auslandskorrespondenten Teil der Redaktionen waren, ist diese Fallstudie auch eine Studie zum britischen und US-amerikanischen Journalismus allgemein. Gewährt die Untersuchung ihrer Eingebundenheit doch Einblicke in die Produktionskulturen der Medienorganisationen, deren Zentrum die Redaktionen waren. Der aufgezeigte Zusammenhang zwischen Produktionskulturen und journalistischen Aussagen gilt nicht nur für die Auslandskorrespondenten, genauso wenig wie die Wechselwirkungen zwischen Medien und Politik oder Militär lediglich diese Gruppe betrafen. Das ist schon allein daraus ersichtlich, dass die Beziehungen zwischen den Medienorganisationen und den diversen staatlichen Institutionen neben den Korrespondenten immer auch parallel über die Spitzen von Redaktion oder Verlag liefen. Das breite, alle Mediengattungen abdeckende Sample von Medienorganisationen und die Auswahl von Akteuren aus verschiedenen Hierarchieebenen stellt zudem sicher, dass nicht die Spezifika einer bestimmten Mediengattung wie der Qualitätszeitungen und deren Spitzenkorrespondenten unzulässig verallgemeinert werden. Das Ergebnis ist ein ausdifferenziertes Spektrum von Produktionskulturen, die nicht nur die Auslandskorrespondenz, sondern die gesamte Nachrichtenorganisation betreffen.

Diese Untersuchung befasst sich ausschließlich mit US-amerikanischen und britischen Medien und Korrespondenten, deren Länder ähnlich strukturierte Mediensysteme aufweisen.[40] Es drängt sich deshalb die Frage auf, wie die Ergebnisse der Studie sich im Vergleich zu deutschen Auslandskorrespondenten ausnehmen, deren Mediensystem sich strukturell vom anglo-amerikanischen unterscheidet. Meine grundlegende Annahme, dass sich die Fragen, wie journalistische Aussagen entstanden und welche Faktoren dabei entscheidend waren, nur im Rahmen der organisationalen Kontexte der Medienorganisationen untersuchen lassen, wäre für einen solchen Vergleich besonders geeignet.[41] Denn neben den politischen und rechtlichen Unterschieden sowie den unterschiedlich strukturierten Medienlandschaften wäre insbesondere interessant zu vergleichen, welche Auswirkungen die grundsätzlich andere Aufbau- und Ablauforganisation der deutschen Redaktionen mit entsprechend anders ausgeprägten Rollen von Redakteuren und Reportern auf die journalistische Praxis hatte.[42] Es stellt sich dann die Frage, ob die Wechselwirkungen mit den Redaktionen einen ähnlich hohen Stellenwert für die Entstehung der journalistischen Aussagen haben wie bei der Mehrheit der anglo-amerikanischen Korrespondenten. Antje Robrechts vergleichende Studie zu britischen und deutschen Auslandskorrespondenten von Qualitätszeitungen nach dem Zweiten Weltkrieg kann diese Frage erstens aufgrund des engen Zuschnitts auf Qualitätszeitungen und zweitens aufgrund der schlechten Quellenlage auf deutscher Seite nicht abschließend beantworten.[43] Hier bleibt einiges für die Mediengeschichte zu tun.

Wie sind die Ergebnisse dieser Untersuchung in die Mediengeschichte einzuordnen? Es mangelt nicht an Überblicksdarstellungen, die den Wandel der Kommunikationstechnologie und des Medienensembles nachzeichnen vom mittlerweile antiquiert klingenden „electronic journalism" bis zum Internet der Gegenwart.[44] Genauso finden wir die Geschichte der Medienökonomie als Wanderung der Werbegelder von Medium zu Medium bis zur gegenwärtigen Krise des Geschäftsmo-

---

40 Zum Modell der Einordnung von nationalen Mediensystemen siehe: Hallin u. Mancini, Comparing media systems.

41 Die theoretische Grundlage ist die auf Anthony Giddens Strukturationstheorie basierende Theorie des Journalismus als organisationalem Handlungsfeld, siehe: Altmeppen u. Arnold, Journalistik; siehe auch: Ryfe, New Institutionalism and the News.

42 Zu den Unterschieden zwischen britischen und deutschen Redaktionen siehe: Frank Esser, Editorial Structures and Work Principles in British and German Newsrooms, in: European Journal of Communication 13, 1998, H. 3, S. 375–405.

43 Robrecht, Diplomaten, S. 154 ff.

44 Z. B. Asa Briggs u. Peter Burke, A Social History of the Media. From Gutenberg to the Internet, Cambridge u. Malden, MA 2010.

dells Journalismus beschrieben.[45] Die Geschichte des Wandels des politischen Kontextes – insbesondere die Bedeutung des Endes des Kalten Krieges für die Auslandskorrespondenz[46] – und der Wandel des Verhältnisses zwischen Medien und Politik in den USA[47] und Großbritannien[48] lässt sich auf Grundlage der Literatur ebenfalls nachzeichnen.

Der skizzierte Wandel der zentralen Kontextfaktoren des Journalismus allein sagt allerdings noch nichts über den Wandel der journalistischen Praxis aus. Bei den Überlegungen, wie eine Geschichte der journalistischen Praxis fortgeschrieben werden kann und welche Veränderungen in den Blick genommen werden müssen oder sogar einen Epochenwechsel markieren, darf man nicht aus den Augen verlieren, was über all diese Zeit scheinbar gleichbleibt.

Dass gewandelte Bedingungen nämlich keineswegs zwingend zu grundlegend veränderten Praktiken führten, sieht man am Beispiel von Mark Pedeltys anthropologischer Studie über die US-amerikanischen Auslandskorrespondenten, die in den 1980er Jahren aus dem Bürgerkrieg in El Salvador berichteten. Die Lektüreerfahrung ist wie ein Déjà-vu. Es handelt sich um eine andere Zeit, ein anderes Land, ein anderes Medienensemble, aber Pedelty erzählt fast die gleiche Geschichte, wenn er von den Erfahrungen der Korrespondenten berichtet – zumindest, wenn man es mit den Erfahrungen der Agentur-, Boulevard- und Rundfunkjournalisten in Nürnberg vergleicht. Neben den detaillierten Gesprächen über den Verdauungstrakt finden sich unkontrollierbare Aufmerksamkeitskonjunkturen, Routinen, die wie ein bleiernes Korsett wirken, der Konkurrenzdruck und seine nicht-intendierten Folgen sowie mächtige steuernde Redaktionen, deren Deutungen der Ereignisse aus Gesprächen mit politischen Akteuren in den USA resultieren, was wiederum entsprechende inhaltliche Auslassungen in der Berichterstattung zur Folge hatte.

> … I have concluded that reporters play a relatively small role in the creative process of discovery, analysis, and representation involved in news production. Instead, they are mainly conduits for a system of institutions, authoritative souces, practices, and ideologies that frame the events and issues well before they, the mythical watchdogs, have a chance to do anything resembling independent analysis or representation.[49]

---

45 Curran u. Seaton, Power; Williams, History of Media and Communication; Nerone, The Media and Public Life.

46 Jodi Enda, Retreating from the World, American Journalism Review, December/January 2011, American Journalism Review – Archives (ajrarchive.org) (zuletzt eingesehen am 3. Juni 2022); Franks, Foreign reporting after the cold war.

47 Daniel Hallin, The Passing of the 'High Modernism' of American Journalism, in: Journal of Communication, 42, 1992, H. 3, S. 14–25.

48 Daniel, Beziehungsgeschichten.

49 Pedelty, War Stories, S. 24.

Die Parallelen zwischen der Arbeit der Korrespondenten Mitte der 1940er Jahre in Nürnberg und in den 1980er Jahren in El Salvador machen deutlich, dass der Blick nicht nur darauf gerichtet werden darf, was sich alles wandelt, sondern auch darauf, was gleichbleibt: die starke Stellung der Redaktionen, deren durch die Beobachtung anderer Medien und den politischen Kontext der Heimatländer geprägte Wahrnehmung sowie deren Interdependenz mit den politischen Eliten.

Und noch etwas bleibt sich gleich, die Fallhöhe zwischen autobiografischen Texten und journalistischer Praxis. Behält am Ende also doch John Nerone Recht, wenn er sagt, dass Journalisten die letzten seien, die gefragt werden sollten, wenn man etwas über den Journalismus erfahren möchte, weil dazu alles in den Zeitungsquellen selbst stünde?[50]

Das Gegenteil ist der Fall. Es hat sich als sehr fruchtbar erwiesen, die Korrespondenten in den Mittelpunkt dieser Untersuchung zu stellen. Mein interdisziplinärer Ansatz hat mit Hilfe der systemtheoretisch und organisationssoziologisch ausgerichteten Kommunikationswissenschaften analytische Begriffe entwickelt und erfolgreich angewandt, die den normativen Ansprüchen, dem Pathos und den Helden- und Abenteuergeschichten eine wesentlich nüchternere Perspektive auf die journalistische Praxis gegenüberstellt. Die Korrespondenten mit ihren politischen Überzeugungen und professionellen Selbstverständnissen wurden in Wechselwirkungen mit der Technik, den redaktionellen Strukturen, politischen Akteuren und dem historischen Kontext, der sich häufig in Themenkonjunkturen niederschlug, verortet. Das ergibt keine Heldengeschichten, aber eine detaillierte Vermessung ihrer sehr unterschiedlichen Handlungsspielräume und des Gebrauchs, den einige davon machten. Außerdem entfällt so die vermeintlich unvermeidliche komplementäre Niedergangsgeschichte zum vorläufigen Tiefpunkt der Gegenwart. Das ist unter anderem auch deshalb wichtig, weil Erwähnung finden sollte, dass in dieser Phase, die im Standardwerk zur US-amerikanischen Auslandskorrespondenz mit den Begriffen „The Compleat Correspondents"[51] zum Goldstandard erklärt wird, kein schwarzer Korrespondent aus Nürnberg berichtete.[52]

---

50 Nerone, Genres of Journalism History, S. 18. Siehe auch den Überblick zum Forschungsstand in der Einleitung.

51 Hamilton, Roving Eye, S. 460.

52 Bei meinen Recherchen habe ich zumindest keinen Beleg für die Anwesenheit eines schwarzen Korrespondenten gefunden. Auch findet sich kein Hinweis in: Jinx Coleman Broussard, African American foreign correspondents: a history, Baton Rouge, LA 2013. Wie absurd sich eine solche Geschichte der Auslandskorrespondenz für Mitglieder von gesellschaftlichen Gruppen lesen muss, denen während der vermeintlichen Glanzzeit der Auslandskorrespondenz der Zutritt zur Profession extrem schwer gemacht wurde und denen Führungspositionen verwehrt blieben, kann man z. B. einem Interview mit Dean Baquet entnehmen. Baquet, Chefredakteur der *New York Times* von 2014–2022, äußert seine Überzeugung ganz direkt, dass nicht nur die Redaktionen diverser seien, sondern auch der Journalismus im Großen und Ganzen besser als zu den vermeintlich goldenen

Die Memoirenliteratur der wenigen Journalisten, die eine Position erlangten, die es ihnen erlaubte, ein solches Buch erfolgreich vermarkten zu können, muss wesentlich kritischer gelesen werden. Deshalb ist diese Literatur aber trotzdem nicht zu ignorieren. Wie wichtig diese Werke für die Wahrnehmung und Einschätzung der Bedeutung des Journalismus im politischen Diskurs sind, hat Lars Klein in seiner Studie zur „Vietnam-Generation" der Kriegsberichterstatter herausgearbeitet.[53]

Wie wenig diese Werke allerdings für die Analyse der journalistischen Praxis taugen, zeigt meine Untersuchung. Die Journalisten waren erheblichen strukturellen Zwängen ausgesetzt, die als Einflussfaktoren wirkten. Häufig blieb nicht einmal genügend Zeit, darüber bewusst zu reflektieren, und nur zu häufig waren die Journalisten selbst die Getriebenen und das Ergebnis zum Teil eine nicht-intendierte Folge ihres Handelns. Aufgrund schwindender Ressourcen sowie der Beschleunigung der Nachrichtengebung auch außerhalb der Agenturen dürften die strukturellen Zwänge auf die Journalisten in der Gegenwart noch zugenommen haben.

Zeiten der Vergangenheit sei. Siehe: Clare Malone, *The New Yorker* Interview: Dean Baquet Never Wanted to Be an Editor, https://www.newyorker.com/news/the-new-yorker-interview/dean-baquet-never-wanted-to-be-an-editor, 18.02.2022 (zuletzt eingesehen am 22. April 2023).

53 Lars Klein, Die „Vietnam-Generation" der Kriegsberichterstatter. Ein amerikanischer Mythos zwischen Vietnam und Irak, Göttingen 2011.

Abkürzungs-, Quellen-, Literatur- und Abbildungsverzeichnis

Abkürzungsverzeichnis

ADLS	Air Dispatch Letter Service
AP	Associated Press
APCA	Associated Press Company Archive, New York
BST	British Summer Time
BYU	Harold B. Lee Library, Brigham Young University, Provo, UT
DANA	Deutsche Allgemeine Nachrichtenagentur
EST	Eastern Standard Time
GMT	Greenwich Mean Time
HLHU	Houghton Library Repository, Harvard University, Cambridge, MA
HLSL	Harvard Law School Library, Cambridge, MA
HSTL	Harry S. Truman Presidential Library, Independence, MO
IMT	International Military Tribunal
INS	International News Service
IWM	Imperial War Museum, London
LHASC	Labour History Archive and Study Centre, Manchester
LoC	Library of Congress, Washington, DC
LSE	London School of Economics, London
MGA	Manchester Guardian Archive, The University of Manchester Library, Manchester
NARA	National Archives and Record Administration, College Park, MD
NLA	National Library of Australia, Canberra
NUKA	News UK Archive, London
NYPL	New York Public Library, Manuscripts and Archives Division, New York
OMGUS	Office of Military Government for Germany (U.S.)
PA	Parliamentary Archives, London
RNR	Radio Newsreel
RWHA	Roy W. Howard Archive, Indiana University Bloomington, IN
SCSC	Smith College, Northampton, MA
SHSMO	The State Historical Society of Missouri, Columbia, MO
SLRIHU	Schlesinger Library, Radcliffe Institute For Advanced Study Harvard University, Cambridge, MA

TDRC	Thomas J. Dodd Research Center, Archives and Special Collections, Storrs, CT
TNA	The National Archives, Kew
TRA	The Reuters Archive, London
UP	United Press
WHSA	Wisconsin Historical Society, Division of Library, Archives, and Museum Collections, Madison, WI
YUL/Beinecke	Beinecke Rare Book and Manuscript Library Repository, Yale University, New Haven, CT
YUL	Yale University Library, New Haven, CT

Archivquellen

Associated Press Company Archive, New York (APCA)
Associated Press Company Records

BBC Written Archives, Reading
R47/942/1

Beinecke Rare Book and Manuscript Library Repository, Yale University, New Haven, CT (YUL/Beinecke)
Rebecca West Papers

Bundesarchiv, Koblenz
OMGUS

Harold B. Lee Library, Brigham Young University, Provo, Utah (BYU)
Arthur Gaeth Papers

Harry S. Truman Presidential Library, Independence (HSTL)
Katherine Fite Lincoln Papers

Harvard Law School Library, Cambridge, MA (HLSL)
Leonard Wheeler Jr. Papers

Hoover Institution Archives, Stanford, CA
Ernest Cecil Deane Letters

Houghton Library Repository, Harvard University, Cambridge, MA (HLHU)
Dispatches from Time Magazine Correspondents

Imperial War Museum, London (IWM)
Kenneth G. Burton Papers
Laura Knight Papers
Leonard N. Muddeman Papers
Melville Preston Troy Papers
Norman Clark Papers

Labour History Archive and Study Centre, Manchester (LHASC)
Ivor Montagu Papers

Leo Baeck Institute Archives, New York
William Stricker Papers

Library of Congress, Washington, DC (LoC)
George Biddle Papers
Janet Flanner–Natalia Danesi Murray Paper
John Osborne Papers
Joseph Pulitzer Papers
Robert H. Jackson Papers

London School of Economics, London (LSE)
Gerald Reid Barry Papers

Manchester Guardian Archive, The University of Manchester Library, Manchester (MGA)
Editor's Correspondence B Series

Monacensia, München
Nachlass Peter de Mendelssohn

National Archives and Record Administration, College Park, MD (NARA)
RG 238 War Crimes Records

National Library of Australia, Canberra (NLA)
Chester Wilmot Papers
Ronald Selkirk Panton Papers

New York Public Library, Manuscripts and Archives Division, New York (NYPL)
New York Times Company Records

The New Yorker Records

News UK Archive, London (NUKA)
Ralph Deakin Papers

Parliamentary Archives, London (PA)
The Beaverbrook Papers

Privater Nachlass
Don Doane Letters

Roy W. Howard Archive, Indiana University Bloomington, IN (RWHA)
Roy W. Howard Papers

Schlesinger Library, Radcliffe Institute For Advanced Study Harvard University, Cambridge, MA (SLRIHU)
Catherine Coyne Papers

Smith College, Northampton, MA (SCSC)
Dudley Harmon Papers
Helen Paull Kirkpatrick Papers
Pauline Frederick Papers

The National Archives, Kew (TNA)
FO Records created or inherited by the Foreign Office
WO Records created or inherited by the War Office, Armed Forces, Judge Advocate General, and related bodies

The Reuters Archive, London (TRA)
Reuters Company Records

The State Historical Society of Missouri, Columbia, MO (SHSMO)
Raymond P. Brandt Papers

Thomas J. Dodd Research Center, Archives and Special Collections, Storrs, CT (TDRC)
Thomas J. Dodd Papers

Wisconsin Historical Society, Division of Library, Archives, and Museum Collections, Madison, WI (WHSA)
Hilmar Robert Baukhage Papers
Louis Paul Lochner Papers

Sigirid Schultz Papers
Howard K. Smith Papers

Yale University Library, New Haven, CT (YUL)
Walter Lippmann Papers

Britische und US-amerikanische Zeitschriften

The AP World
The Economist
The Nation
The New Statesman and Nation
The New Yorker
Time Magazine

Britische Zeitungen

Daily Express
Daily Worker
Evening Standard
Illustrated London News
News Chronicle
The Daily Telegraph
The Manchester Guardian
The Observer
The Times

US-amerikanische Zeitungen

Chicago Daily Tribune
Chicago Sunday Tribune
Des Moines Tribune
Great Falls Tribune
Indiana Evening Gazette
Miami Daily News
Minneapolis Morning Tribune
New York Herald Tribune
Newark Evening News

PM
Rochester Democrat and Chronicle
San Fransisco Examiner
Spokane Daily Chronicle
St. Louis Post-Dispatch
St. Petersburg Times
The Abilene Reporter-News
The Atlanta Constitution
The Baltimore Sun
The Boston Daily Globe
The Boston Sunday Globe
The Christian Science Monitor
The Cincinnati Inquirer
The Detroit Free Press
The Los Angeles Times
The New York Times
The Ogden Standard-Examiner
The Philadelphia Inquirer
The Pittsburgh Press
The Salt Lake Tribune
The Scranton Times
The Tampa Daily Times
The Washington Post

Memoiren, Briefe und Schriften von Beteiligten

Anders, Karl, Im Nürnberger Irrgarten, Nürnberg 1948
BBC Year Book 1946, London o. J.
Bernstein, Victor Heine, Final Judgment: The Story of Nuremberg, New York 1947
Brinitzer, Carl, Hier spricht London. Von einem der dabei war, Hamburg 1969
Chambers, Whittaker, Witness, New York 1952
Christiansen, Arthur, Headlines All My Life, New York 1961
Cooper, Kent, The Right to Know. An Exposition of the Evils of News Suppression and
     Propaganda, New York 1956
Cooper, Robert, The Nuremberg Trial, Harmondsworth 1947
Cronkite, Walter, A Reporter's Life, New York 1997
Dodd, Christopher John, Letters from Nuremberg: My father's narrative of a quest for justice,
     New York 2007
Dos Passos, John, The Fourteenth Chronicle. Letters and Diaries of John Dos Passos, hg. v.
     Townsend Ludington, Boston, MA 1973

Fyfe, David Patrick Maxwell, Political Adventure. The Memoirs of the Earl of Kilmuir, London 1964

Heald, Morrell (Hg.), Journalist at the Brink. Louis P. Lochner in Berlin, 1922–1942, Philadelphia, PA 2007

Jackson, Robert H., The Case Against Nazi War Criminals, New York 1946

Kempner, Robert, Ankläger einer Epoche. Lebenserinnerungen, Frankfurt a. M. u. a. 1983

Kennedy, Edward, Ed Kennedy's war: V-E Day, censorship, & the Associated Press, Baton Rouge, LA 2012

Lochner, Louis P., What about Germany? New York 1942

ders., Always the Unexpected. A Book of Reminiscenses, New York 1956

Low, David, Low's Autobiography, London 1956

Mann, Anthony, Well Informed Circles, London 1961

Polewoi, Boris, Nürnberger Tagebuch, Berlin 1974

Scott, John, Behind the Urals: An American Worker in Russia's City of Steel, o. O. o. J.

ders., Europe in Revolution, Boston, MA 1945

Sevareid, Eric, Not So Wild A Dream, New York 1946

Shirer, William, 20th Century Journey, Bd. 3: A Natives Return, 1945–1988, Boston, MA u. a. 1990

Shirer, William, End of a Berlin Diary, New York 1947

Smith, Howard K., Events Leading Up to My Death: The Life of a Twentieth-Century Reporter, New York 1996

Sulzberger, Cyrus L., A Long Row of Candles: Memoirs & Diaries 1934–1954, Toronto 1969

Taylor, Telford, Die Nürnberger Prozesse. Hintergründe, Analysen und Erkenntnisse aus heutiger Sicht, München 1994

The Associated Press, Forty-sixth annual volume. For the fiscal year of 1945, o. O. 1946

von der Lippe, Viktor, Nürnberger Tagebuchnotizen. November 1945 bis Oktober 1946, Frankfurt a. M. 1952

Wilmot, Chester, The Struggle For Europe, Ware, Hertfordshire 1997 (1952)

Sekundärliteratur

Adamthwaite, Anthony, The British Government and the Media, 1937–1938, in: Journal of Contemporary History, 18, 1983, H. 2, S. 261–280

Allen, Gene, Catching up with the competition. The international expansion of Associated Press, 1920–1945, in: Journalism Studies, 2015, DOI: 10.1080/1461670X.2015.1017410

Allen, Robert, The inside story of the Daily Express, Cambridge 1983

Altmeppen, Klaus-Dieter u. Klaus Arnold, Journalistik. Grundlagen eines organisationalen Handlungsfeldes, München, 2013

Arnold, Klaus, Markus Behmer u. Bernd Semrad (Hg.), Kommunikationsgeschichte. Positionen und Werkzeuge. Ein diskursives Hand- und Lehrbuch, Berlin u. Münster 2008

Ayerst, David, The Manchester Guardian. Biography of a Newspapers, Ithaca, NY 1971

Barlett, Christopher J., "The special relationship". A political history of Anglo-American relations since 1945, London 1992

Barnhurst, Kevin G. u. Diana Mutz, American Journalism and the Decline in Event-Centered Reporting, in: Journal of Communication 47, 1997, H. 4, S. 27–53

Bauman, Zygmunt, Dialektik der Ordnung: Die Moderne und der Holocaust, Hamburg 1992

Bayer, Karen, "How dead is Hitler?" Der britische Starreporter Sefton Delmer und die Deutschen, Mainz 2008

Becker, Lee B. u. Tudor Vlad, News Organizations and Routines, in: Karin Wahl-Jorgensen u. Thomas Hanitzsch (Hg.), The handbook of journalism studies, New York u. London 2009, S. 59–72

Bloxham, Donald, Genocide on Trial. War Crimes Trials and the Formation of Holocaust History and Memory, Oxford u. a. 2001

ders., The Missing Camps of Aktion Reinhard. The Judicial Displacement of a Mass Murder, in: Peter Gay u. Kendrick Oliver (Hg.), The Memory of Catastrophe, Manchester 2004, S. 118–134

ders., Pragmatismus als Programm. Die Ahndung deutscher Kriegsverbrechen durch Großbritannien, in: Frei (Hg.), Vergangenheitspolitik, S. 140–179

ders., „Nürnberg" als Prozess. IMT, NMT und institutionelle Lerneffekte, in: Kim Christian Priemel u. Alexa Stiller (Hg.), NMT. Die Nürnberger Militärtribunale zwischen Geschichte, Gerechtigkeit und Rechtschöpfung, Hamburg 2013, S. 493–524

Bosch, William, Judgment on Nuremberg. American attitudes toward the major German war-crime trials, Chapel Hill, NC 1970

Bösch, Frank u. Dominik Geppert (Hg.), Journalists as political actors. Transfers and interactions between Britain and Germany since the late 19th Century, Augsburg 2008

Bösch, Frank, Mediengeschichte der Moderne: Zugänge, Befunde und deutsche Perspektiven, in: Bohemia 51, 2011, H. 1, S. 21–41

Boyd-Barrett, Oliver, Media Imperialism Reformulated, in: Daya Kishan Thussu (Hg.), Electronic Empires. Global Media and Local Resistance, London 1998, S. 157–176

Breed, Warren, Social Control in the Newsroom: A Functional Analysis, in: Social Forces, 33, 1955, H. 4, S. 326–335

Brinkley, Alan, The Publisher, Henry Luce and his American Century, New York 2010

Briggs, Asa, The history of broadcasting in the United Kingdom, Bd. 3: The war of words, Oxford 2000

ders., The history of broadcasting in the United Kingdom, Bd. 4: Sound and vision, New York 2005

ders. u. Peter Burke, A Social History of the Media. From Gutenberg to the Internet, Cambridge u. Malden, MA 2010

Breaking News. How the Associated Press has covered war, peace, and everything else, hg. v. Associated Press, New York 2007

Brüggemann, Jens, Männer von Ehre? Die Wehrmachtgeneralität im Nürnberger Prozess 1945/46. Zur Entstehung einer Legende, Paderborn 2018

Brüggemann, Michael, Journalistik als Kulturanalyse. Redaktionskulturen als Schlüssel zur Erforschung journalistischer Praxis, in: Olaf Jandura, Thorsten Quandt u. Jens Vogelgesang (Hg.), Methoden der Journalismusforschung, Wiesbaden 2011, S. 47–66

Burkhardt, Nina, Rückblende. NS-Prozesse und die mediale Repräsentation der Vergangenheit in Belgien und den Niederlanden, Münster u. a. 2009

Burroughs, Henry D., Close-ups of History: Three Decades through the Lens of an AP Photographer, hg. v. Margaret Wohlgemuth Burroughs, Columbia, MO u. London 2007

Buscher, Frank M., Bestrafen und erziehen. „Nürnberg" und das Kriegsverbrecherprogramm der USA, in: Norbert Frei (Hg.), Transnationale Vergangenheitspolitik: der Umgang mit deutschen Kriegsverbrechern in Europa nach dem Zweiten Weltkrieg, Göttingen 2006, S. 94–139

Casey, Steven, The War Beat, Europe. The American Media at War Against Nazi Germany, Oxford 2017

Chapman, Jane, Comparative Media History: An Introduction, Cambridge u. a. 2005

Chisholm, Anne u. Michael Davie, Beaverbrook. A Life, London 1992

Clayman, Steven E. et al., A Watershed in White House Journalism: Explaining the Post-1968 Rise of Agressive Presidential News, in: Political Communication 27, 2010, S. 229–247

Conot, Robert E., Justice at Nuremberg, New York 1983

Conboy, Martin, Journalism in Britain, A historical introduction, London 2011

Corey, Mary F., The World through a monocle. The New Yorker at midcentury, Cambridge, MA 1999

Cox, Geoffrey, The gospel according to Christiansen, in: British Journalism Review, 7, 1996, H. 4, S. 52–56

Cramer, John, Belsen Trial 1945: Der Lüneburger Prozess gegen Wachpersonal der Konzentrationslager Auschwitz und Bergen-Belsen, Göttingen 2011

ders., Der erste Bergen-Belsen-Prozess 1945 und seine Rezeption durch die deutsche Öffentlichkeit, in: Jörg Osterloh u. Clemens Vollnhals (Hg.), NS-Prozesse und deutsche Öffentlichkeit: Besatzungszeit, frühe Bundesrepublik und DDR, Göttingen 2011, S. 75–92

Curran, James u. Jean Seaton, Power without Responsibility, The Press, Broadcasting, and New Media in Britain, London 2010

Cuthbertson, Ken, A complex fate: William L. Shirer and the American century, Montreal u. a. 2015

D'Addario, Ray u. Klaus Kastner, Der Nürnberger Prozess: Das Verfahren gegen die Hauptkriegsverbrecher 1945–1946 mit 200 Abbildungen, Nürnberg 1994

Daniel, Ute (Hg.), Augenzeugen. Kriegsberichterstattung vom 18. zum 21. Jahrhundert, Göttingen 2006

dies., Beziehungsgeschichten. Politik und Medien im 20. Jahrhundert, Hamburg 2018

Davies, David R., The Postwar Decline of American Newspapers 1945–1965, Westport, CT 2006

Delage, Christian, Caught On Camera. Film in the Courtroom from the Nuremberg Trials to the Trials of the Khmer Rouge, Philadelphia, PA 2014

Dell'Orto, Giovanna, AP Foreign Correspondents in Action. World War II to the Present, Cambridge 2016

Domeier, Norman, Weltöffentlichkeit und Diktatur. Die amerikanischen Auslandskorrespondenten im „Dritten Reich", Göttingen 2021

Domeier, Norman u. Jörn Happel, Journalismus und Politik. Einleitende Überlegungen zur Tätigkeit von Auslandskorrespondenten 1900–1970, in: Zeitschrift für Geschichtswissenschaften 62, 2014, H. 5, S. 389–397

Douglas, Lawrence, The Memory of Judgment. Making Law and History in the Trials of the Holocaust, New Haven, CT u. a. 2001

ders., From IMT to NMT. The Emergence of a Jurisprudence of Atrocity, in: Kim Christian Priemel u. Alexa Stiller (Hg.), Reassessing the Nuremberg Military Tribunals. Transitional justice, trial narratives, and historiography, New York 2012, S. 276–295

Dubiel, Helmut, Niemand ist frei von der Geschichte. Die nationalsozialistische Herrschaft in den Debatten des Deutschen Bundestages, München 1999

Earl, Hilary, Prosecuting genocide before the Genocide Convention: Raphael Lemkin and the Nuremberg Trials, 1945–1949, in: Journal of Genocide Research, 15, 2013, H. 3, S. 317–337

Edy, Carolyn M., The woman war correspondent, the U.S. military, and the press, 1846–1947, Lanham, MD 2017

Eiber, Ludwig u. Robert Sigel (Hg.), Dachauer Prozesse: NS-Verbrechen vor amerikanischen Militärgerichten in Dachau 1945–48, Göttingen 2007

Eley, Geoff, Europe after 1945, in: History Workshop Journal 65, 2008, S. 195–212

ders., When Europe Was New: Liberation and the Making of the Post-War Era, in: Monica Riera u. Gavin Schaffer (Hg.), The Lasting War: Society and Identity in Britain, France and Germany after 1945, Basingstoke u. a. 2008, S. 17–43

Elson, Robert T., Time Inc. The intimate history of a publishing enterprise, 1923–1941, New York 1968

Fine, Richard A., Edward Kennedy's Long Road to Reims. The Media and the Military in World War II, in: American Journalism, 33, 2016, H. 3, S. 317–339

Fink, Katherine u. Michael Schudson, The Rise of Contextual Journalism, 1950s–2000s, in: Journalism 15, 2014, H. 1, S. 3–20

Franks, Suzanne, Lacking a Clear Narrative: Foreign Reporting after the Cold War, in: The Political Quarterly, 76, 2005, H. 1, S. 91–101

Frei, Norbert, 1945 und wir. Das Dritte Reich im Bewusstsein der Deutschen. München 2005

Frei, Norbert (Hg.), Transnationale Vergangenheitspolitik: der Umgang mit deutschen Kriegsverbrechern in Europa nach dem Zweiten Weltkrieg, Göttingen 2006

Gaiba, Francesca, The Origins of Simultaneous Interpretation: The Nuremberg Trial, Ottawa 1998

Gannon, Franklin Reid, The British Press and Germany 1936–1939, Oxford 1971

Gemählich, Matthias, Frankreich und der Nürnberger Prozess gegen die Hauptkriegsverbrecher 1945/46, Mainz 2018

George, Uta et al. (Hg.), Hadamar. Heilstätte, Tötungsanstalt, Therapiezentrum, Marburg 2006

Geppert, Dominik, Pressekriege. Öffentlichkeit und Diplomatie in den deutsch-britischen Beziehungen (1896–1912), München 2007

Glende, Philip, Westbrook Pegler and the Rise of the Syndicated Columnist, in: American Journalism 36, 2019, H. 3, S. 322–347

Glendinning, Victoria, Rebecca West. A Life, London 1987

Gorman, Lyn u. David McLean, Media and Society in the Twentieth Century, Malden, MA 2007

Greenwald, Marilyn S., Pauline Frederick Reporting. A Pioneering Broadcaster Covers the Cold War, Lincoln, NE 2014

Griffith, Thomas, Harry and Teddy. The turbulent friendship of Henry R. Luce and Theodore H. White: the press lord and his rebellious correspondent, New York 1995

Griffiths, Richard, Fellow Travellers of the Right: British Enthusiasts for Nazi Germany, 1933–1939, London 1980

Haberer, Erich, History and Justice. Paradigms of the Prosecution of Nazi Crimes, in: Holocaust and Genocide Studies, 19, 2005, H. 3, S. 487–519

Hallin, Daniel, The Passing of the 'High Modernism' of American Journalism, in: Journal of Communication, 42, 1992, H. 3, S. 14–25

ders., The Media and War, in: John Corner, Philip Schlesinger u. Roger Silverstone (Hg.), International Media Research: A critical survey, London u. New York, 1998, S. 206–231

ders. u. Paolo Mancini, Comparing media systems. Three models of media and politics, Cambridge 2004

Hamilton, John Maxwell, Journalism's Roving Eye. A History of American Foreign Reporting, Baton Rouge, LA 2009

Hampton, Mark, Visions of the press in Britain, 1850–1950, Urbana, IL 2004

Hampton, Mark u. Martin Conboy, Journalism History. A Debate, Journalism Studies 15, 2014, H. 2, S. 154–171

Hannerz, Ulf, Foreign News. Exploring the World of Foreign Correspondents, Chicago, IL 2004

Hardt, Hanno u. Bonnie Brennen (Hg.), Newsworkers: Toward a history of the rank and file, Minneapolis, MN 1995

Harnett, Richard M., Wirespeak. Codes and Jargon of the News Business, San Mateo, CA 1997

Heald, Morell, Transatlantic Vistas. American Journalists in Europe, 1900–1940, Kent, OH, u. London 1988

Herf, Jeffrey, Zweierlei Erinnerung. Die NS-Vergangenheit im geteilten Deutschland, Berlin 1998

Hicks, Marianne, 'NO WAR THIS YEAR'. Selkirk Panton and the editorial policy of the Daily Express, 1938–39, in: Media History 14, 2008, H. 2, S. 167–183

dies., R. Selkirk Panton, an Australian in Berlin: a foreign correspondent for the Daily Express in Europe, 1929–1950, Dissertation University of Western Australia 2005, http://research-repository.uwa.edu.au/files/3388354/Hicks_Marianne_2005.pdf (zuletzt eingesehen am 17. Januar 2015)

Hillebrandt, Frank, Soziologische Praxistheorien. Eine Einführung, Wiesbaden 2014

Hirsch, Francine, The Soviets at Nuremberg: International Law, Propaganda, and the Making of the Post War Order, in: American Historical Review, 113, 2008, S. 701–730

dies., The Nuremberg Trials as Cold War Competition. The Politics of the Historical Record and the International Stage, in: Marc Silberman u. Florence Vatan (Hg.), Memory and postwar memorials. Confronting the violence of the past, New York 2013, S. 15–30

Hjarvard, Stig, The study of news production, in: Klaus Bruhn Jensen (Hg.), A Handbook of Media and Communication Research. Qualitative and quantitative methodologies, London u. New York, 2012, S. 87–105

Hohenberg, John, Foreign Correspondence. The Great Reporters and Their Times, Syracuse, NY 1995

Holmila, Antero, Reporting the Holocaust in the British, Swedish and Finnish Press, 1945–50, Basingstoke u. New York 2011

Høyer, Svennik u. Horst Pöttker (Hg.), Diffusion of the news paradigm 1850–2000, Göteborg 2005

Kalverkämper, Hartwig u. Larisa Schippel (Hg.), Simultandolmetschen in Erstbewährung: Der Nürnberger Prozess 1945, Berlin 2008

Kitch, Carolyn, Women in Journalism, in: W. David Sloan u. Lisa Mullikin Parcell (Hg.), American Journalism. History, Principles, Practices, Jefferson City, NC, u. London 2002, S. 87–96

Klein, Lars, Die „Vietnam-Generation" der Kriegsberichterstatter. Ein amerikanischer Mythos zwischen Vietnam und Irak, Göttingen 2011

Kluger, Richard, The Paper: The Life and Death of the New York Herald Tribune, New York 1986

Kochavi, Arieh J., Prelude to Nuremberg: Allied War Crimes Policy and the Question of Punishment, Chapel Hill, NC u. a. 1998

König, Wolfgang, Information, Kommunikation, Unterhaltung. Die technische Entwicklung der Massenmedien, in: Ute Daniel u. Axel Schildt (Hg.), Massenmedien im Europa des 20. Jahrhunderts, Köln 2010, S. 59–83

Krause, Monika, Reporting and the Transformations of the Journalistic Field: US News Media, 1890–2000, in: Media, Culture & Society 33, 2011, H. 1, S. 89–104

Krösche, Heike, Abseits der Vergangenheit. Das Interesse der deutschen Nachkriegsöffentlichkeit am Nürnberger Prozess gegen die Hauptkriegsverbrecher 1945/46, in: Jörg Osterloh u. Clemens Vollnhals (Hg.), NS-Prozesse und deutsche Öffentlichkeit. Besatzungszeit, frühe Bundesrepublik und DDR, Göttingen 2011, S. 93–105

Kunkel, Thomas, Genius in disguise. Harold Ross of the New Yorker, New York 1995

Kushner, Tony, The Holocaust and the Liberal Imagination. A Social and Cultural History, Oxford 1994

Leff, Laurel, "Liberated by the Yanks". The Holocaust as an American Story in Postwar News Articles, in: Journal of ecumenical studies 40, 2003, H. 4, S. 407–430

dies., Jewish Victims in a Wartime Frame. A Press Portrait of the Nuremberg Trial, in: Debra Kaufman et al. (Hg.), From the Protocols of the Elders of Zion to Holocaust Denial Trials. Challenging the Media, the Law and the Academy, London 2007, S. 80–101

Lenger, Friedrich, Einleitung, in: ders. u. Ansgar Nünning (Hg.), Medienereignisse der Moderne, Darmstadt 2008, S. 7–13

Lewis, Mark, The birth of the new justice. The internationalization of crime and punishment, 1919–1950, Oxford 2014

Loeffler, James Benjamin, Rooted Cosmopolitans. Jews and human rights in the twentieth century, New Haven, CT 2018

Mari, Will, The American Newsroom. A History 1920–1960, Columbia, MO 2021

Marr, Andrew, My Trade. A Short History of British Journalism, London u. a. 2004

Marrus, Michael, The Holocaust at Nuremberg, in: Yad Vashem Studies, 26, 1998, S. 5–41

McDonald, Iverach, The History of The Times, Bd. V: Struggles In War And Peace 1939–1966, London 1984

McDonald, Neil (with Peter Brune), Valiant For Truth. The Life of Chester Wilmot, War Correspondent, Sydney 2016

Mombauer, Annika, The Origins of the First World War. Controversies and Consensus, London u. a. 2002

Nerone, John C., Genres of Journalism History, in: The Communication Review, 13, 2010, H. 1, S. 15–27

ders., The Media and Public Life, Cambridge 2015

Neumahr, Uwe, Das Schloss der Schriftsteller. Nürnberg '46. Treffen am Abgrund, München 2023

Nevins, Allan, American Journalism and Its Historical Treatment, in: Bonnie Brennen u. Hanno Hardt (Hg.), The American Journalism History Reader. Critical and Primary Texts, New York 2011, S. 11–21

Örnebring, Henrik, Technology and journalism-as-labour: Historical perspectives, in: Journalism 11, 2010, H. 1, S. 57–74

Osiel, Mark, Mass Atrocity, Collective Memory and the Law, New Brunswick, NJ 1997

Payk, Marcus M., Der Geist der Demokratie. Intellektuelle Orientierungsversuche im Feuilleton der frühen Bundesrepublik: Karl Korn und Peter de Mendelssohn, München 2008

Pedelty, Mark, War Stories. The Culture of Foreign Correspondents, New York u. a. 1995

Pfaff, Daniel W., Joseph Pulitzer II and the Post-Dispatch. A Newspaperman's Life, University Park, PA 1991

Preston, Paschal u. Monika Metykova, From news nets to house rules. Organisational contexts, in: ders. (Hg.), Making News. Journalism and news cultures in Europe, London u. a. 2009, S. 72–91

Priemel, Kim Christian u. Alexa Stiller, Wo „Nürnberg" liegt. Zur historischen Verortung der Nürnberger Militärtribunale, in: dies. (Hg.), NMT. Die Nürnberger Militärtribunale zwischen Geschichte, Gerechtigkeit und Rechtschöpfung, Hamburg 2013, S. 9–63

dies. (Hg.), NMT. Die Nürnberger Militärtribunale zwischen Geschichte, Gerechtigkeit und Rechtschöpfung, Hamburg 2013

Priemel, Kim Christian, Beyond the Saturation Point of Horror. The Holocaust at Nuremberg Revisited, in: Journal of Modern European History, 14, 2016, H. 4, S. 522–547

ders., The Betrayal. The Nuremberg Trials and German Divergence, Oxford u. New York 2016

Radlmaier, Steffen, Das Bleistiftschloss als Press Camp, hg. v. A. W. Faber-Castell AG, Stein bei Nürnberg 2015

Rantanen, Terhi, The End of the Electronic News Cartel, 1927–1934, in: Peter Putnis, Chandrika Kaul u. Jürgen Wilke (Hg.), International communication and global news networks. Historical perspectives, New York 2011, S. 167–187

Read, Donald, The Power of News: The History of Reuters 1849–1989, Oxford 1992

Requate, Jörg, Medienmacht und Politik. Die politischen Ambitionen großer Zeitungsunternehmer – Hearst, Northcliffe, Beaverbrook und Hugenberg im Vergleich, in: Archiv für Sozialgeschichte, 41, 2001, S. 79–95

Robrecht, Antje, Diplomaten in Hemdsärmeln? Auslandskorrespondenten als Akteure in den deutsch-britischen Beziehungen, 1945–1962, Augsburg 2010

Rollyson, Carl, Rebecca West. A Life, New York 1996

ders., Reporting Nuremberg. Martha Gellhorn, Janet Flanner, Rebecca West, and the Nuremberg Trials, in: ders., Rebecca West and the God That Failed. Essays, Lincoln, NE 2005, S. 79–86

de Rudder, Anneke, „Warum das ganze Theater?" Der Nürnberger Prozeß in den Augen der Zeitgenossen, in: Jahrbuch für Antisemitismusforschung, 6, 1997, S. 218–242

Ryfe, David Michael, Guest Editor's Introduction. New Institutionalism and the News, in: Political Communication, 23, 2006, H. 2, S. 135–144

Salmon, Patrick, Crimes against peace: the case of the invasion of Norway at the Nuremberg Trials, in: Richard Langhorne (Hg.), Diplomacy and Intelligence during the Second World War, Cambridge 1985, S. 245–269

Sands, Philippe, East West Street: On the Origins of Genocide and Crimes Against Humanity, London 2016

Scholl, Armin u. Siegfried Weischenberg, Journalismus in der Gesellschaft. Theorie, Methodologie und Empirie, Wiesbaden 1998

Schreiber, Martin u. Clemens Zimmermann (Hg.), Journalism and technological change. Historical perspectives, contemporary trends, Frankfurt a. M. u. New York 2014

Schröder, Ebbo, Die (Nicht-)Verantwortung des Technikers. Albert Speer vor Gericht und in der Presse, in: Zeitschrift für Technikgeschichte, 83, 2016, H. 4, S. 287–305

Schudson, Michael, The objectivity norm in American journalism, in: Journalism, 2, 2001, H. 2, S. 149–170.

Schulmeister-André, Irina, Internationale Strafgerichtsbarkeit unter sowjetischem Einfluss. Der Beitrag der UdSSR zum Nürnberger Hauptkriegsverbrecherprozess, Berlin 2016

Schumacher, Martina, Ausländische Nachrichtenagenturen in Deutschland vor und nach 1945, Köln 1998

Sebestyen, Victor, 1946. The Making of the Modern World, London u. a. 2015

Segesser, Daniel Marc, Der Tatbestand Verbrechen gegen die Menschlichkeit, in: Kim Christian Priemel u. Alexa Stiller (Hg.), NMT. Die Nürnberger Militärtribunale zwischen Geschichte, Gerechtigkeit und Rechtschöpfung, Hamburg 2013, S. 586–604

Seliger, Hubert, Politische Anwälte? Die Verteidiger der Nürnberger Prozesse, Baden-Baden 2016

Seymour-Ure, Colin, The British Press and Broadcasting since 1945, Oxford 1991

ders., Media Barons in British Politics after 1945, in: Frank Bösch u. Dominik Geppert (Hg.), Journalists as Political Actors. Transfers and Interactions between Britain and Germany since the late 19th Century, Augsburg 2008, S. 140–158

Sharples, Caroline, Holocaust on Trial: Mass Observation and British Media Responses to the Nuremberg Tribunal, 1945–1946, in: dies. u. Olaf Jensen (Hg.), Britain and the Holocaust. Remembering and Representing War and Genocide, New York 2013, S. 31–50

Sigel, Robert, Die Dachauer Prozesse 1945–1948 in der Öffentlichkeit: Prozesskritik, Kampagne, politischer Druck, in: Jörg Osterloh u. Clemens Vollnhals (Hg.), NS-Prozesse und deutsche Öffentlichkeit: Besatzungszeit, frühe Bundesrepublik und DDR, Göttingen 2011, S. 132–147

Silberstein-Loeb, Jonathan, The international distribution of news. The Associated Press, Press Association, and Reuters, 1848–1947, New York 2014

Simmel, Georg, Soziologie. Untersuchungen über die Formen der Vergesellschaftung, Frankfurt a. M. 1992

Simonson, Peter et al., The History of Communication History, in: dies. (Hg.), The Handbook of Communication History, New York u. a. 2013, S. 13–57

Sloan, William David u. Lisa Mullikin Parcell (Hg.), American Journalism. History, Principles, Practices, Jefferson City, NC 2002

Smith, Bradley F., Der Jahrhundert-Prozeß. Die Motive der Richter von Nürnberg, Anatomie einer Urteilsfindung, Frankfurt a. M. 1977

ders., The Road to Nuremberg, New York 1981

Starr, Paul, The creation of the media. Political origins of modern communications, London 2005

Stetz, Margaret D., Rebecca West and the Nuremberg Trials, in: Peace Review 13, 2001, H. 2, S. 229–235

Steinbach, Peter, NS-Prozesse in der Öffentlichkeit, in: Claudia Kuretsidis-Haider u. Winfried R. Garscha (Hg.), Keine „Abrechnung": NS-Verbrechen, Justiz und Gesellschaft in Europa nach 1945, Leipzig u. Wien 1998, S. 397–420

Stiller, Alexa, Semantics of Extermination. The Use of the New Term of Genocide in the Nuremberg Trails and the Genesis of a Master Narrative, in: Kim Christian Priemel u. dies. (Hg.), Reassessing the Nuremberg Military Tribunals. Transitional justice, trial narratives, and historiography, New York 2012, S. 104–133

Stoker, Kevin L., The Journalist Who Interpreted Too Much: The New York Times' Courtship, Defense, and Betrayal of John W. White, in: Journalism & Communication Monographs, 19, 2017, H. 3, S. 177–236.

Stone, Dan, Editor's Introduction, in: ders. (Hg.), The Oxford Handbook of Postwar European History, Oxford 2012, S. 1–36

Stringer, Ann, "Bravo Amerikanski!". And other stories from World War II, o. O. 2000

Taylor, A. J. P., Beaverbrook, London 1972

Tisseron, Antonin, La France et le procès de Nuremberg. Inventer le droit international, Paris 2014

Tuchman, Gaye, The Exception Proves the Rule: The Study of Routine News Practices, in: P. M. Hirsch et al. (Hg.), Strategies for Communication Research. Beverly Hills, CA 1977, S. 43–62

Tusa, Ann u. John Tusa, The Nuremberg Trial, London 1983

Vanderlan, Robert, Intellectuals incorporated. Politics, art, and ideas inside Henry Luce's media empire, Philadelphia, PA 2010

Vismann, Cornelia, Medien der Rechtssprechung, hg. v. Alexandra Kemmerer u. Markus Krajewski, Frankfurt a. M. 2011

Volger, Helmut, Geschichte der Vereinten Nationen, München 2008

Wagner, Hans-Ulrich, Der Nürnberger Hauptkriegsverbrecherprozess als Medienereignis: Die Berichterstattung durch die Rundfunksender in den westalliierten Besatzungszonen 1945/46, in: Zeitgeschichte-online, Oktober 2015, https://zeitgeschichte-online.de/themen/der-nuernberger-hauptkriegsverbrecherprozess-als-medienereignis (zuletzt eingesehen am 13. Juli 2019)

Wamhof, Georg, Gerichtskultur und NS-Vergangenheit. Performativität – Narrativität – Medialität, in: ders. (Hg.), Das Gericht als Tribunal oder: Wie der NS-Vergangenheit der Prozess gemacht wurde, Göttingen 2009, S. 9–37

Weber, Claudia, Der Pakt. Stalin, Hitler und die Geschichte einer mörderischen Allianz, München 2019

Weischenberg, Siegfried, Maja Malik u. Armin Scholl, Die Souffleure der Mediengesellschaft. Report über die Journalisten in Deutschland, Konstanz 2006

dies., Journalism in Germany in the 21st Century, in: David H. Weaver u. Lars Willnat (Hg.), The global journalist in the 21st century, New York 2012, S. 205–219

Wieviorka, Annette, The Era of the Witness, Ithaca, NY, u. London, 2006

dies., Le procès de Nuremberg, Paris 2009

Wilke, Jürgen, Between Fragmentation and Integration. European News Markets from the 19th to the 21st Century, in: Peter Putnis, Chandrika Kaul u. Jürgen Wilke (Hg.), International communication and global news networks. Historical perspectives, New York 2011, S. 245–261

Williams, Kevin, Get me a murder a day! A History of Media and Communication in Britain, London 2010

Willnat, Lars u. Jason Martin, Foreign Correspondents – An Endangered Species? in: ders. u. David H. Weaver (Hg.), The Global Journalist in the 21st Century, New York 2012, S. 495–510

Wineapple, Brenda, Genêt. A Biography of Janet Flanner, New York 1989

Yagoda, Ben, About Town. The New Yorker and the world it made, London 2000

Abbildungsverzeichnis

Abbildung 1: Grafische Nachbildung der schematischen Darstellung des „Press Camp" aus: Guide to the Press Camp, LHASC, Ivor Montagu Papers, CP/IND/MON-T/10/7, Papers as Daily Worker correspondent, Germany including printed regulation papers

Abbildung 2: Associated Press war-correspondent J. Wes Gallagher races for the phone to report the news of the verdict at the Nazi war crimes trials in Nuremberg, Germany, Oct. 1, 1946. (AP Photo/B. I. Sanders), © picture alliance, Associated Press, B. I. Sanders

Abbildung 3: Grafische Nachbildung der schematischen Darstellung der Kommunikationsinfrastruktur aus: International Press Communications Nurnberg Germany, 20. November 1945, LoC, Jackson Papers, Box 107, Folder: Public Relations